U0153687

思想的・睿智的・獨見的

經典名著文庫

策劃　楊榮川

五南圖書出版公司 印行

經典名著文庫

學術評議者簡介（依姓氏筆畫排序）

- 丘為君　美國俄亥俄州立大學歷史研究所博士
- 吳惠林　美國芝加哥大學經濟系訪問研究、臺灣大學經濟系博士
- 宋鎮照　美國佛羅里達大學社會學博士
- 林玉体　美國愛荷華大學哲學博士
- 邱燮友　國立臺灣師範大學國文研究所文學碩士
- 洪漢鼎　德國杜塞爾多夫大學榮譽博士
- 孫效智　德國慕尼黑哲學院哲學博士
- 秦夢群　美國麥迪遜威斯康辛大學博士
- 高明士　日本東京大學歷史學博士
- 高宣揚　巴黎第一大學哲學系博士
- 張光宇　美國加州大學柏克萊校區語言學博士
- 張炳陽　國立臺灣大學哲學研究所博士
- 陳秀蓉　國立臺灣大學理學院心理學研究所臨床心理學組博士
- 陳思賢　美國約翰霍普金斯大學政治學博士
- 陳清秀　美國喬治城大學訪問研究、臺灣大學法學博士
- 陳鼓應　國立臺灣大學哲學研究所
- 曾永義　國家文學博士、中央研究院院士
- 黃光國　美國夏威夷大學社會心理學博士
- 黃光雄　國家教育學博士
- 黃昆輝　美國北科羅拉多州立大學博士
- 黃政傑　美國麥迪遜威斯康辛大學博士
- 楊維哲　美國普林斯頓大學數學博士
- 葉海煙　私立輔仁大學哲學研究所博士
- 葉國良　國立臺灣大學中文所博士
- 廖達琪　美國密西根大學政治學博士
- 劉滄龍　德國柏林洪堡大學哲學博士
- 黎建球　私立輔仁大學哲學研究所博士
- 盧美貴　國立臺灣師範大學教育學博士
- 薛化元　國立臺灣大學歷史學系博士
- 謝宗林　美國聖路易華盛頓大學經濟研究所博士候選人
- 簡成熙　國立高雄師範大學教育研究所博士
- 顏厥安　德國慕尼黑大學法學博士

經典名著文庫133

西方哲學史 上卷

A History of Western Philosophy

英・伯特蘭・羅素 著
(Bertrand Russell)
何兆武、李約瑟 譯

經典永恆・名著常在

五十週年的獻禮・「經典名著文庫」出版緣起

總策劃 楊榮川

五南，五十年了。半個世紀，人生旅程的一大半，我們走過來了。不敢說有多大成就，至少沒有凋零。

五南忝為學術出版的一員，在大專教材、學術專著、知識讀本出版已逾壹萬參仟種之後，面對著當今圖書界媚俗的追逐、淺碟化的內容以及碎片化的資訊圖景當中，我們思索著：邁向百年的未來歷程裡，我們能為知識界、文化學術界做些什麼？在速食文化的生態下，有什麼值得讓人雋永品味的？

歷代經典・當今名著，經過時間的洗禮，千錘百鍊，流傳至今，光芒耀人；不僅使我們能領悟前人的智慧，同時也增深加廣我們思考的深度與視野。十九世紀唯意志論開創者叔本華，在其〈論閱讀和書籍〉文中指出：「對任何時代所謂的暢銷書要持謹慎的態度。」他覺得讀書應該精挑細選，把時間用來閱讀那些「古今中外的偉大人物的著作」，閱讀那些「站在人類之巓的著作及享受不朽聲譽的人們的作品」。閱讀就要「讀原著」，是他的體悟。他甚至認爲，閱讀經典原著，勝過於親炙教誨。他說：

「一個人的著作是這個人的思想菁華。所以，儘管一個人具有偉大的思想能力，但閱讀這個人的著作總會比與這個人的交往獲得更多的內容。就最重要的方面而言，閱讀這些著作的確可以取代，甚至遠遠超過與這個人的近身交往。」

爲什麼？原因正在於這些著作正是他思想的完整呈現，是他所有的思考、研究和學習的結果；而與這個人的交往卻是片斷的、支離的、隨機的。何況，想與之交談，如今時空，只能徒呼負負，空留神往而已。

三十歲就當芝加哥大學校長、四十六歲榮任名譽校長的赫欽斯（Robert M. Hutchins, 1899-1977），是力倡人文教育的大師。「教育要教眞理」，是其名言，強調「經典就是人文教育最佳的方式」。他認爲：

「西方學術思想傳遞下來的永恆學識，即那些不因時代變遷而有所減損其價值的古代經典及現代名著，乃是眞正的文化菁華所在。」

這些經典在一定程度上代表西方文明發展的軌跡，故而他爲大學擬訂了從柏拉圖的《理想國》，以至愛因斯坦的《相對論》，構成著名的「大學百本經典名著課程」。成爲大學通識教育課程的典範。

歷代經典·當今名著，超越了時空，價值永恆。五南跟業界一樣，過去已偶有引進，但都未系統化的完整舖陳。我們決心投入巨資，有計畫的系統梳選，成立「經典名著文庫」，希望收入古今中外思想性的、充滿睿智與獨見的經典、名著，包括：

- 歷經千百年的時間洗禮，依然耀明的著作。遠溯二千三百年前，亞里斯多德的《尼各馬科倫理學》、柏拉圖的《理想國》，還有奧古斯丁的《懺悔錄》。
- 聲震寰宇、澤流遐裔的著作。西方哲學不用說，東方哲學中，我國的孔孟、老莊哲學，古印度毗耶娑（Vyāsa）的《薄伽梵歌》、日本鈴木大拙的《禪與心理分析》，都不缺漏。
- 成就一家之言，獨領風騷之名著。諸如伽森狄（Pierre Gassendi）與笛卡兒論戰的《對笛卡兒沉思錄的詰難》、達爾文（Darwin）的《物種起源》、米塞斯（Mises）的《人的行爲》，以至當今印度獲得諾貝爾經濟學獎阿馬蒂亞·

森（Amartya Sen）的《貧困與饑荒》，及法國當代的哲學家及漢學家余蓮（François Jullien）的《功效論》。

梳選的書目已超過七百種，初期計劃首爲三百種。先從思想性的經典開始，漸次及於專業性的論著。「江山代有才人出，各領風騷數百年」，這是一項理想性的、永續性的巨大出版工程。不在意讀者的眾寡，只考慮它的學術價值，力求完整展現先哲思想的軌跡。雖然不符合商業經營模式的考量，但只要能爲知識界開啓一片智慧之窗，營造一座百花綻放的世界文明公園，任君遨遊、取菁吸蜜、嘉惠學子，於願足矣！

最後，要感謝學界的支持與熱心參與。擔任「學術評議」的專家，義務的提供建言；各書「導讀」的撰寫者，不計代價地導引讀者進入堂奧；而著譯者日以繼夜，伏案疾書，更是辛苦，感謝你們。也期待熱心文化傳承的智者參與耕耘，共同經營這座「世界文明公園」。如能得到廣大讀者的共鳴與滋潤，那麼經典永恆，名著常在。就不是夢想了！

二〇一七年八月一日 於

五南圖書出版公司

目錄

羅素，《西方哲學史》導讀／尤煌傑
美國版序言
英國版序言
緒論 …… 1
卷一　古代哲學
第一篇　前蘇格拉底哲學家 …… 17
第一章　希臘文明的興起 …… 18
第二章　米利都學派 …… 46
第三章　畢達哥拉斯 …… 52
第四章　赫拉克利特 …… 64

第五章　巴門尼德……78
第六章　恩培多克勒……85
第七章　雅典與文化的關係……92
第八章　阿那克薩哥拉……96
第九章　原子論者……99
第十章　普羅泰戈拉……112
第二篇　蘇格拉底、柏拉圖、亞里斯多德……123
第十一章　蘇格拉底……124
第十二章　斯巴達的影響……139
第十三章　柏拉圖見解的來源……153
第十四章　柏拉圖的烏托邦……157
第十五章　理念論……171
第十六章　柏拉圖的不朽論……187
第十七章　柏拉圖的宇宙生成論……201

第十八章　柏拉圖哲學中的知識與知覺……209
第十九章　亞里斯多德的形而上學……222
第二十章　亞里斯多德的倫理學……239
第二十一章　亞里斯多德的政治學……255
第二十二章　亞里斯多德的邏輯……268
第二十三章　亞里斯多德的物理學……279
第二十四章　希臘早期的數學與天文學……286

第三篇　亞里斯多德以後的古代哲學……299

第二十五章　希臘化世界……300
第二十六章　犬儒學派與懷疑派……314
第二十七章　伊比鳩魯派……328
第二十八章　斯多噶主義……344
第二十九章　羅馬帝國與文化的關係……368
第三十章　普羅提諾……384

卷二　天主教哲學

導言……405

第一篇　教父……413

第一章　猶太人的宗教發展……414

第二章　基督教最初的四個世紀……434

第三章　教會的三位博士……447

第四章　聖奧古斯丁的哲學與神學……470

第五章　西元五世紀和六世紀……489

第六章　聖邊奈狄克特與大格雷高里……502

第二篇　經院哲學家……517

第七章　黑暗時期中的羅馬教皇制……518

第八章　約翰・司各脫……533

第九章　西元十一世紀的教會改革……542

第　十　章　回教文化及其哲學……556
第十一章　西元十二世紀……567
第十二章　西元十三世紀……583
第十三章　聖湯瑪斯・阿奎那……596
第十四章　法蘭西斯教團的經院哲學家……611
第十五章　教皇制的衰落……627
名詞索引……641

羅素，《西方哲學史》導讀

輔仁大學哲學系教授　尤煌傑

一、關於作者與譯者

關於本書作者羅素（Bertrand Russell，西元一八七二—一九七〇年）是英國哲學家、數學家、邏輯學家，也是第三代羅素伯爵，祖父和父親都曾任英國上議院議員。西元一九五〇年獲頒諾貝爾文學獎，是繼西元一九二七年法國哲學家柏格森獲獎以來，第二位獲此獎項的哲學家。《西方哲學史》是在獲獎理由當中被提及的著作。這部著作的主要閱讀對象是爲一般大眾提供一個簡明的哲學史介紹。

羅素的著作豐富多元，除了專業的哲學論著之外，還涉及物理、倫理、教育、宗教等領域。此外，羅素是和平主義者，西元一九五四年四月發表《羅素——愛因斯坦宣言》，表達反戰的精神。他積極參與社會和平運動，甚至曾因此而短暫被監禁。

羅素在哲學史上的最主要貢獻是與懷德海（Alfred Whitehead，西元一八六一—一九四七年）、維根斯坦（Ludwig Wittgenstein，西元一八八九—一九五一年）等人創建了分析哲學。羅素與懷德海合著的《數學原理》（*Principia Mathematica*，西元一九一〇—一九一三年）成爲當代符號邏輯的奠基之作。

羅素曾於西元一九二〇年訪問俄國和中國，留駐北京講學一年，並曾到過湖南長沙，當時青年毛澤東曾擔任他的紀錄員。返回歐洲後著有《中國問題》一書，孫中山因此書而稱其爲「唯一眞正理解中國的西方人」。由於羅素和毛澤東有過早年的相識，又羅素和愛因斯坦聯名發表和平宣言，符合毛澤東的戰略需要，遂受邀再次訪華，羅素因年事已高，不克長途勞頓，辭謝邀訪。羅素回贈毛澤東《西方哲學史》，之後毛澤東指派何兆武翻譯，商務印書館出版。由於毛澤東是派祕書私下指派何兆武翻譯並不得向外透露，因而在文革時期何兆武因曾翻譯此書而被扣上反革命的帽子，幾經波折之後這項指控就不了了之。

二、關於本書

㈠西方哲學史的源起　從廣義的角度來看西方哲學界對「哲學史」的整理，我們可以說亞里斯多德在《形上學》裡，整理質料因、形式因、動力因的過程，其實就是一個對先蘇哲學的歷史整理。我們現今對這一時期的哲學活動，有相當大的成分來自亞里斯多德的整理。近代對於哲學史的重視開始於黑格爾哲學，但是有系統性整理哲學史的工作更早於黑格爾。根據趙雅博教授（西元一九一七－二〇一五年）的說法，「第一位有意寫哲學史的人，乃是艾爾諾，他的作品是：《哲學歷史七書，自有世界到我們今天，有關哲學家的來源、繼續、分派與生活》（Georgii Hornii, *historia philosophica libri septem: quibus de origine, successione, sectis & vita philosophorum ab orbe condito ad nostram aetatem agitur*, 1655.）」。

羅素的《西方哲學史》的書名下附加了以下的副標題：「及其與從古代到現代的政治、社會情況的連繫」（*History of Western Philosophy and its Connection with Political and Social*

Circumstances from the Earliest Times to the Present Day〉。羅素在〈美國版序言〉指出：「我的目的是要揭示，哲學乃是社會生活與政治生活的一個組成部分：它並不是卓越的個人所做出的孤立的思考，而是曾經有各種體系盛行過的各種社會性格的產物與成因。」這一點指出羅素撰寫哲學史的動機，不是僅止於在爲數眾多的哲學史著作中再增添一部無關緊要的著作而已。羅素的這個觀點其實提升了普羅大眾對於哲學有更深一層的認識，即哲學不是諸多科學當中的一個成員而已，它其實是社會生活、政治活動以及全部智慧活動的綜合動力來源，因此哲學才堪當眾科學之后。羅素對這個副標題的強調，也是發前人諸哲學史所未發。

西方學者寫哲學史大多把標題訂爲「A History of Philosophy」，意即他們所認定的唯一堪稱「哲學」的學術，就只有自古希臘發源的「愛智之學」。從東方人的角度來看哲學的歷史發展，印度思想和中國思想，也有許多符合希臘人之「愛智」精神的內涵。所以，我們也肯定有印度哲學和中國哲學的學術性地位。羅素和部分其他西方學者意識到哲學的廣延性，所以他們願意更謙虛地把書名訂爲「History of Western Philosophy」，以此名稱來指稱源自古希臘愛智之學流傳下來的學術傳統。這樣的訂名符合羅素作爲一位邏輯學者注重「指謂」的恰當性，也顯示他尊重東方思想存在價值的態度。

羅素在〈美國版序言〉的最後提及這本哲學史的前身是爲賓夕法尼亞大學的巴恩斯基金講座而寫的，這個講座的對象不全然是學術界的聽眾，包羅社會各階層人士都有，而羅素的講授內容也較爲主觀與隨意。所以，如果有人從嚴格的學術角度批評羅素的哲學史寫作，那當然不能滿意，因爲這也不是羅素寫此哲學史的初衷。羅素在〈美國版序言〉裡提到，他除了對萊布尼茲的思想內容較爲熟悉之外，其餘部分可能不及許多別的專家。羅素坦承這個不足並無礙於他對哲學史的寫作，因爲歷史上幾乎無法找出一位學者能貫通西方上下二千多年的各家各派哲學思想全貌，然後才寫出哲學史的著作。畢竟，哲學史不是爲歷史上的哲學家逐一立傳串接而成，它的重點在於指出思想流變的趨勢，從一個哲學問題的觸發，到如何提出解釋理論，以至於如何被發展成後繼的各種思想觀念，這才是值得關切的主旨。

㈡分析西方哲學史的視角　筆者認爲早期的希臘哲學思想在於詢問「物」是如何構成？在探索這個問題的過程，他們捨棄神話式的答案（世界各古老文明都有關於世界如何開始的神話故事），願意使用純粹的理性思考探索事物之根柢（相較於其他古文明這是最突出的特徵）。這個歷程完成於亞里斯多德的形上學理論，但是亞里斯多德的形上學雖然邁向第一因的探究，他還是沒有給出完滿的解答。第一因既然是「第一」，爲何還有多數的「第一因」？事物如何開始存在？在希臘時期還沒有出現「從無中生有的創造」的觀念，所以事物自始就是存在著的。

中世紀思想早期繼承柏拉圖思想，再結合基督信仰，傾向神祕主義與唯心論的發展，以奧古斯丁（Aurelius Augustinus）爲代表。早期中世紀也混雜著伊斯蘭信仰的哲學元素，對希臘哲學的詮釋作出貢獻。中世紀後期的思想，重新發掘亞里斯多德的思想，並補充基督信仰的創造論，形成士林哲學（Scholasticism），以湯瑪斯（Thomas Aquinas）爲代表。整個中世紀的主要哲學問題在於建構一個完整的形上學體系，這個形上學體系的根基在於證成第一因（神）的存在，所以「神存在證明」是這一時期最主要的課題之一。

近代從西元十五世紀之後，開始文藝復興時期，這段時期數學與自然科學蓬勃發展，牛頓物理學把對事物的觀察套上數學公式，讓物理學成了精確的科學。這個自然科學的躍進讓沉浸在思想觀念的形上學沉思受到極大衝擊。哲學思考的主軸從形上學轉向認識論，嘗試解答我們是如何獲得事物的觀念。代表理性主義的笛卡兒（René Descartes）從肯定「我思」（Cogito）作爲知識的起點，最終卻導致理性的獨斷論。代表經驗主義的休姆（David Hume）從感官經驗的印象作爲獲取觀念的起點，最終卻導致懷疑論。這兩派思想的矛盾，終於在康德（Immanuel Kant）的批判哲學得到解決。但是，康德的批判哲學重新詢問形上學是否可能？這個問題的結局卻導致不可知論，形成現象界與物自身的斷裂。康德之後的德國觀念論，認爲既然「物自身」不可知，就直接予以捨棄。於是德國觀念論以純粹觀念的辯證歷程來解釋世界的變化，黑格爾的絕對觀念論就是最終結論。他認爲：凡是合乎理性的東西都是現實的；凡是現實的東西都是合乎理性的。他的整套思想又回到思想觀念的世界，可以說是柏拉圖學說的進化版。

我們可以說從亞里斯多德哲學以降，直到黑格爾哲學，幾乎吻合了懷德海在《歷程與實在》（*Process and Reality*）所宣稱的「西方哲學二千多年的發展，無非就是柏拉圖哲學的註腳」。而當代哲學就如同羅素所宣稱的西元二十世紀的哲學是只有哲學家而無學派的時代。西元二十世紀的哲學仍然有許多學派或主義的稱號，在同一個圈子裡的哲學家，也只是有某些共同的觀念，但是各自的哲學理論則沒有直接的繼承關係或相同的結論。概括而言，西元二十世紀比較引人注意的哲學趨向，如：分析哲學或語言哲學是傾向於經驗論的延續，現象學或詮釋學是傾向於觀念論或形上學的延續，行動哲學（如：法蘭克福學派）是傾向實踐哲學的延續。這三大方向仍然不超出哲學分類的知識論、形上學、倫理學的主要框架。

上古、中古、近代三個時期，分別完成三個理論的循環，上古時期柏拉圖與亞里斯多德是希臘哲學的高峰，中古時期奧古斯丁和湯瑪斯是中世紀哲學的高峰，近代時期康德和黑格爾是近代哲學的高峰。至於當代哲學的發展就猶如一條歷史長河，傾瀉到平原地帶形成萬河奔流的三角洲，縱橫阡陌。

㈢羅素《西方哲學史》概觀　羅素的《西方哲學史》概分爲三卷，卷一：古代哲學（包含先蘇哲學、雅典哲學、亞里斯多德之後的哲學），卷二：天主教哲學①（包含教父哲學、士林哲學②），卷三：近代哲學（包含文藝復興到休姆、盧梭到現代）。

在本書的〈緒論〉裡，羅素大略地勾勒出他對西方哲學史發展的三大階段。第一階段是從

---

① 此處羅素原文使用「Catholic Philosophy」，本書中譯為「天主教哲學」。在中文中使用「天主教」這一譯名是對應於宗教改革之後的「新教」或今日通行的「基督教」，而稱為「天主教」。但是在中世紀初期並無新教與天主教並立的情形，對應此時期使用的「Catholic Philosophy」，宜改為「公教哲學」或「基督宗教哲學」。

② 此處羅素原文使用「The Schoolman」，本書中譯為「經院哲學家」。對於「The Schoolman」或「Scholasticism」許多中文翻譯均譯為「經院哲學家」或「經院哲學」，但是在華文世界真正從事此方面研究者都自認為應翻譯成「士林哲學家」或「士林哲學」，故特此說明，希望華文寫作者與讀者能尊重實際從事此方面研究者的專名指稱。又，中世紀所謂「School」並非單指「經院」，中世紀許多傑出的學者身兼神職與哲學家身分。中世紀士林哲學家的代表人物湯瑪斯講學於巴黎大學和那不勒斯大學，他的主要著作與講授對象多是在世俗大學授課時完成，並非在修道院內的著作。湯瑪斯的哲學思想特別強調哲學的進路不同於神學的進路。他的哲學並不是作為神學的僕人，但是他同意從哲學的進路與從神學的進路都可以觸及終極真理，兩者是協調而不矛盾的。

西元前六世紀的希臘哲學開始，這個階段開展哲學有別於神學（或神話）的思想內容。第二階段的重點時期從西元十一世紀到十四世紀，哲學受到天主教會的支配。第三階段自西元十七世紀至今日，更多部分受到科學的支配。

羅素對以上三個哲學史的發展時期，只是指出歷史上的三個較為突出的階段，如果回頭看看本書的目次，就可以發現在這三個階段中間還加入許多哲學家與學派，他們是作為銜接各主要階段的中介環節。

羅素認為神學、科學、哲學是三種基本的學術態度。神學知識來自確切知識之外的教條（如：權威或啓示），科學訴諸於人類的理性而獲得的知識，而哲學則是某種介乎神學與科學之間的東西。在本書的〈緒論〉羅素做了以上的分辨，也對西方哲學史的具體輪廓做了一個簡明的介紹。要了解羅素對《西方哲學史》所下的副標題的意義，我們應該特別注意羅素在全書三卷中的各卷〈導言〉的說明來看出他的特別用心之處。

在本書的卷一、第一篇、第一章〈希臘文明的興起〉，羅素指出在希臘文明興起的好幾千年之前，許多構成文明的因素已經存在於埃及、美索不達米亞平原。但是這些先於希臘的文明都還只是一種技術，而不是學術。例如：埃及人早已經從尼羅河的定期氾濫，發展出土地測量術，但是這個技術傳到了希臘才變成幾何學。其他諸如文字的發明、藝術創作、政治制度、宗教信仰以及神話系統，都是從更早期的文明繼承而來。希臘文化把這些文明轉化成更有體系的知識，並且從神話的世界觀進階到哲學的領域。這一章為希臘哲學如何誕生提出了詳細的說明，這是其他哲學史甚少有的做法。

在本書的卷二〈導言〉，羅素說明了西方哲學在中世紀時期，哲學與基督宗教的緊密而複雜的關係。羅素指出「中世紀世界與古代世界對比之下，是具有不同形式的二元對立的特徵的。有僧侶與世俗人的二元對立，拉丁與條頓的二元對立，天國與地上王國的二元對立，靈魂與肉體的二元對立等等。所有這一切都可以在教皇與皇帝的二元對立中表現出來。」「在希臘羅馬異教主義中，從來沒有像基督徒那樣，從一開始即須對上帝和凱撒，或用政治的名詞來說，對於國家和教會應盡的雙重忠誠。」從這個二元對比看出中世紀哲學的問題起源。

在本書的卷三、第一章〈總說〉，羅素指出了近代哲學所處的時代在科學與政治型態的改變，使哲學的發展方向也改變。哥白尼、伽利略、克卜勒開啓近代科學的發展。「科學的威信是近代大多數哲學家都承認的；由於它不是統治威信，而是理智上的威信，所以是一種和教會威信大不相同的東西。」就政治發展而言，「從美國獨立和法國大革命的時代以來，近代意義的民主制成了重大的政治力量。」政治型態的改變大致帶動了「自由主義的文化」。羅馬帝國代表古代的政治與社會，基督信仰的教會代表中世紀的政治與社會。羅素認爲這兩者都不圓滿，羅馬帝國缺乏理想，教會有理想但是未能實現。他說：「美滿而持久的社會秩序這個問題，只有把羅馬帝國的鞏固和聖奧古斯丁的『神國』的理想結合起來，才能得到解決。爲做到這點，便需要有一種新的哲學。」從這裡看出來羅素對於西方哲學三階段的發展，他似乎認爲近現代哲學正處於哲學的歷史辯證發展的綜合階段。

羅素在這篇文章中再一次抨擊了中世紀哲學思想，他說：「教會威信宣稱自己的論斷絕對確實，萬年更改不了。」這句話如果指的是基督信仰的內容，固然無所疑義，但是如果指的是與基督信仰相關的哲學內容，則需要附帶辯解一下。中世紀哲學有所謂「永恆哲學」（philosophia perennis）之說，但是所謂「永恆」的意義在於強調哲學問題而不是哲學內容，主張任何時代的哲學都需要對於某些不可迴避的哲學問題提出解答或主張。

三、餘論

關於羅素的《西方哲學史》的批評也有不少，有些人批評羅素把跟哲學主流有距離的盧梭、拜倫寫進哲學史，顯得太隨意。另一方面，對於當代歐陸哲學卻又略而不談，顯得不足。也有認為本書討論哲學問題的篇幅比例太低等等。這些缺點確實是明擺的缺失，但是羅素特別強調哲學史的社會背景，讓初學者能從更廣泛的歷史背景來了解哲學思想的內在因素，也是無法掩飾的光芒。

有些專業研究哲學的學人，不認同羅素的哲學史可以當作嚴格哲學訓練的參考書。從這本書的篇幅和獨特的哲學視角來看，確實與眾不同，不符合對哲學專業訓練的需求。但是，如果把這本書當作引導初步認識哲學的業餘人士的讀物，則可以算是值得極力推薦的好書。

羅素這位哲學家是筆者在中學時代第一位認識的當代哲學家。《中國時報》民國六十四年三月十日，第十二版，一篇由張佛千撰寫的短文：〈什麼是哲學：羅素電視對話錄讀後之一〉，其中引了羅素的一句話：「科學是談我們知道的事情，哲學是談我們不知道的事情。」就因為這句話，把筆者吸引到哲學的探索空間直至今天。雖然如此，但是筆者所就讀的輔仁大學哲學系的老師們，除了邏輯方面的課題會提到羅素，其餘的講授和著述都很少論及羅素。雖然日後筆者的研究領域與羅素的哲學沒有交集，但是羅素的啓發仍然彌足珍貴。

近年筆者和內人潘小慧教授共同編著《哲學概論》教材，我們給學生們選讀的第一篇文章即來自羅素撰寫的*Problems of Philosophy*（1912）其中一篇「Philosophy as Liberation」，其主旨即在於透過哲學使人得以從各種成見的禁錮中得以解脫。潘教授認爲羅素最吸引她的一句話是《論教育》書中的：「There is pleasure in feeling alive.」（*On Education*, 1926）。

藉此導讀文希望能鼓勵所有對羅素哲學思想有興趣的朋友，從中得到各自的啓發和領悟。

美國版序言

目前已經有不少部哲學史了，我的目的並不是要僅僅在它們之中再加上一部。我的目的是要揭示，哲學乃是社會生活與政治生活的一個組成部分：它並不是卓越的個人所做出的孤立的思考，而是曾經有各種體系盛行過的各種社會性格的產物與成因。這一目的就要求我們對於一般歷史的敘述，比通常哲學史家所做的爲多。我還發覺這一點對於一般讀者未必是很熟悉的那幾段時期，尤其必要。經院哲學的大時代乃是西元十一世紀改革的產物，而這些改革又是對於前一個時期的頹廢腐化的反作用。如果對於羅馬滅亡與中古教權興起之間的那幾個世紀沒有一些知識的話，就會難於理解西元十二、三世紀知識界的氣氛。在處理這段時期時，正如處理其他時期一樣，我的目的僅僅在於提供——就造成哲學家們的時代而言，以及哲學家們對於其形成也與有力焉的那些時代而言——我認爲是若想對哲學家有同情的理解時，有必要加以敘述的一般歷史。

這種觀點的後果之一就是：它給予一個哲學家的地位，往往並不就是他的哲學的優異性所應得的地位。例如：就我來說，我認爲斯賓諾莎是比洛克更偉大的哲學家，但是他的影響卻小得多；因此我處理他就要比處理洛克簡略得多。有些人——例如：盧梭和拜倫——雖然在學術的意義上完全不是什麼哲學家，但是他們卻是如此深遠地影響了哲學思潮的氣質，以致於如果忽略了他們，便不可能理解哲學的發展。就這一方面而論，甚至於純粹的行動家們有時也具有很大的重要性；很少哲學家對於哲學的影響之大是能比得上亞歷山大大帝、查理曼或者拿破崙的。萊庫格斯如果確有其人的話，就更是一個顯著的例子了。

企圖包羅的時期既然是如此之廣，就必須要有大刀闊斧的選擇原則。我讀過一些標準的哲學史之後，得到了這樣一個結論：過分簡短的敘述是不會給讀者什麼有價值的東西的；因此我就把那些我以爲似乎不值得詳盡處理的人物（除了極少數的例外）完全略過不提。在我所討論的人物中，我只提到看來是與他們的生平以及他們的社會背景有關的東西；有時候，我甚至於把某些本身無關重要的細節也記錄下來，只要我認爲它們足以說明一個人或者他的時代。

最後，對研究我的龐大題材中的任何一部分的專家們，我還該說幾句辯解的話。關於任何一個哲學家，我的知識顯然不可能和一個研究範圍不太廣泛的人所能知道的相比。我毫不懷疑，很多人對於我所述及的任何一個哲學家——除了萊布尼茲之外——都比我知道得多。然而，如果這就成爲應該謹守緘默的充分理由，那麼結果就會沒有人可以論述某一狹隘的歷史片斷範圍以外的東西了。斯巴達對於盧梭的影響、柏拉圖對於西元十三世紀以前基督教哲學的影響、奈斯脫流斯教派①對於阿拉伯人以及從而對於阿奎那的影響、自從倫巴底諸城的興起直到今天爲止聖安布洛斯對於自由主義的政治哲學的影響，這都是一些只有在一部綜合性的歷史著作裡才能處理的題材。根據這些理由，我要求發現我對於自己題目中某些部分的知識顯得不足的讀者們見諒，如果不需要記住「時間如飛車」的話，我在這些方面的知識本來是會比較充分

① 即景教。——譯者

的。

本書得以問世要歸功於巴恩斯（Albert C. Barnes）博士，原稿是爲賓夕法尼亞大學的巴恩斯基金講座而寫的，其中有一部分曾講授過。

正如在最近十三年以來我的大部分工作一樣，我的妻子巴特雷西亞・羅素在研究方面以及在許多其他方面都曾大大地幫助過我。

伯特蘭・羅素

英國版序言

如果要使本書免於受到多於其所應得的嚴厲的批評（毫無疑問，嚴厲的批評是它所應得的）的話，作一些辯解和說明就是必要的。

向研究不同學派和個別哲學家們的專家們，應當說幾句辯解的話。對於我所論述的每一個哲學家，萊布尼茲可能例外，都有人比我知道得更多。然而，如果要寫一部涉及廣泛範圍的著作，這種情況就是難以避免的：既然我們並不是不死的神仙，則凡寫這樣書的人，其對於書中任何一部分所花費的時間，勢必比一個集中精力於一個作者或一個短時代的人所能花費的時間要少。有些對學術要求嚴格而毫不寬貸的人們會斷言：涉及廣泛範圍的書根本就不應當寫，或者，如果寫的話，也應當由許多作者的專題論文所組成。但是許多作者的合作是有其缺點的。如果在歷史的運動中有任何統一性，如果在前後所發生的事件之間有任何密切連繫；那麼，爲了把它表述出來，對前後不同時代所發生的事情就應在一個人的思想中加以綜合。一個研究盧梭的學者在正確敘述其和柏拉圖與普魯塔克書中的斯巴達的關係方面可能有困難，一個研究斯巴達的歷史學家未必就能先知般地意識到霍布斯、費希特和列寧。本書的目的正是要顯示這樣的關係，而這一目的只有通過進行廣泛範圍的考察才能完成。

哲學史已經很多了，但據我所知，還沒有一部其目的與我爲自己所定的完全相同。哲學家們既是果，也是因。他們是他們時代的社會環境和政治制度的結果，他們（如果幸運的話）也可能是塑造後來時代的政治制度信仰的原因。在大多數哲學史中，每一個哲學家都是彷彿出現於眞空中一樣；除了頂多和早先的哲學家思想有些連繫外，他們的見解總是被描述得好像和其他方面沒有關係似的。與此相反，在眞相所能容許的範圍內，我總是試圖把每一個哲學家顯示為他的環境的產物，顯示為一個以籠統而廣泛的形式，具體地並集中地表現了以他作為其中一個成員的社會所共有的思想與感情的人。

這就需要插入一些純粹社會史性質的篇章。如果沒有關於希臘化時代的一些知識，就沒有人能夠理解斯多噶派和伊比鳩魯派，如果不具備一些從西元第五世紀到第十五世紀基督教發展的知識，就不可能理解經院哲學。因此，我簡單扼要地敘述了在我看來對哲學思想最有影響的主要歷史梗概；對於某些讀者可能不很熟習的歷史，我還作了極為詳盡的敘述——例如：在初期中世史方面。但在這些歷史性的篇章裡，我已嚴格地摒除了任何看來對當時和後代哲學沒有，或很少有關係的情節。

在像本書這樣一部著作裡，材料的選擇是一個很難的問題。如果沒有細節，則作品就會空洞而乏味；如果有細節，又有過分冗長令人難以忍受的危險。我尋求了一個折中辦法，這就是只敘述那些在我看來具有相當重要性的哲學家；關於他們所提到的則是這樣一些細節，即使其本身不具有基本重要性，卻有著闡明或使描繪顯得生動的性質，因而是有價值的。

哲學，從遠古以來，就不僅是某些學派的問題，或少數學者之間的論爭問題。它乃是社會生活的一個重要部分，我就是試圖這樣來考慮它的。如果本書有任何貢獻的話，它就是從這樣一種觀點得來的。

本書的問世，應歸功於巴恩斯博士；它原是為賓夕法尼亞大學巴恩斯基金講座撰寫的，並曾部分地在該處講授過。

正如在最近十三年以來我的大多數著作一樣，在研究工作和其他許多方面，我曾受到我的妻子巴特雷西亞・羅素的大力協助。

緒論

我們所說的「哲學的」人生觀與世界觀乃是兩種因素的產物：一種是傳統的宗教與倫理觀念，另一種是可以稱之爲「科學的」那種研究，這是就科學這個詞的最廣泛的意義而言的。至於這兩種因素在哲學家的體系中所占的比例如何，則各個哲學家大不相同，但是唯有這兩者在某種程度上同時存在，才能構成哲學的特徵。

「哲學」這個詞曾經被人以各種方式使用過，有的比較廣泛，有的則比較狹隘。我是在一種很廣泛的意義上使用這個詞的，現在就把這一點解釋一下。

哲學，就我對這個詞的理解來說，乃是某種介乎神學與科學之間的東西。它和神學一樣，包含著人類對於那些迄今仍爲確切的知識所不能肯定的事物的思考；但是它又像科學一樣是訴之於人類的理性而不是訴之於權威的，不管是傳統的權威還是啓示的權威。一切確切的知識——我是這樣主張的——都屬於科學；一切涉及超乎確切知識之外的教條都屬於神學。但是介乎神學與科學之間還有一片受到雙方攻擊的無人之域，這片無人之域就是哲學。思辨的心靈所最感興趣的一切問題，幾乎都是科學所不能回答的問題；而神學家們的信心百倍的答案，也已不再像它們在過去的世紀裡那麼令人信服了。世界是分爲心和物嗎？如果是這樣，那麼心是什麼？物又是什麼？心是從屬於物的嗎？還是它具有獨立的能力呢？宇宙有沒有任何的統一性或者目的呢？它是不是朝著某一個目標演進的呢？究竟有沒有自然律呢？還是我們信仰自然律僅僅是出於我們愛好秩序的天性呢？人是不是天文學家所看到的那種樣子，是由不純粹的碳和水化合成的一塊微小的東西，無能地在一個渺小而又不重要的行星上爬行著呢？還是他是哈姆雷特所看到的那種樣子呢？也許他同時是兩者嗎？有沒有一種生活方式是高貴的，而另一種是卑賤的呢？還是一切的生活方式全屬虛幻無謂呢？假如有一種生活方式是高貴的，它所包含的內容又是什麼？我們又如何能夠實現它呢？善，爲了能夠值得受人尊重，就必須是永恆的嗎？或者說，哪怕宇宙是堅定不移地趨向於死亡，它也還是值得加以追求的嗎？究竟有沒有智慧這樣一種東西，還是看來彷彿是智慧的東西，僅僅是極精煉的愚蠢呢？對於這些問題，在實驗室裡是找不到答案的。各派神學都曾宣稱能夠做出極其確切的答案，但正是他們的這種確切性才使近代人滿腹狐疑地去觀察他們。對於這些問題的研究——如果不是對於它們的解答的話——就是哲學的業務了。

你也許會問，那麼爲什麼要在這些不能解決的問題上面浪費時間呢？對於這個問題，我們可以以一個歷史學家的身分來回答，也可以以一個面臨著宇宙孤寂的恐怖感的個人的身分來回答。

歷史學家所作的答案，在我力所能及的範圍內，將在本書內提出來。自從人類能夠自由思考以來，他們的行動在許多重要方面都有賴於他們對於世界與人生的各種理論，關於什麼是善什麼是惡的理論。這一點在今天正像在以往任何時候是同樣地眞確。要了解一個時代或一個民族，我們必須了解它的哲學；要了解它的哲學，我們必須在某種程度上自己就是哲學家。這裡就有一種互爲因果的關係，人們生活的環境在決定他們的哲學上起著很大的作用，然而反過來他們的哲學又在決定他們的環境上起著很大的作用。這種貫穿著許多世紀的交互作用就是本書的主題。

然而，也還有一種比較個人的答案。科學告訴我們的是我們所能夠知道的事物，但我們所能夠知道的是很少的；而我們如果忘記了我們所不能知道的是何等之多，那麼我們就會對許多極重要的事物變得麻木不仁了。另一方面，神學帶來了一種武斷的信念，說我們對於事實上我們是無知的事物具有知識，這樣一來就對於宇宙產生了一種狂妄的傲慢。在鮮明的希望與恐懼之前而不能確定，是會使人痛苦的；可是如果在沒有令人慰藉的神話故事的支持下，我們仍希望活下去的話，那麼我們就必須忍受這種不確定。無論是想把哲學所提出的這些問題忘卻，還是自稱我們已經找到了這些問題的確鑿無疑的答案，都是無益的事。教導人們在不能確定時怎樣生活下去而又不致為猶疑所困擾，也許這就是哲學在我們的時代仍然能為學哲學的人所做出的主要事情了。

與神學相區別的哲學，開始於西元前六世紀的希臘。在它經過了古代的歷程之後，隨著基督教的興起與羅馬的滅亡，它就又浸沒於神學之中。哲學的第二個偉大的時期自西元十一世紀起至十四世紀為止，除了像皇帝腓特烈二世（Frederick II，西元一一九五—一二五〇年）那樣極少數的偉大的叛逆者外，是完全受天主教會支配著的。這一時期以種種混亂而告結束，宗教改革就是這些混亂的最後結果。第三個時期，自西元十七世紀至今天，比起前兩個時期的任何一個來，更受著科學的支配；傳統的宗教信仰仍占重要地位，但卻感到有給自己作辯護的必要了；而每當科學似乎是使改造成為必要的時候，宗教信仰總是會被改造的。這一時期很少有哲學家在天主教立場上是正統派，而且在他們的思想裡世俗的國家也要比教會重要得多。

社會團結與個人自由，也像科學與宗教一樣，在一切的時期裡始終是處於一種衝突狀態或不安的妥協狀態。在希臘，社會團結是靠著對城邦的忠誠而得到保證的；即使是亞里斯多德（雖然在他那時候亞歷山大（Alexander）正在使得城邦成爲過時的陳跡），也看不出任何其他體制能有更多的優點。個人自由因個人對城邦的責任而被縮減的程度，是大有不同的。在斯巴達，個人所享有的自由要和在現在的德國或俄國一樣地少；在雅典，則除了偶爾的迫害外，公民在最好的時代裡曾享有過不受國家所限制的極大的自由。希臘思想直到亞里斯多德的時代爲止，一直爲希臘人對城邦的宗教熱誠與愛國熱誠所支配；它的倫理體系是適應於公民們的生活的，並且有著很大的政治成分在內。當希臘人最初臣服於馬其頓人，而後又臣服於羅馬人的時候，與他們獨立的歲月相適應的那些概念就不能再適用了。這就一方面，由於與傳統斷絕而喪失了蓬勃的生氣，而另一方面又產生了一種更爲個人化的、更缺少社會性的倫理。斯多噶派（Stoics）認爲有德的生活乃是一種靈魂對上帝的關係，而不是公民對國家的關係。這樣他們便爲基督教準備了道路，因爲基督教和斯多噶主義（Stoicism）一樣，起初也是非政治性的，在它最初的三個世紀裡，它的信徒們都是對政府毫無影響的。從亞歷山大到君士坦丁（Constantine）的六個半世紀裡，社會團結既不是靠哲學，也不是靠古代的忠誠，而是靠強力，最初是靠軍隊的強力，爾後則是靠行政機構的強力，才獲得保障的。羅馬軍隊、羅馬道路、羅馬法與羅馬官吏首先創立了，隨後又維繫了一個強大的中央集權的國家。沒有什麼是可以歸功於羅馬哲學的，因爲根本就沒有什麼羅馬哲學。

在這個漫長的時期裡，從自由的時代所繼承下來的希臘觀念經歷了一番逐漸轉化的過程。某些古老的觀念，尤其是那些我們認爲最富於宗教色彩的觀念，獲得了相對的重要性；而另外那些更富理性主義色彩的觀念則因爲它們不再符合時代的精神，就被人們拋棄了。後來的異教徒們就是以這種方式整理了希臘的傳統，使它終於能夠被吸收到基督教的教義裡來。

基督教把一個早已爲斯多噶派學說所包含了的、然而對古代的一般精神卻是陌生的重要見解給普及化了，我指的就是認爲一個人對上帝的責任要比他對國家的責任更爲必要的那種見解。像蘇格拉底和使徒們所說的「我們應該服從神更甚於服從人」的這種見解，在君士坦丁皈依基督教以後一直維持了下來，因爲早期基督徒的皇帝們都是阿利烏斯教派（Arians）或傾向於阿利烏斯主義（Arianism）。當皇帝變成了正統的教徒以後，這種見解就中斷了。在拜占庭帝國它卻仍然潛存著，正如後來它在俄羅斯帝國一樣，俄羅斯帝國的基督教本是從君士坦丁堡傳來的①。但是在西方，天主教的皇帝們幾乎是立即（除了高盧的某幾部分而外）就被異教徒的蠻人征服者所取而代之，於是宗教忠貞應優越於政治忠貞的思想就保存了下來，而且在某種程度上迄今依然保存著。

野蠻人的入侵中斷了西歐文明達六個世紀之久。但它在愛爾蘭卻不絕如縷，直到西元九世紀時丹麥人才摧毀了它；在它滅亡之前它還在那裡產生過一位出色的人物，即司各脫·厄雷根納（Scotus Erigena）。在東羅馬帝國，希臘文明以一種枯朽的形式繼續保存下去，好像在一間博物館裡面一樣，一直到西元一四五三年君士坦丁堡的陷落爲止。然而除了一種藝術上的傳統以及查士丁尼的羅馬法典以外，世界上並沒有什麼重要的東西是出自君士坦丁堡的。

在黑暗時代，自西元五世紀末葉至十一世紀中葉，西羅馬世界經歷了一些非常有趣的變

---

① 這就是為什麼現代的俄國人認為我們不應該服從辯證唯物主義更甚於服從史達林。

化。基督教所帶來的對上帝的責任與對國家的責任兩者之間的衝突，採取了教會與國王之間的衝突的形式，教皇的教權擴展到義大利、法國與西班牙、大不列顛與愛爾蘭、德國、斯堪地那維亞與波蘭。起初，除了在義大利和法國南部以外，教皇對於主教們和修道院長們的控制力量本是很薄弱的；但自從格雷高里七世（Gregory VII）的時代（西元十一世紀末）以來，教皇對他們就有了實際而有效的控制力量。從那時候起，教士在整個西歐就形成一個受羅馬指揮的單一組織，巧妙地而又無情地追逐著權勢；一直到西元一三〇〇年以後，他們在與世俗統治者的鬥爭之中通常總是勝利的。教會與國家之間的衝突不僅是一場教士與俗人的衝突，同時也是一場地中海世界與北方蠻族之間的衝突的重演。教會的統一就是羅馬帝國統一的反響；它的禱文是拉丁文，它的首腦人物主要是義大利人、西班牙人和法國南部人。他們的教育（當教育恢復起來之後）也是古典的；他們的法律觀念和政府觀念在馬可・奧理略（Marcus Aurelius）皇帝看來要比近代的君主們看來恐怕更容易理解。教會同時既代表著對過去的繼續，又代表著當時最文明的東西。

反之，世俗權力則掌握在條頓血統的王侯們的手中，他們企圖盡力保持他們從日耳曼森林裡所帶出來的種種制度。絕對的權力與這些制度是格格不入的；對於這些生氣勃勃的征服者們來說顯得是既沉悶而又毫無生氣的那些法律制度，情形也是如此。國王必須和封建貴族分享自己的權力，但是大家都希望不時地可以採取戰爭、謀殺、掠奪或者姦淫的形式以發洩激情。君主們也可以懺悔，因爲他們衷心裡是虔敬的，而且懺悔本身畢竟也是激情的一種形式。可是教會卻永遠也不能使他們有近代雇主所要求於，而且通常可以獲得於他的雇工們的那種循規蹈矩的良好品行。當精神激動的時候，如果他們不能喝酒、殺人、戀愛，那麼征服全世界又有什麼用呢？而且他們有勇敢的騎士隊伍，爲什麼要聽命於發誓獨身而又沒有兵權的書呆子呢？儘管教會不同意，他們仍然保存著決鬥和比武的審判方法，而且他們還發展了馬上比武和獻殷勤的戀愛。有時候，他們甚至一陣狂暴發作還會殺死顯赫的教士。

所有的武裝力量都在國王這方面，然而教會還是勝利的。教會獲得勝利，部分地是因爲它幾乎享有教育的獨占權，部分地是因爲國王們彼此經常互相作戰；但是除了極少數的例外，主要是因爲統治者和人民都深深地相信教會掌握著升天堂的鑰匙的權力。教會可以決定一個國王是否應該永恆地升天堂還是下地獄；教會可以解除臣民們效忠的責任，從而就可以鼓動反叛。此外，教會還代表著足以代替無政府狀態的秩序，因而就獲得了新興的商人階級的支持。尤其在義大利，這最後的一點是有決定意義的。

條頓人至少要保持教會一部分的獨立性的企圖，不僅表現在政治上，也表現在藝術、傳奇、騎士精神和戰爭上。但這一點卻很少表現在知識界，因爲教育差不多是完全限於教士階級的。中古時代所公開表現出來的哲學並不是一面精確的時代鏡子，而僅是一黨一派的思想鏡子。然而，就在教士裡面——尤其是方濟會修道士們——卻有相當數目的人，爲了各種原因，是和教皇有分歧的。此外，在義大利，文化傳播到俗人方面來要比在阿爾卑斯以北早上好幾個世紀。腓特烈二世曾試圖建立一種新宗教，這代表著反教廷文化的極端；而湯瑪斯・阿奎那誕生於腓特烈二世具有無上權威的那不勒斯王國，卻直到今天始終是教廷哲學的典型闡揚者。大約五十年之後，但丁（Dante）成就了一套綜合，並且給整個的中古觀念世界做出了唯一的一套均衡的發揮。

但丁以後，由於政治上的以及理智上的種種原因，中古哲學的綜合便破滅了。當中古哲學存在的時候，它具有一種整齊而又玲瓏完整的性質，這個體系所論述到的任何一點都是和它那極其有限的宇宙中的其他內容擺在一個非常精確的關係之上的。但是宗教大分裂、宗教大會運動以及文藝復興（Renaissance）的教廷終於導向宗教改革（the Reformation），宗教改革便摧毀了基督教世界的統一性以及經院學者以教皇爲中心的政府理論。在文藝復興時代，新的知識，無論是關於古代的或是關於地球表面的，都使人厭倦於理論體系；人們感到理論體系是座心靈的監獄。哥白尼天文學賦予地球的地位與人類的地位，遠比他們在托勒密的理論中所享有的地位要卑微得多。在知識分子中間，對新事物的樂趣代替了對於推理、分析、體系化的樂趣；雖然在藝術方面文藝復興仍然崇尚整齊有序，但是在思想方面它卻喜歡大量而繁複的混亂無章。在這方面，蒙田（Montaigne）是這一時代最典型的代表人物。

在政治理論方面，正像除了藝術以外的任何其他事物一樣，也發生了秩序的崩潰。中世紀，雖然事實上是動盪不寧的，但在思想上卻被一種要求合法性的熱情、被一種非常嚴謹的政權理論所支配著。一切權力總歸是出自上帝；上帝把神聖事物的權力交給了教皇，把俗世事情的權力交給了皇帝。但在西元十五世紀，教皇和皇帝同樣地都喪失了自己的重要性。教皇變成了僅僅是義大利諸侯的一員，他在義大利的強權政治裡面從事於種種令人難以置信的複雜而又無恥的勾當。在法國、西班牙和英國，新的君主專制的民族國家在他們自己的領土上享有的權力，無論是教皇或者皇帝都無力加以干涉的。民族國家，主要是由於有了火藥的緣故，對人們的思想和感情獲得了一種前所未有的影響，並且逐漸摧毀了羅馬所遺留下來的對於文明統一性的信念。

這種政治上的混亂情形在馬基維利（Machiavelli）的《君王論》（*Prince*）一書中得到了

表現。政治已沒有任何指導的原則，而成爲赤裸裸的爭奪權力了；至於怎樣才能把這種賭博玩得很成功，《君王論》一書也提出了很精明的意見。在希臘的偉大時代裡出現過的事，再一次出現於文藝復興的義大利：傳統的道德束縛消失了，因爲它們被人認爲是與迷信結合在一起的；從羈絆中獲得的解放，使得個人精力旺盛而富於創造力，從而便產生了極其罕見的天才的奔放；但是由於道德敗壞而不可避免地造成的無政府狀態與陰謀詭詐，卻使得義大利人在集體方面成爲無能的了，於是他們也像希臘人一樣，倒在了別的遠不如他們文明，但不像他們那樣缺乏社會團結力的民族的統治之下了。

然而結局並不像在希臘那麼慘重，因爲許多新的強而有力的民族表現出來他們自己也像義大利人以往那樣地能夠有偉大的成就，只有西班牙是例外。

從西元十六世紀以後，歐洲思想史便以宗教改革占主導地位。宗教改革是一場複雜的多方面的運動，它的成功也要歸功於多種多樣的原因。大體上，它是北方民族對於羅馬東山再起的統治的一種反抗。宗教曾經是征服歐洲北部的力量，但是宗教在義大利已經衰頹了：教廷作爲一種體制還存在著，並且從德國和英國吸取大量的貢賦，但是這些仍然虔誠的民族卻對於博基亞家族（the Borgios）和梅迪奇家族（the Medicis）不能懷有什麼敬意，這些家族藉口要從煉獄裡拯救人類的靈魂，而收斂錢財大肆揮霍在奢侈和不道德上。民族的動機、經濟的動機和道德的動機都結合在一起，就格外加強了對羅馬的反叛。此外，君王們不久就看出來，如果他們自己領土上的教會完全變成爲本民族的，他們便可以控制教會；這樣，他們在本土上就要比以往和教皇分享統治權的時候更加強而有力。由於這一切的原因，所以路德的神學改革在北歐的大部分地區，既受統治者歡迎，也受人民歡迎。

天主教教會有三個來源：它的聖教歷史②是猶太的，它的神學是希臘的，它的政府和教會法，至少間接地是羅馬的。宗教改革摒除了羅馬的成分，沖淡了希臘的成分，但是大大地加強了猶太的成分。它就這樣和民族主義的力量展開了合作，這些民族主義的力量正在摧毀著最初由羅馬帝國而後又被羅馬教會所造成的那種社會團結的成果。在天主教的學說裡，神聖的啓示並不因爲有聖書而結束，而是一代一代地通過教會的媒介繼續傳下來的；因此，個人的意見之服從於教會，就成爲每個人的責任。反之，新教徒則否認教會是傳達啓示的媒介；眞理只能求之於聖經，每一個人都可以自己解釋聖經。如果人們的解釋有了分歧，那麼也並沒有任何一個由神明所指定的權威可以解決這種分歧。實際上國家已經要求曾經屬於教會的權利了，但這乃是一種篡奪。在新教的理論裡，靈魂與上帝之間是不該有任何塵世的居間人的。

這一變化所起的作用是極其重大的。眞理不再需要請權威來肯定了，眞理只需要內心的思想來肯定。於是很快地就發展起來了一種趨勢，在政治方面趨向於無政府主義，而在宗教方面則趨向於神祕主義，這和天主教的正統體系始終是難於適應的。這時出現的並不只是一種新教而是許多的教派；不是一種與經院派相對立的哲學而是有多少位哲學家就有多少種哲學；不是像在西元十三世紀那樣，有一個皇帝與教皇相對立，而是有許許多多的異端的國王。結果無論在思想上還是在文學上，都有著一種不斷加深的主觀主義；起初這是作爲一種從精神奴役下要求全盤解放的活動，但它卻朝著一種不利於社會健康的個人孤立傾向而穩步前進了。

② 指聖經中所記述的歷史。——譯者

近代哲學始於笛卡兒，他基本上所肯定爲可靠的就是他自己和他的思想的存在，外在世界是由此而推出來的。這只是那個通過柏克萊、康德直到費希特的總的發展過程的第一個階段。到了費希特遂認爲萬物都只是自我的流溢。這是不健康的，從此之後，哲學一直在企圖從這種極端逃到日常生活的常識世界裡去。

政治上的無政府主義和哲學上的主觀主義攜手並進。早在路德在世的時候，就有些不受歡迎又不被承認的弟子們已經發展了再洗禮的學說了，這種學說有一個時期統治了明斯特城。再洗禮派摒棄一切的法律，因爲他們認爲好人是無時無刻不被聖靈所引導的，而聖靈又是不可能受任何公式的束縛的。從這個前提出發，他們就達到了共產主義與兩性雜交的結論；因此，他們在經過一段英勇抵抗之後終於被人消滅了。但是他們的學說卻採取了更柔和的形式而流傳到荷蘭、英國和美國；這就是歷史上貴格會（Quakerism）的起源。在西元十九世紀又產生了另一種形式更激烈的、已經和宗教不再有連繫的無政府主義。在俄國、西班牙，以及較小的程度上也在義大利，它都有過相當的成功；並且直到今天，它在美國移民當局的眼裡還是個可怕的怪物。這種近代的形式雖然是反宗教的，但是仍然具有很多的早期新教的精神；它的不同點主要就在於把路德針對著教皇的那種仇恨轉過來針對著世俗的政府。

主觀主義一旦脫韁之後，就只能一瀉到底而不能再被束縛於任何的界限之內。新教徒在道德上之強調個人的良心，本質上乃是無政府主義的。但習慣與風俗卻是如此之有力，以致於除了像明斯特那樣暫時的爆發而外，個人主義的信徒們在倫理方面仍然是按照傳統所認爲的道德方式來行動，但這是一種不穩定的平衡。西元十八世紀的「感性」崇拜開始破壞了這種平衡：一種行爲之受到讚美並不是因爲它有好結果或者因爲它與一種道德教條相符合，而是因爲它有那種把它激發起來的情操。從這種態度就發展了像卡萊爾（Carlyle）和尼采所表現的那種英雄崇拜，以及拜倫式的對於任何激情的崇拜。

浪漫主義運動在藝術上、文學上以及在政治上，都是和這種對人採取主觀主義的判斷方式相連繫著的，亦即不把人作爲集體的一個成員而是作爲一種美感上的愉悅的觀照對象。猛虎比綿羊更美麗，但是我們寧願把牠關在籠子裡。典型的浪漫派卻要把籠子打開來，欣賞猛虎消滅綿羊時那幕壯麗的縱身一躍。他鼓勵著人們想像他們自己是猛虎，可是如果他成功的話，結果並不會是完全愉快的。

針對著近代主觀主義的比較不健康的形式，曾經出現過各種不同的反應。首先是一種折中妥協的哲學，即自由主義的學說，它企圖給政府和個人指定其各自的領域。這種學說的近代形式是從洛克開始的，洛克對於「熱情主義」——即再洗禮派的個人主義——和對於絕對的權威以及對傳統的盲目服從，是同樣地反對的。另一種更澈底的反抗則導致了國家崇拜的理論，這種理論把天主教所給予教會，甚至於有時候是給予上帝的那種地位給了國家。霍布斯、盧梭和黑格爾代表了這種理論的各個不同方面，而他們的學說在實踐上就體現爲克倫威爾（Cromwell）、拿破崙（Napoleon）和近代的德國。共產主義在理論上是和這些哲學距離得非常遙遠的，但是在實踐上也趨向於一種與國家崇拜的結果極其相似的社會形態。

自從西元前六〇〇年直到今天這一全部漫長的發展史上，哲學家們可以分成希望加強社會約束的人與希望放鬆社會約束的人。與這種區別相連繫著的還有其他的區別。紀律主義分子宣揚著某種或新或舊的教條體系，並且因此在或多或少的程度上就不得不仇視科學，因爲他們的教條並不能從經驗上加以證明。他們幾乎總是教訓人說，幸福並不就是善，而唯有「崇高」或者「英雄主義」才是值得願望的。他們對於人性中的非理性的部分有著一種同情，因爲他們感到理性是不利於社會團結的。另外一方面，自由主義分子，除了極端的無政府主義者以外，都傾向於科學、功利與理性而反對激情，並且是一切較深刻形式的宗教的敵人。這種衝突早在我們所認爲的哲學興起之前就在希臘存在著了，並且在早期的希臘思想中已經十分顯著。它變成爲各種形式，一直持續到今天，並且無疑地將會持續到未來的時代。

很顯然，在這一爭論中——就像所有經歷了漫長時期而存留下來的爭論一樣——每一方都是部分正確的而又部分錯誤的。社會團結是必要的，但人類迄今還不曾有過單憑說理的論辯就能加強團結的事。每一個社會都受著兩種相對立的危險的威脅：一方面是由於過分講紀律與尊敬傳統而產生的僵化，另一方面是由於個人主義與個人獨立性的增長而使得合作成爲不可能，因而造成解體或者是對外來征服者的屈服。一般說來，重要的文明都是從一種嚴格和迷信的體系出發，逐漸地鬆弛下來，在一定的階段就達到了一個天才輝煌的時期；這時，舊傳統中的好東西繼續保存著，而在其解體之中所包含著的那些壞東西則還沒有來得及發展。但是隨著壞東西的發展，它就走向無政府主義，從而不可避免地走向一種新的暴政，同時產生出來一種受到新的教條體系所保證的新的綜合。自由主義的學說就是想要避免這種無休止的反覆的一種企圖。自由主義的本質就是企圖不根據非理性的教條而獲得一種社會秩序，並且除了爲保存社會所必需的束縛外，不再以更多的束縛來保證社會的安定。這種企圖是否可以成功，只有未來才能夠斷定了。

卷一 古代哲學

第一篇　前蘇格拉底哲學家

第一章　希臘文明的興起

在全部的歷史裡，最令人感到驚訝或難於解說的莫過於希臘文明的突然興起了。構成文明的大部分東西已經在埃及和美索不達米亞存在了好幾千年，又從那裡傳播到了四鄰的國家。但是其中卻始終缺少著某些因素，直等到希臘人才把它們提供出來。希臘人在文學藝術上的成就是大家熟知的，但是他們在純粹知識的領域上所做出的貢獻還要更加不平凡。他們首創了數學、[①]科學和哲學；他們最先寫出了有別於純粹編年表的歷史書；他們自由地思考著世界的性質和生活的目的，而不爲任何因襲的正統觀念的枷鎖所束縛。所發生的一切都是如此之令人驚異，以致於直到最近的時代，人們還滿足於驚嘆並神祕地談論著希臘的天才。然而現在已經有可能用科學的觀念來了解希臘的發展了，而且的確也值得我們這樣去做。

哲學是從泰利斯（Thales）開始的，他預言過一次日蝕，所以我們就很幸運地能夠根據這件事實來斷定他的年代；據天文學家說，這次日蝕出現於西元前五八五年。哲學和科學原是不分的，因此它們是一起誕生於西元前第六世紀的初期。在這以前，希臘及其鄰國曾發生過什麼

① 埃及和巴比倫人已經有了算術和幾何學了，但主要是憑經驗。從一般的前提來進行演繹的推理，這是希臘人的貢獻。

事情呢？任何一種回答都必然有一部分是揣測性的，但考古學在本世紀裡所給我們的知識已經比我們祖先們所掌握的要多得多了。

文字的發明在埃及大約是在西元前四〇〇〇年左右，在巴比倫也晚不了太多。兩國的文字都是從象形的圖畫開始的。這些圖畫很快地就約定俗成，因而語詞是用會意文字來表示的，就像中國目前所仍然通行的那樣。在幾千年的過程裡，這種繁複的體系發展成了拼音的文字。

埃及和美索不達米亞早期文明的發展是由於有尼羅河、底格里斯河和幼發拉底河，它們使得農業易於進行而又產量豐富。這些文明在許多方面都有些像西班牙人在墨西哥和祕魯所發現的文明。這裡有一個具有專制權力的神聖國王；在埃及，他還領有全部的土地。這裡有一種多神教，國王和這種多神教的至高無上的神有著特殊親密的關係。有軍事貴族，也有祭司貴族。如果君主懦弱或者戰爭不利，祭司貴族往往能夠侵凌王權。土地的耕種者是農奴，隸屬於國王、貴族或祭司。

埃及的神學和巴比倫的神學頗爲不同。埃及人主要的關懷是死亡，他們相信死者的靈魂要進入陰間，在那裡，奧西里斯（Osiris）要根據他們在地上的生活方式來審判他們。他們以爲靈魂終會回到身體裡面來的；這就產生了木乃伊以及豪華的陵墓建築。金字塔群就是西元前四〇〇〇年末葉和三〇〇〇年初葉的歷代國王們所建造的。這一時期以後，埃及文明就變得愈來愈僵化了，並且宗教上的保守主義使得進步成爲不可能。約當西元前一八〇〇年，埃及被稱爲希克索斯人的閃族人所征服，他們統治埃及約有兩個世紀。他們在埃及並沒有留下持久的痕跡，但是他們在這裡的出現一定曾經有助於埃及文明在敘利亞和巴勒斯坦的傳播。

巴比倫的發展史比埃及更帶有黷武好戰的性質。最初的統治種族並不是閃族，而是「蘇美」人，這種人的起源我們還不清楚。他們發明了楔形文字，征服者的閃族就是從他們這裡接受了楔形文字的。曾經有一個時期，有許多獨立的城邦彼此互相作戰；但是最後巴比倫稱霸，並且建立了一個帝國。其他城邦的神就變成了附屬的神，而巴比倫的神馬爾杜克（Markduk）便獲得了有如後來宙斯（Zeus）在希臘眾神之中所占的那種地位。在埃及也出現過同樣的情形，只是時間更早得多。埃及與巴比倫的宗教正像其他古代的宗教一樣，本來都是一種生殖性能崇拜。大地是陰性的，而太陽是陽性的。公牛通常被認爲是陽性生殖性能的化身，牛神是非常普遍的。在巴比倫，大地女神伊絲塔（Ishtar）在眾女神之中是至高無上的。這位「偉大的母親」在整個西亞以各種不同的名稱而受人崇拜。當希臘殖民者在小亞細亞爲她建築神殿的時候，他們就稱她爲阿蒂蜜斯，並且把原有的禮拜儀式接受過來。這就是「以弗所人的黛安娜」（Diana of the Ephesians）②的起源。基督教又把她轉化成爲處女瑪利亞，但是到了以弗所宗教大會上才規定把「聖母」這個頭銜加給我們的教母。

只要一種宗教和一個帝國政府結合在一起，政治的動機就會大大改變宗教的原始面貌。一個男神或一個女神便會和國家連繫起來，祂不僅要保證豐收，而且還要保證戰爭勝利。富有的祭司階級規定出一套教禮和神學，並且把帝國各個組成部分的一些神都安排在一個萬神殿裡。

透過與政府的連繫，神也就和道德有了連繫。立法者從神那裡接受了祂們的法典，因此犯法就是褻瀆神明。現在所知的最古老的法典，就是西元前二一〇〇年左右巴比倫王漢摩拉比

② 黛安娜是阿蒂蜜斯的拉丁文的名稱。在希臘文的聖經裡提到的是阿蒂蜜斯，而英譯本則稱為黛安娜。

（Hammurabi）的法典；國王宣告這一法典是由馬爾杜克交付給他的。在整個的古代，道德與宗教之間的這種連繫變得愈來愈密切。

巴比倫的宗教與埃及的宗教不同，它更關心的是現世的繁榮而不是來世的幸福。巫術、占卜和占星術雖然並不是巴比倫所特有的，然而在這裡卻比在其他地方更爲發達，並且主要地是透過巴比倫它們才在古代的後期獲得了它們的地位。從巴比倫也流傳下來了某些屬於科學的東西：一日分爲二十四小時，圓周爲三百六十度；以及日月蝕週期的發現。這就使他們能夠準確地預言月蝕，並能以某種機率來預言日蝕。巴比倫的這種知識，我們下面將會看到，泰利斯是得到了的。

埃及與美索不達米亞的文明是農業的文明，而周圍民族的文明最初則是畜牧的文明。商業的發展起初幾乎完全是海上的，隨著商業的發展就出現了一種新的因素。直到西元前一〇〇〇年左右，武器還是用青銅製造的，有些國家自己本土上並不具備這種必需的金屬，便不得不從事貿易或者海盜掠奪以求獲得它們。海盜掠奪只是一時的權宜，而在社會與政治條件相當穩定的地方，商業就被人認爲更加有利可圖。在商業方面，克里特島似乎是先驅者。大約有十一個世紀之久，可以說從西元前二五〇〇至西元前一四〇〇年，在克里特曾存在過一種藝術上極爲先進的文化，被稱爲邁諾斯（Minoam）文化。克里特藝術的遺物給人一種歡愉的、幾乎是頹廢奢靡的印象，與埃及神殿那種令人可怖的陰鬱是迥然不同的。

關於這一重要的文明，在亞瑟・伊萬斯爵士以及其他諸人的發掘以前，人們幾乎是一無所知。那是一種航海民族的文明，與埃及保持著密切的接觸（除了希克索斯人統治的時代是例外）。從埃及的圖畫裡顯然可以看出，克里特的水手們在埃及和克里特之間進行過相當可觀的商業，這種商業約當西元前一五〇〇年左右達到了它的頂峰。克里特的宗教似乎與敘利亞和小亞細亞的宗教有著許多的相同之點，但是在藝術方面則與埃及的相同之點更多些，雖然克里特的藝術是非常有獨創性的，並且是充滿了可驚訝的生命力的。克里特文明的中心是所謂諾索斯的「邁諾斯宮」，古典希臘的傳說裡一直流傳著對它的追憶。克里特的宮殿是極其壯麗的，但是大約在西元前十四世紀的末期被毀掉了，或許是被希臘的侵略者所毀掉的。克里特歷史的紀年，是從在克里特所發現的埃及器物以及在埃及所發現的克里特器物而推斷出來的；我們的知識全都是靠著考古學上的證據。

克里特人崇拜一個女神，也許是幾個女神。最爲明確無疑的女神就是「動物的女主人」，她是一個女獵人，或許就是古典的阿蒂蜜斯的起源[③]。她或者另一女神，也是一位母親；除了「動物的男主人」而外，唯一的男神就是她的少子。有證據可以說明克里特人是信仰死後的生命的，正如埃及的信仰一樣，認爲人死之後，生前的作爲就要受到賞罰。但是總的來說，從克里特的藝術上看，似乎他們是歡愉的民族，並沒有受到陰沉的迷信的很大壓迫。他們喜歡鬥牛，鬥牛時女鬥士和男鬥士一樣地表演出驚人的絕技。鬥牛是宗教儀式，亞瑟．伊萬斯爵士以爲鬥牛者屬於最高的貴族。傳下來的圖畫都是非常生動而逼眞的。

克里特人有一種直線形的文字，但是還沒有人能夠辨識。他們在國內是和平的，他們的城

---

③ 她有一個孿生弟兄或配偶，就是「動物的男主人」。但是他比較不重要。把阿蒂蜜斯與小亞細亞的偉大的母親當成一個人，乃是後來的事。

市沒有城牆；他們無疑地是受海權的保護的。

在邁諾斯文明毀滅之前，約當西元前一六〇〇年左右，它傳到了希臘大陸，在大陸上經歷了逐漸蛻化的階段直至西元前九〇〇年爲止。這種大陸文明就叫邁錫尼（Mycenaean）文明；它是由於發掘帝王的陵墓以及發掘山頂上的堡壘而被人發現的，這說明了他們比克里特島上的人更害怕戰爭。陵墓及堡壘始終都給古典希臘的想像力以強烈的印象。宮殿裡的較古老的藝術品若不是確實出於克里特工匠之手，也是與克里特工藝密切接近的。隔著一層朦朧的傳說所見到的邁錫尼文明，正是荷馬詩歌所描寫的文明。

關於邁錫尼人還有許多不清楚的地方。他們的文明是他們被克里特人所征服的結果嗎？他們說希臘語呢，抑或他們是一種較早的土著種族呢？對於這些問題還不可能有確切的答案，但是總的來說，他們很可能是說希臘語的征服者，並且至少貴族是來自北方的頭髮漂亮的侵入者，這些人帶來了希臘的語言④。希臘人前後以三次連續的浪潮進入希臘，最初是愛奧尼亞人（Ionians），然後是亞該亞人（Achaeans），最後是多利安人（Dorians）。愛奧尼亞人雖然是征服者，但似乎相當完整地採納了克里特的文明，正像後來羅馬人採納了希臘的文明一樣。但是愛奧尼亞人被他們的後繼者亞該亞人所侵擾，並且大部分被趕走了。從波伽茲科易所發掘出來的西臺人的書版裡，我們可以知道亞該亞人在西元前十四世紀曾有過一個龐大的有組織的

---

④ 見尼爾遜（Martin P. Nilsson）：《邁諾斯——邁錫尼宗教及其在希臘宗教中的殘餘》（*The Minoan-Mycenaean Religion and Its Survival in Greek Religion*），第一一頁以下。

帝國。邁錫尼文明已經被愛奧尼亞和亞該亞人的戰爭所削弱，實際上就被最後的希臘侵略者多利安人所毀滅了。以前的侵入者大部分採納了邁諾斯的宗教，但是多利安人卻保存了他們祖先的原始的印歐宗教。然而邁錫尼時代的宗教卻仍然不絕如縷，尤其是在下層階級之中；而古典時代希臘的宗教就是這兩種宗教的混合物。

雖然上述的情況可能是事實，但是我們必須記得我們並不知道邁錫尼人究竟是不是希臘人。我們所知道的只是他們的文明毀滅了，在它告終的時候，鐵就代替了青銅；並且有一個時期海上霸權轉到腓尼基人的手裡。

在邁錫尼時代的後期及其結束之後，有些入侵者定居下來變成了農耕者；而另有些入侵者則繼續推進，首先是進入希臘群島和小亞細亞，然後進入西西里和義大利南部，他們在這些地方建立了城市，靠海上貿易為生。希臘人最初便是在這些海上城市裡作出了對於文明的嶄新的貢獻；雅典的霸權是後來才出現的，而當它出現的時候也同樣地是和海權結合在一起的。

希臘大陸是多山地區，而且大部分是荒瘠不毛的。但是它有許多肥沃的山谷，通海便利，而彼此間方便的陸地交通則為群山所阻隔。在這些山谷裡，小小的各自分立的區域社會就成長起來，它們都以農業為生，通常環繞著一個靠近海的城市。在這種情況之下很自然的，任何區域社會的人口只要是增長太大而國內資源不敷時，在陸地上無法謀生的人就會去從事航海。大陸上的城邦就建立了殖民地，而且往往是在比本國更容易謀生得多的地方。因此在最早的歷史時期，小亞細亞、西西里和義大利的希臘人都要比大陸上的希臘人富有得多。

希臘不同地區的社會制度也是大有不同的。在斯巴達，少數貴族就靠著壓迫另一種族的農奴的勞動而過活；在較貧窮的農業區，人口主要的是那些靠著自己的家庭來耕種自己土地的農民們。但是在工商業繁榮的地區，自由的公民則由於使用奴隸而發財致富——採礦使用男奴隸，紡織則使用女奴隸。在愛奧尼亞，這些奴隸都是四鄰的野蠻人，照例最初都是戰爭中俘獲。財富愈增加，則有地位的婦女也就愈孤立，後來她們在希臘的文明生活裡幾乎沒有地位了，只有斯巴達是例外。

一般的發展情況是最初由君主制過渡到貴族制，然後又過渡到僭主制與民主制的交替出現。國王們並不像埃及的和巴比倫的國王那樣具有絕對的權力，他們須聽從元老會議的勸告，他們違背了習俗便不會不受懲罰。「僭主制」並不必然地意味著壞政府，而僅僅指一個不是由世襲而掌權的人的統治。「民主制」即指全體公民的政府，但其中不包括奴隸與女人。早期的僭主正像梅迪奇家族那樣，乃是由於他們是財閥政治中最富有的成員而獲得權力的。他們的財富來源往往是占有金銀礦，並且由於愛奧尼亞附近呂底亞王國傳來了新的鑄幣制度而大發其財[⑤]。鑄幣似乎是西元前七〇〇年以前不久被人發明的。

商業或海盜掠奪——起初這兩者是很難分別的——對於希臘人最重要的結果之一，就是使他們學會了書寫的藝術。雖然書寫在埃及和巴比倫已經存在幾千年了，而且邁諾斯的克里特人也曾有過一種文字（這種文字還沒有人能識別），然而並沒有任何決定性的證據可以證明希臘人在西元前十世紀左右以前是會寫字的。他們從腓尼基人那裡學到書寫的技術；腓尼基人正像其他敘利亞的居民一樣，受著埃及和巴比倫兩方面的影響，而且在愛奧尼亞、義大利和西西里

---

⑤ 見烏雷（P. N. Ure）：《僭主制的起源》（*The Origin of Tyranny*）。

的希臘城市興起之前，他們一直握有海上商業的霸權。西元前十四世紀時，敘利亞人給阿肯那頓（埃及的異端國王）寫信仍然使用巴比倫的楔形文字；但是推羅的西拉姆（西元前九六九－前九三六年）已經用腓尼基字母了，腓尼基字母或許就是從埃及文字中發展出來的。最初埃及人使用一種純粹的圖畫文字；這些圖畫日益通行以後就逐漸地代表音節（即圖形所代表的事物的名字的第一個音節），最後根據「A是一個射青蛙的射手」[6]的原則而代表單獨的字母了。最後的這一步埃及人自己並沒有完成，而是由腓尼基人完成的，而這就給了字母以一切的便利。希臘人又從腓尼基人那裡借來這種字母加以改變以適合他們自己的語言，並且加入了母音而不是像以往那樣僅有子音，從而就作出了重要的創造。毫無疑問，獲得了這種便利的書寫方法就大大促進了希臘文明的興起。

希臘文明第一個有名的產物就是荷馬（Homer）。關於荷馬的一切全都是推測，但是最好的意見似乎是認爲，他是一系列的詩人而並不是一個詩人。或許是伊里亞德（*Iliad*）和奧德賽（*Odyssey*）兩書完成的期間約占二百年的光景，有人說是從西元前七五〇－前五五〇年，[7]而另有人認爲「荷馬」在西元前八世紀末就差不多已經寫成了[8]。荷馬詩現存的形式是被比西斯垂塔斯帶給雅典的，他在西元前五六〇至前五二七年（包括間斷期）執政。從他那時

---

⑥ 例如希伯來字母的第三個字「gimel」指「駱駝」，而這個字的符號就是一幅約定俗成的駱駝圖形。

⑦ 貝洛赫（Beloch）：《希臘史》（*Griechische Geschichte*），第十二章。

⑧ 羅斯多夫采夫（Rostovtseff）：《古代世界史》（*History of the Ancient World*），卷一，第三九九頁。

以後，雅典的青年就背誦著荷馬，而這就成爲他們教育中最重要的部分。但在希臘的某些地區，特別是在斯巴達，荷馬直到較晚的時期，才享有同樣的聲望。

荷馬的詩歌好像後期中世紀的宮廷傳奇一樣，代表著一種已經開化了的貴族階級的觀點，它把當時在人民群眾中依然流行的各種迷信看成是下等人的東西而忽略過去。但是到了更後來的時期，許多這些迷信又都重見天日了。近代作家根據人類學而得到的結論是：荷馬絕不是原著者，而是一個修訂者，他是一個十八世紀式的古代神話的詮釋家，懷抱著一種上層階級文質彬彬的啓蒙理想。在荷馬詩歌中，代表宗教的奧林帕斯（Olympus）的神祇，無論是在當時或是在後世，都不是希臘人唯一崇拜的對象。在人民群眾的宗教中，還有著更黑暗、更野蠻的成分，它們雖然在希臘智慧的盛期被壓抑下去了，但是一等到衰弱或恐怖的時刻就會迸發出來。所以每逢衰世便證明了，被荷馬所摒棄的那些宗教迷信在整個古典時代裡依然繼續保存著，只不過是半隱半顯罷了。這一事實說明了許多事情，否則的話，這些事情便似乎是矛盾而且令人感到驚異的了。

任何地方的原始宗教都是部族的，而非個人的。人們舉行一定的儀式，透過交感的魔力以增進部族的利益，尤其是促進植物、動物與人口的繁殖。冬至的時候，一定要祈求太陽不要再減少威力；春天與收穫季節也都要舉行適當的祭禮。這些祭禮往往能鼓動偉大的集體的熱情，個人在其中消失了自己的孤立感而覺得自己與全部族合爲一體。在全世界，當宗教演進到一定階段時，祭祀的動物和人都要按照祭禮被宰殺吃掉的。在不同的地區，這一階段出現的時期也頗爲不同。以人作犧牲的習俗通常都比把作爲犧牲的人吃掉的習俗要持續得更長久些；就在希臘歷史期開始時也還不曾消滅。不帶有這種殘酷的景象的祈求豐收的儀式，在全希臘也很普遍；特別是艾盧西斯神祕儀式的象徵主義，根本上是農業的。

必須承認，荷馬詩歌中的宗教並不很具有宗教氣味。神祇們完全是人性的，與人不同的只在於他們不死，並具有超人的威力。在道德上，祂們沒有什麼值得稱述的，而且也很難看出祂們怎麼能夠激起人們很多的敬畏。在被人認爲是晚出的幾節詩裡，是用一種伏爾泰式的不敬在處理神祇們的。在荷馬詩歌中所能發現與眞正宗教感情有關的，並不是奧林帕斯的神祇們，而是連宙斯也要服從的「運命」、「必然」與「定數」這些冥冥的存在。運命對於整個希臘的思想起了極大的影響，而且這也許就是科學之所以能得出對於自然律的信仰的淵源之一。

荷馬的神祇們乃是征服者的貴族階級的神祇，而不是那些實際在耕種土地的人們的有用的豐產之神。正如吉伯特・穆萊所說的[9]：

「大多數民族的神都自命曾經創造過世界，奧林帕斯的神並不自命如此。祂們所做的，主要是征服世界。……當祂們已經征服了王國之後，祂們又幹什麼呢？祂們關心政治嗎？祂們促進農業嗎？祂們從事商業和工業嗎？一點都不。祂們爲什麼要從事任何老實的工作呢？依靠租稅並對不納稅的人大發雷霆，在祂們看來倒是更爲舒適的生活。祂們都是些嗜好征服的首領，是些海盜之王。祂們既打仗，又宴飲，又遊玩，又作樂；祂們開懷痛飲，並大聲嘲笑那伺候著祂們的瘸鐵匠。他們只知怕自己的王，從來不知懼怕別的。除了在戀愛和戰爭中而外，祂們從來不說謊。」

---

⑨《希臘宗教的五個階段》（*Five Stages of Greek Religion*），第六七頁。

荷馬筆下的人間英雄們，在行爲上也一樣地不很好。爲首的家庭是庇勒普斯家族，但是它並沒有能夠成功地建立起一個幸福的家庭生活的榜樣。

「這個王朝的建立者，亞洲人坦達魯斯，是以直接對於神祇的進攻而開始其事業的；有人說，他是以企圖誘騙神祇們吃人肉，吃他自己的兒子庇勒普斯的肉而開始的。庇勒普斯在奇蹟般地復活了之後，也向神祇們進攻。他那場對比薩王奧諾謨斯的有名的車賽，是靠了後者的車夫米爾特勒斯的幫助而獲得勝利的。然後他又把他原來承諾給予報酬的同盟者幹掉，把他扔到海裡去。於是詛咒便以希臘人所稱爲『**阿特**』（ate）[10]的形式——如果實際上那不是完全不可抗拒的，至少也是一種強烈的犯罪衝動——傳給了他的兒子阿楚斯和柴耶斯特斯。柴耶斯特斯姦汙了他的嫂子，並且因而把家族的幸運，即有名的金毛羊，偷到了手中。阿楚斯反過來設法放逐了他的兄弟，而又在和解的藉口之下召他回來，宴請他吃自己孩子的肉。這種詛咒又由阿楚斯遺傳給他的兒子阿加曼儂。阿加曼儂由於殺了一隻獻祭的鹿而冒犯了阿蒂蜜斯；於是他犧牲自己的女兒伊雅菲珍妮來平息這位女神的盛怒，並得以使他的艦隊安全到達特洛伊。阿加曼儂又被他的不貞的妻子和她的情夫，即柴耶斯特斯所留下來的一個兒子厄極斯特斯，謀殺了。阿加曼儂的兒子奧瑞斯提斯又殺死了他的母親和厄極斯特斯，爲他的父親報了仇。」[11]

荷馬的詩作爲一部完成的定稿，乃是愛奧尼亞的產物，愛奧尼亞是希臘小亞細亞及其鄰

---

⑩ 按此字希臘文為「άτη」，指由天譴而招致的一種愚昧和對於是非善惡的模糊而言。——中譯本編者

⑪ 魯斯（H. J. Rose）：《希臘的原始文化》（*Primitive Culture in Greece*），一九二五年版，第一九三頁。

近島嶼的一部分。至遲當西元前六世紀的時候，荷馬的詩歌已經固定下來成爲目前的形式。也正是在這個世紀裡，希臘的科學、哲學與數學開始了。在同一個時期，世界上的其他部分也在發生著具有根本重要意義的事件。孔子、佛陀和瑣羅亞斯德（Zoroaster），如果他們確有其人的話，大概也是屬於這個世紀的[12]。在這個世紀的中葉，波斯帝國被居魯士建立起來了；到了這個世紀的末葉，曾被波斯人允許過有限度的自主權的愛奧尼亞的希臘城市舉行過一次未成功的叛變，這次叛變被大流士鎮壓下去，其中最優秀的人物都成了逃亡者。有幾位這個時期的哲學家就是流亡者，他們在希臘世界未遭奴役各部分，從一個城流浪到另一個城，傳播了直迄當時爲止主要地是侷限於愛奧尼亞的文明。他們在周遊的時候受到殷勤的款待。色諾芬尼（Xenophanes）也是一個流亡者，鼎盛期約當西元前六世紀後期，他說過：「在冬天的火旁，我們吃過一頓很好的飯，喝過美酒，嚼著豆子，躺在柔軟的床上的時候，我們就要談下面的這些話了：『您是哪一國人？您有多大年紀，老先生？米底人出現的時候，您是多大年紀？』」希臘的其他部分，在沙拉米戰役和普拉提亞戰役中，繼續保持了自己的獨立。此後，愛奧尼亞也獲得了一個時期的自由[13]。

⑫ 但是瑣羅亞斯德的年代揣測的成分很大。有人把他推早到西元前一〇〇〇年左右。見《劍橋古代史》（*Cambridge Ancient History*）卷四，第二〇七頁。

⑬ 雅典被斯巴達人擊敗的結果，是波斯人又獲得了小亞細亞的全部海岸，波斯人對該地的權利在安達希達斯和約（西元前三八七－前三八六年）中得到了承認。大約五十年以後，它們被併入亞歷山大帝國。

希臘分爲許多獨立的小國家，每個國家都包括一個城市及其附近的農業區。在希臘世界的各個不同地區，文明的水準是大有不同的，僅有少數的城市對於希臘成就的整體有過貢獻。關於斯巴達，我在後面還要詳細談到，它僅在軍事意義上是重要的，而並不是在文化上。哥林多是富庶且繁榮的，是一個巨大的商業中心，但是並沒有出現過多少偉大的人物。

其次，也有純粹農鄉的地區，例如：膾炙人口的阿加底亞，城市人都把它想像爲田園風光的，但它實際上卻充滿了古代的野蠻恐怖。

居民們崇拜牧神潘恩，他們有許多種豐收的祭儀，並且往往是以一根方柱代替神像來進行儀式的。山羊是豐收的象徵，因爲農民們太窮，不可能有牛。當糧食不夠的時候，人們就毆打潘恩的神像（在偏僻的中國鄉村裡，至今還仍然有類似的事情）。有一種想像中的狼人族，或許是與以人作犧牲以及吃人肉的風氣有關。那時以爲誰若是吃了作犧牲的人的祭肉，就會變成一個狼人。有一個供奉宙斯．里凱歐斯（即狼宙斯）的洞；在這個洞裡，人是沒有影子的，走進去的人在一年之內便要死掉。這一切迷信在古典時代還都仍然盛行著。⑭

潘恩原來的名字是「帕昂」，意思是飼養人或牧人；在西元前五世紀波斯戰爭之後，雅典人也採用了對潘恩的崇拜，於是祂便獲得了這個更爲人所熟悉的名字，而這個名字的意義翻譯出來就是「全神」⑮。

---

⑭ 羅斯（Rose）：《原始希臘》（*Primitive Greece*），第六五頁以下。

⑮ 哈里遜（J. E. Harrison）：《希臘宗教研究導言》（*Prolegomena to the Study of Greek Religion*），第六五一頁。

然而在古代的希臘也有許多東西，我們可以感覺到就是我們所理解的宗教。那不是和奧林帕斯諸神連繫在一起的，而是與戴奧尼索斯（Dionysus）或者說巴克斯（Bacchus）相連繫的，我們極其自然地把這個神想像成多少是一個不名譽的酗酒與酩酊大醉之神。由於對祂的崇拜便產生了一種深刻的神祕主義，它大大地影響了許多哲學家，甚至對於基督教神學的形成也起過一部分的作用；這種崇拜發展的途徑是極其值得注目的，任何一個想要研究希臘思想發展的人都必須好好加以理解。

戴奧尼索斯或者說巴克斯，原來是色雷斯的神。色雷斯人遠比不上希臘人文明，希臘人把色雷斯人看成是野蠻人。正像所有的原始農耕者一樣，他們也有各種豐收的祭儀和一個保護豐收之神，祂的名字便是巴克斯。巴克斯究竟是人形還是牛形，這一點始終不太清楚。當他們發現了製造麥酒的方法時，他們就認爲酣醉是神聖的，並讚美著巴克斯。後來他們知道了葡萄而又學會了飲葡萄酒的時候，他們就把巴克斯想像得更好了。於是祂保護豐收的作用，一般地就多少變成從屬於他對於葡萄以及因酒而產生的那種神聖的癲狂狀態所起的作用了。

對於巴克斯的崇拜究竟是什麼時候從色雷斯傳到希臘來的，我們並不清楚，但它似乎是剛剛在歷史時期開始之前。對巴克斯的崇拜遇到了正統派的敵視，然而這種崇拜畢竟確立起來了。它包含著許多野蠻的成分，例如：把野獸撕成一片片的，全部生吃下去。它有一種奇異的女權主義的成分。有身分的主婦們和少女們成群結隊地在荒山上整夜歡舞欲狂，那種酣醉部分地是由於酒力，但大部分卻是神祕性的。丈夫們覺得這種做法令人煩惱，但是卻不敢去反對宗教。這種又美麗而又野蠻的宗教儀式，是寫在歐里庇得斯（Euripides）的劇本《酒神》（*Bacchae*）之中的。

巴克斯在希臘的勝利並不令人驚異。正像所有開化得很快的社會一樣，希臘人，至少是某一部分希臘人，發展了一種對於原始事物的愛慕，以及一種對於比當時道德所認可的生活方式更爲本能的、更加熱烈的生活方式的熱望。對於那些由於強迫因而在行爲上比在感情上來得更文明的男人或女人，理性是可厭的，道德是一種負擔與奴役。這就在思想方面、感情方面與行爲方面引向一種反動。這裡與我們特別有關的是思想方面的反動，但是關於感情與行爲方面的反動要先談幾句話。

文明人之所以與野蠻人不同，主要的是在於**審愼**，或者用一個稍微更廣義的名詞，即**深謀遠慮**。他爲了將來的快樂，哪怕這種將來的快樂是相當遙遠的，而願意忍受目前的痛苦。這種習慣是隨著農業的興起而開始變得重要起來的；沒有一種動物，也沒有一種野蠻人會爲了冬天有糧食而在春天工作，除非是極少數純屬本能的行動方式，例如：蜜蜂釀蜜，或者松鼠埋栗子。在這種情況下，並沒有深謀遠慮；它只有一種直接行動的衝動，這對一個人類觀察者來說，顯然在後來證明了是有用的。唯有當一個人去做某一件事並不是因爲受衝動的驅使，而是因爲他的理性告訴他說，到了某個未來時期他會因此而受益的時候，這時候才出現了眞正的深謀遠慮。打獵不需要深謀遠慮，因爲那是愉快的；但耕種土地是一種勞動，而並不是出於自發的衝動就可以做得到的事。

文明之抑制衝動不僅是通過深謀遠慮（那是一種加於自我的抑制），而且還通過法律、習慣與宗教。這種抑制力是它從野蠻時代繼承來的，但是它使這種抑制力具有更少的本能性與更多的組織性。某些行動被認爲是犯罪的，要受到懲罰，另外又有些行動雖然不受法律懲罰，但被視爲是邪惡的，並且使犯有這種罪行的人遭受社會的指責。私有財產制度帶來了女性的從屬狀態，同時通常還創造出來一個奴隸階級。一方面是把社會的目的強加給個人，而另一方面，個人已經獲得了一種習慣把自己的一生視爲是一個整體，於是愈來愈多地爲著自己的未來而犧牲自己的現在。

很顯然的，這種過程可以推行得很過分，例如：守財奴便是如此。但是縱使不推行到這樣的極端，審愼也很容易造成喪失生命中某些最美好的事物。巴克斯的崇拜者就是對於審愼的反動。在沉醉狀態中，無論是肉體上或者是精神上，他都恢復了那種被審愼所摧毀了的強烈感情；他覺得世界充滿了歡愉和美；他的想像從日常顧慮的監獄裡面解放了出來。舉行巴克斯禮便造成了所謂的「激情狀態」，這個名詞在字源上是指神進入了崇拜者的體內，崇拜者相信自己已經與神合而爲一。人類成就中最偉大的東西大部分都包含有某種沉醉的成分⑯，某種程度上的以熱情來掃除審愼。沒有這種巴克斯的成分，生活便會沒有趣味；有了巴克斯的成分，生活便是危險的。審愼對熱情的衝突是一場貫穿著全部歷史的衝突。在這場衝突中，我們不應完全偏袒任何一方。

在思想的領域內，清醒的文明大體上與科學是同義語。但是毫不摻雜其他事物的科學，是不能使人滿足的；人也需要有熱情、藝術與宗教。科學可以給知識確定一個界限，但是不能給想像確定一個界限。在希臘哲學家之中，正像在後世哲學家中一樣，有些哲學家基本上是科學的，也有些哲學家基本上是宗教的；後者大部分都直接地或間接地受到巴克斯宗教的影響。這

⑯ 我是指精神的沉醉而不是指酗酒的沉醉。

特別適用於柏拉圖，並且透過他而適用於後來終於體現爲基督教神學的那些發展。

戴奧尼索斯的原始崇拜形式是野蠻的，在許多方面是令人反感的。它之影響了哲學家們並不是以這種形式，而是以奧菲斯（Orpheus）爲名的精神化了的形式，那是禁慾主義的，而且以精神的沉醉代替肉體的沉醉。

奧菲斯是一個朦朧但有趣的人物，有人認爲他確有其人，另外也有人認爲他是一個神，或者是一個想像中的英雄。傳說上認爲他像巴克斯一樣也來自色雷斯，但是他（或者說與他的名字相連繫著的運動）似乎更可能是來自克里特。可以斷定，奧菲斯教義包括了許多最初似乎是淵源於埃及的東西，而且埃及主要地是通過克里特而影響了希臘的。據說奧菲斯是一位改革者，他被巴克斯正統教義所鼓動起來的狂熱的酒神侍女們（maenads）撕成碎片。在這一傳說的古老形式中，他對音樂的嗜好並沒有像後來那麼重要。他基本上是一個祭司和哲學家。無論奧菲斯本人（如果確有其人的話）的教義是什麼，但奧菲斯教徒的教義是人所熟知的。他們相信靈魂的輪迴；他們教導說，按照人在世上的生活方式，靈魂可以獲得永恆的福祉或者遭受永恆的或暫時的痛苦。他們的目的是要達到「純潔」，部分地依靠淨化的教禮，部分地依靠避免某些種染汙。他們中間最正統的教徒忌吃肉食，除非是在舉行儀式的時候作爲聖餐來吃。他們認爲人部分地屬於地，也部分地屬於天；由於生活的純潔，屬於天的部分就增多，而屬於地的部分便減少。最後，一個人可以與巴克斯合一，於是便稱爲「一個巴克斯」。曾有過一種很精緻的神學，按照那種神學的說法，巴克斯曾經誕生過兩次，一次是從他的母親西彌麗誕生的，另一次是從他父親宙斯的大腿裡誕生的。

戴奧尼索斯[17]的神話有許多種形式。有一種說，戴奧尼索斯是宙斯和波瑟芬的兒子；他還是小孩子的時候就被巨人族撕碎，他們吃光了他的肉，只剩下來他的心。有人說，宙斯把這顆心給了西彌麗，另外有人說，宙斯吞掉了這顆心；無論哪一種說法，都形成了戴奧尼索斯第二次誕生的起源。巴克斯教徒把一隻野獸撕開並生吃牠的肉，這被認爲是重演巨人族撕碎並吃掉戴奧尼索斯的故事，而這隻野獸在某種意義上便是神的化身。巨人族是地所生的，但是吃了神之後，他們就獲有一點神性。所以人是部分地屬於地的，部分地屬於神的，而巴克斯教禮就是要使人更完全地接近神性。

歐里庇得斯讓一個奧菲斯祭司的口中唱出的一段自白是有教育意義的：[18]

主啊，你是歐洲泰爾的苗裔，
　宙斯之子啊，在你的腳下
　是克里特千百座的城池，
我從這個黯淡的神龕之前向你祈禱，
雕欄玉砌裝成的神龕，

---

⑰ 美國版作「巴克斯」，下同。——譯者

⑱ 本章中的詩歌係採用英國穆萊（Gilbert Murray）教授的英譯。

　飾著查立布的劍和野牛的血。
　天衣無縫的柏木棟梁屹然不動。
我的歲月在清流裡消逝。
我是伊地安宙夫⑲神的僕人，
　我得到了祕法心傳；
　我隨著查格魯斯⑳午夜遊蕩，
我已聽慣了他的呼聲如雷；
成就了他的紅與血的宴會，
　守護這偉大母親山頭上的火焰；
　我獲得了自由，而被賜名爲
披甲祭司中的一名巴克斯。
我全身已裝束潔白，我已

---

⑲ 被人很神祕地認為即巴克斯。

⑳ 巴克斯的許多名字之一。

洗淨了人間的罪惡與糞土
我的嘴從此禁絕了
再去觸及一切殺生害命的肉食。

奧菲斯教徒的書版已經在墳墓中被發現，那都是一些教誡，告訴死掉的靈魂如何在另一個世界裡尋找出路，以及爲了要證明自己配得上得救應該說些什麼話。這些書版都是殘缺不全的；其中最爲完整的一份（即裴特利亞書版）如下：

你將在九泉之下地府的左邊看到一泓泉水，
泉水旁矗立著一株白色的柏樹，
這條泉水你可不要走近。
但你在記憶湖邊將看到另一條泉水
寒水流湧，旁邊站著衛士。
你要說：「我是大地與星天的孩子；
但我的氏族卻僅屬於天，這你也知道。
看哪，我焦渴得要死了。請快給我
記憶湖中流湧出來的寒泉冷冽。」
他們自會給你飲那神聖的泉水
從此你就將君臨其他的英雄。……

另一個書版說道：「歡迎你，忍受了苦難的人。……你將由人變為神。」另外又有一個說道：「歡樂而有福的人，你將成為神，再也不會死亡。」

靈魂所不能喝的泉水就是列特，它會使人遺忘一切的；另一股泉水是聶摩沁，它會使人記憶一切。另一個世界的靈魂，如果想要得救，就不可遺忘，而相反地必須能有一種超乎自然的記憶力。

奧菲斯教徒是一個苦行的教派；酒對他們說來只是一種象徵，正像後來基督教的聖餐一樣。他們所追求的沉醉是「激情狀態」的那種沉醉，是與神合而為一的那種沉醉。他們相信以這種方式可以獲得以普通方法所不能得到的神祕知識。這種神祕的成分隨著畢達哥拉斯（Pythagoras）一起進入到希臘哲學裡面來，畢達哥拉斯就是奧菲斯教的一個改革者，正如奧菲斯是巴克斯教的一個改革者一樣。奧菲斯的成分從畢達哥拉斯進入到柏拉圖的哲學裡面來，又從柏拉圖進入了後來大部分多少帶有宗教性的哲學裡面來。

只要是奧菲斯教有影響的地方，就一定有著某種巴克斯的成分。其中之一便是女權主義的成分，畢達哥拉斯便有許多這種成分，而在柏拉圖，這種成分竟達到了要求女子在政治上完全與男子平等的地步。畢達哥拉斯說：「女性天然地更近於虔誠。」另一種巴克斯的成分是尊重激烈的感情。希臘悲劇是從戴奧尼索斯的祭祀之中產生的。歐里庇得斯尤其尊重奧菲斯教的兩個主要的神，即巴克斯與伊洛思。但他對於那種冷靜地自以為是而且行為端正的人，卻是毫無敬意的；在他的悲劇裡，那種人往往不是被逼瘋了，便是由於神憤怒他們的褻瀆神明而淪於憂患。

關於希臘人，傳統的看法是他們表現了一種可欽可敬的靜穆，這種靜穆使得他們能置身局外地來觀賞熱情，來觀察熱情所表現的一切美妙，而他們自己卻不動感情，有如奧林帕斯的神明一般。這是一種非常片面的看法。也許荷馬、索福克里斯與亞里斯多德是這樣，但是對那些直接間接地接觸了巴克斯和奧菲斯的影響的希臘人，情形就確乎不是這樣的了。艾盧西斯的神話構成了雅典國教的最神聖部分，在艾盧西斯，有一首頌歌唱道：

你的酒杯高高舉起，
你歡樂欲狂
萬歲啊！你，巴克斯，潘恩。你來到
艾盧西斯萬紫千紅的山谷。

在歐里庇得斯的《酒神》裡，酒神侍女的合唱顯示了詩與野蠻的結合，那與靜穆是截然相反的。她們慶賀肢解野獸的歡樂，當場把牠生吃了下去，並且歡唱著：

啊，歡樂啊，歡樂在高山頂上，
竟舞得精疲力竭使人神醉魂銷，
只剩下了神聖的鹿皮，
而其餘一切都一掃精光，
這種紅水奔流的快樂，
撕裂了的山羊鮮血淋漓，

拿過野獸來狼吞虎噬的光榮，
這時候山頂上已天光破曉，
向著弗里吉亞、呂狄亞的高山走去，
那是布羅米歐在引著我們上路。

（布羅米歐是巴克斯的許多名字之一。）酒神侍女們在山坡上的舞蹈不僅是狂野的；它還是一種逃避，是從文明的負擔和煩憂裡逃向非人間的美麗世界和清風與星月的自由裡面去。她們以另一種不很狂熱的情調又唱道：

它們會再來，再度的來臨嗎？
那些漫長、漫長的歌舞，
徹夜歌舞直到微弱的星光消逝。
我的歌喉將受清露的滋潤，
我的頭髮將受清風的沐浴？我們的白足
將在迷濛的太空中閃著光輝？
啊，綠原上奔跑的麋鹿的腳，
在青草中是那樣的孤獨而可愛；
被獵的動物逃出了陷阱和羅網，
歡欣跳躍再也不感到恐怖。

然而遠方仍然有一個聲音在呼喚，
有聲音，有恐怖，更有一群獵狗，
搜尋得多凶猛，啊，奔跑得多狂悍，
　沿著河流和峽谷不斷向前——
是歡樂呢還是恐懼？你疾如狂飆的足踵啊，
　你奔向著可愛的邃古無人的寂靜的土地，
那兒萬籟俱寂，在那綠蔭深處，
林中的小生命生活得無憂無慮。

在拾人牙慧地說什麼希臘人是「靜穆的」之前，你不妨想想假如費城的婦女們也是這樣的行徑吧，哪怕就是在歐根·奧尼爾的劇本裡。

奧菲斯的信徒並不比未經改造過的巴克斯崇拜者更為「靜穆」。對於奧菲斯的信徒來說，現世的生活就是痛苦與無聊。我們被束縛在一個輪子上，它在永無休止的生死環裡轉動著；我們的眞正生活是屬於天上的，但我們卻又被束縛在地上。唯有靠生命的淨化與否定以及一種苦行的生活，我們才能逃避這個輪子，而最後達到與神合一的天人感通。這絕不是那些能感到生命是輕鬆愉快的人的觀點。它更有似於黑人的靈歌：

當我回到了老家，
　我要向神訴說我的一切的煩惱。

雖非所有的希臘人，但有一大部分希臘人是熱情的、不幸的，處於與自我交戰的狀態，一方面被理智所驅遣，另一方面又被熱情所驅遣，既有想像天堂的能力，又有創造地獄的那種頑強的自我肯定力。他們有「什麼都不過分」的格言；但是事實上，他們什麼都是過分的——在純粹思想上，在詩歌上，在宗教上，以及在犯罪上。當他們偉大的時候，正是熱情與理智的這種結合使得他們偉大的。單只是熱情或單只是理智，在任何未來的時代都不會使世界改變面貌，有如希臘人所做過的那樣。他們在神話上的原始典型並不是奧林帕斯的宙斯而是普羅米修斯，普羅米修斯從天上帶來了火，卻因此而遭受著永恆的苦難。

然而，如果把它當做全體希臘人的特徵時，那麼上文所說的就會和以「靜穆」作爲希臘人的特徵的那種觀點是同樣的片面性了。事實上，在希臘有著兩種傾向，一種是熱情的、宗教的、神祕的、出世的，另一種是歡愉的、經驗的、理性的，並且是對獲得多種多樣事實的知識感到興趣的。希羅多德（Herodotus）就代表後一種傾向；最早的愛奧尼亞的哲學家們也是如此；亞里斯多德在一定的限度內也是如此。貝洛赫（前引書，第一卷，第一章，第四三四頁）描寫奧菲斯教說道：

「但是希臘民族是非常充滿青春活力的，它不能普遍接受任何一種否定現世並把現實的生命轉到來世上面去的信仰。因此奧菲斯的教義始終侷限於入教者的相當狹小的圈子之內，對於國教並沒有任何一點影響，甚至於在像雅典那樣已經在國家祭祀之中採用了神祕教的祭禮並且使之獲得法律的保障的地區，也是沒有一點影響的。整整過了一千年之後，這些觀念——當然在一種截然不同的神學外衣之下——才在希臘世界獲得了勝利。」

看起來，這似乎是過分的誇大，特別以對於飽和著奧菲斯教義的艾盧西斯神祕儀式爲然。大致可以說，具有宗教氣質的人都傾向於奧菲斯教，而理性主義者則都鄙視它。我們可以把它的地位和西元十八世紀末十九世紀初英國的衛理教派（Methodism）相比。

我們多少知道點一個有教養的希臘人從他的父親那裡學到什麼，但是在他的早年從他的母親那裡學到什麼，我們就知道得很少了；在很大的程度上希臘女人是與男人們所享受的文明隔絕開來的。即使在其全盛時代，無論有教養的雅典人的明確的自覺的心理過程是怎樣地理性主義，然而他們似乎從傳統中、從幼年時代起就保存著一種更爲原始的思想感情的方式，這種方式常常在重要的關頭很容易占優勢。因此，簡單地分析希臘的面貌就會是不恰當的了。

宗教，尤其是非奧林帕斯的宗教，對於希臘思想的影響，直到最近才被人們所充分地認識到。有一本革命性的書，哈里遜（Jane Harrison）的《希臘宗教研究導言》（*Prolegomena to the Study of Greek Religion*），著重指出了普通希臘人宗教中的原始成分與戴奧尼索斯的成分；康福德（F. M. Cornford）的《從宗教到哲學》（*From Religion of Philosophy*）一書，力圖使研究希臘哲學的學者們注意到宗教對於哲學家的影響，但是這本書中的解釋，或者這本書中的人類學，卻有很多地方是不能完全作爲信史接受的。我所知道的最公允的敘述要算是約翰・伯奈特（John Burnet）的《早期希臘哲學》（*Early Greek Philosophy*），尤其是第二章〈科學與宗教〉。伯奈特說，科學與宗教的衝突產生於「西元前六世紀席捲了全希臘的宗教復興」，同時，歷史舞臺也從愛奧尼亞轉到了西方。他說：「大陸希臘宗教的發展與愛奧尼亞的方式是很不相同的。特別是對戴奧尼索斯的崇拜——那是從色雷斯傳來的，荷馬詩歌中只不過是提到而已——包含著一種萌芽中的對於人與世界關係的全新的觀察方式。把任何崇高的觀點都歸之於色雷斯人本身當然是錯誤的；但是毫無疑問，對希臘人來說，天人感通的現象提示他們說靈魂絕不止於是自我的微弱的複本而已，而且唯有在靈魂『脫離肉體』的時候才能顯示出來它的眞正的性質。……」

「看起來，希臘宗教似乎是正將進入東方宗教所已達到的同樣階段；而且若不是由於科學的興起，我們很難看出有什麼東西能夠阻止這種趨勢。通常都說由於希臘人沒有祭司階級，所以使他們得免於東方式的宗教；然而這是倒果爲因的說法。祭司階級並不製造教條，雖然一旦有了教條之後，他們是要保存教條的；東方民族在他們發展的早期階段，也沒有上述意義的祭司階級。挽救了希臘的並不是由於沒有一個祭司階級，而是由於有科學的學派存在。」

「新的宗教——在某種意義上，它是新的，雖然在另一種意義上，它和人類是同樣地古老——隨著各個奧菲斯教團的建立而達到它發展的最高峰。就我們所能知道的而論，它們的發源地是阿提卡；但是它們傳播得異常迅速，尤其是在義大利南部和西西里。首先它們都是屬於崇拜戴奧尼索斯的組織；但是它們具有兩種特徵，這兩種特徵是希臘人中的新東西。他們渴望著有一種啓示作爲宗教權威的根源，他們還組成了人爲的社團。那些包含著他們的神學的詩篇據說是色雷斯的奧菲斯所作的，這位奧菲斯本人曾進入過地獄，因此他是一個穩妥的引導者，能夠使脫離了軀殼的靈魂在另一個世界裡度過種種危險。」

伯奈特繼續說，奧菲斯教派的信仰和大約同時在印度所流行的信仰，兩者之間有著驚人的相似之點，雖然他認爲它們不會有過任何的接觸。然後他就說到「orgy」（狂歡）這個字的原意，奧菲斯教派用這個字來指「聖禮」，並且以此來淨化信徒的靈魂使之得以逃離生之巨輪。奧菲斯教徒與奧林帕斯宗教的祭司不同，他們建立了我們所謂的教會，即宗教團體，不分種族或性別，人人可以參加；而且由於他們的影響，便出現了作爲一種生活方式的哲學觀念。

第二章　米利都學派

每本哲學史教科書所提到的第一件事都是哲學始於泰利斯，泰利斯說萬物是由水做成的。這會使初學者感到洩氣的，因爲初學者總是力圖——雖說也許並不是很艱苦地——對哲學懷抱一種似乎爲這門課程所應有的那種尊敬。然而我們卻有足夠的理由要推崇泰利斯，雖然也許是把他當成一位科學家而不是當成一位近代意義上的哲學家來推崇。

泰利斯是小亞細亞的米利都（Miletus）人，米利都是一個繁榮的商業都市，其中有大量的奴隸人口，而在自由民中富人和窮人之間又有著尖銳的階級鬥爭。「在米利都，人民最初獲得了勝利，殺死了貴族們的妻子兒女；後來貴族又占了上風，把他們的對方活活燒死，拿活人作火把將城內的廣場照得通亮。」①在泰利斯的時代，小亞細亞絕大多數的希臘城市裡都流行著類似的情況。

米利都正像愛奧尼亞其他的商業城市一樣，在西元前七世紀和六世紀，在經濟上與政治上有過重要的發展。最初政權屬於占有土地的貴族，但是逐漸地被商人財閥政治所代替。後來又被僭主所代替，僭主（照例）是由民主黨派的支持而獲得權力的。呂底亞王國位於希臘海岸城

① 羅斯多夫采夫：《古代世界史》第一卷，第二〇四頁。

市的東部，但是直到尼尼微的陷落（西元前六一二年）爲止，一直與這些城市維持著友好的關係。這使得呂底亞可以自由自在地專心對付西方，但是米利都通常總能夠與之保持友好關係，尤其是和最後一個呂底亞王克利索斯，克利索斯是西元前五四六年被居魯士所征服的。米利都也和埃及有著重要的關係，埃及王是依靠著希臘的傭兵的，並且開放了一些城市對希臘貿易。希臘在埃及最早的殖民地，是米利都衛隊所占據的一個要塞；但是西元前六一〇—前五六〇年這段時期，希臘在埃及最重要的殖民地是達弗尼。耶利米和其他許多猶太逃亡者就在這裡躲避過尼布甲尼撒大王（《耶利米書》（*Jeremiah*），第四十三章第五節以下）；雖然埃及毫無疑問地影響了希臘人，猶太人卻並沒有，我們也不能設想耶利米對於多疑的愛奧尼亞人除了恐懼之外，還會感到什麼別的。

我們知道關於泰利斯的年代最好的證據，就是他以預言一次日蝕而著名，根據天文學家的推算，這次日蝕一定是發生在西元前五八五年。其他現存的證據也都一致把他的活動大約放在這個時期，預言一次日蝕並不能證明他有什麼特殊的天才。米利都與呂底亞是聯盟，而呂底亞又與巴比倫有文化上的關係；巴比倫的天文學家已經發現了日蝕大約是每經十九年的週期就會出現一次。他們能夠大致完全成功地預言月蝕，但是在一個地方看得見的某次日蝕在別的地方卻看不見的這一事實卻妨礙了他們對於日蝕的預言。因此，他們只能知道到在某一定的日期便值得人們去期待日蝕的出現，這或許便是泰利斯所知道的全部。無論是泰利斯還是巴比倫人，都不知道爲什麼會有這種週期。

據說泰利斯曾經旅行過埃及，並且從這裡給希臘人帶來了幾何學。希臘人所知道的幾何學大體上是憑經驗的，並沒有理由可以相信泰利斯達到了像後來希臘人所發現的那種演繹式的證明。他似乎發現了怎樣根據在陸地上的兩點所做的觀察去推算船在海上的距離，以及如何從一個金字塔影子的長度去計算它的高度。有許多其他的幾何定理也都歸之於他的名下，但恐怕是歸錯了的。

他是希臘的七哲之一，七哲中每個人都特別以一句格言而聞名；傳說他的格言是：「水是最好的。」

根據亞里斯多德的記載，泰利斯以爲水是原質，其他一切都是由水造成的；泰利斯又提出大地是浮在水上的。亞里斯多德又提到，泰利斯說過磁石體內具有靈魂，因爲它可以使鐵移動；又說萬物都充滿了神。②

萬物都是由水構成的，這種說法可以認爲是科學的假說，而且絕不是愚蠢的假說。二十年以前，人們所接受的觀點是：萬物是由氫所構成的，水有三分之二是氫。希臘人是勇於大膽假設的，但至少米利都學派卻是準備從經驗上來考察這些假設的。關於泰利斯我們知道得太少了，因而不可能完全滿意地恢復他的學說，但是關於他的米利都學派的後繼者們，我們知道的要多得多；因此設想他的後繼者們的看法有些得自於泰利斯，這是十分合理的。他的科學和哲學都很粗糙，但卻能激發思想與觀察。

雖有許多關於他的傳說，但是我並不以爲人們所知道的多於我上面所提到這幾件事實。有幾個故事是很有趣的，例如亞里斯多德在他的《政治學》（*Politics*，一二五九ａ）所說的那

② 伯奈特（《早期希臘哲學》第五一頁）對於最後這種說法提出過疑問。

個故事：「人們指責他的貧困，認爲這就說明了哲學是無用的。據這個故事說，他由於精通天象，所以還在冬天的時候就知道來年的橄欖要有一場大豐收；於是他以他所有的一點錢作爲租用丘斯和米利都的全部橄欖榨油器的押金，由於當時沒有人跟他競價，他的租價是很低的。到了收穫的時節，突然間需要許多榨油器，他就恣意地抬高價錢，於是賺了一大筆錢；這樣他就向世界證明了只要哲學家們願意，就很容易發財致富，但是他們的雄心卻是屬於另外的一種。」

米利都派的第二個哲學家阿那克西曼德（Anaximander）比泰利斯更有趣得多，他的年代不能確定，但是據說在西元前五四六年他已經六十四歲了，並且我們有理由設想這種說法是多少近於眞相的。他認爲萬物都出於一種簡單的原質，但是那並不是泰利斯所提出的水，或者是我們所知道的任何其他的實質。它是無限的、永恆的而且無盡的，而且「它包圍著一切世界」——因爲他認爲我們的世界只是許多世界中的一個。原質可以轉化爲我們所熟悉的各式各樣的實質，它們又都可以互相轉化。關於這一點，他作出了一種重要的、極可注意的論述：

「萬物所由之而生的東西，萬物消滅後復歸於它，這是命運規定了的，因爲萬物按照時間的秩序，爲它們彼此間的不正義而互相償補。」

正義的觀念——無論是宇宙的，還是人間的——在希臘的宗教和哲學裡所占的地位，對於一個近代人來說並不是一下子很容易理解的；的確我們的「正義」這個詞很難表現出它的意義來，但是也很難找出別的更好的詞來。阿那克西曼德所表現的思想似乎是這樣的：世界上的火、土和水應該有一定的比例，但是每種元素（被理解爲是一種神）都永遠在企圖擴大自己的領土。然而有一種必然性或者自然律永遠地在校正著這種平衡，例如：只要有了火，就會有灰燼，灰燼就是土。這種正義的觀念——即不能逾越永恆固定的界限的觀念——是一種最深刻的希臘信仰。神祇正像人一樣，也要服從正義。但是這種至高無上的力量其本身是非人格的，而且不是至高無上的神。

阿那克西曼德有一種論據證明原質不是水，或任何別的已知元素。因爲如果其中的一種是始基，那麼它就會征服其他的元素。亞里斯多德又記載他曾經說過，這些已知的元素是彼此對立的。氣是冷的，水是潮的，而火是熱的。「因此，如果它們任何一種是無限的，那麼這時候其餘的便不能存在了。」因此，原質在這場宇宙鬥爭中必須是中立的。

有一種永恆的運動，在這一運動的過程中就出現了一切世界的起源。一切世界並不像在猶太教和基督教的神學裡所說的那樣是被創造出來的，而是演化出來的。在動物界也有演化。當溼元素被太陽蒸發的時候，其中便出現了活的生物，人像任何其他動物一樣也是從魚衍生出來的。人一定是從另一種不同的生物演變出來的，因爲由於人的嬰兒期很長，他若原來就像現在這樣，便一定不能夠生存下來了。

阿那克西曼德充滿了科學的好奇心。據說他是第一個繪製地圖的人。他認爲大地的形狀像一個圓柱。有各種不同的記載說是他曾說過：太陽像大地一樣大，或大於大地二十七倍，或大於大地二十八倍。

凡是在他有創見的地方，他總是科學的和理性主義的。

米利都學派三傑中的最後一個，阿那克西美尼（Anaximenes），並不像阿那克西曼德那樣有趣，但是他作出了一些重要的進步。他的年代不能十分確定。他一定在阿那克西曼德之後，而且一定是鼎盛於西元前四九四年以前，因爲在那一年波斯人鎮壓愛奧尼亞叛亂的時候，米利都城便被波斯人毀滅了。

他說基質是氣，靈魂是氣，火是稀薄化了的氣；當凝聚的時候，氣就先變爲水，如果再凝聚的時候就變爲土，最後就變爲石頭。這種理論所具有的優點是可以使不同的實質之間的一切區別都轉化爲量的區別，完全取決於凝聚的程度如何。

他認爲大地的形狀像一個圓桌，而且氣包圍著萬物。「正如我們的靈魂是氣，並且把我們結合在一起一樣，氣息和空氣也包圍著整個世界。」彷彿世界也是在呼吸著似的。

阿那克西美尼在古代要比阿那克西曼德更受人稱讚，雖然任何近代人都會做出相反的評價來。他對於畢達哥拉斯以及對於後來許多的思想都有著重要的影響。畢達哥拉斯學派發現大地是球狀的，但是原子論派則擁護阿那克西美尼的見解，認爲大地的形狀像一個圓盤。

米利都學派是重要的，並不是因爲它的成就，而是因爲它所嘗試的東西。它的產生是由於希臘的心靈與巴比倫和埃及相接觸的結果。米利都是一個富庶的商業城市，在那裡原始的偏見和迷信已經由於許多國家的相互交通而被沖淡了。愛奧尼亞直迄西元前五世紀初期被大流士所征服爲止，始終是希臘世界在文化上最重要的一部分。它幾乎完全沒有接觸到過與巴克斯和奧菲斯相關聯的宗教運動；它的宗教是奧林帕斯的，並且似乎從來不曾被人們認眞地對待過。泰利斯、阿那克西曼德和阿那克西美尼的思考可以認爲是科學的假說，而且很少表現出來夾雜有任何不恰當的神人同體的願望和道德的觀念。他們所提出的問題是很好的問題，而且他們的努力也鼓舞了後來的研究者。

希臘哲學的下一階段是和義大利南部的希臘城市相連繫著的，它有著更多的宗教性，特別是有著更多的奧菲斯教義——在某些方面是更有趣的，它的成就是可讚美的，但是它的精神卻比不上米利都學派那樣科學了。

第三章　畢達哥拉斯

畢達哥拉斯（Pythogoras）對古代和近代的影響是我這一章的主題，無論就他的聰明而論或是就他的不聰明而論，畢達哥拉斯都是自有生民以來在思想方面最重要的人物之一。數學，在證明式的演繹推論的意義上的數學，是從他開始的；而且數學在他的思想中乃是與一種特殊形式的神祕主義密切地結合在一起的。自從他那時以來，而且一部分是由於他的緣故，數學對於哲學的影響一直都是既深刻而又不幸的。

讓我們先從關於他生平已知的一些很少的事實談起。他是薩摩島的人，大約鼎盛於西元前五二三年。有人說他是一個殷實的公民叫做姆奈薩爾克的兒子，另有人說他是阿波羅（Apollo）神的兒子；我請讀者們在這兩說中自行選擇一種。在他的時代，薩摩被僭主波呂克拉底所統治著，他是一個發了大財的老流氓，有著一支龐大的海軍。

薩摩是米利都的商業競爭者；它的商人足跡遠達以礦產著名的西班牙塔爾特蘇斯地方。波呂克拉底大約於西元前五三五年成爲薩摩的僭主，一直統治到西元前五一五年爲止。他是不大顧慮道德的責難的；他趕走了他的兩個兄弟，他們原是和他一起從事僭主政治的，他的海軍大多用於進行海上掠奪。不久之前米利都臣服於波斯的這件事情對他非常有利。爲了阻止波斯人繼續向西擴張，他便和埃及國王阿馬西斯聯盟。但是當波斯王堪比西斯集中全力征服埃及時，波呂克拉底了識到他可能會勝利，於是就改變了立場。他派遣一支由他的政敵所組成的艦隊去進攻埃及，但是水兵們叛變了，回到薩摩島向他進攻。雖然他戰勝了他們，但是最後還是中了一樁利用他的貪財心的陰謀而垮臺了。在薩爾底斯的波斯總督假裝要背叛波斯大王，並願拿出一大筆錢來酬答波呂克拉底對他的援助；波呂克拉底到大陸上去會晤波斯總督時，便被捕獲並被釘死在十字架上。

波呂克拉底是一位藝術的保護者，並曾以許多了不起的建築美化了薩摩。安那克里昂就是他的宮廷詩人。然而畢達哥拉斯卻不喜歡他的政府，所以便離開了薩摩島。據說——而且不是不可能的——畢達哥拉斯到過埃及，他的大部分智慧都是在那裡學得的；無論情形如何，可以確定的是他最後定居於義大利南部的克羅頓。

義大利南部的各希臘城市也像薩摩島和米利都一樣，都是富庶繁榮的；此外，它們又遭受不到波斯人的威脅①。最大的兩個城市是西巴瑞斯和克羅頓。西巴瑞斯的奢華至今還眾所周知，據狄奧多羅斯（Diodorus）說，它的人口當全盛時期曾達三十萬人之多，雖然無疑地這是一種誇大。克羅頓與西巴瑞斯的大小大致相等。兩個城市都靠輸入愛奧尼亞的貨物至義大利為生，一部分貨物是作為義大利的消費品，一部分則從西部海岸轉出口至高盧和西班牙。義大利的許多希臘城市彼此激烈地進行征戰；當畢達哥拉斯到達克羅頓的時候，克羅頓剛剛被勞克瑞打敗。然而在畢達哥拉斯到達之後不久，克羅頓對西巴瑞斯的戰爭便取得了完全的勝利，西巴瑞斯澈底地被摧毀了（西元前五一〇年）。西巴瑞斯與米利都在商業上一直有密切的連繫。克

---

① 西西里的希臘城市是受著迦太基人的威脅的，但是在義大利，人們並不感到這種威脅的迫切。

羅頓以醫學著名；克羅頓有一個人德謨西底斯（Democedes）曾經做過波呂克拉底的御醫，後來又做過大流士的御醫。

畢達哥拉斯和他的弟子在克羅頓建立了一個團體，這個團體有一個時期在該城中是很有影響的。但是最後，公民們反對他，於是他就搬到梅達彭提翁（也在義大利南部），並死於此處。不久他就成爲一個神話式的人物，被賦予了種種奇蹟和神力，但是他也是一個數學家學派的創立者[②]。這樣，就有兩種相反的傳說爭論著他的事蹟，而眞相便很難弄清楚。

畢達哥拉斯是歷史上最有趣味而又最難理解的人物之一。不僅關於他的傳說幾乎是一堆難分難解的眞理與荒誕的混合，而且即使是在這些傳說的最單純最少爭論的形式裡，它們也向我們提供了一種最奇特的心理學。簡單地說來，可以把他描寫成是一種愛因斯坦（Einstein）與艾地夫人的結合。他建立了一種宗教，主要的教義是靈魂的輪迴[③]和吃豆子的罪惡性。他的宗

---

② 亞里斯多德說，畢達哥拉斯「最初從事數學和算學，後來一度不惜從事非里賽底斯所奉行的魔術」。

③ 「小丑：畢達哥拉斯對於野鳥有什麼意見？

馬伏里奧：他說我們祖母的靈魂也許在鳥兒的身體裡寄住過。

小丑：你對他的意見覺得怎樣？

馬：我認為靈魂是高貴的，絕對不贊成他的說法。

小丑：再見，你在黑暗裡住下去吧，等到你贊成了畢達哥拉斯的說法之後，我才會承認你的頭腦健全。」

（第十二夜）

（朱生豪譯：《莎士比亞戲劇集》卷二，第二八頁，作家出版社，一九五四）

教體現爲一種宗教團體，這一教團到處取得了對於國家的控制權並建立起一套聖人的統治。但是未經改過自新的人渴望著吃豆子，於是就遲早都反叛起來了。

畢達哥拉斯教派有一些規定是：

1. 禁食豆子。
2. 東西落下了，不要揀起來。
3. 不要去碰白公雞。
4. 不要擗開麵包。
5. 不要跨過門閂。
6. 不要用鐵撥火。
7. 不要吃整條麵包。
8. 不要摘花環。
9. 不要坐在量具上。
10. 不要吃心。
11. 不要在大路上行走。
12. 屋頂不許有燕子。
13. 鍋子從火上拿下來的時候，不要把鍋子的印跡留在灰上，而要把它抹掉。
14. 不要在燈的旁邊照鏡子。

15. 當你脫下睡衣的時候，要把它捲起，把身上的印跡整平④。

所有這些戒律都屬於原始的禁忌觀念。

康福德（《從宗教到哲學》）說，在他看來，「畢達哥拉斯學派代表著我們所認爲與科學傾向相對立的那種神祕傳統的主潮」。他認爲巴門尼德（Parmenides）——他稱之爲「邏輯的發現者」——「是畢達哥拉斯主義（Pythagoreanism）的一個支派，而柏拉圖本人則從義大利哲學獲得了他的靈感的主要來源」。他說畢達哥拉斯主義是奧菲斯教內部的一種改良運動，而奧菲斯教又是戴奧尼索斯崇拜中的改良運動。理性的東西與神祕的東西之互相對立貫穿著全部的歷史，它在希臘人中間最初表現爲奧林帕斯的神與其他較爲不開化的神之間的對立，後者更接近於人類學者們所研究的原始信仰。在這個分野上，畢達哥拉斯是站在神祕主義方面的，雖然他的神祕主義具有一種特殊的理智特性。他認爲他自己具有一種半神明的性質，而且似乎還曾說過，「既有人，又有神，也還有像畢達哥拉斯這樣的生物」。康福德說，受他所鼓舞的各種體系「都是傾向於出世的，把一切價值都置於上帝的不可見的統一性之中，並且把可見的世界斥爲虛幻的，說它是一種混濁的介質，其中上天的光線在霧色和黑暗之中遭到了破壞，受到了蒙蔽」。

狄凱阿克斯說，畢達哥拉斯教導說，「首先，靈魂是個不朽的東西，它可以轉變成別種生物；其次，凡是存在的事物，都要在某種循環裡再生，沒有什麼東西是絕對新的；一切生來具

---

④ 引自伯奈特《早期希臘哲學》。

有生命的東西都應該認爲是親屬」。⑤據說，畢達哥拉斯好像聖方濟（Saint Francis）一樣地曾向動物說法。

在他建立的團體裡，不分男女都可以參加；財產是公有的，而且有一種共同的生活方式，甚至於科學和數學的發現也認爲是集體的，而且，在一種神祕的意義上，都得歸功於畢達哥拉斯；甚至於在他死後也還是如此。梅達彭提翁的希巴索斯曾違反了這條規定，便因船隻失事而死，這是神對於他的不虔誠而震怒的結果。

但是這一切與數學又有什麼關係呢？它們是透過一種讚美沉思生活的道德觀而被連繫在一起的。伯奈特把這種道德觀總結如下：

> 「我們在這個世界上都是異鄉人，身體就是靈魂的墳墓，然而我們絕不可以自殺以求逃避；因爲我們是上帝的所有物，上帝是我們的牧人，沒有祂的命令我們就沒權力逃避。在現世生活裡有三種人，正像到奧林帕斯運動會上來的也有三種人一樣。那些來做買賣的人都屬於最低的一等，比他們高一等的是那些來競賽的人。然而，最高的一種乃是那些只是來觀看的人們。因此，一切中最偉大的淨化便是無所爲而爲的科學，唯有獻身於這種事業的人，亦即眞正的哲學家，才眞能使自己擺脫

---

⑤ 康福德：前引書，第二〇一頁。

『生之巨輪』。」⑥

文字含義的變化往往是非常有啓發意義的。我在上文已經提到「狂歡」（orgy）那個字；現在我就要談談「理論」（theory）這個字。這個字原來是奧菲斯教派的一個字，康福德解釋爲「熱情的動人的沉思」。他說，在這種狀態之中「觀察者與受苦難的上帝合而爲一，在祂的死亡中死去，又在祂的新生中復活」；對於畢達哥拉斯，這種「熱情的動人的沉思」乃是理智上的，而結果是得出數學的知識。這樣，透過了畢達哥拉斯主義，「理論」就逐漸地獲得了它的近代意義；然而對一切爲畢達哥拉斯所鼓舞的人們來說，它一直保存著一種狂醉式的啓示的成分。這一點，對於那些在學校裡無可奈何地學過一些數學的人們來說，好像是很奇怪的；然而對於那些時時經驗著由於數學上的豁然貫通而感到沉醉歡欣的人們來說，對於那些喜愛數學的人們來說，畢達哥拉斯的觀點則似乎是十分自然的，縱令它是不眞實的。彷彿經驗的哲學家只是材料的奴隸，而純粹的數學家，正像音樂家一樣，才是他那秩序井然的美麗世界的自由創造者。

最有趣的是，我們從伯奈特敘述的畢達哥拉斯的倫理學裡，可以看出與近代價值相反的觀念。譬如在一場足球賽裡，有近代頭腦的人總認爲足球運動員要比觀眾偉大得多。至於國家，情形也類似：他們對於政治家（政治家是比賽中的競爭者）的崇拜更甚於對於那些僅僅是旁觀

⑥《早期希臘哲學》，第一〇八頁。

者的人們。這一價值的變化與社會制度的改變有關——戰士、君子、財閥、獨裁者，各有其自己的善與眞的標準。君子在哲學理論方面曾經有過長期的當權時代，因爲他是和希臘天才結合在一起的，因爲沉思的德行獲得了神學的保證，也因爲無所爲而爲的眞理這一理想莊嚴化了學院的生活。君子可以定義爲平等人的社會中的一分子，他們靠奴隸勞動而過活，或者至少也是依靠那些毫無疑問地位卑賤的勞動人民而過活。應該注意到在這個定義裡也包括著聖人與賢人，因爲就這些聖賢的生活而論，他們也是耽於沉思的而不是積極活動的。

近代關於眞理的定義，例如：實用主義的和工具主義的關於眞理的定義，就是實用的而不是沉思的，它是由於與貴族政權相對的工業文明所激起的。

無論人們對於容許奴隸制存在的社會制度懷著怎樣的想法，但正是從上面那種意義的君子那裡，我們才有了純粹的數學。沉思的理想既然能引人創造出純粹的數學，所以就是一種有益的活動的根源；這一點就增加了它的威望，並使它在神學方面、倫理學方面和哲學方面獲得了一種在其他情況下所不能享有的成功。

關於畢達哥拉斯之作爲一個宗教的先知與作爲一個純粹的數學家這兩方面，我們已經解釋得很多了。在這兩方面，他都有著無可估計的影響，而且這兩方面在當時也不像近代人所想像的那樣是分離開來的。

大多數的科學從它們的一開始就是和某些錯誤的信仰形式連繫在一起的，這就使它們具有一種虛幻的價值。天文學和占星學連繫在一起，化學和煉丹術連繫在一起，數學則結合了一種更精緻的錯誤類型。數學的知識看來是可靠的、準確的，而且可以應用於眞實的世界。此外，它還是由於純粹的思維而獲得的，並不需要觀察。因此之故，人們就以爲它提供了日常經驗的知識所無能爲力的理想。人們根據數學便設想思想是高於感官的，直覺是高於觀察的。如果感官世界與數學不符，那麼感官世界就更糟糕了。人們便以各種不同的方式尋求更能接近於數學家的理想的方法，而結果所得的種種啓示就成了形而上學與知識論中許多錯誤的根源。這種哲學形式也是從畢達哥拉斯開始的。

正如大家所知道的，畢達哥拉斯說「萬物都是數」。這一論斷如以近代的方式加以解釋的話，在邏輯上是全無意義的，然而畢達哥拉斯所指的卻並不是完全沒有意義的。他發現了數在音樂中的重要性，數學名詞裡的「調和中項」與「調和級數」就仍然保存著畢達哥拉斯爲音樂和數學之間所建立的那種連繫。他把數想像爲像是表現在骰子上或者紙牌上的那類形狀。我們至今仍然說數的平方與立方，這些名詞就是從他那裡來的。他還提到長方形數目、三角形數目、金字塔形數目等等。這些都是構成上述各種形狀所必需的數目小塊塊（或者我們更自然一些應該說是些數目的小球球）。他把世界假想爲原子的，把物體假想爲是原子按各種不同形式排列起來而構成的分子所形成的。他希望以這種方式使算學成爲物理學的以及美學的根本研究對象。

畢達哥拉斯的最偉大的發現，或者是他的及門弟子的最偉大的發現，就是關於直角三角形的命題，即直角兩夾邊平方的和等於另一邊的平方，即弦的平方。埃及人已經知道三角形的邊長若爲3、4、5的話，則必有一個直角。但是顯然希臘人是最早觀察到$3^2+4^2=5^2$的，並且根據這一提示發現了這個一般命題的證明。

然而不幸地，畢達哥拉斯的定理立刻導致不可公約數的發現，這似乎否定了他的全部哲學。在一個等邊直角三角形裡，弦的平方等於每一邊平方的二倍。讓我們假設每邊長一吋，那麼弦應該有多麼長呢？讓我們假設它的長度是m/n吋。那麼$m^2/n^2 = 2$。如果m和n有一個公約數，我們可以把它消去，於是m和n必有一個是奇數。現在$m^2 = 2n^2$，所以m^2是偶數，所以m也是偶數；因此n就是奇數。假設$m = 2p$。那麼$4p^2 = 2n^2$，因此$n^2 = 2p^2$，而因此n便是偶數，與假設相反。所以就沒有m/n的分數可以約盡弦。以上的證明，實質上就是歐幾里得第十編中的證明⑦。

這種論證就證明了無論我們採取什麼樣的長度單位，總會有些長度對於那個單位不能具有確切的數目關係；也就是說，不能有兩個整數m、n，從而使問題中的m倍的長度等於n倍的單位。這就使得希臘的數學家們堅信，幾何學的成立必定是獨立的而與算學無關。柏拉圖對話錄中有幾節可以證明，在他那時候已經有人獨立地處理幾何學了；幾何學完成於歐幾里得。歐幾里得在第二編中從幾何上證明了許多我們會自然而然用代數來證明的東西，例如：$(a+b)^2 = a^2 + 2ab + b^2$。正是因爲有不可公約數的困難，他才認爲這種辦法是必要的。他在第五編、第六編中論比例時，情形也是如此。整個體系在邏輯上是醒目的，並且已經預示著西元十九世紀數學家們的嚴謹了。只要關於不可公約數還沒有恰當的算學理論存在時，則歐幾里得的方法便是幾何學中最好的可能方法。當笛卡兒介紹了座標幾何學從而再度確定了算學至高無上的地位時，他曾設想不可公約數的問題有解決的可能性，雖然在他那時候還不曾發現這種解法。

---

⑦ 但是這並非歐幾里得所發現的，見希斯（Health）：《希臘的數學》（*Greek Mathematics*）。以上的證明或許柏拉圖是知道的。

幾何學對於哲學與科學方法的影響一直是深遠的。希臘人所建立的幾何學是從自明的，或者被認爲是自明的公理出發，根據演繹的推理前進，而達到那些遠不是自明的定理。公理和定理被認爲對於實際空間是眞確的，而實際空間又是經驗中所有的東西。這樣，首先注意到自明的東西然後再運用演繹法，就好像是可能發現實際世界中一切事物了。這種觀點影響了柏拉圖和康德以及他們兩人之間的大部分的哲學家。《獨立宣言》⑧說，「我們認爲這些眞理是自明的」，其本身便脫胎於歐幾里得。西元十八世紀天賦人權的學說，就是一種在政治方面追求歐幾里得式的公理⑨。牛頓的《原理》（*Principia*）一書，儘管它的材料公認是經驗的，但是它的形式卻完全是被歐幾里得所支配著的。嚴格的經院形式的神學，其體裁也出於同一個來源。個人的宗教得自天人感通，神學則得自數學；而這兩者都可以在畢達哥拉斯的身上找到。

我相信，數學是我們信仰永恆的與嚴格的眞理的主要根源，也是信仰有一個超感的可知的世界的主要根源。幾何學討論嚴格的圓，但是沒有一個可感覺的對象是**嚴格地**圓形的；無論我們多麼小心謹愼地使用我們的圓規，總會有某些不完備和不規則的。這就提示了一種觀點，即一切嚴格的推理只能應用於與可感覺的對象相對立的理想對象；很自然地可以再進一步論證說，思想要比感官更高貴而思想的對象要比感官知覺的對象更眞實。神祕主義關於時間與永恆的關係的學說，也是被純粹數學所鞏固起來的；因爲數學的對象，例如：數，如其是眞實的

---

⑧ 這裡指的是美國的《獨立宣言》。——中譯本編者

⑨ 富蘭克林用「自明的」代替了傑佛遜的「神聖的與不可否認的」。

話，必然是永恆的而不在時間之內。這種永恆的對象就可以被想像成爲上帝的思想。因此，柏拉圖的學說是：上帝是一位幾何學家；而詹姆士・琴斯爵士也相信上帝嗜好算學。與啓示的宗教相對立的理性主義的宗教，自從畢達哥拉斯之後，尤其是從柏拉圖之後，一直是完全被數學和數學方法所支配著的。

數學與神學的結合開始於畢達哥拉斯，它代表了希臘的、中世紀的以及直迄康德爲止的近代的宗教哲學的特徵。畢達哥拉斯以前的奧菲斯教義類似於亞洲的神祕教。但是在柏拉圖、聖奧古斯丁（Saint Augustine）、湯瑪斯・阿奎那、笛卡兒、斯賓諾莎和康德的身上都有著一種宗教與推理的密切交織，一種道德的追求與對於不具時間性的事物之邏輯的崇拜的密切交織；這是從畢達哥拉斯而來的，並使得歐洲的理智化了的神學與亞洲的更爲直截了當的神祕主義區別開來。只是到了最近的時期，人們才可能明確地說出畢達哥拉斯錯在哪裡。我不知道還有什麼別人對於思想界有過像他那麼大的影響。我之所以這樣說，是因爲所謂柏拉圖主義（Platonism）的東西倘若加以分析，就可以發現在本質上不過是畢達哥拉斯主義罷了。有一個只能顯示於理智而不能顯示於感官的永恆世界，全部的這一觀念都是從畢達哥拉斯那裡得來的。如果不是他，基督徒便不會認爲基督就是道；如果不是他，神學家就不會追求上帝存在與靈魂不朽的邏輯證明。但是在他的身上，這一切還都不顯著。下面就要談到這一切是怎樣變得顯著的。

第四章　赫拉克利特

目前對待希臘人通常有兩種相反的態度。一種是自文藝復興以來直到最近時期事實上是普遍的態度，即帶著幾乎是迷信的崇拜來觀察希臘人，把他們看成是一切最美好的事物的創造者，具有超人的天才，不是近代人所能期望與之匹敵的。另一種態度是被科學的勝利與對於進步的一種樂觀主義的信仰所激發的，即把古人的權威認為是一種重擔，並且認為現在最好是把希臘人對於思想的貢獻大部分都忘掉。我自己不能採納任何一種這樣極端的看法；我應該說，這兩種都是部分正確的而又部分錯誤的。在談到任何細節以前，我先要試圖說明我們從研究希臘的思想中仍然可以得到什麼樣的智慧。

關於世界的性質與構造，可能有各種各樣的假說。形而上學的進展（就曾經存在過的而言）就在於所有這些假說的逐步精煉化，它們含義的發展以及對於每種假說的重新改造，以期能對付那些相信敵對假說的人們所發動的反駁。學習著按照每一種體系來理解宇宙乃是想像力的一種愉悅，並且是教條主義的一付解毒劑。此外，縱使沒有一種假說可以完全證實，但是如果發現在使每種假說都能自圓其說並且能符合已知事即時所能包含的東西，這裡面也就有著一種眞正的知識了。一切支配著近代哲學的各種假說，差不多最初都是希臘人想到的；我們對於希臘人在抽象事物方面的想像創造力，幾乎無法不高度稱讚的。關於希臘人我所要談的主要就是從這種觀點出發；我認為他們創造了種種具有獨立生命與發展的理論，這些理論雖然最初多少是幼稚的，然而兩千多年以來終於證明是能夠存在的而且能夠發展的。

的確，希臘人貢獻了一些東西，這些東西對於抽象思維證明了更具有永久的價值；他們發現了數學和演繹推理法。尤其是幾何學乃是希臘人發明的，沒有它，近代科學就會是不可能的。但是希臘天才的片面性，也結合著數學一起表現了出來：它是根據自明的東西而進行演繹的推理，而不是根據已觀察到的事物而進行歸納的推理。它運用這種方法所得到的驚人的成就不僅僅把古代世界，而且也把大部分近代世界引入了歧途。根據對於特殊事實的觀察以求歸納地達到某些原則的科學方法，代替了希臘人根據哲學家頭腦得出的顯明公理而進行演繹推理的信念，這原是經歷了漫長的過程的。單就這一理由而論，懷著迷信的崇拜去看待希臘人，便是一種錯誤。雖然希臘人中也有少數是最早觸及科學方法的人，但是，總的說來，科學方法乃是與希臘人的氣質格格不入的；而通過貶低最近四個世紀的知識進步以求美化希臘人的企圖，則對於近代思想也起了一種束縛作用。

可是，也還有一種更爲普遍的論據是反對尊崇前人的，無論是對於希臘人也好，或者對於其他人也好。研究一個哲學家的時候，正確的態度既不是尊崇也不是蔑視，而是應該首先要有一種假設的同情，直到可能知道在他的理論裡有些什麼東西大概是可以相信的爲止；唯有到了這個時候才可以重新採取批判的態度，這種批判的態度應該盡可能地類似於一個人放棄了他所一直堅持的意見之後的那種精神狀態。蔑視便妨害了這一過程的前一部分，而尊崇便妨害了這一過程的後一部分。有兩件事必須牢記：即，一個人的見解與理論只要是值得研究的，那麼就可以假定這個人具有某些智慧；但是同時，大概也並沒有人在任何一個題目上達到過完全的最後的眞理。當一個有智慧的人表現出來一種在我們看來顯然是荒謬的觀點的時候，我們不應該努力去證明這種觀點多少總是真的，而是應該努力去理解它何以竟會看起來似乎是真的。這種運用歷史的與心理的想像力的方法，可以立刻開闊我們的思想領域；而同時又能說明我們認識到，我們自己所爲之而歡欣鼓舞的許多偏見，對於心靈氣質不同的另一個時代，將會顯得是何等之愚蠢。

在畢達哥拉斯和赫拉克利特（Heractitus）之間——赫拉克利特這個人是我們本章就要談到的——還有另一位比較不重要的哲學家，即色諾芬尼。他的年代不能確定，大致上只能由他提到過畢達哥拉斯，而赫拉克利特又曾提到過他的這一事實，來斷定他的年代。他出生在愛奧尼亞，但是他一生中的大部分都生活在義大利南部。他相信萬物是由土和水構成的。關於神的問題，他可是一個非常激烈的自由思想者了。「荷馬和赫西阿德（Hesiod）把人間一切的無恥與醜行都加在神靈身上，偷盜、姦淫、彼此欺詐。……世人都認爲神祇和他們自己一樣是被誕生出來的，穿著與他們一樣的衣服，並且有著同樣的聲音和形貌。……其實，假如牛馬和獅子有手，並且能夠像人一樣用手作畫和創造藝術品的話；馬就會畫出馬形的神像，牛就會畫出牛形的神像，並各自按著自己的模樣來塑造神的身體了。……衣索比亞人就說他們的神皮膚是黑的，鼻子是扁的；色雷斯人就說他們的神是藍眼睛、紅頭髮的。」色諾芬尼相信一神，這個神在形象上和思想上都與人不同，祂「以祂的心靈力量左右一切而毫不費力」。色諾芬尼嘲笑畢達哥拉斯的輪迴學說：「據說他（畢達哥拉斯）有一次在路上走過，看見一隻狗受人虐待。他就說：『住手，不要再打牠。牠是一個朋友的靈魂，我一聽見牠的聲音就知道。』」他相信人們不可能確定神學方面的眞理。「關於我所談的神靈和一切事物的確鑿眞理，現在沒有人知道，將來也沒有人知道。即使有人偶然說出了一些極正確的眞理，但他自己也是不會知道它的——普天之下除了猜測之外就沒有什麼別的東西。」①

色諾芬尼在那些反對畢達哥拉斯以及其他諸人的神祕傾向的一系列理性主義者中有著他的地位；但是作爲一個獨立的思想家，他可並不是第一流的。

我們已經看到，很難把畢達哥拉斯的學說和他的弟子們的學說分開來，雖說畢達哥拉斯本人爲時很早，但是他的學派所產生的影響大體上要後於其他各派哲學家。其中第一個創造了一種至今仍然具有影響的學說的人，就是赫拉克利特，他的鼎盛期約當西元前五〇〇年。關於他的生平我們知道得很少，只知道他是以弗所的一個貴族公民。他所以揚名於古代主要的是由於他的學說，即萬物都處於流變的狀態；但是這一點，我們將會看到，只不過是他的形而上學的一個方面而已。

赫拉克利特雖然是愛奧尼亞人，但並不屬於米利都學派的科學傳統②。他是一個神祕主義者，然而卻屬於一種特殊的神祕主義。他認爲火是根本的實質；萬物都像火焰一樣，是由別的東西死亡而誕生的。「一切死的就是不死的，一切不死的是有死的：後者死則前者生，前者死則後者生。」世界是統一的，但它是一種由對立面的結合而形成的統一。「一切產生於一，而

① 引自伊底溫・比萬（Edwyn Bevan）：《斯多噶派和懷疑論者》（*Stoics and Sceptics*），牛津，一九一三年，第二一頁。

② 康福德前引書（第一八四頁）強調指出過這一點，我認為這是正確的。赫拉克利特常常由於被人與其他愛奧尼亞學者混淆在一起而受到誤解。

一產生於一切」；然而多所具有的實在性遠不如一，一就是神。

從他的著作所存留下來的那部分看起來，他的性格並不像是很和藹可親的。他非常喜歡鄙視別人，而且也不是一個民主主義者。關於他的同胞們，他說過「以弗所的成年人應該把他們自己都吊死，把他們的城邦讓給未成年的少年去管理，因為他們放逐了赫爾謨多羅，放逐了他們中那個最優秀的人，並且說：『我們中間不要有最優秀的人；要是有的話，讓他到別處去和別人在一起吧！』」。他對所有的顯赫的前人們，除了一個人是例外，都曾加以抨擊。「該當把荷馬從競技場上逐出去，並且加以鞭笞。」「我聽過許多人談話，在這些人中間沒有一個能認識到，所有的人都離智慧很遠。」「博學並不能使人理解什麼；否則它就已經使赫西阿德、畢達哥拉斯以及色諾芬尼和赫卡泰理解了。」「畢達哥拉斯……認為自己有智慧，但那只是博聞強記和惡作劇的藝術罷了。」唯一免於受他譴責的例外便是條達穆斯，他被赫拉克利特挑選出來認為是一個「比別人更值得重視的人」。如果我們追問這種稱讚的原因，我們便可以發現條達穆斯說過：「絕大多數的人都是壞人。」

他對人類的鄙視使得他認為，唯有強力才能迫使人類為自己的利益而行動。他說：「每種牲畜都是被鞭子趕到牧場上去的」；並且又說：「驢子寧願要草料而不要黃金。」

我們可以料想得到，赫拉克利特是信仰戰爭的。他說：「戰爭是萬物之父，也是萬物之王。它使一些人成為神，使一些人成為人，使一些人成為奴隸，使一些人成為自由人。」又說：「荷馬說『但願諸神和人把鬥爭消滅掉』，這種說法是錯誤的。他不知道這樣就是在祈禱宇宙的毀滅了；因為若是聽從了他的祈禱，那麼萬物便都會消滅了。」又說：「應當知道戰爭對一切都是共同的，鬥爭就是正義，一切都是透過鬥爭而產生和消滅的。」

他的倫理乃是一種高傲的苦行主義，非常類似於尼采的倫理。他認爲靈魂是火和水的混合物，火是高貴的而水是卑賤的。靈魂中具有的火最多，他稱靈魂是「乾燥的」。「乾燥的靈魂是最智慧的、最優秀的。」「對於靈魂來說，變溼乃是快樂。」「一個人喝醉了酒，被一個未成年的兒童所領導，步履蹣跚地不知道自己往哪裡去，他的靈魂便是潮溼的。」「對於靈魂來說，變成水就是死亡。」「與自己心裡的願望搏鬥是艱難的。無論他所希望獲得的是什麼，都是以靈魂爲代價換來的。」「如果一個人所有的願望都得到了滿足，這並不是好事。」我們可以說赫拉克利特重視透過主宰自身所獲得的權力，但是鄙視那些足以使人離開中心抱負的情慾。

赫拉克利特對於他當時各種宗教的態度大體上是敵視的，至少對於巴克斯教是如此；但他所懷抱的並不是一個科學的理性主義者的敵視態度。他有他自己的宗教，而且他部分地解釋了當時流行的神學以適合他的學說，又部分地以相當輕蔑的態度拒絕當時流行的神學。有人（康福德）稱他爲巴克斯派，並且有人（普福萊德雷）認爲他是一個神祕派的解說者。我並不以爲有關的斷簡殘篇能支持這種看法。例如他說：「人們所行的神祕教乃是不神聖的神祕教。」這就暗示在他的心目之中有一種並不是「不神聖的」神祕教，而且這應該和當時所存在的各種神祕教大有不同。如果他不是過分地藐視流俗而能從事於宣傳的話，那麼他或許會是一位宗教改革家。

以下便是現有的、可以代表赫拉克利特對於他當時神學的態度的全部的話。

那位在德爾菲（Delphi）神諭的大神既不說出，也不掩飾自己的意思，而只是用徵兆來暗示。

女巫用誑言譫語的嘴說出一些嚴肅的、樸質無華的話語，用她的聲音響徹千年，因爲她被神附了體。

在地獄裡才嗅得到靈魂。

更偉大的死獲得更偉大的獎賞（那些死去的人就變爲神）。

夜遊者、魔術師、巴克斯的祭司和酒神的女祭、傳祕密教的人。

人們所奉行的神祕教乃是不神聖的神祕教。

而且他們向神像祈禱，就正像是向房子說話一樣，他們不知道什麼是神靈和英雄。

因爲如果不是爲了酒神，那麼他們舉行遊行和歌唱猥褻的陽具頌歌，就是最無恥的行爲了。可是地獄之神和酒神是一樣的；爲了酒神，人們如醉如狂，並舉行酒神祭典。

人們用犧牲的血塗在身上來使自己純潔是徒然的，這正像一個人掉進泥坑卻想用汙泥來洗腳一樣。任何人見到別人這樣做，都會把他當作瘋子看待。

赫拉克利特相信火是原質，其他萬物都是由火而生成的。讀者們會記得泰利斯認爲萬物是由水構成的；阿那克西美尼（Anaximenes）認爲氣是原質；赫拉克利特則提出火來。最後恩培多克勒（Empedocles）卻提出一種政治家式的妥協，他承認有土、氣、火和水四種原質。古代人的化學走到這一步便停滯死亡了。這門科學始終沒再進一步，直到後來回教的煉丹術家們從事探求點金石、長生藥以及把賤金屬變爲黃金的方法的那個時代爲止。

赫拉克利特的形而上學的激動有力，足以使得最激動的近代人也會感到滿足的：

「這個世界對於一切存在物都是同一的，它不是任何神或任何人所創造的；它過去、現在和未來永遠是一團永恆的活火，在一定的分寸上燃燒，在一定的分寸上熄滅。」

「火的轉化是：首先成爲海，海的一半成爲土，另一半成爲旋風。」

在這樣一個世界裡只能期待永恆的變化，而永恆的變化正是赫拉克利特所信仰的。

然而他還有另一種學說，他重視這種學說更有甚於永恆的流變；那就是對立面的混一的學說。他說：「他們不了解相反者如何相成。對立的力量可以造成和諧，正如弓之與琴一樣。」他對於鬥爭的信仰是和這種理論連繫在一起的，因爲在鬥爭中對立面結合起來就產生運動，運動就是和諧。世界中有一種統一，但那是一種由分歧而得到的統一：

「結合物既是整個的，又不是整個的；既是聚合的，又是分開的；既是和諧的，又不是和諧的；從一切產生一，從一產生一切。」

有時候他說起來，好像是統一要比歧異更具有根本性：

「善與惡是一回事。」

「對於神，一切都是美的、善的和公正的；但人們卻認爲一些東西公正，另一些東西不公正。」

「上升的路和下降的路是同一條路。」

「神是日又是夜，是冬又是夏，是戰又是和，是飽又是飢。祂變換著形相，和火一樣，當火混合著香料時，便按照各種味道而得到各種名稱。」

然而，如果沒有對立面的結合就不會有統一：「對立對於我們是好的。」

這種學說包含著黑格爾哲學的萌芽，黑格爾哲學正是通過對立面的綜合而進行的。赫拉克利特的形而上學正像阿那克西曼德的形而上學一樣，是被一種宇宙正義的觀念所支配著，這種觀念防止了對立面鬥爭中的任何一面獲得完全的勝利。

「一切事物都換成火，火也換成一切事物，正像貨物換成黃金，黃金換成貨物一樣。」

「火生於氣之死，氣生於火之死；水生於土之死，土生於水之死。」

「太陽不能越出它的限度；否則那些愛林尼神——正義之神的侍女——就會把它找出來。」

「我們應當知道戰爭對一切都是共同的，鬥爭就是正義。」

赫拉克利特反覆地提到與「眾神」不同的那個「上帝」。「人的行爲沒有智慧，上帝的行爲則有智慧。……在上帝看來，人是幼稚的，就像在成年人看來兒童是幼稚的一樣。……最智慧的人和上帝比起來，就像一隻猴子，正如最美麗的猴子與人類比起來也會是醜陋的一樣。」

上帝無疑地是宇宙正義的體現。

萬物都處於流變狀態的這種學說是赫拉克利特最有名的見解，而且按照柏拉圖在〈泰阿泰德〉（*Theaetetus*）篇中所描寫的，也是他的弟子們所最強調的見解：

「你不能兩次踏進同一條河流；因爲新的水不斷地流過你的身旁。」③

「太陽每天都是新的。」

他對於普遍變化的信仰，通常都認爲是表現在這句話裡：「萬物都在流變著」，但是這或許也像華盛頓所說的「父親，我不能說謊」，以及惠靈頓所說的「戰士們起來瞄準敵人」這些話一樣，是不足爲憑的。他的著作正如柏拉圖以前所有哲學家的著作，僅僅是透過引文才被人知道的，而且大部分都是柏拉圖和亞里斯多德爲了要反駁他才加以引證的。只要我們想一想任何一個現代哲學家如果僅僅是透過他的敵人的論戰才被我們知道，那麼他會變成什麼樣子的時候；我們就可以想見蘇格拉底以前的人物應該是多麼地值得讚嘆，因爲即使是透過他們的敵人

---

③ 可以比較：「我們既踏進又不踏進同一條河流；我們既存在又不存在。」

所散布的惡意的煙幕，他們仍然顯得十分偉大。無論如何，柏拉圖和亞里斯多德都同意赫拉克利特曾經教導過：「沒有什麼東西是存在著的，一切東西都在變化著」（柏拉圖）以及「沒有什麼東西可以固定地存在」（亞里斯多德）。

後面談到柏拉圖的時候，我還要回過來研究這種學說，柏拉圖非常熱心於反駁這種學說。目前我不想探討哲學關於這種學說要說些什麼，我只談談詩人所感到的是什麼，科學家所教導的是什麼。

追求一種永恆的東西乃是引人研究哲學的最根深蒂固的本能之一。它無疑地是出自熱愛家鄉與躲避危險的願望；因而我們便發現生命面臨著災難的人，這種追求也就來得最強烈。宗教是從上帝與不朽這兩種形式裡面去追求永恆。上帝是沒有變化的，也沒有任何轉變的陰影；死後的生命是永恆不變的。西元十九世紀生活的歡樂使得人們反對這種靜態的觀念，而近代的自由神學又信仰著在天上也有進步，神性也有演化。但是即使在這種觀念裡也有著某種永恆的東西，即進步的本身及其內在的目標。於是有了一點點的災難，就很容易把人們的希望又帶回到他們的古老的超世間的形式裡面去：如果地上的生活是絕望了的話，那麼就唯有在天上才能夠找到和平了。

詩人們曾經悲嘆著，時間有力量消滅他們所愛的一切對象。

時間枯萎了青春的嬌顏，
時間摧殘了美人的眉黛，
它飽餐自然眞理的珍饈，

萬物都在等待著它那鐮刀來割刈。

他們通常又補充說，他們自己的詩卻是不可毀滅的。

時間的手掌儘管殘酷，然而我期待，
我的詩篇將傳之永久，萬人爭誦。

但是這只是一種因襲的文人自負而已。

有哲學傾向的神祕主義者不能夠否認凡是在時間之內的都是暫時的，於是就發明一種永恆觀念；這種永恆並不是在無窮的時間之中持續著，而是存在於整個的時間過程之外。按照某些神學家的說法，例如：印澤教長的說法，永生並不意味著在未來時間中的每一時刻裡都存在著，而是意味著一種完全獨立於時間之外的存在方式，其中既沒有前，也沒有後，因此變化也就沒有邏輯的可能性。伏漢曾非常詩意地表達過這種見解：

那天夜裡我看見了「永恆」，
像是一個純潔無端的大光環，
它是那樣地光輝又寂靜；
在它的下面「時間」就分爲時辰和歲月，
並被一些天體追趕著，

> 像是龐大的幽靈在移動；全世界和世上的一切，
> 就都在其中被拋掉。

有些最有名的哲學體系曾想以莊嚴的散文來述說這種觀念，把它說成是經過我們耐心追求之後，理性終將會使我們相信的東西。

赫拉克利特本人儘管相信變化，但仍然承認有某種東西是永久的。我們在赫拉克利特裡面找不到從巴門尼德以來的那種（與無窮的時間延續相對立的）永恆觀念，在他的哲學裡只有中心的火永不熄滅：世界的「過去、現在和未來永遠是一團永恆的活火」。但火是一種不斷變化著的東西，而它的永恆是過程方面的永恆，而不是實體方面的永恆——雖說這種見解不應歸之於赫拉克利特。

科學正像哲學一樣，也要在變化的現象之中尋找某種永恆的基礎，以求逃避永恆流變的學說。化學似乎可以滿足這種願望。人們發現了那似乎在毀滅著萬物的火，只不過是使萬物變形而已；元素可以重新結合起來，燃燒之前就已存在的每一個原子經過燃燒過程之後，仍然繼續存在著。因而人們就設想原子是不可毀滅的，而物質世界中的一切變化便僅僅是持久不變的元素的重新排列而已。這種見解一直流行到放射現象被發現爲止，到了這時人們才發現了原子是可以分裂的。

物理學家也不示弱，他們發現了新的、更小的單位，叫做電子和質子，原子是由電子和質子構成的；若干年以來，這些小單位曾被認爲具有著以前所歸諸原子的那種不可毀滅性。不幸地，看起來質子和電子可以遇合爆炸，所形成的並不是新的物質，而是一種以光速在宇宙之中播散的波能。於是能就必須代替物質成爲永恆的東西了。但是能並不像物質，它並不是常識觀念中的「事物」的一種精煉化；它僅僅是物理過程中的一種特徵。我們可以幻想地把它等同於赫拉克利特的火，但它卻是燃燒的過程，而不是燃燒著的東西。「燃燒著的東西」已經從近代物理學中消逝了。

從小的轉而論到大的，天文學也不再允許我們把天體看成是永恆的了。行星是從太陽誕生的，太陽是從星雲誕生的。它已經持續存在了若干時期，並且還將持續存在若干時期；然而遲早——或者大約是在一萬億年左右——它將會爆炸，會毀滅一切行星而返於一種廣泛彌漫著的氣體狀態。至少天文學家是這樣說；也許當這一末日臨近的時候，他們將會發現他們的計算裡有著某種錯誤。

像赫拉克利特所教導的那種永恆流變的學說是會令人痛苦的，而正如我們所已經看到的，科學對於否定這種學說卻無能爲力。哲學家們的主要雄心之一，就是想把那些似乎已被科學扼殺了的希望重新復活起來。因而哲學家便以極大的毅力不斷在追求著某種不屬於時間領域的東西，這種追求是從巴門尼德開始的。

第五章　巴門尼德

希臘人並不沉溺於中庸之道，無論是在他們的理論上或是在他們的實踐上。赫拉克利特認為萬物都在變化著；巴門尼德則反駁說：沒有事物是變化的。

巴門尼德（Parmenides）是義大利南部愛利亞地方的人，鼎盛期約當西元前五世紀上半葉。根據柏拉圖的記載，蘇格拉底在年輕的時候（約當西元前四五〇年左右）曾和巴門尼德會過一次面——當時巴門尼德已經是一個老人了——並且從他那裡學到好些東西。無論這次會見是否歷史事實，我們至少可以推斷柏拉圖自己受過巴門尼德學說的影響，這是從其他方面顯然可以看出來的。義大利南部和西西里的哲學家們，要比愛奧尼亞的哲學家們更傾向於神祕主義和宗教。大體說來，愛奧尼亞的哲學家們的傾向是科學的、懷疑的。但是數學，在畢達哥拉斯的影響之下，則在大希臘[1]要比在愛奧尼亞興盛得多；然而那個時代的數學是和神祕主義混淆在一起的。巴門尼德受過畢達哥拉斯的影響，但是這種影響達到什麼程度便全屬揣測了。巴門尼德在歷史上之所以重要，是因為他創造了一種形而上學的論證形式，這種論證曾經以不同的形式存在於後來大多數的形而上學者的身上直迄黑格爾為止，並且包括黑格爾本人在內。人們

---

① 指義大利南部的希臘殖民地。——中譯本編者

常常說他曾創造了邏輯，但他眞正創造的卻是基於邏輯的形而上學。

巴門尼德的學說表現在一首〈論自然〉（*On Nature*）的詩裡。他以爲感官是騙人的，並把大量的可感覺的事物都斥之爲單純的幻覺。唯一眞實的存在就是「一」。一是無限的、不可分的。它並不是像赫拉克利特所說的那種對立面的統一，因爲根本就沒有對立面。舉例來說，他顯然認爲「冷」僅僅意味著「不熱」，「黑暗」僅僅意味著「不光明」。巴門尼德所想像的「一」並不是我們所想像的上帝；他似乎把它認爲是物質的，而且占有空間的，因爲他說它是球形。但它是不可分割的，因爲它的全體是無所不在的。

巴門尼德把他的教訓分成兩部分：分別地叫作「眞理之道」和「意見之道」。後者我們不必去管它。關於眞理之道他所說過的話，就其保存了下來的而論，主要之點如下：

「你不能知道什麼是不存在的——那是不可能的——你也不能說出它來；因爲能夠被思維的和能夠存在的乃是同一回事。」

「那麼**現在存在的**又怎麼能夠在將來存在呢？或者說，它怎麼能夠得以存在的呢？如果它是過去存在的，現在就不存在；如果它將來是存在的，那麼現在也不存在。因此就消滅了變，也就聽不到什麼**過渡**了。

「能夠被思維的事物與思想存在的目標是同一的；因爲你絕不能發現一個思想是沒有它所要表達的存在物的。」②

② 伯奈特注：「我以為這個意思是……不可能有什麼思想符合於一個不是某種真實事物的名字的名字。」

這種論證的本質便是：當你思想的時候，你必定是思想到某種事物；當你使用一個名字的時候，它必是某種事物的名字。因此思想和語言都需要在它們本身以外有某種客體。而且你既然可以在一個時刻而又在另一個時刻同樣地思想著一件事物或者是說到它，所以凡是可以被思維的或者可以被說到的，就必然在所有的時間之內都存在。因此就不可能有變化，因爲變化就包含著事物的產生與消滅。

在哲學上，這是從思想與語言來推論整個世界的最早的例子。當然我們不能認爲它是有效的，但是很值得我們看一看其中包含有哪些眞理的要素。

我們可以把這種論證表達爲如下的方式：如果語言並不是毫無意義的，那麼字句就必然意味著某種事物，而且它們一般地並不能僅僅是意味著別的字句，還更意味著某種存在的事物，無論我們提不提到它。例如：假設你談到了喬治・華盛頓，除非有一個歷史人物叫這個名字，否則這個名字（看起來似乎）就是毫無意義的，而且含有這個名字的語句也會是毫無意義的。巴門尼德認爲不僅喬治・華盛頓在過去必然存在過，而且在某種意義上他現在也必然還存在著，因爲我們仍然能夠有所指地在使用他的名字。這顯然似乎是不對的，但是我們怎樣去對付這種論證呢？

讓我們舉一個想像中的人物吧，比如說哈姆雷特。讓我們考慮這種說法：「哈姆雷特是丹麥王子。」在某種意義上這是眞的，但並不是在樸素的歷史意義上。眞確的說法是，「莎士比亞說哈姆雷特是丹麥王子」，或者更明白地說，「莎士比亞說有一個丹麥王子叫作『哈姆雷特』」。這裡面就不再有任何想像中的事物了。莎士比亞和丹麥和「哈姆雷特」這個聲音三者都是眞實的，但是「哈姆雷特」這個聲音實際上並不是一個名字，因爲實際上並沒有人叫「哈姆雷特」。如果你說「『哈姆雷特』是一個想像中的人物的名字」，這還不是嚴格正確的；你應當說，「人們想像『哈姆雷特』是一個眞實人物的名字」。

哈姆雷特是一個想像中的個體，獨角獸則是一種想像中的動物。凡有獨角獸這個詞所出現的語句，其中有些語句是眞的，有些則是假的，但是在兩種情況中都並非是直接的。讓我們看一下「一個獨角獸有一隻角」以及「一頭牛有兩隻角」。爲了證明後一句話，你就必須去看一看牛；單單說某本書裡說過牛有兩隻角是不夠的。但是獨角獸有一隻角的證據卻只能在書本裡才找得到了，並且事實上正確的說法是：「某些書裡說有一種獨角的動物叫做『獨角獸』。」一切有關獨角獸的說法，其實都是有關「獨角獸」這個**詞**的說法；正好像一切有關哈姆雷特的說法，其實都是有關「哈姆雷特」這個**詞**的說法。

但是在大多數場合之下，非常顯然地我們所說的並不是詞，而是詞所意味著的東西。於是這就又把我們帶回到巴門尼德的論證上去了，即如果一個詞可以有所指地加以應用的話，它就必然意味著**某種事物**而不是意味著無物，因此這個詞所意味的事物便必然在某種意義上是存在著的。

然而關於喬治·華盛頓我們應該說什麼呢？似乎我們只能有兩種選擇：一種是說他仍然還存在著；另一種是說當**我們**用「喬治·華盛頓」這幾個字的時候，我們實際上並不是在說著叫這個名字的那個人。兩者似乎都是一種悖論，但是後者的困難似乎要少些，我將要試著指出它在有一種意義上可以是眞的。

巴門尼德認爲字彙有著經常不變的意義；這一點實際上就是他論證的基礎，他假定這一點是毫無問題的。然而，儘管字典或者百科全書給一個字寫下了可以說是官定的，並且爲社會所公認的意義，但是並沒有兩個人用同一字的時候，在他們的心目中恰好有著同一的思想。

喬治．華盛頓本人可以用他的名字和「我」這個字作爲同義語。他可以察覺他自己的思想以及自己身體的動作，因此他要比任何人使用這個名字的可能意義都更爲充分。他的朋友們在他面前也能夠察覺他的身體的動作，並能猜測他的思想；對他們來說，喬治．華盛頓這個名字仍然是指他們自己經驗中的某種具體的事物。但在華盛頓死後，他們就必須以記憶來代替知覺了，當他們使用他的名字的時候，那就包含有一種心理過程所發生的變化。對於我們這些從來不知道他的人來說，則心理過程又有所不同了。我們可以想到他的畫像並對我們自己說：「就是這個人。」我們可以想著「美國的第一任總統」。如果我們是非常孤陋寡聞的話，那麼他對於我們可能僅僅是「那個叫作華盛頓的人」罷了。無論這個名字提示我們的是什麼，既然我們從來不知道他，所以它就絕不能是華盛頓本人，而只能是目前出現於感官或者記憶或者思想之前的某種東西。這就說明了巴門尼德論證的錯誤。

這種字的意義方面的永恆不斷的變化，卻被另一種事實給遮蔽住了，那就是一般說來，這種變化對於有這個字出現的命題之眞假是毫無關係的。如果你提出任何一個有「喬治．華盛頓」這個名字在其中出現的眞語句，那麼，你以「美國第一任總統」這個詞去代替它的時候，這個語句照例仍然會是眞的。這條規則也有例外。在華盛頓當選以前，一個人可以說「我希望喬治．華盛頓是美國第一任總統」，但是他不會說「我希望美國第一任總統是美國第一任總統」，除非是他對於同一律有著一種特殊的感情。但是我們很容易提出一條把這些例外情況排除在外的規則，而在其餘那些情況中，你就可以使用任何只能應用於華盛頓的描述語句來代替「喬治．華盛頓」。而且也只有憑藉這些詞句，我們才知道我們是知道他的。

巴門尼德又論辯說，既然我們現在能夠知道通常被認爲是過去的事物，那麼它實際上就不能是過去的，而一定在某種意義上是現在存在著的。因此他就推論說，並沒有所謂變化這種東西。我們所說的關於喬治・華盛頓的話，就可以解決這種論證。在某種意義上，可以說我們並沒有對於過去的知識。當你回想的時候，回想就出現於現在，但是回想並不等於被回想的事物。然而回想卻提供一種對於過去事件的**描述**，並且就最實際的目的來說，並沒有必要去區別描述與被描述的事物。

這整個的論證就說明了從語言裡抽出形而上學的結論來是何等之容易，以及何以避免這種謬誤推論的唯一方法就在於要把對於語言的邏輯和心理方面的研究推進得比絕大多數形而上學者所做的更遠一步。

然而我想巴門尼德如果死而復生，讀到了我所說的話，他會認爲是非常膚淺的。他會問：「你怎麼知道你關於華盛頓的敘述指的是過去的時候呢？根據你自己的說法，直接的推論必須是對於現存的事物；例如：你的回想是現在發生的，而不是發生在你以爲你是在回想的時候。如果記憶可以被當作一種知識的來源，那麼過去就必須是**現在**就在我們的心目之前，而且在某種意義上便必然應當是現在還存在著。」

我不想現在來解答這種論證；它需要討論記憶，而那是一個很困難的題目。我在這裡把論證提出來，是要提醒讀者：哲學理論，如果它們是重要的，通常總可以在其原來的敘述形式被駁斥之後又以新的形式復活。反駁很少是最後的；在大多數情況下，它們只是更進一步精煉化的一幕序曲而已。

後來的哲學，一直到晚近時期爲止，從巴門尼德那裡所接受過來的並不是一切變化的不可能性——那是一種太激烈的悖論了——而是**實體**的不可毀滅性。「實體」這個詞在他直接的後繼者之中並不曾出現，但是這種**概念**已經在他們的思想之中出現了。實體被人設想爲是變化不同的謂語之永恆不變的主詞。它就這樣變成爲哲學、心理學、物理學和神學中的根本概念之一，而且兩千多年以來一直如此。在後面，我還會詳盡地談到這一點。目前我只是想要指出，爲了要對巴門尼德的論證做到公平而又不抹殺明顯的事實起見，我就必須提到這一點。

第六章　恩培多克勒

哲學家、預言者、科學家和江湖術士的混合體，在恩培多克勒（Empedocles）的身上得到了異常完備的表現，雖說這在畢達哥拉斯的身上我們已經發現過了。恩培多克勒的鼎盛期約當西元前四四〇年，因此他是巴門尼德的同時代人而年紀較輕，儘管他的學說在許多方面倒是更近於赫拉克利特的。他是西西里南岸的阿克拉加斯的公民，是一個民主派的政治家，同時他又自命爲神。在大多數的希臘城市裡，尤其是在西西里的城市裡，民主和僭主之間有著不斷的衝突；雙方無論哪一方的領袖一被擊敗，就會遭到殺戮或者流放。那些被流放的人很少有不肯去勾結希臘的敵人的——東方的波斯和西方的迦太基。恩培多克勒在某一時期也遭到了放逐，但是被放逐之後，他似乎寧願選擇一種聖賢的事業而不願意選擇一種流亡的陰謀家的事業。很可能他在青年時代就多少是一個奧菲斯派，並且在流放以前他就把政治與科學結合在一起，而且可能僅僅是到了晚年作爲流放者的時候，他才成爲一個預言者的。

關於恩培多克勒的傳說非常多。人們認爲他曾經行過神蹟或是類似的事情，有時候是用魔術，有時候是用他的科學知識。據說他能夠控制風；他曾使一個似乎已經死了三十日之久的女人復活；據說最後他是跳進埃特納的火山口而死的，爲的是要證明自己是神。用詩人的話來說：

偉大的恩培多克勒，那位熱情的靈魂，
跳進了埃特納火山口，活活地烤焦了。

馬修·阿諾德（Mathew Arnold）用這個題材寫過一首詩，雖然那可以說是他的最糟的詩篇之一，但其中並不包括上面這兩行偶句。

恩培多克勒像巴門尼德一樣，也是用詩來寫作的。受了他的影響的盧克萊修（Lucretius），對於作爲詩人的他曾給予極高的稱讚。但是在這個問題上，意見是分歧的。因爲他的著作保存下來的只是些片斷，所以他的詩才如何也就只好存疑了。

我們必須分別處理他的科學和他的宗教，因爲它們是彼此不相調諧的。我先談他的科學，再談他的哲學，最後再談他的宗教。

他對科學最重要的貢獻就是，他發現空氣是一種獨立的實體。他證明這一點是由於觀察到一個瓶子或者任何類似的器皿倒著放進水裡的時候，水就不會進入瓶子裡面去。他說：

「當一個女孩子玩弄發亮的銅製計時器，用她美麗的手壓住管頸的開口，把這個計時器浸入水的銀白色易變形的物質中時，水並不會進入這個器皿，因爲內部空氣的重量壓著底下的小孔，把銀水往回堵住了；一直要等到她把手拿開放出壓縮的氣流時，空氣才會溢出，同量的水才會流進去。」

這段話是他解釋呼吸作用時說的。

他至少也發現過一個離心力的例子：如果把一杯水繫在一根繩子的一端而旋轉，水就不會流出來。

他知道植物界裡也有性別，而且他也有一種演化論與適者生存的理論（當然必須承認多少是幻想的）。最初「四方散布著無數種族的生物，具有各種各樣的形式，蔚為奇觀」。有的有頭而無頸，有的有背而無肩，有的有眼而無額，又有孤伶伶的肢體在追求著結合。這些東西以各種機緣結合起來；有長著無數隻手的蹣跚生物，有生著許多面孔和胸部朝向各個方向觀看的生物，有牛身人面的生物，又有牛面人身的生物。有結合著男性與女性但不能生育的陰陽人。但最後，只有幾種保存下來了。

至於天文學方面：他知道月亮是由反射而發光的，他認為太陽也是如此。他說光線進行也需要時間，但是時間非常短促以致我們不能察覺到；他知道日蝕是由於月亮的位置居中所引起的，這件事實似乎是他從阿那克薩哥拉（Anaxagoras）那裡學來的。

他是義大利醫學學派的創始者，這一起源於他的醫學學派曾影響了柏拉圖和亞里斯多德。據伯奈特（第二三四頁）說，它影響了科學思潮和哲學思潮的整個傾向。

所有這些都表明了他那時代科學上的生氣蓬勃，這是希臘晚期所不能比擬的。

我現在就來談他的宇宙論。上面已經提到過，是他確立了地、氣、火與水四種元素的（雖然他不曾使用「元素」這個名字）。其中每一種都是永恆的，但是它們可以以不同的比例混合起來，這樣，便產生了我們在世界上所發現的種種變化著的複雜物質。它們被愛結合起來，又被鬥爭分離開來。愛與鬥爭對於恩培多克勒來說，乃是與地、氣、火、水同屬一級的原始原質。有些時期愛占著上風，有些時期則鬥爭來得更強大。曾經有過一個黃金時代，那時愛是完全勝利的。在那個黃金時代，人們只崇拜賽普勒斯的愛神。世界上的一切變化並不受任何的目的所支配，而是受「機遇」與「必然」的支配。有一種循環存在著：當各種元素被愛澈底地混合之後，鬥爭便逐漸又把它們分開；當鬥爭把它們分開之後，愛又逐漸地把它們結合在一起。因此每種合成的實體都是暫時的；只有元素以及愛和鬥爭才是永恆的。

這裡和赫拉克利特有著相似之點，但卻比較緩和，因為造成變化的不僅僅是鬥爭而是鬥爭與愛兩者。柏拉圖在〈智者篇〉（二四二節）中以赫拉克利特和恩培多克勒兩人相提並論：

有些愛奧尼亞的詩人們，晚近更有些西西里的詩人們，他們所達到的結論是：把（一和多）兩個原則結合在一起就要更可靠一些，並且說存在就是一與多；有些嚴峻的詩人們說它們是由敵對與友情結合起來，在不斷地分合著的，而另外有一些較溫和的詩人們則並不堅持永恆的鬥爭與和平，而是承認它們之間有一種緩和與交替；有時在愛神的支配之下和平與一占著上風，而後又由於鬥爭原則的作用，多與戰爭又占了上風。

恩培多克勒認為物質的世界是一個球；在黃金時代，鬥爭在外而愛在內；然後鬥爭便逐漸入內而愛便被逐於外，直到最壞的情形是鬥爭完全居於球內而愛完全處於球外為止。以後——雖然為了什麼原因我們並不清楚——就開始一種相反的運動，直到黃金時代又恢復為止，但黃金時代並不是永遠常在的。這時整個的循環就又重演。我們固然可以假設這兩個極端中可能有一個是穩定的，但是這卻不是恩培多克勒的見解。他雖然想要採用巴門尼德的論證以解釋運動，然而他在任何階段都不想要達到一個不變的宇宙。

恩培多克勒關於宗教的見解，大體上是畢達哥拉斯式的。在一段極有可能是談到畢達哥拉斯的殘篇裡，他說：「他們之中有一個人有了不起的知識，精於各式各樣的巧思，他獲得了智慧的最大的財富；只要他肯用心思考，他就很容易看出一切事物在十代，甚至二十代期間的各種情況。」我們已經提到過，在黃金時代人們只崇拜愛神，「而且神壇上也並不冒著純粹公牛犧牲的血腥氣，把牛犧牲之後又吃掉牠那肥大的肢體，這被人視爲是最可憎惡的事」。

有一次，他很鋪張揚厲地把自己說成是個神：

> 朋友們，你們住在這座俯瞰著阿克拉加斯黃色的岩石、背臨城堡的大城裡，爲各種善事忙碌著；你們是外邦人的光榮的避難所，從來也不會幹卑鄙的事情，我向你們致敬。我在你們中間漫遊，我是一位不朽的神明而非凡人，我在你們大家中間受到了恰當的尊敬，人們給我戴上了絲帶和花環。只要當我戴著這些參加男女的行列進入繁盛的城市，人們便立刻向我致敬；無數的人群追隨著我，問我什麼是求福之道；有些人想求神諭，又有些人在許多漫長而愁苦的日子裡遭受各種疾病的痛苦的摧折，祈求能從我這裡聽到醫病的話。……但是我爲什麼要把超越必死的、必朽的凡人當作好像是一件了不起的事情而喋喋不休呢？

另外有時候，他感覺自己是一個大罪人，正爲著自己的不虔誠而在贖罪：

> 有一個必然之神的神諭，那是一條古老的神誡，是得到明確的誓言保證的而又永恆的神誡；它說，只要有一個魔鬼——漫長的歲月就是他的命運——曾經罪惡地用血玷汙了自己的手，或追隨過鬥爭而背棄了自己的誓言，他就必定要遠離幸福者之家而在外遊蕩三萬年，在這段時期中他將托生爲種種不同的有生形式，從一條勞苦的生活道路上轉到另一條上。因爲強而有力的氣把他趕到海裡，海又把他沖到乾

燥的地上來；地又把他抛到烈日的照灼之下，而烈日又把他投回到氣的旋渦裡。每一種都從另一種那裡把他接受過來，但是每種全都把他抛開。我現在就是這樣的一個人，是一個見拒於神的亡命者和流浪兒，因此我就把我的指望寄託於無情的鬥爭中。

他的罪惡是什麼，我們並不知道；也許並不是什麼我們會認爲很嚴重的事。因爲他說：

「啊！我是有禍的了，在我張嘴大嚼而犯下罪行之前，無情的死亡的日子竟不曾毀滅掉我！……」

「要完全禁絕桂葉……」

「不幸的人，最不幸的人，你的手可千萬不要去碰豆子！」

所以也許他所做的壞事不過是大嚼桂葉或者大吃豆子罷了。

柏拉圖有一段最有名的文章，他把這個世界比做是一個洞穴，我們在洞穴裡面只能看到外面明朗世界的各種現實的暗影，而這是恩培多克勒所預示過的；它起源於奧菲斯派的教義。

也有些人——大抵是那些透過許多次的投生而得免於罪惡的人——最後終於達到了與諸神同在的永恆幸福：

> 但是最後他們①在人間出現，作爲先知、歌者、醫生和君主；從此他們榮耀無比地上升爲神，與其他諸神同享香火、同享供奉，免於人間的災難，不受命運的擺布，也再不可能受到傷害。

這一切裡面，似乎很少有什麼是奧菲斯教義和畢達哥拉斯主義所不曾包括的東西。

恩培多克勒的創造性，除了科學以外，就在於四元素的學說以及用愛和鬥爭兩個原則來解釋變化。

他拋棄了一元論，並把自然過程看做是被偶然與必然所規定的，而不是被目的所規定的。在這些方面，他的哲學要比巴門尼德、柏拉圖和亞里斯多德諸人的哲學更富於科學性。的確，在另外一些方面他曾接受了當時流行的迷信；但是就在這一方面，他也不見得比起許多近代的科學家來更爲不如。

---

①這裡並沒有說明「他們」是誰，但是我們可以假設他們就是那些保存了自己的純潔性的人們。

第七章　雅典與文化的關係

雅典的偉大開始於兩次波斯戰爭（西元前四九〇年與西元前四八〇—前四七九年）的時候。在那時以前，愛奧尼亞和大希臘（義大利南部和西西里的希臘城市）產生過許多偉大的人物。馬拉松之役（西元前四九〇年）雅典對波斯王大流士的勝利，以及在雅典領導之下的希臘聯合艦隊對於大流士之子兼繼承人薛西斯（西元前四八〇年）的勝利，為雅典樹立了偉大的威信。各島上的，以及一部分小亞細亞大陸上的愛奧尼亞人曾經反叛過波斯，波斯人既被逐出希臘大陸，雅典就促成了他們的解放。在這次作戰中，只關懷自己的領土的斯巴達人沒有參加。因此雅典就變成反波斯同盟中主要的一員。根據盟約規定，任何成員國都有義務提供一定數量的船隻或者代役金。大多數城邦都選擇了後一種辦法，這樣雅典便取得了凌駕其他盟國的海上霸權，從而逐漸地把同盟轉化成為一個雅典帝國。雅典變得富庶了，而且在白里克里斯的睿智領導之下繁榮起來了；白里克里斯是由公民自由選舉出來的，執政約三十年之久，直到西元前四三〇年他才失勢。

白里克里斯時代是雅典歷史上最幸福最光榮的時代。曾參加過波斯戰爭的伊斯奇魯斯（Aeschylus）開始寫希臘悲劇；他所寫的悲劇之一《波斯人》（*Persae*）就一反採用荷馬題材的習慣，轉而寫大流士的潰敗。緊接著他的就是索福克里斯（Sophocles），繼索福克里斯之後的就是歐里庇得斯。然而歐里庇得斯一直活到了白里克里斯失勢和死後的伯羅奔尼蘇戰爭時期的那些黑暗日子裡，他的劇本就反映了後一時期的懷疑主義。他同時代的喜劇詩人亞里斯多芬尼從一種健康而有限的常識立場出發，嘲笑了一切的主義；他特別咒罵蘇格拉底，認爲他是一個否認宙斯的存在並且玩弄著褻瀆神明的僞科學的神祕教的人。

雅典曾被薛西斯所占領，衛城上的神殿被毀於火。白里克里斯便致力於這些神殿的重建工作。帕德嫩（Parthenon）神殿和其他神殿的殘跡使我們今天還感受深刻的印象，這些神殿就是由白里克里斯所修建的。雕刻家斐狄阿斯應國家的聘請，塑造了巨大的男女神像。在這個時期的末了，雅典成爲希臘世界最美麗最繁華的城邦。

歷史學之父希羅多德（Herodotus）是小亞細亞的哈里卡那蘇斯人，但是他住在雅典並且受到雅典國家的鼓勵，他站在雅典的觀點上寫下了波斯戰爭的紀錄。

白里克里斯時代雅典的成就，或許是一切歷史上最令人驚奇的事件。在那時以前，雅典一直都落後於許多希臘城邦；無論在藝術方面或在文學方面，它都不曾產生過任何一個偉大的人物（除了梭倫而外，梭倫主要地是個立法者）。突然之間，在勝利和財富和需要重建的刺激之下，出現了大批的建築家、雕刻家和戲劇家，他們直到今天還是不可企及的，他們所產生的作品左右著後人直迄近代。當我們想到它的人口數量之少的時候，這一點就格外令人感到驚異了。雅典人口最多的時候約當西元前四三〇年左右，估計爲數大約二十三萬人（包括奴隸在內），而它四周的阿提卡農村領土上的人口可能還要更少些。無論在此以前或者是自此而後，從來沒有任何有同樣比例的居民的地區曾經表現出來過任何事物足以和雅典這種高度完美的作品媲美。

在哲學方面，雅典僅僅貢獻了兩個偉大的名字，蘇格拉底和柏拉圖。柏拉圖屬於一個較晚的時期，但是蘇格拉底則在白里克里斯統治下度過了他的青春時代和早期的成年時代。雅典人對於哲學有著充分的興趣，非常渴望諦聽從別的城市而來的教師們。希望學習辯論術的青年人就去追求智者；在〈普羅泰戈拉〉（*Protagoras*）篇中，柏拉圖筆下的蘇格拉底對於那些傾聽外來名家言論的熱心的學徒們，曾做過一番非常有趣的諷刺性的描寫。我們下面可以看到，白里克里斯曾把阿那克薩哥拉引入雅典；蘇格拉底就自認是從阿那克薩哥拉那裡學到了心靈在創造過程中的首要地位的。

柏拉圖假設他的對話大部分是發生在白里克里斯時代的，對話錄表現了富人生活的優裕景象。柏拉圖出身於一個雅典的貴族家庭，他是在戰爭與民主還不曾摧毀上層階級的財富與安逸之前的那個時代傳統裡面成長起來的。他的那些青年們無需工作，他們把大部分的閒暇都用於追求科學、數學和哲學；他們幾乎都能背誦荷馬，並且是評判職業誦詩者優劣的鑑賞家。演繹推理的方法剛被發現不久，並在整個知識領域對於各種或眞或假的新理論起了刺激作用。在那個時代正像在爲數很少的其他時代裡一樣，人們可能既有才智而又有幸福，而且還是透過才智而得到幸福的。

但是產生這一黃金時代的各種力量的平衡是不穩定的。它在內部和外部都受著威脅——內部受著民主政治的威脅，外部受著斯巴達的威脅。爲了理解在白里克里斯以後所發生的事情，我們必須簡單地考察一下阿提卡早期的歷史。

阿提卡在歷史時期開始時，只是一個自給自足的小小農業區；它的都城雅典並不大，但是它包括的人口是日益增多的工匠和技術工人，他們想要把他們的產品銷售到國外去。人們逐漸地就發現種植葡萄和橄欖要比種植穀物更爲有利可圖，於是就輸入穀物，主要是從黑海沿岸輸入。這種種植形式比穀物種植需要更多的資金，於是小農便負了債。阿提卡正像希臘其他國家一樣，在荷馬時代原是一個君主國，但是國王卻變成了一個不具政治權力的純宗教官吏。政府落到貴族的手裡，貴族們既壓迫鄉村的農民也壓迫城市裡的工匠。早在西元六世紀時，梭倫就按照民主的方向實行了一種妥協，他的許多成就一直保存到後來比西斯垂塔斯及其後嗣們的僭主政治時期。在這個時期結束的時候，作爲僭主政治對頭的貴族們已經能夠支持民主政治了。民主的過程就使得貴族掌握了權力，正如西元十九世紀的英國那樣，直到白里克里斯倒臺時爲止。但是到白里克里斯的晚期，雅典民主政治的領袖們就開始要求享有更多的政治權力。同時白里克里斯的帝國主義政策——這和雅典的繁榮是緊緊連繫著的——又造成了與斯巴達的摩擦不斷增長，並終於導致了伯羅奔尼蘇戰爭（Peloponnesian War，西元前四三一—前四〇四年）；在這次戰爭裡，雅典完全戰敗了。

儘管雅典在政治上瓦解了，但是它的威信還繼續存在著，並且哲學始終以這裡爲中心幾乎長達一千年之久。亞歷山大城在數學和科學方面掩蓋過了雅典，但是亞里斯多德和柏拉圖卻使雅典在哲學上的地位依然至高無上。柏拉圖曾講過學的學園，其壽命比所有其他的學院都延續得更長久，它在羅馬帝國皈依了基督教之後還又持續了兩個世紀，成爲一座異教主義的孤島。最後在西元五二九年它才被持有頑固的宗教信仰的查士丁尼所封閉，於是黑暗時代便在歐洲降臨了。

第八章　阿那克薩哥拉

哲學家阿那克薩哥拉（Anaxagoras）雖然不能和畢達哥拉斯、赫拉克利特和巴門尼德相提並論，然而也有相當的歷史重要性。他是愛奧尼亞人，並且繼續了愛奧尼亞的科學與理性主義的傳統。他是第一個把哲學介紹給雅典人的，並且是第一個提示過心可能是物理變化的首要原因的人。

他約當西元前五〇〇年生於愛奧尼亞的克拉佐美尼，但是他的一生大約有三十年是在雅典度過的，約當西元前四六二－前四三二年。他或許是被白里克里斯招引來的，白里克里斯這時正在從事於開化他的國人。也許是來自米利都的那位阿斯巴西亞把他介紹給白里克里斯的。柏拉圖在〈費德羅〉（*Phaedrus*）篇中說過：

> 白里克里斯「似乎和阿那克薩哥拉很相投，阿那克薩哥拉是一位科學家；白里克里斯飽究了有關天上事物的理論，並在獲得了關於智與愚的眞正性質的知識之後——那正是阿那克薩哥拉所談論的主要事物——就從這個源泉裡汲取了一切足以提高他自己演說藝術的東西」。

據說阿那克薩哥拉還影響了歐里庇得斯，但這件事就更值得懷疑了。

雅典公民們也像其他時代和其他地方的其他城市公民一樣，對於企圖介紹進來一種比他們所習慣的文化更高一級的文化的那些人表現了一種敵意。當白里克里斯年紀老了的時候，他的對方便從攻擊他的朋友著手而開始了一場反白里克里斯的鬥爭。他們控告斐狄阿斯侵吞了供他雕像之用的黃金。他們通過一條法律，允許人揭發那些不奉行宗教並宣揚有關各種「天上事物」的理論的人。在這條法律之下他們就檢舉了阿那克薩哥拉，他被控為宣揚太陽是一塊紅熱的石頭，而且月亮是土（蘇格拉底的檢察官也重複過同樣的起訴狀，蘇格拉底則嘲笑他們已經過時了）。究竟發生了什麼事情我們還不能確定，只知道阿那克薩哥拉必須離開雅典。似乎很可能是白里克里斯把他救出監獄，設法使他離去的。他回到愛奧尼亞創設了一個學校。按照他的遺囑，他的忌辰就定為學生們的假日。

阿那克薩哥拉認為萬物都可以無限地分割，哪怕是最小的一點物質也都包含著各種元素。事物所表現的，就是它們所包含得最多的東西。這樣，例如：萬物都包含一些火，但是唯有當火的元素占優勢時候，我們才能稱它為火。像恩培多克勒一樣，他也提出反對虛空的論證，他說滴漏或者吹得鼓起來的皮就說明了似乎是一無所有的地方也還是有空氣的。

他和他的前人不同，他認為心（nous）也是參與生活體組成的實質，他把它們和死的物質區別開來。他說：每一事物裡都包含有各種事物的一部分，只有心除外；但是有些事物也包含有心。心有支配一切有生命的事物的力量，它是無限的，並且是自己支配自己的；它不與任何事物混合。除了心而外，每一件事物不管是多麼小，都包含有一切對立面的一部分，諸如熱與冷，白與黑。他主張雪（有些部分）是黑的。

心是一切運動的根源。它造成一種旋轉，這種旋轉逐漸地擴及於整個的世界，使最輕的事物飄到表面上去，而最重的則落向中心。心是一樣的，動物的心也和人的心是一樣的善良。人類顯而易見的優越性就在於他有一雙手的這一事實；一切表面上智力的不同，實際上都是由於身體的不同。

無論是亞里斯多德還是柏拉圖筆下的蘇格拉底，都埋怨阿那克薩哥拉在介紹了心之後，卻沒有把它加以運用。亞里斯多德指出他僅僅是介紹了心作為一種因，因為他並不知道有別的因。凡是他能夠的地方，他處處都做出機械的解釋。他反對以必然與偶然作為事物的起源；然而他的宇宙論裡也沒有「天意」。關於倫理或宗教他似乎想得並不多；或許他是一個無神論者，像他的檢舉者所說的那樣。除了畢達哥拉斯以外，所有他的前人都曾影響過他。巴門尼德對他的影響正像是對恩培多克勒的一樣。

在科學方面他有很大的功績。第一個解釋月亮是由於反射而發光的人就是他，雖說巴門尼德也有過一段很晦澀的話暗示著巴門尼德也知道這一點。阿那克薩哥拉提出了月蝕的正確理論，並且知道月亮是位於太陽之下的。他說太陽和星都是火熾的石頭，但是我們並不感覺到星的熱力，因為它們距離我們太遙遠了。太陽比伯羅奔尼蘇還要大。月亮上有山，並且（他以為）有居民。

據說阿那克薩哥拉出於阿那克西美尼學派；他顯然無疑地保存著愛奧尼亞人的理性主義和科學的傳統。在他的思想裡人們找不到那種對倫理與宗教的偏好——那種偏好從畢達哥拉斯學派傳到蘇格拉底，從蘇格拉底又傳到柏拉圖，便把一種蒙昧主義者的偏見帶進了希臘哲學裡面來。他確乎不完全是第一流的，但是作為第一個把哲學帶給雅典的人，並且作為塑造了蘇格拉底的影響之一，他還是重要的。

第九章　原子論者

原子論（atomism）的創始者是留基波（Leucippus）和德謨克里特（Democrtus）兩個人。這兩個人是很難區別開來的，因爲他們通常總是被人相提並論，而且顯然地留基波的某些作品後來還被認爲是德謨克里特的作品。

留基波的鼎盛期似乎約當西元前四四〇年[1]，他來自米利都，繼承了與米利都相連繫著的科學的理性主義的哲學。他受了巴門尼德和芝諾很大的影響。關於他，人們知道得非常少，以至於有人認爲伊比鳩魯（德謨克里特後期的一個追隨者）曾經斷然否認過他的存在，而且有些近代的學者還重新提出這種理論來。然而亞里斯多德的著作中有很多提到他的地方，因而如果他僅僅是一個神話而竟然會出現這麼多的引證（包括對原文的引文），那就似乎是令人難以置信的了。

德謨克里特則是一個更加確定得多的人物了。他是色雷斯的阿布德拉地方的人；至於他的年代，他曾說過阿那克薩哥拉年老的時候（可以說約當西元前四三二年左右）他還很年輕，所

---

① 西雷爾・貝萊（Cyril Bailey）在《希臘原子論者與伊比鳩魯》（*The Greek Atomist and Epicurus*）一書中認為他的鼎盛期約當西元前四三〇年或稍早。

以人們認爲他的鼎盛期是西元前四二〇年左右。他廣泛地遊歷過南方與東方的許多國度，追求著知識；他也許在埃及度過相當的時間，他還一定到過波斯。然後他就回到阿布德拉，終老於此。策勒爾稱他「在知識的淵博方面要超過所有的古代的和當代的哲學家，在思維的尖銳性和邏輯正確性方面要超過絕大多數的哲學家」。

德謨克里特是蘇格拉底和智者們同時代的人，因此根據純粹編年的理由，就應該在我們的這部歷史裡放在稍後一點，但是困難在於他是很難和留基波分開的。根據這種理由我就要在蘇格拉底和智者以前先來考慮他，雖說他的哲學有一部分就是爲了答覆他的同鄉而且是最傑出的智者普羅泰戈拉（Protagoras）的。普羅泰戈拉訪問雅典的時候，曾受到熱烈的歡迎；而另一方面德謨克里特卻說：「我到了雅典，可是沒有一個人知道我。」他的哲學在雅典有很長的時期是爲人忽視的；伯奈特說：「我們不清楚柏拉圖是否知道有關德謨克里特的任何事情……另一方面，亞里斯多德是很知道德謨克里特的，因爲他也是一個來自北方的愛奧尼亞人。」②柏拉圖的對話錄裡從來沒有提到過他，但據第歐根尼·拉爾修（Diogenes Laertius）說，柏拉圖非常之討厭他，以致想把他的全部著作都燒光。希斯把他作爲一位數學家而推崇得很高③。

留基波和德謨克里特兩人的共同哲學的基本觀念是出於留基波的，但是就理論的形成而言，就不大可能把他們兩個人分開了；而且對我們來說，也無需這樣做。留基波——如果不是

---

② 《從泰利斯到柏拉圖》（*From Thales to Plato*）第一九三頁。

③ 《希臘的數學》（*Greek Mathematics*）卷一，一，第一七六頁。

德謨克里特的話——企圖調和以巴門尼德與恩培多克勒分別爲其代表的一元論與多元論而走到了原子論。他們的觀點極其有似於近代科學的觀點，並且避免了大部分希臘的冥想所常犯的錯誤。他們相信萬物都是由原子構成的，原子在物理上——而不是在幾何上——是不可分的；原子之間存在著虛空；原子是不可毀滅的；原子曾經永遠是，而且將繼續永遠是，在運動著的。原子的數目是無限的，甚至於原子的種類也是無限的，不同只在於形狀和大小。亞里斯多德④說過，按照原子論者的說法，原子在熱度方面也是不同的，構成了火的球狀原子是最熱的；至於在重量方面，他引過德謨克里特的話：「任何不可分割的愈占優勢，則重量愈大。」然而原子究竟有沒有重量這個問題，在原子論派的理論裡一直是一個有爭論的問題。

原子是永遠運動著的；但是關於原始運動的特性，則注疏者們有不同的意見。有的人，尤其是策勒爾，認爲原子是被想像爲永遠在降落著的，而愈重的原子就降落得愈快；於是它們就趕上了較輕的原子，就發生了衝撞，並且原子就像撞球一樣地折射回來。這一定就是伊比鳩魯的觀點；伊比鳩魯的理論在很多方面都是基於德謨克里特的理論的，同時又頗不高明地努力要顧及亞里斯多德的批評。但是有相當的理由可以設想，重量並不是留基波和德謨克里特的原子的本來的性質。在他們的觀點裡，倒更有可能似乎是原子起初是在雜亂無章地運動著，正像現代氣體分子的運動理論那樣。德謨克里特說在無限的虛空裡既沒有上也沒有下，他把原子在靈魂中的運動比做沒有風的時候的塵埃在一條太陽光線之下運動。這是比伊比鳩魯更爲明智得多

④《論生成與腐朽》（*On Generation and Corruption*）三二六節A。

的看法，並且我認爲我們可以假定這就是留基波和德謨克里特的看法。⑤

由於衝撞的結果，原子群就形成了漩渦。其餘的過程則大致有如阿那克薩哥拉所說的一樣，然而他對於漩渦加以機械的解釋而不以心的作用來解釋，則是一個進步。

在古代，通常總是譴責原子論者們把萬物都歸之於機緣。正好相反，原子論者乃是嚴格的決定論者，他們相信萬物都是依照自然律而發生的。德謨克里特明白地否認過任何事物可以由於機緣而發生。⑥人們都知道留基波——雖說這個人是否存在還有問題——曾經說過一件事：「沒有什麼是可以無端發生的，萬物都是有理由的，而且都是必然的。」的確他並沒有說明何以世界自始就應該是它所原有的那種樣子，這一點或許可以歸之於機緣。但是只要世界一旦存在，它的繼續發展就是無可更改地被機械的原則所確定的了。亞里斯多德和別人都指摘他和德謨克里特並沒有說明原子的原始運動，但是在這一點上原子論者要比批評他們的人更科學得多。因果作用必須是從某件事物上開始的，而且無論它從什麼地方開始，對於起始的資料是不能指出原因的。世界可以歸之於一位創世主，但是縱令那樣，創世主的自身也是不能加以說明的。事實上，原子論者的理論要比古代所曾提出過的任何其他理論，都更近於近代科學的理論。

與蘇格拉底、柏拉圖和亞里斯多德不同，原子論者力圖不引用目的或最終因的觀念來解釋

⑤ 這是伯奈特所採用的解釋，而且貝萊，至少對於留基波，也是採用這種解釋的（前引書，第八三頁）。

⑥ 見貝萊前引書，第一二一頁，論德謨克里特的決定論。

世界。一樁事情的「最終因」乃是另一件未來的事，這樁事情就是以那件未來的事爲目的而發生的。這種概念是適用於人事方面的。麵包師爲什麼要做麵包？因爲人們會飢餓。爲什麼要建造鐵路？因爲人們要旅行。在這種情況中，事物就可以用它們所服務的目的來加以解釋。當我們問到一件事「爲什麼」的時候，我們指的可以是下列兩種事情中的一種，我們可以指：「這一事件是爲著什麼目的而服務的？」或者我們也可以指：「是怎樣的事前情況造成了這一事件的？」對前一個問題的答案就是目的論的解釋，或者說是用最終因來解釋的；對於後一問題的答案就是一種機械論的解釋。我看不出預先怎麼能夠知道科學應該問的是這兩個問題中的哪一個？或者，是不是兩個都應該問？但是經驗表明機械論的問題引到了科學的知識，而目的論的問題卻沒有。原子論者問的是機械論的問題而且做出了機械論的答案。可是他們的後人，直到文藝復興時代爲止，都是對於目的論的問題更感興趣，於是就把科學引進了死胡同。

關於這兩個問題，卻都有一條界限往往被人忽略了，無論是在一般人的思想裡也好，還是在哲學裡也好。兩個問題沒有一個是可以用來確切明白地問到實在的全體（包括上帝）的，它們都只能問到它的某些部分。至於目的論的解釋，它通常總是很快地就達到一個創世主，或者至少是一個設計者，而這位創世主的目的就體現在自然的過程之中。但是假如一個人的目的論竟是如此之頑強，而一定要繼續追問創世主又是爲著什麼目的而服務的，那麼，十分顯然他的問題就是不虔敬的了。而且，這也是毫無意義的，因爲要使它有意義，我們就一定得設想創世主是被一位太上創世主所創造出來的，而創世主就是爲這位太上創世主的目的而服務的。因此，目的的概念就只能適用於實在的範圍以內，而不能適用於實在的全體。

一種頗爲類似的論證也可以用於機械論的解釋。一件事以另一件事爲其原因，這另一件事又以第三件事爲其原因，如此類推。但是假如我們要求全體也有一個原因的話，我們就又不得不回到創世主上面來，而這一創世主的本身必須是沒有原因的。因此，一切因果式的解釋就必定要有一個任意設想的開端。這就是爲什麼在原子論者的理論裡留下來原子的原始運動而不加以說明，並不能算是缺欠了。

不應當設想原子論者提出來的理論的理由完全是經驗的。原子理論在近代又復活了，用以解釋化學上的事實，但是這些事實希臘人並不知道。在古代，經驗的觀察與邏輯的論證二者之間並沒有什麼很顯著的區別。的確，巴門尼德是輕視觀察到的事實的，但是恩培多克勒和阿那克薩哥拉卻把他們大部分的形而上學和對於滴漏與轉水車的觀察結合在一起。直到智者時代爲止，似乎還沒有一個哲學家曾經懷疑過一套完整的形而上學和宇宙論是由大量的推理與某些觀察相結合就可以建立起來的。原子論者非常幸運地想出了一種假說，兩千多年以後人們爲這種假說發現了一些證據，然而他們的信念在當時卻是缺乏任何穩固的基礎的。⑦

正像他那時別的哲學家們一樣，留基波也一心想發現一種方式可以調和巴門尼德的論證與明顯的運動和變化的事實。正如亞里斯多德說的⑧：

---

⑦ 關於原子論派理論的邏輯與數學的基礎，見加斯敦·米樓德（Gaston Milhaud）：《希臘的幾何哲學家》，第四章。

⑧ 《論生成與腐朽》（*On Generation and Coruption*）三二五a。

「雖然這些見解（巴門尼德的見解）在辯證的討論裡似乎進行得很有邏輯，然而只要考慮一下事實就會看出，如果相信它們那就顯得和瘋狂相去無幾了。因爲確乎沒有一個狂人能夠喪失心智到這種地步，竟至會設想火和冰是『一』：唯有對於介乎是正確與習慣上似乎是正確這二者之間的東西，才會有人瘋狂到看不出差別來。

可是，留基波以爲他有一種與感官知覺相調和的理論，既可以不取消生成與毀滅，也可以不取消運動與事物的多重性。他向知覺中的事實作出了這些讓步：另一方面他又向一元論者讓步，承認不能有沒有虛空的運動，結果就有了一種被他表述如下的理論：『虛空是一種**不存在**，而**存在**的任何部分都不是**不存在**；因爲**存在**就這個名詞的嚴格意義來說，乃是一種絕對的充滿，可是這種充滿卻不是**一**；反之它是一種**多**，這種**多**爲數無窮而且由於體積極小所以是看不見的。這些**多**就在虛空中運動（因爲虛空是存在的）：於是它們由於聯合就產生了**生成**，由於分離而就產生了**毀滅**。此外只要當它們偶然相接觸時（因爲這裡它們不是**一**）它們就起作用並且被作用，由於聚合在一起互相糾纏，它們就可以繁殖。另一方面從眞正的一絕不能出現多，從眞正的多也絕不能出現**一**：這是不可能的事』。」

我們可以看出有一點是大家一直都同意的，那就是：在充滿之中不能有運動。而在這一點上大家卻都錯了。在充滿裡可以有**循環**的運動，只要它是一直不斷地存在著。這種觀念是說一件事物只能運動到一個空虛的位置上去，而在充滿裡則沒有空虛的位置。也許可以很有效地論證說，運動絕不能在充滿之內開始；但是絕不能很有效地說，運動是完全不能出現的。然而對希臘人來說，似乎一個人必須要麼就接受巴門尼德的不變的世界，要麼就得承認虛空。

巴門尼德反對「不存在」的論證，在邏輯上似乎用之於反對虛空也同樣是無可反駁的；並且在彷彿是沒有東西的地方卻還有空氣的存在，這一發現就更加強了巴門尼德的論證（這是常見的邏輯與觀察相混淆的一例）。我們可以把巴門尼德式的立場表示如下：「你說有虛空；因此虛空就不是無物；因此它就不是虛空。」我們不能說原子論者已經答覆了這一論證；他們僅僅宣稱他們認爲應該略掉這一點，理由是運動乃是一件經驗中的事實，因此就必定有虛空，無論它是多麼地難於想像⑨。

讓我們來考察一下這個問題後來的演變歷史。避免這一邏輯困難的最初的最顯著的辦法就是把物質和空間區分開來。按照這種看法，空間並不是無物，而是具有容器的性質；它的某一部分可以是，也可以不是，充滿了物質的。亞里斯多德說（《物理學》（*Physics*），二〇八b）：「虛空存在的理論就包含著位置的存在，因爲一個人可以把虛空定義爲抽掉物體之後的位置。」這種觀點被牛頓以極其明確的方式提了出來，牛頓肯定絕對空間的存在，因而就區別

---

⑨貝萊（前引書第七十五頁）則正好相反，他認為留基波有過一個「極端微妙」的答案。答案實質上就在於承認某種非物體的東西（虛空）的存在。伯奈特也同樣說過：「這些通常被人認為是古代偉大的唯物主義者的原子論者們，事實上卻最早明白地說出了一個事物可以是實在的而又並不是一個物體——這真是一件奇怪的事實」。

開了絕對運動與相對運動。在哥白尼學說的論戰裡，雙方（不管他們是怎麼樣地沒有認識到這一點）都是接受了這種見解的，因爲他們認爲：說「天體從東向西旋轉」和說「地球從西向東轉動」這兩種說法是不同的。但如果一切運動都是相對的，那麼這兩種敘述就僅僅是同一件事物的不同說法罷了，就像是說「約翰是詹姆士的父親」和「詹姆士是約翰的兒子」一樣。但是如果一切運動都是相對的，並且空間是非實質的，那麼我們手裡就留下來巴門尼德式的反對虛空的論證了。

笛卡兒的論證和早期希臘哲學家的論證正好是同樣的，他說廣袤是物質的本質，因此處處都有物質。廣袤對於笛卡兒，乃是一個形容詞，而不是一個實體字；它的實體字便是物質，而沒有它的實體字它就不能存在。空虛的空間對於他說來，正像是說幸福而可以沒有一個幸福的感受者是同樣地荒謬。萊布尼茲的立場多少有些不同，他也相信有充滿，可是他以爲空間只是種種關係的一個體系。在這個題目上他和牛頓（由克拉克出面來代表）之間有過一場著名的爭論。這個爭論在愛因斯坦的時代以前始終懸而未決，但是愛因斯坦的理論把勝利決定性地給予了萊布尼茲。

近代的物理學家雖然仍然相信物質在某種意義是原子的，但是並不相信有空虛的空間。就在沒有物質的地方，也仍然有著某種東西，特別是光波。物質已經不復具有它在哲學中通過巴門尼德的論證所獲得的那種崇高的地位了。它並非是不變的實體，而僅僅是事件集合的一種方式。有些事件屬於可以被我們認爲是物質事物的集群；另有些事件，例如：光波，則不是。唯有事件才是世界的材料，而每一事件都是爲時極其短促的。在這一點上，近代的物理學是站在赫拉克利特的那一邊而反對巴門尼德的。但是在愛因斯坦和量子論以前，它卻始終是站在巴門尼德那一邊的。

至於空間，近代的觀點是：空間既不是一種實體，像牛頓所說的那樣並且像留基波和德謨克里特所應該說的那樣，也不是伸展著的物體的一個形容詞，像笛卡兒所想的那樣，而是種種關係的一個體系，像萊布尼茲所說的那樣。現在還一點都不清楚，這種觀點是不是能與虛空的存在相符合。或許就抽象的邏輯來說，它是可以與虛空相調和的。我們可以說在任何兩件事物之間總有一定的或大或小的**距離**，而這一距離並不蘊含著有中間事物的存在。可是這樣的一種觀點在近代物理學裡是無法應用的。自從愛因斯坦以後，距離只是存在於事件之間，而不是存在於事物之間了，並且它還既包括著時間也包括著空間。它在本質上是一種因果的概念，並且在近代物理學裡作用是不會隔著距離的。然而這一切毋寧都是根據經驗的理由，而非根據邏輯的理由。此外，近代的看法除非是以微分方程式便無法表述，因此它是古代哲學家們所不會理解的。

因而原子論派的觀點之邏輯發展的結果便似乎是牛頓的絕對空間的理論，這種理論遇到的困難乃是必須把實在歸之於「不存在」。對於這種理論並沒有任何**邏輯上的**反對理由。主要的反對理由就是絕對空間乃是絕對不可知的，因此在經驗科學中就不可能是一種必要的假設。更實際的反對理由就是，物理學沒有它也能前進。但是原子論派的世界在邏輯上仍然是可能的，並且要比任何其他古代哲學家的世界都更接近於實際的世界。

德謨克里特相當詳盡地完成了他的理論工作，並且其中有些工作是非常有趣的。他說每個原子都是不可滲透的、不可分割的，因爲它裡面沒有虛空。當你用刀切蘋果的時候，刀必須找到有一個可以插進去的空虛的地方；如果蘋果裡沒有虛空，它就會是無限地堅硬，於是在物理上就會是不可分割的。每個原子內部是不變的，事實上原子就是一個巴門尼德式的「一」。原子所作的唯一事情就是運動和互相衝撞，以及有時候，當它們恰好具有能夠互相嵌合的形狀時，結合在一起。原子有著各種各樣的形狀；火是由小球狀的原子構成的，靈魂也是如此。原子由於衝撞就形成了漩渦，漩渦就產生了物體，並且終於產生了世界⑩。有著許多的世界，有些世界在生長，有些則在衰亡；有些可能沒有日和月，有些可能有著幾個日和月。每個世界都有開始和終了。一個世界可以由於與另一個更大的世界相衝撞而毀滅。這種宇宙論可以總括在雪萊的詩裡：

世界永遠不斷地在滾動
自它們的開闢以致毀滅，
像是河流裡面的水泡
閃爍著、爆破著，終於消逝。

生命就從原始的泥土裡發展出來。一個生活體全身處處都有一些火，但是在腦子裡或者在胸中火最多（在這一點上，權威們的意見是分歧的）。思想也是一種運動，從而也可以造成別的地方的運動。知覺和思想都是生理過程。知覺有兩種，一種是感性的，一種是悟性的。後一種知

⑩ 關於他們所想像的這一過程發生的方式，見貝萊，前引書第一三八頁以下。

覺僅僅有賴於被知覺的事物，而前一種知覺則同時還要有賴於我們的感官，所以很容易欺騙我們。德謨克里特和洛克一樣，也認為有些性質如溫暖、美味與顏色實際上並不是在客體之內而只是由於我們感覺器官的作用，但是有些性質如重量、密度與硬度則實際上是在客體之內的。

德謨克里特是一個澈底的唯物主義者；我們已經知道，在他看來靈魂是由原子組成的，思想也是物理的過程。宇宙之中並沒有目的，只有被機械的法則所統馭著的原子。他不相信流俗的宗教，他反駁過阿那克薩哥拉的**nous**（心，理智）。在倫理學方面，他認為快樂就是生活的鵠的，並且認為節制與修養就是獲得快樂最好的手段。他不喜歡任何激烈時熱情的事物；他不讚許戀愛，因為他說那就包含著意識可能被歡樂所顛倒。他重視友誼，但是把女人想得很壞，並且也不願意有小孩子，因為對孩子們的教育會攪亂哲學的。在所有這些方面，他都非常像邊沁（Jeremy Bentham）；他對於希臘人所稱之為民主的東西也有著同樣的愛好。⑪

德謨克里特——至少我的意見如此——是避免了後來曾經損害過所有古代和中世紀思想的那種錯誤的最後一個哲學家。我們迄今為止所探討過的所有的哲學家們，都曾致力於一種無所為而為的努力想要了解世界。他們想像中的了解世界要比實際的情形輕而易舉得多，但是沒有這種樂觀主義他們就不會有勇氣做出開端來的。他們的態度只要並不是僅僅體現他們時代的偏見的時候，大體上可以說是眞正科學的。但它不**僅僅**是科學的；它還是富於想像的、生氣蓬勃的，並且充滿了冒險的樂趣。他們對一切事物都感到興趣——流星和日月蝕、魚和旋風、宗教

---

⑪ 他說：「民主之下的貧困比起專制之下所稱為的繁榮來，正像自由要比奴役那樣地更值得願望。」

和道德；他們結合了深沉的智慧和赤子的熱誠。

自此而後，儘管有著空前無比的成就，然而卻呈現了某些衰落的最初萌芽，然後就是逐漸地衰頹。德謨克里特以後的哲學——哪怕是最好的哲學——的錯誤之點就在於和宇宙對比之下不恰當地強調了人。首先和智者們一起出現的懷疑主義，就是引導人去研究我們是如何知道的，而不是去努力獲得新知識的。然後隨著蘇格拉底而出現了對於倫理的強調；隨著柏拉圖又出現了否定感性世界而偏重那個自我創造出來的純粹思維的世界；隨著亞里斯多德又出現了對於目的的信仰，把目的當作是科學中的基本觀念。儘管有柏拉圖與亞里斯多德的天才，但他們的思想卻有著結果證明了是爲害無窮的缺點。從他們那時候以後，生氣就萎縮了，而流俗的迷信便逐漸地興起。作爲天主教正統教義勝利的結果，就出現了部分的新面貌；但是要一直等到文藝復興，哲學才又獲得了蘇格拉底的前人所特有的那種生氣和獨立性。

第十章　普羅泰戈拉

我們所曾考察過的前蘇格拉底時期的那些偉大的體系，在西元前五世紀後半葉就遭到了懷疑運動的反對，懷疑運動中最重要的人物就是智者的領袖普羅泰戈拉。「智者」這個字原來並沒有壞意思；它指的差不多就是我們所說的「教授」。一個智者是一個以教給青年某些事物為生的人，這些事物被人認為在實際生活中是對青年有用的。既然當時還沒有這類教育的公共設施，所以智者們就只教那些自備束脩的人或者是由家長出束脩的人。這就傾向於給他們以某種階級的偏見，而當時的政治局面又更加強了這種偏見。在雅典和許多別的城市，在政治上民主制獲得了勝利，但是對於削減那些屬於舊貴族世家的人們的財富方面卻毫無成績。體現出來我們心目中所謂希臘文化的，大體上都是富人：他們有教育、有閒暇，遊歷把他們的傳統偏見的稜角給磨掉了，他們消耗於論辯的時間又磨練了他們的機智。所謂民主制，並沒有觸動使富人無需壓迫自由公民便能享有他們的財富的那個奴隸制度。

然而在許多城市裡，尤其是在雅典，較窮的公民們對於富人有著雙重的仇視，一是嫉妒，二是傳統心理。富人——常常很正當地——被人認為是不虔敬的和不道德的；他們在顛覆著古代的信仰並且也許還試圖摧毀民主制。於是就形成了政治上的民主制與文化上的保守主義的互相結合，而文化上的革新者們則傾向於政治上的反動派。近代的美國也存在著多少相同的情況，在美國作爲主要的天主教組織的塔曼尼派（Tammany）①努力保衛傳統的神學與倫理的教條而反對啓蒙運動的進攻。但是美國的啓蒙者在政治上要比雅典的啓蒙者軟弱得多，因爲他們沒有能夠與財閥政治一起建立共同的目標。然而那裡有一個重要的高等知識階級是從事於保衛財閥政治的，那就是公司法律顧問階級。在有些方面，他們的作用非常類似於智者們在雅典所起的那種作用。

雅典的民主政治雖然由於不包括奴隸和女人而有著嚴重的侷限性，然而在有些方面，要比任何近代的體制都更爲民主。法官和大部分行政官都是由抽籤選出來的，並且任職的時期很短；因而他們都是普通的公民，就像我們的陪審員那樣，他們有著普通公民們所特有的偏見，並且缺乏職業性的氣味。一般說來，總是有許多的法官在聽案。原告人與辯護人，或者起訴者與被告，都是親自出席的，而不是由職業的律師出席。十分自然地，勝敗大部分要取決於演說時能打動群眾偏見的那種技巧。雖然一個人必須親自發言，但是他可以僱一個專家替他寫發言稿，或者是像許多人所喜歡的那樣，可以花錢去學習那種在法庭上獲勝所必需的技術。智者們就被公認是教給人以這種技術的。

雅典歷史上的白里克里斯時代，非常類似於英國史上的維多利亞時代。雅典是富強的，不大受戰爭的干擾，並且具有一部由貴族所執行的民主憲法。在談到阿那克薩哥拉時，我們已經看到有一個反對白里克里斯的民主反對派逐漸地積蓄了力量，並且逐一地攻擊他的朋友們。

① 塔曼尼是美國紐約城的一個強有力的政治團體，主張所謂的民主和地方分權制。——中譯本編者

伯羅奔尼蘇戰爭爆發於西元前四三一年②；雅典（和許多其他地方一道）遭到瘟疫的襲擊，爲數曾經約達二十三萬的人口便大大地減少了，並且永遠再也沒有恢復到它原來的水準（柏里（Bury）：《希臘史》卷I，四四四頁）。白里克里斯本人於西元前四三〇年被免除將軍的職務，並且被一個由一百五十名法官所組成的法庭以侵吞公款的罪名而判處罰款。他的兩個兒子都死於瘟疫，他本人也於次年（四二九年）死去。斐狄阿斯和阿那克薩哥拉都被判罪；阿斯巴西亞被控爲不虔敬而且治家無方，但是被赦免了。

在這樣一種社會裡，很自然的那些容易遭民主派政治家仇視的人們就會希望掌握辯論的技術。儘管雅典人慣好迫害，但是在有一點上卻遠不像近代美國人那樣狹隘，因爲那些被指控爲不虔敬與敗壞青年人的人們還可以出席爲自己申辯。

這就說明了智者們何以受到一個階級的歡迎而不受另一個階級的歡迎；但是在他們自己的心裡總以爲他們並非是爲個人的目的而服務，而且他們之中確乎有很多人是眞正從事於哲學的。柏拉圖對他們極盡詆毀謾罵的能事，但是我們不能用柏拉圖的論戰來判斷他們。在他較輕鬆的語調裡，讓我們從〈攸狄底姆斯〉（*Euthydemus*）篇中引下列一段文章，文中說有兩個智者狄奧尼索朵拉斯和攸狄底姆斯故意去捉弄一個名叫克里西普斯的頭腦簡單的人。狄奧尼索朵拉斯說：

②戰爭結束於西元前四〇四年，雅典一敗塗地。

你說你有一條狗嗎？

是呀，克里西普斯說，有一條惡狗。

牠有小狗嗎？

是呀，小狗們和牠一個樣。

狗就是牠們的父親嗎？

是呀，他說，我看見了牠和小狗的母親在一起。

牠不是你的嗎？

牠確乎是我的呀。

牠是一個父親，而且牠又是你的；所以牠就是你的父親，而小狗就是你的兄弟了。

從較爲嚴肅的語調裡，我們可以引題名爲〈智者〉的一篇對話。這是一篇以智者作爲一個例子而對定義進行邏輯的討論的對話。我們目前暫不討論這一篇的邏輯，關於這一篇對話我想要提到的唯一的東西就是他最後的結論：

「製造矛盾的伎倆出自於一種不眞誠的、誇大的模仿，是屬於由影像製造而產生的那類假象製造的，其特點是屬於人爲的而非神明的創造的一部分，它表現爲一種曖昧的玩弄詞句——老實說，可以指出爲眞正智者的血脈淵源的，就是如此。」（康福特的譯文）

有一個關於普羅泰戈拉的故事，這個故事無疑是杜撰的，但卻可以說明人民心目之中智者與法庭的關係。據說普羅泰戈拉教過一個年輕人，規定這個年輕人如果在第一次訴訟裡就獲得勝利，才交學費，否則就不交。而這個青年人的第一次訴訟就是普羅泰戈拉控告他，要他交學費。

然而現在讓我們撇開這些序幕，來看一看我們關於普羅泰戈拉眞正知道哪些事情。

普羅泰戈拉（Protagoras）約當西元前五〇〇年生於阿布德拉，德謨克里特就是來自這個城的。他訪問過雅典兩次，第二次的訪問不會遲於西元前四三二年。西元前四四四—前四四三年他爲徒利城編訂過一部法典。有一種傳說說他被控爲不虔敬，但這似乎是靠不住的，儘管他寫過一本《論神》（*On the Gods*）的書，這本書一開頭就說：「至於神，我沒有把握說他們存在或者他們不存在，也不敢說他們是什麼樣子；因爲有許多事物妨礙了我們確切的知識，例如問題的晦澀與人生的短促。」

他的第二次訪問雅典，柏拉圖曾在〈普羅泰戈拉〉一篇中有過多少帶點諷刺的描述，在〈泰阿泰德〉（*Theaetetus*）篇中並且很認眞地討論了他的學說。他的出名主要的是由於他的學說，即「人是萬物的尺度，是存在的事物存在的尺度，也是不存在的事物不存在的尺度」。這個學說被人理解爲指的是**每個人**都是萬物的尺度，於是當人們意見分歧時，就沒有可依據的客觀眞理可以說哪個對、哪個錯。這一學說本質上是懷疑主義的，並且其根據的基礎是感覺的「欺騙性」。

實用主義的三位創始人之一，席勒就習慣於自稱是普羅泰戈拉的弟子。這一點我想是因爲柏拉圖在〈泰阿泰德〉篇裡提示過（作爲對普羅泰戈拉的一種解釋），一種意見可能比另一種意見**更好一些**，但不一定是**更眞一些**。例如：一個人有黃疸病的時候，看起一切東西來都是黃的。說這些東西實際上並不是黃的而是一個健康人眼裡所看到的那種顏色，這種說法是沒有意義的；然而我們可以說，既然健康要比疾病好一些，所以健康人的意見就比黃疸病人的意見好一些。這種觀點顯然是非常有似於實用主義的。

不相信有客觀的眞理，就使得大多數人在實際的目的方面成爲了自己究竟應該相信什麼的裁判者。因此普羅泰戈拉就走上了保衛法律、風尚和傳統道德的路上去。雖說我們已經提到過，他並不知道神是否存在，他還是確信應當崇拜神。對於一個其理論上的懷疑主義既很澈底而又邏輯的人來說，這種觀點顯然是正確的觀點。

普羅泰戈拉的壯年就過著一種周遊於希臘各個城邦不斷講學的生活，他收費教「想要獲得實際的效率與更高的精神教養的任何人」（策勒爾書，一二九九頁）。柏拉圖反對——並且按近代的觀念來說多少是有點擺架子——智者們教書要收錢的辦法。柏拉圖自己有著相當的私人財產，顯然他不能體會那些沒有他那種好運氣的人們的需要。奇怪的是近代的教授們，他們雖找不出拒絕給薪的理由，然而也一再地重複著柏拉圖的這種挑剔。

然而另外有一點是智者與當時大多數的哲學家們所不同的。除了智者們之外，通常一位老師總是創建一所學校，學校多少具有一種兄弟會的性質，多少有著一定的共同生活，往往有些類似於一種僧院的規矩，並且常常有一種不公開宣布的祕密學說。凡在哲學是起於奧菲斯主義的地方，這一切都是非常自然的。但是在智者們中間，一點也沒有這些東西。他們所教的東西，在他們心目中是與宗教或德行不相干的。他們教辯論術，以及有助於這種技術的其他一切知識。大致說來，他們好像近代的律師一樣，只準備教給人如何進行辯護或是反對一種意見，他們並不從事宣傳他們自己的結論。那些把哲學認爲是與宗教密切結合在一起的一種生活方式的人們，自然感到了震動；在他們看來智者們是輕佻的、不道德的。

在某種程度上——雖然不可能說究竟是到什麼程度——智者們之引人厭惡，不僅是引起一般人的厭惡而且也引起柏拉圖和以後的哲學家們的厭惡，實在是由於他們智力的優異。追求眞理如其是全心全意的，就必須撇開道德方面考慮。我們事先不能知道眞理在某個社會裡會不會被認爲是有建設性的。智者們總是準備追隨著論證，走到論證所引出的結論上去。而這往往就把他們帶到了懷疑主義。他們之中有一個高爾吉亞（Gorgias）曾提出過，任何事物都不存在；而且縱令有任何事物存在的話，那也是不可知的；而且縱令它存在並且被任何一個人所認知，這個人也永遠不能把它傳達給別人。我們不知道他的論證是什麼，但是我很能想像他們具有一種邏輯的力量，迫使得他們的對方要躲避到理論體系裡面去。柏拉圖總是熱心宣傳足以使人們能變成爲他所認爲是有德的樣子的那些見解；但是他在思想上幾乎從來都是不誠實的，因爲柏拉圖讓自己以社會的後果來判斷各種學說。甚至於就在這點上，他也是不誠實的；他假裝是在跟隨著論證並且是用純粹理論的標準來下判斷的，但事實上他卻在歪曲討論，使之達到一種道德的結論。他把這種惡習引到了哲學裡面來，從此之後哲學裡就一直有著這種惡習。或許大部分正是由於對智者們的敵視，才使得他的對話錄具有了這種特徵。柏拉圖以後，一切哲學家們的共同缺點之一，就是他們對於倫理學的研究都是從他們已經知道要達到什麼結論的那種假設上面出發的。

在西元前五世紀晚期的雅典，似乎有人教授著在當時人看來似乎是不道德的，而且就在今天的民主國家裡也似乎是不道德的那些政治學說。在柏拉圖《理想國》（*Republic*）的第一卷裡，特拉西馬庫斯就論證過除了強者的利益而外並沒有正義；又論證法律是政府爲了自身的利益而制定的；又論證在爭奪權力的鬥爭裡，並沒有任何可以援用的客觀標準。根據柏拉圖的記載（見〈高爾吉亞〉（*Gorgias*）篇），喀里克里斯曾主張過一種相似的學說。他說自然的法則乃是強者的法則；但是人們爲了方便的緣故，就確立了種種制度和道德戒條以便束縛強者。這些學說在我們今天，已經比它們在古代獲得了更廣泛得多的同意。無論人們對它們怎樣想，它們並不是智者們的特徵。

在西元前五世紀——無論智者們在這一變化中所處的地位如何——雅典有了一種轉變，在與正在崩潰著的笨拙的但是頗爲殘酷的保衛正統教義相衝突之中，就有了一種從僵硬的清教徒式的單純性過渡到機智的並且是同樣殘酷的犬儒主義裡去的轉變。在這個世紀之初，是雅典人領導愛奧尼亞的城邦進行反波斯的戰鬥，以及西元前四九〇年馬拉松的勝利。在這個世紀的末了，則是雅典於西元前四〇四年敗於斯巴達，以及西元前三九九年蘇格拉底的被判死刑。從此以後雅典在政治上就不再重要了，但是它卻獲得了毫無疑義地文化上的至高無上的地位，這種地位雅典一直保持到基督教的勝利爲止。

西元前五世紀雅典史上有某些事物對於理解柏拉圖及其以後的全部希臘思想來說，乃是極其重要的。在第一次波斯戰爭的時候，由於有馬拉松之戰的決定性的勝利，主要的光榮就歸於雅典。十年以後在第二次戰爭時，雅典人在海上仍然是希臘方面的最強者；但是在陸地上，勝利主要地要歸功於斯巴達人，斯巴達人是希臘世界公認的領袖。然而斯巴達人的觀點是狹隘的地方性的，當波斯人被逐出希臘的歐洲部分之後，他們就不再抵抗波斯人了。保衛亞洲部分的希臘人以及解放那些已經被波斯人所征服的島嶼的責任就被雅典承擔起來，並且獲得很大的成功。雅典變成了海上的領袖強國，並對於愛奧尼亞各島獲得了相當大的帝國主義式的控制權。白里克里斯是一個溫和的民主派，也是一個溫和的帝國主義者；在他的領導之下，雅典繁榮起來了。偉大的神殿——其遺跡迄今仍然是雅典的光榮——就是他倡議修建的，用以代替被薛克修斯所毀掉的神殿。雅典城的財富以及文化都迅速地增加；而且正如這種時代所必然會發生的一樣，尤其是當財富由於對外貿易而增加的時候，傳統的道德與傳統的信仰就衰退了。

這時候，在雅典出現了特別眾多的天才人物。三大戲劇家，伊斯奇魯斯、索福克里斯與歐里庇得斯，都屬於西元前五世紀。伊斯奇魯斯在馬拉松作過戰，並且曾目睹沙拉米之役。索福克里斯在宗教上仍然是個正統派。但是歐里庇得斯卻受了普羅泰戈拉以及當時自由思想的精神的影響，而且他對神話的處理是懷疑主義的並帶有顛覆性的。喜劇詩人亞里斯多芬尼嘲笑了蘇格拉底、智者們和哲學家們，然而他本人卻是屬於他們那個圈子的；柏拉圖在〈饗宴〉（*Symposium*）篇中把他和蘇格拉底的關係寫得非常友好，我們也已看到雕刻家斐狄阿斯也是屬於白里克里斯的圈子裡的。

這一時期雅典的優越毋寧是在藝術方面，而非在知識方面。西元前五世紀的偉大數學家和哲學家除了蘇格拉底之外，沒有一個是雅典人；蘇格拉底不是一個作家，而是一個把自己限於口頭論辯的人。

西元前四三一年伯羅奔尼蘇戰爭的爆發與西元前四二九年白里克里斯的逝世，就開始了雅典歷史上的陰暗時期。雅典人在海上占有優勢，但是斯巴達人握有陸地上的霸權，並且在夏季一再侵占阿提卡（雅典城除外）。結果是雅典城擁擠不堪，並且由於瘟疫而損失慘重。西元前四一四年雅典人派出一次對西西里的大遠征，希望能占領與斯巴達聯盟的敘拉古，但是這個企圖失敗了。戰爭使雅典人變得凶頑而暴虐。西元前四一六年他們征服了梅洛斯島，把所有服兵役年齡的男子都屠殺光了，把其他的居民掠爲奴隸。歐里庇得斯的《特洛伊婦人》（*The Trojan Women*）這個劇本就是對這種野蠻行爲的抗議。鬥爭還有其思想意識的一方面，因爲斯巴達是寡頭政治的代表，而雅典則是民主政治的代表。雅典人有理由懷疑他們自己的一些貴族有叛國行爲，人們都認爲他們的叛國行爲與西元前四〇五年伊格斯波達米之戰中海軍的最後潰敗有關。

戰爭的結局是斯巴達人在雅典建立了一個寡頭政府，史稱三十僭主。三十僭主中有些人，包括他們的首領克利提亞在內，曾經是蘇格拉底的學生。他們當然是不得人心的，不到一年就被推翻了。在斯巴達的同意之下，民主制又恢復起來；但那是一個江河日下的民主制，它由於有大赦而無法對自己內部的敵人直接報復，但是它在大赦的範圍之外卻喜歡找任何的藉口來控訴這些敵人。蘇格拉底的審判與死刑（西元前三九九年）就是在這種氣氛之下出現的。

第二篇　蘇格拉底、柏拉圖、亞里斯多德

第十一章　蘇格拉底

蘇格拉底（Socrates），對於歷史學家來說，是一個非常困難的題目。對許多人，可以肯定說我們知道得很少；對另外許多人，可以肯定說我們知道得很多；但是對於蘇格拉底，就無從肯定我們知道得究竟是很少還是很多了。毫無疑問，他是一個出身於雅典中產之家的公民，在辯論之中度過了一生，並向青年們教授哲學，但不是像智者那樣爲了錢。他確實是受過審判，被判死刑，並於西元前三九九年就刑，年約七十歲。他無疑地是雅典的一個著名人物，因爲亞里斯多芬尼在《雲》（*The Clouds*）的劇本裡描寫過他。但是除此而外，我們便完全糾纏於眾說紛紜之中了。他的兩位弟子色諾芬（Xenophon）和柏拉圖，都給他寫過卷帙浩繁的記述；但兩人所敘述的卻大爲不同。而且即令兩人的說法一致時，伯奈特已經提示過，那也是色諾芬抄襲柏拉圖的。對兩人的說法不一致處，有人是相信色諾芬，也有人相信柏拉圖；還有人是兩種說法都不相信。在這樣一場危險的爭論裡，我並不冒險來擁護某一方，但我將簡明地提出各種不同的觀點。

我們先談色諾芬；色諾芬是個軍人，頭腦不大開明，他的觀點大體上是因襲保守的。色諾芬感到痛苦的是，蘇格拉底竟然被控爲不虔敬和敗壞青年；和這些人相反，他竭力主張蘇格拉底是非常虔敬的，而且對於受過他影響的人起了十分有益的作用。他的思想看來絕不是顚覆性的，反而是頗爲沉悶而平凡。這種辯護未免太過火了，因爲它並沒有說明人們爲什麼仇視蘇格拉底。伯奈特說（《從泰利斯到柏拉圖》，一四九頁）：「色諾芬給蘇格拉底做的辯護眞是太成功了。假如蘇格拉底眞是那樣，他是絕不會被處死刑的。」

曾有一種傾向，認爲色諾芬所說的一切都一定是眞實可信的，因爲他缺少可以想像任何不眞實的事物的那種聰明。這是很靠不住的一種論證方法。一個蠢人複述一個聰明人所說的話時，總是不會精確的，因爲他會無意中把他聽到的話翻譯成他所能理解的語言。我就寧願讓一個是我自己的死敵的哲學家來複述我的話，而不願意讓一個不懂哲學的好朋友來複述我的話。因此，色諾芬說的話若是在哲學上包含有任何困難之點，或者若是其目的只在於證明蘇格拉底的受刑是不公正的這一論點，我們便不能接受色諾芬的話了。

然而，色諾芬的某些回憶卻是非常令人信服的。他敘說過（柏拉圖也敘說過）蘇格拉底是怎樣不斷地在研究使有才能的人能夠當權的問題。蘇格拉底會問這樣的問題：「如果我想修鞋，我要去找誰呢？」對這個問題，一些坦率的青年就回答說：「去找鞋匠啊，蘇格拉底。」蘇格拉底又會提到木匠、銅匠等等，於是最後便問到這樣的問題：「誰應該來修理國家這艘船呢？」當他與三十僭主發生衝突的時候，三十僭主的領袖，那個曾向他求過學並熟知他的方法的克利提斯，便禁止他繼續教導青年們，而且還對他說：「不用再講你那套鞋匠、木匠和銅匠了。由於你反覆不休地提他們，現在他們已經被你講爛了。」（色諾芬《回憶錄》（*Memorabilia*），卷一，第二章）這件事發生於伯羅奔尼蘇戰爭結束之後，斯巴達人建立了短期的寡頭政府的時候。但是雅典在大部分的時期都是民主制，民主到連將軍也要經過選舉或抽籤的地步。蘇格拉底就遇到過一個青年想做將軍，蘇格拉底勸他最好學一些戰爭的技術。這個青年於是就出去學了些簡單的戰術學課程，他回來以後，蘇格拉底帶諷刺地誇讚了他幾句，就又打發他去繼續學習（同書，卷三，第一章）。蘇格拉底又送另一個青年去學習理財之道。他對許多人，包括國防部長在內，都採取這種辦法；但是人們終於認定用鴆死他的辦法來使他沉默，要比彌補他所指責的種種罪惡還要更容易些。

至於柏拉圖有關蘇格拉底的敘述，則其困難處就與色諾芬的情形全然不同了；那就是，我們很難判斷柏拉圖究竟有意想描繪歷史上的蘇格拉底到什麼程度，而他想把他的對話錄中的那個叫蘇格拉底的人僅僅當作他自己意見的傳聲筒又到什麼程度。柏拉圖除了是哲學家而外，還是一個具有偉大天才與魅力而又富於想像的作家。沒有一個人會設想，就連柏拉圖本人也並不認真地認為，他的《對話錄》裡的那些談話是真像他所記錄的那樣子進行的。但無論如何，在早期的對話裡，談話是十分自然的，而且人物也是十分令人信服的。正是由於作為小說家的柏拉圖的優異性，才使人要懷疑作為歷史學家的柏拉圖。他筆下的蘇格拉底是一個始終一貫而又極其有趣的人物，是一個遠非大多數人所能創作出來的人物；但是我以為柏拉圖卻是能夠創作出他來的。至於他究竟是否創作了蘇格拉底，那當然是另外一個問題。

通常認為具有歷史真實性的一篇對話便是〈申辯〉（*Apology*）篇。這一篇據說是蘇格拉底受審時為自己所做的辯護詞——當然，並不是一篇速記記錄，而是若干年後柏拉圖在記憶裡所保存下來的東西，被他彙集起來並經過了文藝的加工。審判時柏拉圖是在場的，並且似乎很顯然，他所記錄下來的東西就是他記得蘇格拉底所說的那種東西，而且大體上他的意圖也是要力求符合歷史的。這篇對話，儘管有著各種侷限性，卻足以給蘇格拉底的性格刻畫出一幅相當確切的形象。

蘇格拉底受審的主要事實是毋庸置疑的。判決所根據的罪狀是：「蘇格拉底是一個作惡者，是一個怪異的人，他窺探天上地下的事物；把壞的說成是好的，並且以這一切去教導別人。」對他仇視的眞正理由——差不多可以肯定地說——乃是人們認爲他和貴族派有勾結；他的學生大部分都是屬於貴族派的，而且其中當權的幾個已經證明是極有危害性的。然而，由於大赦的緣故，這種理由便不能公開提出來了。法庭大多數都判決他有罪，這時按照雅典的法律，他可以要求某種較死刑爲輕的處罰。法官們如果認爲被告有罪的話，他們就必須在判決的定讞和被告方面所要求的懲罰兩者之間作出選擇。因此，若能提出一種法庭認爲適宜而可以加以接受的相當重的處罰的話，那是會對蘇格拉底有利的。然而他提出來的卻是處以三十個米尼的罰金，這筆罰金，他的幾個朋友（包括柏拉圖在內）都願意爲他擔保。這種處分是太輕了，以至於法庭大爲惱怒，於是便以比判決他有罪時更大的多數判決他死刑。他無疑地是預見到了這種結局的。顯然他也並不想以看來是承認自己有罪的讓步，來避免死刑。

檢查官有安尼圖斯，一個民主派的政治家；有梅勒圖斯，一個「年輕而不著名，有著細長的頭髮，稀疏的鬍鬚，和一個鷹鉤鼻」的悲劇詩人；還有李康，一個默默無聞的修辭家（見伯奈特《從泰利斯到柏拉圖》，一八〇頁）。他們堅持說，蘇格拉底所犯的罪是不敬國家所奉的神並宣傳其他的新神，而且還以此教導青年、敗壞青年。

我們無須再在柏拉圖筆下的蘇格拉底對於眞實的蘇格拉底其人的關係這個不可解決的問題上自尋煩惱，讓我們來看柏拉圖是怎樣使蘇格拉底答覆這次控訴的吧。

蘇格拉底一開始就控訴他的檢查官是逞辯，並且反駁別人指責他自己的逞辯。他說他所具有的唯一辯才，就是眞理的辯才。而且如果他是以他所習慣的態度講話，而不是以「一套雕詞琢句的演說詞」[①]來講話，他們也不必對他發怒。他已經是七十開外的人了，而且從來不曾到法庭上來過；因此，他們必須原諒他的不合法庭方式的講話。

他繼續說，除了正式的起訴者而外，他還有一大堆非正式的起訴者，那些人從這些法官們還是小孩子的時候起，就到處「宣揚著有一個蘇格拉底，他是個有智慧的人，他思考著天上並探究到地下的事，而且把壞的東西說成是好的」。他說，人們以為這樣的人是不相信神的存在的。公共輿論提出的這種老一套的指責要比正式的判決更危險得多，尤其危險的是除了亞里斯多芬尼以外，他並不知道這些話是從什麼人那裡來的。[②]在答覆這種老一套仇視他的種種根據時，他指出他自己並不是一個科學家——「我與物理學的探討毫無緣分」——而且他不是一個教師，他並不以教學掙錢。他接著嘲笑了智者們，不承認智者們具有他們所自詡的知識。然則，「我之所以被人稱為有智慧並且背著這種惡名的理由是什麼呢」？

事情是有一次有人向德爾菲神壇求問，有沒有人比蘇格拉底更有智慧，德爾菲神壇答稱再沒有別人了。蘇格拉底承認他自己是完全困惑住了，因為他自己一無所知，而神又不能撒謊。因此，他就到處訪問以智慧出名的人，看看他是否能指證神是犯了錯誤。首先他去請教一位政治家，這位政治家「被許多人認為是有智慧的，可是他卻自認為還更有智慧」。蘇格拉底很快就發現這個人是沒有智慧的，並且和藹地而堅定地向他說明了這一點；「然而結果是他恨上了

---

① 我引柏拉圖一般用的是周維特（Jowett）的譯本。

② 在《雲》一劇中，蘇格拉底被寫成是否認宙斯存在的。

我」。隨後蘇格拉底又去請教詩人，請他們講解他們作品中的各個篇章，但是他們卻沒有能力這樣做。「於是我便知道詩人寫詩並不是憑智慧，而是憑一種天才與靈感。」於是他就去請教工匠，但是發現他們也一樣地使人失望。他說，他在這段過程中結下了許多死敵。最後他結論說：「只有神才是有智慧的；他的答覆是要指明人的智慧是沒有什麼價值的或者全無價值的；神並不是在說蘇格拉底，他僅僅是用我的名字作爲說明，像是在說：人們啊！唯有像蘇格拉底那樣知道自己的智慧實際上是毫無價值的人，才是最有智慧的人。」這種對於自命爲有智慧的人所進行的揭發工作耗盡了他的全部時間，使他淪於極端的貧困，但是他覺得爲神諭而作見證乃是一樁責任。

他說，富有階級的青年無事可做，都高興聽他揭露別人，並且進而也照這樣做；這就增加了他的敵人的數目。「因爲他們不喜歡承認他們所自詡的知識被人揭穿。」

這些就是第一類起訴者的情形。

蘇格拉底於是就進而詰問他「那位自稱是好人和眞正愛國者」的檢查官梅勒圖斯。蘇格拉底問道，誰是改善青年的人。梅勒圖斯最初提出是法官；然後，在逐步緊逼之下，就不得不說除了蘇格拉底而外，每一個雅典人都是改善青年的人；於是蘇格拉底便祝賀雅典城的好運道。其次，他又指出跟好人要比跟壞人更好相處；因此，他絕不會如此之愚蠢，以至於有意要敗壞他的同胞；但如果他是無意地，那麼梅勒圖斯就應該教導他，而不應該控訴他。

起訴書說蘇格拉底不僅否認國家的神，而且還宣揚他自己的那些神；然而梅勒圖斯卻說蘇格拉底是一個澈底的無神論者，並且說：「他說太陽是石而月亮是土。」蘇格拉底答道，梅勒圖斯大概以爲自己是在控訴阿那克薩哥拉了吧，阿那克薩哥拉的見解是花上一個德拉克瑪就可以在劇場裡聽得到的（指歐里庇得斯的戲劇）。蘇格拉底當然指出了澈底無神論這種新的控訴是與起訴書相矛盾的，然後他就談到比較一般的論點上來。

〈申辯〉篇其餘部分的調子主要地是宗教的。他當過兵，並曾遵照命令堅持他的職守。現在「神命令我履行一個哲學家探討自己和探討別人的使命」，而現在要放棄他的職守，那就會像在戰鬥中放棄職守是一樣地可恥了。怕死並不就是智慧，因為沒有一個人知道死會不會是更好的事。如果以不再繼續他已往所做的那種思考為條件而允許他活命的話，他就要回答說：「雅典人啊！我尊敬你們、愛你們，但是我將服從神而不服從你們；[③]而且只要我還有生命和力量，我就絕不停止實踐哲學與教導哲學，並勸勉我所遇到的每一個人。……因為我知道這是神的命令；而且我相信，在這個國家裡從沒有出現過比我對神的服役更好的事了。」他繼續說道：

> 我還有些話要說，對這些話你們會要喊叫起來的；但是我相信，聽我說話是會對你們有好處的，因此我請求你們不要喊叫起來。我願你們知道，如果你們殺了像我這樣一個人，你們就損害了你們自己更有甚於你們損害我。沒有什麼能損害我，不管是梅勒圖斯還是安尼圖斯——他們都不能夠，因為一個壞人是不許損害一個比自己更好的人的。我不否認安尼圖斯也許可以殺死我，或者流放我，或者剝奪我的

---

③ 可比較《使徒行傳》（*Acts*）第五章，第二十九節。

公民權利；而且他可以想像，並且別人也可以想像，他加給了我很大的損害；但是我卻不同意這種想法。因爲像他這種行爲的罪過——不正義地剝奪別人生命的這種罪過——乃是要更大得多的罪過。

他說，他之所以申辯乃是爲了他的審判官而不是爲了他自己。他是被神派遣到這個國家裡來的一個牛虻，而且再找一個像他這樣的人是不大容易的。「我敢說你們會感到惱怒的（就像一個突然從睡夢中被驚醒的人那樣），並且你們以爲你們可以像安尼圖斯所建議的那樣輕而易舉地把我打死，然後你們便可以安穩地度過你們的餘生，除非是神照顧你們，又給你們再派來另一個牛虻。」

他爲什麼只在私下談論，而不對公共事務提出忠告呢？「你們在許多時候，在不同的地方，曾聽我說過有一個神諭或者靈異降臨於我，也就是梅勒圖斯起訴書中所嘲笑的那個神。這個靈異是一種聲音，最初它降臨於我的時候，我還是個小孩子；它總是禁止我，但從來不曾命令我，去做任何我要做的事。阻止我去做一個政治家的也是它。」他繼續說，在政治上沒有一個誠實的人是能夠長命的。他舉出他自己無可避免地捲入公共事務中的兩次例子：第一次是他反抗了民主制；第二次是反抗了三十僭主，這兩次當權者的行動都是非法的。

他指出，出席的人裡面有很多是他從前的學生和學生的父兄們，而起訴書提不出這些人中有哪一個人能見證他敗壞過青年（這一點差不多是一個辯護律師在〈申辯〉篇裡所能認可的唯一論據）。他拒絕遵循慣例，把他哭哭啼啼的兒女帶到法庭上來以期軟化法官們的心；他說這種景象會使得被告者和整個城邦都同樣地顯得可笑。他的工作乃是要說服法官，而不是請求他們開恩。

在宣判以及否決了那處以三十個米尼的另一種可能的懲罰而後（關於這另一種懲罰，蘇格拉底曾提名柏拉圖作爲他的保人之一，並且柏拉圖也出席了法庭），蘇格拉底就做了最後的一次講話。

> 而現在，你們這些給我定罪的人啊，我願意向你們預言，因爲我就要死去，而人臨死的時候是賦有預言的能力的。因而我要向你們這些殺害我的凶手們預言；我死去之後，立刻就有比你們加之於我的更重得多的懲罰在等待你們。……如果你們以爲你們用殺人的辦法就能防止別人譴責你們的罪惡生活，那你們就錯了；那是一種既不可能而又不榮譽的逃避辦法，最容易最高貴的辦法並不是不讓別人說話，而是要改正你們自己。

然後他就轉向那些投票贊成開釋他的法官們，對他們說，在他那天所做的一切中，他的神諭始終沒有反對他，雖然在別的場合他的神諭是常常中途打斷他說話的。他說，這就是「一種預示，預示著我遭遇的事情是件好事，而我們之中認爲死是一件壞事的人乃是錯誤的」。因爲死要麼就是一場沒有夢的睡眠——那顯然很好——要麼就是靈魂移居到另一個世界裡去。而且「如果一個人能和奧菲斯、繆索斯、赫西阿德、荷馬談話，那他還有什麼東西不願意放棄的呢？如果眞是這樣的話，那就讓我一死再死吧」！在另一個世界裡，他可以和其他遭受不正義而死去的人們談話，而尤其是他可以繼續他對於知識的追求。「在另一個世界裡，人們不會因爲一個人提出了問題，就把他處死的，絕對不會的。而且除了比我們更加幸福而外，他們還是永遠不死的，如果關於那裡的說法都是眞的話。……」

「死別的時辰已經到了，我們各走各的路吧——我去死，而你們去活。哪一個更好，唯有神才知道了。」

〈申辯〉篇給某一種類型的人描繪出了一幅明晰的圖畫：一個非常自信的人，頭腦高超而不介意於世俗的成敗，相信自己是爲一個神聖的聲音所引導，並且深信清明的思想乃是正確生活的最重要的條件。除了最後這一點而外，他是很像一個基督教的殉道者或者一個清教徒的。從他最後那一段談論死後事情的話裡，使人不可能不感到他是堅決相信靈魂不朽的；而他口頭上所表示的不確定，只不過是假定而已。他並不像基督徒那樣，因爲害怕永恆的受苦而煩惱：他並不懷疑，他在另一個世界的生活將是一種幸福的生活。在〈斐多〉篇裡，柏拉圖筆下的蘇格拉底還提出過信仰靈魂不朽的理由；究竟這些是否就是曾經影響了歷史上的蘇格拉底的理由，那就無從肯定了。

似乎沒有任何疑問，歷史上的蘇格拉底的確是宣稱自己被神諭或者命運之神（daimon）所引導的。那究竟是不是像基督徒所稱之爲良心的聲音的那種東西，還是那對蘇格拉底來說乃是一個眞正的聲音，我們就無從知道了。聖女貞德是受到聲音的鼓舞的，那原是精神不健全的一種普通形態。蘇格拉底可能患有癲癇性的昏迷病，至低限度這似乎是對於有一次在他服兵役時所發生過的那類事情的自然解釋：

有一天早晨蘇格拉底在想著一件他不能解決的事；他又不願意放下這件事，所以他不斷地從清早想到中午——他站在那裡一動也不動地在想著；到了中午人們就注意起他來了，來來往往的人傳說著蘇格拉底從天一亮就站在這裡想事情。最後，晚飯以後天黑下來，有幾個愛奧尼亞人出於好奇（我應該說明這件事的發生不是在冬天而是在夏天），就搬來他們鋪蓋，睡在露天裡，爲的是要守著蘇格拉底，看他究竟會不會站一整夜。他就站在這裡一直站到第二天早晨；天亮起來，他向太陽做了祈禱，才走開了。（〈饗宴〉篇，二二〇）

這種情形，在較輕的程度上，是蘇格拉底常有的事。〈饗宴〉篇一開頭就說到，蘇格拉底和亞里士陶德姆一起去赴宴會，但是蘇格拉底一陣出神就落在後頭了。當亞里士陶德姆到達的時候，主人阿迦敦就問道：「你把蘇格拉底怎麼了？」亞里士陶德姆大吃一驚，發現蘇格拉底原來並沒有和他在一起；他們便派一個奴隸去找蘇格拉底，才發現他站在鄰家的廊柱下。這個奴隸回來說：「他呆呆地站在那裡，我叫他的時候，他一動也不動。」那些知道蘇格拉底的人就解釋說：「他有這種習慣，隨時隨地會站下來，並且無緣無故地出神。」於是他們就不再問蘇格拉底了，等到宴席已經過了一半蘇格拉底才走進來。

任何人都同意蘇格拉底是很醜的，他有一個扁鼻子和一個大肚子，他比「薩提爾滑稽戲裡的一切醜漢④（Silenus）都還醜」（色諾芬〈饗宴〉篇）。他總是穿著襤褸的舊衣服，光著腳

④ 原指希臘神話中的森林之神。——中譯本編者

到處走。他的不顧寒暑、不顧飢渴使得人人都驚訝。阿爾西拜阿底斯在〈饗宴〉篇裡曾描述蘇格拉底服兵役的情形說：

> 我們的供應被切斷了，所以就不得不枵腹行軍，這時候蘇格拉底的堅持力眞是了不起——在戰爭期中常常會發生的這類情勢之下，他不僅比我，而且比一切人都更卓絕：沒有一個人可以和他相比。……他忍耐寒冷的毅力也是驚人的。曾有一次嚴霜——因爲那一帶的冬天著實冷得可怕——所有別的人不是躲在屋裡，就是穿著多得可怕的衣服，緊緊把自己裹起來，把腳包上毛氈；這時只有蘇格拉底赤著腳站在冰上，穿著平時的衣服，但他比別的穿了鞋的兵士走得更好；他們都對蘇格拉底側目而視，因爲他彷彿是在鄙夷他們呢。

他對於肉體情慾的駕馭，是常常爲人所強調的。他很少飲酒，但當他飲酒時，他能喝得過所有的人；從沒有人看見他喝醉過。在愛情上，哪怕是在最強烈的誘惑之下，他也始終是「柏拉圖式」的；假如柏拉圖所說的話是眞的。他是一個完美的奧菲斯式的聖者；在天上的靈魂與地上的肉體二者的對立之中，他做到了靈魂對於肉體的完全的駕馭。他在最終時刻對於死的淡漠，便是這種駕馭力的最後證明。但同時，他並不是一個正統的奧菲斯派；他所接受的只是基本的教義，而不是迷信與淨化的儀式。

柏拉圖筆下的蘇格拉底預示了斯多噶派和犬儒學派。斯多噶派主張最高的善乃是德行，一個人不能夠被外部的原因剝奪掉德行；這種學說已經隱含在蘇格拉底聲稱他的法官們不能損害他的那篇論辯之中了。犬儒學派鄙視世上的財貨，這種鄙夷表現在他們逃避文明的舒適生活上；蘇格拉底能夠赤著腳衣衫襤褸地生活，也是出於同樣的觀點。

似乎可以肯定，蘇格拉底的主要關懷是在倫理方面而不是在科學方面。我們已經看到他在〈申辯〉篇中說過，「我和物理學的探索是毫無緣分的」。柏拉圖最早的一些對話是被公認爲最近於蘇格拉底的，這些對話主要地是從事於探討倫理學名詞的定義。〈沙米底斯〉（*Charmides*）篇是談論節制和中庸的定義的；〈李西斯〉（*Lysis*）篇是談論友誼的；〈拉什斯〉（*Laches*）篇是談論勇敢的。所有的這些篇對話裡，都沒有得出結論，但是蘇格拉底明確表示了他認爲探討這些問題是重要的。柏拉圖筆下的蘇格拉底始終一貫地堅持說他自己一無所知，而且他之比別人聰明就只在於他知道自己是一無所知；但是他並不以爲知識是不可得到的。正相反，他認爲追求知識有著極大的重要意義。他堅持說，沒有一個人是明知而又故意犯罪的，因此使一切人德行完美所必需的就只是知識。

德行與知識之間這種密切的連繫，乃是蘇格拉底和柏拉圖兩人的特色。在某種程度上，它也存在於一切的希臘思想之中，而與基督教的思想相對立。在基督教的倫理裡，內心的純潔才是本質的東西，並且至少是在無知的人和有學問的人之間同樣地可以找得到的東西。希臘倫理學與基督教倫理學之間的這一區別，一直貫穿到今天。

辯證法，也就是說以問答求知識的方法，並不是蘇格拉底發明的。辯證法似乎是由巴門尼德的弟子芝諾首先系統地加以使用的；在柏拉圖對話錄的〈巴門尼德〉篇裡，芝諾以這種方法對付了蘇格拉底，正如柏拉圖在別處說蘇格拉底以這種方法對付別人一樣。但是我們有種種理由可以設想，蘇格拉底使用了並且發展了這種方法。我們已經看到，在蘇格拉底被判死刑時，他就快樂地懷想到，在另一個世界裡他可以繼續永遠地提問題，而且不可能再被人處死，因爲他將會是不死的。當然，如果他使用辯證法的方式眞是像〈申辯〉篇中所描寫的那樣，那麼別人對他的仇視就很容易解釋了：全雅典的騙子們都會結合在一起來反對他的。

辯證的方法只適用於某些問題，而不適用於另一些問題。也許這可以幫助我們決定柏拉圖的研究的特點，因爲他的研究大部分都是可以用這種方式來加以處理的東西。而且透過柏拉圖的影響，後來大多數的哲學家們都曾爲他的這種方法造成的侷限所束縛。

某些東西顯然是不宜於用這種方式來處理的——例如：經驗科學。的確伽利略曾用對話錄宣揚過他的理論，但那僅僅是爲了要克服人們的偏見——他那些發現的正面理由不用極大的矯揉造作是不能插進到對話錄裡面來的。在柏拉圖的著作裡，蘇格拉底總好像是只不過在引出被詰問者所已經具有的知識罷了；由於這種緣故，他就把他自己比做是一個助產士。但是當他在〈斐多〉（*Paedo*）篇和〈美諾〉（*Meno*）篇中把這種方法運用於幾何學問題的時候，他就必須問到一些爲任何法官所不能允許的引導性的問題了。這種方法是與回憶說相諧和的，因爲按照回憶說，我們的學習只是由於記憶起來了我們在前生所已經知道的東西。但與這種觀點相反的，讓我們考慮一下用顯微鏡所做出的任何一種發現吧；比如說細菌傳播疾病，我們很難認爲，這種知識是可以用問答的方法就能夠從一個本來對此一無所知的人那兒推引出來的。

蘇格拉底的處理方法所適用的，乃是那些我們對之已有足夠的知識而可以達到正確結論的事物，但由於我們思想混亂或者缺乏分析的緣故而未能對於我們所知的東西加以最好的邏輯的使用。像「什麼是正義」這樣一個問題，顯然是適於以柏拉圖式的對話來加以討論的。我們大家都在隨便地使用「正義的」或「非正義的」這些字，只要考察一下我們使用這些字的方式，我們就可以歸納出來最能與習慣相符合的那種定義。這裡所需要的，只是關於問題中的這些字應如何使用的知識。但是當我們的探討得出了結論時，我們所做出的只不過是一樁語言學上的發現，而並不是一樁倫理學上的發現。

然而，我們也很可以把這種方法很有益地應用於稍為廣泛的一類情況中。只要所爭論的是邏輯的事情而不是事實的事情，那麼討論就是發現眞理的一種好方法。例如：假使有人說，民主制是好的，但凡是具有某種意見的人卻應該不許投票；那麼我們就可以斷定這個人是不一貫的，並且可以向他證明，他的兩種說法之中至少有一種必定或多或少是錯誤的。邏輯的錯誤，我以為，要比許多人所想像的具有更大的實際重要性；它能使犯這種錯誤的人輪流地在每一個題目上都採取為自己所愜意的見解。任何一套邏輯上一貫的學說都必定有著某些部分是令人痛苦的，並且與流行的成見是相反的。辯證的方法——或者，更廣義地說，無拘無束地辯論的習慣——是有助於增進邏輯的一貫性的，因而在這方面便是有用的。但是當其目的是要發現新事實的時候，這種方法便完全行不通了。也許我們可以把「哲學」就定義為是用柏拉圖的方法所可能追求到的全部探討的總和。但是如果這一定義是妥當的話，那乃是由於柏拉圖對於後世哲學家們有影響的緣故。

第十二章　斯巴達的影響

要了解柏拉圖，其實，要了解後來許多的哲學家，就有必要先知道一些斯巴達的事情。斯巴達對希臘思想起過雙重的作用：一方面是通過現實，一方面是通過神話；而兩者都是重要的。現實曾使斯巴達人在戰爭中打敗了雅典，神話則影響了柏拉圖的政治學說以及後來無數作家的政治學說。神話的充分發展，見於普魯塔克（Plutarch）的《萊庫格斯傳》（*Life of Lycurgus*）；書中所讚頌的理想一大部分就形成了盧梭、尼采和國家社會主義①的學說。在歷史上，這種神話甚至於比現實還更加重要；然而我們將從現實開始。因爲現實是神話的根源。

拉哥尼亞，以斯巴達或拉西第蒙②爲其首都，領有伯羅奔尼蘇的東南部。斯巴達人是統治的種族，他們在多利安人從北方入侵時，便征服了這片地區，並使這裡原有的居民淪爲農奴。這些農奴叫作希洛特（helot）。在歷史時期裡，全部土地都屬於斯巴達人，然而斯巴達人的法律和習慣卻禁止他們自己耕種土地；既因爲勞動是可恥的事，也爲了要使他們能永遠自由地服兵役。農奴是不能買賣的，而是附著於土地上；土地分成份地，每個成年的斯巴達男子都有

---

① 還不必提湯瑪斯・阿諾德博士和英國的公學。

② 美國版作「拉哥尼亞一名拉西第蒙，以斯巴達為其首都」。——中譯本編者

一塊份地或者幾塊份地。這些份地，也像希洛特一樣，是不能買賣的，法律規定由父子相承（然而可以用遺囑贈與）。地主本人每年從耕種份地的希洛特那裡收取七十個梅德尼（約相當於一〇五蒲式耳）的糧食，並爲他的妻子收取十二個梅德尼，還有一定數量的酒和果品。在這個數量以外的一切東西都是希洛特的財產。希洛特也是希臘人，像斯巴達人一樣，而且他們深深痛恨自己被奴役的狀況。只要有可能，他們就反叛。斯巴達人設有一個祕密員警團體，用以對付這種危險，但是作爲這種戒備的補充他們還有另一種辦法：他們對希洛特每年宣戰一次，這樣他們的青年人就可以殺死任何看來彷彿是不肯馴服的人而不會犯殺人罪。國家可以釋放希洛特，但是希洛特的主人卻不能；希洛特之獲得釋放——這當然是頗爲罕見的——是由於作戰時特別勇敢。

西元前八世紀有一個時期，斯巴達人征服了鄰近梅新尼亞的地區，使這裡大部分的居民淪於希洛特的處境。斯巴達缺少「生存空間」，但是新的領土就暫時消除了這種不滿情緒的根源。

份地是供普通斯巴達人享用的；貴族有其自己的領地，而份地則是由國家所分配的一塊一塊的公共土地。

拉哥尼亞其他部分的自由居民，叫做「裴里歐齊」（perioeci）④，他們並不享有政治權

---

③ 柏里《希臘史》卷一，一三八頁。看起來彷彿斯巴達男人的食量差不多要等於他們妻子的六倍。

④ 「裴里歐齊」（perioeci）按希臘文原是「郊區居民」的意思。——中譯本編者

力。

斯巴達公民的唯一職業就是戰爭，他從一出生起就受戰爭的訓練。經過部族首領的檢查之後，病弱的孩子是要拋棄掉的；唯有被評爲茁壯的孩子才能得到撫養。所有的男孩子都放在一所大學校裡面受訓，一直到二十歲爲止；訓練的目的是要使他們堅強，不怕痛苦，服從紀律。文化教育或科學教育都被認爲是無意義的事；唯一的目的就是要造就全心全意爲了國家的好戰士。

到了二十歲，眞正的軍役就開始了。任何人到了二十歲之後都可以結婚，但是一個男子必須在「男子之家」裡生活，直到三十歲爲止；並且必須把婚姻當作彷彿是一樁違法的祕密事那樣來處理。到了三十歲以後，他就是一個羽毛豐滿的公民了。每一個公民都屬於一個食堂，和其他的成員在一起吃飯；他必須從他的份地的生產品中繳納一部分實物。斯巴達國家的理論是不讓一個公民匱乏，也不讓一個公民富有。每個人只能靠自己份地的出產而過活，份地除了自由饋贈而外是不能轉讓的。沒有人可以私有金銀，貨幣用鐵製成。斯巴達的簡樸是膾炙人口的。

斯巴達婦女的地位很特殊。她們並不與世隔絕，像希臘其他各地的有地位的婦女那樣。女孩子也受著男孩子一樣的體育鍛鍊；更可注目的是男孩子和女孩子在一起赤身裸體地進行鍛鍊。他們要求（我下面引用的是諾爾斯譯的普魯塔克的《萊庫格斯傳》）：

> 少女們也應該練習賽跑、角力、擲鐵餅、投標槍，其目的是使她們後來所懷的孩子能從她們健壯的身體裡吸取滋養，從而可以茁壯起來並發育得更好：而且她們

也由於這種鍛鍊增強了體質，可以免除分娩時的苦痛。……儘管少女們確乎是這樣公開地赤身裸體，然而其間卻絕看不到，也絕感不到有什麼不正當的地方，這一切的運動都充滿著嬉戲之情，而並沒有任何的春情或淫蕩。

不肯結婚的人是被規定爲「犯法」的，並且哪怕是在最寒冷的氣候裡也必須赤身裸體地在年輕人從事鍛鍊和跳舞的地方外邊徘徊著。

婦女們不許流露出任何對國家不利的感情，她們可以對一個懦夫表示鄙視，而且如果她們所鄙視的懦夫就是她們自己的兒子的話，那麼她們還會受到表揚；但是如果她們新生的嬰兒因爲孱弱而被處死，或者她們的兒子戰死在戰場的話，她們卻不可以表示悲傷。她們被其他的希臘人公認爲是最有貞操的；但如果一個結了婚的婦女而沒有生育，這時國家命令她去試一試別的男人是不是要比她自己的丈夫更能夠生育公民的話，她是不會有任何反抗的。生育子女受到立法的鼓勵。據亞里斯多德說，一個父親有了三個兒子就可以豁免兵役，有四個兒子就可以豁免對國家的一切負擔。

斯巴達的憲法非常複雜。有兩個王，屬於兩個不同的家族，並且是世襲的。兩個王之中有一個在戰時指揮軍隊，但是在平時他們的權力是有限制的。在公共的宴會上，他們所得的食品比其他的人多一倍；當王去世的時候，大家都哀悼他。他們是長老會議的成員，長老會議由三十人組成（包括兩個王在內），其餘的二十八人必須年齡在六十歲以上，並由全體公民選舉出來終生任職，但是只能從貴族家庭中選出。長老會議審判罪案，並爲公民大會準備議程。公民大會包括全體公民；它不能主動提出任何動議，但有權對向它提出的任何建議表決通過或否決。任何法律不經它同意，都是無效的。然而它的同意雖說必要，但是還不夠；在其生效以前，必須先由長老和行政官宣布決定。

除了兩個王、長老會議、公民大會而外，政府還包括第四個組成部分，這一部分是斯巴達所特有的，那就是五個監察官。他們是從全體公民中選舉出來的；選舉的方法，據亞里斯多德說，是「太幼稚了」；據柏里說，實際上就是抽籤。監察官在憲法裡是一個「民主的」成分⑤，顯然是爲了要平衡王權。王每個月都須宣誓擁護憲法；然後監察官就宣誓，只要王信守誓言，他們就擁護王。任何一個王出征的時候，都有兩個監察官跟隨著他，監視他的行動。監察官是最高的民事法庭，但對於王他們卻可以進行刑事審判。

在古代的末期，斯巴達的憲法被認爲是應該歸功於一位名叫萊庫格斯的立法者，據說萊庫格斯在西元前八八五年頒布了他的法律。事實上，斯巴達的制度是逐漸成長起來的，而萊庫格斯則只是一個神話式的人物，最初本來是一個神。他的名字的意思是「驅狼者」，這個神源出於阿加底亞。

斯巴達在其他的希臘人中間引起了一種多少會使我們感到驚異的敬仰。起初，它並不像後來那樣地和其他的希臘城邦大有不同；在早先，它也產生過和其他各地一樣優秀的詩人和藝術家。但是到了西元前七世紀左右，或許甚至於是更晚一些的時候，它的憲法（曾錯誤地被人歸

⑤ 在談到斯巴達憲法的「民主」成分時，當然應該記得全體公民就是一個統治階級，嚴厲地在對希洛特實行專政，並且不允許裴里歐齊有任何權力。

功於萊庫格斯）就固定爲我們目前所談到的形式；他們爲了獲得戰爭的勝利而犧牲了其餘的一切，於是斯巴達在整個希臘對於世界文明的貢獻裡面，就不再有任何的地位了。在我們看來，斯巴達國家就是納粹如果得到勝利時所會要建立的那種國家的一個雛形。但對希臘人來說，它似乎並不如此。正如柏里所說的：

> 西元前五世紀一個來自雅典或米利都的異邦人在訪問那些構成了沒有城垣的樸素無華的斯巴達城邦的稀疏散落的村莊時，他一定會有一種置身於遠古時代的感覺，那時候的人們要更勇敢、更善良也更純樸，他們不曾爲財富所腐化，也不曾被各種觀念所困擾。對於一個像柏拉圖那樣地思索著政治學問題的哲學家來說，斯巴達國家似乎是最接近於理想的了。普通的希臘人都把斯巴達視爲是一座嚴肅與純樸之美的殿堂，一座有如多利安神殿那樣莊嚴的多利安城邦，那比他自己的居處要高貴得多，只不過住進去卻並不那麼太舒服罷了。⑥

其他的希臘人對斯巴達感到敬仰的原因之一，是斯巴達的穩固。所有其他的希臘城邦都有過革命，但是斯巴達的憲法幾百年來卻屹然不曾變動過；只有監察官的權力是逐漸加大了，但那是經過合法手續的，而並不曾使用過暴力。

⑥《希臘史》，卷一，第一四一頁。

我們不能否認，在一個很長的時期裡，斯巴達人在他們的主要目標方面，即在創造一個無敵戰士的種族這方面，是成功的。溫泉峽之戰（西元前四八〇年）雖然技術上是失敗了，卻或許是最能表明他們的勇敢的例子。溫泉峽是崇山之間一條通道，希臘人希望能在這裡阻擋住波斯大軍。三百個斯巴達人和他們的隨從，抵擋住了全部正面的進攻。但是最後，波斯人發現山裡有一條後路，於是立刻從兩面夾攻希臘人。每一個斯巴達人都戰死在他自己的崗位上。只有兩個人因病假而不曾在場，他們害著眼病，差不多等於是暫時失明。其中一個人堅持叫他的希洛特引他到戰場上去，就在戰場上被敵人消滅了；另一個人叫做亞里士陶德姆的，認爲自己病重得不能作戰了，就沒有上陣。當他回到斯巴達的時候，沒有一個人理睬他；人們管他叫作「懦夫亞里士陶德姆」。一年之後，他洗刷掉了自己的恥辱，英勇地戰死於斯巴達人大獲全勝的普拉提亞之戰。

戰爭過後，斯巴達人在溫泉峽的戰場上樹立了一塊紀念碑，上面只寫著：「過客們，請寄語拉西第蒙人，我們躺在這裡，遵照他們的命令。」

在很長的一個時期裡，斯巴達人證明了他們自己在陸上是無敵的。他們一直保持著他們的霸權，直到西元前三七一年琉克特拉之戰中被底比斯人戰敗爲止。這一戰結束了斯巴達人軍事上的偉大地位。

除了在戰爭方面而外，斯巴達的實際一向是與理論不大一致的。生活在斯巴達盛期的希羅多德令人驚異地提到過，沒有一個斯巴達人是能拒絕賄賂的，儘管事實上鄙棄財富和愛好純樸的生活正是斯巴達教育中所諄諄教誨的主要內容。據說斯巴達的婦女是非常貞潔的，然而卻有好幾次有名的王位繼承人之所以遭到廢黜，都是因爲他們並非是自己母親的丈夫的兒子。據說斯巴達人是愛國不屈的，然而普拉提亞之戰的勝利者，斯巴達王鮑薩尼亞斯，卻終於被波斯大王薛克修斯所收買而成了叛國賊。除了這些罪惡昭彰的事情而外，斯巴達的政策往往也是狹隘的和地域性的。當雅典從波斯人手中解放了小亞細亞及其鄰近島嶼上的希臘人的時候，斯巴達卻袖手旁觀；只要是伯羅奔尼蘇半島能確保安全，其他希臘人的命運斯巴達就漠不關心了。想把希臘世界結成聯邦的每一種嘗試，都見挫於斯巴達的狹隘觀念。

亞里斯多德生當斯巴達衰落之後，他對斯巴達的憲法做了一番非常有敵意的敘述⑦。他所說的和別人所說的是如此之不同，簡直使人難於相信他所說的也是這同一個地方；例如：「立法者想要使全國都能艱苦克制，他對於男人實行了他的意圖，但他卻忽略了女人，女人們度著各式各樣奢侈恣縱的生活。結果在這樣的一個國家裡，財富便受到過分地重視，而尤以公民們在受自己妻子的支配時爲然，正像大多數好戰的種族一樣。……即使就勇敢這方面來說（勇敢在日常生活裡是用不著的，只有在戰爭時才需要勇敢），拉西第蒙的婦女們的影響也是極爲惡劣的。……拉西第蒙的婦女們的放蕩是自古已然的，也是在人們意料之中的。因此（按照傳統的說法）當萊庫格斯想使婦女們就範於他的法律的時候，婦女們就反抗；於是萊庫格斯便放棄了這一企圖。」

亞里斯多德又譴責斯巴達人的貪吝，他把貪吝歸咎於財產分配的不平等。他說，份地雖然不許買賣，但是可以贈與或傳給後代。他又說，全部土地有五分之二是屬於婦女的。結果造

⑦《政治學》，卷二，九（一二六九b—七〇a）。

成了公民的人數大爲減少：據說斯巴達曾有過一萬公民，但是到被底比斯所擊敗時，已經不滿一千人了。

亞里斯多德批評了斯巴達憲法的每一點。他說監察官往往是非常之窮，所以很容易受賄賂；而且他們的權柄又是如此之大，甚至於連國王也不得不討好他們，所以斯巴達的政體已經轉化成爲民主制了。他告訴我們說，監察官們恣縱過度，他們的生活方式與憲法的精神背道而馳，而對於普通公民的嚴厲又是那樣地不堪忍受，所以公民們便沉溺於祕密的、非法的肉慾快樂以求逃避。

亞里斯多德寫這些話的時候，斯巴達已經衰頹了；然而在有些地方他明白地說，他所提到的這些罪惡是從古就有的。他的語氣是那麼乾脆而又確鑿，以致我們很難於不相信他，而且它也符合近代由於法律過分嚴厲而得到的一切經驗。然而在人們的想像裡所存留下來的，卻並不是亞里斯多德筆下的斯巴達，而是普魯塔克筆下的神話般的斯巴達和柏拉圖《理想國》中的被哲學理想化了的斯巴達。許多世紀以來，青年人都閱讀著這些作品，並且燃燒著一種想要作一個萊庫格斯或者是作一個哲學家皇帝的雄心。而理想主義和愛好權勢相結合的結果，就一再地把人引入了歧途，並且就在今天也還是如此。

就中世紀和近代的讀者們而論，斯巴達的神話主要地是由普魯塔克給確定下來的。當他寫作的時候，斯巴達已經是屬於浪漫的往事了；斯巴達的盛世距離普魯塔克的時代，正像哥倫布距離我們的時代是一樣遙遠。普魯塔克所說的一切，研究制度的歷史學家雖然必須極其審愼地加以處理，但是對於研究神話的歷史學家來說，它卻具有頭等的重要性。希臘曾經影響了全世界，但那往往是通過她對於人們的想像、理想和希望而起作用的，而不是直接地通過政治的威力。羅馬建造了許多大路，大部分至今仍然保存著，羅馬的法律是近代許多法典的根源，但是使得這些東西成爲重要的卻是羅馬的軍隊。希臘人雖然也是可欽敬的戰士，但他們並沒有征服過，因爲他們的軍力主要地都消耗在彼此互相敵對上面。一直要等到半野蠻的亞歷山大，才把希臘文化傳播到了整個的近東，並使得希臘語成爲埃及、敘利亞和小亞細亞內陸部分的文學語言。希臘人永遠也不會完成這種事業的，並不是由於他們缺乏武力，而是由於他們不能在政治上團結。希臘文化的政治傳播者從來都不是希臘人；但正是希臘的天才激動了別的民族，才使得別的民族傳播開了他們的被征服者的文化。

對於全世界的歷史學家來說，重要之點並不在於希臘城邦之間的煩瑣的戰爭，也不在於黨派權勢的卑鄙爭奪，而在於當這些簡短的插曲結束之後，人類所保存下來的記憶——這正像是我們對於阿爾卑斯山一幅輝煌日出景象的回憶，而山居者們卻是搏鬥過了一場風雪交加的日子那樣。這些回憶逐漸消逝的時候，便在人們的心裡留下來了某些晨光熹微裡照耀得分外明媚的峰巒景色，並且始終保持著一種知識，那就是烏雲的背後仍然保存著光輝，而且隨時可以顯現出來。在這裡面最爲重要的，在早期基督教時代是柏拉圖，在中世紀教會時期是亞里斯多德；但是到了文藝復興以後，當人們開始重視自由的時候，他們卻首先轉向普魯塔克。普魯塔克深刻地影響了西元十八世紀的英國和法國的自由主義者以及美國的締造者們；他影響了德國浪漫主義運動，並且主要的是以間接的路線繼續影響著德國的思想一直到今天。他的影響在某些方面是好的，在某些方面是壞的；至於有關萊庫格斯和斯巴達的敘述，則他的影響是壞的。他所講的萊庫格斯有很大的重要性，我將對它做一個簡短的敘述，甚至於不免有一些重複。

萊庫格斯——普魯塔克這樣說——決心爲斯巴達立法，於是就周遊各地以便研究各種不同的制度。他喜歡克里特的「非常明確而嚴厲的」⑧法律，但是他不喜歡愛奧尼亞的法律，那些法律是「虛浮的、淺薄的」。在埃及，他學到了把兵士和其他人民劃分開來的好處，後來他旅行歸來，「就把它拿到斯巴達來實行：規定了商人、匠人和勞作者各守其分，於是他就建立起一個高貴的國家。」他把土地平均分配給斯巴達全體公民，爲的是「把一切破產、嫉妒、貪婪和享受以及一切的富有和貧困都驅逐出境」。他禁止用金銀貨幣，只准以鐵鑄錢，其價值是如此之低以至於「要積存價值十個米那⑨的款項，就會裝滿了整整一窖」。他就用這種辦法，掃除了「一切虛浮無益的學問」，因爲沒有那麼多的錢可以酬付給從事這些學問的人；而且他還用這一套法律使得一切的對外貿易都成爲不可能的事。修辭學家、妓院老闆和珠寶商人都不喜歡鐵錢，於是就都躲開了斯巴達。然後他又規定全體公民都須在一起吃飯，大家都吃一樣的飯。

萊庫格斯，也像別的改革者一樣，認爲兒童教育是「一個變法者所應該加以確定的最主要、最重大的事」；而且他也像一切以追求軍事力量爲主要目的的人們一樣地急於增加出生率。「少女們赤身袒裸著在青年男子的面前進行遊戲、運動和跳舞，都是要引誘青年男子們去結婚：他們並非像柏拉圖所說的那樣，是被幾何學的推理所說服的，而是由於男歡女悅地互相愛戀才結婚的。」習慣上，在最初幾年裡總是把結婚當成一樁祕密的事情，「雙方仍然在繼續

⑧ 在引普魯塔克原文的時候，我用的是諾爾斯的譯本。

⑨ 米那（mina）：古希臘的貨幣單位。——中譯本編者

著熾熱的戀愛，彼此的渴慕與日俱增」——這至少是普魯塔克的見解。他又解說道，一個人如果年老但有著年輕的妻子，而他容許自己的妻子和別的青年男人生孩子的話，這個人是不會被人想得很壞的。「一個正直的人愛上了別人的妻子，這種事也是合法的。……他可以請求她的丈夫讓他和她同床，使他得以開墾這塊豐富的土地，並且播下寧馨佳兒的種子。」這裡是絕不會有愚蠢不堪的嫉妒的，因爲「萊庫格斯不願意讓孩子屬於任何私人所有，孩子應該是屬於公共的：由於這種原因，萊庫格斯也願意那些將來要成爲公民的人們並不是人人都可以生育的，而只有最正直的人才能生育他們」。他繼續解說道，這正是農夫對自己的家畜所採用的原則。

一個孩子生下來之後，父親就把他抱到家族長老的面前去加以檢查：如果孩子健康，就交還給父親養育；如果孩子不健康，就把他拋棄到深水潭裡去。孩子們從一開始就受嚴格的鍛鍊，這在有些方面是好的——例如：不把孩子們裹在繃布裡。到了七歲，男孩子就要離開家庭安置到寄宿學校裡，他們分成若干組，每組都選出一個懂事而勇敢的孩子來發號施令。「至於學習，他們學的只是對他們有用的東西：其餘的時間他們便來學習怎樣服從，怎樣忍受痛苦，怎樣擔負勞動，怎樣在戰鬥中克敵制勝。」他們大部分時間都赤身裸體地在一起遊戲；到了十二歲以後，他們就不穿外衣；他們經常是「骯髒又齷齪」的，除了一年之中的某幾天而外，他們從來都不洗澡。他們睡在草床上，到了冬天他們就用絨花和草摻在一起。人們教導他們去偷東西，但如果被捉到了是要受懲罰的——不是因爲偷竊，而是因爲偷得太笨拙。

同性愛，無論男性的或女性的，在斯巴達都是一種公認的習慣，並且是對青春期男孩子的教育中的正式一部分。一個男孩子的情人可以因這個男孩子的行爲而有功或受過；普魯塔克敘述過有一次一個男孩子因爲在戰鬥中受了傷而喊叫起來，於是他的情人便因爲這個男孩子的怯懦而受到監禁。

一個斯巴達人，在他一生的任何階段都是沒有什麼自由可言的。

他們的紀律和生活秩序就在他們完全成人以後，也還繼續保持著。任何人想要隨心所欲地生活都是不合法的，他們在自己的城邦之內就彷彿是在一座軍營裡，每個人都知道自己在這裡所能被允許的生活是什麼，在自己的崗位上所必須做的事情又是什麼。總之，他們都有著這樣一種心情，即他們生來不是爲他們自己而服務的，而是爲他們的國家而服務的。……萊庫格斯給他的城邦所帶來的最美好、最幸福的東西之一，就是他使他的公民們享有大量的休憩和閒暇，僅只禁止他們不得從事任何卑鄙邪惡的勾當：而且他們也無須操心想要發財致富，在那兒財貨是既無用也不被人重視的。因爲有希洛特（這些都是戰爭中的俘虜）爲他們耕田，並且每年要向他們繳納一定的租賦。

普魯塔克繼續說到一個故事，有一個雅典人因爲遊手好閒而受到懲罰，有一個斯巴達人聽見這件事情就叫起來說：「帶我去看看這個人吧，他因爲生活得高貴，像一個君子，所以受了處罰。」

萊庫格斯（普魯塔克繼續說）：「是在這樣地訓練他的公民，從而使他們既不會想要單獨生活，也不可能單獨生活，而是處於彼此結合的生活狀態；他們永遠是大家集體地在一起，正好像是蜜蜂環繞著牠們的蜂王一樣。」

斯巴達人不許出外旅行，外國人除因事而外，也不許進入斯巴達，因爲他們害怕外國的風尚會敗壞拉西第蒙人的德行。

普魯塔克提到，斯巴達人的法律允許他們隨時可以任意屠殺他們的希洛特；但是普魯塔克卻不相信可以把這樣可惡的事情歸咎於萊庫格斯。「因爲我不能相信萊庫格斯會創立或制訂這樣萬惡的法律：因爲根據他在其他的一切行爲裡所經常表現的仁慈和正義，我想像他的性格是溫存的、仁愛的。」除了這一件事情而外，普魯塔克對於斯巴達的憲法只有讚揚而毫無異詞。

從下章中有關柏拉圖對於自己的烏托邦的敘述裡，斯巴達對於柏拉圖的影響是顯而易見的；我們現在就要特別談到柏拉圖。

第十三章　柏拉圖見解的來源

柏拉圖和亞里斯多德是古代、中古和近代的一切哲學家中最有影響的人；在他們兩個人中間，柏拉圖對於後代所起的影響尤其來得大。我這樣說有兩個原因：第一，亞里斯多德本人就是柏拉圖的產兒；第二，基督教的神學和哲學，至少直迄西元十三世紀為止，始終更其是柏拉圖式的而非亞里斯多德式的。因此在一部哲學思想史裡就有必要對於柏拉圖，以及在較少的程度上對於亞里斯多德，處理得要比他們的任何一個先行者或後繼者都更為詳盡。

柏拉圖哲學中最重要的東西：第一，是他的烏托邦（Utopia），它是一長串的烏托邦中最早的一個；第二，是他的理念論，它是要解決迄今仍未解決的共相問題的開山的嘗試；第三，是他主張靈魂不朽的論證；第四，是他的宇宙起源論；第五，是他把知識看成是回憶而不是知覺的那種知識觀。然而在討論這些題目以前，我要就他的生活環境以及決定了他政治的和哲學的見解的那些影響說幾句話。

柏拉圖（Plato）生於西元前四二八—前四八七年，即伯羅奔尼蘇戰爭的最初年代。他是一個很優裕的貴族，與三十僭主統治時期所牽涉的許多人物都有關係。當雅典戰敗時，他還是一個青年；他把失敗歸咎於民主制，他的社會地位和他的家庭連繫是很容易使他鄙視民主制的。他是蘇格拉底的學生，對蘇格拉底懷有深厚的敬愛；而蘇格拉底是被民主制判處了死刑的。因此，他轉向斯巴達去尋求他的理想國的影子，是不足為奇的事。柏拉圖有本領善於粉飾那些褊狹的議論，使之足以欺騙後世；後世都在讚美著他的《理想國》，卻從未察覺到他的議論裡面究竟包含的都是什麼。頌揚柏拉圖——但不是理解柏拉圖——總歸是正確的。這正是偉大人物們的共同命運。我的目標則恰好相反。我想要理解他，但對他卻很少敬意，就好像他是一個現代的英國人或美國人而在宣傳著極權主義那樣。

柏拉圖所受的那些純哲學的影響，也註定使他會偏愛斯巴達的。這些影響，大致說來，就是：畢達哥拉斯、巴門尼德、赫拉克利特以及蘇格拉底。

從畢達哥拉斯那裡（無論是不是透過蘇格拉底），柏拉圖得來了他哲學中的奧菲斯主義的成分，即宗教的傾向、靈魂不朽的信仰、出世的精神、僧侶的情調以及他那洞穴的比喻中所包含的一切思想，還有他對數學的尊重以及他那理智與神祕主義的密切交織。

從巴門尼德那裡，他得來了下列的信仰：實在是永恆的、沒有時間性的；並且根據邏輯的理由來講，一切變化都必然是虛妄的。

從赫拉克利特那裡，他得來了那種消極的學說，即感覺世界中沒有任何東西是永久的。這和巴門尼德的學說結合起來，就達到了知識並不是由感官得到的而只是由理智獲得的這一結論。這一點又反過來和畢達哥拉斯主義密切吻合。

從蘇格拉底那裡，他或許學到了對於倫理問題的首要關懷，以及他要爲世界尋找出目的論的解釋而不是機械論的解釋的那種企圖。「善」之主導著他的思想，遠甚於「善」之主導著蘇格拉底前人的思想，而這一事實是很難不歸之於蘇格拉底的影響的。

所有這一切又是怎樣和政治上的權威主義相連繫著的呢？

首先：「善」（Goodness）與「實在」（Reality）都是沒有時間性的，最好的國家就是那種由於具有最低限度的變動與最大限度的靜止的完美，從而也就最能模仿天上的樣本的那種國家，而它的統治者則應該是最能理解永恆的「善」的人。

其次：柏拉圖像一切神祕主義者一樣，在他的信仰裡也有一種確實性的核心，而這種確實性在本質上除了依靠一種生活方式而外，是無法與人相通的。畢達哥拉斯派曾經力圖為入門者訂立一條規矩，而這歸根結底正是柏拉圖所想望的。如果一個人要做一個好政治家，他就必須知道「善」；而這一點又唯有當他結合了知識的訓練與道德的訓練，才能做得到。如果允許不曾受過這種訓練的人參與政府的話，他們將會不可避免地敗壞政治。

第三：按照柏拉圖的原則來造就一個好的統治者，就需要有很多的教育。在我們看來，堅持要以幾何學教給敘拉古的僭主小狄奧尼修斯以便把他造就成一個好國王的這種事情，似乎是不智之舉；但是從柏拉圖的觀點來說，這卻是最本質的東西。在認為沒有數學就不可能有眞正的智慧的這一點上，他是一個十足的畢達哥拉斯主義者。這種觀點就蘊含著寡頭政體。

第四：柏拉圖，和絕大多數的希臘哲學家相同，認為閒暇乃是智慧的主要條件；因此智慧就不能求之於那些為了生活而不得不從事勞動的人們，而只能求之於那些享有獨立的生活資料的人們，或者是那些由國家來負擔因而不必為生活擔憂的人們。這種觀點本質上是貴族的。

以柏拉圖和近代思想作對比時，就會出現兩個一般性的問題，第一個是：有沒有「智慧」這樣一種東西？第二個是：假定有這樣一種東西，那麼能不能設計出一種憲法可以使它具有政治權力？

上述這種意義的「智慧」就不會是任何一種特殊的技能了，比如說一個鞋匠，或醫生、軍事家所掌握的技能。它必須是比這些技能更為一般化的東西，因為這種智慧的掌握是被認為能夠使人有智慧地治理國家的。我以爲柏拉圖會說，智慧就在於對於「善」的知識；並且他還會以蘇格拉底的學說來補充這個定義，那就是，沒有人會有意地要犯罪，因而凡是知道什麼是善的人就會做出正當的事情來。在我們看來，這樣一種觀點似乎是遠離現實的。我們會更加自然地說，各種分歧的利益是存在著的，因而政治家應該力求達到最爲可行的妥協。一個階級或一個民族的成員可以有共同的利益，但它卻時常和別的階級或別的民族的利益相衝突。毫無疑問，也存在著某些人類全體一致的利益，但這些利益卻不足以決定政治的行動。也許它們將來有一天會如此，但是只要還存在著各個主權國家，就絕不可能如此。並且即使是到了那時候，追求普遍利益最感困難的地方也會在於，怎樣才能從各種互相敵對的特殊利益之中求得妥協。

但是，縱使我們假設有「智慧」這樣一種東西，那麼是不是就有任何一種憲法形式可以把政府交到有智慧的人的手裡去呢？很明顯的，多數人（例如：全體會議之類）是可以犯錯誤的，而且事實上也確乎犯過錯誤。貴族政體並不常常是有智慧的，而君主則總是愚蠢的；教皇儘管有著不可錯誤性，卻曾鑄成過許多嚴重的錯誤。有沒有任何人主張把政府交給大學畢業生，或者甚至於交給神學博士呢？或者是交給那些出生窮困、但發了大財的人們呢？十分明顯，實際上是並不會有任何一種法定選擇的公民能夠比全體人民更有智慧的。

有人可能提出，人是可以受適當的訓練而獲得政治智慧的。但是問題跟著就來了：什麼是適當的訓練？而這歸根到底，還是一個有黨派性的問題。

因此，找出一群「有智慧」的人來而把政府交託給他們，這個問題乃是一個不能解決的問題。這便是要擁護民主制的最終理由。

第十四章　柏拉圖的烏托邦

柏拉圖最重要的那篇對話——《理想國》——大體上包括三部分。第一部分（到約近第五卷的末尾）包括一個理想國的組織；這是歷史上最早的烏托邦。《理想國》的卷六和卷七都是在給他所達到的結論之一乃是，統治者必須是哲學家。「哲學家」下定義。這一討論構成了第二部分。

第三部分包括對各種實際存在的體制及其優缺點的討論。

《理想國》名義上是要給「正義」下定義。但是開場不久他就決定，既然是萬物從大的方面來看總比從小的方面來看要容易得多，所以最好還是先著手探討什麼是正義的國家，而非什麼是正義的個人。而且既然正義必定是可能想像得到的最好的國家的屬性之一，所以他就首先描述這樣的一個國家，然後再來斷定它有哪種完美性是可以稱之爲「正義」的。

讓我們先來描述柏拉圖烏托邦的大致輪廓，然後再考慮所遇到的各個問題。

柏拉圖一開始就認定公民應該分爲三個階級：普通人、兵士和衛國者。只有最後的一種公民才能有政治權力。他們的人數比起另外的兩個階級來要少得多。一開頭似乎他們是被立法者所選定的，此後則他們通常便是世襲的了；但是在例外的情況下也可以從低等階級中提拔上來有希望的孩子，而在衛國者的孩子中遇有不能令人滿意的孩子或青年時，也可以把他們降級。

在柏拉圖看來，主要的問題就是如何保證衛國者能夠實現立法者的意圖。他對於這一目的提出了各種建議，有教育方面的，有經濟方面的，有生物方面的，也有宗教方面的。但是這些建議對於除了衛國者之外的其他各階級能適用到什麼程度，就往往是不很明確的了；其中有些很明顯地是適用於兵士的；但是大體上柏拉圖所探討的僅限於衛國者，而衛國者是自成一個階級的，就像以往的巴拉圭的耶穌會士，西元一八七〇年以前羅馬教廷國的教士，以及今天蘇聯的共產黨那樣。

第一樁事要考慮的，就是教育。教育分作兩部分，即音樂與體育。它們每一種都具有比今天更廣泛得多的意義：「音樂」是指屬於文藝女神的領域之內的一切事物，而「體育」則指有關身體的訓練與適應的一切事物。「音樂」差不多與我們所稱的「文化」同樣廣泛，而「體育」則比我們所稱的「運動」更要廣泛。

從事文化是要使人成爲紳士，成爲正是爲英國所熟悉的（大部分是由於柏拉圖的緣故）那種意義上的紳士。柏拉圖當時的雅典，在某一方面很有似於西元十九世紀的英國：兩者都有著一個享有財富和社會聲勢但並未壟斷政治權力的貴族階級，兩者的貴族都必須以他們莊嚴動人的舉止而獲得盡可能多的權力。不過，在柏拉圖的烏托邦裡，貴族的統治是毫無掣肘的。

威嚴、禮儀和勇敢似乎就是教育所要培養的主要品質。從最早的年歲起，對於青年所接觸到的文學和允許他們能聽到的音樂，就有著一種嚴格的檢查制度。母親和保姆只能向孩子們講說官定的故事。荷馬和赫西阿德都因爲某些原因而不許講述。首先是荷馬和赫西阿德所說的神有時候行爲很不好，這是不能起教育作用的；必須教給青年人知道，邪惡絕不會來自神，因爲「神」並不是一切事物的創造者而只是美好的事物的創造者。其次，荷馬和赫西阿德的作品中有些東西被認爲可以使得讀者怕死，然而教育裡的一切東西都應該使青年人願意效死疆場。必須教給我們的孩子們認識到奴役比死還要壞，因此他們絕不應該聽到好人居然也哭泣流淚的故事，哪怕那是為了朋友的死亡而哭泣流淚。第三，禮儀要求人們絕不可放聲大笑，然而荷馬提到過「那些幸福的神大笑不止」。要是孩子們能夠引證這段話，那麼老師還怎麼能夠有效地譴責孩子們的嬉戲呢？第四，荷馬詩中有些段是讚頌盛大的宴會的，又有些段是描寫諸神的欲望的；這些都是有礙於節制的（印澤教長是一個眞正的柏拉圖主義者，他反對過一首有名的讚美歌中的這樣一句話：「那些凱旋者們的歡呼，那些飲宴者們的歌唱」，這是一段描寫天上的歡樂景象的）。最後，也絕對不許有壞人幸福而好人不幸的故事；這對於柔弱的心靈可能有著最不幸的道德影響。根據所有這些理由，詩人就應該是加以貶斥的了。

柏拉圖於是就提出一種奇怪的關於戲劇的論證。他說，好人不應該願意模仿壞人；然而大部分的戲劇裡都有壞蛋，所以戲劇家以及扮演壞蛋的演員就必須要模仿犯有各種罪行的壞人。不僅僅是罪犯，而且一般說來，女人、奴隸和下等人也都不應該為高等人所模仿（在希臘，正如在伊莉莎白時代的英國一樣，女性角色是由男人扮演的）。因此，若是可以允許演戲的話，戲裡也只能包括著無疵無瑕的、良家出生的男性角色。這種不可能性是太明顯了，所以柏拉圖就決定把所有的戲劇家都從他的城邦裡驅逐出去：

> 當有這樣聰明得可以模仿任何事情的表演先生到我們這裡來，並且提出要表演他的藝術和他的詩歌的時候，我們將要五體投地把他當作是一位可愛的、神聖的而又了不起的人物來崇拜；但是我們也必須告訴他說，在我們的國家裡是不容許有他這樣的人的；法律是不能容許他們的。於是，我們就給他塗上香料，給他的頭上戴

上絨花冠之後，把他送到別的城邦去。

其次，我們就來看他們對於音樂（近代意義的音樂）的檢查制度。呂底亞的和愛奧尼亞的樂曲是被禁止的，前者是因爲它表現了愁苦，後者則因爲它是靡靡之音。只有多利安（因爲它勇敢）和弗萊吉亞（因爲它有節制）的音樂才可以允許。所能允許的節奏必須是簡單的，並且必須是能夠表現勇敢而又和諧的生活的。

對於身體的訓練是非常嚴厲的。除了烤魚、烤肉而外，誰都不許吃其他方法烹製的魚和肉，而且既不許加任何作料，也不許吃任何點心。他說，按照他的食譜養生的人絕不會需要醫生。

青年人到達一定的年齡以前，是不許看到醜惡與罪惡的。但是到了適當的時候，就必須讓他們去見識種種「誘惑」了；讓他們看看恐怖的形象使他們不至於恐怖，也看看壞的享樂使之不至於誘惑他們的意志。唯有當他們經得住這些考驗之後，才能認爲他們適宜於作衛國者。

男孩子們在長成以前應該看看戰爭，雖說他們不必親自作戰。

至於經濟方面：柏拉圖提出衛國者應該實行一種澈底的共產主義，並且（我想）兵士也應該實行，雖說這一點並不很明確。衛國者要有小房子和簡單的食物；他們要像在軍營裡一樣地生活，大家在一起吃飯；除了絕對必需的東西而外，他們不得有任何的私有財產。金和銀都是被禁止的。他們雖然並不富有，但並沒有任何應該不快樂的理由；城邦的目的是爲了全體人民的好處，而不是爲了一個階級的幸福。財富和貧窮都是有害的，在柏拉圖的城邦裡兩者都不存在。關於戰爭，他有一種非常奇怪的論點，他說既然這個城邦絕不想分享任何的戰利品，所以它一定能很容易收買盟邦的。

柏拉圖筆下的蘇格拉底帶著一種裝佯作態的不情願，把他的共產主義也應用到家庭上來。他說，朋友們的一切東西都應該是大家共同的，包括妻子和孩子在內。他承認這有困難，但並不認爲是不可克服的。首先，女孩子們也嚴格地受著和男孩子們一樣的教育，學習音樂和體育，並且和男孩子們一道學習作戰的技術。女人在一切方面都和男人有著完全的平等。「造就一個男子成爲一個優良的衛國者的教育，也同樣會造就一個女子成爲一個優良的衛國者；因爲他們的本性都是一樣的。」毫無疑問，男女之間是有區別的；但是那與政治無關。有的女子有哲學的頭腦，適於作衛國者；有的女子則好戰而可以成爲良好的兵士。

立法者選定了一些男女作衛國者之後，就命令他們都住在共同的房屋，吃共同的伙食。像是我們所理解的婚姻，必須澈底地改造過。①在一定的節日，新郎們和新娘們（其數目應該足以使人口數目維持經常不變）就結合在一起，使他們相信他們自己是由抽籤而結合的；但事實上這個城邦的統治者是根據優生原則來加以分配的。他們的安排會使得最好的父親將有最多的兒女。所有的孩子一出生，就從父母那裡帶走，並且要做得極其小心謹慎，使父母們絕不知道誰是他們自己的孩子，孩子們也絕不知道誰是他們自己的父母。畸形的孩子和低劣的父母所生的孩子，「都要放到一個人所不知的神祕地方去，像是他們所應該的那樣」。未經國家批准的結合而出生的孩子，都算是不合法的。母親的年齡應該在二十歲至四十歲之間，父親的年齡應

---

① 「這些女子沒有例外地將是這些男子的共同妻子，沒有一個人再有他自己的妻子。」

該在二十五歲至五十五歲之間。不在這些年齡的限度之內，則性交是自由的；但卻要強迫他們流產或殺嬰。在國家所安排的「婚姻」中，有關的個人是沒有發言的餘地的；他們是受著他們對於國家的義務這一思想所驅使，而不是受著任何那些被放逐的詩人們所常常歌詠的那種平庸的感情所驅使的。

既然每個人都不知道自己的父母是誰，所以他就管每一個年齡可以做父親的人都叫「父親」，對於「母親」、「兄弟」、「姊妹」也是一樣（這種情形也出現在某些野蠻人中間，而常常使得傳教士們感到惶惑不解）。「父親」和「女兒」之間，或「母親」和「兒子」之間是不得有「婚姻」的；一般說來（但不是絕對的），「兄弟」和「姊妹」也是禁止結婚的（我以爲柏拉圖如果把這一點仔細想通了的話，他就會發現除了他所視爲極端例外的「兄妹」結婚之外，他已經禁絕了一切的婚姻了）。

可以設想：現在和「父親」、「母親」、「兒子」與「女兒」這些字樣相連繫的情操，就在柏拉圖的新安排之下也還是和這些字樣相連繫著的；例如：一個青年不能打一個老人，因爲他可能是在打他的父親。

柏拉圖所追求的好處當然就是要減少私有的感情，從而消除掉妨礙公共精神占統治地位以及反對取消私有財產的各種障礙。僧侶們之所以要獨身，大體上也是出於類似的動機[②]。

我最後要談到這一體系的神學方面。我不想談它所接受的希臘神祇，我只想談政府所諄諄教誨的某些神話。柏拉圖明確地說過，撒謊是政府的特權，猶如開藥方是醫生的特權。我們已

② 見亨利·李（Henry C. Lea）：《僧侶獨身制史》（*A History of Sacerdotal Celibacy*）。

經談過，政府之假裝用抽籤來安排婚姻就是欺騙人民的。但這還不是宗教的事情。

有「一種高貴的謊話」，柏拉圖希望這種謊話可能欺騙統治者，而且無論如何是一定會欺騙整個城邦的人民的。這個「謊話」編造得相當詳細。其中最重要的部分就是神創造了三種人的這一教條：最好的一種是用金子做成的，次好的是用銀子做成的，而普通群眾則是用銅和鐵做成的。用金子做成的人適於作衛國者；用銀子做成的人應該是兵士，而其餘的人則從事體力勞動。孩子們通常（但不是永遠）都屬於他們父母的那一等級；如果他們不屬於那一等級的話，那麼他們就必須相應地升級或者降級了。他認為使目前這一代人相信這種神話是不大可能的，但是下一代的人以及以後的一切世代，卻都可以教育得使他們並不懷疑這種神話。

柏拉圖認為對這種神話的信仰可以在兩個世代之內培養起來，這一點是很正確的。日本人被教導說，天皇是由日神誕生的，並且日本的建國要比全世界的一切國家都更早。任何一個大學教授，哪怕是在一部學術著作裡，如果懷疑了這些教條，就會因反日活動的罪名而被開除的。但柏拉圖所似乎未能認識到的則是，強迫別人接受這種神話卻是與哲學不相容的，並且它包含著一種足以損害人類理智的教育。

「正義」的定義乃是全部討論在名義上的目標，在第四卷中便達到了這個定義。他告訴我們說，正義就在於人人都做自己的工作而不要做一個多管閒事的人：當商人、輔助者和衛國者各做自己的工作而不干涉別的階級的工作時，整個城邦就是**正義的**。

人人都關心自己的業務，這無疑是一條值得稱道的教誡，但是它卻很難與近代人很自然地所稱之為「正義」的那種東西相符合。我們所這樣翻譯出來的那個希臘字是與希臘思想中一種非常重要的觀念相符合的，但是我們卻缺乏一個能與之恰好相當的對應字。我們很值得回想一下阿那克西曼德說的話：

萬物所由之而產生的東西，萬物消滅後復歸於它，這是運命規定了的。因爲萬物按照規定的時間爲它們彼此間的不正義而互相償補。

在哲學開始以前，希臘人早就對於宇宙有了一種理論，或者說感情，這種理論或感情可以稱之爲宗教的或倫理的。按照這種理論，每個人或每件事物都有著他的或它的規定地位與規定職務。但這並不取決於宙斯的諭令，因爲宙斯本人也要服從這種統御著萬物的法令。這種理論是和命運或必然的觀念連繫在一起的。它特別被人強調地應用於天體。但是凡有生氣的地方，便有一種趨勢要突破正義的界限；因此就產生了鬥爭。有一種非人世的、超奧林帕斯的法則在懲罰著放肆，並且不斷在恢復著侵犯者所想要破壞的那種永恆秩序。整個這種觀點，（最初或許幾乎是不知不覺地）便過渡到哲學裡面來；這一點也表現在鬥爭的宇宙論中，例如：在赫拉克利特與恩培多克勒的宇宙論中，以及表現在一元論的學說之中，例如：在巴門尼德的學說中。這便是希臘人對於自然規律與人世規律信仰的根源，這顯然也就是柏拉圖正義觀念的基礎。

「正義」這個名詞在法律上所仍然被人使用著的那種意義，比起它在政治思想上所被人使用的那種意義來，是更有似於柏拉圖的觀念的。我們受了民主理論的影響，已經習慣於把正義和平等結合在一起了；然而在柏拉圖卻並沒有這種含義。「正義」——在它差不多是「法律」

的同義語的那種意義上（例如：我們說的「法院」③）——主要地是指財產權，而那與平等是毫無關係的。《理想國》一開頭第一次提到的「正義」定義就是：正義就在於償還債務。這個定義立刻就被認爲是不恰當的而加以放棄了，但是其中的某些成分卻一直貫穿到這篇對話的結尾。

柏拉圖的定義中有幾點是值得注意的。首先，它使得權力和特權的不平等但不是不正義，成爲可能。衛國者須有一切的權力，因爲他們是全社會中最有智慧的成員；在柏拉圖的定義裡，唯有當別的階級裡面有人比某些衛國者更有智慧的時候，才會出現不正義。這就是柏拉圖何以要提出公民的升級和降級的原因，儘管他認爲出生和教育的雙重便利在大多數的情況之下已經能使衛國者的子孫優越於其他人的子孫了。假如能有一種更爲精確的政治學而且人們又能更確切地遵循它的教誡的話，那麼關於柏拉圖的體系就有很多值得稱道的地方了。沒有人會認爲把最優秀的足球運動員放到足球隊裡去是不公道的，儘管他們可以因此獲得很大的優越地位。如果足球隊管理得也像雅典的政府那麼樣地民主，那麼代表學校去踢球的學生也就要以抽籤的方式而當選了。可是，關於政治事務是很難知道誰是最有技術的；並且也很難有把握說，一個政治家一定能把他的技術用之於公共的利益，而不用之於他個人的利益，或他的階級的或黨派的或宗派的利益。

其次是柏拉圖關於「正義」的定義預先假設要有一個「國家」，無論它是按照傳統的路線而組織起來的，還是按照柏拉圖自己的方式組織起來的，從而使其全體得以實現某種倫理的理

③「正義」：justice；「法院」：court of justice。——譯者

想。他告訴我們說，正義就在於每個人都做他自己的工作。但一個人的工作又是什麼呢？在一個像是古代埃及或印加人的王國那樣世世代代毫無改變的國家裡，一個人的工作就是他父親的工作，這樣便不會發生什麼問題。但是在柏拉圖的國家裡，沒有人有法律上的父親。因此，他的工作要麼是由他自己的興趣所決定的，要麼就是由國家來判斷他的才能而加以決定的。後者顯然就是柏拉圖所願望的。然而，有些工作，儘管有高度的技術性，卻可以認爲是有害的；柏拉圖認爲詩歌就是有害的，而我則認爲拿破崙的工作是有害的。因此，在決定一個人的工作是什麼的時候，政府的意圖就成爲最主要的了。雖說所有的統治者都得是哲學家，可是並不會有任何的革新：一個哲學家永遠都得是一個理解並同意柏拉圖的人。

若是我們問：柏拉圖的「國家」能夠成就什麼呢？答案就頗爲無趣了。它在對人口大致相等的國家作戰時能取得勝利，它能保證某些少數人的生活。由於它的僵硬，它差不多絕不會產生藝術或科學；在這方面正如在許多別的方面，它是像斯巴達一樣的。儘管有著一切動聽的說法，但其所成就的全部不過是作戰的技巧和足夠的糧食而已。柏拉圖曾經經受過雅典的饑饉和敗績；也許他下意識地認爲，避免這些災難就是一個政治家所能達到的最高成就。

如果認眞的話，一個烏托邦顯然必須能體現它的創造者的理想。讓我們先來考慮一下，我們所謂的「理想」意味著什麼。首先，它是信仰它的人所願望的，但是它之被願望卻與一個人之願望個人的享受（例如：吃和住）並不完全相同。構成一種「理想」與一件日常願望的對象兩者之不同的就在於，前者乃是非個人的；它是某種（至少在表面上）與感到這種願望的人的個人自身沒有任何特殊關係的東西，因此在理論上就可能被人人所願望。因而我們就可以把「理想」定義爲某種並非以自我爲中心而被願望著的東西，從而願望著它的人也希望所有別的人都能願望它。我可以希望人人都有足夠的食物，人人都能對別人友善等等；並且如果我希望任何這類的事物，我還希望別人也希望它。用這種方式我就可以建立起一套看來好像是非個人的倫理，儘管事實上它所根據的仍是我自己的以個人爲基礎的願望——因爲願望始終是我的，縱使被願望的東西和我個人沒有關係。例如：一個人可以願望人人都能理解科學；另一個人願望人人都能欣賞藝術；但是造成這兩個人願望之間的這種不同的，則是他們個人之間的差異。

只要一牽涉到爭論，個人的因素就立刻顯而易見了。例如有人說：「你希望人人都幸福是錯了，你應該希望德國人幸福而其他一切人都不幸。」這裡的「應該」可以認爲是指說話的人所希望我能願望的東西而言的。我可以反駁道，我不是一個德國人，我在心理上不可能願望一切的非德國人不幸；但是這一答案看來是並不合適的。

此外，也可能有一種純粹非個人的理想的衝突。尼采的英雄不同於基督教的聖人，然而兩者都是以非個人而受人崇拜的，前一種是被尼采的信徒，後一種則是被基督教徒。除非是以我們自己的願望，否則我們又怎能在這兩者之間做出取捨呢？然而，如果再沒有別的東西的話，那麼一種倫理上的意見分歧就只好由感情上的好惡或者是由強力——最後是訴之於戰爭——來加以決定了。對於事實的問題，我們可以訴之於科學和科學方法；但是對於倫理學上的根本問題卻似乎並沒有這樣的東西。然而，如果情形確乎是如此，那麼倫理爭論的本身也就還原爲力量之爭了，包括宣傳力量在內。

這種觀點在《理想國》的第一卷中，已經由特拉西馬庫斯粗略地提了出來；特拉西馬庫斯，正如差不多柏拉圖對話錄中所有的人物一樣，也是一個眞實的人物。他是一個來自查爾西頓的智者，是一個有名的修辭學教師；他曾在西元前四二七年亞里斯多芬尼的喜劇裡出現過。

當蘇格拉底很和藹地和一個叫作西法魯斯的老人，以及和柏拉圖的哥哥格勞孔和阿戴芒士斯討論過一陣正義之後，特拉西馬庫斯已經聽得愈來愈不耐煩，就插進了一番熱烈的抗議，反對這種幼稚的胡扯。他強調說：「正義不是什麼別的，只不過是強者的利益罷了。」

蘇格拉底用詭辯反駁了這種觀點，它始終沒有很好地得到正視。但它卻提出了倫理學與政治學上的根本問題，那就是，除了人們使用「好」、「壞」的字樣時所願望的東西以外，究竟還有沒有任何「好」、「壞」的標準呢？假如沒有的話，那麼特拉西馬庫斯所得出的許多結論就似乎是不可避免的了。然而我們又怎麼可能說有這種標準呢？

在這一點上，乍看起來宗教是有著一種簡捷的答案的。上帝決定了什麼是好，什麼是壞；一個人的意志若與上帝的意志相和諧，那麼他就是一個好人。然而這種答案並不是很正統的。神學家們說上帝是好的，但這蘊含著要有一種獨立於上帝的意志之外而存在的好壞標準。於是我們就不得不面臨著下列的問題：即，像在「快樂是好的」這樣一種陳述裡，有沒有像在「雪是白的」這樣一種陳述裡那種意義上的客觀的眞或假呢？

要回答這個問題，就必須要進行很長的探討。有人可以想像，我們在實踐方面盡可以躲開這個根本論點，並且說：「我不知道『客觀的眞理』意味著什麼。但是假如所有的（或者實際上等於所有的）考察過這個問題的人都一致擁護某一陳述，那麼我就要認爲這一陳述是『眞的』。」在這種意義上，雪是白的，凱撒是被刺死的，水是由氫和氧構成的等等，就都是「眞的」。這樣我們就面臨著一個事實問題：即，在倫理學裡面有沒有任何與此類似的意見一致的陳述呢？如果有，它們就既可以作爲個人行爲準則的基礎，又可以作爲一種政治理論的基礎。但是如果沒有的話，那麼無論哲學的眞理可能是怎樣，但只要有勢力的集團之間存在著不可調和的倫理分歧時，我們在實踐上就不得不訴之於武力的較量，或者宣傳的較量，或者是兩者同時較量了。

對於柏拉圖來說，這個問題實際上並不存在。儘管他的戲劇感引得他強有力地敘述了特拉西馬庫斯的立場，但他卻全然沒有察覺到它的力量，並且他自己還對它進行了異常粗暴而又不公允的反駁。柏拉圖確信「善」的存在，而且它的性質是可以確定的；當人們有不同意見的時候，那麼至少有一個是犯了知識上的錯誤，就正像這些意見不同是涉及某種事實的科學問題一樣。

柏拉圖和特拉西馬庫斯之間的分歧是非常重要的；但對哲學史家來說，它卻是一個只需要加以注意而不需要加以解決的分歧。柏拉圖以為他能夠**證明**他的國家是好的；而一個承認倫理學有其客觀性的民主主義者可以認為自己能夠**證明**這個國家是壞的；但是任何一個同意特拉西馬庫斯的人卻要說：「這裡並不存在證明或反證的問題；唯一的問題是，你是否**喜歡**柏拉圖所願望的這種國家。如果你喜歡，它對你就是好的；如果你不喜歡，它對你就是壞的。如果有許多人喜歡，又有許多人不喜歡；那就不可能由理性，而只好由真實的或者隱蔽的暴力來加以決定了。」這是一個迄今一直爭論不休的哲學問題；每一方面都擁有許多可敬的人物。但是在很長的一段時期裡，柏拉圖所宣揚的見解卻始終幾乎是無人非議的。

此外，我們還應該注意到，以意見的一致來代替客觀標準的那種觀點裡包含著一些後果，而這些後果卻是很少有人願意接受的。像伽利略那樣的科學革新者宣揚著一種當時很少有人同意的見解，但終於差不多獲得了舉世的擁護——對於這種事我們應該怎麼說呢？這些人用的是說理的方法，而不是用鼓動情緒、國家宣傳或採取強力的方法。這就蘊含著，在一般的意見而外還另有一種標準。在倫理方面，偉大的宗教導師也有某些相類似的情形。耶穌基督教導說，在安息日掐起麥穗來吃並不是錯誤的，但是恨你的敵人則是錯誤的。這樣的倫理見解顯然蘊含著與大多數人的意見不相同的某種標準，但無論這種標準是什麼，它卻絕不像科學問題裡的客觀事實。這個問題是一個困難的問題，我並不宣稱我能解決它。目前讓我們滿足於僅只注意到這個問題。

柏拉圖的國家和近代的許多烏托邦不同，它或許是想要付諸實行的。這並不像我們自然而然地會以爲的那麼幻想而又不可能。它的許多規定，包括一些我們會認爲是完全不可能實行的規定，實際上是在斯巴達已經實現過了的。畢達哥拉斯曾經試行過哲學家的統治；在柏拉圖的時代，當柏拉圖訪問西西里和南義大利的時候，畢達哥拉斯派的阿爾奇塔斯在塔拉斯（即現代的塔蘭多）的政治上是非常有勢力的。請一位賢人來擬定法律，這在當時的城邦乃是一種通行的辦法；梭倫就曾爲雅典這樣做過，而畢達哥拉斯也曾爲圖里這樣做過。在當時，殖民地是完全不受它們的母邦控制的；某一幫柏拉圖主義者要在西班牙或者高盧的沿岸建立起一個理想國來，那是完全可能的事。不幸的是機緣把柏拉圖帶到了敘拉古，而這個偉大的商業城邦又正在和迦太基進行著決死的戰爭；在這樣一種氣氛之下，任何哲學家都不能有什麼成就的。到了下一個時代，馬其頓的興起遂使得一切的小國都成了過時的陳跡，並使一切雛形的政治試驗都成了徒勞無功的事情。

第十五章　理念論

《理想國》的中間一部分，即自第五卷的後半部至第七卷的末尾，主要地是論述與政治學相對的純粹哲學問題。這些問題以一種相當突然的論述被提了出來：

> 除非哲學家就是王，或者這個世界上的王和君主都具有哲學的精神和力量，使政治的偉大和智慧合而為一，並把那些只追求兩者之一而不顧另一的平庸的人們驅逐到一旁去；否則城邦就絕不會免於災難而得到安寧——而且，我相信就連全人類也不會得到安寧——唯有到了那時候，我們的這個國家才有獲得生命並見到天日的可能。

如果眞是這樣，那麼我們就必須決定，構成一個哲學家的是什麼以及什麼是我們所謂的「哲學」。繼之而來的討論便是《理想國》中最有名的那部分，並且也許是最有影響的那部分。其中有些部分有著非凡的詞章之美；讀者們可以像我這樣不同意他所說的話，但卻不能不被它感動。

柏拉圖的哲學奠基於實在與現象的區別之上，這最初是由巴門尼德提出來的；在我們現在所要談到的通篇討論裡，也不斷地出現著巴門尼德式的詞句和論證。然而，他談到的實在卻帶有一種宗教的情調，那與其說是巴門尼德式的，倒不如說是畢達哥拉斯式的；並且其中有很多的數學和音樂，還可以直接追溯到畢達哥拉斯的弟子。巴門尼德的邏輯與畢達哥拉斯和奧菲斯教派的出世思想相結合，就產生了一種被認爲既可以滿足理智又可以滿足宗教情操的學說；結果便是一種非常有力的綜合，它以各種不同的形態影響了直迄黑格爾爲止的大多數的大哲學家，包括黑格爾本人也在內。但是受柏拉圖影響的不僅僅是哲學家。清教徒爲什麼要反對音樂、繪畫和天主教會的繁文縟禮呢？你可以在《理想國》第十卷中找到答案。爲什麼學校要強迫兒童學習算術呢？理由就寫在《理想國》的第七卷裡面。

下面的幾段就概括了柏拉圖的理念論。

我們的問題是：什麼是哲學家？第一個答案是與字源學相符合的：即，哲學家是個愛智慧的人。但這與一個好奇的人也可以說是個愛知識的人的那種意義上的愛知識的人，並不是同一回事；庸俗的好奇心並不能使人成爲哲學家。因此，這個定義就應該改正爲：哲學家是一個愛「洞見眞理」的人，但是這種洞見又是什麼呢？

假設有一個人愛好美的事物，他決心去看一切的新悲劇，去看一切的新圖畫，去聽一切的新音樂。這樣的一個人並不就是一個哲學家，因爲他只不過愛好美的事物，而哲學家則是愛著美的自身。僅僅愛美的事物的那個人是在做夢，而認識絕對的美的那個人則是清醒的；前者只不過有意見，而後者則有知識。

「知識」和「意見」之間的區別是什麼呢？一個人有知識，就是他有著關於某種事物的知識，也就是說，關於某種存在著的事物的知識；因爲不存在的事物並不是某種事物（這使我們回想到巴門尼德）。因此知識是不會錯誤的，因爲知識之犯錯誤，這在邏輯上乃是不可能的。

但是意見則可能錯誤。而這又是怎麼可能的呢？意見不可能是關於不存在的東西的意見，因為那是不可能的；意見也不可能是關於存在的東西的意見，因為若是那樣，它就是知識了。所以意見就必須是關於既存在而又不存在的東西的意見。

但這是怎麼可能的呢？答案就是：特殊的事物永遠具有著相反的特性：美的事物在某些方面也是醜的；正義的事物在某些方面也是不正義的等等。一切個別的可感覺的對象，柏拉圖這樣說，都具有這種矛盾的性質；所以它們都介乎存在與不存在之間，所以就適於作為意見的對象，而非知識的對象。「但是那些看到了絕對永恆與不變的人們則可以說是有知識的，而不僅僅是有意見的。」

這樣，我們就達到了一個結論，即意見是屬於感官所接觸的世界的，而知識則是屬於超感覺的永恆的世界的；例如：意見是涉及個別的美的事物的，但知識則是涉及美的自身的。

這裡所提出的唯一論據就是：設想有一種事物可以是既美而又不美，或者既正義而又不正義，這種設想乃是自相矛盾的；然而個體的事物又似乎是結合了這些矛盾的特性。所以個體的事物是不真實的。赫拉克利特曾說過：「我們既踏進又不踏進同一的河流；我們既存在又不存在。」把這和巴門尼德結合起來，我們就達到了柏拉圖的結果。

可是柏拉圖的學說裡也有某些有著重大意義的東西是不能推源於他的前人的，那就是「理念」論或者說「形式」論。這一理論一部分是邏輯的，一部分則是形而上學的。邏輯的部分涉及一般的字的意義。有許多個體的動物，我們對它們都能夠真確地說「這是一隻貓」。我們所說的「貓」這個字是什麼意義呢？顯然那是與每一個個體的貓不同的東西。一個動物是一隻貓，看來是因為牠分享了一切的貓所共有的一般性質。沒有像「貓」這樣的一般的字，則語言就無法通行，所以這些字顯然並不是沒有意義的。但是如果「貓」這個字有任何意義的話，那麼它的意義就不是這隻貓或那隻貓，而是某種普遍的貓性。這種貓性既不隨個體的貓出生而出生，而當個體的貓死去的時候，它也並不隨之而死去。事實上，它在空間和時間中是沒有定位的，它是「永恆的」。這就是這一學說的邏輯部分。支持它的論據（無論其最後有效與否）是很有力量的，並且與這一學說的形而上學的部分完全無關。

按照這一學說的形而上學部分來說，「貓」這個字就意味著某個理想的貓，即被神所創造出來的唯一的「貓」。個別的貓都分享著「貓」的性質，但卻多少是不完全的；正是由於這種不完全，所以才能有許多的貓。「貓」是眞實的；而個別的貓則僅僅是現象。

在《理想國》的最後一卷中作爲對畫家進行譴責的一篇序言裡，關於理念或者形式的學說有著非常明確的闡述。

在這裡柏拉圖解釋道，凡是若干個體有著一個共同的名字的，它們就有著一個共同的「理念」或「形式」。例如：雖然有著許多張床，但只有一個床的「理念」或「形式」。正如鏡子裡所反映的床僅僅是現象而非實在，所以各個不同的床也不是實在的，而只是「理念」的摹本；「理念」才是一張實在的床，而且是由神所創造的。對於這一個由神所創造出來的床，我們可以有知識，但是對於木匠們所製造出來的許多張床，我們就只能有意見了。這樣，哲學家便只對一個理想的床感興趣，而不是對感覺世界中所發現的許多張床感興趣。他對於日常的世上事物有著某種程度的漠不關心：「有著高明的心靈而且又是一切時代和一切存在的觀察者的人，怎麼能對人世生活想得很多呢？」能夠作哲學家的青年，在他的同伴之中會格外地顯得正直而文雅，潛心學習，具有良好的記憶力和天生的和諧心靈。這樣的一個人就將被教育成爲一個哲學家和衛國者。

談到這裡，阿戴芒士斯就插進來一番抗議。他說，當他想要與蘇格拉底爭論的時候，他覺得自己總是被蘇格拉底一步一步地引向歧途，直到他原來的觀念全都被顚倒過來爲止。但是不管蘇格拉底說什麼，人人都可看得到情形總歸是：凡是死鑽哲學的人都要變成怪物的，更不消說要變成十足的無賴了；即使是其中最好的人也要被哲學弄得百無一用。

蘇格拉底承認這種情形在現存的世界之中是眞的，但是他堅持說這只能歸咎於別人，而不能歸咎於哲學家；在一個有智慧的社會裡，哲學家就不會顯得愚蠢了；只有在愚蠢的人中間，有智慧的人才被認爲是缺少智慧的。

我們在這種兩難推論裡應該怎麼辦呢？我們的理想國可以有兩種開國的方式：一種是哲學家成爲統治者，另一種是統治者成爲哲學家。作爲一個開端，前一種方式似乎是不可能的。因爲在一個還不曾哲學化的城邦裡，哲學家是不受歡迎的。但是一個天生的君主卻可以是一個哲學家，而且「有一個就夠了；只要有一個人能使一個城邦服從他的意志，那麼他就可以實現爲這個世界所如此之難於置信的理想政體」。柏拉圖希望能在敘拉古的僭主小狄奧尼修斯的身上發現這樣一位君主，但是這位年輕的君主結果卻是非常令人失望的。

在《理想國》的第六卷和第七卷裡，柏拉圖談的是兩個問題：第一，什麼是哲學，第二，一個氣質相宜的青年男子或女子，怎樣才能夠被教育成爲一個哲學家？

在柏拉圖，哲學乃是一種洞見，乃是「對眞理的洞見」。它不純粹是理智的；它不僅僅是智慧而且是愛智慧。斯賓諾莎的「對上帝的理智的愛」大體也同樣是思想與感情的這種密切結合。凡是做過任何一種創造性的工作的人，在或多或少的程度上，都經驗過一種心靈狀態；

這時經過了長期的勞動之後，眞理或者美就顯現在，或者彷彿是顯現在一陣突如其來的光榮裡——它可以僅是關乎某種細小的事情，也可能是關乎全宇宙。在這一刹那間，經驗是非常有說服力的；事後可能又有懷疑，但在當時卻是完全確鑿可信的。我以爲在藝術上、在科學上、在文學上以及在哲學上，大多數最美好的創造性的工作都是這樣子的一刹那的結果。它對別人是不是來得也像對我個人那樣，我不能肯定。就我而論，我發現當我想對某個題目寫一本書的時候，我必須先使自己浸沉於細節之中，直到題材的各部分完全都熟悉了爲止；然後有一天，如果我有幸的話，我便會看到各個部分都恰當地相互連繫成一個整體。這時以後，我只須寫下來我看見的東西就行了。最近似的類比就是先在霧裡走遍了一座山，直到每一條道路、山嶺和山谷一一地都已經非常熟悉了，然後再在光天化日之下，從遠處來清晰地整個地觀看這座山。

這種經驗我相信對於優秀的創造性的工作乃是必要的，但僅僅有它卻是不夠的；它所帶來的那種主觀上的確實可靠性，確乎也可以致命地把人引入歧途。威廉．詹姆士（William James）描寫過一個人從笑氣裡面所得的經驗；這個人只要一受笑氣的作用，就知道了全宇宙的祕密，但是當他醒過來的時候，就又把它忘記了。最後他以極大的努力，趁著這種景象還未消失，就把祕密寫了下來。等到完全清醒過來以後，他趕忙去看他寫的是什麼。他寫下的是：「整個都是一股石油的氣味。」看來好像是一種突如其來的洞見的東西，很可能是把人引入歧途的，所以當這場神聖的沉醉過去之後，就必須加以嚴格的檢查。

在柏拉圖寫他的《理想國》的時候，他是完全信賴他所見到的景象的，但爲了把它的性質傳達給讀者，他的這種景象最後就需要有一個比喻來幫忙，那就是洞穴的比喻。爲了引到這一步，他利用了各式各樣的預備性的討論，以便使讀者看出理念世界必要性。

首先，他把理智世界和感覺世界劃分開來；然後又把理智和感官知覺各分爲兩種。兩種感官知覺，我們可以不必去管它；兩種理智便分別地叫做「理性」和「悟性」。這兩種之中，理性是更高級的；它只涉及純粹的理念，而它的方法是辯證的。悟性便是數學裡所運用的那種理智，它之所以低於理性就在於它使用的假設是它自身所不能加以驗證的。例如在幾何學裡我們說：「假設*ABC*是一個直線三角形。」如果要問*ABC*實際上是不是一個直線三角形，那就不合規矩了；儘管如果它是我們所作的一個圖形的話，我們有把握說它絕不是一個直線三角形，因爲我們不能畫出絕對的直線來。因而數學永遠不能告訴我們實際有什麼，而只能告訴我們，如果……，則會有什麼。在感覺世界裡並沒有直線，所以如果數學要具有比假設的眞理更多的東西的話，我們就必須在一個超感的世界裡找出超感的直線之存在的證據來。悟性是不能夠做到這一點的，但是按照柏拉圖說，理性則可以做到這一點。理性證明了在天上有一個直線三角形，有關它的幾何命題我們可以絕對地，而不是假設地加以肯定。

在這一點上，有一個困難似乎沒有逃過柏拉圖的注意，而且這個困難對於近代唯心主義的哲學家來說也是顯而易見的。①我們已看到「神」只創造了一張床，因而我們可以很自然地設想他只創造了一條直線。但是如果天上有一個三角形，那麼他必須至少創造了三條直線。幾何學的對象雖然只是理想的，卻必須存在於許多的事例之中；我們必須有**兩個**圓相交的可能性等

① 美國版作「有一個困難似乎逃過了柏拉圖的注意，雖說這個困難對於近代唯心主義的哲學家來說乃是顯而易見的」。又本段最後一句「因為柏拉圖對這一方面的答案是含糊的」美國版也沒有。——中譯本編者

等。這就提示了在柏拉圖的理論裡，幾何學應該是不能達到最後的眞理的，並應該是被貶斥爲只屬於現象研究的一部分的。然而我們可以略過去這一點，因爲柏拉圖對這一方面的答案是含糊的。

柏拉圖力圖用視覺上的類比來解說清晰的理智洞見和混亂的感官知覺的洞見兩者之間的不同。他說視覺和別的感官不同，因爲它不僅需要有眼睛和對象，而且還需要有光。太陽照耀著的物體我們就看得很清楚；在熹微朦朧之中我們就看得很模糊，在漆黑裡我們就什麼都看不見。理念世界就是當太陽照亮著物體時，我們所看到的東西；而萬物流轉的世界則是一個模糊朦朧的世界。眼睛可以比作是靈魂，而作爲光源的太陽則可以比作是眞理或者善。

靈魂就像眼睛一樣：當它注視著被眞理和存在所照耀的東西時，便能看見它們，了解它們，並且閃爍著理智的光芒；但是當它轉過去看那變滅無常的朦朧時，這時候它就只能有意見並且還閃爍不定，先有這樣一個意見，然後又有那樣一個意見，彷彿是沒有理智的樣子。……賦予被認識的東西以眞理性並賦予認識的人以認識能力的東西，就是我要你們稱之爲善的理念的東西，而你們也將會把它認爲是知識的原因。

這就引到了那個有名的洞穴的比喻，那個比喻是說，那些缺乏哲學的人可以比作是關在洞穴裡的囚犯，他們只能朝一個方向看，因爲他們是被鎖著的；他們的背後燃燒著一堆火，他們的面前是一座牆。在他們與牆之間什麼東西都沒有；他們所看見的只有他們自己和他們背後的東西的影子，這些都是由火光投射到牆上來的。他們不可避免地把這些影子看成是實在的，而對於造成這些影子的東西卻毫無觀念。最後有一個人逃出了洞穴來到光天化日之下，他第一次看到了實在的事物，才察覺到他此前一直是被影像所欺騙的。如果他是適於做衛國者的哲學家，他就會感覺到他的責任是再回到洞穴裡去，回到他從前的囚犯同伴那裡去，把眞理教給他們，指示給他們出來的道路。但是，他想說服他們是有困難的，因爲離開了陽光，他看到的影子還不如別人那麼清楚，而在別人看起來，他彷彿比逃出去以前還要愚蠢。

「我就說，現在讓我用一個比喻來說明我們的天性能夠明白或糊塗到什麼程度——看哪！有許多人住在一個地下的洞穴裡，這個洞有一個通光線的小口一直通到洞穴裡面去；他們從小就在這裡面，他們的腿和脖子都被鎖著，所以他們不能動；他們只能看著前面，鎖鍊使他們的頭不能轉過去。他們的上面和背後有一堆火在遠處熊熊地燃燒著，在火和這些囚犯之間有一條高高的通道；如果你看過去的話，你就會看見沿著這條通道築有一座低牆，好像是演木偶戲的人在他們面前所擺設的一塊幕，要在這塊幕上表演傀儡。」

「我看見了。」

「我又說，你看見有許多人在牆上來往，背著各種器皿，又有由木頭、石頭和各種材料做成的各種動物形狀和影像出現在這座牆上嗎？其中有些人在說話，有些人則沉默著。」

「你指給我看到了一幅奇異的影像，他們都是些奇形怪狀的囚犯。」

「我回答說，這就像我們自己一樣，他們只看見了自己的影子或別人的影子，那些都是火投射在洞穴對面的牆上的。」

善在柏拉圖哲學裡的地位是很特別的。他說科學和眞理都有似於善，但是善有著更高的地位。「善不是本質，而且在尊嚴和威力上要遠遠高出於本質之上。」辯證法導向理智世界的鵠的，即對於絕對善的知覺。正是靠了善，辯證法才不必憑藉於數學家的假設。這裡的根本假設是：與現象相對立的實在乃是十足的完全的善；所以認識善也就是認識實在。在整個柏拉圖的哲學裡也像在畢達哥拉斯主義裡是同樣地有著理智與神祕主義的糅合，但是到了最後的峰頂上卻是神祕主義明顯地占了上風。

柏拉圖關於理念的學說包含著許多顯然的錯誤。但是儘管有著這些錯誤，它卻標誌著哲學上一個非常重要的進步，因爲它是強調共相這一問題的最早的理論，從此之後共相問題便以各種不同的形式一直流傳到今天。一切的開端總歸是粗糙的，但是我們不應該因此便忽視它們的創造性。柏拉圖所說的話哪怕是加以一切必要的改正之後，其中仍然有某些東西是要保存下來的。所要保存下來的絕對最低限度的東西（縱令是從最敵視柏拉圖的觀點出發）就是：我們不能夠用一種完全是由專名詞所構成的語言來表達我們自己的思想，而是必須要用一些像「人」、「狗」、「貓」這樣的一般性的字；或者如果不用這些字的話，便要用一些關係字，如：「相似於」、「先於」等等。這些字並不是毫無意義的聲音；但是假如世界全都是由那些專名詞所指的個別事物所構成的話，那麼我們便很難看出這些字怎麼能夠有意義了。儘管可以有迴避這個論證的方法，但無論如何它總提供了一種表面上看起來是有利於共相的情況。我將暫時承認它在某種程度上是有效的。但縱使是這樣承認了，也還是得不出來柏拉圖所說的其餘的話。

首先是柏拉圖完全不理解哲學的語法。我可以說「蘇格拉底是有人性的」，「柏拉圖是有人性的」等等。可以認爲「有人性的」這個詞在這些陳述裡有著嚴格相同的意義。但是無論它的意義是什麼，它的意義總是指某種與蘇格拉底、柏拉圖或者任何其他構成人類的個人並不相同的東西。「有人性的」是一個形容詞；要說「有人性的是有人性的」便毫無意義了。柏拉圖所犯的錯誤就類似於說「有人性的是有人性的」。他認爲美是美的；他認爲「人」的共相是神所創造的人的類型的名字，而實際的人則是這個人的類型之不完全的並且多少是不眞實的摹本。他全然沒有能認識到共相與個體之間有著多麼大的鴻溝；他的「理念」其實恰好不外是在倫理上和審美上較凡品爲高的另外一些個體罷了。到後來他自己也開始看出了這個困難，如像他在〈巴門尼德〉篇中所表現的那樣；〈巴門尼德〉篇中包含有歷史上一位哲學家進行自我批判的最值得注意的先例。

〈巴門尼德〉篇據說是由安提豐（柏拉圖的同母兄弟）所敘述的，只有安提豐還記得這次談話，可是他這時卻只喜歡弄馬。他們發現他正拿著一套馬具，於是就費了很大的氣力勸說他來敘述巴門尼德、芝諾和蘇格拉底的那次有名的討論。據說這件事發生的時候，巴門尼德已經年老（大約六十五歲），芝諾是中年（大約四十歲），而蘇格拉底還十分年輕。蘇格拉底闡發了理念的理論，他肯定有相似性、正義、美以及善這些理念；他不能肯定有沒有人這一理念；他憤怒地反對像頭髮、泥土、塵垢這些東西也能有理念的那種說法——不過他又說，有時候他認爲沒有東西是沒有理念的。他避開了這種見解，因爲他怕陷入一場無止境的無聊爭辯的深淵裡面去。

「巴門尼德說道，是的，蘇格拉底；那是因爲你還年輕。如果我不錯的話，那麼總有一天哲學會更牢固地把握住你的，那時候你就不會蔑視哪怕是最卑微的事物了。」

蘇格拉底同意，依他的看法，「有某些理念是爲其他一切事物所分享的，並且事物由此而得到它們的名字；例如：相似者之成爲相似，是因爲它們分享了相似性；偉大的事物之成爲偉大，是因爲它們分享了偉大性；正義的和美的事物之成爲正義的和美的，是因爲它們分享了正義和美」。

巴門尼德繼續列舉了許多難點。(1)個體是分享全部的理念呢，還僅僅是分享其一部分呢？無論是哪一種觀點，都可以有反駁的理由。如果是前者，那麼一個事物就必須同時存在於許多地方；如果是後者，則理念既然是不可分割的，那麼一個具有「小」的一部分的事物就要比「絕對的小」更加小，而這是荒謬的。(2)當一個個體分享一個理念的時候，個體和理念就是同樣的；所以就必須另有一個既包含這個個體又包含原來的理念的理念。於是就必須再有一個理念包括這個個體和這兩個理念，如此類推以致無窮。這樣，每一個理念就不止是一個，而會變成爲理念的一個無窮系列（這和亞里斯多德關於「第三個人」的論證是同樣的）。(3)蘇格拉底提示說，理念也許僅僅是思想；但是巴門尼德指出，思想必須是關於某種事物的。(4)由於以上第(2)條所舉的理由，所以理念便不能與分享它們的個體相似。(5)如果有任何理念存在的話，它也一定不能被我們所認識，因爲我們的知識不是絕對的。(6)如果神的知識是絕對的，他就不能認識我們，因此也就不能統治我們。

然而理念論並沒有完全被放棄。蘇格拉底說，沒有理念，心靈便沒有可以依據的東西，因此便摧毀了推理過程。巴門尼德告訴他說，他的難點來自於缺乏預先的訓練；但是始終並沒有達到任何確切的結論。

我並不以爲柏拉圖對於可感覺的個體的實在性所做的邏輯反駁是經得起檢查的；例如：他

說，凡是美的在某些方面也是醜的，凡是成倍的也是一半等等。然而當我們談到一件藝術品在某些方面是美的，而在另些方面是醜的的時候，分析總可以使我們能夠說（至少在理論上）：「這一部分或這一方面是美的，而那一部分或那一方面是醜的。」至於「一倍」和「一半」，則這些只是相對的名詞；二是一的一倍，是四的一半，這一事實並沒有任何矛盾。柏拉圖由於不了解相對性的名詞，所以經常遇到麻煩。他以爲如果A大於B而小於C，那麼A就同時是又大又小的，在他看來這就是一種矛盾。這種麻煩是屬於哲學上的幼稚病。

實在與現象之間的區別，是不會有巴門尼德和柏拉圖和黑格爾所分派給它的那些結論的。如果現象實在有表現的話，那麼它便不是無物，並且因此之故它便是實在的一部分；這是一種正確的巴門尼德式的論證。如果現象實在沒有表現的話，那麼我們爲什麼要對它傷腦筋呢？但是也許有人要說：「現象實在並沒有表現，但是它卻表現得有表現。」這種說法也沒有用，因爲我們還可以問：「它是實在表現得有表現呢？還是僅僅**表現**爲表現得有表現呢？」即使現象是表現得有表現的話，我們遲早也總會達到某種**實在**有表現的東西的，因此它便是實在的一部分。柏拉圖絕不會夢想到要否認我們面前是表現著有許多張床的，儘管說只能有一張唯一實在的床，亦即神所創造的那張床。但是他似乎並沒有正視我們面前有許多表現的這一事實的含義，而這種「多」正是實在的一部分。任何一種想把世界分成爲若干部分而使其中的一部分要比別的部分更爲「實在」的企圖，都是註定了要失敗的。

與此相連繫著的便是柏拉圖的另一種奇怪的見解，即知識和意見必定是涉及不同的題材的。**我們**應該說：如果我以爲天要下雪了，這就是意見；如果後來我看到天是在下雪了，這就是知識；然而在這兩種情形下，題材都只是同一個。可是柏拉圖卻以爲在任何時候只要是能成爲意見的東西，就永遠不能成爲知識的材料。知識是確實可靠的而且不會錯誤的；意見則不僅僅會錯誤而且必然是錯誤的，因爲它假定了僅僅是現象的東西的實在性。這一切都是在重複著巴門尼德所已經說過的東西。

有一個方面，柏拉圖的形而上學顯然與巴門尼德的形而上學不同。對巴門尼德來說，只有「一」存在；但對於柏拉圖來說，則有著許多的理念存在。不僅僅有美、眞和善；而且，正如我們已經看到的，還有神所創造的天上的床、天上的人、天上的狗、天上的貓等等，凡是諾亞方舟裡的東西無不具備。然而這一切在《理想國》裡似乎並不曾好好地想通過。柏拉圖的理念或形式並不是思想，雖說它可以是思想的對象。然而既然理念的存在是沒有時間性的，而當神決定創造的時候，除非是他思想裡已經先有了那張據說是由他所製造出來的柏拉圖式的床的本身作爲對象，否則他就不能夠決定創造出一張床來；所以我們實在很難明白神是怎麼能夠創造出理念來的。凡是沒有時間的，必然不是被創造出來的。這裡，我們就遇到那個曾使得許多有哲學頭腦的神學家感到煩惱的困難了。唯有這個偶然的世界，這個在時間和空間之內的世界，才能是被創造出來的；但這又正是那個被貶斥爲是虛幻的而且是壞的日常世界。因此創造主就似乎是僅只創造了虛幻和罪惡。某些澈底的諾斯替派就乾脆採取了這種觀點；但是在柏拉圖則這種困難還沒有浮到面上來，在《理想國》裡他似乎從來沒有察覺到過有這個問題。

哲學家要成爲一個衛國者，按照柏拉圖說，就必須回到洞穴裡面去，並且和那些從來不曾見過眞理的陽光的人們生活在一起。看來神自己如果想要改造他自己的創造物的話，似乎也必須這樣做；一個基督教的柏拉圖主義者是可以這樣解說基督的肉身降世的。但是這仍然完全不可能解釋，何以神竟然要不滿足於理念世界。哲學家發現洞穴存在，他就被仁慈心所驅使而回到洞穴裡去；但是人們會想，如果創造主眞的創造了萬物的話，他是完全可以避免洞穴的。

也許這種困難只是從基督教的創造主的觀念裡面產生出來的，而不能苛責於柏拉圖；柏拉圖說神並沒有創造萬物，而只是創造了美好的事物。按這種觀點，則感覺世界的多重性便應該在神以外另有別的根源了。也許理念並不是被神所創造出來的，而只是神的本質之組成部分。這樣，顯然爲理念的多重性所含有的那種多元主義也就不是最根本的了。最根本的只有神，或者說善，而理念則是形容神的。無論如何，這是對柏拉圖一種可能的解釋。

柏拉圖接著便對一個將成爲衛國者的青年所必需的專門教育作了一番有趣的描述。我們已經看到，青年人之獲得這種榮譽是根據理智品質和道德品質的結合而被挑選出來的：他必須正直、儒雅而好學，有著很好的記憶力與和諧的心靈。因具有這些優點而被挑選出來的青年人，從二十歲到三十歲要從事研究四種畢達哥拉斯派的學問：數學（平面的與立體的）、幾何學、天文學與和聲學。這些學問絕不能以任何功利主義的精神去追求，而只是爲了準備使他的心靈能夠洞見永恆的事物。例如：在天文學上，他不能過多地關心實際的天體，而應關心於理想天體的運動的數學。這在近代人聽來，可能是非常之荒謬的；然而說來奇怪，這在實驗天文學方面卻證明了是一種非常有用的觀點。這種情形的出現方式是非常古怪的，值得我們深思。

行星所表現的運動，在它們還不曾被人做過深刻的分析以前，一直是顯得不規則的、複雜的，而絕不會是像一個畢達哥拉斯式的創造主所選擇的那種樣子。顯然，每個希臘人都覺得，天體是應該體現數學之美的，而行星唯有在做圓的運動時才能如此。由於柏拉圖強調善，所以這一點對柏拉圖是會特別明顯的。這樣就產生了一個問題：有沒有任何一種假說能把行星運動在外表上的無秩序轉化爲秩序、美和單純呢？如果有的話，那麼善的理念就會證明我們之主張這種假說是正當的。薩摩斯的亞里士達克找到了這樣一種假說：所有的行星，包括地球在內，都以圓形在圍繞著太陽運轉。這種觀點兩千年來是被人否定的，一部分理由是根據亞里斯多德的權威，亞里斯多德曾把一種頗爲相似的假說歸之於「畢達哥拉斯學派」（the Pythagoreans，《論天》（*De Coelo*），二九三 a）。這種學說又被哥白尼所復活了，而它的成功似乎證明了柏拉圖在天文學上的審美偏見是正當的。然而不幸克卜勒發現了行星是以橢圓形而不是以圓形在運動著的，太陽位於一個焦點而不是位於圓心；後來牛頓又發現了它們甚至於不是以嚴格的橢圓形在運動著的。於是柏拉圖所追求的，而且顯然是被薩摩斯的亞里士達克所發現的，那種幾何學的單純性就終於證明是虛妄的了。

這一段科學史就說明了一條普遍的準則：任何假說不論是多麼荒謬，都可以是有用的，假如它能使發現家以一種新的方式去思想事物的話；但是當它幸運地已經盡了這種責任之後，它就很容易成爲繼續前進的一種障礙了。把對於善的信仰當作科學地理解世界的一把鑰匙，這在一定的階段上對天文學曾經是有用的，但是在以後的每一個時期它都成爲有害的了。柏拉圖的——尤其是亞里斯多德的——倫理的與審美的偏見曾大大地扼殺了希臘的科學。

值得注意的是，儘管柏拉圖對於算學和幾何學賦予了極大的重要性，而且算學和幾何學對於他的哲學也有著極大的影響；但是近代的柏拉圖主義者卻幾乎毫無例外地全都不懂數學。這就是專業化的罪過的一個例子：一個人要寫柏拉圖，就一定得把自己的青春都消磨在希臘文上面，以至於竟完全沒有時間去弄柏拉圖所認爲是非常重要的東西了。

第十六章　柏拉圖的不朽論

以「斐多」命名的那篇對話，在好幾個方面都是非常有趣的。它寫的大致是蘇格拉底一生中的最後時刻：他臨飲鴆之前的談話，以及他在飲鴆之後的談話，直到他失掉了知覺爲止。這一篇表現了柏拉圖心目中具有最高度的智慧與善良而又全然不畏懼死亡的理想人物。柏拉圖所描寫的面臨死亡的蘇格拉底，無論在古代的還是近代的倫理上都是重要的。〈斐多〉篇之對於異教徒或自由思想的哲學家①，就相當於福音書所敘述的基督受難和上十字架之對於基督教徒。但是蘇格拉底在最後時刻的泰然自若，乃是和他對靈魂不朽的信仰結合在一起的；而〈斐多〉篇的重要就在於它不僅寫出了一個殉道者的死難而且還提出了許多學說，這些學說後來都成了基督教的學說。聖保羅和教父們的神學，大部分都是直接或間接從這裡面得來的；如果忽略了柏拉圖，他們的神學就差不多是不能理解的了。

較早的一篇對話〈克利陀〉（*Crito*）篇述說了蘇格拉底的一些友人和弟子們曾怎樣安排

① 甚至於許多基督教徒也以為這件事僅次於基督之死。「無論是在古代還是近代的任何悲劇裡，無論是在詩歌還是史乘裡，（除了一個例外）沒有一件事是可以與柏拉圖書中蘇格拉底的臨死時刻相媲美的。」這是卞哲明·周維德牧師的說法。

好一個計畫，使他能夠逃到特薩里去。若是他眞的逃掉了，或許雅典當局倒會很高興；並且擬議中的這個計畫可以認爲是很有可能成功的。然而蘇格拉底卻一點也不肯接受這個計畫。他堅持說他已經被合法的程序判決過了，做任何非法事情來躲避懲罰都是錯誤的。他是第一個宣揚我們所稱爲基督登山訓眾的原則的：「我們不應該對任何人以怨報怨，無論我們從他那裡受了什麼怨。」然後他就設想他自己和雅典的法律進行一場對話，在這場對話裡雅典的法律指出他應該對於雅典法律懷有比兒子對於父親或者奴隸對於主人更大的尊敬，而每一個雅典公民如果不喜歡雅典國家，是可以自由遷移出境的。雅典的法律以下列的話結束其長篇的講演：

那麼，蘇格拉底，你聽聽我們這些把你養大成人的人們的話吧。不要先想到自己的生命和孩子，然後才想到正義；應該先想到正義，這樣你在九泉之下的君主面前才能證明你自己正直。因爲你若是做出了克利陀所勸你的話，那麼無論是你，還是你的親人，在這一生都不會再幸福、再聖潔或者再正直，也不會在來生幸福。現在你要是能清白無辜地離去，那麼你就是一個受難者而不是一個作惡者；你就不是一個法律之下的犧牲者而是眾人之下的犧牲者。但是如果你要以怨報怨、以仇報仇，破壞了你和我們所訂的契約和協定，並且傷害了你本來最不應該傷害的人，那就是說，傷害了你自己、你的朋友和你的國家；那麼只要你在世一天，我們就要懷恨你一天；而且我們的兄弟們，即陰世的法律也要把你當作敵人來對待；因爲他們將會知道你已經盡了你的力量來毀滅我們了。

蘇格拉底說，這個聲音「我彷彿聽見是在我的耳中嗡嗡作響，好像是神祕者耳中的笛聲那樣」。因而他就決定，他的責任是留下來甘心接受死刑。

在〈斐多〉篇裡，最後的時辰到來了，他的枷鎖除去了；他獲得允許可以和他的朋友們自由談話。他把他哭哭啼啼的妻子送了出去，爲的是使她的憂傷不至於打攪他們的討論。

蘇格拉底一開頭就說，雖然任何一個有哲學精神的人都不怕死，而是相反地會歡迎死；然而他卻不想了結自己的生命，因爲那被認爲是非法的。他的朋友就問他，爲什麼自殺被認爲是非法的；他的答覆與奧菲斯派的學說相符合，而那也幾乎恰好是一個基督徒所要說的話。「有一種祕密流傳的學說，說人就是囚犯，人是沒有權利打開門逃跑的；這是一個我不大了解的大祕密。」他把人和神的關係比作是牛羊對於主人的關係，他說如果你的牛自由行動了結了牠自己的性命，你會生氣的；因此「就可以有理由說一個人應該等待，而不可了結自己的生命，要等候神來召喚他，就像現在神在召喚著我那樣」。他對死並不感到憂戚，因爲他相信「首先我是到別的智慧而善良的神那兒去，（我對這一點正像我對任何這類事情那樣，是深信不疑的，）而且其次（雖說對這一點我並不那麼有把握）我是到已經故去了的人們那兒去，他們比起我在身後留下來的那些人要好得多。我懷著美好的希望，希望還有別的事物在等待著死者，那些事物對於善人要比對於惡人更加美好得多」。

蘇格拉底說，死就是靈魂與身體的分離。在這上面我們就遇到了柏拉圖的二元論（dualism）：即，實在與現象，理念與感覺對象，理智與感官知覺，靈魂與身體。這些對立都是相連繫著的：在每一組對立中，前者都優越於後者，無論是在實在性方面還是在美好性方面。苦行式的道德便是這種二元論的自然結果。基督教一部分採用了這種學說，但卻從未全部加以採用。因爲有兩個障礙：第一個是，如果柏拉圖是正確的話，創造有形世界就必定是一樁罪惡的事，因此創造主就不能是善良的。第二個是，正統的基督教從來不會讓自己譴責婚姻，雖說它認爲獨身要來得更高貴。而摩尼教徒則在這兩點上都要更加一貫得多。

心與物之間的區別——這在哲學上、科學上和一般人的思想裡已經成爲常識了——有著一種宗教上的根源，並且是從靈魂與身體的區別而開始的。我們已經說過，奧菲斯教徒就宣稱自己是大地與星天的兒女，從地得到了身體從天得到了靈魂。柏拉圖力圖以哲學的語言來表示的，也正是這種理論。

蘇格拉底在〈斐多〉篇裡一開始便發揮了他的學說中的苦行主義的含義，但是他的苦行主義是一種有節制的並帶紳士氣味的苦行主義。他並不說哲學家應該完全禁絕日常的快樂，而只是說哲學家不應該成爲它的奴隸。哲學家不應該爲飲食操心，但是當然他應該吃必要數量的食品；蘇格拉底並不提倡禁食。並且〈斐多〉篇也告訴我們，雖然蘇格拉底並不嗜酒，但是他在某些場合裡比任何別人都喝得多，並且從來不醉。他所譴責的並不是飲酒而是嗜酒。同樣地，哲學家也不該縈心於戀愛的快樂，或華貴的衣鞋，或其他的個人裝飾。他必須全心全意關懷著靈魂，而不關懷身體：「他願意盡量地離棄身體而轉向靈魂。」

顯然，這種學說通俗化了之後，就會變成爲禁慾主義的；但是它的意圖，正確地說來，卻並不是禁慾主義的。哲學家並不要努力摒絕感官的快樂，而是要想念著別的事物。我就知道有許多哲學家忘記了吃飯，而最後就是在吃飯的時候，他們也還是手不釋卷。這些人就是在做著柏拉圖所說的哲學家應該做的事了：他們並不以一種道德的努力來摒絕大吃大喝，而只是對於別的事物更感興趣而已。顯然，哲學家們也應該以同樣無所縈心的方式去結婚並且生兒育女，但是自從婦女解放以來這一點就變得格外困難起來了。臧蒂普②是一個悍婦，是一點不足為奇的。

蘇格拉底繼續說，哲學家想要斷絕靈魂與身體的連繫，而其他的人則以為一個人如果「沒有快樂的感覺，不能享受身體的快樂」，生活就不值得活了。柏拉圖的這句話似乎是——或許是無心地——在支持某一類道德學家的見解，那就是，身體的快樂才是唯一能作數的快樂。這類道德學家認為凡是不追求感官快樂的人，就必定要完全避免快樂而過著有德行的生活。這是一個錯誤，它造成了說不盡的害處。只要心靈和身體的這種劃分能加以接受的話，那麼最壞的快樂正如最好的快樂一樣，就都是心靈方面的——例如：嫉妒，以及各種形式的殘酷和愛好權力。彌爾頓的撒旦是遠超乎身體苦痛之上的，他獻身於一種毀滅性的工作，並從這裡面得到一種完全是屬於心靈的快樂。有許多著名的教士是已經摒棄了一切感官快樂的，但是由於沒有能很好地提防別的快樂，從而被權勢愛好心所支配了；以致使他們從事駭人聽聞的暴行和迫害，而名義上卻是在為著宗教。在我們今天，希特勒就屬於這種類型；無論從哪方面來說，各種感官快樂對於他都並沒有什麼重要。從肉體的專制之下解放出來可以使人偉大，但也可以使人在罪惡方面偉大，正如在德行方面偉大一樣。

然而，這些都是題外的話，我們還是回到蘇格拉底的身上來吧。

我們現在就來談一談柏拉圖所歸之於（無論是正確地還是錯誤地）蘇格拉底名下的那種

---

② 臧蒂普是蘇格拉底的妻子。——譯者

宗教的知識方面。據說身體是獲得知識的一種障礙，而且聞和見都是不正確的見證人：眞正的存在若是能向靈魂顯示出來的話，也只能是顯示給思想而不能顯示給感官。讓我們先來考慮一下這一學說的含義。它包含著完全摒棄經驗的知識，包括一切歷史和地理在內。我們並不能知道有像雅典這樣的一個地方或者有像蘇格拉底這樣的一個人，他的死和他的慷慨赴死都是屬於現象世界的。關於這一切，我們唯有通過聞和見才能有任何的知識，而眞正的哲學家卻是不注重聞和見的。那麼，他還剩下了什麼呢？首先，是邏輯和數學；但邏輯和數學都只是假設的，它們並不能證實有關現實世界的任何有絕對意義的論斷。下一步——而這一步是決定性的一步——就要有賴於善的理念了。一旦達到了這個理念，據說哲學家就知道了善就是實在，因而就能夠推論出來理念世界就是實在的世界。後世的哲學家們提出過種種的論證來證明眞與善的同一性，然而柏拉圖似乎假定這是自明的。如果我們想要理解柏拉圖，我們就必須假定這一假說已經不需要再加以證實。

蘇格拉底說，當心靈沉潛於其自身之中而不爲聲色苦樂所撓擾的時候，當它摒絕肉體而嚮往著眞有的時候；這時的思想才是最好的；「這樣哲學家就鄙棄了肉體。」從這一點出發，蘇格拉底就論到理念，或形式，或本質。絕對的正義、絕對的美與絕對的善都是有的，但它們是眼睛看不見的。「而且我說的不僅是這些，還有絕對的偉大、健康、力量以及萬物的本質或萬物眞實的性質。」所有這一切都只能由理智的眼力才看得見。因此，當我們侷限於肉體之內時，當靈魂被肉體的罪惡所感染時，我們求眞理的願望就不會得到滿足。

這種觀點就排斥了以科學的觀察與實驗作爲獲得知識的方法。實驗家的心靈並不是「沉潛於其自身之中」的，並且也不想以避免聲色爲目的。柏拉圖所提出的方法只可能追求兩種精神的活動，即數學和神祕主義的洞見。這就說明了，何以這兩者在柏拉圖以及在畢達哥拉斯學派中是那麼緊密地結合在一起。

對於經驗主義者來說，肉體乃是使我們能與外在的實在世界相接觸的東西；但是對於柏拉圖來說，它卻具有雙重的罪惡：它既是一種歪曲的媒介，使我們好像是通過一層鏡子那樣地看得模糊不清；同時它又是人欲的根源，擾得我們不能追求知識並看不到眞理。以下的引文可以說明這一點：

> 單憑肉體需要食物這一點，它就成爲我們無窮無盡的煩惱的根源了；並且它還容易生病，從而妨礙我們追求眞有。它使我們充滿了愛戀、肉慾、畏懼、各式各樣的幻想，以及無窮無盡的愚蠢；事實上，正像人們所說的，它剝奪了我們的一切思想能力。戰爭、廝殺和黨爭都是從哪裡來的呢？還不是從肉體和肉體的欲念那裡來的麼？戰爭是由於愛錢引起的，而所以必須要有錢就是爲了肉體的緣故與供肉體的享用；由於有這些障礙，我們便不能有時間去從事哲學；而最後並且最壞的就是，縱使我們有暇讓自己去從事某種思索，肉體卻總是打斷我們，給我們的探討造成紛擾和混亂，並且使我們驚惶無措以致不能夠看到眞理。經驗已經向我們證明了，如果我們要對任何事物有眞正的知識，我們就必須擺脫肉體——必須使靈魂的自身看到事物的自身：然後我們才能得到我們所願望的智慧，並且說我們就是愛智慧的人；但這並不是在我們生前而是在我們死後：因爲靈魂若是和肉體在一起的時候，就不能有純粹的知識；知識如果眞能獲得的話，也必須是在死後才能獲得。

這樣在解脫了肉體的愚蠢之後，我們就會是純潔的，並且和一切純潔的相交通，我們自身就會知道到處都是光明，這種光明不是別的，乃是眞理的光。因爲不純潔的是不容許接近純潔的。……而純潔化不就正是靈魂與肉體的分離嗎？……這種靈魂之與肉體的分離與解脫，就叫做死。……而眞正的哲學家，並且唯有眞正的哲學家，才永遠都在尋求靈魂的解脫。

但有一種眞正的錢是應該不惜拿一切去交換的，那就是智慧。

神祕教的創始者從前曾提到過一種形象，說凡是未曾神聖化的、未曾入道的人進入下界以後，是要躺在泥坑裡的，而凡是入道而又經過純潔化了的人進入下界以後，就和神明住在一起；這種說法看來是有實際意義的，而並不只是空談。因爲，正像他們神祕教裡所說的那樣，很多人都是酒神的執杖者，但很少有人是神祕主義者，這些話按我的解釋就指的是眞正的哲學家。

所有這些言語都是神祕的，並且是得自於神祕教的。「純潔」是一個奧菲斯派的觀念，原來有著一種儀式上的意義；但對柏拉圖來說，它卻是指免於肉體與肉體需要的奴役的自由。使人感興趣的是，他說到戰爭是由於愛錢而造成的，而錢之所以需要則僅僅是爲著肉體而服務。這一意見的前半截和馬克思所主張的意見相同，而後半截則屬於另外一種迥然不同的看法了。柏拉圖認爲，如果一個人的需求減到最低限度，那麼他就可以不要什麼錢而生活下去；這一點無疑是眞確的。但是他還認爲，一個哲學家應該免除一切體力勞動；因此哲學家就必須依靠別人所創造的財富而過活。在一個很窮的國家裡是不大能有哲學家的。使得雅典人有可能研究哲學的，乃是白里克里斯時代雅典的帝國主義。大致說起來，精神產品也正有如大多數的物質商品是一樣地費錢，而且也一樣地不能脫離經濟條件。科學需要有圖書館、實驗室、望遠鏡、顯微鏡等等，而且科學家必須由別人的勞動來維持生活。但是對於神祕主義來說，這一切都是愚蠢。一個印度的聖人或西藏的聖人不需要儀器設備，只纏一塊腰布，只吃白飯，只靠著非常微薄的布施維持生活，因為他被人認為是有智慧的。這就是柏拉圖觀點之邏輯的發展。

再回到〈斐多〉篇上來：西比斯對於死後靈魂的永存表示懷疑，並且要蘇格拉底提出證據來。於是蘇格拉底就進行了論證，但是我們必須說他的論證是非常拙劣的。

第一個論證是萬物都具有對立面，萬物都是由它們的對立面產生出來的——這種表述使我們想到了阿那克西曼德關於宇宙正義的觀點。既然生與死是對立面，所以生和死之中的每一個就必定會產生另一個。由此可知，死者的靈魂是在某個地方存在著的，並且會按適當的順序再回到地上來。聖保羅的話：「種子若不死去就不能新生」，似乎就是屬於這樣的一種理論。

第二個論證是，知識就是回憶，所以靈魂必定是在生前就已經存在的。支援知識就是回憶這一理論的主要事實是，我們具有像「完全相等」這樣一些不能從經驗中得出來的觀念。我們有大致相等的經驗，但是絕對相等卻是永遠不能在可感覺的對象之中找到的；然而我們又知道我們所說的「絕對相等」的意義是什麼。既然這不是我們從經驗裡學到的，所以就必定是我們從生前的存在裡帶來了這種知識。他說，類似的論據可以應用於其他一切的觀念。這樣，本質③的存在以及我們對它的理解能力就證明了預先存在著有知識的靈魂。

一切知識都是回憶的說法，在〈美諾〉（*Meno*）篇裡（八七以下）得到了詳盡的發揮。

---

③ 本質：essence。——譯者

在那篇裡，蘇格拉底說：「並沒有什麼教學，有的只不過是回憶罷了。」他聲稱能夠證明他的論點，於是便要美諾叫進來一個小奴隸，由蘇格拉底來問他幾何學的問題。這個小奴隸的回答被他們認爲表明了他的確是知道幾何學的，儘管他一直沒有察覺到自己具有這種知識。〈美諾〉篇和〈斐多〉篇都得出同樣的結論：知識是靈魂從生前的存在裡帶來的。

關於這一點，我們可以指出，首先是這一論據完全不能夠應用於經驗的知識。這個小奴隸是不能被引導到「回憶」起來金字塔是什麼時候建造的，或者特洛伊戰爭是不是確實發生過，除非他恰好當時是親身在場。唯有那種被稱爲「先天的」（a priori）知識——尤其是邏輯和數學——才可能設想是與經驗無關而且是人人都有的。而事實上（撇開神祕的直觀不談），這就是唯一被柏拉圖所承認眞正是知識的那種知識。讓我們來看，在數學上我們可以怎樣對待這種論證。

例如：相等這個概念。我們必須承認，在可感覺的對象裡，我們並沒有恰恰相等的經驗；我們只是看到大致相等。那麼，我們是怎麼達到絕對相等的觀念的呢？還是，也許我們並不具有這樣的觀念呢？

讓我們舉一個具體的例子。一公尺的定義就是現存於巴黎的某根棍子在一定溫度之下的長度。如果我們提到別的一根棍子，說它的長度恰恰是一公尺；這又應該是什麼意思呢？我並不以爲我們這句話有任何意義。我們可以說：目前科學所已知的最精確的計量過程也無法指明，我們的棍子比起巴黎的標準尺來究竟是長些還是短些。如果我們足夠大膽的話，我們還可以加上一個預言，即未來的任何計量技術上的改進都不能夠改變這一結果。就經驗的證據可以隨時對它加以反證的這種意義而論，則它仍然只是一種經驗的表述。我並不以爲我們眞正具有柏拉圖設想我們所具有的那種絕對相等的觀念。

縱使我們具有這種觀念，很明顯的小孩子在到達一定的年齡之前也是並不具有它的，這種觀念顯然是由經驗所引導出來的，雖說它不是直接從經驗裡得出來的。此外，除非我們生前的存在並不是感官知覺的存在，否則的話它便會像我們的現世生命一樣地不能夠產生觀念；如果可以假設我們現世以前的生存有一部分是超感覺的，那麼對於我們現世的生存爲什麼又不做同樣的假設呢？所以根據這一切理由，這種論證乃是不能成立的。

回憶說既被認爲是已經成立，於是西比斯就說：「關於所需的證明有一半是已經證明了；那就是，在我們生前我們的靈魂便已存在著；但是另有一半，即靈魂在死後也像在生前一樣地存在著，則還沒有得到證明。」於是蘇格拉底就自己著手來解決這個問題。他說，如上所述，萬物都是由它自己的對立面而產生的，因此可見死必定產生生，正如生產生死一樣。但是他又補充了另一個在哲學上有著更悠久的歷史的論據：唯有複雜的才可以被分解，而靈魂也如理念一樣，乃是單一的而並不是由許多部分所合成的。應該認爲凡是單一的都不能有開始，或終結，或變化。本質是不變的：例如絕對的美永遠是同一個，而美的事物則在不斷地變化。所以凡被我們所看見的事物都是暫時的，但沒有被我們所看見的事物則是永恆的。身體是看得見的，但靈魂是看不見的；因此靈魂應該劃歸爲是永恆的那一類的東西。

靈魂既是永恆的，所以它就善於觀照永恆的事物，也就是本質；但是當它在感官知覺之中觀照萬物流變的世界時，它就要迷亂了。

> 當靈魂使用身體作爲一種知覺的工具時，也就是說，當使用視覺或聽覺或其他

感官的時候（因爲所謂通過身體來知覺，其意義也就是通過感官來知覺），……靈魂便被身體拖進了可變的領域，靈魂就會迷惘而混亂；當它一接觸到變化，世界就會纏繞住它，它就要像一個醉漢一樣。……但是當它返回於其自身之中而進行思索的時候，那麼它就進入了另一個世界，那就是純潔、永恆、不朽與不變的領域，這些都是靈魂的同類，而且只要是當它獨自一人而又無拘無束的時候，它就總是和它們生存在一起的；這時候它就不再陷於錯誤的道路，它就與不變相感通而本身也成爲不變的了。靈魂的這種狀態就叫作智慧。

眞正哲學家的靈魂在生時已經從肉慾的束縛之下解放了出來，在死後就要到那個看不見的世界裡去，與眾神在一起享福。但是不純潔的靈魂愛戀著肉體，便會變成荒塚裡的遊魂，或者各按其特性而進到動物的身體裡面去，或是驢，或是狼，或是鷹。一個雖曾有德但並不是哲學家的人，則死後就將變爲蜜蜂，或黃蜂，或螞蟻，或者是其他某種群居的有社會性的動物。

唯有眞正的哲學家死後才升天。「凡是不曾研究過哲學的人以及在逝世時並不是全然純潔無瑕的人，沒有一個是可以與眾神同在的；只有愛知識的人才能夠。」這就是何以眞正篤奉哲學的人要摒絕肉慾了：並不是他們怕貧窮或者恥辱，而是因爲他們「意識到靈魂只不過是附著在身體上——在哲學來接引它以前，它只能夠通過牢獄中的鐵窗，而不能夠以它自己並通過它自己來觀看眞實的存在，……並且由於欲念的緣故，它在自己的被俘期間已經變成了一個主要的同謀犯了」。哲學家是有節制的，因爲「每種快樂和痛苦都是一個把靈魂釘住在身體上的釘子，直到最後靈魂也變得和身體一樣，並且凡是身體所肯定爲眞實的，它也都信以爲眞」。

說到這裡，西米阿斯就提出了畢達哥拉斯的見解說，靈魂乃是一曲音樂，並質問道：如果琴碎了，音樂還能繼續存在嗎？蘇格拉底回答說，靈魂並不是一曲音樂，因爲一曲音樂是複雜的，但靈魂則是單一的。此外，他還說，以靈魂爲一曲音樂的這種觀點是與回憶說所已證明了的靈魂預先存在不相符合的；因爲在琴以前音樂並不存在。

蘇格拉底繼續敘述了他自己哲學的發展史，那雖然非常之有趣，卻與主要的論證沒有什麼關係。他進一步發揮理念論而達到了這一結論：「理念是存在的，其他事物都分享理念並從理念得到它們的名字。」最後他還描述了人死以後靈魂的命運：善者升天，惡者入地獄，中間的則入煉獄。

這篇對話還描寫了他的臨終以及他的訣別。他最後的話是：「克利陀啊，我欠阿斯克里皮烏斯一隻公雞；你能記得償還這個債嗎？」人們得病好了之後，就向阿斯克里皮烏斯獻上一隻公雞；而蘇格拉底是得過一生間發性的寒熱病而痊癒了的。

斐多結論說：「在他那時代所有的人之中，他是最有智慧的、最正直的、最善良的人。」

柏拉圖筆下的蘇格拉底成了後來世世代代哲學家的典型。在倫理上我們對他應當怎樣看法呢？（我只談柏拉圖所描繪的蘇格拉底那個人。）他的優點是顯著的。他對世俗的成敗不介於懷，他是那樣地大勇不懼，以至於直到最後的時刻他始終保持著安詳、儒雅與幽默，並且對自己所信仰的眞理比對任何其他的事物都更爲關懷。然而，他也有一些非常嚴重的缺點。他的論證是不誠懇的，是詭辯的；在他暗地的思想裡，他是在運用理智來證明他所喜歡的那些結論，而不是把理智運用於對於知識的無私追求。他也有一些沾沾自喜和油腔滑調的東西，使人聯想到一個屬於壞的類型的那種傳教士。如果臨死時他不曾相信他是要與眾神在一起享受永恆的福祉，那麼他的勇敢就會更加是了不起的了。蘇格拉底不像他的某些前人那樣，他在思維上是不科學的，而是一心一意要證明宇宙是投合他的倫理標準的。這是對於眞理的背叛，而且是最惡劣的哲學罪惡。作爲一個人來說，我們可以相信他有資格上通於聖者；但是作爲一個哲學家來說，他可就需要長時期住在科學的煉獄裡面了。

第十七章 柏拉圖的宇宙生成論

柏拉圖的宇宙生成論是在〈蒂邁歐〉（*Timaeus*）篇①裡提出來的，這篇對話被西塞羅（Cicero）譯成了拉丁文，後來就成爲西方中世紀唯一的一篇爲人所知的對話。無論是在中世紀，還是在更早一些的新柏拉圖主義裡，這一篇都比柏拉圖的任何其他作品具有更大的影響；這是很可怪的，因爲比起他的其他的著作來，這一篇裡面顯然包含著有更多的簡直是愚蠢的東西。作爲哲學來說，這一篇並不重要，但是在歷史上它卻是如此之有影響，以致我們必須要相當詳細地加以考察。

在早期各篇對話中蘇格拉底所占的那個地位，在〈蒂邁歐〉篇裡已被一個畢達哥拉斯主義者所代替了；畢達哥拉斯學派的學說包括以數解釋世界的觀點在內，大體上也被柏拉圖所採用了。這篇對話一開頭是《理想國》前五卷的提要，然後是關於亞特蘭提斯的神話，據說這是在赫丘利士之柱②以外的一個島，比利比亞和亞細亞加在一起還要大。隨後這位畢達哥拉斯派的

① 這篇對話裡有許多模糊不清之處，曾引起注釋家間的許多爭論。總的說來，我發覺我自己的意見和康福德在其佳作《柏拉圖的宇宙論》一書中所表示的意見，大多是一致的。

② 赫丘利士之柱即直布羅陀海峽。——中譯本編者

天文學家蒂邁歐就進行講述世界的歷史，直迄創造人類爲止。他所說的大致如下。

凡是不變的都被理智和理性所認知，凡是變的都被意見所認知。世界既然是可感的，所以就不能是永恆的，而一定是被神所創造出來的。而且神既是善的，所以他就按照永恆的模型來造成世界；他既然不嫉妒，所以他就願意使萬物盡可能地像他自己。「神願望一切事物都應該是盡可能地好，而沒有壞。」「看到了整個的可見界並不是靜止的，而是處於一種不規則和無秩序的運動之中，於是神就從無秩序之中造出秩序來。」（這樣看起來柏拉圖的神並不像猶太教與基督教的上帝；柏拉圖的神不是從無物之中創造出世界來，而只是把預先存在著的質料重新加以安排。）神把理智放在靈魂裡，又把靈魂放在身體裡。他把整個的世界造成爲一個既有靈魂又有理智的活物。僅只有一**個**世界，而不是像蘇格拉底以前各家所說的那樣有著許多的世界；不可能有兩個以上的世界，因爲世界是被創造出來的一個摹本而且是被設計得盡可能地符合於爲神所理解的那個永恆的原本的。世界的全體是一個看得見的動物，它裡面包羅著一切其他的動物。它是一個球，因爲**像**要比不**像**更好，而只有球才是處處都相像的。它是旋轉的，因爲圓的運動是最完美的；既然旋轉是它的唯一的運動，所以它不需要有手或者腳。

火、氣、水、土四種元素每一種都顯然各爲一個數目所代表而構成連比例，也就是說，火比氣等於氣比水，等於水比土。神用所有的元素創造了世界，因此它是完美的，而不會有衰老或疾病。它是由於比例而成爲和諧的，這就使它具有友誼的精神，並且因此是不可解體的，除非是神使它解體。

神先創造了靈魂，然後創造了身體。靈魂是由不可分不可變的東西與可分可變的東西所合成的；它是第三類的與中間性的一種本質。

隨後就是一段畢達哥拉斯派關於行星的解說，並引到了一種關於時間起源的解釋：

> 當創造主和父看到被他所創造的生物，亦即被創造出來的永恆的神的影像，在運動著、在生活著的時候，他感到喜悅；他滿懷喜悅地決心使摹本格外要像原本；既然原本是永恆的，他就力圖使宇宙也盡可能地永恆。然而理想的生命的性質是永遠不朽的，但要把這種屬性完美無缺地賦予一個生物卻又是不可能的。於是他就決心使永恆具有一種運動著的影像；當他給天上安排了秩序以後，他便使這種影像既然是永恆的但又依數目而運動，而永恆本身則始終爲一。這種影像我們就稱爲「時間」。③

在此以前，既沒有日也沒有夜。關於永恆的本質，我們絕不能說它**過去**存在或者**將來**存在；唯有說它**現在**存在才是正確的。但這就蘊含著：說「運動著的永恆的影像」過去存在而且將來存在的這種說法乃是正確的。

時間和天體是在同一瞬間出現的。神造出了太陽，從而動物才能學習算學——若是沒有日與夜的相續，可以設想我們是不會想到數目的。日與夜、月與年的景象就創造出來了關於數目的知識並賦給我們以時間的概念，從而就有了哲學。這是我們所得之於視覺景象的最大的恩

---

③ 伏漢（Vaughan）寫他那首以「那天夜裡我看見了永恆」為起句的詩歌時，他一定是讀過上引的這段話的。

賜。

除了世界作爲一個整體而外，還有四種動物：即神、鳥、魚和陸上的動物。神主要是火，恆星則是神聖的永恆的動物。創造主告訴眾神說，他可以毀滅他們，但是他不會這樣做。在他創造出來了不朽的與神聖的部分之後，他就讓眾神去創造其他一切動物的可朽的部分（這或許也像柏拉圖其他各段有關神的說法一樣，是不能看得太認眞的。蒂邁歐一開頭就說他只是在尋求概然性而並不能有把握。有許多的細節顯然都只是想像的，而並不意味著眞是那樣）。

蒂邁歐說創造主爲每一個星體都創造了一個靈魂。靈魂有感覺、愛情、恐懼和憤怒；如果他們克服了這些，他們就能正直地生活，否則就不能。一個人如果一生良好，死後他就到他的那座星裡面永遠幸福地生活下去。但是如果他一生惡劣，他就會在來生變成女人；如果他（或者說她）繼續作惡，他（或者說她）就會變成畜牲，並將繼續不斷地經歷輪迴直到理性最後占了上風爲止。神把某些靈魂放在地上，某些放在月亮上，某些放在其他的行星上和星座上，而讓眾神去塑造他們的身體。

因有兩種：一種因是理智的，一種因是被別的因所推動而不得不再去推動別的。前一種賦有心靈，並且是美好的事物的製造者，而後一種則產生無秩序、無計畫的偶然作用。這兩種都應該加以研究，因爲創造是兩者兼而有之的，是由必然與心靈所構成的（我們應該注意，必然性是並不服從創造主的權力的）。蒂邁歐於是就進而探討必然性所起的作用。

土、氣、火和水都不是最初的原理或字母或元素；它們甚至於也不是音節或者最初的合成物。例如：火不應該叫作這而應該叫作**這樣**——那就是說，它並不是一種實質，而毋寧只是實質的一種狀態。在這裡就出現了一個問題：可理解的本質是否僅僅是名字呢？他告訴我們說，答案就要看心靈和眞正的意見是不是同一個東西。如果它不是，那麼知識就必定是關於本質的知識，因此本質就絕不能僅僅是名字而已。然而心靈與意見當然是不同的，因爲前者是由教導所培植起來的，而後者則是由說服所培植起來的；前者伴隨著眞正的理性，而後者則否；人人都享有眞正的意見，但心靈卻只是神的與很少數人的屬性。

這就引到了一種頗爲奇怪的空間理論——即把空間看成是介乎本質世界與流變的、可感的事物的世界兩者中間的某種東西。

有一種存在是永遠同樣的，它既不是被創造的，也不可毀滅，它永遠不從外部接受任何東西到它自己的裡面來，它自己也永遠不到任何其他東西那裡去，它是爲任何感官所看不見的、所察覺不到的，唯有理智才有資格思索它。和它名字相同並與它相似的還有另外一種性質，那是被感官所知覺的、被創造出來的，永遠在運動著，在一定的位置變化又從一定的位置消失；而它只能被意見和感官所領悟。還有第三種性質，那就是空間，它是永恆的、不容毀滅的並且爲一切被創造的事物提供了一個住所，它無需靠感官而只要憑一種虛假的理性就可以認知，並且它很難說是實在的；我們就像在夢裡那樣地看到它，我們可以說一切存在都必然地據有某個位置並占有空間，而凡是既不在天上又不在地上的便沒有存在。

這是一段非常難解的話，我一點也不冒充能完全理解它。我想上述的理論必定是由於對幾何學的思考而產生的；幾何學也像算學一樣，看來彷彿是一樁純粹理性的事，但又必須牽涉到空間，而空間又是感覺世界的一個方面。一般說來，以後世的哲學家來作類比總歸是想像的事，但我想康德一定會很喜歡這種關於空間的觀點的，這種觀點非常近似於康德自己的觀點。

蒂邁歐說，物質世界的眞正元素並不是土、氣、火和水，而是兩種直角三角形；一種是正方形之半，一種是等邊三角形之半。最初一切都是混亂的，而且「各種元素有著不同的地位，後來它們才被安排好，從而形成了宇宙」。但是當時神是以形和數來塑造它們的，並且「從不美不善的事物中把它們創造得盡善盡美」。上述的兩種三角形，據他說乃是最美的形式，因此神就用它們來構成物質。用這兩種三角形就可能構造出五種正多面體之中的四種，而四種元素中每一種的每一個原子都是正多面體。土的原子是立方體；火的原子是四面體；氣的原子是八面體；水的原子是二十面體（我下面就將談到十二面體）。

關於正多面體的理論是在歐幾里得的第十三卷中提出來的，在柏拉圖的時候這還是一種新發現；這一理論是由泰阿泰德完成的，泰阿泰德在以他的名字命名的那篇對話裡，看來還是個非常年輕的人。按照傳說，他是第一個證明了只有五種正多面體的人，並且他發現了八面體和二十面體。④正四面體、八面體和二十面體的表面都是等邊三角形；但十二面體的表面則是正五邊形，因此就不能夠用柏拉圖的兩種三角形構造出來。因爲這個緣故，所以他就沒有用它來和四種元素連繫在一起。

---

④ 見希斯（Heath）：《希臘的數學》（*Greek Mathematics*），卷一，第一五九、一六二、二九四—二九六頁。

關於十二面體，柏拉圖只是說：「神用以勾畫宇宙的還有第五種的結合方式。」這句話很含混，並且暗示著宇宙是一個十二面體；但是在別的地方他又說宇宙是一個球。五角形在巫術中一直是非常重要的，這種重要地位顯然是來自畢達哥拉斯學派，他們稱五角形為「健康」，並以它作為辨識他們團體的成員的一種符號。⑤它的性質似乎是得之於十二面體的表面是五邊形的這一事實，而且它在某種意義上乃是宇宙的符號。這個題目很吸引人，但是很難肯定其中到底有多少是靠得住的。

討論過了感覺以後，蒂邁歐就進而解釋人的兩種靈魂，一種是不朽的，一種是有朽的。前者是創造主的神所創造的，後者則是眾神所創造的。有朽的靈魂要「服從可怕的不可抗拒的情感——首先是快樂，那對罪惡是最大的刺激，其次是痛苦，那會妨礙善良；還有粗暴與恐懼這兩個愚蠢的參謀，還有難以平息的盛怒以及容易引入歧途的希望；他們（眾神）按照必然的法則把這些和非理性的感覺與肆無忌憚的情愛混合在一起，這樣就造成了人」。

不朽的靈魂在腦袋裡，有朽的靈魂則在胸中。

還有幾段奇怪的生理學，例如：大腸的目的是為了貯藏食物以免貪吃；然後就又是另一段關於靈魂輪迴的敘述。怯懦的或者不義的人，在來生就要變成女人。認為無需數學的知識而只需觀察星象就可以學習到天文學的那些頭腦簡單而又輕率的人就變為鳥；那些不懂哲學的人就變成陸上的野獸；極其愚蠢的則變為魚。

⑤同上書，第一六一頁。

這篇對話的最後一段總結說：

> 現在我們可以說，我們關於宇宙性質的探討已經結束了。世界容納了有朽的和不朽的動物，並且以這些動物而告完成；世界本身就變成了一個看得見的動物，包括著可以看得見的——可感覺的創造主神，他是理智的影像，是最偉大的、最善良的、最美好的、最完全的——那唯一被創造出來的天。

我們很難知道在〈蒂邁歐〉篇中，哪些是應該認眞對待的，哪些應該看做是幻想的遊戲。我認爲，把創造當作是從混沌之中造出秩序來的那種說法，是應該十分認眞地加以對待的；四元素之間的比例以及它們對於正多面體和它們的組成部分的三角形的關係，也應該如此。關於時間和空間的說法顯然是柏拉圖所相信的東西，同時把被創造的世界視爲是永恆原型的一個摹本的那種見解也是這樣。世界裡混合著必然與目的，這早在哲學的興起以前已經是一切希臘人實際上所共有的一種信仰了。柏拉圖接受了它，從而就避免了那個曾使得基督教神學感到困惱的罪惡問題。我認爲他的世界動物的說法也是認眞的。但是關於輪迴的細節和論及眾神的那些部分以及其他的不重要之點，則我認爲只是插了進來以便說明一種可能的具體內容而已。

由於它對於古代和中世紀思想的巨大影響，所以全篇的對話，正如我已經說過的，都値得加以研究；而且這種影響也絕不限於它那幻想性最少的部分。

第十八章　柏拉圖哲學中的知識與知覺

絕大多數的近代人都認爲經驗的知識之必須依靠於，或者得自於知覺，乃是理所當然的。然而在柏拉圖以及其他某些學派的哲學家那裡，卻有著一種迥然不同的學說，大意是說沒有任何一種配稱爲「知識」的東西是從感官得來的，唯一眞實的知識必須是有關於概念的。按照這種觀點，「2＋2＝4」是眞正的知識；但是像「雪是白的」這樣一種陳述則充滿了含混與不確切，以至於不能在哲學家的眞理體系中占有一席地位。

這種觀點也許可以上溯到巴門尼德，但是哲學界之獲得它的明確形式則須歸功於柏拉圖。我在本章中只準備討論柏拉圖對於知識與知覺乃是同一回事的這一觀點所做的批評，這種批評占據了他的〈泰阿泰德〉（*Theaetetus*）篇的前半部。

這篇對話本來是要尋求「知識」的定義，但是結果除了消極的結論以外並沒有達到任何別的結論；有幾個定義提出來之後又被否定了，始終沒有提出來過一個令人認爲滿意的定義。

所提出的第一個定義，也是我要考慮的唯一的一個定義，就是泰阿泰德所說的如下的話：

> 「我覺得一個知道了某一事物的人，也就是知覺到了他所知道的那一事物，而且我目前所能看出的就是：知識並不是什麼別的東西，只不過是知覺罷了。」

蘇格拉底把這種學說等同於普羅泰戈拉的「人是萬物的尺度」的學說，亦即任何一件事物「對於我來說就是我所看到的那種樣子，對於你來說就是你所看到的那種樣子」。蘇格拉底又補充：「所以知覺總是某種實有的東西，並且它作爲知識是不會有錯誤的。」

隨後有很大一部分論證是討論知覺的特性的；這一點討論完了之後，很快地就證明了像知覺所形成的那樣一種東西絕不能夠是知識。

蘇格拉底把赫拉克利特的學說加到普羅泰戈拉學說的上面來；赫拉克利特說萬物永遠都在變化著，也就是說，一切「我們高興稱之爲實『有』的東西，實質上都是處於變的過程」。柏拉圖相信這對感官的對象說來是眞的，但對眞正知識的對象說來卻並不如此。然而在通篇的對話裡，他的正面的學說始終都保留在幕後。

把赫拉克利特的學說（哪怕它只能適用於感官的對象）和知識即知覺的那個定義加在一起，就會得出：知識乃是屬於**變化**著的東西，而不是屬於**實有**的東西的。

在這一點上，便有著某些帶有根本性的難題了。他告訴我們說，既然6大於4，但小於12，所以6同時是既大又小的，這是一個矛盾。又如蘇格拉底比泰阿泰德高，而泰阿泰德是一個還沒有長成人的青年；但是過幾年以後，蘇格拉底就要比泰阿泰德矮。因此蘇格拉底是又高又矮的。這種關係性命題的觀念似乎難住了柏拉圖，正像它難住了直迄黑格爾爲止的大多數的偉大哲學家一樣（包括黑格爾在內）。然而這些難題對於這一論證來說並沒有很密切的關係，所以不妨忽略過去。

再回到知覺上來，知覺被認爲是由於對象與感覺器官之間的互相作用而引起的。按照赫拉克利特的學說，後兩者都是永遠在變化著的，而兩者在變化時同時也就在改變著知覺。蘇格拉底說，當他健康的時候他覺得酒很甜，但是當他有病的時候就覺得酒很酸。這裡就是知覺者的變化造成了知覺上的變化。

某些反對普羅泰戈拉學說的意見也被提了出來，後來其中有一些又被撤回了。有的質問說，普羅泰戈拉應該同等地承認豬和狒狒也是萬物的尺度，因爲牠們也是知覺者。關於做夢時和瘋狂時知覺的有效性問題，也被提了出來。有人提到，如果普羅泰戈拉是對的，那麼就沒有一個人比別人知道得更多：不僅僅普羅泰戈拉是像眾神一樣地有智慧，而且更嚴重的是他不會比一個傻子更有智慧。此外，如果每一個人的判斷都像別人的判斷一樣正確，那麼判斷普羅泰戈拉是錯了的人，也就同樣有理由被認爲是像普羅泰戈拉一樣地對正當了。

於是蘇格拉底就出來暫時使自己站到普羅泰戈拉的地位上，而對於這些反對的意見找到了一個答案。就做夢而論，則知覺之作爲知覺仍然是眞確的。至於那個豬和狒狒的論證，卻被當作是一種庸俗的取鬧而被勾銷了。至於另一個論證說，如果每一個人都是萬物的尺度，那麼人人就都是像別人一樣地有智慧；蘇格拉底就代表普羅泰戈拉提出了一種非常有趣的答案，那就是，一個判斷雖然不見得比另一個判斷**更眞**，但是就其能有更好的後果這一意義來說，它卻可以比另一個判斷**更好**。這就暗示了實用主義。①

然而，蘇格拉底雖然發明了這種答案，這種答案卻不能使他滿足。例如：他極力說當一個醫生預言我患病的過程時，他對於我的未來確乎是知道得比我要多。又如當人們對於國家要頒

① 最初提示了席勒使他讚賞普羅泰戈拉的，大概就是這段話了。

布什麼樣的法令才是明智的這一問題意見分歧時，這一爭端就表明了某些人對於未來具有著比別人更多的知識。這樣，我們就不能逃避這個結論：即，一個有智慧的人比起一個傻瓜來，乃是萬物的更好的尺度。

所有這些都是反對人是萬物的尺度這一學說的，而只是間接地才反對「知識」即「知覺」的學說，因為後一種學說可以導致前一種學說。然而，也有一種直接的論證，即我們必須對記憶和對知覺一樣地加以承認。同意了這一點之後，於是原來提出的定義也就在這個限度上被修正了。

其次，我們就要談對赫拉克利特學說的批評。據說根據他的弟子在以弗所的俊秀少年們中間的那種做法，這一點最初是被推到了極端的。每一事物都可以有兩種變化方式，一種是運動，一種是性質的變化；而流變的學說則主張一切事物永遠是在這兩方面都變化的。②而且不僅僅一切事物都永遠在經歷著某種質變，並且一切事物還都永遠在變化著自己的全部性質——據說以弗所的聰明人就是這樣想法的。這就造成了非常尷尬的後果。我們不能說「這是白的」，因為如果在我們開始說這話的時候，它是白的，但在我們說完了這句話以前，它已經

② 無論是柏拉圖還是在以弗所蓬勃活躍著的青年們似乎都不曾注意到，在極端的赫拉克利特的學說裡運動乃是不可能的。運動要求一個東西A，時而在此處時而在彼處；但當它運動時，它又必須始終都是這**同一**個東西。在柏拉圖所考察的那個學說裡既有性質的變化也有位置的變化，卻沒有實質的變化。在這一方面，近代的量子物理學跑得比柏拉圖時代最極端的赫拉克利特的弟子們還要遠得多。柏拉圖一定會認為這是科學的致命傷，但它已經證明了並非如此。

就會不再是白的了。說我們正在看見一個物體的這種說法是不對的，因爲看見正在不斷地變爲看不見。③如果一切事物都以所有的方式在變化著，那麼看見就沒有權利叫做看見而不叫做看不見，或者是知覺叫做知覺而不叫做不知覺。而且當我們說「知覺就是知識」時，我們也正同樣可以說「知覺就是非知識」。

上述的論證等於是說，無論在不斷的流變裡可能有其他的什麼，但是字的意義，至少在一定的時間之內，必須是固定不變的；否則就沒有任何論斷是確定的，也沒有任何論斷是眞的而非假的了。如果討論和知識是可能的話，就必須有某種東西或多或少是恆常不變的。這一點我以爲是應該加以承認的。但是流變說的大部分是與這種承認相符合的。

談到這裡，柏拉圖就拒而不肯討論巴門尼德，理由是巴門尼德太偉大了、太崇高了。他是一個「可敬可畏的人物」，「他有一種非常高貴的深度」，他是「一個我最爲尊敬的人」。柏拉圖的這些話就表明了他是熱愛一個靜態的宇宙的，而且他並不喜歡自己爲了論證的緣故曾經加以承認過的那種赫拉克利特式的流變。但是在表現了這種敬意之後，他卻努力避免發揮巴門尼德的理論以代替赫拉克利特。

現在我們就來談柏拉圖反對知識等於知覺的最後論據。他一開始就指出我們是通過眼和耳來知覺，而不是用眼和耳在知覺；於是他繼續指出我們有些知識是並不與任何感覺器官相連繫的。例如：我們可以知道聲音和顏色是不一樣的，儘管並沒有任何一種感覺器官可以知覺這兩

③ 可與下列的廣告對照：「美孚殼牌，始終不變。」

者。並沒有任何特殊的器官可以知覺「一般的存在與不存在、相似與不相似、同一與不同以及一與多」。同理也適用於榮譽與不榮譽、好與壞。「心靈通過它自身的功能而思考某些事物，但是其餘的事物則需通過身體的官能。」我們通過觸覺而知覺到硬與軟，但是判斷它們的存在以及它們之間的對立的則是心靈。唯有心靈才能夠達到存在；但如果我們不能夠達到存在，我們就不能達到眞理。因此我們就不能單單通過感官而認知事物，因爲單單通過感官我們並不能知道事物是否存在。所以知識就在於思索而不在於印象，並且知覺也就不是知識；因爲知覺「既然完全不能認識存在，所以它對於認識眞理就是沒有分的」。

要在這一反對知識等於知覺的論證裡分辨清楚有哪些可以接受而哪些必須加以拒絕，並不是很容易的事。柏拉圖所討論的有三個相互連繫著的論題，即：

(1) **知識就是知覺**；

(2) **人是萬物的尺度**；

(3) **一切事物都處於流變狀態**。

(1) 第一個論題（柏拉圖的論據主要地只涉及這個論題）除了我們剛才所談過的那最後一段話而外，幾乎並沒有怎麼就其本身加以討論過。這裡所論證的是：比較法、關於存在的知識以及對於數的了解——這些對於知識來說都是最本質的東西，但是這些卻不能包括在知覺之內，因爲它們並不是通過任何感覺器官而產生的。關於這些，我們下面所要談的東西各有不同。讓我們先從相似與不相似來開始。

假設有兩片顏色，兩者都是我正看到的，無論實際上它們相似與否，但它們都是我，就我而論，所應該加以接受的，並且確乎不是作爲一種「知覺」而是作爲一種「知覺判斷」來接受的。我應該說，知覺並不是知識，而僅僅是所發生的某種事件；它同等地既屬於物理世界又屬於心理世界。我們很自然地像柏拉圖那樣，要把知覺想像爲是知覺者與對象之間的一種關係：我們說「我看見一張桌子」，但是這裡的「我」和「桌子」乃是邏輯的構造。這裡未經加工的事情的核心只不過是某些片段的顏色而已。這些顏色是和觸覺的影像結合在一起的，它們可以引起字句，並且可以成爲記憶的來源。被觸覺影像所塡充起來的知覺就變成了一個「客體」，於是它就被我們認爲是物理的；而被字句和記憶所塡充起來的知覺就變成了一種「知覺作用」，它就成爲「主體」的一部分，並被我們認爲是心理的。知覺只是一次事件，既不眞也不假；但以字句所充實起來的知覺則是一個判斷，可以有眞或者假。這種判斷我就稱之爲「知覺判斷」。「知識就是知覺」這個命題的意義必須解釋爲「知識就是知覺判斷」。它唯有以這種形式才可能在文法上是正確的。

再回到相似與不相似的問題上來；當我同時知覺到兩種顏色的時候，非常有可能它們的相似與不相似都是感覺資料的一部分，並且可以用知覺判斷來加以肯定。柏拉圖的論證是說我們並不具有可以知覺相似與不相似的感覺器官，這是忽視了大腦皮質而認爲一切感覺器官都必須是在身體的表面上。

把相似性與不相似性認爲是包括在可能的知覺資料之內的論證如下。假設我們看見了兩片顏色A與B，假設我們判斷「A與B相似」。讓我們再進一步像柏拉圖那樣地假設這樣的判斷一般說來是正確的，而特殊說來在我們所考察的情況中也是正確的。於是A與B之間就有一種相似的關係，而並不僅僅是從我們方面來斷定相似與否時的一種判斷。因爲如果只有我們的判斷，那它就會是一個任意的判斷，而不可能有眞或假了。既然它顯然地可能有眞或者假，所以相似性就存在於A與B之間，而不能僅是某種「心理」的東西。「A與B相似」這一判斷之所以爲眞（假如它是眞的話），乃是由於有一個「事實」，正像「A是紅的」或者「A是圓的」這種判斷是一樣的。心靈對相似與否的知覺並不比心靈對顏色的知覺有著更多的關係。

我現在就來談存在，這是柏拉圖所極爲強調的。他說，關於聲音和顏色我們有一種思想可以同時包含這兩者，那便是它們存在。存在屬於一切的事物，並且是心靈本身所能認知的那些事物之一；不達到存在就不可能達到眞理。

這裡我們所反駁柏拉圖的論證，與上面所反駁相似與不相似的論證是全然不同的。這裡的論證是：柏拉圖關於存在所說的一切話都是壞文法，或者不如說是壞語法。這一點不僅與柏拉圖的關係是重要的，而且對於其他的題目（例如：對上帝存在的本體論的證明）也是重要的。

假設你對一個小孩子說「獅子是存在的，但獨角獸並不存在」，你可以把他帶到動物園裡去，跟他說「瞧，這就是獅子」；從而證明你那與獅子有關的論點。可是除非你是一個哲學家，否則你一定不會補充說：「現在你可以看到，那是存在的了。」但如果你是一個哲學家並且眞的補充說了這一點，那你就是在說著毫無意義的話了。說「獅子存在」就是說「有獅子」，也就是說「對於一個合適的x來說，『x是獅子』是眞的」。但是我們卻不能談論一個合適的x，說它「存在」；我們只能把這個動詞應用於一種完全的或不完全的描述。「獅子」是一個不完全的描述，因爲它可以應用於許多的客體：「這個動物園裡的最大的獅子」則是完全的描述，因爲它只能應用於一個客體。

現在假設我正在注視著一片鮮紅。我可以說「這是我現在的知覺」，我也可以說「我現在的知覺存在」；但是我一定不能說：「這存在」，因爲「存在」這個字只有在用之於與一個名字相對立的一種描述時，才是有意義的。④這就把存在處理成是心靈在客體裡所察覺到的事物之一。

現在我就來談對於數的理解。這裡要加以考慮的是兩種非常不同的東西：一方面是算學的命題，另一方面是計數上的經驗命題。「2＋2＝4」屬於前一種；「我有十個指頭」則屬於後一種。

我應該同意柏拉圖的說法，即算學以及一般的純粹數學並不是從知覺得來的。純粹數學包含著類似於「人是人」那樣的同義反覆，但通常只不過是更為複雜罷了。要知道一個數學命題是否正確，我們並不需要研究世界，而只需研究符號的意義；而符號，當我們省略掉定義之後（其目的只是為了簡化），就只不過是「或者」與「不是」以及「一切」與「某些」等等之類的字，而這些字並不像「蘇格拉底」，它們並不指示現實世界中的任何事物。一個數學方程式肯定兩組符號有著同一的意義；只要我們使自己限於純粹數學的範圍之內，這種意義就必定是一種無需我們知道任何能被知覺的事物便可以加以理解的意義。因此，數學的眞理，正像柏拉圖所說，乃是與知覺無關的；它是非常奇特的一種眞理，並且只涉及符號。

計數的命題，例如：「我有十個指頭」，就完全是屬於另一種範疇了，並且顯然是（至少一部分是）要依靠知覺的。「指頭」的概念很明顯地是從知覺中抽象出來的；但是「十」這個概念又是怎樣的呢？這裡我們似乎達到了眞正的共相，或者柏拉圖的理念。我們不能說「十」

④ 關於這個題目，請參看本書最後一章。

是從知覺之中抽象出來的，因爲凡是可以看成是十個的有關某種事物的任何知覺，也都可以同樣地看成是別的數目。假使我是用「指」這個名字來稱整個一隻手的全部手指頭；那麼我就可以說「我有兩個指」，而這也就描述了我此前用十這個數字所描述的同一個知覺事實。這樣，在「我有十個指頭」這一陳述裡比起在「這是紅的」這樣的一種陳述裡來，知覺就占有更少的地位，而概念則占有更多的地位。然而這個問題只是程度的不同。

關於有「十」這個字出現的命題，我們完全的答案是：當我們把這些命題加以正確分析的時候，我們就可以發現它們並沒有包含任何成分是與「十」這個字相當的。要以十這樣大的數目的例子來解說這一點是比較複雜的；因此，不妨讓我們代之以「我有兩隻手」。這就意味著：

「有一個 a 於是便有一個 b，而 a 與 b 並不是同一個。當，並且唯有當，x 是 a 或者 x 是 b 的時候，『x 是我的一隻手』才是眞的，無論 x 可能是什麼。」

在這裡「兩」這個字並沒有出現。的確 a 和 b，這兩個字出現過，但是我們並不需要知道它們是兩個，就正像我們並不需要知道它們是黑的還是白的，或者可能具有任何別的顏色一樣。

因而，數在某種嚴格的意義上來說，便是**形式的**。足以證明那些斷言有各種各樣的組合各有兩個成分的各種不同命題的種種事實，其共同之點並不是一種組成部分而僅僅是一種形式。在這一點上，它們和那些有關自由神像，或者月亮，或者喬治·華盛頓的命題是不同的。那些命題都涉及時空的一個特殊部分，在所有的關於自由神像所能作的各種陳述之中這一點都是共同的。但是在「有兩個某某」的這類命題之間，則除了一個共同的形式之外，便再沒有任何共同的東西了。「兩」這個符號對於一個有這個符號出現的命題的意義的關係，就要比「紅」這個符號對於一個有紅字出現的命題的意義的關係遠爲複雜得多。在某種意義上，我們可以說「兩」這個符號並不意味任何事物；因爲當它在一個眞語句裡出現的時候，這個語句的意義裡面並沒有一個與之相當的組成部分。如果我們願意的話，我們還可以說數是永恆的、不變的等等，但是我們必須補充說，它們都是邏輯的虛構。

另外還有一點。關於聲音與顏色，柏拉圖說「二者一起就是**兩**，其中每個就是一」。我們已經考察過了**兩**；現在我們就來考察一。這裡面也有著一種謬誤，非常有似於關於存在的那種謬誤。「一」這個謂語並不能應用於事物，而只能應用於單一的類。我們可以說「地球有一個衛星」；但是如果說「月亮是一」，那便是一種語法上的錯誤了。因爲這樣一種論斷能意味著什麼呢？你也可以同樣地說「月亮是多」，因爲月亮有許多的部分。「地球有一個衛星」的這種說法乃是賦給「地球的衛星」這一概念以一種性質，即下列的這種性質：

「有這樣的一個 c；當，並且唯有當，x 是 c 的時候，『x 是地球的衛星』便是眞的。」

這是一個天文學上的眞理；但是如果你用「月亮」或任何其他的專名詞來代替「地球的衛星」的話，那麼其結果若不是毫無意義，便僅僅是同義反覆了。因此「一」就是某些概念的一種性質，正如「十」是「我的指頭」這一概念的一種性質一樣。但如果要是論證「地球有一個衛星，即月亮，因此月亮是一」，那就要和論證「使徒是十二，彼得是使徒；所以彼得是十二」是一樣地糟糕了；但若是我們以「白」來代替「十二」的話，這種論證就會是有效的。

以上的考察就表明了，儘管有一種形式的知識，亦即邏輯與數學，並不是得自於知覺的；但柏拉圖關於其他一切知識的論證卻都是謬誤的。當然，這並不證明他的結論都是假的；

它僅僅證明柏拉圖並沒有提出有效的理由來假定他的結論是眞的。

(2)我現在就來談普羅泰戈拉的論點，即人是萬物的尺度，或者——按照人們所解釋的那樣——**每個**人都是萬物的尺度。這裡最根本之點就是，我們必須決定討論是在哪個層次上進行的。很顯然的，首先我們必須區別開知覺與推論。在知覺方面，一個人不可避免地只是限於他自身的知覺；凡是他所知道的別人的知覺，他都是由他自身的視與聽的知覺裡面推論而知道的。做夢的人和瘋人的知覺，作爲知覺來說，也正像別人的知覺是一樣的；對於它們的唯一反駁就是，因爲它們的前後連繫異乎尋常，所以它們很容易造成謬誤的推論。

但是推論又是怎樣的呢？它們也同樣地是個人的與私有的嗎？在某種意義上，我們必須承認它們也是的。凡是我所相信的東西，必定是由於有某種能夠使我相信的原因。的確，我的原因可以是另一個人的論斷，並且它還可以是完全正當的原因——例如：我是一個法官在聽取證詞。可是無論我可能是怎樣的普羅泰戈拉的信徒，但對於某一套形象我寧願接受某個敘述者的意見而不用我自己的意見，這總歸是合理的事；因爲我將會一再重複地發現，如果我起初不同意他的話，只要肯細心一點就可以證明他是對的。在這種意義上，我可以承認另一個人比我更有智慧。普羅泰戈拉的論點，如果加以正當的解釋，並不包含著一種見解說我永遠不犯錯誤，而只是說我錯誤的證據必須向**我**呈現出來。對我過去的自己也可以加以判斷，正如對別人可以加以判斷一樣。但是這一切都要預先假定，作爲與知覺相對立的推論是有著某種非個人的正確與否的標準的。假如我所作的任何一個推論都正像任何另一個推論是一樣地好，那麼柏拉圖從普羅泰戈拉那裡所推演出來的知識的無政府狀態，事實上就確乎要出現了。因此在這個重要之點上，柏拉圖似乎是對的。但是經驗主義者卻要說，知覺才是檢驗推論中經驗材料正確與否的試金石。

(3)普遍流變的學說是經柏拉圖所歪曲過的，我們很難想像曾有任何別人主張過柏拉圖所賦給它的那種極端的形式。例如：讓我們假設，我們所看到的顏色是在不斷地變化著。「紅」這樣一個字可以應用於許多片顏色；但是如果我們說「我看見了紅」，我們並沒有理由認爲在我們說這話的整個那段時間內，這話就應該不是眞的。柏拉圖是把見與不見、知與不知這樣的一些邏輯的對立應用於不斷變化的過程，而得到他的結果的。可是這些對立卻並不適用於描述這一類的過程。假設在一個大霧彌漫的日子裡，你注視著一個人從你的身邊沿著大路走下去：他變得愈來愈模糊，終於到了一個時候你可以確定你是看不見他了，但是其間卻還有一段疑惑不定的中間時期。邏輯的對立乃是爲了我們的方便而被創造出來的，但是不斷的變化卻需要有一種計量的工具，而柏拉圖卻忽略了這種可能性。因此他關於這個題目所說的話，大部分就都是文不對題。

與此同時，我們必須承認除非文字在某種限度內具有確定的意義，否則討論就會是不可能的。然而在這裡，我們也很容易過分地絕對化。文字的意義的確是變化著的，我們不妨以「理念」這個字爲例。只有受了相當的教育之後，我們才學會賦給這個字以某種有如柏拉圖所賦給它的意義。文字意義的變化應該落後於文字所描述的變化，這是必要的；但是要求文字的意義應該沒有變化，這卻不是必要的了。或許這一點並不適用於邏輯和數學的抽象文字，這些字（我們已經看到）只能應用於命題的形式而非命題的內容。於是在這裡，我們又發現了邏輯和數學是特殊的。柏拉圖受了畢達哥拉斯派的影響，過分地把別的知識都同化於數學了。他和許多最偉大的哲學家一起都犯了這個錯誤，但它畢竟是個錯誤。

第十九章　亞里斯多德的形而上學

閱讀任何一個重要的哲學家，而尤其是閱讀亞里斯多德，我們有必要從兩個方面來研究他：即參考他的前人和參考他的後人。就前一方面說，亞里斯多德的優點是極其巨大的；就後一方面說，則他的缺點也同樣是極其巨大的。然而對於他的缺點，他的後人卻要比他負有更多的責任。他生當希臘思想創造時期的末葉；而他死之後一直過了兩千年，世界才又產生出來任何可以認爲是大致能和他相匹敵的哲學家。直迄這個漫長時期的末尾，他的權威性差不多始終是和基督教教會的權威性一樣地不容置疑，而且它在科學方面也正如在哲學方面一樣，始終是對於進步的一個嚴重障礙。自起西元十七世紀的初葉以來，幾乎每種認眞的知識進步都必定是從攻擊某種亞里斯多德的學說而開始的；在邏輯方面，則今天的情形還仍然是這樣。但是假如是任何一個他的前人（也許除了德謨克里特而外）獲得了和他同樣的權威的話，那情形至少也會是同樣的災難。爲了對他公平起見，我們首先就必須忘記他那過分的身後的聲望，以及由此而引起的同樣過分的身後的非難。

亞里斯多德（Aristotle）大約是西元前三八四年生於色雷斯的斯塔吉拉。他的父親承襲了馬其頓王的御醫的職位。亞里斯多德大約是十八歲的時候來到雅典做柏拉圖的學生；他在學園裡一直居留了將近二十年，直到西元前三四八—前三四七年柏拉圖逝世爲止。此後，他遊歷了一個時期，並娶了一個名叫赫米阿斯的僭主的妹妹或姪女爲妻（謠傳她是赫米阿斯的女兒或者是寵姬，但赫米阿斯本人是個宦官的這一事實就否定了這兩種說法）。西元前三四三年，他做了亞歷山大的老師，亞歷山大那時十三歲；並且他一直擔任這個職位直到亞歷山大十六歲，在那一年亞歷山大被他的父親腓力宣布已經成年，並指定他在腓力缺位時攝政。人們對於亞里斯多德和亞歷山大兩人的關係所希望知道的每一件事情都是無法確定的，特別是因爲關於這個題目不久就有種種傳說編造出來。他們兩人之間還有過一些通信，這些信已經被公認是僞造的了。那些對這兩個人都崇拜的人們，就想像著老師影響了學生。黑格爾認爲亞歷山大的事業就表現了哲學的實際用途，關於這一點，貝恩（A. W. Benn）說：「如果哲學除了亞歷山大的性格而外就沒有別的更好的證件來表明它自己的話，那就眞是不幸了。……狂妄、酗酒、殘酷、報復成性而又迷信得粗鄙不堪，他把深山裡的酋長的邪惡和東方專制君主的狂暴都結合在一道了。」①

至於我，雖然我同意貝恩對於亞歷山大的性格的意見，然而我卻以爲亞歷山大的功業是極其重要的，而且是極其有益的；因爲要不是他，整個希臘文明的傳統很可能會早已經消滅了。至於亞里斯多德對於他的影響，則我們盡可以任意地猜想成我們覺得是最合情理的東西。至於我，則我願意想像它等於零。亞歷山大是一個野心勃勃而又熱情衝動的孩子，和他父親的關係處得很壞，並且大概是不肯受教育的。亞里斯多德教導說，每個國家的公民都不應該達到十萬人，②並且還宣揚中庸之道的學說。我不能想像他的學生除了把他看成是他父親爲了使他不致

---

①《希臘哲學家》，卷一，第二八五頁。

②《倫理學》，一一七〇b。

胡鬧而安置來看管他的一位沒趣味的老迂腐而外，還能把他看成是什麼別的。亞歷山大對於雅典的文明確實懷有一種勢利眼的敬意，但這一點是他整個的王朝所共有的，他們都希望能證明自己並不是野蠻人。這非常類似於西元十九世紀俄國貴族們對於巴黎的那種感情。所以這一點也不能歸功於亞里斯多德的影響。而且在亞歷山大的身上，我也看不出有任何別的東西可能來源於亞里斯多德的影響。

更使人驚異的倒是，亞歷山大對於亞里斯多德的影響竟是如此之小，亞里斯多德對政治的思考竟至於輕易地遺漏掉了一個事實，即城邦的時代已經讓位給帝國的時代了。我疑心亞里斯多德一直把亞歷山大認爲只不過是「一個放蕩而執拗的孩子，是永遠不能理解一點哲學的」。大體上說，這兩個偉大人物的接觸似乎是毫無結果的，竟彷彿兩人是生活在不同的世界裡一般。

自西元前三三五年至西元前三二三年（亞歷山大就死於這最後一年），亞里斯多德住在雅典。在這十二年之中他建立了他的學園，並寫出了他的絕大部分著作。亞歷山大一死，雅典人就反叛起來並攻擊亞歷山大的朋友，包括亞里斯多德在內；亞里斯多德被判以不敬神的罪，但是他不像蘇格拉底，他逃亡在外以避免受刑。第二年（西元前三二二年）他就死去了。

亞里斯多德作爲一個哲學家，在許多方面和所有他的前人都非常之不同。他是第一個像教授一樣地著書立說的人：他的論著是有系統的，他的討論也分門別類，他是一個職業的教師而不是一個憑靈感所鼓舞的先知。他的作品是批判的、細緻的、平凡的，而沒有任何巴克斯激情主義的痕跡。柏拉圖思想中的奧菲斯成分在亞里斯多德裡面被沖淡了，而且被摻進了一劑強烈的常識感；就在他富有柏拉圖氣味的地方，我們也覺得是他的天生氣質被他所受的訓練給壓倒了。他不是熱情的，並且在任何深刻的意義上都不是宗教的。他的前人的錯誤是青年人企求不可能的事物而犯的那種光榮的錯誤；但他的錯誤則是老年人不能使自己擺脫於習俗的偏見的那種錯誤。他最擅長於細節與批評；但由於缺乏基本的明晰性與巨人式的火力，所以他並沒有能成就很大的建設工作。

我們很難決定應該從什麼地方來開始敘述亞里斯多德的形而上學，或許最好的地方就是從他對理念說的批評以及他自己那另一套的共相學說來開始。他提出了一大堆很好的論據來反對理念，其中大部分已經在柏拉圖的〈巴門尼德〉篇裡談過了。最強的論據就是「第三個人」的論據：即，如果一個人之所以爲一個人乃是因爲他像那個理想的人，那麼就必須有另一個更理想的人，而普通的人和理想的人就都應該像這個更理想的人。其次，蘇格拉底既是一個人又是一個動物，於是就產生了一個問題，即理想的人是不是一個理想的動物；如果是的話，那麼動物的種類有多少，理想的動物也就必須有多少。我們無須追究這種說法；因爲亞里斯多德已經說得很明白，當有若干個體分享著同一個謂語時，那就不可能是由於它們對於某種與它們同類的事物有關係的緣故，而必須是由於它們對於某種更理想的事物有關係的緣故。這一點大致可以認爲已經是定論，不過亞里斯多德自己的學說卻很不清楚。正是這種缺乏明確性，便使得中世紀唯名論者與唯識論者的爭論成爲可能。

亞里斯多德的形而上學，大致說來，可以描述爲是被常識感所沖淡了的柏拉圖。亞里斯多德之難於理解，就正因爲柏拉圖和常識感是很不容易摻合在一起的。當我們努力想去理解他的時候，有時候我們就以爲他表現的是一個不懂哲學的人的通常見解，又有時候我們就以爲他是用一種新的詞彙在闡明著柏拉圖主義。過分強調單獨的某一段話是不行的，因爲在另外的某段話裡又會有著對它的改正或修訂。總的說來，要理解他的共相論和他的形式與質料的理論，最簡易的方法就是首先擺出來他的觀點中的常識感學說的那一半，然後再來考慮他對此所進行的柏拉圖式的修正。

在一定的限度之內，共相論是十分簡單的。在語言上，這裡面有專有名詞也有形容詞。專有名詞適用於「事物」或「人」，而其中的每一個都只是這個名詞所適用的唯一的事物或人。太陽、月亮、法國、拿破崙等等，都是獨一無二的；這些名字所能適用的並沒有許多的事例。另一方面像「貓」、「狗」、「人」這樣的字，則適用於許多不同的事物。共相的問題就是要探討這些字的意義，以及像「白」、「硬」、「圓」等等這些形容詞的意義。他說道③：「『共相』一詞在我的意思是指具有可以用於述說許多個主體的這樣一種性質的東西，『個體』一詞在我的意思是指不能這樣加以述說的東西。」

一個專有名詞所指的東西就是「實體」，而一個形容詞或類名（例如：「人的」或「人」）所指的東西就叫作「共相」。實體是「這個」，而共相則是「這類」——它指事物的種類而不指實際的特殊事物。共相不是實體，因爲它不是「這個」（柏拉圖的天上的床，對於那些能夠看得見它的人來說，也是一個「這個」；但這正是亞里斯多德所不同意於柏拉圖的地方）。亞里斯多德說：「任何一個共相的名詞要成爲一個實體的名詞，似乎都是件不可能的事。因爲……每個事物的實體都是它所特有的東西，而並不屬於任何別的事物；但是共相則是

③〈解釋〉（*On Interpretation*）篇，一七a。

共同的，因爲叫做共相的正是那種能屬於一個以上的事物的東西。」就此而論，這種說法的要旨就是共相不能自存，而只能存在於特殊的事物。

亞里斯多德的學說表面上是極其平易的。假設我說「有足球賽這樣一種東西」，大多數人會認爲這種說法是明明白白的眞理。但假如我是指足球賽可以沒有足球運動員而存在，我就會很正當地被人認爲是說著毫無意義的話了。同樣地，人們也會認爲有父母之道這樣一種東西，但那只是因爲有許多的父母；有甜美性這樣一種東西，但那只是因爲有許多甜美的事物；有紅，但那只是因爲有許多紅的東西。並且這種依存關係被人認爲並不是相互的：縱令踢足球的人永遠沒有踢過足球，但他們還是依然存在的；通常是甜的東西可以變成爲酸的；而我的臉通常雖是紅的，卻也可以變成蒼白而仍不失其爲我的臉。我們就以這種方式被引到一種結論說，一個形容詞其存在乃是有賴於一個專名詞所意味的東西的，然而卻不能反之亦然。我以爲這就是亞里斯多德的意思。在這一點上，正像在許多其他之點上一樣，他的學說乃是一種常識上的偏見而加以學究式的表現。

但是要把這種理論弄得很精確，卻不是件容易的事。假定說足球賽沒有足球運動員就不能存在，但是它卻很可以沒有這個或那個足球運動員而照樣存在。並且假定說一個人可以不踢足球而存在，然而他卻不能不做**任何**事而存在。紅的性質沒有**某個**主體就不能存在，但是它卻可以沒有這個或那個主體而存在；同樣地一個主體沒有**某種**性質就不能存在，但是沒有這樣或那樣性質它卻能夠存在。於是，用以區別事物與性質的那種假設的理由就似乎是虛幻的了。

事實上，作出這種區別的眞正根據乃是語言學上的；它是從語法裡面得出來的。我們有專有名詞、形容詞和關係字；所以我們可以說：「約翰是聰明的，詹姆士是愚蠢的，約翰比詹姆士更高。」這裡，「約翰」和「詹姆士」是專有名詞，「聰明的」和「愚蠢的」是形容詞，而「更高」則是一個關係字。自從亞里斯多德以來，形而上學家們都是形而上地在解釋這些語法上的不同：約翰和詹姆士是實質，聰明和愚蠢則是共相（關係字則被忽略過去了，或者是加以錯誤的解釋）。或許我們若加以充分的注意就可以發現，有些形而上方面的不同是與這些語法上的不同有著某種關係的；但如果眞是這樣的話，那也只能是經過一個很長的過程，並須附帶創造出一套人造的哲學語言。而這種語言將不包含像「約翰」和「詹姆士」這樣的名字，以及像「聰明的」和「愚蠢的」這樣的形容詞；所有日常語言中的用字都必須經過分析，並且須被意義較不複雜的字所代替。一直要到完成了這件工作之後，對個體與共相的問題才可能做出恰如其分的討論。當我們終於到達了能討論它的時候，我們就會發現我們所討論的問題與我們起初所設想的已經是大大不同了。

因此，若是我沒有能夠講清楚亞里斯多德的共相論，那乃是（我堅持認爲）因爲它本身就不清楚。但它的確是理念論上的一個進步，而且的確是涉及了一個眞正的而又非常重要的問題。

另有一個名詞在亞里斯多德和他的經院派的後繼者們中間是非常重要的，那就是「本質」這個名詞。這個名詞和「共相」絕不是同義語。你的「本質」就是「你的本性所規定的你之爲你」。可以說，它是你的那樣一些屬性，你若喪失了那些屬性就不成其爲你自己了。不僅是一個個體事物有本質，而且每種品類也都有本質。一種品類的定義就應該包括它的本質在內。後面我還要談到「本質」這一概念與亞里斯多德邏輯的關係。目前我只需說，我覺得它是頭腦混亂的一種舉動，是根本不可能精確的。

亞里斯多德形而上學的另一點，就是「形式」與「質料」的區別（必須了解：與「形式」相對立的那種意義上的「質料」，是不同於與「心靈」相對立的「物質」的）。④這裡亞里斯多德的理論也有一種常識的基礎，但是這裡柏拉圖式的改造卻比在共相問題上更爲重要。我們可以從一個大理石像著手；在這兒大理石是質料，而雕刻家所塑造的形狀便是形式。或者，用亞里斯多德的例子，如果一個人製造了一個銅球，那麼銅便是質料，球狀便是形式；以平靜的海爲例，水便是質料，平靜便是形式。至此爲止，一切全都是簡單的。

他繼續說，正是憑藉著形式，質料才成爲某種確定的東西，而這便是事物的實質。亞里斯多德的意思似乎就是平易的常識：一件「東西」必定是有界限的，而界限便構成了它的形式。例如說，有一定體積的水：用一個瓶子裝起來的任何一部分水就能夠和其餘的水劃分開來，於是這一部分就變成爲一件「東西」；但是只要這一部分無法和其餘的渾然一體的物質劃分開來，它就不是一件「東西」。一個雕像是一件「東西」，而它所由以構成的大理石則在某種意義上仍然照舊是一塊石頭的一部分，或者是一片山石的內容的一部分，而並沒有變化。我們不會自然而然地說，是形式才造成了實質性；但這是因爲原子假說已經在我們的想像中根深蒂固的緣故。然而，每一個原子，假如它是一件「東西」的話，則也還是靠了它得以與其他的原子劃清界限才成爲一件「東西」的，因此在某種意義上也就有一個「形式」。

現在我們就來看一種新的表述，這種新的表述乍看起來似乎是很困難的。他告訴我們

---

④「質料」、「物質」原文均為matter。——譯者

說，靈魂是身體的形式。這裡的「形式」並不意味著「形狀」，那是很明白的事。後面我還會再談到靈魂是身體的形式其意義是什麼；目前我只要說，在亞里斯多德的體系裡靈魂就是使身體成爲一件東西的東西，它具有著目的的統一性以及我們認爲與「有機體」這個名詞相連繫的種種特點。眼睛的目的是看，但是脫離開它的身體它就不能夠看。事實上，那是靈魂在看。

因而看起來，似乎「形式」就是把統一性賦予某一部分物質的那種東西，而這種統一性通常（如果不是常常）總是目的論的。但「形式」卻要比這多得多，而所多的部分又是非常之難於理解的。

他告訴我們說，一件事物的形式就是它的本質和它的原始實質。形式是有實質的，雖然共相是沒有實質的。當一個人製作一個銅球的時候，質料和形式二者都已經存在了；他所做的全部工作只是把二者結合在一起而已；這個人並不製造形式，正像他並不製造銅一樣。並非每件事物都是有質料的；有許多永恆的事物，其中除了那些能在空間中移動的而外，就都沒有質料。事物由於獲得了形式便增加了現實性，沒有形式的質料只不過是潛能而已。

形式是實質，它獨立存在於它所由以體現的質料之外——這種觀點似乎把亞里斯多德暴露在他自己所用以反對柏拉圖理念說的論證之下了。他的形式原意是指某種與共相迥然不同的東西，可是它卻又具有許多同樣的特點。他告訴我們說形式比質料更加實在；這就使人聯想到理念具有唯一的實在性。看起來似乎亞里斯多德對於柏拉圖形而上學實際上所做的改變，比起他自己所以爲的要少得多。策勒爾就採取的是這種見解，他在論到質料與形式的問題時說：⑤

---

⑤《亞里斯多德》（*Aristotle*），卷一，第二〇四頁。

「然而，關於亞里斯多德在這個題目上之所以缺乏明晰性，其最後的解釋可以從下列的事實裡找到，即——我們將會看到——他從柏拉圖想把理念加以實體化的傾向之下，只曾把自己解放出來了一半。『形式』之於他，正如『理念』之於柏拉圖一樣，其本身就具有一種形而上的存在，它在規定著一切個別的事物。儘管他是那麼樣尖銳地在追蹤著理念從經驗之中生長出來的過程，然而同樣眞確的是這些理念，尤其是當它們離開經驗與直接的知覺最遠的時候，終於還是由一種人類思想的邏輯產物轉變成了一種超感世界的直接表象，並且在這種意義上還轉變成了一種理智直覺的對象。」

我看不出來亞里斯多德對於這一批評怎麼能夠找到一個答覆。我所能想像的唯一答案就是，他應該主張沒有兩件事物可以有同一的形式。假如一個人製造了兩個銅球，（我們必須說）每一個就都有它自己特殊的圓性，這一特殊的圓性既是實質的又是個別的，既是一般「圓性」的例子，但又並不等同於一般的「圓性」。我並不以為上面我所引的各段話很能支持這種解說。而且它還可能受到一種反駁，即特殊的圓性在亞里斯多德的觀點裡應該是不可知的；然而他的形而上學在本質上卻又是說，隨著形式的愈來愈多和質料的愈來愈少，事物也就逐漸地愈來愈可知。這若要和他的其他觀點能相符合，那就必須讓形式能體現在許多的個體事物之中。如果他要說有多少個球形的事物就有多少種形式（這些形式是球性的事例），那麼他就必須對他的哲學做出根本的修改。例如：他的那種每一形式即等同於它的本質的觀點，就和上面所提示的這條出路無法相容。

亞里斯多德哲學中質料與形式的學說，是和潛能與現實的區別相連繫著的。單單質料就被想成是形式的一種潛能；某一事物在變化以後要比在變化以前具有更多的形式，在這種意義上一切變化就都是我們會稱之為「演化」的那種東西。凡是具有更多的形式的，則被認為是更「現實的」。神是純形式與純現實；因此神就不能有變化。我們可以看出這種學說乃是樂觀主義的與目的論的：在這種學說裡，整個宇宙以及宇宙中的萬物都在朝向某種不斷地變得比過去更為美好的事物而發展著。

潛能這一概念在某些方面是非常便當的，只需我們在使用它時能夠把我們的表述翻譯成為不包括這一概念在內的一種形式。「一塊大理石是一座潛在的雕像」，這就是說，「從一塊大理石裡經過適當的加工就可以產生出來一座雕像」。但是當潛能用來作為一種根本的不可簡化的概念時，它就往往隱蔽著思想的混亂了。亞里斯多德對它的應用是他體系中的缺點之一。

亞里斯多德的神學是很有趣的，並且和他的形而上學的其餘部分有著密切的連繫——的確「神學」乃是他用以稱呼我們叫做「形而上學」的那種東西的名字之一（我們所知道以形而上學命名的那本書，亞里斯多德本人並不是那樣稱呼它的）。

他說有三種實質：即，一種是可感覺的又可毀滅的，一種是可感覺的但不可毀滅的，再一種是既不可感覺的又不可毀滅的。第一類包括植物和動物，第二類包括天體（亞里斯多德相信它們除了運動而外是沒有變化的），第三類包括人的理性的靈魂以及神。

證明神的主要論據就是最初因（First Cause）：必須有某種事物產生運動，而這種事物的本身必須是不動的，是永恆的，是實質和現實。亞里斯多德說，欲望的對象與思想的對象就以這種方式造成了運動，而它們本身則是不動的。從而神就由於被愛而產生了運動，然而其他一切運動的原因則都是由於其本身在運動著而起作用的（好像一個撞球那樣）。神是純粹的思想；因爲思想是最好的東西。「生命也屬於神，因爲思想的現實就是生命，而神就是那種現實；而神的自我依存的現實就是最好的永恆的生命。因此我們說神是一個永恆的最好的生物，從而永恆不斷的生命與延續就都屬於神；因爲這就是神。」（一〇七二b）

「由以上所說的就可以明白，有一種既永恆又不動並且獨立於可感覺的事物之外的實質。也已經證明了這種實質不能有任何大小，而是既不包含許多部分，又是不可分割的。……並且也已經證明了它是無感覺的、不可移動的；因爲其他一切的變化都必須先有位置的變化。」（一〇七三a）

神並不具備基督教的神明的那些屬性，因爲除了完美（亦即神自身）而外若再想到任何別的東西，就會有損於神的完美性了。「它自身必定就是神聖的思想在思想著（因爲它是萬物中最優異的），而它的思想就是對思想的思想。」（一〇七四b）我們必須推論說，神並不知道我們這個地上世界的存在。亞里斯多德也像斯賓諾莎一樣堅持說，儘管人必須愛神，但是神要愛人卻是不可能的事。

神不能定義爲「唯一不動的推動者」。反之，天文學的研究得到的結論是有四十七個或五十五個不動的推動者（一〇七四a）。這些不動的推動者與神的關係並沒有說明白；的確，最自然的解釋應該是有四十七個或五十五個神。因爲在上述論神的一段話之後，亞里斯多德又繼續說：「我們絕不能忽略這個問題，不管我們是設想只有一個這樣的實質還是不止一個」，緊接著他就談到那個得出了四十七個或五十五個不動的推動者的論證。

不動的推動者這一概念，是一個難於理解的概念。對於一個近代人的頭腦來說，一種變化的原因似乎必須是在此以前的另一個變化；並且宇宙若曾完全靜止的話，那麼宇宙就會永遠都是靜止的。要了解亞里斯多德的意思，我們就必須談到亞里斯多德關於原因的說法。按照他的說法，有四種原因：它們分別地叫做質料因、形式因、動力因和目的因。讓我們再舉那個雕像的人爲例。雕像的質料因就是大理石，形式因就是要塑造的這座像的本質，動力因就是鑿子與大理石相接觸，而目的因就是雕刻家心目中的目的。在近代的術語裡，「因」這個字是只限於動力因的。不動的推動者可以看作是一種目的因：它爲變化提供了一個目的，而那本質上就是朝著與神相似的一種演化。

我說過亞里斯多德並不是宗教氣質很深厚的，不過這話只有部分的眞確。我們也許可以多少是很隨便地把他的宗教這一面解說如下：

神作爲純粹思想、幸福、完全的自我實現，是永恆存在的，並沒有任何未曾實現的目的。反之，感覺世界則是不完美的，但它有生命、欲念、屬於不完美那類的思想以及熱望。一切生物都在多少不同的程度上察覺到神，並且是被對神的敬愛所推動而行動著的。這樣，神就是一切活動的目的因。變化就在於賦予質料以形式，但當其涉及可感覺的事物時，則始終有一種質料作爲下層基礎。唯有神才只包含著形式而沒有質料。世界就在不斷地朝著更大程度的形式而演進，並且這樣就日愈變得更近似於神。但是這一過程是不可能完成的，因爲質料並不能全然被消滅。這是一種進步與演化的宗教，因爲神的靜態的完美僅只是通過有限的存在對於神所懷的愛而在推動著世界的。柏拉圖是數學的，而亞里斯多德則是生物學的；這就說明了他們兩人宗教的不同。

然而這樣便會是對亞里斯多德的宗教的一種片面的見解了；其實，亞里斯多德還具有著希臘人那種對靜態的完美的愛好，以及希臘人的那種偏愛靜觀而不愛行動。他的靈魂學說就表明了他的哲學的這一面。

亞里斯多德究竟有沒有以任何形式教導過靈魂不朽說，這在注釋者們之間是一個傷腦筋的問題。阿威羅伊認爲亞里斯多德不曾教導過；而阿威羅伊在基督教國家裡是有許多追隨者的，其中最極端的就被人叫作伊比鳩魯派，但丁發現這些人都在地獄裡。事實上，亞里斯多德的學說是複雜的，很容易被誤解。在他的《論靈魂》（*On the Soul*）一書裡，他把靈魂看成是與身體結合在一起的，並且嘲笑了畢達哥拉斯派的輪迴學說（四〇七b）。似乎靈魂是隨身體而消滅的：「因此無可懷疑，靈魂與它的身體是不可分的」（四一三a）；但是他隨即又補充說道：「或者，無論如何，靈魂的某些部分是如此的。」身體與靈魂的關係即質料與形式的關係：「靈魂必定是在一個物體的形式的內部就潛存著生命的那種意義上的一種實質。但是實質是現實，因而靈魂就是具有上述特徵的身體的現實」（四一二a）。靈魂「是與事物本質的規定公式相符合的那種意義上的實質。這意思就是說，它是一個具有上述規定的特性（按指具有生命）的身體的『本質的東西』」（四一二b）。「靈魂是一個潛存著生命的自然體的第一級的現實。上述的這種自然體便是一個有機組織的身體。」（四一二a）如果問靈魂和身體究竟是不是一個，那就像問蠟和以模型鑄出來的蠟的形象是不是一個，是同樣地沒有意義了（四一二b）。自我滋養是植物所具有的唯一的精神能力（四一二a）。靈魂是身體的目的因

（四一四a）。

在這部書裡，亞里斯多德區別了「靈魂」與「心靈」，把心靈提得比靈魂更高，更不受身體的束縛。談過了靈魂與身體的關係之後，他說道：「心靈的情況是不同的；它似乎是植於靈魂之內的一種獨立的實質，並且是不可能被毀滅的。」（四〇八b）又說：「我們還沒有關於心靈或者思維能力的證據；它似乎是一種大不相同的靈魂，有如永恆的東西之不同於可消逝的東西那樣；唯有它才能孤立存在於其他一切的精神能力之外。由於以上所述顯然可見（儘管有些相反的說法），靈魂的其他一切部分都是不能單獨存在的。」（四一三b）心靈是我們的一部分，它能理解數學與哲學；它的對象是沒有時間性的，所以它本身也就被看成是沒有時間性的。靈魂是推動身體並知覺可感覺的對象的東西；它以自我滋養、感覺、思維與動力為其特徵（四一三b）；但是心靈則具有更高的思維功能，它與身體或感覺無關。因此心靈就可以是不朽的，雖說靈魂的其他部分都是不能不朽的。

要了解亞里斯多德的靈魂學說，就必須記得靈魂是身體的「形式」，而空間的形狀則只是「形式」的一種。那麼靈魂與形狀之間的共同之點又是什麼呢？我以為共同之點就是兩者都把統一性賦給了某一定量的質料。一塊大理石裡面後來將要變為一座雕像的那一部分，現在還不曾與大理石的其他部分區分開來；它現在還不是一件「東西」，並且也沒有任何的統一性。但是在雕刻家塑造了這座雕像之後，它就有了由它的形狀而得到的統一性。靈魂最本質的特徵——靈魂就是以此而成為身體的「形式」的——就是它使身體成了一個有機的整體，並且作為一個統一體而有其目的。一個單獨的器官所具有的目的是在它的自身之外的；例如：眼睛在孤立時就不能看。所以有許多事情，儘管當以一個作為整體的動物或植物為其主體時，是可以那麼說的；但是對於它的任何一部分可就不能也那麼說了。正是在這種意義上，有機組織或者說形式才能賦予實質性。凡是賦予植物或動物以實質性的，亞里斯多德便稱之爲「靈魂」。但是「心靈」卻是另一種不同的東西，與身體的連繫也不那麼密切；也許它是靈魂的一部分，但是它卻只爲很少數的一小部分生物所具有（四一五c）。作爲思辨過程的心靈並不能成爲運動的原因，因爲它永遠不會想到一切實際的東西，也永遠不會說應該避免什麼或者應該追求什麼（四三二b）。

《尼各馬可倫理學》（*Nicomachean Ethics*）一書中提出了類似的學說，雖然在術語上略有改變。靈魂裡面有一種成分是理性的，有一種成分是非理性的。非理性的部分有兩重：即，在各種生物（包括植物）之中都可以發現的生長部分與只存在於一切動物的嗜欲部分（一一〇二b）。理性靈魂的生活就在於沉思，這是人的完滿的幸福，儘管並不能完全達到。「這樣的一種生活對於人恐怕是太高了：因爲人並不是就其作爲一個人便可以這樣生活的，而是就他身中有著某種神聖的東西存在，他才能如此的；並且它的活動之優越於其他各種（實際的）德行的作用，正與它之優越於我們複合的本性的程度是一樣的。所以，如果與人比較起來理性乃是神聖的，那麼與人的生活比較起來符合於理性的生活也就是神聖的。但是我們絕不能聽從有些人的話，那些人勸告我們說我們既是人就該去想人的事情，既然有死就該去想有朽的事物。我們應當是盡我們的力量使自己不朽，盡最大的努力依照我們生命中最美好的東西而生活；因爲即使它在數量上很小，但是它在力量上和價值上卻遠遠超過了一切事物。」（一一七七b）

從這些段話看來，則似乎個性——這是區別開一個人與另一個人的東西——是與身體和非理性的靈魂相連繫著的，而理性的靈魂或者心靈則是神聖的、非個人的。一個人喜歡吃蠔肉而另一個人喜歡吃鳳梨；這就區別開了人與人。但是當他們都想到乘法表的時候，只要他們想得正確，他們之間就沒有任何的分別了。非理性的靈魂把我們區分開來；而有理性的靈魂則把我們結合起來。因此心靈的不朽或理性的不朽並不是個別的人的個人不朽，而是分享著神的不朽。我們看不出亞里斯多德是相信柏拉圖以及後來基督教所教導的那種意義上的個人的靈魂不朽的。他只是相信就人有理性而論，他們便分享著神聖的東西，而神聖的東西才是不朽的。人是可以增加自己天性中的神聖的成分的，並且這樣做就是最高的德行了。可是假如他眞的完全成了功的話，他也就會不再成其爲一個個別的人而存在了。這也許並不是對於亞里斯多德的話的唯一可能的解釋，但是我以爲這卻是最爲自然的解釋。

第二十章　亞里斯多德的倫理學

在亞里斯多德的全部著作中，關於倫理學的論文有三篇，但是其中有兩篇現在都公認是出於弟子們的手筆。第三篇，即《尼各馬可倫理學》，絕大部分的可靠性始終是沒有問題的，但是就在這部書裡面也有一部分（即卷五至卷七）被許多人認爲是從他弟子的某篇著作裡收進來的。然而，我將略掉這些爭論紛紜的問題，而把這部書當作是一整部書，並且當作是亞里斯多德的著作來處理。

亞里斯多德的倫理觀點大體上代表著他那時有教育的、有閱歷的人們的流行見解。它既不像柏拉圖的倫理學那樣地充滿著神祕的宗教；它也不讚許像在《理想國》裡可以看到的那種關於財產與家庭的非正統的理論。凡是既不低於也不高於正派的循規蹈矩的水準的公民們，對於他們認爲應該用以規範自己行爲的那些原則，都可以在這部倫理學裡面找到一套有系統的闡述。但是要求任何更多的東西的人，就不免要失望了。這部書投合了可尊敬的中年人的胃口，並且被他們用來，尤其是自從西元十七世紀以來，壓抑青年們的熱情與熱誠。但是對於一個具有任何程度深厚感情的人，它卻只能令人感到可憎。

他告訴我們說，善就是幸福，那是靈魂的一種活動。亞里斯多德說，柏拉圖把靈魂分爲理性的與非理性的兩個部分是對的。他又把非理性的部分分爲生長的（這是連植物也有的）與嗜欲的（這是一切動物都有的）。當其所追求的是那些爲理性所能讚許的善的時候，則嗜欲的部分在某種程度上也可以是理性的。這一點對於論述德行有著極其重要的意義；因爲在亞里斯多德，理性本身是純粹靜觀的，並且若不藉助於嗜欲，理性是絕不會引向任何實踐的活動的。

相應於靈魂的兩個部分，就有兩種德行，即理智的與道德的。理智的德行得自於教學，道德的德行則得自於習慣。立法者的職務就是通過塑造善良的習慣而使公民們爲善。我們是由於做出了正直的行爲而成爲正直的，其他的德行也是一樣。亞里斯多德以爲我們由於被迫而獲得善良的習慣，但是到時候我們也就會在做出善良的行爲裡面發現快樂。這就令人聯想到哈姆雷特對他母親說的話：

> 即使您已經失節，也得勉力學做一個貞節婦人的樣子。
> 習慣雖然是一個可以使人失去羞恥的魔鬼，
> 但是它也可以做一個天使，
> 對於勉力爲善的人，
> 它會用潛移默化的手段，
> 使他徙惡從善。①

現在我們就來看他那個有名的中庸之道的學說。每種德行都是兩個極端之間的中道，而每

① 譯文採自朱生豪譯《莎士比亞戲劇集》，第四卷（作家出版社，一九五四年版，第二三八頁）。——譯者

個極端都是一種罪惡。這一點可以由考察各種不同的德行而得到證明。勇敢是怯懦與魯莽之間的中道；磊落是放浪與猥瑣之間的中道；不亢不卑是虛榮與卑賤之間的中道；機智是滑稽與粗鄙之間的中道；謙遜是羞澀與無恥之間的中道。有些德行卻似乎並不能適合這種格式，例如：眞理性。亞里斯多德說眞理性是自誇與虛僞之間的中道（一一〇八a），但是這只能適用於有關自己個人的眞理性。我看不出任何廣義的眞理性可以適合於這個格式。從前有一位市長曾採用過亞里斯多德的學說；他在任期結束時講話說，他曾經力圖在一方面是偏私而另一方面是無私這兩者之間的那條狹窄的路線上前進。把眞理性視爲是一種中道的見解，似乎也差不多是同樣地荒謬。

亞里斯多德關於道德問題的意見，往往總是當時已經因襲成俗的那些意見。在某些點上，它們不同於我們時代的見解，而主要地是在與貴族制的某種形式有關的地方。我們認爲凡是人，至少在倫理理論上，就都有平等的權利，而正義就包含著平等；亞里斯多德則認爲正義包含著的並不是平等而是正當的比例，它只在**某些時候**才是平等（一一三一b）。

一個主人或父親的正義與一個公民的正義並不是一回事；因爲奴隸或兒子乃是財產，而對於自己的財產並不可能有非正義（一一三四b）。然而談到奴隸，則關於一個人是否可能與自己的奴隸做朋友的這個問題上，亞里斯多德的學說卻略有修正：「這兩方之間是沒有共同之處的；奴隸是活的工具。……所以**作爲**奴隸，一個人就不能和他做朋友。但是**作爲**人，則可以和他做朋友；因爲在任何人與任何別人之間——只要他們能共有一個法律的體系或者能作爲同一個協定中的一方——都似乎是有某種正義的；因此就他是一個人而言，則還是可以和他有友誼的。」（一一六一b）

如果兒子很壞，一個父親可以不要兒子；但是一個兒子卻不能不要父親，因爲他有負於他父親的遠不是他自己所能報答的，特別是他的生命（一一六三b）。在不平等的關係上面，這是對的；因爲每個人所受的愛都應該與自己的價值成比例，因此在下者之愛在上者就應該遠甚於在上者之愛在下者：妻子、孩子和臣民之愛丈夫、父母與君主，應該更有甚於後者對於前者的愛。在一個良好的婚姻裡，「男人依照他的價值、並就一個男人所應該治理的事情來治家，而把那些與女人相稱的事情交給女人去做」（一一六〇a）。男人不應該管理女人分內的事；而女人尤其不應該管理男人分內的事，就像有時候當女人是一個繼承人的時候所發生的情形那樣。

亞里斯多德所設想的最好的個人，是一個與基督教的聖人大不相同的人。他應該有適當的驕傲，並且不應該把自己的優點估價過低。他應該鄙視任何該當受鄙視的人（一一二四b）。亞里斯多德關於驕傲或者說恢弘大度②的人的描述是非常有趣的；它表明了異教倫理與基督教倫理之間的差異，以及尼采把基督教視爲是一種奴隸道德之所以有道理的意義何在。

「恢弘大度的人既然所值最多，所以就必定是最高度的善，因爲較好的人總

---

② 希臘文的這個字實際上的意義是「靈魂偉大的」，通常都譯作「恢弘大度」，但是牛津版則譯作「驕傲」。在近代的用法裡，沒有一個字能夠完全表示亞里斯多德的意義，但是我願意用「恢弘大度」，所以我在以上錄自牛津版譯文的引文裡，就把「驕傲」換成了「恢弘大度」這幾個字。

是所值較高，而最好的人則所值最高。因此，眞正恢弘大度的人必定是善良的。各種德行上的偉大似乎就是恢弘大度的人的特徵。逃避危難、袖手旁觀，或者傷害別人，這都是與一個恢弘大度的人最不相稱的事，因爲他——比起他來，沒有什麼是更偉大的了——爲什麼要去做不光彩的行爲呢？……所以恢弘大度似乎是一切德行的一種冠冕；因爲是它才使得一切德行更加偉大的，而沒有一切德行也就不會有它。所以眞正做到恢弘大度是很困難的；因爲沒有性格的高貴與善良，恢弘大度就是不可能的。因而恢弘大度的人所關懷的，主要地就是榮譽與不榮譽；並且對於那些偉大的、並由善良的人所賦給他的榮譽，他會適當地感到高興，認爲他是在得到自己的所值，或者甚至於是低於自己的所值；因爲沒有一種榮譽是能夠配得上完美的德行的，但既然再沒有別的更偉大的東西可以加之於他，於是他也就終將接受這種榮譽；然而從隨便一個人那裡以及根據猥瑣的理由而得的榮譽他是要完全加以鄙視的，因爲這種榮譽是配他不上的，並且對不榮譽也同樣是如此，因爲那對他是不公正的。……爲了榮譽的緣故，則權勢和財富是可以願望的；並且對於他來說，甚至於連榮譽也是一件小事，其他的一切就更是小事了。因而恢弘大度的人被人認爲是蔑視一切的。……恢弘大度的人並不去冒無謂的危險，……但是他敢於面迎重大的危險，他處於危險的時候，可以不惜自己的生命，他知道在有些情形之下，是值得以生命爲代價的。他是那種施惠於人的人，但是他卻恥於受人之惠；因爲前者是優異的人的標誌，而後者則是低劣的人的標誌。他常常以更大的恩惠報答別人；這樣原來的施惠者除了得到報償而外，還會有負於他。……恢弘大度的人的標誌是不

> 要求或者幾乎不要求任何東西，而且是隨時準備著幫助別人，並且對於享有高位的人應該不失其莊嚴，對於那些中等階級的人也不倨傲；因爲要高出於前一種人乃是一樁難能可貴的事，但是對於後一種人便很容易如此了，意態高昂地淩慢前一種人並不是教養很壞的標誌，但是若對於卑微的人們也如此，那就正像是向弱者炫耀力量一樣地庸俗了。……他又必須是愛憎鮮明的，因爲隱蔽起來自己的感情——也就是關懷眞理遠不如關懷別人的想法如何——乃是懦夫的一部分。……他盡情地議論，因爲他鄙夷一切，並且他總是說眞話的，除非是當他在對庸俗的人說諷刺話的時候。……而且他也不能隨便讚美，因爲比起他來，沒有什麼是顯得重大的。……他也不是一個說長道短的人，因爲既然他不想受人讚揚也不想指責別人，所以他就既不談論他自己也不談論別人。……他是一個寧願要美好但無利可圖的東西，而不願要有利可圖又能實用的東西的人。……此外，應該認爲徐行緩步對於一個恢弘大度的人是相稱的，還有語調深沉以及談吐平穩。……恢弘大度的人便是這樣；不及於此的人就不免卑躬過度，而有過於此的人則不免浮華不實。」（一一二三b—一一二五a）

這樣一個虛僞的人會像個什麼樣子，想起來眞是讓人發抖。

無論你對恢弘大度的人作何想法，但有一件事是明白的：這種人在一個社會裡不可能有很多。我的意思並不僅僅是在一般的意義上說，因爲德行很困難，所以就不大容易有很多有德的人；我的意思是說，恢弘大度的人的德行大部分要靠他之享有特殊的社會地位。亞里斯多德把倫理學看成是政治學的一個分支，所以他在讚美了驕傲之後，我們就發現他認爲君主制是最好的政府形式，而貴族制次之；這是沒有什麼可奇怪的。君主們和貴族們是可以「恢弘大度」的，但是平凡的公民們若也要試圖照著這種樣子生活起來，那就不免滑稽可笑了。

這就引起了一個半倫理、半政治的問題。一個社會由於它的根本結構而把最好的東西只限之於少數人，並且要求大多數人只滿足於次等的東西，我們能不能認爲這個社會在道德上是令人滿意的呢？柏拉圖和亞里斯多德的回答是肯定的，尼采也同意他們的看法。斯多噶派、基督教徒和民主主義者的回答都是否定的。但是他們答覆否定時的方式卻有很大的不同。斯多噶派和早期基督徒認爲最大的美好就是德行，而外界的境遇是不能夠妨礙一個人有德的；所以也就不需要去尋求一種正義的制度，因爲社會的不正義僅只能影響到不重要的事情。反之，民主主義者則通常都主張，至少就有關政治的範圍而論，最重要的東西乃是權力和財產；所以一個社會體系如果在這些方面是不正義的，那便是他所不能接受的了。

斯多噶—基督教的觀點要求一種與亞里斯多德大不相同的道德觀念，因爲他們必須主張德行對於奴隸和奴隸主乃是同樣可能的。基督教倫理學不贊成驕傲，亞里斯多德則認爲驕傲是一種德行；基督教讚美謙卑，亞里斯多德則認爲謙卑是一種罪惡。柏拉圖和亞里斯多德都把理智的德行估價得高於一切，但是基督教卻把它完全勾銷了，爲的是使窮人和卑賤的人也能像任何別的人一樣地有德。教皇格雷高里第一嚴厲地譴責過一位主教，因爲這位主教教人念文法。

最高的德只能是少數人的，亞里斯多德的這種觀點在邏輯上是和他把倫理學附屬於政治學的觀點相連繫著的。如果目的是在於好的社會而非好的個人，那麼好的社會可以是一個有著隸屬關係的社會。在管弦樂裡第一小提琴要比雙簧管更重要得多，雖說兩者對於全體的優美都是必需的。給予每一個人以對於作為一個孤立的個人來說是最好的東西——根據這條原則是不可能組織成一支管弦樂隊的。同樣情形也適用於近代的大國政府，不管它是多麼的民主。近代民主國家與古代民主國家不同，它把大權交給了某些特選的個人，例如：總統或者首相，並且必然要期待著他們具有種種不能期待於平凡的公民的優點。當人們不是以宗教的或政治爭論的詞句來思想的時候，人們大都會認為一個好總統要比一個好瓦匠更受人尊敬。在民主國家裡，一個總統並不被人期待成為完全像亞里斯多德的恢弘大度的人的那種樣子，然而人們卻仍然期待他能與一般的公民有所不同，並且能具有某些與他的職位相關的優點。這些特殊的優點也許並不被人認為是「倫理的」，但那乃是因為我們使用這個字的意義要比亞里斯多德使用這個字的意義來得更狹隘得多。

基督教教條的結果，使得道德與別的優點之間的區別變得要比希臘的時代更為尖銳得多。一個人能成為大詩人或大作曲家或大畫家，這是一個優點，但卻不是道德的優點；我們並不認為他具有了這種才幹就是更有德的，或者是更容易進入天堂的。道德的優點僅僅涉及於意志的行為，也就是說在各種可能的行為途徑中能做出正當的選擇來。③人們不會因為我不知道怎樣寫歌劇，而責備我不曾寫出歌劇來。正統的觀點是：只要有兩種可能的行為途徑時，良心就會告訴我說哪一條是正當的，而選擇另一條便是罪惡。德行主要的是在於避免罪惡，而不在

③ 的確亞里斯多德也說到過這一點（一一一〇五a），但是就亞里斯多德的原意來說，其後果卻不如基督教的解釋那樣地影響深遠。

於任何積極的東西。我們沒有理由要期待一個受過教育的人比一個沒有受過教育的人，或者一個聰明人比一個愚蠢的人，在道德上更爲優越。於是許多具有重大社會意義的優點，就以這種方式而被排斥在倫理學的領域之外了。在近代的用法上，「不道德的」這個形容詞要比「不可願望的」這個形容詞的範圍更狹隘得多。意志薄弱是不可願望的，但並非是不道德的。

然而，也有許多近代哲學家不曾接受這種倫理觀點。他們認爲應該首先給善下定義，然後再說我們的行爲應該怎樣才能實現善。這種觀點更有似於亞里斯多德的觀點，因爲亞里斯多德認爲幸福就是善。的確，最高的善是只爲哲學家才敞開大門的，但是對亞里斯多德來說，這一點卻並不能成爲對於這種理論的反駁。

倫理學的學說，按照它們之把德行視爲是一種目的抑或是一種手段，可以分爲兩類。亞里斯多德大體上採取的觀點是，德行乃是達到一種目的（即幸福）的手段。「目的既是我們所願望的，手段既是我們所考慮並選擇的，所以凡與手段有關的行爲就必須是既與選擇相符的而又是志願的。德行的實踐是與手段相連繫著的。」（一一一三b）但是德行還有另一種意義，在那種意義上它是包括在行爲的目的之內的：「人類的善，是靈魂在一個完美的生活裡依照德行而活動。」（一〇九八a）我以爲亞里斯多德會說，理智的德行是目的而實踐的德行則僅僅是手段。基督教的道德學家認爲，雖然道德行爲的後果一般都是好的，但卻比不上道德行爲的本身那樣地好；道德行爲之爲人重視乃是因爲它們本身的緣故，而不是因爲它們的效果。另一方面，凡是把快樂認爲是善的人，則都把德行僅僅看做是手段。除非把善就定義爲德行，此外任何別的定義都會有同樣的結果，即，德行只是達到德行本身之外的善的手段。在這個問題上我們已經說過，亞里斯多德大體上，雖然並不完全，同意有些人所認爲的倫理學的第一要義就是要給善下定義，而德行則被定義為是趨向於產生出善來的行為。

倫理學對政治學的關係還提出了另一個相當重要的倫理問題。假定正當的行為所應該追求的善就是整個集體的，或者最後是全人類的好處；那麼這種社會的好處是否就是個人所享受的好處的總合呢，還是它根本上乃是某種屬於全體而並不屬於部分的東西呢？我們可以用人體做類比來說明這個問題。快樂大部分是和身體的各個部分相結合在一起的，但是我們把它們認為是屬於作為一個整體的人的；我們可以享受一種愉快的氣味，但是我們知道單單有鼻子是不能享受到它的。有些人主張在一個組織嚴密的集體裡，也有許多優越性與此類似乃是屬於全體的而不是屬於任何部分的。如果他們是形而上學家，他們就可以像黑格爾一樣地主張凡是好的性質都是宇宙整體的屬性；但是他們一般地總會補充說，把善歸之於一個國家要比歸之於一個個人更少錯誤些。這種觀點可以邏輯地敘述如下。我們可以用各種各樣的謂語來形容一個國家，而這些謂語卻是不能用來形容它的個別成員的——例如：它是人口眾多的、疆域廣闊的、強大有力的等等。我們這裡所考察的這種觀點就把倫理的謂語也放在這一類裡面，這種觀點是說倫理的謂語僅只是加以引申之後才能屬於個人。一個人可以屬於一個人口眾多的國家或者屬於一個美好的國家；但是據他們說這個人卻不就是美好的，正猶如他不是人口眾多的一樣。這種觀點曾廣泛地為德國的哲學家們所持有，但這並不是亞里斯多德的觀點，除了他的正義的概念可能在某種程度上是例外。

《倫理學》一書有相當一部分是專門討論友誼的，包括了有關感情的一切關係在內。完美的友誼只可能存在於善人之間，而且我們不可能和很多的人做朋友。我們不應該和一個比自己地位高的人做朋友，除非他有更高的德行可以配得上我們對他所表示的尊敬。我們已經看到在不平等的關係之中，例如：夫妻或父子的關係之中，在上者應當受到更多的愛。所以不可能與神做朋友，因爲祂不能愛我們。亞里斯多德又討論一個人究竟能不能和自己做朋友，並且斷言唯有自己是一個善人時，這才有可能；他肯定說罪惡的人時時都在恨著自己。善良的人應該愛自己，但是應該高貴地愛自己（一一六九a）。在不幸的時候，朋友們是一種安慰；但是我們不應該由於尋求他們的同情而使得他們煩惱，就像女人或者女人氣的男人所做的那樣（一一七一b）。並不僅僅是在不幸之中才需要朋友，因爲幸福的人也需要朋友來共用自己的幸福。「沒有人願意在只有他獨自一人的條件之下而選擇全世界的，因爲人是政治的動物，是天性就要和別人生活在一起的一種動物。」（一一六九b）他說的所有關於友誼的話都是合情合理的，但沒有一個字是超出常識之上的。

亞里斯多德在討論快樂的時候也表現了他的通情達理，而柏拉圖卻多少是以苦行的眼光來看待快樂的。快樂，按亞里斯多德的用法，與幸福不同，雖說沒有快樂就不能有幸福。他說關於快樂的觀點有三種：(1)快樂從來都是不好的；(2)有些快樂是好的，但大多數的快樂則是不好的；(3)快樂是好的但並不是最好的。他反駁第一種觀點所根據的理由是：痛苦當然是不好的，因此快樂就必定是好的。他很正確地談到，說一個人挨打時也可以幸福的這種說法乃是無稽之談：某種程度上的外界的幸運對於幸福乃是必要的。他也拋棄了認爲一切快樂都是身體上的快樂的那種觀點；萬物都有某種神聖的成分，因此都有可能享受更高等的快樂。善人若不是遭遇不幸，總會是快樂的；而神則永遠享受著一種單一而單純的快樂（一一五二—一一五四）。

這部書的後一部分還有另一段討論快樂的地方，它與以上所說的並不完全一致。在這裡他論證說也有不好的快樂，然而那對於善良的人卻並不是快樂（一一七三b），也許各種快樂在性質上是不同的（同上）；快樂是好是壞要視其是與好的還是與壞的活動連繫在一起而定（一一七五b）。有些東西應該看得比快樂更重，沒有一個人是會滿足於以一個小孩子的理智而度過一生的，哪怕這種做法是快樂的。每種動物都有其自己的快樂，而人自己的快樂則是與理性連繫在一起的。

這就引到了這部書中唯一不僅是常識感而已的學說。幸福在於有德的活動，完美的幸福在於最好的活動，而最好的活動則是靜觀的。靜觀要比戰爭，或政治，或任何其他的實際功業都更可貴，因爲它使人可以悠閒，而悠閒對於幸福乃是最本質的東西。實踐的德行僅能帶來次等的幸福；而最高的幸福則存在於理性的運用裡，因爲理性（有甚於任何別的東西）**就是**人。人不能夠完全是靜觀的，但就其是靜觀的而言，他是分享著神聖的生活的。「超乎一切其他福祉之上的神的活動必然是靜觀的。」在一切人之中，哲學家的活動是最相似於神的，所以是最幸福的、最美好的：

> 運用自己的理性並培養自己的理性的人，似乎是心靈既處於最美好的狀態，而且也最與神相親近。因爲如果神是像人們所想的那樣，對於人事有著任何關懷的話；那麼他們之應該喜歡最美好的東西、最與他們相似的東西（即理性），以及他們之應該酬勞那些愛這種東西並尊敬這種東西的人（因爲那些人關懷著他們所親愛的事物，而且做得既正當而又高貴）——這些就都是理所當然的了。而這一切屬性首先就屬於哲學家，這一點也是明顯不過的。因此哲學家就是最與神親近的人。而

> 凡是哲學家的人，大抵也就是最幸福的人了；從而哲學家就這樣地要比任何別人都更爲幸福（一一七九a）。

這段話實際上是《倫理學》一書的結論；隨後的幾段所談到的則是向政治學的過渡。

現在就讓我們試著來決定，我們對於《倫理學》這部書的優缺點應該做何想法。與希臘哲學家們所探討過的其他題目不同，倫理學至今還不曾做出過任何確切的、在確實有所發現的意義上的進步；在倫理學裡面並沒有任何東西在科學的意義上是已知的。因此，我們就沒有理由說何以一篇古代的倫理學論文在任何一方面要低於一篇近代的論文。當亞里斯多德談到天文學的時候，我們可以確切地說他是錯了。但是當他談到倫理學的時候，我們就不能以同樣的意義來說他是錯了或者對了。大致說來，我們可以用三個問題來追問亞里斯多德的倫理學，或者任何其他哲學家的倫理學：(1)它是不是有著內在的自相一致？(2)它與作者其他的觀點是不是相一致？(3)它對於倫理問題所作的答案是不是與我們自身的倫理情操相符合？對於第一個問題或第二個問題中的任何一個問題的答案如果是否定的，那麼我們所追問的這位哲學家便是犯了某種理智方面的錯誤。但是如果對於第三個問題的答案是否定的，我們卻沒有權利說他是錯了；我們只能有權利說我們不喜歡他。

讓我們就根據《尼各馬可倫理學》一書中所提出的倫理理論，來依次地考察這三個問題。

(1)除了某些不大重要的方面以外，這本書大體上是自相一致的。善就是幸福而幸福就在於成功的活動，這一學說是講得很好的。但每種德行都是兩個極端之間的中道的學說，儘管也發揮得很巧妙，卻並不那麼成功了，因爲它不能應用於理智的靜觀；而據亞里斯多德告訴我們說，理智的靜觀乃是一切活動中之最美好的。然而也可以辯解說，中庸之道的學說本來是只準備用之於實踐的德行，而不是用之於理智的德行的。或許還有一點，那就是立法者的地位是多少有些曖昧的。立法者是要使兒童們和青年們能獲得履行善良行爲的習慣，這最後將引導他們在德行裡面發現快樂，而無需法律的強制就可以使他們的行爲有德。但顯然地，立法者也同樣可以使青年人獲得壞習慣；如果要避免這一點的話，他就必須具有一個柏拉圖式的衛國者的全部智慧；如果不能避免這一點，那麼有德的生活是快樂的這一論證就不能成立。然而也許這個問題更多是屬於政治學的，而不是屬於倫理學的。

(2) 亞里斯多德的倫理學在每一點上都是和他的形而上學相一致的。的確，他的形而上學理論本身就是一種倫理上的樂觀主義的表現。他相信目的因在科學上的重要性，這就蘊含著一種信仰，即目的是在統御著宇宙發展的過程的。他認爲變化，總的來說，乃是在體現著有機組織或者「形式」的不斷增加的，而有德的行爲歸根結底則是有助於這種傾向的行爲。他的實踐倫理學大部分的確是並沒有什麼特別的哲學性，只不過是觀察人事的結果罷了；然而他的學說中的這一部分儘管可以獨立於他的形而上學之外，卻並不是與他的形而上學不一致的。

(3) 當我們拿亞里斯多德的倫理口味來和我們自己相比較的時候，我們首先就發現——正如我們已經指出過的——必須要接受一種不平等，而那是非常引起近代人的反感的。他不僅僅對於奴隸制度，或者對於丈夫與父親對妻子與孩子的優越地位，沒有加以任何的反駁，反而認爲最好的東西本質上就僅只是爲著少數人的——亦即爲著驕傲的人與哲學家的。因而大多數人主要地只是產生少數統治者與聖賢的手段，便似乎是當然的結論了。康德以爲每個人自身都是一個目的，這可以認爲是基督教所介紹進來的觀點的一種表現。然而在康德的觀點裡卻有一個邏輯的困難。當兩個人的利益相衝突時，它就沒辦法可以得出一個決定來了。如果每個人的自身都是一種目的，我們又怎麼能夠達到一種原則可以決定究竟是哪一個應該讓步呢？這樣一種原則與其說要牽涉到個人，不如說必須牽涉到集體。就這個字的最廣泛的意義而言，它必然是一種「正義」的原則。邊沁和功利主義者都把「正義」解釋爲「平等」：當兩個人的利益相衝突時，正當的辦法就是那種能產生最大量的幸福的辦法；不管兩個人是由誰來享受幸福，或者幸福在他們之間是怎樣分配的。如果給予好人的要比給予壞人的更多，那乃是因爲從長遠看來賞善罰罪可以增加總的幸福，而不是由於有一種最後的倫理學說說好人應該比壞人值得更多。按這種觀點，「正義」就在於僅只考慮到所涉及的幸福數量，而不是偏愛某一個個人或階級而反對另一個人或階級。希臘的哲學家們，包括柏拉圖和亞里斯多德在內，卻具有著另一種迥然不同的正義觀，而那是一種至今仍然在廣泛流傳著的正義觀。他們認爲——原來的根據源出於宗教——每個事物或人都有著它的或他的適當的範圍，逾越了這個範圍就是「非正義」的。有些人由於他們的性格或能力的緣故而有著比別人更廣闊的範圍，所以他們如果分享更大的幸福，那是並沒有什麼不正義的。亞里斯多德把這種觀點看做是理所當然的；但是這種觀點之原始宗教的基礎雖然在早期哲學家裡面是顯著的，可是在亞里斯多德的著作裡面卻已經不再是很明顯的了。

亞里斯多德的思想裡差不多完全沒有可以稱之爲仁愛或慈愛的東西。人類的苦難——就他所察覺到的而論——並沒有能在感情上打動他；他在理智上把這些認爲是罪惡，但是並沒有證據說這些曾使得他不幸福，除非受難者恰好是他的朋友。

更一般地來說，《倫理學》一書中有著一種感情的貧乏，那在希臘早期的哲學家之中是看不到的。在亞里斯多德對人事的思辨裡有著某種過分的自高自大與自滿，凡是能使人彼此互相感到熱情關切的一切東西似乎都被亞里斯多德遺忘了。甚至於他對友誼的敘述也是淡淡的。沒有跡象可以表明他曾經有過任何使得他很難以保持健全那類的經驗；道德生活裡的一切更深沉的方面顯然都是為他所不知道的。我們可以說，他把人類經驗裡涉及宗教的整個領域都給忽略了。他所說的都是對於一個生活安適但卻缺乏感情的人可能有用的東西；但是對於那些被神或者被魔鬼迷住了的人，或者是外界的不幸把他們驅使到了絕望的人，亞里斯多德對於這些人卻沒有說什麼話。因為這些原因，儘管他的《倫理學》一書很有名，但按我的判斷卻是缺乏內在的重要性的。

第二十一章　亞里斯多德的政治學

亞里斯多德的政治學是既有趣而又重要的——之所以有趣，是因爲它表現了當時有教養的希臘人的共同偏見，之所以重要，是因爲它成了直迄中世紀末期一直有著重要影響的許多原則的根源。我並不以爲其中有很多東西對於今天的政治家是有任何實際用處的，但是有許多東西可以有助於弄明白希臘化世界各個地方的黨派衝突。亞里斯多德對於非希臘化國家裡的政府方法是不大留心的。他的確提到過埃及、巴比倫、波斯和迦太基，但是除了迦太基而外，其餘都只是泛泛提到而已。他沒有提到過亞歷山大，對於亞歷山大給全世界所造成的澈底變革他甚至於絲毫也沒有察覺到。全部討論都談的是城邦，他完全沒有預見到城邦就要成爲陳跡了。希臘由於分裂爲許多獨立的城邦，所以就成了一個政治試驗室。但是這些實驗能以適用的東西卻自亞里斯多德的時代以後就已不存在了，下迄中世紀義大利的城市興起爲止。亞里斯多德所引據的經驗在許多方面都更適用於較爲近代的世界，而不是適用自從他這本書寫成以後的一千五百年之中所曾存在過的任何世界。

他附帶說了許多非常有趣的話，其中有些我們在談到政治理論之前可以先說一說。他告訴我們說，歐里庇得斯在馬其頓王阿其老斯的宮廷裡曾被一個名叫迪卡尼庫斯的人罵他有口臭。國王爲了讓他息怒，就允許他鞭打迪卡尼庫斯。他就這樣做了。迪卡尼庫斯等待過許多年以後才參與一次成了功的陰謀，把國王殺死了；但是這時歐里庇得斯已經死了。他又告訴我們說應當在冬天吹著北風的時候受孕；又說必須小心翼翼地避免說下流的話，因爲「可恥的話引人去做可恥的事」。又說除了在神殿裡而外任何地方都不能容許猥褻，在神殿裡則法律甚至於是允許穢言的。人們不應該結婚太早，因爲如果結婚太早生下來的就會是脆弱的女孩子，妻子就會變得淫蕩，而丈夫則會發育不全。結婚正當的年紀男人是三十七歲，女人是十八歲。

我們從這裡面知道了泰利斯曾被人嘲笑過他的貧窮，他就用分期付款的辦法買下來所有的榨油器，於是就能夠掌握榨油器的壟斷價格。他做出這件事是要表明哲學家是能夠賺錢的。如果哲學家終身貧窮的話，那是因爲他們有著比財富更重要得多的事要去思想。然而這一切都是順便提到的；現在我們就來談更嚴肅的問題。

這部書開宗明義就指出國家的重要性；國家是最高的集體，以至善爲目的。按照時間的次序，最先有家庭；家庭建築在夫妻與主奴這兩大關係上，這兩者都是自然的。若干家庭結合成一鄉；若干鄉結合成一國，只需這種結合大得差不多足以自給。國家雖然在時間上後於家庭，但在性質上卻優先於家庭，並且也優先於個人；因爲「每一事物當其充分發展時，我們就把這稱爲是它的性質」，人類社會充分發展時就是國家，而全體是優先於部分的。這裡所包含的概念是有機體的概念：他告訴我們說，當身體毀滅的時候，一隻手就不再是一隻手了。這個含義就是，一隻手是被它的目的——即拿取——所規定的，唯有當手與一個活著的身體結合在一起的時候才能夠完成它的目的。同樣，一個人也不能夠完成他的目的，除非他是國家的一部分。亞里斯多德說創立國家的人乃是最偉大的恩主；因爲人若沒有法律就是最壞的動物，而法律之得以存在則依靠國家。國家並不僅僅是一個爲了進行交換與防止罪惡的社會：「國家的目的是善良的生活。……國家就是家庭與鄉結合成爲一種完美自足的生活，所謂完美自足的生活就是

說幸福與榮譽的生活。」（一二八〇b）「政治社會的存在是爲了高貴的行爲，而不是僅僅爲了單純的共同相處。」（一二八一a）

一個國是由若干家組成的，每一家都包括一個家庭，所以討論政治就應該從家庭開始。這一討論的主要部分是有關於奴隸制的——因爲在古代，奴隸總是算做家庭的一部分的。奴隸制是有利的、正當的，奴隸天生應該低於主人。有些人生來就註定應該服從，另有些人生來就註定應該統治。一個天生就不屬於自己而屬於別人的人，生來就是一個奴隸；奴隸不應該是希臘人，而應該是其他精神低劣的下等種族（一二五五a與一三三〇a）。馴服的動物當被人統治時就更好得多，那些天生下等的人被優勝者所統治的時候情形也是一樣。或許有人要問，以戰俘做奴隸的辦法究竟是不是有道理的呢？威力，例如：在戰爭中使人獲得勝利的那種威力，好像是蘊含著更爲優越的德行的樣子，但是情形卻往往並不如此。可是無論如何，對於那些雖然天生應該受統治卻不肯屈服的人而發動戰爭，那樣的戰爭總是正義的（一二五六b）；而這就蘊含著在這種情況之下把被征服者轉化爲奴隸就是正當的。這彷彿是足以爲古往今來任何的征服者作辯護了；因爲沒有一個國家會承認自己生來就應當是被統治的，所以對於自然意圖的唯一證據就必須從戰爭的結果來推斷。因此每一場戰爭裡的勝利者就都是對的，被征服者就都是錯的。這倒很能自圓其說。

其次就是關於貿易的討論，這一討論深刻地影響了經院學者們的善惡論。每件事物都有兩種用途，一種是正當的，另一種是不正當的；例如：一雙鞋可以用來穿，這就是它的正當的用途，或者可以用來交換，這就是它的不正當的用途。因此一個必須靠賣鞋爲生的鞋匠的身分就有些下賤了。亞里斯多德告訴我們說，零售並不是發財致富的藝術中的一個自然部分

（一二五七a）。發財致富的自然方式是巧妙的經營房產與地產。以這種方式所能得到的財富是有限度的，但是由貿易而得到的東西則是沒有限度的。貿易必須和錢打交道，但是財富並不在於獲得貨幣。由貿易而獲得的財富很正當地是要被人憎恨的，因爲它是不自然的。「最可憎恨的一種，而且是最有理由被憎恨的，就是高利貸；高利貸是從錢的本身裡而不是從錢的自然對象裡獲利的。因爲錢本是爲了用於交換的，而不是要靠利息來增殖的。……在一切發財致富的方式之中，高利貸是最不自然的。」（一二五八）

這種教誡產生了什麼結果，你不妨去看陶奈（Tawney）的《宗教與資本主義的興起》（*Religion and the Rise of Capitalism*）一書。但是雖說他講的歷史是可信的，然而他的敘述卻有一種袒護前資本主義的偏見。

「高利貸」是指一切有利息的貸款，而不像現在那樣僅僅是指以過高的利率貸款。從古希臘時代直到今天，人類——或者說至少是經濟上更爲發展的那一部分人類——一直是分裂爲債權人與債務人的；債務人始終不贊成利息，而債權人則始終贊成它。在大多的時候地主都是債務人，而從事商業的人則都是債權人。哲學家們的見解除了少數例外，都是吻合於自己階級的金錢利益的。希臘哲學家都是屬於占有土地的階級或者是被這個階級所僱用的，所以他們不贊成利息。中世紀的哲學家都是教士，而教會的財產主要的是土地，所以他們看不出有理由要修改亞里斯多德的意見。他們之反對高利貸更因反猶太主義而得到加強，因爲大部分流動資金都是猶太人的。僧侶們與貴族們是有爭執的，並且有時候還非常之尖銳，但是他們可以聯合起來反對萬惡的猶太人——猶太人曾以貸款的辦法幫他們度過了歉收，並認爲自己應該得到自己節儉的某種報酬。

隨著宗教改革，情形便起了變化。許多熱誠的新教徒都是經營企業的。對於他們來說，貸款謀利乃是最重要的事。因此首先是喀爾文，後來是其他新教的神職人員，都承認利息。最後天主教會也就不得不步其後塵，因爲古老的禁例已經不適於近代的世界了。哲學家們的收入現在都得自大學的資金，所以自從他們不再是教士，因而不再與土地占有相連繫之後，也都一直是贊成利息的。每一個階段都曾有過豐富的理論論據在支持著經濟上對自己有利的意見。

柏拉圖的烏托邦被亞里斯多德根據種種理由而加以批判。首先是非常有趣的闡述，說它把太多的統一性賦予國家，把國家弄成了一個個體。其次就是那種反對柏拉圖所提議的廢除家庭的論證，這是每個讀者自然而然會想得到的。柏拉圖認爲只消把「兒子」這個頭銜加給所有可能構成親子關係的同樣年紀的人，一個人對於全體人民也就獲得了目前人們對他們自己眞正的兒子所具有的那種感情。至於「父親」這個頭銜，也同樣如此。反之，亞里斯多德卻說，凡是對最大多數的人所共同的東西便最不爲人所關心，如果「兒子們」對於許多「父親們」都是共同的，那麼他們就會共同地受人忽視；做一個實際上的表兄弟要比做一個柏拉圖意義上的「兒子」還要好得多；柏拉圖的計畫會使得愛情化成水的。然後就是一種奇異的論證說，既然禁絕情慾是一種德行，那麼要求有一種消滅這種德行以及與此相關的罪惡的社會制度就是很可惋惜的事情了（一二六三b）。於是他就問道，如果婦女是公共的，那麼由誰來管家呢？我從前寫過一篇文章題名爲「建築與社會制度」，在這篇文章裡我曾指出一切想把共產主義和廢除家庭這兩者結合在一起的人，也必定要提倡人數眾多的、有著公共廚房、餐廳和托兒所的公社家庭。這種制度可以描敘爲是一種僧院，只是不需要獨身罷了。對於實現柏拉圖的計畫來說，這一點是具有根本意義的，並且這一點比起柏拉圖所推薦的其他許多事情來，絕不是更不可能的事情。

柏拉圖的共產主義困惱了亞里斯多德。他說，那會使人憤恨懶惰的人，並且會造成在同路人之間所常有的那類爭端。如果每個人都關心自己的事情，那就要好得多。財產應該是私有的；但是應該以仁愛來這樣教導人民，從而使得財產的使用大部分能成爲公共的。仁愛與慷慨都是德行，但是沒有私有制，它們便是不可能的。最後他又告訴我們說，如果柏拉圖的計畫是好計畫，那麼早就會有別人想到過這些了。①我並不同意柏拉圖，但是如果有任何東西能使我同意柏拉圖的話，那就是亞里斯多德反對柏拉圖的論據了。

在談到奴隸制的時候，我們已經看到，亞里斯多德不是一個信仰平等的人。縱使承認了奴隸與婦女的服從地位，但所有的公民在政治上究竟應該不應該平等，還仍然是個問題。他說有些人認爲這是可以願望的，根據的理由是一切革命的關鍵都在於財產的規定。他反對這種論證說，最大的罪行乃是由於過多而不是由於缺匱；沒有一個人是因爲要躲避凍餒才變成爲一個暴君的。

當一個政府的目的在於整個集體的好處時，它就是一個好政府；當它只顧及自身時，它就是一個壞政府。有三種政府是好的：即，君主制、貴族制和立憲政府（或者共和制）；有三種政府是壞的：即，僭主制、寡頭制和民主制。還有許多種混合的中間形式。並且還須指出，

①請參看雪梨．史密斯作品中的傻子的演說：「如果這個提議是健全的，撒克遜人會把它放過去嗎？丹麥人會對於它熟視無睹嗎？它會逃得過諾曼人的智慧嗎？」（引文只根據我的記憶）

好政府和壞政府是被當權者的道德品質所規定的，而不是被憲法的形式所規定的。可是，這只有部分的眞確性。貴族制就是有德的人的統治，寡頭制就是富人的統治，而亞里斯多德並不認爲德行與財富是嚴格的同義語。亞里斯多德按照中庸之道的學說所主張的乃是，適度的資產才最能夠與德行結合在一起：「人類並不藉助於外在的財貨才能獲得或者保持德行，反而是外在的財富要藉助於德行；幸福無論是存在於快樂，還是存在於德行，還是兼存於這兩者，往往總是在那些在自己的心靈上與性格上有著最高度的教養卻只有適度的身外財富的人們的身上才能夠找得到，而不是在那些具有多得無用的身外財貨卻缺少高尙品質的人們的身上找到的。」（一三二三a與b）因此最好的人的統治（貴族制）與最富的人的統治（寡頭制）二者之間是有區別的，因爲最好的人往往只有適度的財富。民主制與共和制之間——除了政府的倫理差異而外——也是有區別的，因爲亞里斯多德所稱之爲「共和制」的，保留著有某種寡頭制的成分在內（一二九三b）。但是君主制與僭主制之間的唯一區別則只是倫理的。

他強調要以統治政黨的經濟地位來區別寡頭制與民主制：當富人完全不考慮到窮人而統治的時候便是寡頭制，當權力操在貧困者的手裡而他們不顧及富人的利益時便是民主制。

君主制比貴族制更好，貴族制比共和制更好。但是最好的一腐化就成爲最壞的；因此僭主制就比寡頭制更壞，寡頭制就比民主制更壞。亞里斯多德就以這種方式達到了一種有限度的爲民主制進行辯護；因爲絕大多數的實際政府都是壞的，所以在實際的政府中，民主制倒也許是最好的。

希臘人的民主概念在許多方面要比我們的更極端得多；例如：亞里斯多德說，選舉行政官的辦法是寡頭制的，而用抽籤來任命行政官才是民主的。在極端的民主制裡公民大會是高於法律之上的，並且獨立地決定每一個問題。雅典的法庭是由抽籤選出來的大量公民所組成的，而不需任何法學家來幫忙；這些人當然易於被雄辯或者黨派的感情所左右。所以當他批評民主制的時候，我們必須理解他所指的乃是這種東西。

亞里斯多德對於革命的原因曾有長篇的討論。在希臘，革命的頻繁就像以往在拉丁美洲一樣，所以亞里斯多德有著豐富的經驗可以引證。革命主要的原因，則是寡頭派與民主派的衝突。亞里斯多德說民主制產生於一種信念，即同等自由的人們應當在一切方面都是平等的；而寡頭制則產生於一種事實，即在某些方面優異的人要求得過多。兩者都有一種正義，但都不是最好的一種。「因此只要兩黨在政府中的地位與他們所預想的觀念不相符，他們就會掀起革命。」（一三〇一 a）民主的政府比寡頭制更不容易有革命，因為寡頭們彼此之間可以起糾紛。寡頭們似乎都是些精力旺盛的傢伙們。他告訴我們說，在有些城邦裡寡頭們宣誓說：「我要做一個人民之敵，我要竭盡全力設法來對他們加以一切的傷害。」今天的反動派可就沒有這麼坦白了。

防止革命所必需的三件事情就是：政府的宣傳教育，尊重法律（哪怕是在最小的事情上），以及法律上與行政上的正義，也就是說「按比例的平等並且使每一個人都享受自己的所有。」（一三〇七 a，一三〇七 b，一三一〇 a）亞里斯多德似乎從未體會到過「按比例的平等」的困難。如果這就是真的正義，那麼比例就必須是德行的比例。可是德行是難於衡量的，而且是一件具有黨性爭論的事情。所以在政治的實踐上，德行總是傾向於以收入來衡量的；亞里斯多德企圖在貴族制與寡頭制之間所做的那種區別，唯有在有著根深蒂固的世襲貴族的地方才是可能的。縱使是那樣，但一旦有了一個巨大的富人階級而又非貴族階級的時候，也就必須讓他們享有政權，以免他們釀成一場革命。但除非是在土地幾乎是唯一的財富來源的地方，否則的話世襲的貴族制是絕不可能長期保持他們的權力的。一切社會的不平等，從長遠來看，都是收入上的不平等。擁護民主制的一部分論據就是：想要根據財富以外的任何其他優點而奠定的「按比例的正義」的任何企圖都必然是要破滅的。爲寡頭制而辯護的人們聲稱收入是與德行成比例的；先知說他從來沒有看見過一個正直的人討飯；而亞里斯多德則認爲善人獲得的恰好是他自己的收入，既不太多也不太少。但是這些觀點都是荒謬的。除非是絕對的平等，此外任何一種「正義」在實踐上都得酬報某種與德行迥然不同的品質，因此都是應該加以譴責的。

關於僭主制有一節是非常有趣的。一個僭主渴望財富，而一個君主則渴望榮譽。僭主的衛兵是雇傭兵，而君主的衛兵則是公民。僭主們絕大部分都是煽惑者，他們是由於允諾保護人民反對貴族而獲得權力的。亞里斯多德以一種譏諷的、馬基維利式的語調闡述了一個僭主要想保持權力時，必須做些什麼事情。一個僭主必須防止任何一個有特殊才幹的人脫穎而出，必要時得採用死刑與暗殺。他必須禁止公共會餐、聚會以及任何可以產生敵對感情的教育。絕不許有文藝集會或討論。他必須防止人民彼此很好地互相了解，必須強迫人民在他的城門前過著公共的生活。他應該僱用像敘拉古女偵探那類的暗探；他必須散播糾紛並使他的臣民窮困。他應該使人民不斷從事巨大的工程，如像埃及國王建造金字塔的那種做法。他也應該授權給女人和奴隸，使他們也都成爲告密者。他應該製造戰爭，爲的是使他的臣民永遠有事要做，並且永遠需要有一個領袖（一三一三 a 與 b）。

全書裡唯有這段話是對於今天最適用的一段話，思想起來不禁令人黯然。亞里斯多德結論說，對一個僭主來說，沒有什麼罪惡是太大的。然而，他說還有另一種方法可以保存僭主制，那就是要有節制以及僞裝信仰宗教。但是他並沒有決定哪一種方法可以證明更爲有效。

有一段很長的論證用以證明對外征服並不是國家的目的，從而揭示了許多人都採取的是帝國主義者的觀點。確實也有一種例外：征服「天生的奴隸」是正確的而且是正當的。在亞里斯多德的觀點裡，這就可以證明對野蠻人的戰爭是正當的，但對希臘人的戰爭則是不正當的；因爲沒有一個希臘人是天生的奴隸。一般說來，戰爭僅僅是手段而不是目的；因此一個城邦處於孤立的不可能進行征服的局勢之下，也可以是幸福的。生存於孤立之中的國家也並不必須消極無爲。神和全宇宙就都是積極活動著的，儘管他們也不可能進行對外的征服。所以一個國家所應該追求的幸福就不應該是戰爭，而應該是和平的活動，儘管戰爭有時也可以是達到幸福的必要手段。

這就引到了一個問題：一個國家應該有多麼大？他告訴我們說，大城邦永遠是治理不好的，因爲人數過多就不能有秩序。一個國家應該是大得足夠多少可以自給，但是又不應該過大而不能實行憲政。一個國家應該小得足以使公民們能認識彼此的性格，否則選舉與訴訟就不能做得公正。領土應該小得從一個山頂上就足以把它的全貌一覽無餘。他既然告訴我們說國家應該自給自足（一三二六b），但又說國家應該有進出口貿易（一三二七a），這就似乎不能自圓其說了。

靠工作爲生的人不應該允許有公民權。「一個公民不應該過一個匠人的或者商人的生活，因爲這樣一種生活是不光彩的，是與德行相違反的。」公民也不應該是農人，因爲他們必須要有閒暇。公民們應該有財產，但是莊稼漢則應該是來自其他種族的奴隸（一三三〇a）。他告訴我們說，北方的種族是精力充沛的，而南方的種族則是聰明智慧的。所以奴隸應該是南方的種族，因爲如果他們要是精力充沛的話，那就不大便當了。唯有希臘人才既是精力充沛的而又是聰明智慧的；他們治理得比野蠻人好得多，如果他們團結起來，就能夠統治全世界（一三二七b）。人們也許可以期待，在這一點上總該提到亞歷山大了吧，但是一個字也沒有提到。

關於國家的大小，亞里斯多德在不同的程度上也犯了許多近代自由主義者所犯的同樣錯誤。一個國家必須能夠在戰爭中保衛住它自己，而且甚至於還須沒有很大的困難就能保衛住它自己，如果任何一種自由的文化想要能生存下去的話，而這要求一個國家究竟有多麼大，那就得取決於戰爭的技術與工業了。在亞里斯多德那時，城邦已經過時了，因爲它已不能抵抗馬其頓而保衛住它自己了。在我們今天，則整個的希臘包括馬其頓在內，在這種意義上都是過時了的，正像最近所已經證明的那樣。[②]今天要主張希臘或者任何其他小國完全獨立，那就正像是主張一個其領域站在高處就可以一覽無餘的城市要完全獨立，是一樣地枉然無益。除非一個國家或同盟由於其自身的努力，就能強大得足以擊退一切外來的征服企圖，否則的話就不可能有眞正的獨立。而要滿足這一要求，就絕不能比美國和大英帝國加在一起更小；而且甚至於就連這，也許還會是一個太小的單元呢。

《政治學》（*Politics*）這部書就其傳到我們今天的形式來看是沒有完成的，它最後以討論教育而告終結。教育當然僅僅是爲著那些將要成爲公民的孩子們；奴隸們也可以教以有用的

② 本文寫於西元一九四一年五月。（按當時希臘被納粹德國所占領。——譯者）

技術，例如：烹調之類，但這並不是教育的一部分。公民應該造就得適合於他自己所生存於其下的那種政府形式，因此就應該視該城邦是寡頭制還是民主制而有所不同。然而在這一討論裡，亞里斯多德假定公民們全都享有政權。孩子們應當學習對他們有用的東西，但不能庸俗化；例如：不應該教給他們以任何歪曲身體形象的技術，或者是能使他們掙錢的技術。他們應該適度地從事體育鍛鍊，但是不能達到獲得職業性的技術的地步；受訓參加奧林匹克運動會的孩子們的健康是受到了損害的，那些在幼時曾經是勝利者的人到了成人以後幾乎很少再能成為勝利者的這一事實，就可以說明這一點。孩子們應該學習畫圖，為的是能欣賞人身的美；也應該教導他們能欣賞那些表現道德觀念的繪畫與雕刻。他們可以學習唱歌和演奏樂器，使自己能夠有品評地享受音樂，但又不足以成為技術熟練的演奏者；因為自由人除非喝醉了酒的時候，是不會奏樂或唱歌的。當然他們必須學習讀書和寫字，儘管這些也是有用的技術。但是教育的目的乃是「德行」，而不是有用。亞里斯多德所指的「德行」，他已經在《倫理學》一書裡告訴過我們了，而他在這部書裡又反覆地加以引證。

亞里斯多德在他《政治學》一書裡的基本假設，與任何近代作家的基本假設都大大不同。依他看來，國家的目的乃是造就有文化的君子——即，把貴族精神與愛好學藝結合在一起的人。這種結合以其最高度的完美形式存在於白里克里斯時代的雅典，但不是存在於全民中而只是存在於那些生活優裕的人們中間。到白里克里斯的最後年代，它就開始解體了。沒有文化的群眾攻擊白里克里斯的朋友們，而他們也就不得不以陰謀、暗殺、非法的專制以及其他並不很君子的方法來保衛富人的特權。蘇格拉底死後，雅典民主制的頑固性削弱了；雅典仍然是古代文化的中心，但是政治權力則轉移到了另外的地方。在整個古代的末期，權力和文化通常是分開來的：權力掌握在粗暴的軍人手裡，文化則屬於軟弱無力的希臘人，並且常常還是些奴隸們。這一點在羅馬光輝偉大的日子裡只是部分如此，但是在西塞羅（Cicero）以前和在馬可·奧理略（Marcus Aurelius）以後則特別如此。到了野蠻人入侵以後，「君子們」是北方的野蠻人，而文化人則是南方的精細的教士們。這種情形多多少少一直繼續到文藝復興的時代，到了文藝復興，俗人才又開始掌握文化。從文藝復興以後，希臘人的由有文化的君子來執政的政治觀，就逐漸地日益流行起來，到西元十八世紀達到了它的頂點。

但各種不同的力量終於結束了這種局面。首先是體現於法國大革命及其餘波的民主制。自從白里克里斯的時代以後，有文化的君子們就必須保衛自己的特權而反對群眾；而且在這個過程之中，他們就不再成其爲君子也不再有文化。第二個原因是工業文明的興起帶來了一種與傳統文化大爲不同的科學技術。第三個原因是群眾的教育給了人們以閱讀和寫字的能力，但並沒有給他們以文化；這就使得新型的煽動者能夠進行新型的宣傳，就像我們在獨裁制的國家裡所看到的那樣。

因此，好也罷、壞也罷，有文化的君子的日子是一去不復返了。

第二十二章　亞里斯多德的邏輯

亞里斯多德的影響在許多不同的領域裡都非常之大，但以在邏輯學方面爲最大。在古代末期當柏拉圖在形而上學方面享有至高無上的地位時，亞里斯多德已經在邏輯方面是公認的權威了，並且在整個中世紀他都始終保持著這種地位。到了西元十三世紀，基督教哲學家又在形而上學的領域中也把他奉爲是至高無上的。文藝復興以後，這種至高無上的地位大部分是喪失了，但在邏輯學上他仍然保持著至高無上的地位。甚至於直到今天，所有的天主教哲學教師以及其他許多的人仍然在頑固地反對近代邏輯的種種新發現，並且以一種奇怪的堅韌性在堅持著已經是確鑿無疑地像托勒密的天文學那樣過了時的一種體系。這就使我們很難對亞里斯多德做到歷史的公平了。他今天的影響是如此之與明晰的思維背道而馳，以致我們很難想到他對所有他的前人（包括柏拉圖在內）做出了多大的進步，或者說，如果他的邏輯著作曾經是繼續進展著，而不是（像事實上那樣）已經到了一個僵死的結局並且繼之以兩千多年的停滯不前的話，它仍然會顯得多麼地值得讚嘆。在談到亞里斯多德的前人的時候，當然並沒有必要提醒讀者說，他們並非逐字逐句都是充滿靈感的；所以我們盡可以讚美他們的才能，而不必被人認爲就是贊成他們的全部學說。與此相反，亞里斯多德的學說，尤其是在邏輯學方面，則直到今天仍然是個戰場，所以就不能以一種純粹的歷史精神來加以處理了。

亞里斯多德在邏輯學上最重要的工作就是三段論的學說。一個三段論就是一個包括有大前提、小前提和結論三個部分的論證。三段論有許多不同的種類，其中每一種經院學者都給起了一個名字。最爲人所熟知的就是稱爲「Barbara」①的那一種：

凡人都有死（大前提）。

蘇格拉底是人（小前提）。

所以：蘇格拉底有死（結論）。

或者：凡人都有死。

所有的希臘人都是人。

所以：所有的希臘人都有死。

（亞里斯多德並沒有區別上述的這兩種形式，我們下面就可以看到這是一個錯誤。）

其他的形式是：沒有一條魚是有理性的，所有的鯊魚都是魚，所以沒有一條鯊魚是有理性的。（這就叫作「Celarent」②）

① 此處的三段都是全稱肯定，即A、A、A的形式，其所以稱為Barbara，是因為這個字的三個母音都是A。——譯者

② 此處的三段是全稱否定、全稱肯定與全稱否定即E、A、E的形式，其所以稱為Celarent，是因為這個字的三個母音是E、A、E。——譯者

凡人都有理性，有些動物是人，所以有些動物是有理性的。（這就是叫作「Darii」③）

沒有一個希臘人是黑色的，有些人是希臘人，所以有些人不是黑色的。（這就叫作「Ferio」④）

這四種就構成「第一格」；亞里斯多德又增加了第二格和第三格，經院學者又增加上了第四格。已經證明了後三格可以用各種辦法都歸結爲第一格。

從一個單一的前提裡可以做出幾種推論來。從「有些人有死」，我們可以推論說「有些有死的是人」。按照亞里斯多德的說法，這也可以從「凡人都有死」裡面推論出來。從「沒有一個神有死」，我們可以推論說「沒有一個有死的是神」，但是從「有些人不是希臘人」並不能得出來「有些希臘人不是人」。

除上述的這些推論而外，亞里斯多德和他的後繼者們又認爲，一切演繹的推論如果加以嚴格地敘述便都是三段論式的。把所有各種有效的三段論都擺出來，並且把提出來的任何論證都化爲三段論的形式，這樣就應該可能避免一切的謬誤了。

這一體系乃是形式邏輯的開端，並且就此而論則它既是重要的而又是值得讚美的。但是作

---

③ 此處的三段是全稱肯定、特稱肯定與特稱肯定，即A、I、I的形式，其所以稱為Darii，是因為這個字的三個母音是A、I、I。——譯者

④ 此處的三段是全稱否定、特稱肯定與特稱否定，即E、I、O的形式，其所以稱為Ferio，是因為這個字的三個母音是E、I、O。——譯者

爲形式邏輯的結局而不是作爲形式邏輯的開端來考慮，它就要受到三種批評了：

(1)這一體系本身之內的形式的缺點。

(2)比起演繹論證的其他形式來，對於三段論式估價過高。

(3)對於演繹法之作爲一種論證的形式估價過高。

關於這三種批評的每一種，我們都必須說幾句話。

(1)形式的缺點　讓我們從下列的兩個陳述開始：「蘇格拉底是人」和「所有的希臘人都是人」。我們有必要在這兩者之間做出嚴格的區別來，這是亞里斯多德的邏輯所不曾做到的。「所有的希臘人都是人」這一陳述通常被理解爲蘊含著：有希臘人存在；若沒有這一蘊含則某些亞里斯多德的三段論式就要無效了。例如：

「所有的希臘人都是人，所有的希臘人都是白色的，所以有些人是白色的。」如果有希臘人存在，而不是不存在；則這個三段論便是有效的。但假如我要說：

「所有的金山都是山，所有的金山都是金的，所以有些山是金的」，我的結論就會是錯誤的了，儘管在某種意義上我的前提可以說都是眞的。所以如果我們要說得明白，我們就必須把「所有的希臘人都是人」這一陳述分爲兩個，一個是說「有希臘人存在」，另一個是說「如果有任何東西是一個希臘人，那麼它就是一個人」。後一陳述純粹是假設的，它並不蘊含著有希臘人的存在。

這樣，「所有的希臘人都是人」這一陳述就比「蘇格拉底是人」這一陳述，在形式上更爲複雜得多。「蘇格拉底是人」以「蘇格拉底」作爲它的主詞，但是「所有的希臘人是人」並不以「所有的希臘人」作爲它的主詞；因爲無論是在「有希臘人存在」這一陳述裡，還是在「如果有任何東西是一個希臘人，那麼它就是一個人」這一陳述裡，都並沒有任何有關「所有的希臘人」的東西。

這種純形式的錯誤，是形而上學與認識論中許多錯誤的一個根源。讓我們考察一下，我們關於下列兩個命題的知識的情形：「蘇格拉底有死」和「凡人都有死」。為了要知道「蘇格拉底有死」的眞實性，我們大多數人都滿足於依靠見證；但是如果見證是可靠的，則它就必然要把我們引回到某一個認得蘇格拉底，並親眼看到他死亡的人那兒去。這個被人目睹的事實——蘇格拉底的屍體——再加上這就叫作「蘇格拉底」的那種知識，便足以向我們保證蘇格拉底的死。但是當談到「所有的人都有死」的時候，情形就不同了。我們有關這類普遍命題的知識的問題，是一個非常困難的問題。有時候它們僅僅是文辭上的：「所有的希臘人都是人」之為我們所知，乃是因為並沒有任何東西可以稱為「一個希臘人」，除非那個東西是一個人。這類的普遍陳述可以從字典裡得到肯定；但它們除了告訴我們怎樣用字以外，並沒有告訴我們有關世界的任何東西。但是「所有的人都有死」卻並不屬於這一類；一個不死的人在邏輯上並沒有任何自相矛盾之處。我們根據歸納法而相信這個命題，是因為並沒有可靠的證據說一個人能活到（比如說）一百五十歲以上；但是這只能使這個命題成為或然的，而並不能成為確切無疑的。只要當有活人存在的時候，它就不可能是確切無疑的。

形而上學的錯誤出自於假設「所有的人」是「所有的人都有死」的主詞，與「蘇格拉底」是「蘇格拉底有死」的主詞，這兩者有著同一的意義。它使人可能認為在某種意義上，「所有的人」所指的與「蘇格拉底」所指的是同一類的一種整體。這就使得亞里斯多德說，種類在某種意義上也就是實質。亞里斯多德很謹愼地在限定這一陳述，但是他的弟子們，尤其是蒲爾斐利，卻表現得沒有這麼細心。

由於這一錯誤亞里斯多德便陷入了另一種錯誤，他以爲一個謂語的謂語可以成爲原來主詞的謂語。假設我說「蘇格拉底是希臘人，所有的希臘人都是人」；亞里斯多德便以爲「人」是「希臘人」的謂語，而「希臘人」又是「蘇格拉底」的謂語，於是顯然可見「人」就是「蘇格拉底」的謂語。但事實上，「人」並不是「希臘人」的謂語。名字與謂語之間的區別，或者用形而上學的語言來說也就是個體與共相之間的區別，就這樣被他抹殺了，這給哲學帶來了多災多難的後果。所造成的混亂之一就是，設想只具有一個成員的類也就等於那一個成員。這就使人對於一這個數目不可能有一種正確的理論，並且造成了無窮無盡的有關於「一」的壞形而上學。

(2) 對於三段論式估價過高 三段論式僅僅是演繹論證中的一種。數學完全是演繹的，但在數學裡面三段論幾乎從來也不曾出現過。當然我們有可能把數學論證重行寫成三段論的形式，但是那就會成爲非常矯揉造作的了，而且也並不會使之更能令人信服。以算學爲例：假設我買了價值四元六角三分錢的東西，付出了一張五元的鈔票，那麼應該找給我多少錢呢？把這樣一個簡單的數字寫成三段論的形式便會是荒謬絕倫的了，而且還會掩蔽了這一論證的眞實性質。此外，在邏輯裡面也有非三段論式的推論，例如：「馬是一種動物，所以馬的頭是一種動物的頭。」事實上，有效的三段論僅只是有效的演繹法的一部分，它對於其他的部分並沒有邏輯的優先權。想賦予演繹法中的三段論以首要地位的這種企圖，就在有關數學推理的性質這個問題上把哲學家們引入了歧途。康德看出了數學並不是三段論式的，便推論說數學使用了超邏輯的原則；然而他卻認爲超邏輯的原則和邏輯的原則是同樣確實可靠的。康德也像他的前人一樣，由於尊崇亞里斯多德而被引入了歧途，儘管是在另一條不同的道路上。

(3) 對於演繹法估計過高　對於作爲知識來源的演繹法，希臘人一般說來要比近代哲學家賦給了它以更大的重要性。在這一方面，亞里斯多德要比柏拉圖錯誤得更少一些；他一再承認歸納法的重要性，並且他也相當注意這個問題：我們是怎樣知道演繹法所必須據之以出發的最初前提的？可是他也和其他的希臘人一樣，在他的認識論裡給予了演繹法以不適當的重要地位。我們可以同意（比如說）史密斯先生是有死的，並且我們可以很粗疏地說，我們之知道這一點乃是因爲我們知道所有的人都有死。但是我們實際所知道的並不是「所有的人都有死」；我們所知道的倒不如說是像「所有生於一百五十年之前的人都有死，並且幾乎所有生於一百年之前的人也都有死」這樣的東西。這就是我們認爲史密斯先生也要死的理由。但是這種論證乃是歸納法，而不是演繹法。歸納法不像演繹法那樣確切可信，它只提供了或然性而沒有確切性；但是另一方面它卻給了我們以演繹法所不能給我們的新知識。除了邏輯與純粹數學而外，一切重要的推論全都是歸納的而非演繹的；僅有的例外便是法律和神學，這兩者的最初原則都得自於一種不許疑問的條文，即法典或者聖書。

除了探討三段論式的《分析前篇》（*The Prior Analytics*）以外，亞里斯多德另有一些著作在哲學史上也有相當的重要性。其中之一就是《範疇論》（*The Categories*）那個短篇著作。新柏拉圖主義者蒲爾斐利給這部書寫過一篇注釋，這篇注釋對於中世紀的哲學有很顯著的影響；但是目前還是讓我們撇開蒲爾斐利而只限於談亞里斯多德。

「範疇」這個字——無論是在亞里斯多德的著作裡，還是在康德與黑格爾的著作裡——其確切含義究竟指的是什麼，我必須坦白承認我始終都不能理解。我自己並不相信在哲學裡面

「範疇」這一名詞是有用的，可以表示任何明確的觀念。亞里斯多德認爲有十種範疇：即，實體、數量、性質、關係、地點、時間、姿態、狀況、活動、遭受。對於「範疇」這一名詞所提到的唯一定義就是：「每一個不是複合的用語」——接著就是上述的一串名單。這似乎是指凡是其意義並不是由別的字的意義所結合而成的每一個字，都代表著一種實體或一種數量等等。但是並沒有提到編排這十種範疇的名單所根據的是一種什麼原則。

「實體」首先就是既不能用以敘說主詞而且也不出現於主詞的東西。當一個事物儘管不是主詞的一部分，但沒有主詞就不能存在時，我們就說它是「出現於主詞」。這裡所舉的例子是出現於人心之中的一些文法知識，以及可以出現於物體的某一種白色。實體，在上述的主要意義上，便是一個個體的物或人或動物。但是在次要的意義上，則一個種或一個類——例如：「人」或者「動物」——也可以叫作一個實體。這種次要的意義似乎是站不住腳的，而且到了後代作家們的手裡，更爲許多壞的形而上學大開方便之門。

《分析後篇》（*The Posterior Analytics*）大體上是探討一個曾使得每一種演繹的理論都感到棘手的問題，那就是：最初的前提是怎樣得到的？既然演繹法必須從某個地點出發，我們就必須從某種未經證明的東西而開始，而這種東西又必須是以證明以外的其他方式而爲我們所知的。我不準備詳細闡述亞里斯多德的理論，因爲它有賴於本質這個概念。他說，一個定義就是對於一件事物的本質性質的陳述。本質這一概念是自從亞里斯多德以後直迄近代的各家哲學裡的一個核心部分。但是我的意見則認爲它是一種糊塗不堪的概念，然而它的歷史重要性卻需要我們對它談幾句話。

一件事物的「本質」看來就是指「它的那樣一些性質，這些性質一經變化就不能不喪失事物自身的同一性」。蘇格拉底可以有時候愉悅，有時候悲哀；有時候健康，有時候生病。既然他可以變化這些性質而又不失其爲蘇格拉底，所以這些就不屬於他的本質。但是蘇格拉底是人則應該認爲是蘇格拉底的本質的東西，儘管一個信仰靈魂輪迴的畢達哥拉斯派不會承認這一點。事實上，「本質」的問題乃是一個如何用字的問題。我們在不同的情況下對於多少有所不同的事件使用了同一的名字，我們把它們認爲是一個單一的「事物」或「人」的許多不同的表現。然而事實上，這只是口頭上的方便。因而蘇格拉底的「本質」就是由這樣一些性質所組成的，缺乏了這些性質我們就不會使用「蘇格拉底」這個名字。這個問題純粹是個語言學的問題：一個字可以有本質，但是一件事物則不能有本質。

「實體」的概念也像「本質」的概念一樣，是把純屬語言學上方便的東西轉移到形而上學上面來了。我們在描述世界的時候發現把某一些事情描寫爲「蘇格拉底」一生中的事件，把某一些其他的事情描寫爲「史密斯先生」一生中的事件，是很方便的事。這就使我們想到「蘇格拉底」或者「史密斯先生」是指某種經歷了若干年代而持久不變的東西，並且在某種方式下要比對他所發生的那些事件更爲「堅固」、更爲「眞實」。如果蘇格拉底有病，我們就想蘇格拉底在別的時候是健康的，所以蘇格拉底的存在與他的疾病無關；可是另一方面，疾病也必須某個人有病。但是雖然蘇格拉底並不必須有病，然而卻必須有著某種東西出現於他，假如他要被人認爲是存在的話。所以他實際上並不比對他所發生的那些事情更爲「堅固」。

「實體」若是認眞加以考慮的話，實在是個不可能避免種種困難的概念。實體被認爲是某些性質的主體，而且又是某種與它自身的一切性質都迥然不同的東西。但是當我們抽掉了這些性質而試圖想像實體本身的時候，我們就發現剩下來的便什麼也沒有了。再用另一種方式來說明這個問題：區別一種實體與另一種實體的是什麼呢？那並不是性質的不同，因爲按照關於實體的那種邏輯來說，性質的不同要先假定有關的兩種實體之間有著數目的差異。所以兩種實體必須剛好是二，而其本身又不能以任何方式加以區別。那麼，我們究竟怎樣才能發現它們是二呢？

事實上，「實體」僅僅是把事件聚集成堆的一種方便的方式而已。我們關於史密斯先生能知道什麼呢？當我們看他的時候，我們就看到一套顏色；當我們聽他說話的時候，我們就聽到一串聲音。我們相信他也像我們一樣地有思想和感情。但是離開了這些事件而外，史密斯先生又是什麼呢？那只是純粹想像中的一個鉤子罷了，各個事件就都被想像爲是掛在那上面的。但事實上它們並不需要有一個鉤子，就像大地並不需要馱在一個大象的背上一樣。用地理區域做一個類比的話，任何人都能看出像（比如說）「法蘭西」這樣一個詞只不過是語言學上的方便，在它的各個部分之外與之上並沒有另一個東西是叫作「法蘭西」的。「史密斯先生」也是如此；它是一堆事件的一個集合名字。如果我們把它當作是任何更多的東西，那麼它就是指某種完全不可知的東西了，因此對於表現我們所知道的東西來說就並不是必需的。

「實體」一言以蔽之，就是由於把由主詞和謂語所構成的語句結構轉用到世界結構上面來，而形成的一種形而上學的錯誤。

我的結論是：我們在這一章裡所探討過的亞里斯多德的學說乃是完全錯誤的，只有三段論式的形式理論是例外，而那又是無關重要的。今天任何一個想學邏輯的人，假如要去念亞里斯多德或者是他的哪一個弟子的話，那就簡直是在浪費時間了。可是，亞里斯多德的邏輯著作還是表現了偉大的能力的，並且是會對人類有用的，假如這些著作能在一個知識創造力仍然旺盛的時代裡出世的話。然而不幸的是，它們正是在希臘思想創造期的結束時才出世的，因而便被人當作是權威而接受了下來。等到邏輯的創造性復興起來的時候，兩千年的統治地位已經使得亞里斯多德很難於推翻了。實際上在全部的近代史上，科學、邏輯與哲學每進一步都是冒著亞里斯多德弟子們的反對而爭取來的。

第二十三章　亞里斯多德的物理學

在這一章裡我準備考察亞里斯多德的兩部書，一部書叫作《物理學》（*Physics*），另一部書叫作《論天》（*On the Heavens*）。這兩部書是密切連繫著的；第二部書的論證就是從第一部書所留下來的論點開始的。兩部書都極其有影響，並且一直統治著科學直到伽利略的時代爲止。像「第五種本質」、「月球以下」這些名詞，就都是從這兩部書所表達的理論裡得來的。因此哲學史家就必須研究這兩部書，儘管事實上以近代科學的眼光看來，其中幾乎沒有一句話是可以接受的。

要理解亞里斯多德的——正如要理解大多數希臘人的——物理學觀點，就必須了解他們在想像方面的背景。每一個哲學家除了他向世界所提出的正式體系而外，還有著另一種更簡單得多的、可能爲他自己所完全不曾察覺到的體系。縱使他察覺到它，或許他認識到這是行不通的；所以他就把它隱藏起來而提出某種更爲詭辯的東西，他相信那種東西，因爲那種東西有似於他的未曾加工的體系，他也要求別人接受那種東西，因爲他相信他已經把它弄得不可能再加以反駁了。這種詭辯是靠著對反駁的反駁而達到的，但是單憑這一點卻是永遠也得不出正面的結果來的：那最多只表明一種理論**可能**是眞的，但卻非**必定**是眞的。正面的結果（無論一個哲學家所意識到的是何等地微少）都是從他想像之中預先就有的觀念裡面，或者是如桑塔雅那所稱之爲「動物的信仰」裡面得來的。

關於物理學，亞里斯多德在想像方面的背景與一個近代學者在想像方面的背景是大不相同的。今天一個小孩子一開始就學力學，力學這個名字的本身就提示著機械。①他已經習慣於汽車和飛機了；甚至在他下意識想像的最深處，他也絕不會想到一輛汽車裡會包含有一種馬，或者一架飛機的飛行乃是因爲它的兩翼是一隻具有神奇力量的飛鳥的兩翼。動物，在我們對於世界的想像圖畫裡，已經喪失了牠們的重要性；人在這個世界裡，已經比較能獨立地作爲是一個大體上無生命而且大致能夠馴服的物質環境的主人了。

對於企圖對運動作出科學解說的希臘人來說，除了少數像德謨克里特和阿基米德那樣的天才情況而外，純粹的力學觀點幾乎從來也不曾得到過暗示。看來只有兩套現象才是重要的，即動物的運動與天體的運動。在近代科學家看來，動物的身體是一架非常精緻的、具有異常複雜的物理—化學結構的機械；每一項科學的新發現都包含著動物與機械之間的表面鴻溝的縮小。但在希臘人看來，則把顯然是無生命的運動同化在動物的運動裡面，卻似乎更爲自然。今天一個小孩子仍然在用自身能不能運動的這一事實，來區別活的動物與其他的東西；在許多的希臘人看來，特別是在亞里斯多德看來，這一特點本身就提示了物理學的普通理論的基礎。

但是天體又是怎樣的呢？天體與動物的不同就在於它們運動的規則性，但這可能僅僅是由於它們優異的完美性所致。每一個希臘哲學家無論成年以後是怎樣想法，但都是從小就被教導要把日月看作是神的；阿那克薩哥拉曾被人控訴爲不敬神，就因爲他教導說日和月並不是活

① 力學：mechanics；機械：machine。——譯者

的。當一個哲學家不再把天體的本身看作是神明的時候，他就會把天體想成是由一位具有希臘人的愛好秩序與幾何的簡捷性的神明意志在推動著；這也是十分自然的。於是一切運動的最後根源便是「意志」：在地上的便是人類與動物的隨心所欲的意志，在天上的則是至高無上的設計者之永恆不變的意志。

我並不提示說，這一點就可以適用於亞里斯多德所談到的每一個細節。我所要提示的是，這一點提供了亞里斯多德在想像方面的背景，並且代表著（當他著手研究時）他會希望是眞實的那種東西。

談過了這些引言之後，就讓我們來考察亞里斯多德確實說過些什麼。

在亞里斯多德的著作裡，物理學（physics）這個字乃是關於希臘人所稱爲「phusis」（或者「physis」）的科學；這個字被人譯爲「自然」，但是並不恰好等於我們所賦給「自然」這個字的意義。我們仍舊在說「自然科學」與「自然史」，但是「自然」其本身，儘管它是一個很含糊的字，卻很少正好意味著「phusis」的意義。「phusis」是與生長有關的；我們可以說一個橡子的「自然」（「性質」）就是要長成爲一棵橡樹，在這種情況下我們就是以亞里斯多德的意義在使用這個字的。亞里斯多德說，一件事物的「自然」（「性質」）就是它的目的，它就是爲了這個目的而存在的。因而這個字具有著一種目的論的含義。有些事物是自然存在的，有些事物則是由於別的原因而存在的。動物、植物和單純的物體（元素）是自然存在的；它們具有一種內在的運動原則（被譯作「運動」的這個字，有著比「移動」更爲廣泛的意義；除了移動而外，它還包括著性質的變化或大小的變化）。自然是運動或者靜止的根源。如果事物具有這種的內在原則，它們便「具有自然（性質）」。「按照自然」這句成語，就適用於這些事物及其本質的屬性（正是由於這種觀點，所以「不自然」就用以表示譴責）。自然存在於形式之中而不是存在於質料之中；凡是潛存的血肉就都還不曾獲得它自己的自然（性質），唯有當一件事物達到充分發展的時候，它才更加是它自己。整個的這一觀點似乎是由生物學所啓發的：橡子就是一顆「潛存」的橡樹。

自然是屬於爲了某種東西的緣故而起作用的那類原因的。這就引到了一場關於自然並沒有目的而只是由於必然而行動著的那種觀點的討論；與此相關，亞里斯多德還討論了爲恩培多克勒所教導過的那種形式的適者生存的學說。他說這不可能是對的，因爲事物是以固定的方式而發生的，並且當一個系列完成的時候，則此前的一切步驟就都是爲了這個目的的。凡是「由於連續不斷的運動，從一個內在的原則發源而達到某種完成」（一九九b）的東西都是「自然的」。

整個這一「自然」觀，儘管它似乎是很值得稱道地能適用於解釋動物與植物的生長，但在歷史上卻成了科學進步的最大障礙，並且成了倫理學上許多壞東西的根源。就這後一方面而論，它至今仍然是有害的。

亞里斯多德告訴我們說，運動就是潛存著的東西正在實現。這一觀點除了有許多缺點而外，並且也與移動的相對性不相容。當A相對於B而運動的時候，B也就相對於A而運動；要說這兩者之中有一個是運動的而另一個是靜止的，這乃是毫無意義的話。當一條狗抓到一塊骨頭的時候，常識上似乎以爲狗是在運動而骨頭則是靜止的（直到骨頭被抓住時爲止），並且以爲運動有一個目的，即要實現狗的「自然」（「性質」）。但實際的情形卻是，這種觀點並不能應用於死的物質；並且對於科學的物理學的要求來說，「目的」這一概念是完全沒有用處的，任何一種運動在嚴格的科學意義上，都只能是作爲相對的來加以處理。

亞里斯多德反對留基波和德謨克里特所主張的眞空。隨後他就過渡到一場頗爲奇特的關於時間的討論。他說可能有人說時間是並不存在的，因爲時間是由過去和未來所組成的，但是過去已經不復存在而未來又尚未存在。然而，他反對這種觀點。他說時間是可以計數的運動（我們不清楚，他爲什麼要把計數看成是根本性的）。他繼續說我們很可以問道，既然除非是有一個人在計數，否則任何事物便不可能計數，而時間又包含著計數；那麼時間若不具有靈魂究竟能不能存在呢？看來亞里斯多德似乎把時間想成是許多的時日或歲月。他又說有些事物就其並不存在於時間之內的意義而言，則它們是永恆的；他所想到的大概也是數目之類的東西。

運動一直是存在著的，並且將永遠存在；因爲沒有運動就不能有時間，並且除了柏拉圖而外，所有的人都同意時間不是被創造的。在這一點上，亞里斯多德的基督教後學們卻不得不和亞里斯多德的意見分道揚鑣了，因爲聖經告訴我們說宇宙是有一個開始的。

《物理學》一書以關於不動的推動者的一段論證而告結束，這一點我們在談到《形而上學》（*Metaphysics*）時已經考察過了。有一個不動的推動者在直接造成著圓運動。圓運動是原始的一種運動，並且是唯一能夠繼續無限的一種運動。第一推動者既沒有部分也沒有大小，並且存在於世界的周圍。

達到了這個結論之後，我們再來看天體。

《論天》這篇著作裡提出了一種簡單愉快的理論。在月亮以下的東西都是有生有滅的；自月亮而上的一切東西，便都是不生不滅的了。大地是球形的，位於宇宙的中心。在月亮以下的領域裡，一切東西都是由土、水、氣、火四種元素構成的；但是另有一個第五種的元素是構成天體的。地上元素的自然運動是直線運動，但第五種元素的自然運動則是圓運動。各層天都是完美的球形，而且愈到上層的區域就愈比下層的區域來得神聖。恆星和行星不是由火構成的，而是由第五種元素構成的；它們的運動乃是由於它們所附著的那些層天球在運動的緣故（這一切都以詩的形式表現在但丁的〈天堂篇〉（*Paradiso*）裡）。

地上的四種元素並不是永恆的，而是彼此互相產生出來的——火就其自然運動乃是向上的這種意義而言，便是絕對的輕；土則是絕對的重，氣是相對的輕，而水則是相對的重。

這種理論給後代準備下了許多的困難。被人認爲是可以毀滅的彗星就必須劃歸到月亮以下的區域裡面去了，但是到了西元十七世紀人們卻發現彗星的軌道是圍繞著太陽的，並且很少能像月亮距離得這麼近。既然地上物體的自然運動是直線的，所以人們就認爲沿水平方向發射出去的拋射體在一定時間之內是沿著水平方向而運動的，然後就突然開始垂直向下降落。伽利略發現拋射體是沿著拋物線而運動的，這一發現嚇壞了他的亞里斯多德派的同事們。哥白尼、克卜勒和伽利略在奠定地球不是宇宙的中心，而是每天自轉一次、每年繞太陽旋轉一周的這一觀點時，就不得不既要向聖經作戰，也同樣要向亞里斯多德作戰了。

我們再來看一個更帶普遍性的問題：亞里斯多德的物理學與本來係由伽利略所提出的牛頓「運動第一定律」是不相符的。牛頓的運動第一定律說，每個物體如果已經是在運動著的話，則當其自身不受外力作用時就將沿直線做等速運動。因此就需要有外部的原因——並不是用以說明運動而是用以說明運動的**變化**，無論是速度的變化，還是方向的變化。亞里斯多德所認爲對於天體乃是「自然的」那種圓運動，其實包含著運動方向的不斷變化，因此按照牛頓的引力定律，就需要有一種朝向圓心而作用著的力。

最後，天體永恆不毀的這一觀點也不得不被人放棄了。太陽和星辰有著悠久的生命，但卻不是永遠生存的。它們是從星雲裡生出來的，並且最後不是爆炸就是要冷卻而死亡。在可見的世界裡，並沒有什麼東西是可以免於變化和毀滅的；亞里斯多德式的與此相反的信仰，儘管爲中世紀的基督徒所接受，其實乃是異教徒崇拜日月星辰的一種產物。

第二十四章　希臘早期的數學與天文學

我在本章裡要討論的是數學，並不是由於數學本身的緣故，而是因爲它與希臘哲學有關係——有著一種（尤其是在柏拉圖的思想裡）非常密切的關係。希臘人的卓越性表現在數學和天文學方面的，要比在任何別的東西上面更爲明顯。希臘人在藝術、文學和哲學方面的成就，其是好是壞可以依據個人的口味來評判；但是他們在幾何學上的成就卻是無可疑問的。他們從埃及得到了一些東西，從巴比倫那裡得到的則很少；而且他們從這些來源所獲得的東西，在數學方面主要地是粗糙的經驗，在天文學方面則是爲期非常悠久的觀察紀錄。數學的證明方法，則幾乎是完全起源於希臘。

有許多非常有趣的故事——或許並沒有歷史眞實性——可以表明，是哪些實際問題刺激了數學的研究。最早的最簡單的故事是關於泰利斯的，傳說他在埃及的時候國王曾要他求出一個金字塔的高度。他等到太陽照出來他自己影子的長度與他的身高相等的時候，就去測量金字塔的影子；這個影子當然就等於金字塔的高度。據說透視定律最初是幾何學家阿加塔庫斯爲了給伊斯奇魯斯的戲劇畫布景而加以研究的。傳說是被泰利斯所研究過的求一艘船在海上的距離的問題，在很早的階段就已經很正確地解決了。希臘幾何學所關心的大問題之一，即把一個立方體增加一倍的問題，據說是起源於某處神殿裡的祭司們；神諭告訴他們說，神要的一座雕像比他們原有的那座大一倍。最初他們只是想到把原像的尺寸增加一倍，但是後來他們才認識到結果就要比原像大八倍，這比神所要求的要更費錢得多。於是他們就派遣一個使者去見柏拉圖，請教他的學園裡有沒有人能解決這個問題。幾何學家們接受了這個問題，鑽研了許多世紀，並且附帶地產生出了許多可驚可嘆的成果。這個問題當然也就是求2的立方根的問題。

2的平方根是第一個有待發現的無理數，這一無理數是早期的畢達哥拉斯派就已經知道了的，並且還發現過種種巧妙的方法來求它的近似值。最好的方法如下：假設有兩列數字，我們稱之爲a列和b列；每一列都從1開始，每下一步的a都是由已經得到的最後的a和b相加而成；下一個b則是由兩倍的前一個a再加上前一個b而構成。這樣所得到的最初6對數目就是（1, 1），（2, 3），（5, 7），（12, 17），（29, 41），（70, 99）。在每一對數目裡，$2a^2-b^2$都是1或者是-1。於是b/a就差不多是2的平方根，而且每下一步都越發地與之接近。例如：讀者們將會滿意地發現，$\frac{99}{70}$的平方是非常之接近於與2相等的。

普洛克魯斯描述過畢達哥拉斯——此人永遠是個頗爲朦朧的人物——乃是第一個把幾何學當作一種學藝的人。許多權威學者，包括湯姆斯・希斯[①]爵士在內，都相信畢達哥拉斯或許曾發現過那個以他的名字命名的定理；那個定理是說在一個直角三角形中，弦的平方等於兩夾邊的平方之和。無論如何，這個定理是在很早的時期就被畢達哥拉斯派所知道了的。他們也知道三角形的內角之和等於兩個直角。

除了2的平方根之外，其他的無理數在特殊的例子裡也曾被與蘇格拉底同時代的狄奧多羅

① 見所著《希臘的數學》，卷一，第一四五頁。

斯研究過，並且曾以更爲普遍的方式被與柏拉圖大致同時而稍早的泰阿泰德研究過。德謨克里特寫過一篇關於無理數的論文，但是文章的內容我們已不大知道了。柏拉圖對這個題目是深感興趣的；他在以「泰阿泰德」命名的那篇對話裡提過了狄奧多羅斯和泰阿泰德的作品。在〈法律〉篇中，他說過一般人對這個題目的愚昧無知是很不光彩的，並且還暗示著他自己之開始知道它也是很晚的事情。它當然對於畢達哥拉斯派的哲學有著重要的關係。

發現了無理數的最重要的後果之一就是攸多克索（約當西元前四〇八－前三五五年）之發明關於比例的幾何理論。在他以前，只有關於比例的算數理論。按照這種理論，如果 a 乘 d 等於 b 乘 c，則 a 比 b 就等於 c 比 d。這種界說，在還沒有有關無理數的幾何理論時，就只能應用於有理數。然而攸多克索提出了一個不受這種限制的新界說，其構造的方式暗示了近代的分析方法。這一理論在歐幾里得的書裡得到了發展，並具有極大的邏輯美。

攸多克索還發明了或者是完成了「窮盡法」，它後來被阿基米德運用得非常成功。這種方法是對積分學的一種預見。譬如，我們可以舉圓的面積問題爲例。你可以內接於一個圓而作出一個正六邊形，或一個正十二邊形，或者一個正一千邊或一百萬邊的多邊形。這樣一個多邊形，無論它有多少邊，其面積是與圓的直徑的平方成比例的。這個多邊形的邊愈多，則它也就愈接近於與圓相等。你可以證明，只要你能使這一多邊形有足夠多的邊，就可以使它的面積與圓面積之差小於任何預先指定的面積，無論這一預先指定的面積是多麼地小。爲了這個目的，就引用了「阿基米德公理」。這一公理（多少加以簡化之後）是說：假設有兩個數量，把較大的一個平分爲兩半，把一半再平分爲兩半，如此繼續下去，則最後就會得到一個數量要小於原來的兩個數量中較小的那一個。換句話說，如果 a 大於 b，則必有某一個整數 n 可以使 2^n 乘

b大於a。

窮盡法有時候可以得出精確的結果，例如：阿基米德所做的求拋物線形的面積；有時候則只能得出不斷的近似，例如：當我們企圖求圓的面積的時候。求圓的面積的問題也就是決定圓周與直徑的比率問題，這個比率叫作π。阿基米德在計算中使用了$\frac{22}{7}$的近似值，他做了內接的與外切的正96邊形，從而證明了π小於$3\frac{1}{7}$並大於$3\frac{10}{71}$。這種方法可以繼續進行到任何所需要的近似程度，並且這就是任何方法在這個問題上所能盡的一切能事了。使用內接的與外切多邊形以求π的近似值，應該上溯到蘇格拉底同時代的人安提豐。

歐幾里得——當我年輕的時候，它還是唯一被公認的學童幾何學教科書——約當西元前三〇〇年，即當亞歷山大和亞里斯多德死後不久的幾年，生活於亞歷山大港。他的《幾何原本》（*Elements*）絕大部分並不是他的創見，但是命題的次序與邏輯的結構則絕大部分是他的。一個人愈是研究幾何學，就愈能看出它們是多麼值得讚嘆。他用有名的平行定理以處理平行線的辦法，具有著雙重的優點：演繹既是有力的，而又並不隱飾原始假設的可疑性。比例的理論是繼承攸多克索的，其運用的方法本質上類似於魏爾斯特拉斯所介紹給西元十九世紀的分析數學的方法，於是就避免了有關無理數的種種困難。然後歐幾里得就過渡到一種幾何代數學，並在第十卷中探討了無理數這個題目。在這以後他就接著討論立體幾何，並以求作正多面體的問題而告結束，這個問題是被泰阿泰德所完成的並曾在柏拉圖的〈蒂邁歐〉篇裡被提到過。

歐幾里得的《幾何原本》毫無疑義是古往今來最偉大的著作之一，是希臘理智最完美的紀念碑之一。當然他也具有典型的希臘侷限性：他的方法純粹是演繹的，並且其中也沒有任何可以驗證基本假設的方法。這些假設被他認爲是毫無問題的，但是到了西元十九世紀，非歐幾何學便指明了它們有些部分是可以錯誤的，並且只有憑觀察才能決定它們是不是錯誤。

歐幾里得幾何學是鄙視實用價值的，這一點早就被柏拉圖所諄諄教誨過。據說有一個學生聽了一段證明之後便問，學幾何學能夠有什麼好處，於是歐幾里得就叫進來一個奴隸說：「去拿三分錢給這個青年，因爲他一定要從他所學的東西裡得到好處。」然而鄙視實用卻實用主義地被證明了是有道理的。在希臘時代沒有一個人會想像到圓錐曲線是有任何用處的；最後到了西元十七世紀伽利略才發現拋射體是沿著拋物線而運動的，而克卜勒則發現行星是以橢圓而運動的。於是，希臘人由於純粹愛好理論所做的工作，就一下子變成了解決戰術學與天文學的一把鑰匙了。

羅馬人的頭腦太過於實際而不能欣賞歐幾里得；第一個提到歐幾里得的羅馬人是西塞羅，在他那時候歐幾里得或許還沒有拉丁文的譯本；並且在鮑依修斯（約當西元四八〇年）以前，確乎是並沒有任何關於拉丁文譯本的記載。阿拉伯人卻更能欣賞歐幾里得；大約在西元七六〇年，拜占庭皇帝曾送給過回教哈里發一部歐幾里得；大約在西元八〇〇年，當哈倫・阿爾・拉西德在位的時候，歐幾里得就有了阿拉伯文的譯文了。現在最早的拉丁文譯本是巴斯的阿戴拉德於西元一一二〇年從阿拉伯文譯過來的。從這時以後，對幾何學的研究就逐漸在西方復活起來；但是一直要到文藝復興的晚期才做出了重要的進步。

我現在就要談天文學，希臘人在這方面的成就正像在幾何學方面是一樣地引人注目。在希臘之前，巴比倫人和埃及人許多世紀以來的觀察已經奠定了一個基礎。他們記錄下來了行星的視動，但是他們並不知道晨星和昏星就是一個。巴比倫無疑地，而且埃及也可能，已經發現了蝕的週期，這就使人能相當可靠地預言月蝕，但是並不能預言日蝕；因爲日蝕在同一個地點並不是總可以看得見的。把一個直角分爲九十度，把一度分爲六十分，我們也是得之於巴比倫人的；巴比倫人喜歡六十這個數目，甚至還有一種以六十進位的計數體系。希臘人總是喜歡把他們的先鋒人物的智慧都歸功於是遊歷了埃及的結果，但是在希臘人以前，人們所成就的東西實在是很少的。然而泰利斯的預言月蝕，卻是受了外來影響的一個例子；我們沒有理由設想他在從埃及和巴比倫那裡所學到的東西之外又增加了什麼新東西，並且他的預言得以證實，也完全是幸運的偶合。

讓我們先看希臘人最早的一些發現與正確的假說。阿那克西曼德認爲大地是浮蕩著的，並沒有任何東西在支持它。亞里斯多德②總是反對當時各種最好的假說的，所以他就反駁阿那克西曼德的理論，亦即大地位於中心永遠不動，因爲它並沒有理由朝著一個方向運動而不朝另一個方向運動。亞里斯多德說，如果這種說法有效，那麼一個人若是站在圓心，縱令在圓周的各點上都擺滿了食品的話，他也會餓死的，因爲並沒有理由要選擇哪一部分食品而不選擇另一部分食品。這個論證重行出現於經院哲學裡，但不是與天文學連繫在一起，而是與自由意志連繫在一起的。它以「布理當的驢」的形式而重行出現，布理當的驢因爲不能在左右兩邊距離相等的兩堆草之間做出選擇，所以就餓死了。

畢達哥拉斯有極大的可能是第一個認爲地是球形的人，但是他的理由（我們必須設想）卻是審美的而非科學的。然而，科學的理由不久就被發現了。阿那克薩哥拉發現了月亮是由於反

② 《論天》，二九五b。

光而發光的，並且對月蝕做出了正確的理論。他本人仍然認爲地是平的，但是月蝕時地影的形狀卻使得畢達哥拉斯派有了擁護地是球形的最後定論性的論據。他們更進一步把地球看成是行星之一。他們知道了——據說是從畢達哥拉斯本人那裡知道的——晨星和昏星就是同一個星，並且他們認爲所有的星包括地球在內都沿著圓形而運動，但不是環繞著太陽而是環繞著「中心的火」。他們已經發現了月亮總是以同一面對著地球的，並且他們以爲地球也總是以同一面對著「中心的火」。地中海區域位於與中心的火相背的那一面，所以就永遠看不見中心的火。中心的火就叫做「宙斯之家」或者「眾神之母」。太陽是由於反射中心的火而發光的。除了地球之外還有另一個物體，叫做反地球，與中心的火距離相等。關於這一點，他們有兩個理由；一個是科學的，另一個則得自於他們算學上的神祕主義。科學的理由即他們正確地觀察到了，月蝕有時是當日月都在地平線之上的時候出現的。這種現象的原因是折射，他們還不知道折射，於是就認爲在這種情形下月蝕必定是由於地球之外的另一個物體有影子的緣故。另一個原因就是日、月、五星、地球與反地球以及中心的火就構成了十個天體，而十則是畢達哥拉斯派的神祕數字。

畢達哥拉斯派的這種學說被歸功於費勞羅，他是底比斯人，生活於西元前五世紀的末期。雖然這種學說是幻想的，並且還有些部分是非常不科學的，但它卻非常之重要，因爲它包含了設想哥白尼假說時所必需的大部分的想像能力。把地球不設想爲宇宙的中心而設想爲行星中的一個，不設想爲永恆固定的而設想爲在空間裡遨遊的，這就表現出一種了不起的擺脫了人類中心說的思想解放。一旦人在宇宙中的自然圖像受到了這種搖撼的時候，就不難以科學的論證把它引到更正確的理論上來了。

有許多觀察對於這一點都是有貢獻的。稍晚於阿那克薩哥拉的歐諾比德發現了黃道的斜度。不久就明白了太陽到底是比地球大得多，這一事實便支持了那些否認地球是宇宙的中心的人們。中心的火與反地球，在柏拉圖的時代之後不久就被畢達哥拉斯派拋棄了。滂土斯的赫拉克利德（他的年代大約是西元前三八八—前三一五年，與亞里斯多德同時）發現了金星與水星都環繞太陽而旋轉，並且採取了地球每二十四小時繞著它自己的軸線轉動一周的見解。這種見解是前人所不曾採取過的一個非常重要的步驟。赫拉克利德屬於柏拉圖學派，並且一定是一個偉大的人物，但並沒有像我們所能期待的那樣爲人尊敬；他被描述成是一個肥胖的花花公子。

薩摩的亞里士達克大約生活於西元前三一〇—前二三〇年，因此約比阿基米德大二十五歲；他是所有的古代天文學家中最使人感興趣的人，因爲他提出了完備的哥白尼式的假說，即一切行星包括地球在內都以圓形在環繞著太陽旋轉，並且地球每二十四小時繞著自己的軸自轉一周。但是現存的亞里士達克的唯一作品《論日與月的大小與距離》（*On the Sizes and Distances of the Sun and the Moon*）卻還是墨守著地球中心的觀點，這件事是有點令人失望的。的確，就這本書所討論的問題而言，則無論他採取的是哪種理論都並沒有任何的不同；所以他可能是認爲，對於天文學家的普遍意見加以一種不必要的反對，從而加重他計算的負擔，乃是一樁不智之舉；或者他也可能是僅僅在寫過這部書之後，才達到了哥白尼式的假說的。湯姆斯．希斯爵士在他那本關於亞里士達克的書[③]裡（書中包括原著的全文與譯文）就是傾向於

---

③《薩摩的亞里士達克，古代的哥白尼》（*Aristarchus of Samos, the Ancient Copernicus*），湯姆斯．希斯爵士（Sir Tomas Heath）著。牛津，一九一三年版。以下所談的即根據這部書。

後一種見解的。但無論情形是哪一種，亞里士達克之曾經提示過哥白尼式的觀點，這件事的證據卻是十足可以定論無疑的。

第一個而且最好的證據就是阿基米德的證據，我們已經說過阿基米德是亞里士達克同時代的一個較年輕的人。在他寫給敘拉古的國王葛倫的信裡說，亞里士達克寫成了「一部書，其中包括著某些假說」；並繼續說：「他的假說是說恆星和太陽不動，地球則沿著圓周而環繞太陽旋轉，太陽位於軌道的中間。」在普魯塔克的書裡有一段話提到，克雷安德「認為以不虔敬的罪名來懲罰亞里士達克乃是希臘人的責任，因為他使得宇宙的爐灶（即地球）運動起來，這是他設想天靜止不動而地則沿著斜圓而運轉，同時並環繞其自身的軸而自轉，以圖簡化現象的結果」。克雷安德是亞里士達克同時代的人，約死於西元前二三二年。在另一段話裡普魯塔克又說，亞里士達克提出這種見解來僅只是作為一種假說，但是亞里士達克的後繼者塞琉古則把它當作是一種確定的意見（塞琉古的鼎盛期約當西元前一五〇年）。艾修斯和塞克斯托・恩皮里庫斯也說到亞里士達克提出了太陽中心說，但是他們並沒有說他提出這種學說來僅僅是作為一種假說。縱使他確乎是這種提法，那也很可能他是像兩千年以後的伽利略一樣，是由於害怕觸犯宗教偏見的影響所致——我們上面所提到的克雷安德的態度，就說明了這種懼怕是很有理由的。

哥白尼式的假說被亞里士達克（無論是正式地也好還是試驗性地也好）提出來之後，是被塞琉古明確地加以接受了的，但是並沒有被其他任何的古代天文學家所接受。這種普遍的反對主要地是由於希巴古的緣故，希巴古鼎盛於西元前一六一—前一二六年。希斯把希巴古描寫為是「古代最偉大的天文學家」④。希巴古是第一個系統地論述了三角學的人；他發現了歲差；他計算過太陰月的長度，而誤差不超過一秒；他改進了亞里士達克關於日月的大小和距離的計算：他著錄了八百五十個恆星，並注出了它們的經緯度。爲了反對亞里士達克的太陽中心假說，他採用了並改進了亞婆羅尼（鼎盛期約當西元前二二〇年）所創造的周轉圓的理論；這種學說發展到後來便以托勒密的體系而知名，它是根據鼎盛於西元二世紀的天文學家托勒密的名字而來的。

哥白尼偶然知道了一些幾乎已被遺忘了的亞里士達克的假說，雖然知道得並不多；他爲自己的創見能找到一個古代的權威而感到鼓舞。不然的話，這種假說對於後代天文學的影響實際上是會等於零的。

古代天文學家二百三十九推算地球、日、月的大小以及日與月的距離時所使用的各種方法在理論上都是有效的，但他們卻受到了缺乏精確儀器的掣肘。想到這一點，他們的許多成果就眞是令人驚嘆了。伊拉托斯蒂尼推算地球的直徑是七千八百五十哩，這只比實際少五十哩。托勒密推算月亮的平均距離是地球直徑的$29\frac{1}{2}$倍；而正確的數字是大約三十點二倍。他們之中還沒有一個是多少接近到太陽的大小和距離的，他們都把它估計得太低了。他們的估計若以地球的直徑來表示的話，則

④《希臘的數學》，卷二，第一五三頁。

亞里士達克　　是一百八十倍，
希巴古　　　　是一千二百四十五倍，
波西東尼　　　是六千五百四十六倍；

而正確的數字則是一萬一千七百二十六倍。我們可以看出這些推算是在不斷改進著的（然而，只有托勒密的推算卻表現了一種退步）；波西東尼⑤的推算約爲正確數字的一半。大體上他們對於太陽系的圖像，與事實相去得並不太遠。

希臘的天文學乃是幾何學的而非動力學的。古代人把天體的運動想成是等速的圓運動，或者是圓運動的複合。他們沒有力的概念。天球是整個在運動著的，而各種不同的天體都固定在天球上面。到了牛頓和引力理論的時候，才引進了一種幾何性更少的新觀點。奇怪的是，我們在愛因斯坦的普遍相對論裡又看到了一種返回於幾何學的觀點，牛頓意義上的力的概念已經又被摒棄了。

天文學家的問題是：已知天體在天球上的視動，怎樣能用假說來介紹第三個座標，即深度，以便把現象描敘得盡可能地簡捷。哥白尼假說的優點並不在於**眞實性**而在於簡捷性；從運動的相對性看來，並不發生什麼眞實性的問題。希臘人在追求著能夠「簡化現象」的假說，事實上這已經是以科學上的正確方式觸及問題了，儘管並不是完全有意的。只要比較一下他們的

⑤ 波西東尼是西塞羅的老師，鼎盛於西元前二世紀的後半葉。

前人以及他們的後人（直到哥白尼爲止），就足以使每個人都對他們那眞正令人驚異的天才深信不疑。

另外兩個非常偉大的人物，即西元前三世紀的阿基米德（Archimedes）和亞婆羅尼（Apollonius），就結束了這張第一流希臘數學家的名單。阿基米德是敘拉古國王的朋友，也許是他的表兄弟，於西元前二一二年羅馬人攻占該城時被害。亞婆羅尼從青年時代就生活在亞歷山大港。阿基米德不僅是一位數學家，而且還是一位物理學家與流體靜力學家。亞婆羅尼主要地是以他對於圓錐曲線的研究而聞名的。關於這兩個人我不再多談，因爲他們出現的時代太晚，對哲學並沒有能起什麼影響。

在這兩個人以後，雖然在亞歷山大港繼續做出了可敬的工作，但是偉大的時代是結束了。在羅馬人的統治之下，希臘人喪失了隨著政治自由而得來的那種自信，並且在喪失這種自信的時候，也就對他們的前人產生了一種麻木不仁的尊敬。羅馬軍隊之殺死阿基米德，便是羅馬扼殺了整個希臘化世界的創造性思想的象徵。

第三篇　亞里斯多德以後的古代哲學

第二十五章　希臘化世界

古代希臘語世界的歷史可以分為三個時期：自由城邦時期，這一時期以腓力浦和亞歷山大而告結束；馬其頓統治時期，這一時期的最後殘餘由於克麗奧佩托拉（Cleopatra）死後羅馬之併吞埃及而告消滅；最後則是羅馬帝國時期。這三個時期中，第一個時期的特點是自由與混亂，第二個時期的特點是屈服與混亂，第三個時期的特點是屈服與秩序。

第二個時期即人們所稱的希臘化時代。在科學與數學方面，這一時期內所做出的工作是希臘人自來所成就的最優異的工作。在哲學方面，這一時期則有伊比鳩魯學派和斯多噶學派的建立以及懷疑主義之明確地被總結為一種學說；所以這一時期在哲學上依舊是重要的，儘管比不上柏拉圖和亞里斯多德的時期那麼重要。從西元前三世紀以後，希臘哲學裡實際上就沒有什麼新的東西了，直到西元後三世紀新柏拉圖主義的出現為止。同時羅馬世界則正在準備好了基督教的勝利。

亞歷山大的短促的功業突然之間改變了希臘世界。從西元前三三四年至前三二四年這十年之間，他征服了小亞細亞、敘利亞、埃及、巴比倫、波斯、薩馬爾罕、大夏和旁遮普。波斯帝國是世界上所曾有過的最大帝國，也在三次戰役裡完全被摧毀了。古代巴比倫人的學問和他們古代的迷信一道變成了希臘好奇心所熟悉的東西；祆教的二元論以及（在較小的程度上）印度的宗教——在印度正是佛教走向登峰造極的時候——也是如此。凡是亞歷山大足跡所至之處，哪怕是在阿富汗的深山、藥殺水的河畔和印度河的支流上，他都建立起來了希臘的城市，在這些城市裡努力推行希臘的制度，並採用了某種程度的自治政府。雖然他的軍隊主要地是由馬其頓人組成的，雖然絕大多數的歐洲希臘人並不甘心情願地屈從於他，但他起初還是把自己看成是希臘文化的使徒的。然而隨著他的征服日益擴大，他就逐漸採取了一種促使希臘人與野蠻人之間友好融合的政策。

他這樣做是有著各種動機的。一方面，非常顯然他的並不很龐大的軍隊是不能長久靠武力來維持這樣龐大的一個帝國的，而終須依靠著與被征服的人民和好相處。另一方面，東方除了君主神聖的政府形式而外，是不習慣於任何別的政府形式的，亞歷山大覺得他自己很適於扮演這樣一個角色。究竟他相信自己是神呢，還是僅僅出於政策的動機而擺出一副神的品質來呢？這是心理學家的問題，因爲歷史的證據是難於定論的。無論怎樣，他顯然是享受著在埃及把他當作是法老的繼承者，在波斯把他當作是大王那樣的阿諛。但他那些馬其頓的軍官們——他把他們叫作「同伴」——對他的態度，卻是西方貴族們對他們的立憲君主的那種態度：他們不肯屈膝匍匐在他的面前，他們甚至冒著生命的危險去規勸他、批評他，在緊要的關頭他們還控制他的行動，他們強迫他從印度河轉轡西歸而不要再進軍去征服恆河。東方人是很容易順應的，只要他們的宗教偏見能受到尊敬。這對亞歷山大並沒有什麼困難；只消把埃及的阿蒙神或巴比倫的貝爾神與希臘的宙斯神合而爲一，並宣布他自己是神之子就行了。心理學家們說亞歷山大痛恨腓力，或許還祕密參與過謀殺腓力的陰謀；他一定很願意相信他自己的母親奧林匹亞絲，就正像希臘神話裡的某些貴婦人那樣地，曾經是某一個神的所歡。亞歷山大的功業太神奇了，所以他很可能想到唯有一種神奇的身世才是他那不可思議的成功的最好解釋。

希臘人對於野蠻人懷有一種非常強烈的優越感；亞里斯多德說北方種族是精力旺盛的、南方種族是文質彬彬的，而唯有希臘人才既是精力旺盛的又是文質彬彬的，這話無疑地表達了普遍的見解。柏拉圖和亞里斯多德都認為以希臘人做奴隸是不對的，但以野蠻人做奴隸則並不錯。亞歷山大並不是個十足的希臘人，他想要打破這種優越感的態度。他自己娶了兩個蠻族的公主，並且強迫他手下的馬其頓的領袖們和波斯的貴族婦女結婚。我們可以想像，在他那無數的希臘城市裡殖民者必定是男多於女的，因此這些男人也必定都是仿效他的榜樣而與當地的婦女結婚的。這種政策的結果就給有思想的人們的頭腦裡帶來了人類一體的觀念；已往對於城邦的忠誠以及（在較小的程度上）對於希臘種族的忠誠看來是不合時宜了。在哲學方面，這種世界一家的觀點是從斯多噶派開始的；但是在實踐方面它要開始得更早些，它是從亞歷山大開始的。它的結果便是希臘人與野蠻人之間的相互影響：野蠻人學到了一些希臘的科學，而希臘人卻學到了野蠻人的許多迷信。希臘文明在傳布到更廣闊的地區的同時，卻變得愈來愈不是純粹希臘的了。

希臘的文明本質上是城市的。當然也有許多希臘人是從事農業的，但是他們對於希臘文化中最富特色的東西並沒有什麼貢獻。自從米利都學派以來，希臘在科學、哲學和文學上的卓越人物全都是和富庶的商業城邦連繫在一起的，而這些城邦又往往是被野蠻人所環繞著。這種類型的文明並不是從希臘人開始的，而是從腓尼基人開始的；推羅和西頓和迦太基都是依靠著奴隸在家從事體力勞動，而在進行戰爭時則依靠雇傭兵。他們並不像近代的大城市那樣依靠著大量血統相同的，並具有平等政治權利的農村人口。近代最相似的類比就見之於西元十九世紀後半葉的遠東。新加坡與香港、上海與中國其他一些通商口岸都成了一些歐洲人的小島，在那兒白種人形成了一種靠著苦力們的勞動來養活的商業貴族。在北美洲梅森—狄克森線以北的地方，既然沒有這樣的勞動力可供使用，所以白種人就不得不從事農業。因爲這個緣故，所以白種人在北美洲的地盤是穩固的，而他們在遠東的地盤則已經大爲削減，並且會很容易完全消滅的。然而他們那種類型的文化，特別是工業主義，卻將會保留下來。這個類比，可以幫助我們理解希臘人在亞歷山大帝國東部各個地區的地位。

亞歷山大對於亞洲的想像方面所產生的作用是巨大的、持久的。《馬喀比書》（*Book of the Maccabees*）的第一書寫成於亞歷山大死後的好幾個世紀，但它一開頭就敘述亞歷山大的功業說：

「於是馬其頓人腓力的兒子亞歷山大就從柴蒂姆的土地上出發，打敗了波斯人和米底亞人的王大流士，代替他而成爲了第一個君臨全希臘的君主，並且打了許多仗，占領了許多堅強的據點。他殺死了地上許多的王，走遍了大地的盡頭，取得許多國家的戰利品，全世界在他的面前都服服帖帖；於是他的地位升高了，他的心飛騰起來了。他編集了一支孔武有力的軍隊，統治了許多國家，許多國家和國王都成了他的附庸。這些事情過後，他病倒了，他知道自己要死，於是就把那些尊貴的、和他一同從小長大的臣僕們召來，趁他還活著的時候把他的國家分給他們。[①]這樣，

① 這並非歷史事實。

亞歷山大御宇十二年之後就逝世了。」

亞歷山大在回教裡面繼續做爲傳說中的一個英雄而流傳著；直到今天，喜馬拉雅山的一些小酋長們還自稱是亞歷山大的後裔。②沒有任何別的眞正歷史上的英雄，曾經提供過如此之豐富的神話想像的材料。

亞歷山大死後，也曾有過一種想要保持他的帝國的統一的努力。但是他的兩個兒子，一個還是嬰兒，一個尚未出世。兩個兒子各有一些擁護者，不過在後來的內戰裡，這兩個都被人廢棄了。終於他的帝國被三家將軍所瓜分；大致說來，一家獲得了亞歷山大領土的歐洲部分，一家獲得了非洲部分，一家獲得了亞洲部分。歐洲部分最後落到安提哥尼後人的手裡；托勒密獲得了埃及，以亞歷山大港做爲他的首都；經過許多戰爭之後才獲得了亞洲的塞琉古因爲過分忙於作戰而沒有來得及奠立一個固定的首都，但是到後來安提阿克成了他的王朝的主要都市。

無論是托勒密王朝還是塞琉西王朝（塞琉古的王朝叫做賽琉西王朝）都放棄了亞歷山大那種要融合希臘人與野蠻人的努力，並且建立了軍事專制，起初都是依靠著自己手下由希臘雇傭兵所補充起來的馬其頓軍隊建立的。托勒密王朝所控制的埃及還相當穩固；但是在亞洲，兩個世紀紛擾不已的王朝戰爭則是以羅馬人的征服才告結束的。在這兩個世紀裡，波斯被安息人所征服，而大夏的希臘人則日益陷於孤立。

② 也許這在今天已經不再是事實，因為懷有這種信仰的人們的兒子已經在伊頓公學受教育了。

西元前二世紀（此後他們就迅速地衰頹）他們有過一個王叫米南德，米南德的印度帝國是非常之遼闊的。他和佛教聖人之間有兩篇對話至今還以巴厘文的形式保存著，並且一部分有中文譯本。塔因（Tarn）博士提示說，第一篇對話可能是依據希臘原文的；而第二篇係以米南德王遜位出家成爲佛教聖人而告結束的，則顯然不是依據希臘原文的了。

這時候，佛教是一個極其蓬勃有力的、勸人歸化的宗教。據現存碑文的記載，佛教的聖王阿育王（西元前二六四—前二二八年）曾遣使到所有的馬其頓各個國王那裡去：「國王陛下認爲這是主要的征服——即法輪的征服；這也是國王陛下在他自己的境內並遠達六百里格（leagues）之外的鄰國的境內的成就——遠及於希臘王安提阿古的地方，並且遠及於安提阿古以外的托勒密、安提哥尼、馬迦斯和亞歷山大四個王的地方……在國王的境內也盛行於喻那人的地方。」③（即旁遮普地方的希臘人）不幸的是關於這次遣使，西方並沒有任何記載流傳下來。

巴比倫所受的希臘化影響格外深刻。我們已經知道，古代唯一追隨薩摩的亞里士達克而主張哥白尼體系的人，就是底格里斯河上塞琉西亞的塞琉古，他的鼎盛期約當西元前一五〇年。塔西陀告訴我們說，到了西元一世紀塞琉西亞「並未沾染安息人的野蠻習俗，而仍然保存著它的希臘開國者塞琉古④的制度。三百名以豪富或智慧而當選的公民組成了一個類似於元老院的

③ 引自比萬（Bevan）的《塞琉古王朝》（*House of Seleucus*），卷一，第二九八頁注。

④ 是國王塞琉古，而非天文學家塞琉古。

組織，人民群眾也分享政權」⑤。希臘語在美索不達米亞的全境正如在其以西的地方一樣，已成爲學術與文化的語言，直迄回教的征服爲止。

就語言和文學而論，敘利亞（不包括猶太在內）的城市已經完全希臘化了。但農村人口則是更保守的，他們仍然保持著爲他們所習慣的宗教和語言。⑥小亞細亞沿海岸的希臘城市，許多世紀以來就在影響著他們野蠻的鄰居。馬其頓的征服格外加深了這種影響。希臘主義與猶太人之間的第一次衝突是在《馬喀比書》裡提到了的。這是一篇極其有趣的故事，與馬其頓帝國內一切別的事情都不一樣。我將在後面談到基督教的起源與成長時再討論它。在其他的地方，希臘的影響從來沒有遇到過這樣頑強的抵抗。

從希臘化文化的觀點來看，西元前三世紀最輝煌的成就乃是亞歷山大港這個城市。比起馬其頓治下的歐洲部分和亞洲部分來，埃及受戰爭的蹂躪較少，而亞歷山大港又處於特別有利的商業地位。托勒密王朝是學藝的保護主，把當時許多最優秀的人都吸收到他們的首都來。數學主要地成了亞歷山大港的學問，並且一直保持到羅馬的滅亡爲止。的確，阿基米德是西西里人，並且他所屬的那部分世界（直到西元前二一二年他臨死的那一刻爲止）依然保持著他們的獨立；但是他也在亞歷山大港學習過。伊拉托斯底尼是著名的亞歷山大港圖書館的負責人。西元前三世紀裡多少全都和亞歷山大港有著密切連繫的數學家們和科學家們，可以和前此各個世

---

⑤ 《編年史》（*Annals*），卷六，第四十二章。

⑥ 參閱《劍橋古代史》（*Cambridge Ancient History*），卷七，第一九四—一九五頁。

紀裡任何希臘人的才能相媲美，並且做出了同樣重要的工作。但是，他們不像他們的前人那樣把一切學藝都當作自己的領域，並發揮著包羅萬象的哲學；他們是近代意義上的專家們。歐幾里得、亞里士達克、阿基米德和亞婆羅尼都只一心一意地作數學家，他們都不渴望有哲學上的創造性。

不僅在學術範圍內而且在一切領域裡，這個時代都以專業化爲其特徵。在西元前五至四世紀的希臘自治的城邦裡，一個有才能的人可以認爲是樣樣精通的。在不同的情況之下，他可以是軍人、政治家、立法家或哲學家。蘇格拉底雖然不喜歡政治，卻並未能避免捲入政治的糾紛。在他年輕的時候，他是一個兵士，又是一個（儘管在〈申辯〉篇裡他不承認）學物理科學的人。普羅泰戈拉在向研究新事物的貴族子弟們教授懷疑主義之餘，還爲圖里草擬過一部法典。柏拉圖也涉足過政治，雖然並不成功。色諾芬在不寫他的蘇格拉底也不作鄉紳的時候，就去當將軍以消遣歲月。畢達哥拉斯派的數學家們曾力圖掌握許多城邦的政府。每個人都必須充當審判員，並擔任其他的各種公職。但到了西元前三世紀，這一切就都起了變化。在往昔的那些城邦國家裡的確還有政治，但是那已經變成地方性的而且已經無關緊要，因爲希臘已經處於馬其頓大軍的擺布之下了。爭奪權力的嚴重鬥爭在馬其頓的軍人中間進行著；但這裡並沒有原則的問題，而僅僅是互相競爭著的冒險者之間如何分配領土的問題。在行政的和技術的事物上面，這些多少都是不學無術的軍人們便僱傭希臘人做他們的專家；例如：在埃及的灌溉和排水方面就曾做出了優異的成就。這時有軍人、有行政家、有醫生、有數學家，也有哲學家，可是再也沒有一個以一身而兼任這一切的人了。

這個時代是一個有錢而又沒有權勢欲望的人可以享受一種非常愉快的生活的時代——當

然總得假定沒有掠奪成性的軍隊闖了進來。為某一個君主所垂青的學者盡可以享受高度的奢侈生活，只要他們是圓滑的諂媚者而又並不介意於成為一個愚昧無知的宮廷的嘲弄對象。但是這裡卻沒有安全這種東西。一場宮廷革命可以把這些阿諛諂媚的賢達者們的恩主推翻；加拉太人可以毀滅富人的莊園；自己的城邦也可能在一場偶然的王朝戰爭裡被洗劫一空。在這種情況之下，人們都去崇拜「幸運」女神就不足為奇了。在人間萬事的安排上，似乎並沒有任何合理的東西。那些頑固地堅持要在某個地方能找出道理來的人們，就只好返求於自己並且像米爾頓的撒旦那樣認定：

> 心靈是它自己的園地，在它自身裡，
> 可以把地獄造成天堂，把天堂造成地獄。

除了對於自私自利的冒險者而外，不再有任何刺激可以引起人們對公共事物的興趣了。在亞歷山大征服的輝煌插曲之後，由於缺乏一個堅強的專制主足以奠定穩固不移的無上權威以及缺乏一個強而有力的原則足以造成社會的鞏固，希臘化世界便陷入混亂之中。當面臨著新的政治問題的時候，希臘的理智證明了它本身是完全無能為力的。羅馬人比起希臘人來無疑是愚笨的、粗野的，但是至少他們卻創造了秩序。在自由的日子裡，那種舊式的無秩序曾經是可容忍的，因為每一個公民都享有自由；但是無能的統治者所加之於被統治者的那種新的馬其頓式的無秩序，則是全然不可容忍的了——比起後來對於羅馬的屈服來要更加不可容忍得多。

社會的不滿與對革命的懼怕在廣泛流傳著。自由勞動力的工資下降了，主要原因是由於東方奴隸勞動的競爭；而同時必需品的價格卻在上漲。我們發現亞歷山大在他的事業開始時，還有時間訂立條約以便使窮人安分守己。「西元前三三五年，亞歷山大與哥林多聯盟國家之間所訂的條約裡規定了，聯盟理事會與亞歷山大的代表雙方保證，聯盟的任何城邦都不得爲了革命的緣故而沒收個人的財產，或者分配土地，或者免除債務，或者解放奴隸。」⑦在希臘化的世界裡，神廟都經營銀行家的業務；他們掌握著黃金準備金，並且操縱債務。西元前三世紀初期德洛斯的阿波羅神廟以百分之十的利息放債；而此前的利率還要更高。⑧

自由勞動者發現自己的工資甚至於不足以維持最低的需要，所以年輕力壯的就只好去當雇傭兵以求糊口。雇傭兵的生活無疑是充滿著艱難和痛苦的，但是它也有很大的可能前途。或許是掠奪某一個富庶的東方城市，或許有機會進行有利可圖的暴動。一個統帥要想解散他的軍隊必定是件極其危險的事，並且這也一定就是戰爭所以連綿不斷的原因之一。

往日的公民精神還多少保存在舊的希臘城市裡，但卻沒有保存在亞歷山大所建立的新城市裡——就連亞歷山大港也不例外。在早期，一個新城市往往總是由某一個舊城市的移民所組成的殖民地，它和自己的母邦始終維持著感情上的連繫。這種感情有著很悠久的壽命，例如：

---

⑦ 塔因（W. W. Tarn）著：〈西元前三世紀的社會問題〉一文，收入《希臘化時代論文集》（*The Hellenistic Age*）一書中。一九二三年，劍橋版。這篇文章是極其有趣的，並且包括許多在別的地方不大容易找到的史實。

⑧ 同上。

西元前一九六年蘭普薩古城在希臘海峽的外交活動就可以證明。這個城面臨著要被塞琉西王安提阿古三世征服的危險，便決定籲請羅馬保護。於是派遣出一個使節，但這個使節並沒有直接去羅馬，而是先到了馬賽，儘管馬賽的距離極爲遙遠。馬賽也像蘭普薩古一樣是福西亞的殖民地，而且羅馬人對他們的態度又很友好。馬賽的公民聽了使臣的演說之後，便立刻決定派遣他們自己的外交團到羅馬去支持他們的姊妹城。住在馬賽內陸的高盧人也參加了，並且還有一封信給他們在小亞細亞的同族加拉太人，推薦他們與蘭普薩古相友好。羅馬自然高興有一個藉口插足於小亞細亞，於是由於羅馬的干涉，蘭普薩古就保持住了它的自由——直到後來它變得不利於羅馬人的時候爲止。⑨

亞洲的統治者們一般都自稱爲是「親希臘派」，並且在政策與軍事的需要所能允許的範圍之內與舊希臘的城市保持著友好。這些城市希望有民主的自治政府，免除納貢，不受朝廷禁軍的干涉，並且（當他們能夠的時候）宣稱這些都是權利。向他們讓步是値得的，因爲他們是富有的，他們可以提供雇傭兵，有許多城市還有重要的港口。但是如果他們在內戰中參加了錯誤的一方，他們就有完全被征服的危險了。大體上說，塞琉西王朝以及其他逐漸興起的王朝對待他們都相當寬大，但是也有例外。

新城市雖然也有著一定程度的自治政府，卻並沒有像舊城市那樣的傳統。他們公民的來源不一，希臘各個部分的人都有。他們大體上都是些冒險家，很像是conquistadores（西班牙的

⑨ 比萬：《塞琉古王朝》，卷二，第四五—四六頁。

美洲征服者）或者是南非約翰尼斯堡的移民，而不像早期的希臘殖民者或者新英格蘭的開拓者那樣是虔誠的香客。因此亞歷山大的城市沒有一個能夠形成堅固的政治單位。從王朝政府的立場來說這是有利的，但是從傳播希臘化來說這卻是一個弱點。

非希臘的宗教與迷信對於希臘化世界的影響，大體上是（但不完全是）壞的。但情形本可以並不如此。猶太人、波斯人、佛教徒，他們的宗教都肯定地要優越於希臘流俗的多神教，並且即使是最優秀的哲學家去學習這些也會是受益匪淺的。然而不幸，在希臘人的想像力上留下了最深刻印象的卻是巴比倫人或迦勒底人。首先是他們荒唐無稽的古代史，僧侶們的紀錄竟上溯至幾千年之久，並且宣稱還可以再上溯幾千年。其中也有一些眞正的智慧：遠在希臘人能夠預言月蝕的很久以前，巴比倫人就已能多少預言月蝕了。但是這些僅僅是使希臘人易於接受他們的原因；而希臘人實際所接受的卻主要地是占星學與巫術。吉伯特・穆萊教授說：「占星學降臨於希臘化的思想，就像是一種新的疾病降臨於某個偏僻的島上的居民一樣。根據狄奧多羅斯的描述，歐濟曼底亞斯的陵墓裡是畫滿了占星學的符號的，在康馬根所發現的安提阿古一世的陵墓也具有同樣的特點。君主們相信星辰在注視著他們，那是很自然的。可是人人卻都在準備接受這種病菌。」⑩占星學最初是一個名叫貝盧梭的迦勒底人在亞歷山大的時代教給希臘人的，貝盧梭在科斯教過占星學，並且據塞涅卡說，他「傳授的是貝爾神」。穆萊教授說：「這一定是說，他把西元前三千紀爲薩爾恭一世所寫的、後來在亞述奔尼拔（西元前六八六—

⑩《希臘宗教的五個階段》（*Five Stages of Greek Religion*），第一七七—一七八頁。

前六二六年）圖書館中所發現寫在七十塊版上的一篇『貝爾之眼』的文字翻譯成了希臘文。」（同書，第一七六頁）。

我們將會看到，甚至於大多數最優秀的哲學家也都信仰起占星學來了。既然占星學認爲未來是可以預言的，所以它就包含著對於必然或命運的信仰，而這就可以用來反對當時流行的對幸運的信仰。但無疑地，大多數人卻是同時兩者都信仰的，而且從來也沒有察覺到兩者的不一致。

普遍的混亂必然要引起道德的敗壞更甚於智識的衰退。延綿了許多世代的動盪不寧，儘管能夠容許極少數的人有著極高度的聖潔，但它確乎是敵視體面的公民們的平凡的日常德行的。當你的一切儲蓄明天就會一乾二淨的時候，勤勉就似乎是無用的了；當你對別人誠實而別人卻必然要欺騙你的時候，誠實就似乎是無益的了；當沒有一種原則是重要的或者能有穩固的勝利機會時，就不需要堅持一種原則了；當唯唯諾諾混日子才可以苟全性命與財產的時候，就沒有要擁護眞理的理由了。一個人的德行若是除了純粹的現世計較而外便沒有別的根源；那麼如果他有勇氣的話，他在這樣一個世界裡就會變成一個冒險家，如果他沒有勇氣的話，他就會只求做一個默默無聞的怯懦的混世蟲。

屬於這個時代的米南德說：

我知道有過那麼多的人，
他們並不是天生的無賴，
卻由於不幸而不得不成爲無賴。

這就總結了西元前三世紀的道德特點，只有極少數的人才是例外。甚至於就在這些極少數的人裡面，恐懼也代替了希望；生命的目的與其說是成就某種積極的善，還不如說是逃避不幸。「形而上學隱退到幕後去了，個人的倫理現在變成了具有頭等意義的東西。哲學不再是引導著少數一些大無畏的眞理追求者們前進的火炬：它毋寧是跟隨著生存鬥爭的後面在收拾病弱與傷殘的一輛救護車。」⑪

---

⑪ 安古斯（Angus）在《劍橋古代史》（*Cambridge Ancient History*），卷七，第二三一頁的話。上引米南德的話也採自同一章。

第二十六章　犬儒學派與懷疑派

知識優異的人們與他們當時社會的關係，在不同的時代裡是非常之不同的。在某些幸運的時代裡，他們大體上能與他們的環境調和——毫無疑問他們要提出他們自己認爲是必要的那些改革來，但是他們深信他們的提議是會被人歡迎的；而且即使是世界始終不曾改革的話，他們也不會因此就不喜歡他們自己所處的世界。在另一些時代裡，他們是革命的，認爲需要號召激烈的變革，但希望這些變革（部分地是由於他們忠告的結果）在不久的將來就可以實現。又在另一些時代裡，則他們對世界是絕望的，他們覺得儘管他們自己知道什麼是必需的，但卻絕沒有可以實現的希望。這種心情很容易陷於一種更深沉的絕望，把地上的生活認爲本質上都是壞的，而對好的事物則只能寄希望於來生或者是某種神祕的轉變上。

在某些時代，所有這幾種態度可以在同時爲不同的人所採取。例如：讓我們看一下早期的西元十九世紀。歌德是快活的，邊沁是個改革者，雪萊是個革命者，而李奧巴第則是個悲觀主義者。但在大多數的時期裡，偉大的作家們中間卻有著一種流行的格調。在英國，他們在伊莉莎白時代和西元十八世紀是快活的；在法國，他們約當西元一七五〇年左右變成了革命的；在德國，自從西元一八一三年以後他們是民族主義的。

在教會統治時期，也就是說從西元五世紀至十五世紀，人們在理論上所相信的與在實際上所感覺的之間，是有著一種衝突的。在理論上世界是一個流淚泉，是在受苦受難之中對於來世的一種準備，但是在實際上則作家們（他們幾乎全都是教士）又不免對於教會的權勢感到高興；他們有機會從事於許多他們認爲是有用的那種活動。因此他們具有著統治階級的心理，而不是那種覺得自己是在逃亡到另一個世界裡去的人們的心理。這就是貫穿著整個中世紀的那種奇怪的二元論的一部分，這種二元論是由於下列事實造成的，即教會雖然是基於出世的信仰但又是日常世界中最重要的一種制度。

基督教出世精神的心理準備開始於希臘化的時期，並且是與城邦的衰頹相連繫著的。希臘的哲學家們，下迄亞里斯多德爲止，儘管他們可以埋怨這埋怨那；但在大體上對於宇宙並不絕望，也不覺得他們自己在政治上是無能的。他們有時候可以是屬於失敗了的政黨，但如果是這樣，他們的失敗也只是由於衝突中的機緣所致，而不是由於有智慧的人之任何不可避免的無能爲力。甚至連那些像畢達哥拉斯或者在某種心情之下的柏拉圖那樣地鄙棄現象世界而力求逃避於神祕主義的人，也都有著要把統治階級轉化成爲聖賢的具體計畫。但當政權轉到馬其頓人手裡的時候，希臘的哲學家們就自然而然地脫離了政治，而更加專心致志於個人德行的問題或者解脫問題了。他們不再問：人怎樣才能夠創造一個好國家？而是問：在一個罪惡的世界裡，人怎樣才能夠有德；或者，在一個受苦受難的世界裡，人怎樣才能夠幸福？當然這種變化僅僅是程度上的變化；這樣的問題在以前也曾被人提出來過，並且後期的斯多噶派有一個時期也是關懷政治的——但關懷的是羅馬的政治而非希臘的政治。然而這個變化卻仍然是一場眞實的變化。除了羅馬時期斯多噶主義在一定限度上而外，凡是那些認眞思想、認眞感受的人們的觀點都日益變得主觀的和個人主義的了；直到最後，基督教終於帶來了一套個人得救的福音，這就鼓舞了傳教的熱誠並創造了基督教教會。在這以前，始終沒有過一種制度是可以讓哲學家們全心全意地安身立命的，因而他們對權勢的合法的愛好心就沒有適當的出路。因爲這種原因，所以希臘化時代的哲學家，作爲人而論，就要比那些生活於城邦仍然能夠鼓舞其忠誠的時代的人們，具有更大的侷限性。他們仍然思想，因爲他們不能不思想；但是他們幾乎並不希望他們的思想在實際世界裡會產生什麼效果。

有四派哲學大約都是在亞歷山大的時代建立起來的。最有名的兩派，即斯多噶派和伊比鳩魯派，是我們後兩章的主題；在本章中我們將要討論犬儒派（Cynics）和懷疑派（Sceptics）。

這兩個學派中的前一派出自（透過它的創始人狄奧根尼（Diogenes））安提斯泰尼（Antisthenes）；他是蘇格拉底的弟子，約長於柏拉圖二十歲。安提斯泰尼是一個非常引人注意的人物，在某些方面頗有似於托爾斯泰。直到蘇格拉底死後，他還生活在蘇格拉底貴族弟子們的圈子裡，並沒有表現出任何非正統的徵象來。但是有某種東西——或者是雅典的失敗，也許是蘇格拉底之死，也許是他不喜歡哲學的詭辯——卻使得他在已經不再年輕的時候，鄙棄了他從前所重視的東西。除了純樸的善良而外，他不願意要任何東西。他結交工人並且穿得和工人一樣。他進行露天講演，他所用的方式是沒有受過教育的人也都能理解的。一切精緻的哲學，他都認爲毫無價值；凡是一個人所能知道的，普通的人也都能知道。他信仰「返於自然」，並把這種信仰貫徹得非常澈底。他主張不要政府，不要私有財產，不要婚姻，不要確定的宗教。他的弟子們（如果他本人不曾）譴責奴隸制。他並不是一個嚴格的苦行主義者，但是他鄙棄奢侈與一切人爲的對感官快樂的追求。他說：「我寧可瘋狂也不願意歡樂。」①

① 貝恩：卷二，第四、五頁；穆萊：《五個階段》（*Five stages*），第一一三—一一四頁。

安提斯泰尼的名聲被他的弟子狄奧根尼蓋過了，狄奧根尼「是歐濟尼河上西諾普地方的青年，最初他（安提斯泰尼）並不喜歡他；因爲他是一個曾因塗改貨幣而被下過獄的不名譽的錢商的兒子。安提斯泰尼命令這個青年回家去，但是他絲毫不動；他用杖打他，他也一動不動。他渴望『智慧』，他知道安提斯泰尼可以教給他智慧。他一生的志願也是要做他父親所做過的事，要『塗改貨幣』，可是規模要大得多。他要塗改世上流行的一切貨幣。每種通行的印戳都是假的。人被打上了將帥與帝王的印戳，事物被打上了榮譽、智慧、幸福與財富的印戳；一切全都是破銅爛鐵打上了假印戳罷了」。②

他決心像一條狗一樣地生活下去，所以就被稱爲「犬儒」（cynic），這個字的意思就是「像犬一樣」。他拒絕接受一切的習俗——無論是宗教的、風尚的、服裝的、居室的、飲食的或者禮貌的。據說他住在一個桶裡，但是吉爾柏特・穆萊向我們保證說這是個錯誤：因爲那是一個大甕，是原始時代用以埋葬死人的那種甕。③他像一個印度托缽僧那樣地以行乞爲生。他宣揚友愛，不僅僅是全人類之間的友愛，而且還有人與動物之間的友愛。甚至當他還活著的時候，他的一身就聚集了許多的傳說。盡人皆知，亞歷山大怎樣地拜訪過他，問他想要什麼恩賜；他回答說：「只要你別擋住我的太陽光。」

狄奧根尼的教導，一點也沒有我們現在所稱之爲「玩世不恭」的（「犬儒」的）東

② 穆萊：《五個階段》，第一一七頁。

③ 同上，第一一九頁。

西——而是恰好與之相反。他對「德行」具有一種熱烈的感情，他認為和德行比較起來，俗世的財富是無足計較的。他追求德行，並追求從欲望之下解放出來的道德自由：只要你對於幸運所賜的財貨無動於衷，便可以從恐懼之下解放出來。我們可以看出，他的學說在這一方面是被斯多噶派所採用了的，但是他們並沒有追隨著他摒絕文明的歡樂。他認為普羅米修斯由於把那些造成了近代生活的複雜與矯揉造作的技術帶給了人類，所以就公正地受到了懲罰。在這一點上他有似於道家、盧梭與托爾斯泰，但是要比他們更加澈底。

雖然他是亞里斯多德同時代的人，但是他的學說在氣質上卻屬於希臘化的時代。亞里斯多德是歡樂地正視世界的最後一個希臘哲學家；從他而後，所有的哲學家都是以這樣或那樣的形式而具有著一種逃避的哲學。世界是不好的，讓我們學會遺世而獨立吧。身外之物是靠不住的；它們都是幸運的賜予，而不是我們自己努力的報酬。唯有主觀的財富——即德行，或者是通過聽天由命而得到的滿足——才是可靠的，因此，唯有這些才是有智慧的人所要重視的。狄奧根尼本人是一個精力旺盛的人，但他的學說卻正像希臘化時代所有的學說一樣，乃是一種投合於勞苦倦極的人們的學說，失望已經摧毀了這些人的天賦的熱忱了。這種學說除了對於強有力的罪惡是一種抗議而外，當然絕不是一種可以指望促進藝術或科學或政治或任何有用的活動的學說。

看一下在犬儒學派普及之後，他們的學說變成了什麼樣子，是饒有趣味的。西元前三世紀的早期，犬儒學派非常風行，尤其是在亞歷山大港。他們刊行了短篇的說教，指出沒有物質財產是多麼地輕鬆，飲食簡樸可以是多麼地幸福，怎樣在冬天不必穿昂貴的衣服就可以保持溫暖（這在埃及也許是真的），對自己的家鄉依依不捨或者悲悼自己的孩子或朋友的死亡又是何等之愚蠢。這些通俗化的犬儒學者之中有一個叫作德勒斯的說：「我的兒子或妻子死了，那難道就有任何理由應該不顧仍然還在活著的我自己，並且不再照顧我的財產了麼？」[4]在這一點上我們很難對於這種單純生活感到任何的同情，它已經變得太單純了。我們懷疑是誰高興這種說教，是希望把窮人的苦難想像成僅僅是幻想的那些富人呢？還是力圖鄙視獲得了成功的事業家們的那些新的窮人呢？還是想使自己相信自己所接受的恩賜是無關重要的那些阿諛獻媚者呢？德勒斯對一個富人說：「你慷慨大度地施捨給我，而我痛痛快快地取之於你，既不卑躬屈膝，也不嘮叨不滿。」[5]這是一種很便當的學說。通俗的犬儒主義並不教人禁絕世俗的好東西，而僅僅是對它們具有某種程度的漠不關心而已。就欠債的人來說，這可以表現爲一種使他減輕自己對於債主所負的義務的形式。我們可以看到「玩世不恭」（「犬儒的」）這個名詞是怎樣獲得它的日常意義的。

犬儒派學說中最好的東西傳到了斯多噶主義裡面來，而斯多噶主義則是一種更爲完備和更加圓通的哲學。

懷疑主義之成爲一種學派的學說最初是由皮浪（Pyrrho）提倡的，皮浪參加過亞歷山大的軍隊，並且隨軍遠征過印度。看起來這使他發生了濃厚的旅行興趣；他的餘年是在他的故鄉愛里斯城度過的，西元前二七五年他死在這裡。除了對於以往的各種懷疑加以一定的系統化與形式化而外，他的學說裡並沒有多少新東西。對於感官的懷疑是從很早以來就一直在困惱著希臘

④《希臘化時代》（*Hellenistic Age*），一九二三年，劍橋版，第八四頁以下。

⑤《希臘化時代》，一九二三年，劍橋版，第八六頁。

哲學家的；唯一的例外就是那些像巴門尼德和柏拉圖那樣否認知覺的認識價值的人們，他們還把他們的否定當做是宣揚知識上的教條主義的一種好機會。智者們，特別是普羅泰戈拉和高爾吉亞，曾經被感官知覺的模糊及其顯著的矛盾而引到了一種有似於休姆的主觀主義。皮浪似乎（因為他很聰明地沒有寫過任何書）在對感官的懷疑主義之外，又加上了道德的與邏輯的懷疑主義。據說他主張絕不可能有任何合理的理由，使人去選擇某一種行為途徑而不選擇另外的一種。在實踐上，這就意味著一個人無論住在哪個國家裡，都是順從著那裡的風俗的。一個近代的信徒會在禮拜日到教堂去，並且奉行正確的跪拜儀式，而不必具有任何被人認為是足以激發這些行動的宗教信仰。古代的懷疑主義者奉行著全套的異教宗教儀節，有時候甚至於他們本人就是祭司；他們的懷疑主義向他們保證了這種行為不可能被證明是錯誤的，而他們的常識感（這種常識感比他們的哲學更經久）又向他們保證了這樣做是便當的。

懷疑主義自然地會打動許多不很哲學的頭腦。人們看到了各派之間的分歧以及他們之間的爭論的尖銳，於是便斷定大家全都一樣地自命為具有實際上是並不可能獲得的知識。懷疑主義是懶人的一種安慰，因為它證明了愚昧無知的人和有名的學者是一樣的有智慧。對於那些氣質上要求著一種福音的人來說，它可能似乎是不能令人滿意的；但是正像希臘化時期的每一種學說一樣，它本身就成為了一副解憂劑而受人歡迎。為什麼要憂慮未來呢？未來完全是無從捉摸的。你不妨享受目前；「未來的一切都還無從把握。」因為這些原因，懷疑主義在一般人中就享有了相當的成功。

應該指出，懷疑主義作為一種哲學來說，並不僅僅是懷疑而已，並且還可以稱之為是武斷的懷疑。科學家說：「我以為它是如此如此，但是我不能確定。」具有知識好奇心的人說：

「我不知道它是怎樣的，但是我希望能弄明白。」哲學的懷疑主義者則說：「沒有人知道，也永遠不可能有人知道。」正是這種教條主義的成分，便使得懷疑主義的體系有了弱點。懷疑主義者當然否認他們武斷地肯定了知識的不可能性，但是他們的否認卻是不大能令人信服的。

然而，皮浪的弟子蒂孟（Timon）提出了一種理智上的論證，這種論證從希臘邏輯的立場來說是很難於答覆的。希臘人所承認的唯一邏輯是演繹的邏輯，而一切演繹都得像歐幾里得那樣，必須是從公認爲自明的普遍原則出發。但蒂孟否認有任何找得出這種原則來的可能性。所以一切就都得靠著另外的某種東西來證明了；於是一切的論證要麼便是循環的，要麼便是繫在空虛無物上面的一條無窮無盡的鍊鎖。而這兩種情形無論哪一種，都不能證明任何東西。我們可以看到，這種論證就砍中了統治著整個中世紀的亞里斯多德哲學的根本。

在我們今天被那些並不是完全懷疑的人們所宣揚的某些形式的懷疑主義，對於古代的懷疑派並不曾出現過。他們並不懷疑現象，也不疑問那些他們認爲是僅只表示我們所直接知道的有關現象的命題。蒂孟大部分的著作都已佚失了，但他現存的兩句話可以說明這一點。一句是說：「現象永遠是有效的。」另一句是說：「蜜是甜的，我絕不肯定；蜜看來是甜的，我完全承認。」⑥一個近代的懷疑主義者會指出，現象僅僅是出現，它既不有效也不無效；有效或無效的必須是一個陳述；但並沒有一種陳述能夠和現象連繫得如此之密切，以至於不可能有虛假。由於同樣的理由，他也會說「蜜看來是甜的」這一陳述僅僅是高度或然的，而不是絕對確實可靠的。

⑥ 轉引自愛德文・比萬（Edwyn Bevan）：《斯多噶派與懷疑派》（*Stoics and Sceptics*），第一二六頁。

在某些方面，蒂孟的學說非常有似於休姆的學說。他認為某些從未被人觀察到的東西——例如原子——就不能有效地被我們所推知；當兩種現象屢屢被我們觀察到在一起的時候，我們就可以從一個推知另一個。

蒂孟在他悠長的一生的晚年就住在雅典，並於西元前二三五年死於雅典。隨著他的死，皮浪的學派作為一個學派就告結束了；但是他的學說——說來似乎很奇怪——多少經過了改造之後，卻被代表柏拉圖傳統的學園接受過來了。

造成這一驚人的哲學革命的人是與蒂孟同時代的人阿塞西勞斯，他大約老死於西元前二四〇年。大多數人所接受於柏拉圖的乃是信仰一個超感的理智的世界，信仰不朽的靈魂對可朽的肉體的優越性。但柏拉圖是多方面的，在某些方面也可以把他看作是在宣揚懷疑主義。柏拉圖筆下的蘇格拉底是自稱一無所知的；我們自然而然地總把這話認為是諷刺，但是這話也可以認眞地加以接受。有許多篇對話並沒有達到任何正面的結論，目的就在要使讀者處於一種懷疑狀態。有些篇對話——例如〈巴門尼德〉篇的後半部——則似乎是除了指明任何問題的正反兩方都可以提出同等可信的理由而外，並沒有什麼別的目的。柏拉圖式的辯證法可以認為是一種目的而不是一種手段；若是這樣加以處理的話，則它本身就成為對於懷疑主義的一種最可讚美的辯護。這似乎就是阿塞西勞斯所解說柏拉圖的方式，他自認為仍然是在追隨著柏拉圖的。他砍掉了柏拉圖的頭，但是保留下來的軀幹卻無論如何仍然是眞的。

阿塞西勞斯的教學方式會有許多地方是值得表揚的，假使跟他學習的青年人能夠不為它所麻痺的話。他並不主張任何論點，但是他卻要反駁學生所提出來的任何論點。有時候他會自己前後提出兩個互相矛盾的命題，用以說明怎樣就可以令人信服地論證兩者之中的任何一個命題。一個有足夠的叛逆勇氣的學生，就可以學到機智並且避免謬誤；但事實上除了機靈和對於眞理漠不關心而外，似乎並沒有人學到了任何的東西。阿塞西勞斯的影響是如此之大，以至於整個的學園大約有兩百年之久一直都是懷疑主義的。

在這一懷疑時期的中葉，發生了一件有趣的事情。西元前一五六年雅典派至羅馬的外交使團有三位哲學家，其中有一個就是不愧繼任阿塞西勞斯作學院首領的那位卡爾內亞德。他看不出有什麼理由他作使臣的尊嚴就應該妨礙他的這次大好機會，於是他就在羅馬講起學來。那時候的青年人都渴望模仿希臘的風氣，學習希臘的文化，於是都蜂擁而來聽他講學。他的第一篇講演是發揮亞里斯多德和柏拉圖的關於正義的觀點，並且是澈底建設性的。然而他的第二篇講演則是反駁他第一次所說過的一切，並不是爲了要建立相反的結論，而僅僅是爲了要證明每一種結論都是靠不住的。柏拉圖筆下的蘇格拉底論證說，以不公道加於人對於犯者來說要比忍受不公道是一樁更大的罪過。卡爾內亞德在他的第二篇講演裡，非常輕蔑地對待了這種說法。他指出，大國就是由於他們對軟弱的鄰邦進行不正義的侵略而成爲大國的；這一點在羅馬是不大好否認的。船破落水的時候，你可以犧牲別的弱者而拯救你自己的生命；如果你不這樣做，你就是個傻瓜。他似乎認爲「先救婦孺」並不是一句可以導致個人得救的格言。如果你在得勝的敵人面前潰退的時候已經丟失了你的馬，而又發現有一個受傷的同志騎著一匹馬，那麼你應該怎麼辦呢？如果你是有理智的，你就會把他拉下馬，搶過他的馬來，不管正義是怎麼樣的講法。這一切不大有建設性的論證出於一個名義上是柏拉圖的追隨者之口，眞是令人驚訝的，但是它似乎曾使得具有近代頭腦的羅馬青年們大爲高興。

但是它卻使得有一個人大不高興，那個人就是老卡圖；老卡圖代表著嚴峻的、僵硬的、愚蠢而又粗暴的道德規範，正是靠了這種道德規範羅馬人才打敗了迦太基的。老卡圖從年輕到年老都過著簡樸的生活，一早就起床，進行嚴格的體力勞動，只吃粗糙的食物，並且從未穿過一件價值一百便士以上的衣服。對於國家他是忠心耿耿的，他拒絕一切賄賂和貪汙。他嚴格要求別的羅馬人也具有他自己所實行的一切德行，並且堅持說控訴和檢舉壞人乃是一個正直的人所能做的最好的事情。他竭力推行古羅馬的嚴肅的風尚：

「卡圖把一個叫作馬尼里烏斯的人趕出了元老院，這個人本來是極有希望在下一年被任命爲執政官的，僅僅因爲這個人在白天並且當著自己女兒的面前太多情地吻了自己的妻子：並且卡圖在譴責他做這件事時還告訴他說，除非在打雷的時候，他自己的妻子是從不吻他的。」⑦

卡圖當政的時候便禁止奢侈和宴會。他要他的妻子不僅哺乳她自己的孩子，還要哺乳他奴隸們的孩子，爲的是用同樣的奶餵養起來之後，奴隸們的孩子就可以愛他自己的孩子了。當他的奴隸年老不能工作時，他就毫不憐惜地把他們賣掉。他堅持他的奴隸們應當永遠不是做工便是睡覺。他鼓勵他的奴隸們互相爭吵，因爲「他不能容忍奴隸們居然做了好朋友」。若是有一個奴隸犯了嚴重的過錯，他就把其餘的奴隸都召來，並且誘導他們來咒罵這個犯過錯的人罪該萬死；然後他就當著其餘奴隸們的面親手把他處決。

⑦ 諾爾斯譯，普魯塔克《名人傳》（*Lives*），〈瑪律庫斯・卡圖傳〉（*Marcus Cato*）。

卡圖和卡爾內亞德之間的對比眞是非常全面的：一個是由於道德過分嚴厲、過分傳統以至於粗暴，另一個是由於道德過分放恣、過分沾染上了希臘化世界的社會墮落以至於下賤。

「瑪律庫斯．卡圖從一開始——從青年們開始學希臘語，從而希臘語在羅馬日益爲人重視的時候——就不喜歡這件事：怕的是渴望學習知識與辯論的羅馬青年們，會完全忘掉榮譽與武力的光榮。……於是有一天他就在元老院裡公開地攻擊這幾位使臣在這裡待得時間太久，而且沒有趕快辦事：還要考慮到這些使臣都是狡猾的人，很容易說服別人相信他們。假使沒有其他方面的考慮的話，僅此一點也就足以說服元老院對使臣們做出一個決定的答覆來，好把他們遣送回國去教書，去教他們自己的希臘孩子，別讓他們再管羅馬的孩子了；讓羅馬的孩子們還像從前一樣地學習著服從法律和元老院吧。他向元老院說這番話，並不是出於他對卡爾內亞德有任何的私仇或惡意（像某些人所猜想的那樣）：而是因爲他總是仇視哲學的。」⑧

在卡圖的眼裡，雅典人是沒有法律的低等人；所以**他們**若被知識分子的淺薄的詭辯術所腐蝕的話，那是沒有關係的；但是羅馬青年則必須是清教徒式的、帝國主義的、無情的而又愚昧的。然而他並沒有成功；後來的羅馬人不但保存了卡圖的許多毛病，同時還接受了卡爾內亞德的許多毛病。

⑧ 諾爾斯譯，普魯塔克《名人傳》，〈瑪律庫斯．卡圖傳〉。

繼卡爾內亞德（約當西元前一八〇—前一一〇年）之後的下一任學園園長是一個迦太基人，他的眞名字是哈斯德魯拔，但是他和希臘人打交道時喜歡自稱爲克來多馬柯。與卡爾內亞德之把自己只限於講學不同，克來多馬柯寫了四百多部書，其中有些是用腓尼基文寫的。他的原則似乎和卡爾內亞德的一樣。在某些方面，它們是有用的。這兩位懷疑派都從事反對那些變得日益廣泛流行的占卜、巫術和星相學的信仰。他們也發展了一種建設性的有關或然性的程度的學說；儘管我們永遠不可能有理由感到確實的可靠性，但是某些東西卻似乎要比別的東西更近乎眞實。或然性應該是我們實踐的指導，因爲根據各種可能的假設中之或然性最大的一種而行事，乃是合理的。這種觀點也是大多數近代哲學家所同意的一種觀點。不幸的是發揮這種觀點的書籍已經失傳了；我們很難依據現存的一些提示而重新構造出來這種學說。

克來多馬柯之後，學園就不再是懷疑主義的了，並且從安提阿古（他死於西元前六九年）而後，它的學說有好幾個世紀實際上已經變得和斯多噶派的學說沒有分別了。

然而，懷疑主義並沒有消失。它被來自諾索斯的克里特人艾奈西狄姆復興起來了，諾索斯（假如我們知道一點的話）早在兩千多年以前就可能有過懷疑派，他們以懷疑動物的女神有沒有神性來取悅於放蕩的廷臣們。艾奈西狄姆的年代無法確定。他拋開了卡爾內亞德所宣揚的或然性學說，又回到了懷疑主義最初的形式上去。他的影響相當大；追隨他的有西元二世紀時的詩人魯西安以及稍後的古代懷疑派哲學家中唯一有著作流傳下來的塞克斯托・恩皮里庫斯（Sextus Empiricus）。例如：有一篇短文〈反對信仰神的論證〉（*Argument against Belief in a God*）曾被愛德文・比萬在他的《晚期希臘宗教》（*Later Greek Religion*）一書第五二—五六頁裡譯爲英文，並且據他說這或許就是塞克斯托・恩皮里庫斯根據克來多馬柯的口授而採自卡爾內亞德的。

這篇文章一開始就解釋說，在行爲上懷疑派乃是正統的：「我們懷疑派在實踐上追隨著世人的做法，並且對它沒有任何的意見。我們談到神，把他們當做是存在的，我們敬神並且說他們執行天命；但是這樣說的時候，我們並沒有表示信仰，從而避免了教條者們的魯莽輕率」。

接著他就論證說，人們對於神的性質是意見分歧的，例如：有人認爲他是有身體的，又有人認爲他是沒有身體的。我們既然對他沒有任何的經驗，所以我們就不能知道他的屬性。神的存在並不是自明的，所以才需要證明。同時他還有一個比較混亂的論證，指出這樣的證明乃是不可能的。其次，他就談到了罪惡這一問題，並結論說：

「那些積極肯定神存在的人，就不能避免陷於一種不虔敬。因爲如果他們說神統御著萬物，那麼他們就把他當成是罪惡事物的創作者了；另一方面，如果他們說神僅只統御著某些事物或者不統御任何事物；那麼他們就不得不把神弄成是心胸狹隘的或者是軟弱無能的了，而這樣做便顯然是一種十足的不虔敬。」

懷疑主義儘管繼續打動著某些有教養的個人一直要到西元後三世紀，但是它卻與日益轉向教條化的宗教和得救學說的時代性格背道而馳。懷疑主義者有足夠的力量能使有教育的人們對國家宗教不滿，但是它卻提供不出任何積極的東西（哪怕是在純知識的領域內）來代替它。自從文藝復興以來，神學上的懷疑主義（就它大多數的擁護者而論）已經被對於科學的熱誠信仰所代替了，但是在古代卻並沒有這種對懷疑的代替品。古代世界沒有能夠回答懷疑派的論證，於是就迴避了這些論證。奧林帕斯的神已經不爲人所相信了，東方宗教入侵的道路已經掃清了，於是東方的宗教就來爭取迷信者們的擁護，直到基督教的勝利爲止。

第二十七章　伊比鳩魯派

希臘化時期的兩大新學派，即斯多噶派與伊比鳩魯派，是同時創立的。他們的創立人芝諾和伊比鳩魯大約同時出生，並且先後在幾年之內都定居於雅典，分別作他們各自學派的領袖。因此先考慮那一派完全是興趣問題。我要先談伊比鳩魯派（Epicureans），因爲他們的學說是被他們的創立人自始就完全確定了的；而斯多噶主義卻經歷了長期的發展，下迄死於西元一八〇年的羅馬皇帝馬可・奧理略（Marcus Aurelius）爲止。

有關伊比鳩魯（Epicurus）生平的主要權威，是生活於西元後三世紀的第歐根尼・拉爾修。然而這裡有兩點困難，第一是第歐根尼・拉爾修本人很容易接受極少歷史價值的，或者全無歷史價值的傳說。第二是他的《傳記》中包含一部分斯多噶派對伊比鳩魯所發動的誹謗性的指責，我們常常弄不清楚究竟是他本人在肯定某些事情呢，還是只不過在轉敘別人的誹謗。斯多噶派所捏造的誹謗是與他們有關的事實，這一點是當他們崇高的道德爲人讚美時，我們所應該記得的；但這些卻不是有關伊比鳩魯的事實。例如：有一個傳說是，伊比鳩魯的母親是個行騙的女祭司，關於這件事第歐根尼說：

「他們（顯然是指斯多噶派）說他常常跟著他母親挨家挨戶地去串門，口裡念著禳災的禱文，並且還幫他的父親教蒙學來混一口飯吃。」

關於這一點貝萊解釋說：①「他隨著他母親作爲一個助手走遍四方，口中背誦她的禱文；假如這個故事有任何眞實性的話，那麼在很年輕的時候，他可能早就被後來在他的學說中成爲顯著特徵的那種對於迷信的仇視所激發起來了。」這種理論是很有吸引力的，但是鑑於古代末期捏造一種誹謗時的毫不猶疑，所以我並不認爲這個故事有任何根據而可以被接受。②反對這種說法的有一件事實，即他對他的母親懷有一種非常強烈的感情。③

然而伊比鳩魯一生的主要事實似乎是可以確定的。他的父親是薩摩地方一個貧窮的雅典殖民者；伊比鳩魯生於西元前三四二或三四一年，但究竟是生於薩摩還是生於阿提卡，我們就不知道了。無論如何，他的幼年時代是在薩摩度過的。他自述他從十四歲開始研究哲學。在十八歲的時候，即約當亞歷山大逝世的時候，他來到了雅典，顯然是爲著確定他的公民權而來的。但是當他在雅典的時候，雅典的殖民者被趕出了薩摩（西元前三二二年）。伊比鳩魯全家逃到小亞細亞，他也到了那裡和家人團聚。就在這時候或者也許稍早，他在陶斯曾向一個叫作瑙昔芬尼的人學過哲學，此人顯然是德謨克里特的弟子。雖然伊比鳩魯的成熟的哲學所得之於德謨克里特的，要比得之於任何其他哲學家的爲多；然而他對於瑙昔芬尼卻除了輕蔑之外並沒有說

---

① 《希臘的原子論者與伊比鳩魯》（*The Greek Atomists and Epicurus*），西雷耳·貝萊（Cyril Bailey）著，一九二八年牛津版，第二二一頁。貝萊先生對伊比鳩魯做過專門的研究，他的書對於學者是極有價值的。

② 斯多噶派對伊比鳩魯是非常不公平的，例如艾比克泰德（Epictetus）寫信給他說：「這就是你所宣揚的有價值的生活：吃、喝、淫、屙、睡。」見《艾比克泰德文集》（*Discourses of Epictetus*），卷二，第二〇章。

③ 吉伯特·穆萊：《五個階段》，第一三〇頁。

過任何別的話，他把腦昔芬尼叫作「軟體動物」。

西元前三一一年伊比鳩魯創立了他的學校，最初是在米特林，後來是在蘭普薩古，自西元前三〇七年而後就在雅典；他在西元前二七〇年或二七一年死於雅典。

經過了多難的青年時代之後，他在雅典的生活是平靜的，僅僅受到健康不佳的打攪。他有一所房子和一座花園（花園顯然和房子不在一起）；他就在這個花園裡講學。他的三個兄弟和另外一些人從一開始就是他的學校的成員，但是在雅典他的團體的人數增加起來了，不僅是學哲學的弟子增加了，而且還有朋友們和他們的孩子們以及奴隸們和妓女們（hetaerae）。這些妓女們成了他的敵人誹謗的藉口，但顯然是完全不公正的。他對於純粹人情的友誼具有一種非凡的能力，他給他的團體成員的小孩子們寫過輕鬆愉快的信。他並沒有實踐古代哲學家們在表現感情時人們可以預料得到的那種嚴肅與深沉；他寫的信是異常之自然而又坦率的。

團體生活是非常簡樸的，一部分是由於他們的原則，而（無疑地）一部分也由於沒有錢。他們的飲食主要是麵包和水，伊比鳩魯覺得這就很可滿意了。他說：「當我靠麵包和水而過活的時候，我的全身就洋溢著快樂；而且我輕視奢侈的快樂，不是因爲它們本身的緣故，而是因爲有種種的不便會隨之而來。」團體在錢財上至少有一部分是靠自願捐助的。他寫信給一個人說：「請你給我送一些乾酪來吧，以便我在高興的時候可以宴客。」又寫給另一個朋友說：「請你代表你自己和你的孩子們送給我們一些爲我們神聖的團體所必需的糧食吧。」又說：「我需要的唯一捐助就是這些——要命令弟子們給我送來，縱使他們是在天涯海角也要送來。我希望從你們每個人那裡每年收到二百二十個德拉克瑪，④不要再多。」

伊比鳩魯終生都受著疾病的折磨，但他學會了以極大的勇氣去承當它。最早提出了一個人被鞭撻的時候也可以幸福的，就是伊比鳩魯而不是斯多噶派。他寫過兩封信，一封是在他死前的幾天，另一封是在他死的那天；這兩封信說明了他是有權主張這種見解的。第一封信說：「寫這封信的七天之前我就完全不能動彈了，我忍受著人們臨到末日的那種痛苦。如果我要出了什麼事，務必請你照管美特羅多羅的孩子們四五年，但用於他們的錢不可比你現在用於我的錢更多。」第二封信說：「在我一生中眞正幸福的這個日子，在我即將死去的時刻，我給你寫這封信。我的膀胱病和胃病一直繼續著，它們所常有的嚴重性絲毫也沒有減輕；但是儘管有著這一切，我心裡卻在追憶著我和你談話的快樂。請你費心照顧美特羅多羅的孩子們吧，正像我可以期待於你從小就對我以及對哲學所具有的忠誠那樣。」美特羅多羅是他最早的弟子之一，這時已經死了；伊比鳩魯在遺囑裡爲他的孩子們作了安排。

雖然伊比鳩魯對大多數人都是溫文和藹的，但是他對於哲學家們的態度卻表現了他性格的另一面，尤其是對於人們所認爲他曾受過影響的那些哲學家。他說：「我想這些喋喋不休的人一定相信我是軟體動物（腦昔芬尼）的門徒，並且曾和一些嗜酒的青年們一起聽過他的講演。實際上那傢伙是個壞人，他的習慣是永遠也不可能引到智慧的。」⑤他從來也不承認他所得之

---

④ 約合美金二十元。

⑤ 奧德斯（W. J. Oates）著：《斯多噶派與伊比鳩魯派的哲學家》（*The Stoic and Epicuroon Philosophers*），

於德謨克里特的那些東西；至於留基波，則他肯定說從來就沒有過這麼一位哲學家——意思當然並不是說沒有這麼一個人，而是說這個人並不是哲學家。第歐根尼·拉爾修開列過一張罵人綽號的名單，這些綽號都被認爲是他給他最出色的前輩們所取的。除了對於別的哲學家們的這種氣量狹隘之外，他還有一個嚴重的錯誤，就是他那專斷的教條主義。他的弟子必須學習包括他全部學說在內的一套信條，這些信條是不許懷疑的。終於便沒有一個弟子曾補充過或者修正過任何的東西。兩百年之後，當盧克萊修把伊比鳩魯的哲學寫成詩的時候，他對於這位老師的教訓（就我們所能判斷的而言）也並沒有加入任何理論上的新東西。凡是可能加以比較的地方，我們都發現盧克萊修總是與原意密切符合的；一般公認在另外一些地方，他可能塡補起來了由於伊比鳩魯整整三百卷書的遺失而給我們的知識所造成的空隙。他的著作除了幾封書信、一些片斷以及一篇關於「主要學說」的敘述而外，其餘的都沒有留傳下來。

伊比鳩魯的哲學正像他那時代所有的哲學（只有懷疑主義是部分的例外）一樣，主要的是想要獲得恬靜。他認爲快樂就是善，並且他以鮮明的一貫性堅持這種觀點一直到底。他說：「快樂就是有福的生活的開端與歸宿。」第歐根尼·拉爾修引過他在《生命的目的》（*The End of Life*）一書中所說的話：「如果抽掉了嗜好的快樂，抽掉了愛情的快樂以及聽覺與視覺的快樂，我就不知道我還怎麼能夠想像善。」又說：「一切善的根源都是口腹的快樂；哪怕是智慧與文化也必須推源於此。」他告訴我們說，心靈的快樂就是對肉體快樂的觀賞。心靈的快

第四七頁。在可能的地方我都引用奧德斯先生的譯文。

樂之唯一高出於肉體快樂的地方，就是我們可以學會觀賞快樂而不觀賞痛苦；因此比起身體的快樂來，我們就更能夠控制心靈的快樂。「德行」除非是指「追求快樂時的審慎權衡」，否則它便是一個空洞的名字。例如：正義就在於你的行爲不致於害怕引起別人的憤恨——這種觀點就引到了一種非常有似於「社會契約論」的社會起源學說。

伊比鳩魯不同意他的某些快樂主義的前人們之區別開**積極的**與**消極的**快樂，或**動態的**與**靜態的**快樂。動態的快樂就在於獲得了一種所願望的目的，而在這以前的願望是伴隨著痛苦的。靜態的快樂就在於一種平衡狀態，它是那樣一種事物狀態存在的結果，如果沒有這種狀態存在時，我們就會願望的。我們可以說當對飢餓的滿足在進行的時候，它就是一種動態的快樂；但是當飢餓已經完全滿足之後而出現的那種寂靜狀態就是一種靜態的快樂。在這兩種之中，伊比鳩魯認爲還是追求第二種更爲審慎一些，因爲它沒有摻雜別的東西，而且也不必依靠痛苦的存在作爲對願望的一種刺激。當身體處於平衡狀態的時候，就沒有痛苦；所以我們應該要求平衡，要求安寧的快樂而不要求激烈的歡樂。看起來如果可能的話，伊比鳩魯會願意永遠處於飲食有節的狀態，而不願處於大吃大喝的狀態。

這樣，在實踐上他就走到了把沒有痛苦，而不是把有快樂，當做是有智慧的人的鵠的。⑥胃可能是一切事物的根本，但是胃病的痛苦卻可以壓倒饕餮的快樂；因此伊比鳩魯只靠麵包度

⑥（對伊比鳩魯來說）「沒有痛苦的本身便是快樂，而且按他分析到最後，簡直是最真實的快樂」。貝萊，前引書，第二四九頁。

日，在節日則吃一些乳酪。像渴望財富與榮譽這樣一些願望是徒勞無益的，因爲它們使得一個本可滿足的人不能安靜。「一切之中最大的善就是審慎：它甚至於是比哲學還更要可貴的東西。」他所理解的哲學乃是一種刻意追求幸福生活的實踐的體系；它只需要常識而不需要邏輯或數學或任何柏拉圖所擬定的精細的訓練。他極力勸他年輕的弟子兼朋友畢托克里斯「要逃避任何一種教化的形式」。所以他勸人躲避公共生活便是他這些原則的自然結果，因爲與一個人所獲得的權勢成比例，嫉妒他因而想要傷害他的人數也就隨之增加。縱使他躲避了外來的災難，但內心的平靜在這種情況下也是不可能的。有智慧的人必定努力使生活默默無聞，這樣才可以沒有敵人。

性愛，作爲最「動態」的快樂之一，自然是被禁止的。這位哲學家宣稱：「性交從來不曾對人有過好處；如果它不曾傷害人的話，那就算是幸運了。」他很喜歡（別人的）孩子，但是要滿足這種趣味他似乎就得有賴於別人不聽他的勸告了。事實上他似乎是非常喜歡孩子，竟至違反了自己的初衷；因爲他認爲婚姻和子女是會使人脫離更嚴肅的目標的。盧克萊修是追隨著他貶斥愛情的，但是並不認爲性交有害，只要它不與激情結合在一起。

依伊比鳩魯看來，最可靠的社會快樂就是友誼。伊比鳩魯是像邊沁一樣的一個人，他也認爲在一切時代裡所有的人都只追求著自己的快樂，有時候追求得很明智，有時候則追求得很不明智；但是他也像邊沁一樣，常常會被自己溫良而多情的天性引得做出一些可讚美的行爲來，而根據他自己的理論他本是不應該如此的。他顯然非常喜歡他的朋友，不管他從他們那裡所得到的是什麼；但是他卻極力要說服自己相信，他是自私得正像他的哲學所認爲的一切人一樣。據西賽羅說，他認爲「友誼與快樂是分不開的，因爲這種緣故所以就必須培養友誼，因爲沒有友誼我們就不能安然無懼地生活，也不能快樂地生活」。然而他又有時多少是忘記了自己的理論：他說「一切友誼的本身都是値得願望的」，又補充說「儘管這是從需要幫助而出發的」。⑦

雖然伊比鳩魯的倫理學在別人看來是粗鄙的而且缺乏道德的崇高性，但他卻是非常之眞誠的。我們已經看到，他提到他花園裡的團體時是說「我們神聖的團體」；他寫過一本《論聖潔》（*On Holiness*）的書；他具有一個宗教改革者的一切熱情。他對人類的苦難，一定具有一種強烈的悲憫感情以及一種不可動搖的信心：只要人們能接受他的哲學，人們的苦難就會大大地減輕。這是一種病弱者的哲學，是用以適應一個幾乎已經不可能再有冒險的幸福的世界的。少吃，因爲怕消化不良；少喝，因爲怕第二天早晨醒不了；避開政治和愛情以及一切感情的活動；不要結婚生子，以免喪失親人；在你的心靈生活上，要使自己學會觀賞快樂而不要觀賞痛苦。身體的痛苦顯然是一件大壞事；但是如果身體痛苦得很厲害，它就會很短暫；如果它的時間拖得很長，那麼就可以靠著心靈的訓練以及不顧痛苦而只想念幸福事物的那種習慣未加以忍受。最重要的是，要生活得能避免恐懼。

正是由於這個避免恐懼的問題，伊比鳩魯才被引到了理論哲學。他認爲恐懼的兩大根源就是宗教與怕死，而這兩者又是相關聯的，因爲宗教鼓勵了認爲死者不幸的那種見解。所以他就追求一種可以證明神不能干預人事而靈魂又是隨著身體而一起消滅的形而上學。絕大多數的近

---

⑦ 關於友誼這個題目以及伊比鳩魯那種可愛的言行不一，可參閱貝萊，前引書，第三一七—三二〇頁。

代人都把宗教想成是一種安慰，但是對於伊比鳩魯則恰好相反。超自然對自然過程的干預，在他看來乃是恐怖的一個來源，而靈魂不朽又是對希望能解脫於痛苦的一個致命傷。於是他就創造了一種精巧的學說，要來療治人們的那些可以激起恐懼的信仰。

伊比鳩魯是一個唯物論者，但不是一個決定論者。他追隨著德謨克裡持相信世界是由原子和虛空構成的；但是他並不像德謨克里特那樣相信原子永遠是被自然律所完全控制著的。我們知道，希臘的必然觀源出於宗教；所以他的想法也許是對的，即只要容許必然性有存在的餘地，那麼對宗教的攻擊就總歸是不全面的。他的原子具有重量，並且不斷地向下墜落；但不是朝向地心墜落，而是一種絕對意義的向下墜落。然而，一個原子時時會受到有似於自由意志的某種東西的作用，於是就微微地脫離了一直向下的軌道，⑧而與其他的原子相衝撞。自此以下，則漩渦的發展等等所進行的方式都與德謨克里特的講法大致相同。靈魂是物質的，是由呼吸與熱那類的微粒所組成的（伊比鳩魯認爲呼吸和風在實質上與氣不同；它們並不僅僅是運動著的氣）。靈魂－原子布滿著整個的身體。感覺是由於身體所投射出去的薄膜，一直觸到了靈魂－原子的緣故。這些薄膜在它們原來所由以出發的身體解體以後，仍然可以繼續存在；這就可以解釋做夢。死後，靈魂就消散而它的原子（這些原子當然是繼續存在的）就不能再有感覺，因爲它們已不再與身體連繫在一起了。因此，用伊比鳩魯的話來說就是：「死與我們無干，因爲凡是消散了的都沒有感覺，而凡是無感覺的都與我們無干。」

---

⑧ 在我們今天，艾丁頓解釋測不定原理時也提出了一種類似的見解。

至於神，則伊比鳩魯堅決信仰他們存在，因爲否則他就不能解釋廣泛流行的神的觀念的存在了。但是他深信，神自身並不過問我們人世的事情。他們都是遵循伊比鳩魯教誡的合理的快樂主義者，所以不參與公共生活；政府是一種不必要的費事，他們的生活幸福而美滿，所以並不感到政府有誘惑力。當然，通神、占卜以及所有這類的行爲純粹都是迷信，信仰天命也是迷信。

所以並沒有任何理由要害怕我們會觸惹神的震怒，或者害怕我們死後會在陰間受苦。雖然我們要服從自然的威力（這是可以科學地加以研究的），然而我們仍然有自由意志，並且在某些限度之內我們乃是我們自己命運的主人。我們不能逃避死亡，但是死亡（正當地加以理解時）並不是壞事。如果我們能按照伊比鳩魯的箴言審慎地生活下去的話，我們或許能成就一定程度的免於痛苦的自由。這是一種溫和的福音，但是對於深深感受到人類不幸的人，它卻足以激發熱情。

伊比鳩魯對於科學本身並不感興趣，他看重科學，只是因爲科學對於迷信所歸之於神的作用的種種現象提供了自然主義的解釋。當有著好幾種可能的自然主義的解釋時，他主張用不著在其中選擇某一種解釋。例如：月亮的盈虧就曾有過各式各樣的解釋；但其中任何一種只要它不引出神來，就和別的解釋是一樣地好；至於企圖要決定其中哪一種是眞的，那就是無益的好奇心了。所以伊比鳩魯派實際上對自然知識並沒有做出任何的貢獻，也就不足爲奇了。由於他們抗議晚期異教徒對於巫術、占星與通神的日益增長的信奉，他們也算做了有用的事；但他們卻和他們的創始人一樣始終都是教條主義的、有偏限的，對個人幸福以外的一切事物都沒有眞正的興趣。他們能背誦伊比鳩魯的教誡，但是在這一學派所存在的整個幾百年中間，他們並沒有對伊比鳩魯的教誡增加任何新東西。

伊比鳩魯唯一著名的弟子就是詩人盧克萊修（西元前九九—前五五年），他是和尤里烏斯・凱撒（Julius Caesar）同時代的人。羅馬共和國的末期，自由思想成爲風尚，伊比鳩魯的學說在有教育的人們中間非常流行。但是奧古斯都皇帝提倡復古，提倡復興古代的德行與古代的宗教，因而使得盧克萊修的《物性論》（*On the Nature of Things*）一詩湮沒不彰，一直到了文藝復興的時代爲止。這部書在中世紀只保存下來了一份手稿，倖免於被頑固派所毀滅。幾乎從沒有過任何別的大詩人要等待這麼久的時間才爲人所認識到，但是到了近代，他的優異性差不多已經是普遍公認的了。例如：他和班傑明・富蘭克林兩個人就是雪萊所喜愛的作家。

他的詩以韻文表現了伊比鳩魯的哲學。雖然這兩個人有著同樣的學說，但兩人的氣質是迥然不同的。盧克萊修是熱情的，比伊比鳩魯更加需要有審慎權衡的教誡。他是自殺而死的，似乎是患有時時發作的神經病——有些人斷言是由戀愛的痛苦，或是由春藥的意想不到的作用所致。他對伊比鳩魯有如對一位救世主一般，並且以宗教強度的語言讚頌了這位他所認爲是宗教摧毀者的人：⑨

當人類在地上到處悲慘地呻吟，

---

⑨下文引自屈味連（R. C. Trevelyan）先生的英譯本，卷一，第六〇—七九頁。（參見三聯書店中譯本，一九五八年版，卷一，第三—四頁。——譯者）

人所共見地在宗教的重壓底下，
而她則在天際昂然露出頭來
用她凶惡的臉孔怒視人群的時候——
是一個希臘人首先敢於
抬起凡人的眼睛抗拒那個恐怖；
沒有什麼神靈的威名或雷電的轟擊
或天空的嚇人的雷霆能使他畏懼；
相反地它更激起他勇敢的心，
以憤怒的熱情第一個去劈開
那古老的自然之門的橫木，
就這樣他的意志和堅實的智慧戰勝了；
就這樣他旅行到遠方，
遠離這個世界的烈焰熊熊的牆壘，
直至他遊遍了無窮無盡的大宇。
然後他，一個征服者，向我們報導
什麼東西能產生，什麼東西不能夠，
以及每樣東西的力量
如何有一定的限制，
有它那永久不易的界碑。

> 由於這樣，宗教現在就被打倒
> 在人們的腳下，到頭來遭人踐踏：
> 而他的勝利就把我們凌霄舉起。

如果我們接受了傳統關於希臘宗教與儀式的歡愉快樂的說法，那麼伊比鳩魯和盧克萊修對宗教所表現的仇視就非常之不容易理解了。例如：濟慈的《希臘古瓶之歌》（*Ode on the Grecian Urn*）歌頌了宗教的禮儀，那便不是一種使人心充滿了陰暗恐怖的東西。我以爲流行的信仰，大部分絕不是這種歡愉快樂的東西。對奧林帕斯神的崇拜比起其他形式的希臘宗教來，迷信的殘酷性要少一些；但是即使是奧林帕斯的神直到西元前七世紀或六世紀時，也還有時候要求以人獻祭，這種辦法是在神話和戲劇中記載下來了的。⑩在伊比鳩魯的時候，整個野蠻世界還都公認以人獻祭的辦法；甚至於直到羅馬征服時，野蠻人中最文明的人在危急關頭，例如：在布匿戰爭中，也還是使用這種辦法的。

詹・哈里遜已經極其令人信服地證明了，希臘人除了對於宙斯及其一族的正式崇拜而外，還有著許多其他更爲原始的信仰是與野蠻儀式多少相連繫著的。這些信仰在一定程度上都被吸收到奧菲斯主義裡面來，奧菲斯主義成了具有宗教氣質的人們中間所流行的信仰。人們往

⑩ 盧克萊修舉出過伊菲珍妮雅（Iphigenia）的犧牲，作為宗教所鑄成的禍害之一例。卷一，第八五—一〇〇頁。

往設想地獄是基督教的一種發明，這種想法是錯誤的。基督教在這方面所做的，僅僅是把以前流行的信仰加以系統化而已。從柏拉圖《理想國》的開頭部分就可以看出，對死後被懲罰的恐懼在西元前五世紀的雅典是普遍的，而且在蘇格拉底至伊比鳩魯的這一段時間內恐怕也不曾有所減少（我不是說少數受過教育的人，而是說一般的居民）。當然通常也還把瘟疫、地震、戰爭的失敗以及類似的災難，都歸咎於神的憤怒或者是未能注意預兆。我以爲在關於通俗信仰的這個問題上，希臘的文學與藝術或許是誤人不淺的。我們關於西元十八世紀末期的衛理教派又能知道什麼呢？假如這個時期除了它那些貴族的書籍和繪畫而外，便沒有別的紀錄保存下來的話。衛理派的影響就像希臘化時代的宗教性一樣，是來自下層的；到了鮑斯威爾和約書亞·雷諾茲爵士的時代它已經是非常有勢力的了，儘管從他們兩人的作品裡看來，衛理教派影響的力量並不顯著。所以我們絕不能用《希臘古瓶》的形象或者是詩人與貴族哲學家的作品，來判斷群眾的宗教。伊比鳩魯無論從身世來說還是從他所交接的人來說，都不是貴族；也許這可以說明他對宗教的極端敵對的態度。

自從文藝復興以後，伊比鳩魯的哲學主要是透過了盧克萊修的詩篇才爲讀者們所知道的。如果讀者們並不是職業的哲學家，那麼使他們印象最深刻的便是唯物主義、否定天命、反對靈魂不朽這樣一些東西與基督教的信仰之間的對比了。特別使一個近代讀者感到驚異的是，這些觀點——這些觀點今天一般都認爲是陰沉的、抑鬱的——竟是用來表現一種要求從恐懼的壓迫之下解放出來的福音的。宗教方面眞誠信仰的重要性，盧克萊修是和任何基督徒一樣地深信不疑。盧克萊修在描述了當人成爲一種內心衝突的受難者的時候，是怎樣地力圖逃避自己並

且枉然無益地想換個地方以求解脫之後，就說道：⑪

就是這樣每個人都想逃開自己——
而這個自己，說實話，他怎樣也逃不開；
與自己意願相反，他還是緊緊抓住它；
他憎恨自己，因爲他老不舒服，
但卻不能認識他的病痛的原因；
是的，只要他能清楚地認識了它，
那麼，每個人就會把一切別的都拋開，
而首先去認識萬物的本性，
因爲這裡成爲問題的，
不是一個人的一朝一夕的境況，
而是永恆時間中的境況，
在人們死後那全部時間之中
他們所將要度過的那種境況。

---

⑪ 卷三，一〇六八—一〇七六頁。我引用的仍然是屈味連先生的譯文。（前引中譯本，卷三，第一八六—一八七頁。——譯者）

伊比鳩魯的時代是一個勞苦倦極的時代，甚至於連死滅也可以成爲一種值得歡迎的、能解除精神苦痛的安息。但相反地，共和國末期對大多數羅馬人來說，卻並不是一個幻滅的時代：具有巨人般的精力的人們，正在從混亂之中創造出來一種爲馬其頓人所未能創造的新秩序。但是對於置身於政治之外並且對於權力和掠奪毫不關心的羅馬貴族來說，則事情的演變一定是令人深爲沮喪的。何況在這之外又加上了不斷的神經病的磨難，所以盧克萊修就把希望根本不生存當作是一種解脫，這是不足爲奇的。

但是怕死在人的本能裡是如此之根深蒂固，以至於伊比鳩魯的福音在任何時候也不能得到廣泛的流傳；它始終只是少數有教養的人的信條。甚至於在哲學家們中間，自從奧古斯都的時代以後也都是照例擁護斯多噶主義而反對伊比鳩魯主義的。的確，自從伊比鳩魯死後，伊比鳩魯主義儘管日益萎縮，但仍然存在了六百年之久；可是隨著人們日益受到我們現世生活的不幸的壓迫，他們也就不斷地向宗教或哲學裡要求著更強烈的丹藥。哲學家們除了少數的例外，都逃到新柏拉圖主義裡面去了；而沒有受教育的人們便走入各種各樣的東方的迷信，後來又愈來愈多地走入基督教，基督教在其早期的形式是把一切美好都擺在死後的生活裡的，因此就給人們提供了一種與伊比鳩魯的福音恰好相反的福音。然而與伊比鳩魯非常之相似的各種學說，卻在西元十八世紀末葉被法國的philosophes（哲學家們）所復活了，並且被邊沁及其後學們傳到英國來；這是有意地要反對基督教而這樣做的，因爲這些人對基督教的敵對態度和伊比鳩魯對他當時的宗教是一樣的。

第二十八章　斯多噶主義

斯多噶主義（Stoicism）雖然和伊比鳩魯主義起源於同時，但是它的學說卻歷史更長而變化更多。它的創始人——西元前三世紀早期的芝諾——的學說，與西元後二世紀後半葉的馬可·奧理略的學說是截然不同的。芝諾是一個唯物主義者，他的學說大體上是犬儒主義與赫拉克利特的結合品；但是斯多噶派則由於滲入了柏拉圖主義而逐漸放棄了唯物主義，後來終於連一點唯物主義的影子都沒有了。他們的倫理學說的確是改變得很少，而倫理學說又是大多數斯多噶派所認爲是最主要的東西。然而甚至於就在這方面，著重點也有所轉移。隨著時間的推移，斯多噶派關於其他的方面講得愈來愈少，而關於倫理學以及最與倫理學有關的那些神學部分便愈來愈受到極端的強調。關於早期的斯多噶派，我們要受一個事實的限制，即他們的作品流傳下來的只有少數的片段。唯有塞涅卡、愛比克泰德和馬可·奧理略——他們都屬於西元後一世紀至二世紀——的作品是完整地流傳了下來的。

斯多噶主義比起我們以前所探討過的任何哲學派別都更少希臘性。早期的斯多噶派大多是敘利亞人，而晚期的斯多噶派則大多是羅馬人。塔因（《希臘化文明》一書，二八七頁）疑心迦勒底曾對斯多噶主義有過影響。于伯威格正確地指出了，希臘人在對野蠻世界進行希臘化的時候，給他們所留的卻是只適合於希臘人自己的東西。斯多噶主義與早期的純粹希臘的哲學不同，它在感情上是狹隘的，而且在某種意義上是狂熱的；但是它也包含了爲當時世界所感到需要的，而又爲希臘人所似乎不能提供的那些宗教成分。特別是它能投合統治者，吉爾柏特・穆萊教授說：「幾乎所有的亞歷山大的後繼者——我們可以說芝諾以後歷代所有主要的國王——都宣稱自己是斯多噶派。」

芝諾（Zeno）是腓尼基人，大約於西元前四世紀後半葉生於賽普勒斯島上的西提姆。他的家庭很可能是從事商業的，而且很可能當初是商業的利益把他引到雅典來的。然而到了雅典之後，他變得渴望研究哲學了。犬儒學派的觀點要比任何其他學派的觀點都更投合他的胃口，但他卻多少是一個折中主義者。柏拉圖的弟子們指責他剽竊了學園的學說。在整個斯多噶派的歷史上，蘇格拉底始終是他們主要的聖人；蘇格拉底受審時的態度，他之拒絕逃亡，他之視死如歸，他那關於幹了不正義的勾當的人對自己要比對別人傷害得更大的說法，這一切都完全與斯多噶派的教訓吻合。蘇格拉底對於冷暖的不聞不問，他在衣食方面的樸素，以及他的完全摒棄一切肉體的享受，也同樣是如此。但是斯多噶派卻從不曾採用柏拉圖的理念說，而且大多數的斯多噶派也反對柏拉圖關於靈魂不朽的論證。只有晚期的斯多噶派才追隨柏拉圖，把靈魂認爲是非物質的；而早期的斯多噶派則同意赫拉克利特的觀點，認爲靈魂是由物質的火構成的。這種學說固然在詞句上也可以從愛比克泰德和馬可・奧理略那裡找得到，但是他們似乎並不是把火認爲眞正就是構成物理事物的四元素之一。

芝諾對於形而上學的玄虛是沒有耐心的。他所認爲重要的只是德行；他之重視物理學與形而上學，也僅僅在於它們有助於德行。他企圖藉助於常識來與當時的形而上學進行鬥爭——而常識在希臘就意味著唯物主義。對於感官可靠性的種種懷疑困惱了他，於是他就把相反的學說推到了極端。

「芝諾從肯定現實世界的存在而開始。懷疑派就問：『你所說的現實是指什麼？』『我是指堅固的和物質的。我是指這張桌子是堅固的物質。』懷疑派又問：『那麼「神」呢？靈魂呢？』芝諾回答說：『完全是堅固的；假如有的話，那比桌子還要堅固。』『那麼德行、正義或者比例也都是堅固的物質嗎？』芝諾回答說：『當然是十足堅固的。』」①

在這一點上很顯然地，芝諾也像許多別人一樣，由於熱衷於反形而上學而陷入他自己的另一種形而上學裡面去了。

這一學派始終堅持不變的主要學說，是有關宇宙決定論與人類自由的。芝諾相信並沒有偶然這樣一種東西，自然的過程是嚴格地為自然律所決定的。起初只有火；然後其他的元素——氣、水、土就順序——逐漸地形成了。但是遲早終將有一場宇宙大燃燒，於是一切又都變成為火。按照大多數斯多噶派的說法，這場燃燒並不是最後的終結，像是基督教學說中所說的世界末日那樣，而僅只是一度循環的結束；整個的過程將是永無休止的重演。現在所出現的萬物以前就曾出現過，而且將來還要再出現，並不是一次而是無數次。

因而，這種學說看來似乎是沒趣味的，並且無論在哪一方面都並不比通常的唯物主義，例如：德謨克里特的唯物主義，更能使人感到慰藉。但是這只是它的一個方面。自然的過程，在斯多噶主義那裡也像在西元十八世紀的神學那裡一樣，是被一個「立法者」所規定的，而這個

① 吉伯特·穆萊：《斯多噶派哲學》，一九一五年，第二五頁。

「立法者」同時也就是一個仁慈的天意。整個的宇宙直到最微小的細節，都是被設計成要以自然的手段來達到某種目的的。這些目的，除了涉及神鬼的而外，都可以在人生中找得到。萬物都有一個與人類相關聯的目的。有些動物吃起來是美味，有些動物則可以考驗我們的勇氣；甚至連臭蟲也是有用的，因爲臭蟲可以幫助我們在早晨醒來而不致躺在床上過久。至高無上的威力有時候就叫做「神」，有時候就叫作宙斯。塞涅卡區別了這種宙斯與通俗所信仰的對象；後者也是實有的，但卻處於附屬地位。

「神」與世界是分不開的；他就是世界的靈魂，而我們每個人都包含有一部分神聖的火。一切事物都是那個叫作「自然」的單一體系的各個部分；個體的生命當與「自然」相和諧的時候，就是好的。就一種意義來說，每一個生命都與「自然」和諧，因爲它的存在正是自然律所造成的；但是就另一種意義來說，則唯有當個體意志的方向是朝著屬於整個「自然」的目的之內的那些目的時，人的生命才是與「自然」相調和的。**德行就是與「自然」相一致的意志**。壞人雖然也不得不遵守上帝的法律，但卻不是自願的；用克雷安德的比喻來說，他們就像是被拴在車後面的一條狗，不得不隨著車子一起走。

在一個人的生命裡，只有德行才是唯一的善；像健康、幸福、財產這些東西都是渺不足道的。既然德行在於意志，所以人生中一切眞正好的和壞的東西就都僅僅取決於自己。他可以很窮，但又有什麼關係呢？他仍然可以是有德的。暴君可以把他關在監獄裡，但是他仍然可以堅持不渝地與自然相和諧而生活下去。他可以被處死刑，但是他可以高貴地死去，像蘇格拉底那樣。旁人只能有力量左右身外之物；而德行（唯有它才是眞正的善）則完全靠個人自己。所以每一個人只要能把自己從世俗的欲望之中解脫出來，就有完全的自由。而這些世俗的願望之得以流行，都是由於虛假的判斷的緣故；聖賢的判斷是眞實的判斷，所以聖賢在他所珍視的一切事物上都是自己命運的主人，因爲沒有外界的力量能夠剝奪他的德行。

這種學說顯然是有邏輯的困難的。如果德行眞是唯一的善，那麼仁慈的上帝就必定只能專心一意造就德行了，可是自然律卻又產生了大量的罪惡的人。如果德行是唯一的善，那麼就沒有理由要反對殘酷與不正義；因爲正如斯多噶派從不疲倦地指出的，殘酷與不正義是爲受難者提供了鍛鍊德行的最好的機會。如果世界完完全全是決定論的，那麼自然律就決定了我究竟是否有德。如果我是罪惡的，那只是「自然」迫使我成爲罪惡的，而被設想爲是由德行所賦予的自由對於我也就是不可能的了。

如果德行竟至於一事無成的話，那麼一個近代人的頭腦是很難對有德的生活感到熱情的。我們讚美一個在大疫流行中肯冒自己生命危險的醫務人員，因爲我們認爲疾病是一種惡，而我們希望減少它的流行程度。但是假如疾病並不是一種惡的話，醫務人員就很可以安逸地待在家裡了。對於一個斯多噶主義者來說，德行的本身就是目的，而不是某種行善的手段。但當我們採取更長遠的眼光時，最終的結果又是什麼呢？那就是現存的世界被火所毀滅，然後又是整個過程的重演。難道還能有比這更加奢靡無益的事情了嗎？在某一個時候，這裡或那裡可以有進步，但是從長遠看來則只能有循環反覆。當我們看到某種東西令人痛苦得不堪忍受時，我們就希望這種東西總可以不再發生；但是斯多噶派卻保證我們說，現在所發生的將會一次又一次地不斷出現。人們恐怕要想到，就連那綜觀全域的上帝也終於必定會因絕望而感到厭倦的吧。

與此相連繫，在斯多噶派的道德觀裡便表現著一種冷酷無情。不僅壞的感情遭到擯斥，而且一切的感情都是遭到擯斥的。聖賢並不會有同情心的感覺：當妻子或孩子死亡時，他便想著這件事情可不要成爲對他自己德行的障礙，因此他並不深深感到痛苦。友誼——那曾爲伊比鳩魯所如此高度地稱頌過的友誼——當然也很好，但是它可絕不能走到使你的朋友的不幸足以破壞你自己神聖的安寧的地步。至於公共生活，則參與公共生活可能是你的責任，因爲它爲正義、堅忍等等提供了機會；但是你卻絕不可以被一種施惠於人類的願望所驅使，因爲你所能施的恩惠——例如：和平，或者供應更充分的糧食等等——並不是眞正的恩惠；而且無論如何，除了你自己的德行而外，其他的一切都是與你無關的。斯多噶派並不是爲了要行善所以才有德的，而是爲了要有德所以才行善。斯多噶派不曾有過愛鄰如己的觀念；因爲愛除了在一種表面的意義上而外，是斯多噶派的道德觀裡面所沒有的。

當我談到這一點的時候，我是把愛當作一種感情而不是當作一種原則來談的。當作一種原則，則斯多噶派也宣揚博愛；這種原則我們可以在塞涅卡和他的後繼者之中找到，或許他們是得之於早期的斯多噶派。這一派的邏輯所引到的學說，被它的擁護者們的人道精神給沖淡了；這樣他們實際上便比起他們若是能始終一貫的話，要好得多。康德——他是非常有似於斯多噶派的——說你必須對你的弟兄親愛，並不是因爲你喜歡他，而是因爲道德律命令你這樣；然而我懷疑他在私生活上是不是能遵守這條教誡而生活。

不談這些一般性的問題，讓我們還是回到斯多噶主義的歷史上來吧。

關於芝諾[②]，留傳下來的只有一些殘篇。根據這些殘篇來看，似乎他把「神」定義爲是世

② 關於下文的資料，可參閱比萬：《晚期希臘宗教》（*Later Greek Religion*）一書，第一頁以下。

界的烈火心靈，他說過「神」是有形體的實質，而整個宇宙就構成「神」的實質。特爾圖良說，按照芝諾的講法，「神」滲透到物質世界裡就像蜜滲透到蜂房裡一樣。據第歐根尼・拉爾修說，芝諾認爲「普遍的規律」也就是「正當的理性」，是滲透於萬物之中的，是與宇宙政府最高的首腦宙斯同一的：「神」、心靈、命運、宙斯都是同一個東西。命運是推動物質的力量；「天意」或「自然」就是它的別名。芝諾並不認爲應該有祭神的廟宇：「建造廟宇是並不必需的：因爲廟宇絕不能認爲是很有價值的東西或者是任何神聖的東西。出於工匠之手的東西，是不會有什麼大價值或者神聖性的。」他似乎和晚期的斯多噶派一樣曾相信過占星和占卜。西塞羅說他認爲星辰具有一種神聖的能力。第歐根尼・拉爾修說：「斯多噶派認爲各種占卜都是靈驗的。他們說如其有天意這種東西的話，那麼也就必定有占卜。他們拿芝諾所說過的許多預言都已成爲事實的例子，來證明占卜術的眞實性。」關於這一點，克呂西普說得非常明確。

斯多噶派關於德行的學說雖不見於芝諾殘存的著作中，但似乎就是芝諾本人的見解。

芝諾的直接繼承人阿索斯的克雷安德（Cleanthes），主要地以兩件事情著稱。第一是我們已經看到的，他主張薩摩的亞里士達克應該判處不虔敬的罪，因爲他把太陽，而不是大地，說成是宇宙的中心。第二件事就是他的〈宙斯頌〉，這篇頌詩的大部分是可以被波普或者被牛頓以後一個世紀中的任何一位受過教育的基督徒寫出來的。更具有基督教氣味的是克雷安德的短禱：

宙斯啊，引導我；命運啊，請你

引導我前進。
無論你差遣我做什麼工作，請你
引導我前進。
我毫無畏懼地追隨你，哪怕是猜疑使我
落後或者不情願，但我也一定永遠追隨你。

繼承克雷安德的克呂西普（Chrysippus，西元前二八〇—前二〇七年）是一位卷帙浩繁的作家，據說他曾寫過七百零五卷書。他把斯多噶派系統化了而且迂腐化了。他認爲唯有宙斯，即至高無上的火，才是不朽的；其他的神包括日、月在內都是有生有死的。據說他以爲「神」並沒有參與製造惡，但是我們不明白他怎麼能使這和決定論相調和。在其他的地方他又依照赫拉克利特的方式來處理惡，認爲對立面是互相包含著的，善而沒有惡在邏輯上乃是不可能的：「最不確切的事莫過於，人們設想不需要有惡的存在善就可以存在了。善和惡是對立面，兩者必須在對立中才能存在。」他爲支持這種說法所引據的是柏拉圖，而不是赫拉克利特。

克呂西普認爲好人總是幸福的，壞人總是不幸的，而且好人的幸福與「神」的幸福並無不同。關於死後靈魂究竟是否繼續存在的問題，則他們有著互相衝突的意見。克雷安德認爲一切靈魂都要繼續存在，一直到下一次的全宇宙大火爲止（這時萬物就都被吸收到「神」裡面來）；但是克呂西普則認爲唯有有智慧的人的靈魂才是如此。他的興趣並不像晚期的斯多噶派那樣澈底是倫理的；事實上他把邏輯弄成了根本的東西。假言三段論和選言三段論以及「選言」這個名詞，都出自斯多噶派，對文法的研究和對名詞的各種「格」變化的創見，也都出自斯多噶派。③克呂西普，或者爲他的著作所激發的其他的斯多噶派，曾有過一種很精緻的知識論；那種知識論大體上是經驗主義的並且依據著知覺，儘管其中也包括了被認爲是由於**consensus gentium**（即人類的一致同意）而建立起來的某些觀念與原則。但是芝諾以及羅馬的斯多噶派卻把一切理論的研究都看成是附屬於倫理學的：芝諾說哲學就像是一個果樹園，在那裡面邏輯學就是牆，物理學就是樹，而倫理學則是果實；或者又像是一個蛋，邏輯學就是蛋殼，物理學就是蛋白，而倫理學則是蛋黃。④看來克呂西普像是承認理論的研究有更多的獨立價值的。也許他的影響可以說明這一個事實，即斯多噶派中有許多人在數學方面以及其他的科學方面做出了進展。

克呂西普以後曾有兩個重要的人物，即潘尼提烏和波昔東尼，對於斯多噶派進行過相當的修改。潘尼提烏加（Panaetius）進了相當成分的柏拉圖主義，並放棄了唯物主義。他是小塞庇歐的朋友，並對西塞羅有過影響；而斯多噶主義主要地又是通過西塞羅才爲羅馬人所知道的。波昔東尼對西塞羅的影響就更大，因爲西塞羅曾跟波昔東尼在羅德斯念過書。波昔東尼又曾就學於潘尼提烏，潘尼提烏約死於西元前一一〇年。

波昔東尼（Posidonius，西元前約一三五—西元前約五一年）是一個敘利亞的希臘人，當塞琉西王朝結束時他還是個小孩子。也許是由於他在敘利亞經歷了無政府，所以他才向西遊歷

---

③ 見巴爾特（Barth）：《斯多噶派》（*Die Stoa*），一九二二年，斯圖加特，第四版。

④ 同上。

的；他先到了雅典，在那裡吸收了斯多噶主義，然後繼續前進，就到了羅馬帝國的西部。「他親眼看見了已知世界邊緣之外的大西洋上的落日，看見了西班牙對岸樹上住滿了猿猴的非洲海岸，看見了馬賽內陸地方野蠻部族的村落，那裡的日常景象是把人頭當作勝利的標記而掛在大門上。」⑤他成了在科學題目上的一個多產作家；其實，他旅行的原因之一就是希望研究海潮，這種研究是不可能在地中海進行的。他在天文學方面做出了卓越的工作，我們在第二十二章中已經談到他對太陽距離的估計是古代最好的估計。⑥他又是一位有名的歷史學家——他繼承了波里比烏斯。但是他之爲世所知，主要地乃是作爲一個折中主義的哲學家：他把柏拉圖的許多教訓（看來這些教訓在學園的懷疑主義的階段裡是已經被遺忘了的）和斯多噶主義結合在一起。

對於柏拉圖的這種愛好，就表現在他那關於靈魂與死後生活的教義中。潘尼提烏也像大多數的斯多噶派一樣曾說過，靈魂是隨身體一起消滅的。反之波昔東尼則說，靈魂是繼續生活在空氣裡，而且在大多數情況下在那裡一直保持不變到下一次的世界大火爲止。地獄是沒有的，但是惡人死後卻不如善人那麼幸福；因爲罪惡使靈魂的蒸氣變得混濁，使它不能夠像善良的靈魂一樣升得那麼高。罪惡重大的就靠近地面並且要受輪迴；眞正有德的則上升到星球上面去，

---

⑤ 比萬：《斯多噶派與懷疑派》（*Stoics and Sceptics*），第八八頁。

⑥ 他估計從加狄士向西方航行七萬里（Stade）就可以到達印度。「這種說法乃是哥倫布信念的最後根據。」塔因：《希臘化文明》，第二四九頁。

並且眺望著星辰的運轉而優遊卒歲。他們可以幫助別的靈魂；這就（他以爲）說明了占星學的眞理。比萬提示說，由於這樣復活了奧菲斯的觀念以及吸收了新畢達哥拉斯派的信仰，波昔東尼或許曾爲諾斯替主義鋪平了道路。他又很正確地說到，對於像波昔東尼這類的哲學的致命打擊並不是來自基督教，而是來自哥白尼的理論。⑦克雷安德要把薩摩的亞里士達克看成是一個危險的敵人，是很有道理的。

在歷史上（雖然並不是在哲學上）比早期斯多噶派更加重要得多的，是三個與羅馬有關的人物，即：塞涅卡、愛比克泰德與馬可·奧理略——他們一個是大臣，一個是奴隸，一個是皇帝。

塞涅卡（Seneca，約西元前三年—西元六五年）是西班牙人，他的父親是一個住在羅馬的有教養的人。塞涅卡選擇了政治生涯，並且在已經有了相當成功的時候而被羅馬皇帝克勞地烏斯流放到科西嘉島（西元四一年）上去，因爲他觸怒了皇后梅薩山林娜。西元四八年，克勞地烏斯的第二個妻子阿格麗皮娜又把塞涅卡從流放中召了回來，並且任命他爲她十一歲的兒子的太傅。塞涅卡要比亞里斯多德更不幸，因爲他教的學生就是皇帝尼祿。儘管作爲一個斯多噶派，塞涅卡是公開鄙棄財富的，然而他卻聚積了大量的財富，據說價值達三億賽斯特斯之多（約合一千二百萬美元）。這些財富大部分都是由於在不列顛放貸而獲得的；據狄奧說，他

⑦ 以上關於波昔東尼的敘述，主要是根據艾德文·比萬（Edwyn Bevan）：《斯多噶派與懷疑派》一書的第三章。

收取的超額利率乃是造成不列顛反叛的原因之一。英勇的保狄西亞女王（如果這個故事是眞的話）領導了一次反叛，反抗這位嚴峻派的哲學使徒所代表的資本主義。⑧

尼祿的恣睢縱欲變得愈來愈無法無天了，而塞涅卡也就日愈失寵。最後他被控以（無論是公正地或不公正地）參與一場大規模的陰謀，要謀害尼祿並擁戴一位新皇帝——有人還說便是塞涅卡自己——登基。他以姑念其舊日的效勞而被恩賜自盡（西元六五年）。

他的結局是很有啓發意義的。最初剛一聽到皇帝的決定時，他準備寫一篇遺囑。人們告訴他已經沒有時間容許他寫長篇大論了，這時候他就轉身向他憂傷的家屬們說：「你們不必難過，我給你們留下的是比地上的財富更有價值得多的東西，我留下了一個有德的生活的典範。」——或者大意是這類的話。於是他就切開了血管，並召他的祕書來記下他臨死的話；據塔西陀說，他的辯才到了他最後的時刻也還是有如泉湧。他的姪子，詩人魯康，也同時遭受同樣的死刑，臨終時口裡還背誦著自己的詩。塞涅卡是被後代根據他那可敬的箴言來加以評判的，而不是根據他那頗爲可疑的行爲來加以評判的。有些教父宣稱他是一個基督教徒，並且像聖哲羅姆這些人還把據說是塞涅卡和聖保羅的通信認爲是眞的。

愛比克泰德（Epictetus，約生於西元六〇年，約死於西元一〇〇年）是一種類型非常不同的人，儘管作爲一個哲學家他和塞涅卡極其近似。他是希臘人，本是艾帕福羅底圖斯的奴隸，此人又是被尼祿釋放的奴隸，後來做了尼祿的大臣。他是個瘸子——據說這是他當日做奴隸時

---

⑧ 傳說事在西元六一年。——譯者

受了嚴酷懲罰的結果。他住在羅馬並在羅馬教學直到西元九〇年爲止，這時羅馬皇帝多米提安用不著知識分子，就把所有的哲學家都驅逐出境了。於是愛比克泰德便退居於伊壁魯斯的尼柯波里，他就在這裡寫作和講學度過了好幾年，並死於此處。

馬可・奧理略（Marcus Aurelius，西元一二一－一八〇年）則屬於社會等級的另一個極端了。他是他叔父兼岳父羅馬的好皇帝安東尼努斯・皮烏斯的養子，於西元一六一年繼位爲皇帝，並且極爲尊敬地追懷著皮烏斯。奧理略做皇帝是忠於斯多噶派的德行的。他非常需要有毅力，因爲他的在位時期是被種種災禍所纏繞著的——地震、瘟疫、長期艱困的戰爭、軍事的叛變等等。他的《沉思錄》（*Meditations*）一書是爲他自己而寫的，顯然是並不準備發表；這部書表明了他感到自己的公共職責的負擔沉重，並且還爲一種極大的厭倦所苦惱著。繼承他的皇位的獨子康莫多斯是許多最壞皇帝中的一個，但當他父親在世的時候卻很巧妙地掩飾了自己惡毒的心性。哲學家的妻子福士丁納曾被人指控犯了極大的不道德的行爲（也許並不公正）；但是他卻從來沒有懷疑過她，並且在她死後還爲她的奉祀費盡了苦心。他放逐了基督教徒，因爲他們不信國教，而他認爲國教在政治上乃是必要的。他所有的行爲都一本良心，但是大多數的行爲卻都沒有成功。他是一個悲愴的人：在一系列必須加以抗拒的各種世俗的欲望裡，他感到其中最具有吸引力的一種就是想要引退去度一個寧靜的鄉村生活的那種願望。但是實現這種願望的機會卻始終沒有來臨。他的《沉思錄》一書有些篇章是在軍營裡寫成的，有些是在遠征中寫成的，征戰的勞苦終於促成他的死亡。

最可注目的就是，愛比克泰德和馬可・奧理略兩個人在許多哲學問題上是完全一致的。這就提示著，儘管社會環境影響到一個時代的哲學，但是個人的環境之影響於一個人的哲學卻往往並不如我們所想像的那麼大。哲學家通常都是具有一定的心靈廣度的人，他們大都能夠把自己私生活中的種種偶然事件置之度外；但即使是他們，也不能超出於他們自己時代更大的善與惡的範圍之外。在壞的時代裡，他們就創造出來種種安慰；在好的時代裡，他們的興趣就更加純粹是理智方面的。

吉朋那部詳盡的歷史就是從康莫多斯的罪行而開始的，吉朋和大多數西元十八世紀作家們一樣，都把安東尼王朝視爲是黃金時代。吉朋說：「如果要叫一個人指出世界歷史上人類的境遇最幸福、最繁榮的一段時期，他就會毫不遲疑地舉出來自多米提安之死至康莫多斯登基的那段時期。」我們不可能完全同意這種判斷。奴隸制的罪惡造成了極大的苦難，並且在銷蝕著古代世界的元氣。羅馬有角鬥士的表演以及人與野獸的搏鬥，這種殘酷是不可容忍的並且也必定腐蝕了欣賞這種景象的人民。馬可．奧理略確乎曾敕令過角鬥士必須使用粗鈍的劍進行角鬥，但是這種改革是暫時的，而且他對於人與野獸的角鬥也沒有做過任何改革。經濟制度也非常之壞；義大利已經日漸荒蕪了，羅馬居民要依賴著免費配給的外省糧食。一切主動權都集中在皇帝及其大臣的手中；在整個遼闊的帝國領域上，除了偶爾有叛變的將領之外，沒有一個人在屈服以外還能做任何別的事情。人們都只能向過去去尋找最美好的時代了，他們覺得未來最好也不過是厭倦，而最壞則不免是恐怖。當我們以馬可．奧理略的語調來和培根的、洛克的或者孔多塞的語調相比較時，我們就可以看出一個疲憊的時代與一個有希望的時代二者之間的不同。在一個有希望的時代裡，目前的大罪惡是可以忍受的，因爲人們想著罪惡是會過去的；但是在一個疲憊的時代裡，就連眞正的美好也都喪失掉它們的滋味了。斯多噶派的倫理學投合了愛比克泰德和馬可．奧理略的時代，因爲它的福音是一種忍受的福音而不是一種希望的福音。

從一般幸福的觀點來說，安東尼王朝的時代毫無疑問地要比直迄文藝復興時代爲止的任何後代都更美好得多。但是仔細加以研究的話就可以知道，這個時代並不如它的建築遺蹟所引人想像的那麼樣繁榮。希臘—羅馬文明對於農業區域並沒有打下多少烙印，它實際上只限於城市。而且即使是在城市裡也還有著忍受極端貧困的無產者，也還有大量的奴隸階級。羅斯多夫采夫討論城市的社會經濟情況時，總結如下：⑨

> 「它們社會情況的景象並不像它們外表的景象那麼動人。我們的材料所帶給我們的印象是：許多城市的繁華都是由他們人口中的很小一部分人所創造出來的，並且是爲這一小部分人而存在的；甚至於連這一小部分人的福祉也是基於相當薄弱的基礎之上的；城市人口中的絕大多數不是收入微薄，便是生活極端貧困。總之，我們絕不可誇大城市的財富，城市的外表是會給人造成錯誤印象的。」

愛比克泰德說，在世上我們都是囚犯，並且被囚禁在現世的肉體之內。照馬可・奧理略的說法，他常常說：「人就是一點靈魂載負著一具屍體。」宙斯也不能使肉體自由，但是他給了我們他的一部分神性。我們不應該說「我是一個雅典人」或「我是一個羅馬人」，而應該說「我是一個宇宙公民」。如果你是凱撒的親人，你一定會感到安全的；那麼你既是「神」的親

---

⑨ 羅斯多夫采夫（Rostovtseff）：《羅馬帝國社會經濟史》（*The Social and Economic History of the Roman Empire*），第一七九頁。

人，豈不更應該感到安全了嗎？如果我們能理解德行乃是唯一眞正的善，我們就可以知道不會有任何眞正的罪惡能降臨到我們的頭上了。

我是必然要死的。但難道我就必須呻吟而死嗎？我必然是被囚禁的。但難道我就必須哀怨嗎？我是必然要遭流放的。但是難道因此就有任何人能阻止我，使我不能歡笑、勇敢而又鎮定了麼？「把祕訣告訴我吧。」我拒絕告訴，因爲這是我權力以內的事。「那麼我就把你鎖起來。」你，你說什麼？鎖起我來？你可以把我的腿鎖起來——不錯；可是我的意志——那是你鎖不了的，連宙斯都征服不了它。「我就把你監禁起來。」那你只不過是指我的軀體罷了。「我要砍你的頭。」怎麼？我什麼時候向你說過，我是世界上唯一不能被砍頭的人呢？

這些便是追求哲學的人所應該考慮的思想，這些便是他們應該日復一日地寫下來的課程，他們應該用這些來砥礪自己。⑩

奴隸們也和別人是同樣的人，因爲大家一樣都是「神」的兒子。

我們必須服從神，有如一個好公民要服從法律。「兵士們宣誓要尊敬凱撒高於一切人，但是我們則首先要尊敬我們自己。」⑪「當你出現在世上的權威者的面前時，應該記住還有『另一個』從高處在俯瞰著一切所發生的事情的神，你必須要取悅於他而不要取悅於世上的權威者。」⑫

---

⑩ 引自奧德斯，同書，第二二五—二二六頁。

⑪ 引自奧德斯，同書，第二二五一頁。

⑫ 同上書，同書，第二八〇頁。

那麼誰才是一個斯多噶派呢？

請給我指出一個按照他所說的那些論斷的樣式而塑造出來的人物吧，正猶如一個按照斐狄阿斯的藝術而塑造出來的形象我們就稱之爲斐狄阿斯式的那樣。請給我指出一個有病然而幸福，處於危險然而幸福，臨於死亡然而幸福，顛沛流離然而幸福，含垢忍辱然而幸福的人吧。請你爲我指出他來。我以神的名義說，我眞願意看見一個斯多噶派。不，你不能給我指出來一個完美無瑕的斯多噶派來；那麼就請給我指出來一個正在塑造之中的斯多噶派吧，正在走上這條道路的斯多噶派吧。請你指給我看吧，請別對我這樣一個老人吝惜指出一個我所從沒有看見過的景象吧。什麼！你以爲你要指給我看斐狄阿斯的宙斯或者是他的雅典娜那種象牙與黃金的造像嗎？我要的是一個靈魂，請你們哪一位指給我看一個希望著能與神合一，既不怨神也不尤人，從來未犯過錯誤，從來不感覺悲苦，而且能擺脫了憤怒、嫉羨與嫉妒的那樣一個人的靈魂吧——（爲什麼要掩飾我的意思呢？）請指點給我看一個願望把自己的人格改變爲神格，並且他在他可憐的肉體裡總是把他的目的寄託於與神相會合的人吧。請給我指出這樣一個人來吧。不，你是指不出來的。

愛比克泰德從不厭倦於指出，我們應該怎樣對待那些被人認爲是不幸的事物，他時常以家常談話的方式來說明這一點。

他也像基督徒一樣，主張我們應當愛我們的敵人。總的說來，他也和其他的斯多噶派一樣地鄙棄快樂但是有一種幸福卻是不能加以鄙棄的。「雅典是美麗的。是的，但是幸福要更加美麗得多——幸福就是免於激情與紛擾的自由，就是你的事情絕不有賴於別人的那種感覺。」（四二八頁）每個人都是劇中的一個演員，神指定好了各種角色；我們的責任就是好好地演出我們的角色，不管我們的角色是什麼。

記錄愛比克泰德的教訓的那些作品，有著極大的眞誠性與簡潔性（它們是由他的弟子阿里安所筆記下來的）。他的道德是高尙超俗的；在一個人的主要責任就是抵抗暴君權勢的那樣一種局面之下，我們恐怕很難再找到任何其他更有用的東西了。在某些方面，例如：在承認人人都是兄弟以及宣揚奴隸的平等這些方面，它要優於我們能在柏拉圖或亞里斯多德或者任何被城邦制所鼓舞的那些哲學家那兒所找得到的任何思想。愛比克泰德時代的現實世界要比白里克里斯時代的雅典惡劣得多，但是現實存在的罪惡卻解放了他的熱望，而他的理想世界之優於柏拉圖的理想世界，也就正猶如他的實際世界之劣於西元前五世紀的雅典一樣。

馬可．奧理略的《沉思錄》一開始就承認他曾受益於他的祖父、父親、養父、各位老師以及神明。他所列舉的受益，有些是很奇怪的。他說他跟狄奧格尼圖學會了不聽那些行奇蹟者的話；他跟魯斯提庫學會了不寫詩；他跟塞克斯托學會了莊重而不動情；跟文法學家亞歷山大學會了不去改動別人的壞文法，而是要等到過後不久再去使用正確的表達方式；他跟柏拉圖派的亞歷山大學會了回信時絕不說因爲事情忙碌以致回信過遲請原諒的話；跟他的養父學會了不和男孩子戀愛。他接著說他得歸功於神明，因爲他並未長時期生長於他祖父的姬妾之手，也沒有過早地來驗證自己的男性；他的孩子們既不愚蠢，身體也不畸形；他的妻子是柔順的、溫存的、樸實的；而且當他從事哲學的時候，他也並沒有浪費時間於歷史學、三段論與天文學。

《沉思錄》一書中凡是非個人的地方，都與愛比克泰德密切地符合一致。馬可．奧理略是懷疑靈魂不朽的，但是他又像一個基督徒那樣地會說：「既然你目前這一剎那就可能離開生命，你就按著這種情況來安排你的每一樁行爲和思想吧。」與宇宙相和諧的生命才是美好的東西；而與宇宙相和諧又與服從「神」的意志是一回事。

「啊，宇宙，凡是與你相和諧的萬物也就都與我和諧。凡是對你適合時宜的，對我也就都不遲不早。你的季節所帶來的萬物都是我的果實，啊，自然：萬物都出自於你，萬物都存在於你，萬物都復歸於你。詩人們說『賽克洛普的親愛的城市』；難道你就不該說『宙斯的親愛的城市』了麼？」

我們可以看出，聖奧古斯丁的《上帝之城》有一部分就是得之於這位異教皇帝的。

馬可．奧理略深信「神」給每個人都分配了一個精靈作爲他的守護者——這種信仰重新出現在基督教的保護者的天使的觀念之中。他一想到宇宙是一個緊密織就的整體就覺得安慰，他說宇宙是一個活的生命，具有一個實體和一個靈魂。他的格言之一就是：「要經常考察宇宙中一切事物的連繫。」「無論對你發生了什麼事，那都是終古就爲你準備好了的；其中的因果蘊含關係終古都在織就著你的生命之線。」和這在一道的（儘管他在羅馬國家中有那樣的一種地位），還有他那斯多噶主義的把人類視爲一體的信仰：「就我是安東尼來說，我的城邦與國土就是羅馬；但就我是一個人來說，我的城邦與國土就是這個世界。」我們在這裡便發現，所有的斯多噶派都有著這種不能調和定命論與意志自由的困難。當他想到他自己作爲統治者的責任時，他就說，「人人彼此都是爲了對方而存在的」。但當他想到唯有有德的意志才是善的這一學說時，他在同一頁書上卻又說，「一個人的罪惡並不能傷害別人」。他從沒有推論過說，一個人的善對別人是無益的，也從沒有推論過說，如果他是像尼祿那樣的一個壞皇帝，他除了害自己而外是不會傷害任何別人的；然而這一結論卻似乎是應有的。

他說：「唯有人才能夠甚至於愛那些做了錯事的人。這種情形發生於，如果當他們做了錯事的時候，你會看到他們原是你的親人，並且他們是由於無知而在無意之中做下了錯事，而且不久你們雙方都要死去；尤其是當犯過錯的人對你並沒有傷害，因爲他不曾使你的控制能力變得比從前更壞的時候。」

又說：「要愛人類。要追隨著『神』。……只要記得法則在統治著一切就夠了。」

這幾段話非常顯明地表示出來了斯多噶派倫理學與神學之間的內在矛盾。一方面，宇宙是一個嚴格定命的單一的整體，其中所發生的一切都是以前原因的結果；而另一方面，個人意志又是完全自主的，沒有任何外來的原因可以強迫一個人去犯罪。這是一個矛盾，與此密切相關聯的還有第二個矛盾。既然意志是自主的而且唯有有德的意志才是善，一個人就對別人既不能行善也不能爲害了；所以仁愛就只是一種幻覺。我們對這兩個矛盾的每一種都必須加以某些說明。

自由意志與定命論的矛盾，是貫穿著從古代直到今天的哲學的矛盾之一，它在不同的時代裡採取了不同的形式。現在我們所要探討的是斯多噶派的形式。

我想，如果我們可以讓一個斯多噶派受到蘇格拉底式的詰難的話，他也許多少會辯護他自己的觀點如下：宇宙是一個單一的活著的生命，具有一個也許可以稱之爲「神」或者「理性」的靈魂。作爲一個整體，這個生命是自由的。「神」從一開始就決定了他自己要按照著固定的普遍的法則而行動，但是他選擇了那些能夠產生最好的結果的法則。有時候在個別的情況下，結果並不完全是我們所願望的；但是爲著立法的穩固性的緣故，這種不方便還是值得忍受的，如像在人類的法典裡那樣。每個人都有一部分是火，一部分是低等的泥土；就他是火而言（至少當它有著最好的品質的時候），他就是「神」的一部分。當一個人的神聖的部分能夠有德地體現意志時，這種意志就是神的自由意志的一部分；所以在這種情況下，人的意志也就是自由的。

在一定的限度之內這是一個很好的答案，但是當我們考慮到我們意志作用的原因時，它就站不住腳了。從經驗的事實裡，我們都知道例如消化不良對於一個人的德行所起的壞作用，並且大力使用某些適當的藥物是可以摧毀人的意志力的。我們可以舉愛比克泰德所喜歡的例子，例如：一個人很不公正地被暴君囚禁了起來；這種例子在近些年要比人類史上任何其他的時期都來得多。其中有些人的行爲確乎具有斯多噶式的英雄氣概；但有些人則頗爲神祕地並未能做到。現在我們都知道，不僅僅是充分的折磨幾乎足以摧毀任何人的堅強不屈的精神，而且嗎啡或者古柯鹼也可以使得一個人屈服。事實上唯有當暴君是不科學的時候，意志才能夠不向暴君屈服。這是一個極端的例子；但是凡可以支援無生物界的決定論的種種論證，同樣也大體上存在於人類意志的領域裡。我並不是說——我也並不以爲——這些論證是有定論；我只是說它們在這兩種情況之下都具有同等的力量，我們不能有很好的理由在一個領域裡面接受它們，而在另一個領域裡面又排斥它們。當一個斯多噶派勸人對犯罪者採取容忍態度時，他自己是在主張有罪的意志都是以前種種原因的結果；在他看來，似乎唯有有德的意志才是自由的。然而這並不能自圓其說。馬可·奧理略解說他自己的德行就是由於他的父母、祖父母和師長們的良好的影響所致；但是善良的意志和惡劣的意志都同樣地是此前各種原因的結果。斯多噶派的確可以說他的哲學是使得接受它的人有德的原因之一，但是似乎除非是混淆了一定的思想上的錯誤，否則它是不會產生這種值得願望的效果的。德行與罪惡同樣地都是此前種種原因之不可避免的結果（像斯多噶派所應該主張的那樣），可是承認了這種情形，當然多少是會對於道德的努力產生一種癱瘓作用的。

現在我就來談第二個矛盾；即，斯多噶派宣揚仁愛時，在理論上是主張沒有一個人是可以對別人爲善或者作惡的，因爲唯有有德的意志才是善，而有德的意志又是與外界原因無關的。這個矛盾比前一個更爲顯著，也更爲斯多噶派（包括某些基督教的道德學家在內）所特有。對於他們之所以沒有察覺到這一點的解釋是：正像許多其他的人一樣，他們也有著兩種倫理體系，一種是對自己的高等倫理，一種是對「不知法度、沒有教養的人」的低等倫理。當一個斯多噶派哲學家想到自己的時候，他就認爲幸福以及其他一切世俗所謂的美好都是毫無價值的；他甚至於說願望幸福乃是違反自然的，意思是說那裡面包含著不肯委身聽命於神的意志。但是作爲一個執掌帝國大政的實踐者，馬可・奧理略卻非常清楚地知道這種東西是行不通的。他的責任是要使非洲的糧船按時到達羅馬，是要採取措施來救濟饑饉所造成的苦難，是要使野蠻的敵人不能越境。這就是說，在對付這些不能被他認爲是斯多噶派的哲學家（無論是實際的哲學家也罷，還是可能的哲學家也罷）的臣民的時候，他就接受通常的世俗的善惡標準了。正是由於採取了這些標準，他才能夠盡其執政者的職責。奇怪的是，這種職責的本身又是斯多噶派的聖人所應當做到的更高級的境界裡面的東西，儘管它是從斯多噶派聖人所認爲是根本錯誤的一種倫理學裡面推衍出來的。

對於這個困難我所能想像的唯一答案，就是一種在邏輯上也許是無懈可擊但並不值得讚許的答案。我想這個答案康德是會做得出來的，康德的倫理體系非常有似於斯多噶派的倫理體系。的確，康德可以說除了善的意志以外就沒有什麼善的東西；但是唯有當意志是朝向著某些目的的時候，它才是善，而這些目的的本身卻又是無所謂的。A先生是幸福呢，還是不幸呢？這是無關重要的。但是如果我是有德的話，我就要採取一種我相信可以使他幸福的行爲，因爲這就是道德律所吩咐的。我不能使A先生有德，因爲他的德行完全取決於他自己；但是我可以做某些事情有助於使他幸福，或者富有，或者博學，或者健康。因此，斯多噶派的倫理學就可以表述如下：有些事情被世俗認爲是好東西，但這是一個錯誤，眞正是善的乃是一種要爲別人去取得這些虛僞的好東西的意志。這種學說並不包含有邏輯上的矛盾，但是如果我們眞正相信通常所認爲的好東西都是毫無價值的話，那麼這種學說就喪失了一切的可信性了；因爲在這種情形之下，有德的意志就可以同樣地朝向著迥然不同的其他目的。

實際上，斯多噶主義裡有著一種酸葡萄的成分。我們不能夠有福，但是我們卻可以有善；所以只要我們有善，就讓我們裝成是對於不幸不加計較吧！這種學說是英勇的，並且在一個惡劣的世界裡是有用的；但是它卻既不是眞實的，而且從一種根本的意義上來說，也不是眞誠的。

雖然斯多噶派的主要重點是在倫理方面，但是他們的教導有兩個方面在其他的領域裡是產生了結果的。一個方面是知識論，另一個方面是自然律和天賦人權的學說。

在知識論方面，他們不顧柏拉圖而接受了知覺作用；他們認爲感官的欺騙性實際上乃是虛假的判斷，只要稍微用心一點就可以避免。有一個斯多噶派的哲學家，即芝諾的及門弟子斯非魯斯曾被國王托勒密請去宴會，國王在傾聽了這種學說之後送給了他一個蠟做的石榴。這位哲學家想要吃這個石榴，於是國王就笑他。他就回答說，他不能確定它是不是一個眞石榴，但是他認爲在王宮的筵席上任何不能吃的東西大概是不會拿上來的，[13]他的這段答話就是援用斯多

---

⑬《第歐根尼・拉爾修》（*Diogenes Laertius*），卷七，第一七七頁。

噶派對於那些根據知覺可以確切知道的事物與那些根據知覺僅僅是或然的事物這二者之間所做的區別的。總的說來，這種學說是健康的、科學的。

他們在知識論方面的另一種學說影響就更大，但問題也更多。那就是他們信仰先天的觀念與原則。希臘的邏輯完全是演繹的，這就發生了關於最初的前提的問題。最初的前提必須是，至少部分地必須是普遍的；而且又沒有方法可以證明它們。斯多噶派認爲有某些原則是明白得透亮的，是一切人都承認的；這些原則就可以作爲演繹的基礎，像在歐幾里得的《幾何原本》一書裡那樣。同樣地，先天的觀念也可以作爲定義的出發點。這種觀點是被整個的中世紀，也甚至於是被笛卡兒，所接受了的。

像西元十六、十七、十八世紀所出現的那種**天賦人權**的學說也是斯多噶派學說的復活，儘管有著許多重要的修正。是斯多噶派區別了jus naturale（自然法）與jus gentium（民族法）的。自然法是從那種被認爲是存在於一切普遍知識的背後的最初原則裡面得出來的。斯多噶派認爲，一切人天生都是平等的。馬可・奧理略在他的《沉思錄》一書裡擁護「一種能使一切人都有同一法律的政體，一種能依據平等的權利與平等的言論自由而治國的政體，一種最能尊敬被統治者的自由的君主政府」。這是一種在羅馬帝國不可能澈底實現的理想，但是它卻影響了立法，特別是改善了婦女與奴隸的地位。基督教在接受斯多噶派的許多東西的同時，也接受過來了斯多噶派學說中的這一部分。最後到了西元十七世紀，向專制主義進行有效鬥爭的時機終於到來了，於是斯多噶派關於自然法與天賦平等的學說就披上了基督教的外衣，並且獲得了在古代甚至於是一個皇帝也不能賦給它的那種實際的力量。

第二十九章　羅馬帝國與文化的關係

羅馬帝國曾或多或少地以各種不同的路徑影響了文化史。

首先：是羅馬對於希臘化思想的直接影響。這一方面不太重要，也並不深遠。

其次：是希臘與東方對於羅馬帝國西半部的影響。這一方面則是深遠而持久的，因爲其中包括有基督教在內。

第三：是羅馬悠久的和平對於傳播文化以及對於使人習慣於與一個單一的政府相連繫著的單一的文明這一觀念，所起的重要作用。

第四：是希臘化文明傳布到回教徒的手裡，又從回教徒的手裡最後傳至西歐。

在考察這些影響之前，先簡述一下政治史將會是有益的。

亞歷山大的征服並沒有觸及西地中海；西元前三世紀之初，西地中海爲兩個強大的城邦，即迦太基與敘拉古，所控制。在第一次與第二次布匿戰爭時（西元前二六四—前二六一與前二一八—前二〇一年），羅馬征服了敘拉古並使迦太基淪於無足輕重的地位。西元前二世紀，羅馬征服了馬其頓王朝的各個國家——埃及則作爲一個附屬國確乎是不絕如縷地一直存在到克麗奧佩特拉死時（西元前三〇年）爲止。西班牙是在對漢尼拔的戰爭中附帶被征服的；法蘭西是西元前一世紀中葉被凱撒征服的，大約一百年之後英格蘭也被征服了。羅馬帝國極盛時期的疆界在歐洲是萊茵河與多瑙河，在亞洲是幼發拉底河，在北非是大沙漠。

羅馬帝國主義在北非也許是表現得最好的，（北非在基督教史上的重要性在於它是聖賽普勒安與聖奧古斯丁的家鄉，）這兒在羅馬之前和羅馬以後都是大片荒蕪的地區，但這時變成了肥沃的地區並維持著許多人口眾多的城市。從奧古斯都即位（西元前三〇年）至西元後三世紀的動亂爲止，羅馬帝國在這兩百多年之中大體上是穩定的、和平的。

同時，羅馬國家的體制也經歷了重要的發展。起初羅馬是一個很小的城市國家，與希臘的那些城市國家，特別是像斯巴達那樣的城市國家，並沒有什麼不同；而且也並不依靠著對外的貿易。國王也像荷馬時期的希臘國王一樣，早已被貴族的共和國所代替了。當體現在元老院裡的貴族成分還依然強大的時候，就已經逐漸地增加了民主的成分；這一妥協的結局曾被斯多噶派的潘尼提烏（波里比烏和西塞羅都重複著他的觀點）視爲是君主制、貴族制與民主制三種成分的理想結合。但是征服卻打破了這種極其不穩定的平衡；它給元老階級帶來了新的巨大的財富，其次在稍小的程度上也給稱爲「騎士」的上層中等階級帶來了財富。義大利的農業本來是操在小農們的手裡，他們以自己的及其家庭的勞動來進行耕作；但現在農業已經成爲屬於羅馬貴族使用奴隸勞動來種植葡萄與橄欖的大地產的事情了。結果就是，不顧國家利益與臣民幸福、只知寡廉鮮恥以求個人發財致富的元老院，竟成爲事實上無所不能的了。

西元前二世紀後半葉格拉古兄弟所發動的民主運動，導致了一系列的內戰；最後——就像在希臘所常見的一樣——便是「僭主制」的確立。看起來令人驚異的是，在希臘只限於很微小的地區上的那些發展，現在竟以這樣巨大的規模而重演。凱撒的繼承人與養子奧古斯都於西元前三〇年至西元後一四年在位，他終於結束了內戰和（除了少數的例外）對外的征戰。自從希臘文明開始以來，古代世界第一次享受了和平與安全。

有兩件東西摧毀了希臘的政治體系：第一是每個城邦之要求絕對的主權，第二是絕大多數城邦內部貧富之間殘酷的流血鬥爭。在征服了迦太基與希臘化的各國之後，前一個原因就不再攪擾世界了，因爲對羅馬已經不可能再進行有效的抵抗。但是第二個原因卻仍然繼續存在著。在內戰裡，某一個將軍可以宣布自己是元老院的戰士，而另一位將軍又宣布自己是人民的戰士。勝利歸於能以最高的代價收買兵士的人。兵士們不只是要金錢和掠奪，而且還要恩賜的土地；因此每一次內戰的結束都是正式地以法令來廢除許多原來在名義上是國家佃戶的土地所有者，以便爲勝利者的軍人讓位。進行戰爭的費用，是由處決富人並沒收其財產來支付的。這種災難性的制度是不大容易結束的；但最後出乎每個人的意料之外，奧古斯都的勝利竟是如此之澈底，以至於再也沒有競爭者能向他所要求的權力挑戰了。

對整個羅馬世界來說，竟然發現內戰時期已告結束，這來得好像是一場意外，除了少數的元老黨而外大家全都歡欣鼓舞。對每一個人來說，這眞是一場深沉的蘇息，羅馬在奧古斯都之下終於成就了希臘人和馬其頓人所枉然追求過的，而羅馬在奧古斯都之前亦未能成就的穩定與秩序。據羅斯多夫采夫說，共和時期的羅馬給希臘「所帶來的除了貧困、破產與一切獨立政治活動的停頓而外，並沒有任何新的東西」。①

奧古斯都在位的時期，是羅馬帝國的一個幸福時期。各省區的行政組織多少都照顧到了居民的福利，而不單是純粹掠奪性的體制了。奧古斯都不僅在死後被官方所神化，而且在許多省

① 《古代世界史》（*History of the Ancient World*），卷二，第二五五頁。

分的城市裡還自發地被人認爲是一個神。詩人們歌頌他，商人階級覺得普遍的和平是便利的，甚至連奧古斯都是以一切表面的尊敬形式在應付著的元老院也乘此機會把各種榮譽和職位都堆在他的頭上。

但儘管世界是幸福的，然而某些生趣已經喪失了，因爲人們已經更愛安全而不願冒險了。在早期，每個自由的希臘人都有機會冒險；腓力浦和亞歷山大結束了事情的這種狀態，在希臘化的世界中唯有馬其頓的君王們才享有無政府式的自由。希臘世界已經喪失了自己的青春，而變成爲犬儒的或宗教的世界了。要在地上的制度之中實現理想的那種希望消逝了，就連最優秀的人也隨之而喪失了他們的熱誠。天堂對蘇格拉底來說，是一個他可以繼續進行論辯的地方，但是對於亞歷山大以後的哲學家們來說，它卻是與他們在地上的生活大爲不同的某種東西了。

後來在羅馬也有同樣的發展，但卻採取了不那麼苦痛的形式。羅馬並沒有像希臘那樣地被人征服，而且相反地還有著順利成功的帝國主義的刺激。在整個內戰時期裡，對於混亂無秩序應該負責的乃是羅馬人。希臘人屈服於馬其頓人之後，並沒有得到和平與秩序；然而希臘人和羅馬人一旦屈服於奧古斯都之下，便都獲得了和平與秩序。奧古斯都是一個羅馬人，大多數羅馬人之向他屈服都是心甘情願的，而不僅僅是由於他那優越的威力的緣故；何況他還煞費苦心地在掩飾他的政府的軍事基礎，並使之依據於元老院的法令。元老院所表示的種種阿諛奉承，毫無疑問是言不由衷的；但是除了元老階級以外，卻並沒有一個人因此而感到屈辱。

羅馬人的心情很像是西元十九世紀法國的jeune homme rangé（生活整飭的青年），他們經過了一番戀愛的冒險之後，就在一場理性的婚姻上面穩定了下來。這種心情儘管是稱心滿意的，但卻不是有創造性的。奧古斯都時期的大詩人都是在比較動亂的時代裡面造就出來的；荷拉士亡命於腓力比，他和魏吉爾兩個人的田莊都被籍沒並分給了勝利的軍人。奧古斯都爲了使國家穩固，也多少在表面上努力要恢復古代的信仰，因此也就必須對自由研究採取頗爲敵視的態度。羅馬世界開始變得刻板式的了，這一過程在以後各個皇帝的時期都一直在繼續著。

奧古斯都最初的一些繼承者們，任性地對元老們以及對紫色皇袍的可能競爭者們採用了種種駭人聽聞的殘酷辦法。在某種程度上，這一時期的爲政不仁也蔓延到了各個省區；但是大體上，奧古斯都所創立的行政機器仍然繼續運行得很好。

隨著西元九八年圖拉真的即位就開始了一段更好的時期，這段時期延續到西元一八〇年馬可・奧理略逝世時爲止。這一段時期裡的羅馬帝國政府，正像是任何專制政府所可能的那樣好。反之，第三世紀則是一個災難慘重的時期。軍隊認識到了自己的威力，便視金錢以及能否允諾他們一生不作戰爲轉移而擁戴某個皇帝或者廢黜某個皇帝，於是軍隊也就不再成爲有效的戰鬥力量了。野蠻人來自北方和東方，侵入並掠奪羅馬的領土。軍隊一心計較私利與內訌而無力抵抗。整個的財政體系瓦解了，因爲收入已經極大地減少，同時勞而無功的戰爭以及收買軍隊又使得支出大爲增加。戰爭而外，癘疫也大大地減少了人口。看來似乎羅馬帝國就要傾頹了。

這種結局卻被兩個能幹的人物給避免了，這兩個人就是戴克里先（西元二八六—三〇五年）和君士坦丁，後者的無可爭執的在位是自西元三一二年直至三三七年爲止。這時候帝國分爲東西兩部分，大致上相當於希臘語和拉丁語的兩部分。君士坦丁在拜占庭建立了東部帝國的首都，並爲它起了一個新名字叫作君士坦丁堡。戴克里先有一個時候改變了軍隊的性質，從而約束了軍隊；但從他以後，最能作戰的武力便都是由野蠻人，主要的是日耳曼人所組成的，一切高級指揮的職務也都向他們開放。這顯然是一種危險的辦法，而西元五世紀初它便產生了它那自然的結果。野蠻人終於決定爲自己作戰要比爲羅馬主子作戰更爲有利。可是，它爲它的目的而效力了一個多世紀。戴克里先的行政改革同樣也有一個短期的成功，但是終於也同樣帶來了災難。羅馬的體制是允許各城市有地方自治政府的，並讓地方官吏自己去收稅，只有每個城上繳的稅額總數才由中央當局規定。這種體制在繁榮時期一直運用得很好，但是現在到了帝國枯竭的時期，所需的收入已經多得非使用過度的壓榨就不能供應了。市政當局都是個人對收稅負責的，便都紛紛逃亡以避免向上交納。戴克里先強迫家道殷實的公民擔任市政職務，並規定逃亡是非法的。他又出於同樣的動機而把農村居民轉化爲農奴，把他們束縛在土地上並禁止遷移。這種體制也被後來的皇帝們所保留下來。

君士坦丁最重要的措施就是採用基督教爲國教，這顯然是因爲大部分兵士都是基督教徒的緣故②。這一措施的結果就是當西元五世紀日耳曼人摧毀了西羅馬帝國的時候，它的威信也使得日耳曼人接受了基督教，從而便爲西歐保存下來了那些曾爲教會所吸收了的古代文明。

劃歸羅馬帝國東半部的領土，其發展卻有不同。東羅馬帝國的疆域雖然不斷縮小（除了六世紀查士丁尼暫時性的征服而外），但它卻一直存在到西元一四五三年君士坦丁堡被土耳其人征服爲止。然而往昔東部的羅馬省分，包括非洲和位於西方的西班牙在內，都變成了回教世

② 見羅斯多夫采夫：《古代世界史》，卷二，第三三二頁。

界。阿拉伯人與日耳曼人不同，他們摒棄了那些被他們所征服的人民的宗教，但是接受了被征服者的文明。東羅馬帝國的文明是希臘的而不是拉丁的，因而自西元七世紀至十一世紀保存了希臘文學以及一切殘存的、與拉丁文明相對立的希臘文明的，便是阿拉伯人。自西元十一世紀以後，最初是通過了摩爾人的影響，西方世界才又逐漸地恢復它那已經喪失了的希臘遺產。

我現在就來談羅馬帝國對文化史起作用的四條途徑。

I. **羅馬對希臘思想的直接影響**。這開始於西元前二世紀的兩個人，即歷史學家玻里比烏與斯多噶派的哲學家潘尼提烏。希臘人對羅馬人的自然態度，是一種夾雜著恐懼的鄙視；希臘人認為自己是更文明的，但是在政治上卻較為軟弱。如果羅馬人在政治上有著更大的成功，這只說明了政治是一樁不光彩的行業。西元前二世紀一般的希臘人是耽於逸樂的、機智敏捷的，他們善於經營，對一切事都毫無忌憚。然而也還有一些具有哲學能力的人。其中有些人——特別是懷疑派，例如：卡爾內亞德——竟至於讓聰明摧毀了嚴肅。有些人，如像伊比鳩魯派或一部分斯多噶派，就完全隱退到寧靜的個人生活裡面去了。但是也有少數人，他們的眼光要比亞里斯多德對亞歷山大所曾表現過的更為深刻，他們認識到了羅馬的偉大乃是由於有著希臘人所缺乏的某些優點。

歷史學家玻里比烏約於西元前二〇〇年生於阿加地亞，他是作為一個囚犯而被送到羅馬去的，但是到了羅馬之後他卻有幸做了小塞庇歐的朋友，他伴隨著小塞庇歐經歷過許多次征戰。一個希臘人而認識拉丁文原是罕見的事，雖說大多數受過教育的羅馬人都認識希臘文；然而玻里比烏的遭遇卻使得他精通拉丁文。他為了教益希臘人而寫出了布匿戰爭史，因為布匿戰爭曾使羅馬得以征服全世界。當他寫作的時候，他對羅馬體制的讚美已經是過時的了；但是在他的時代以前，羅馬的體制與絕大多數希臘城邦不斷變化著的體制比較起來，卻要更富於穩定性與效率。羅馬人讀了他寫的歷史自然是高興的；然而希臘人是否如此就值得懷疑了。

斯多噶派的潘尼提烏，我們在前一章中已經談過了。他是玻里比烏的朋友，並且也像玻里比烏一樣是小塞庇歐的被保護人。當塞庇歐在世的時候，他屢次到過羅馬，但是從西元前一二九年塞庇歐死後，他就留在雅典做斯多噶派的領袖。羅馬仍然充滿著爲希臘所已經喪失了的那種與政治活動的機會連繫在一起的希望心。因而潘尼提烏的學說比起早期斯多噶派的學說來，便有著更多的政治性，而與犬儒派的學說更少相似。或許是有教養的羅馬人對柏拉圖所懷的敬慕影響了他，使他放棄了他那斯多噶派前人們的教條主義的狹隘性。於是斯多噶主義就以他和他的繼承者波昔東尼所賦予的那種更爲廣博的形式，而有力地打動了比較嚴肅的羅馬人。

後來的愛比克泰德雖然是一個希臘人，但他一生大部分是住在羅馬的。羅馬爲他提供了他的大部分例證；他經常勸告聰明人不要在皇帝的面前發抖。我們是知道愛比克泰德對馬可．奧理略的影響的，但是他對希臘人的影響卻很難探索了。

普魯塔克（約西元四六—一二〇年）在他的《希臘羅馬名人傳》（*Lives of the Noble Grecians and Romans*）一書中，追溯了兩國大部分顯赫人物的平行發展。他在羅馬度過相當長的時間，並且受到了哈德里安與圖拉真兩位皇帝的尊敬。除了他的《名人傳》以外，他還寫過無數關於哲學、宗教、道德以及自然史的作品。他的《名人傳》一書顯然是想在人們的思想裡把希臘和羅馬調和起來。

大體說來，除了上述的這些例外人物，羅馬對於帝國說希臘語的那部分所起的只是破壞作用。思想與藝術都衰頹了。直到西元二世紀末期爲止，生活對於家境殷實的人們來說，乃是愉悅的、舒適的；沒有什麼刺激使精神緊張，也沒有多少機會使人能有偉大的成就。公認的各派哲學——柏拉圖派的學園、逍遙學派、伊比鳩魯學派和斯多噶派——都一直存在著，直到西元五二九年才被查士丁尼大帝（出於基督教的頑固性）所封閉。然而這些學派，自從馬可・奧理略的時代以來，除了西元三世紀的新柏拉圖派而外（這一派，我們在下一章中將要談到），沒有一派表現過任何的生氣；而且這些人也幾乎一點都不曾受到羅馬的影響。帝國中拉丁與希臘的兩部分日益分道揚鑣了；對希臘文的知識在西半部已經成為罕見的事，而拉丁文在東半部則自君士坦丁之後也只存在於法律和軍隊之中。

II. **希臘與東方對羅馬的影響**。這裡有兩件迥乎不同的事要加以考慮：第一是希臘化的藝術、文學與哲學對於最有教養的羅馬人的影響；第二是非希臘的宗教與迷信在整個西方世界的彌漫。

(1)當羅馬人最初與希臘人相接觸的時候，他們就察覺到自己是比較野蠻的、粗魯的。希臘人在許多方面要無比地優越於他們：在手工藝方面，在農業技術方面；在一個優秀的官吏所必須具備的各種知識方面；在談話方面以及享受生活的藝術方面；在藝術、文學和哲學的各方面。羅馬人唯一優越的東西就是軍事技術與社會團結力。羅馬人對於希臘人的這種關係，很有點像西元一八一四年與一八一五年普魯士人之對於法國人的關係；但是後一個例子只不過是暫時性的，而前一種情形則延續了一個漫長的時期。布匿戰爭之後，年輕的羅馬人對希臘人懷著一種讚慕的心情。他們學習希臘語，他們模仿希臘的建築，他們僱用希臘的雕刻家。羅馬有許多神也被等同為希臘的神。羅馬人起源於特羅伊的說法就被創造了出來，以便與荷馬的傳說連繫在一起。拉丁詩人採用了希臘的韻律，拉丁的哲學家接受了希臘的理論。終於，羅馬在文化上就成了希臘的寄生蟲。羅馬人沒有創造過任何的藝術形式，沒有形成過任何有創見的哲學體系，也沒有做出過任何科學的發明。他們修築過很好的道路，有過有系統的法典以及有效率的軍隊。但此外的一切，他們都唯希臘馬首是瞻。

羅馬的希臘化就在風尙方面造成了一定程度的柔靡，這是老卡圖所深惡痛絕的。直迄布匿戰爭爲止，羅馬人始終是一個耕牧的民族，具備著農夫的種種德行和劣點：嚴肅、勤勞、粗鄙、頑固而又愚昧。他們的家庭生活一直是穩定的而且牢固的，建立在patria potestas（父權）的基礎之上；婦女和青年完全處於附屬地位。但這一切都隨著財富突然之間的大量流入而起了變化。小塊的田地消失了，逐漸地被使用奴隸勞動並實行新的科學的農業方法的大莊園所代替了。強大的商人階級興起了，有很多人都由於掠奪而發財致富，就像是西元十八世紀英國的那些nabob③一樣。女人一直都是德行很好的奴隸，但現在也自由了、放蕩了；離婚變成了常見的事；富人不再生育孩子。幾個世紀以前希臘人也曾經歷過同樣的發展，希臘人以他們的前例鼓勵了歷史學家們所稱之爲道德敗壞的那些現象。但甚至在羅馬帝國最放蕩的時代，一般的羅馬人也仍然把羅馬認爲是高舉著更純潔的倫理規範以對抗希臘的腐化墮落的一個中流砥柱。

希臘對西羅馬帝國的文化影響，從西元三世紀以後便迅速地削弱了，主要是由於整個的文化都在衰頹。這是有許多原因的，但是有一個原因必須特別提出。在西羅馬帝國的末期，政府已經比以往越發是赤裸裸的軍事專制了。通常總是軍隊推舉一個成功的將軍做皇帝；但是軍隊

③ nabob原意為印度王公，引申為一切從印度發財回來的人。——譯者

就連它最高級的軍官也包括在內，都不是由有教養的羅馬人所組成的，而是由邊境上的半野蠻人所組成的。這些粗暴的兵士是用不著文化的，他們把文明的公民僅僅看成是賦稅的來源。私人都太貧困了而受不起多少教育，國家又認爲教育是不必需的。因而在西方只有少數特殊有學問的人，還能閱讀希臘文。

(2) 反之，非希臘的宗教與迷信則在西部獲得了愈來愈堅固的據點。我們已經看到亞歷山大的征服曾怎樣地把巴比倫人、波斯人和埃及人的信仰都介紹給了希臘世界。同樣地，羅馬的征服也使得西部世界熟悉了這些學說以及猶太人的和基督徒的學說。我以後再來談猶太人與基督徒；目前我只以異教迷信④所及的範圍爲限。

在羅馬，每一種教派與每一個先知都在最高的各個當政的派系裡有其代表，有時候還獲得他們的支持。魯西安儘管處於一個輕率信仰的時代，但卻代表著穩健的懷疑主義；他說過一個有趣的故事，是關於一個名叫巴甫拉格尼亞人亞歷山大的先知與行神跡者的故事，這個故事一般公認大致是眞的。這個人醫治病人，預言未來，還四處訛詐。他的名聲傳到了當時正在多瑙河上與馬格馬尼人作戰的馬可·奧理略的耳朵裡。皇帝便向他請教如何才能獲得戰爭的勝利；所得到的答覆是，如果他把兩隻獅子投進多瑙河裡去，便會得到一場偉大的勝利。他聽從了這個通神者的勸告，但是獲得了這場偉大勝利的卻是馬格馬尼人。儘管出了這場差錯，亞歷山大的名氣卻仍然不斷地增長。有一個執政官級的羅馬名人魯提利安努曾向他請教過許多事情，最

④ 可參閱庫蒙（Cumont）：《羅馬異教中的東方宗教》（*Oriental Religions in Roman Paganism*）。

後，請求他指點自己如何選擇一位妻子。亞歷山大也像恩戴米昂⑤一樣，曾經贏得過月神的青睞，並且和她生過一個女兒，神諭就把他這個女兒推薦給了魯提利安努。「魯提利安努年齡此時已六十歲了，他立刻聽從了神的諭令；並且在慶祝她的婚禮時，犧牲了整整一百頭牛奉獻給他那位天上的岳母。」⑥

比巴甫拉格尼亞人亞歷山大的事蹟更爲重要的，是皇帝艾羅加巴魯或名赫里奧加巴魯（西元二一八－二二二年）的在位；這位皇帝在自己被軍隊推舉登基之前，本是敘利亞太陽神的一位祭司。在他從敘利亞赴羅馬的緩慢行程中，他的畫像被先當做禮物送進了元老院。「他被畫成穿著他那按照米底亞人與腓尼基人寬大飄垂的款式、用絲線與金線織就的祭司的長袍，頭上戴著古波斯式高聳的冠冕，數不清的項圈和袖鍊上都飾滿了無價的寶石。他的眉毛被塗得黑黑的，面頰畫成一副人工造作的白裡透紅。深沉的元老們都嘆著氣，承認羅馬在長期經歷了自己本國人的嚴酷的暴政之後，現在終於卑躬屈膝於東方專制的奢靡之前了。」⑦他受到一大部分軍隊的支持，狂熱地把東方宗教的做法搬到了羅馬；他的名字就是他曾經擔任過大祭司的愛梅薩山地方所崇拜的太陽神的名字。然而他的母親，或祖母，才是眞正的統治者，她看出他是走得太遠了，於是就廢黜了他而另立她自己的姪子亞歷山大（西元二二二－二三五年），此

---

⑤ 恩戴米昂（Endymion）：希臘神話中的美少年。——譯者

⑥ 貝恩：《希臘哲學家》，卷二，第二三六頁。

⑦ 吉朋，第六章。

人的東方的傾向是比較不太過分的。當時所可能有的各種信仰的雜糅，就從他私人的教室裡也可以得到說明。在這座教堂裡，他安置了亞伯拉罕、奧菲斯、提阿那的亞波羅以及基督等等的神像。

米斯拉教起源於波斯，後來成了基督教的激烈競爭者，特別是在西元三世紀的後半葉。拚命企圖控制軍隊的歷代皇帝都感覺到宗教可以提供一種十分必需的穩定性；但那必須是一種新的宗教，因爲兵士們所擁護的都是新宗教。這個宗教被引進了羅馬，並且非常投合軍人的心意。米斯拉是太陽神，但他並不像他的那些敘利亞同伴們那麼樣柔弱；他是一個主宰戰爭的神——而善與惡之間的大戰本來是自從瑣羅亞斯德以來波斯信仰的一部分。羅斯多夫采夫⑧曾複製過從德國海頓海姆的地下教堂中所發現的一座崇拜米斯拉的浮雕，並且指出米斯拉的信徒在軍隊之中必定是非常之多的，不僅東方有而且西方也有。

君士坦丁大帝之採用基督教在政治上是成功的，而此前介紹新宗教的種種企圖都失敗了；不過從政府的觀點來說，則以前的種種企圖和君士坦丁的企圖是極其類似的。它們成功的可能性都同樣地是由於羅馬世界的災難與疲憊。希臘與羅馬的傳統宗教只適合於那些對現世感興趣並且對地上的幸福懷抱著希望的人們。亞洲則有著更悠久的苦痛失望的經驗，於是就炮製出來了更爲成功的、採取寄希望於來世的形式的各種解救劑；其中以基督教給人的慰藉最爲有效。但是基督教當其成爲國教的時候，已經從希臘吸取了很多的東西，它把這些連同著猶太教

---

⑧《古代世界史》，卷二，第三四三頁。

的成分一起都傳給了西方的後代。

III. 政府與文化的統一。希臘偉大時代的許多成就之所以沒有像邁諾斯時代的許多成就那樣地失傳，我們首先得歸功於亞歷山大，其次得歸功於羅馬。西元前五世紀如果崛起了一位成吉思汗的話，很可能把希臘化世界中一切重要的東西一掃而光；薛修斯只要再稍微能幹一點，就可以使希臘文明大大遜色於他被擊退以後所出現的情況。讓我們想想從伊斯奇魯斯到柏拉圖的這一段時期吧：這一時期中所成就的一切，全都是少數商業城邦居民中的少數人所成就的。這些城邦後來已經證明並沒有多大的力量能抵禦外來的征服；但是由於分外的幸運，希臘的征服者，即馬其頓人和羅馬人，都是希臘的愛好者，他們並沒有把他們所征服的東西加以毀滅；若是薛修斯或者迦太基的話，便會幹出這種事情來了。我們之得以認識希臘人在藝術、文學、哲學和科學上的成就，這一事實應該歸功於西方征服者所造成的太平局面；這些西方征服者具有清明的頭腦能讚美被自己所統治的文明，並盡自己最大的努力來保存它。

在政治的與倫理的某些方面，亞歷山大與羅馬人乃是產生了更好的哲學的原因——這種哲學要比希臘人在他們自由的日子裡所宣揚過的任何哲學都更好。我們已經看到斯多噶派信仰人類的博愛，他們並不把自己的同情心侷限於希臘人。羅馬長期的統治使人們習慣於一種在一個單一政府之下的單一文明的觀念。我們知道世界上還有許多重要的部分是不屬於羅馬的——尤其是印度和中國。但是對羅馬人來說，則似乎羅馬帝國以外就只不過是些微賤的野蠻部族罷了；只要什麼時候願意征服他們，隨時都可以征服他們。在羅馬人的心目中，羅馬帝國在本質上、在概念上都是全世界性的。這種觀念就傳給了基督教會；所以儘管有佛教徒、儒教徒以及（後來的）回教徒，但基督教會依然是「公教」。Securus judicate orbis terrarum（無畏地審判全世界）是基督教會從晚期斯多噶派那裡所接受過來的一條格言；它之打動人心也是由於羅馬帝國的顯著的大一統性。自從查理曼時代以後，在整個的中世紀裡基督教會和神聖羅馬帝國在概念上都是全世界性的，儘管人人都知它們在事實上並非如此。一個人類的家庭、一個公教、一個普遍的文化、一個世界性的國家，這種觀念自從它被羅馬差不多實現以來，始終不斷地在縈繞著人們的思想。

羅馬在擴大文明領域這方面所起的作用，具有著極重大的意義。作爲羅馬軍團武力征服的結果，義大利北部、西班牙、法蘭西與西德的許多地方都開化了。所有這些地區都已證明它們自身正如羅馬自己一樣，也能夠享有高度的文化。在西羅馬帝國的末年，高盧所產生的人物至少可以和他們同時代的其他古文明地區的人物相媲美。正由於羅馬傳播了文化，野蠻人才僅僅造成了暫時的晦蝕，而不是永久的黑暗。也許有人說，文明的「質」再也比不上白里克里斯時代的雅典那樣優秀了；但是在一個戰爭與毀滅的世界裡，「量」從長遠來講幾乎和「質」是同等重要的，而「量」則要歸功於羅馬了。

IV. **回教徒作爲希臘文化的傳遞者**。西元七世紀，回教先知穆罕默德的信徒們征服了敘利亞、埃及與北非；下一個世紀，他們又征服了西班牙。他們的勝利是輕而易舉的，只有很輕微的戰鬥。除了可能在最初幾年而外，他們也並不是狂熱的；基督徒與猶太人只要納貢，就可以安然無恙。阿拉伯人不久就接受了東羅馬帝國的文明，可是他們另有一種國運方興的希望心，而並非一種國運衰頹的疲憊。他們的學者閱讀希臘文並加以注疏。亞里斯多德的名氣主要地得歸功於他們；在古代亞里斯多德是很少被人提到的，並且被認爲不能和柏拉圖相提並論。

考察一下我們所得之於阿拉伯人的一些名詞——例如：代數、酒精、煉丹、蒸餾器、鹼、方位、天頂等等——對我們是會有啓發性的。除了「酒精」——這個字不是指一種飲料，而是指化學上應用的一種材料——而外，這些字便很好地勾繪出我們所得之於阿拉伯人的某些東西的一幅景象。代數學是亞歷山大港的希臘人所發明的，但是後來被阿拉伯人更向前推進了一步。「煉丹」、「蒸餾器」、「鹼」都與想把賤金屬轉化爲黃金的企圖有關，這種企圖是阿拉伯人從希臘人那裡學來的；阿拉伯人從事煉金術時，還援引過希臘的哲學⑨「方位」與「天頂」是天文學的名詞，主要地是被阿拉伯人用於占星術方面的。

但這種字源學的方法，卻掩蔽了我們所得之於阿拉伯人的有關希臘哲學知識方面的東西；因爲當歐洲重新研究哲學的時候，所需的術語都是採自希臘文或拉丁文的。阿拉伯人在哲學上作爲注疏家，要比作爲創造性的思想家更優越。對我們來說，他們的重要性就在於：唯有他們（而不是基督徒）才是只有在東羅馬帝國被保存下來了的那些希臘傳統的直接繼承人。在西班牙，以及在較小的程度上也在西西里，與回教徒的接觸才使得西方知道了亞里斯多德；此外還有阿拉伯的數位、代數學與化學。正是由於這一接觸才開始了西元十一世紀的學藝復興，並引導到經院哲學。要到更晚得多的時候，從西元十三世紀以後，對希臘文的研究才使人能夠直接去翻閱柏拉圖與亞里斯多德或者其他的古代希臘作家們的著作。但是假如阿拉伯人不曾保留下來這種傳統的話，那麼文藝復興時代的人也許就不會感覺到復興古典學術的獲益會是那樣地巨大了。

⑨ 見亞瑟·約翰·霍普金斯（Arthur John Hopkins）著：《煉丹術是希臘哲學的產物》（*Alchemy, Child of Greek Philosophy*），一九三四年，哥倫比亞版。

第三十章　普羅提諾

新柏拉圖主義（Neoplatonism）的創始人普羅提諾（Plotinus，西元二〇四—二七〇年）是古代偉大哲學家中的最後一個人。他的一生幾乎是和羅馬史上最多災多難的一段時期相始終的。在他出世以前不久，軍隊已經意識到了自己的威力，就採用了視金錢報酬為轉移的辦法而推戴皇帝，然後又殺害皇帝以便再有機會重新出售帝國。這些念頭使得兵士們不能在邊境上進行防禦，於是日耳曼人便從北方、波斯人便從東方得以大舉入侵。戰爭與癘疫減少了大約羅馬帝國人口的三分之一；就連不曾被敵軍所侵占的省區裡，賦稅的不斷增加與財源的不斷減少也造成了財政的崩潰。那些曾經是文化旗手的城市受到的打擊特別沉重，殷實的公民們大量地逃亡以躲避稅吏。要到普羅提諾既死之後，秩序才又重新建立起來，戴克里先和君士坦丁的強而有力的措施暫時地挽救了羅馬帝國。

這一切在普羅提諾的著作裡都沒有提到。普羅提諾擺脫了現實世界中的毀滅與悲慘的景象，轉而觀照一個善與美的永恆世界。在這方面，他和他那時代所有最嚴肅的人是協調一致的。對他們大家來說，（無論他們是基督教徒也好，還是異教徒也好，）實際的世界似乎是毫無希望的，唯有另一個世界似乎才是值得獻身的。對於基督教徒來說，這「另一個世界」便是死後享有的天國；對柏拉圖主義者來說，它就是永恆的理念世界，是與虛幻的現象世界相對立的眞實世界。基督教的神學家們把這些觀點結合在一道，並且還又包括了大量普羅提諾的哲學。印澤教長在他那部關於普羅提諾的非常有價值的著作裡面，正確地強調了基督教所得之於普羅提諾的東西。他說，「柏拉圖主義是基督教神學有機結構的一個主要部分，我敢說沒有別的哲學能夠與基督教神學合作而不發生摩擦」。他又說，「要想把柏拉圖主義從基督教裡面剔出去而又不至於拆散基督教，那是完全不可能的事」。他指出聖奧古斯丁曾把柏拉圖的體系說成是「一切哲學中最純粹最光輝的」，又把普羅提諾說成是「柏拉圖再世」，並且如果普羅提諾生得再晚一點的話，只需「改動幾個字句，就是一個基督徒了」。按照印澤教長的說法，聖湯瑪斯．阿奎那「對於普羅提諾比對於眞正的亞里斯多德更爲接近」。

因而普羅提諾作爲塑造中世紀基督教以及天主教神學的一種影響來說，就有著歷史的重要性了。歷史學家在談到基督教的時候，必須很仔細地認識到基督教所經歷的種種重大的變化，以及基督教就在同一個時代裡也甚至可能採取的各種不同的形式。綜觀福音書①裡所表現的基督教，幾乎完全不懂得什麼形而上學。在這一方面，近代美國的基督教很像原始基督教；柏拉圖主義對一般美國人的思想感情是陌生的，大多數美國的基督徒也是更關心現世的責任以及日常世界的社會進步，而不是關心當人們對於塵世萬念俱灰時那些能夠慰藉人心的超世的希望。我並不是說教義方面的任何變化，而是說重點與興趣上的一種差異。一個現代的基督教徒，除非他能認識到這種差異是多麼地重大，否則便不能理解已往的基督教。既然我們的研究是歷史性的，我們就得探討已往一切世紀裡的有勢力的信仰，而在這些問題上我們便不可能不同意印

① 指新約中的《馬太福音》、《馬可福音》、《路加福音》三書。——譯者

澤教長所說過的有關柏拉圖與普羅提諾的影響的那些話。

然而，普羅提諾並不僅僅是具有歷史上的重要性而已。他要比任何其他的哲學家都更能代表一種重要的理論類型。一種哲學體系之是否重要，我們可以根據各種各樣不同的理由來加以判斷。首先而且最顯著的理由就是，我們認為它可能是真的。到了今天，已經沒有多少學哲學的人會覺得普羅提諾是真的了；印澤教長在這一點上是一個罕見的例外。但真實性並不是一個形而上學所能具有的唯一優點。此外，它還可以具有美，而美則確實無疑地是可以在普羅提諾裡面找到的；普羅提諾有許多地方令人想到但丁《神曲．天堂篇》中後一部分的詩篇，而幾乎絕不會想到文學裡任何別的東西。他一再地描述著光榮的永恆世界：

在我們精妙的幻想裡傳來了
那首寧靜的純淨悠揚的歌聲
永遠在綠玉的寶座之前歌唱吧
向著那坐在寶座之上的人而歌唱。

此外，一種哲學也可以是重要的，因為它很好地表達了人們在某種心情之下或某種境況之下所易於相信的東西。單純的歡樂和憂傷並不是哲學的題材，而不如說是比較簡單的那類詩歌與音樂的題材。唯有與對宇宙的思索相伴而來的那種歡樂與憂傷，才會產生出來種種形而上學的理論。一個人可以是一個快樂的悲觀主義者，也可以是一個憂鬱的樂觀主義者。也許薩姆爾．巴特勒可以作為前一種人的一個代表；普羅提諾則可以作為後一種人的一個出色的代表。像在普羅提諾所生活的那樣一個時代裡，不幸是可以隨時臨頭的；而幸福如其也可以獲得的話，卻必須要靠對於那些遠遠脫離感官印象的種種事物加以思索才能求得了。這樣一種幸福之中總會有著一種緊張的成分；它與兒童的單純幸福是迴乎不同的。而且既然它不是得自於日常生活的世界，而是得自於思想與想像；所以它就需要有一種能夠輕視或者蔑視感官生活的能力。因此，凡是能享受本能的幸福的人，就不是能創造出種種形而上學的樂觀主義的人；形而上學的樂觀主義有恃於對於超感世界的實在性的信仰。在那些在世俗的意義上是不幸的，但卻決心要在理論世界中尋求一種更高級的幸福的人們中間，普羅提諾占有著一個極高的地位。

他的純理智方面的優點，是無論如何也不能加以輕視的。他曾在許多方面澄清了柏拉圖的學說；他曾以最大可能的一貫性發展了由他和許多別人共同主張過的那種理論類型。他那反對唯物主義的論據是很好的；並且他關於靈魂與身體的關係的整個概念，也比柏拉圖的或亞里斯多德的要更加明確。

他像斯賓諾莎一樣，具有一種非常感人的道德純潔性與崇高性。他永遠是眞誠的，從來也不尖刻或挑剔，他一貫是想要盡可能簡捷明白地告訴讀者他所認爲是重要的東西。無論人們對於作爲一個理論哲學家的普羅提諾作何想法，但是作爲一個人來說，人們是不可能不愛他的。

普羅提諾的生平，就其爲人所知道的而論，是透過他的朋友而兼弟子的蒲爾斐利（此人是一個閃族人，眞名字是瑪律庫斯）所寫的一本傳記而爲人所知的。然而這部記載裡面有許多奇蹟式的成分，使人就連其中那些較爲可信的部分也難於完全信賴了。

普羅提諾認爲自己此時此地的存在是無關重要的，所以他很不願意談到自己一生的歷史事蹟。可是，他說過他生於埃及；並且我們知道他青年時是在亞歷山大港求過學的，他在這兒一直住到三十九歲，他的老師就是通常被人認為是新柏拉圖主義的創立人的安莫尼烏斯·薩卡斯。此後他參加了羅馬皇帝高爾狄安三世對波斯人的遠征，據說是意在研究東方的宗教。皇帝當時還是一個青年，不久就被軍隊謀殺了，這種事本來是當時的慣例。這件事發生於西元二四四年他在美索不達米亞作戰的時候。於是普羅提諾便放棄了自己的東征計畫而定居於羅馬，並且不久便在羅馬開始教學。他的聽眾中間有許多有勢力的人物，他並曾受到了皇帝加里努斯的垂青②。有一個時候他曾制訂過一個計畫，要在康巴尼亞建立起柏拉圖的理想國，並要為此目的而建立一座新城市，就叫作柏拉圖城。皇帝起初是讚許的，但最後撤銷了他的支持。如此之靠近羅馬而居然還能有地方建立一座新城市，這似乎是很奇怪的事；但是或許當時這個地區正像今天一樣乃是瘧疾流行區，而以前卻並不流行。普羅提諾一直到四十九歲都沒有寫過什麼東西；但是此後他寫了很多東西。他的著作是由蒲爾斐利編纂的，蒲爾斐利要比普羅提諾更醉心於畢達哥拉斯主義，他使新柏拉圖主義的學派變得更為超自然主義的了；倘使新柏拉圖學派能夠更忠實地遵循普羅提諾的話，本來是不至於如此的。

普羅提諾對柏拉圖懷有極大的敬意；他談到柏拉圖總是用尊稱的「他」。一般說來，他

② 關於加里努斯皇帝，吉朋說：「他是好幾種奇怪而無用的學科的大師，他是一位出口成章的演說家又是一個風雅的詩人，是一位熟練的園丁，是一位卓越的廚師，但卻是一個最不堪的君主。當國家在緊急關頭需要他出面照應時，他正在和哲學家普羅提諾進行談話，把時間消磨在各種瑣碎放蕩的尋歡作樂裡，並正準備要探索希臘的祕密，或者在雅典的亞里奧巴古斯山謀求一個地位。」（第十章）。

對待「有福的古人們」總是非常尊敬的，但是這種尊敬卻並不及於原子論者。當時還在活躍著的斯多噶派和伊比鳩魯派是他所反對的，反對斯多噶派僅只是由於他們的唯物主義，而伊比鳩魯派的哲學則每一部分他都反對。亞里斯多德對他所起的作用要比表面上來得大，因爲他借用亞里斯多德的許多地方常常是不加聲明的。另在許多論點上，我們也可以感覺出巴門尼德的影響。

普羅提諾筆下的柏拉圖，並不像眞實的柏拉圖那樣地充滿了血肉。理念論、〈斐多〉篇和《理想國》第六卷的神祕學說，以及〈饗宴〉篇中關於愛情的討論，這些就差不多構成了表現於《九章集》（*Enneads*，這是普羅提諾著作的名字）中的全部柏拉圖。至於政治的興趣、追求各種德行的定義、對數學的趣味、對於每個人物之戲劇性的而又多情的欣賞，而特別是柏拉圖的那種風趣，則完全不見於普羅提諾的作品之中。柏拉圖，正如卡萊爾所說的，「在天堂裡是最能悠然自得的」；反之，普羅提諾則永遠是極力循規蹈矩的。

普羅提諾的形而上學是從一種神聖的三位一體，即太一、精神與靈魂，而開始的。但這三者並不是平等的，像基督教的三位一體中的三者那樣；太一是至高無上的，其次是精神，最後是靈魂。③

太一是多少有些模糊的。太一有時候被稱之爲「神」，有時候被稱之爲「善」；太一超

③ 歐利根是普羅提諾同時代的人，並且在哲學上和他出於同一位老師之門；歐利根教導說「第一者」高於「第二者」，「第二者」高於「第三者」，這一點和普羅提諾是一致的。但是後來歐利根的觀點被宣布為異端。

越於「有」之上，「有」是繼太一而後的第一個。我們對太一不能加以任何的敘述語，我們只能說「太一存在」（這令人想到了巴門尼德）。把「神」說成是「全」乃是錯誤的，因爲神超越於全之上。神是通過萬物而出現的。但太一是可以不假任何事物而出現的：「它既不存在於任何地方，而任何地方又都有它存在。」雖然有時候他把太一說成是「善」，但他卻告訴我們說，太一既先於「善」也先於「美」。④有時候太一看起來很像亞里斯多德的「神」；他告訴我們說神並不需要自己的派生物，並且也並不關心被創造的世界。太一是不可定義的；就這一點而論，則沉默無言要比無論什麼詞句都有著更多的眞理。

現在我們就來看第二者，這第二者普羅提諾稱之爲nous（心智）。我們很難找出一個英文字來表達nous。標準的字典翻譯是「心靈」，但是這並不能表示它的正確含義，特別是當這個字用之於宗教哲學的時候。假如我們說普羅提諾把心靈置於靈魂之上，那我們就會造成一種完全錯誤的印象了。普羅提諾的英譯者麥肯那（McKenna）用的是「理智—原則」，但這個字也還是不妥當的，而且也並沒有能提示它是適宜於宗教崇拜的一種對象。印澤教長用的是「精神」，這或許是最可取的一個字了。但是這個字卻漏掉了自從畢達哥拉斯以後一切希臘宗教哲學中都極重要的那種理智的成分。數學、觀念世界以及關於非感覺的事物的一切思想，對畢達哥拉斯、柏拉圖和普羅提諾來說，都具有著某種神聖的成分；它們構成了nous的活動，或者至少也是我們所能想像的最接近於nous的活動的東西。正是由於柏拉圖的宗教裡的這種理智的成

④《九章集》第五卷，第五篇，第十二章。

分，才使得基督教徒——最突出的是約翰福音的作者——把基督等同於Logos（道）。就這方面而論，則Logos應該譯作「理性」；這便使我們不能用「理性」這個字來譯nous了。我願意跟著印澤教長用「精神」這個字，但附有一個條件即nous具有著一種理智的含義，那是通常爲我們理解的「精神」所沒有的。但我將經常使用nous這個字而不加以翻譯。

普羅提諾告訴我們說，nous是太一的影子；它之所以產生是因爲太一在其自我追求之中必須有所見，這種見就是nous。這是一個很難理解的概念。普羅提諾說過，一個並不具有各個部分的「有」也可以認識其自身；在這種情形下，見者與被見者就是同一個東西。神是被柏拉圖類比作太陽而加以想像的，而在神裡面發光者與被照亮的東西就是同一個東西。按照這種類比來推論，則nous可以認爲是太一看見其自身時所依恃的光明。我們有可能認識到我們由於固執己見而已經忘記了的「神聖的心靈」。要想認識神聖的心靈，我們就必須趁著我們自己的靈魂最與神相似的時刻，來研究我們自己的靈魂：我們必須撇開我們的肉體，以及塑造肉體的那一部分靈魂，以及「具有欲望與衝動和種種類似的虛幻無用的感覺」；這時剩下來的就是神聖的理智的影子了。

「那些被神明所充滿、所鼓舞的人們至少具有著一種知識，即他們身中有著某些更偉大的東西，雖說他們並不知道那些東西是什麼；從推動著他們的運動裡以及他們所發出的言論裡，他們看到的並不是他們自身而是那推動著他們在運動的力量：因此當我們把握住純粹nous的時候，我們對至高無上者的關係也必定是處於同樣的狀態；我們知道內在的『神聖的心靈』，是它創造了『有』以及屬於『有』的其他一切：但是我們也知道還有另外的東西，知道它完全不屬於『有』，而是一種比我們所知道的有關『有』的一切要更加高貴得多的一種原則；要更加完滿得多，也更加偉大得多；它超乎於理智、心靈和感情之上；是它賦予了這些力量的，但絕不可把它和這些力量混爲一談。」⑤

這樣，當我們「被神明所充滿、所鼓舞」的時候，我們就不僅見到了nous，而且也見到了太一。當我們與神明這樣相接觸的時候，我們並不能以文字來推論或者以文字來表達這種所見；這些都是以後的事。「在與神明相接觸的那一瞬間，是沒有任何力量來做任何肯定的；那時候沒有工夫這樣做；根據所見來進行推理，乃是以後的事。我們只知道當『靈魂』突然之間被照亮了的時候，我們便具有了這種所見。這種光亮是從至高無上者那裡來的，這種光亮就是至高無上者；當他像另一個神那樣受到某一個人的呼籲而帶著光亮來臨的時候，我們就可以相信他在面前；光亮就是他來臨的證據。這樣，沒有被照亮的靈魂就始終沒有那種所見；但是一旦被照亮之後，靈魂便具有了它所追求的東西。而這就是擺在靈魂之前的眞正的目的：把握住那種光明，以致高無上者（而不是以任何其他原則的光明）來窺見至高無上者——窺見那個其自身同時也就是獲得這種所見的方法的至高無上者；因爲照亮了靈魂的正是靈魂所要窺見的，正猶如唯有憑藉著太陽自身的光明我們才能看到太陽一樣。」

然而這要怎樣才能成就呢？

「要摒棄萬事萬物。」⑥

⑤《九章集》第五卷，第三篇，第十四章。麥肯那英譯本。

⑥《九章集》第五卷，第三篇，第十七章。

「天人感通」（在一個人的體外）的經驗曾屢次地臨到過普羅提諾：

> 這曾發生過許多次：擺脫了自己的身體而升入於自我之中；這時其他一切都成了身外之物而只潛心於自我；於是我便窺見了一種神奇的美；這時候我便愈加確定與最崇高的境界合爲一體；體現最崇高的生命，與神明合而爲一；一旦達到了那種活動之後，我便安心於其中；理智之中凡是小於至高無上者的，無論是什麼我都凌越於其上：然而隨後出現了由理智活動下降到推理的時刻，經過了這一番在神明中的遨遊之後，我就問我自己，我此刻的下降是怎麼回事，靈魂是怎樣進入了我的身體之中的——靈魂即使是在身體之內，也表明了它自身是高尚的東西。⑦

這就把我們帶到了三位一體之中的第三個成員而且是最低下的成員，即靈魂。靈魂雖然低於nous，但它卻是一切生物的創造者；它創造了日、月、星辰以及整個可見的世界。它是「神智」的產物。它是雙重的：有一種專對nous的內在的靈魂，另有一種對外界的靈魂。後一種靈魂是和一種向下的運動連繫在一起的，在這種向下的運動裡「靈魂」便產生了它的影像——那便是自然以及感覺世界。斯多噶派曾把自然等同於神，但普羅提諾則把自然視爲是最低級的領域，是當靈魂忘卻了向上仰望nous時從它裡面流溢出來的某種東西。諾斯替派的觀點，即可見的世界是罪惡的，可能就是受了它的啓發，但是普羅提諾本人並沒有採取這種觀點。可見的世界是美麗的，並且是有福的精靈的住所；它的美好僅次於理智世界。在一篇論述諾斯替派見解

⑦ 同上書，第四卷，第八篇，第一章。

（即宇宙及其創造者是罪惡的）的非常有趣的爭論性文章裡，他承認諾斯替派的學說有些部分，例如：對物質的憎恨，是可以推源於柏拉圖的；但他認為凡是其他那些並非來自於柏拉圖的部分，都不是真的。

他對諾斯替主義的反駁有兩種。一方面，他說靈魂創造物質世界的時候，乃是由於對神明的記憶所使然，而並不是因為它墮落了的緣故；他認為感覺世界是美好得正如一個可感世界所可能的那樣。他強烈地感到，被感官所知覺的事物乃是美麗的：

凡是真正知覺到了理智世界的和諧的人，只要是有一點音樂感的話，誰能不感到可感的聲音之中的和諧呢？哪一位幾何學家或算學家能不欣賞我們在可見的事物中所觀察到的對稱、對應與秩序的原則呢？想一想繪畫的情形吧：凡是以肉體的感官看見了繪畫藝術的作品的人，絕不是以唯一的一種方式在看見這件東西的；他們從眼前被勾畫出來的事物裡面認識到了深藏在理念之中的事物的表現，因而深深地被感動，並這樣被喚起了對於真理的回憶——這正是「愛」所由以產生的經驗。如果卓越地再現於一個面容上的美的形象，能把心靈催向那另外的一個境域裡去；那麼凡是看見了這些在感覺世界中處處都在洋溢著的可愛形象的人——這種巨大的秩序井然，就連遙遠的星辰也都在體現著的這種形式——當然就不會有一個人是如此之冥頑不靈、如此之無動於衷，竟至於能不被這一切帶入到回想之境的，竟至於在想到從那種偉大之中所發出來的如此偉大的這一切時，而能不被敬畏之情所充滿了的。凡是不能領會這些的，就只能是既不曾探測過這個世界，也不曾對於另一個世界有過任何的所見。（同書，第二卷，第九篇，第十六章）

此外，反駁諾斯替派見解的還有另一種理由。諾斯替派認為，一切神明的東西都不與日、月、星辰相連繫；日、月、星辰乃是被一種罪惡的精靈所創造出來的。在一切可以知覺得到的事物之中，唯有人的靈魂是多少具有一些善的。但是普羅提諾則深信天體乃是與神明相似的某些生物的身體，並且無可比擬地要優越於人類。按照諾斯替派的說法，「他們宣稱他們自身的靈魂，即人類的最渺小的靈魂，乃是神明的、不朽的；但是整個的天體以及天上的星辰卻與『不朽原則』並沒有任何相通之處，儘管這些比起他們自己的靈魂來要更加純潔得多、可愛得多」（同書，第二卷，第九篇，第五章）。普羅提諾的觀點以〈蒂邁歐〉篇的權威為其依據，並且這種觀點曾被某些基督教的教父（例如歐利根）所採用。它對人們的想像是具有吸引力的；它表達了天體自然而然所激起的感情，並且使得人類在物理世界之中也並不那麼太孤零。

在普羅提諾的神祕主義裡，並沒有任何陰鬱的或者與美相敵對的東西。但他卻是許多世紀以來可以稱得上這一點的最後一位宗教教師。美，以及與之相連繫著的一切歡愉，後來就都被人認為是屬於魔鬼的了；異教徒和基督教徒都一樣地頌揚著醜與汙穢。羅馬皇帝叛教者朱利安，也像他同時的那些正統基督教的聖人一樣地以多鬚髯而自詡。這一切，在普羅提諾裡面是絲毫都找不到的。

物質是由靈魂創造出來的，物質並沒有獨立的實在性。每個靈魂都有其自己的時刻；時刻一到靈魂就下降並進入到適合於自己的肉體之內。但這一動力並不是理性，而是某種與性慾頗為類似的東西。當靈魂離開身體之後，如其靈魂有罪的話，便必須進入到另一個身體裡去，因為正義要求它必須受到懲罰。假如你今生謀害過你的母親，那麼到來生你就要變成一個婦人而被你的兒子所謀害（同書，第三卷，第二篇，第十三章）。罪惡必須受到懲罰；但懲罰乃是通過罪人犯錯誤的激動不安而自然進行的。

我們死後還記得今生嗎？對於這個問題的答案是十分合邏輯的，但並不是大多數近代神學家們所要說的。記憶只關係到我們在時間之中的生命，但我們最美好的、最眞實的生命卻是在永恆之中。因此，隨著靈魂之趨於永恆的生命，它便將記憶得愈來愈少；朋友、兒女、妻子都會逐漸地被遺忘；最後，對於這個世界的事物我們終將一無所知，而只是觀照著理智的領域。個人的記憶將不存在，個人在靜觀式的所見之中是不會察覺到自己的。靈魂將與nous合而爲一，而並不是其自身的毀滅：nous與個人的靈魂同時是二而一的（同書，第四卷，第四篇，第二章）。

在《九章集》第四卷論靈魂的篇章中，有一部分（第七篇）是專門討論靈魂不朽的。

身體既然是複合的，所以顯然不是不朽的；因此如果它是我們的一部分，我們便不是完全不朽的。但靈魂對身體是怎樣的關係呢？亞里斯多德（他的名字並沒有明白地提了出來）說，靈魂是身體的形式；但普羅提諾反對這種見解，理由是如果靈魂是身體的任何一種形式，則理智的行爲便會是不可能的了。斯多噶派認爲靈魂是物質的，但靈魂的統一性證明了這是不可能的。而且，既然物質是被動的，它就不能創造出它自己來；如果靈魂不曾創造出來物質的話，物質就不能存在，而如果靈魂並不存在的話，物質轉眼也就要消失。靈魂既不是物質也不是某種物體的形式，而是「本質」；而本質乃是永恆的。在柏拉圖關於靈魂不朽乃是因爲理念不朽的論證裡面已經隱然含有這種觀點了，但它只是到了普羅提諾的手裡才明顯起來的。

靈魂從高高在上的理智世界，又是怎樣進入身體之內的呢？答案是：通過嗜欲。嗜欲有時儘管是不高尚的，卻可以是比較高尚的。靈魂就其最好的方面而言，「具有一種要按照它在

『理智—原則』（nous）中所窺見的那種模型而整理出秩序來的願望」。那就是說，靈魂能觀照本質的內界領域，並且希望盡可能與之相似地產生出來某種可以從外部來看而不是從內部來看的東西——就像是（我們可以說）一個作曲家起初是想像著他的音樂，然後就希望聽到一支管弦樂隊把它演奏出來那樣。

但是靈魂的這種創造願望，卻有著不幸的結果。只要靈魂還生活在純粹的本質世界之中，它就不曾與生活在這同一個世界之中的其他靈魂分離開來；但是只要它一旦與一個身體結合在一起，它就有了要管理較自己爲低的事物的任務，而且由於有了這一任務它便與其他的靈魂分離開來，其他的靈魂也各有其他的身體。除了少數人在少數的時刻而外，靈魂總是束縛於身體的。「身體蒙蔽了眞理，但在『那裡』⑧則一切都是明白的而又分別著的」（同上書，第四卷，第九篇，第五章）。

這種學說，就像柏拉圖的學說一樣，要想避免掉創世就是錯誤的那種觀點是有困難的。靈魂在其最好的時候是滿足於nous，滿足於本體世界的；假如它永遠是處於最好的時候，它就不會去創造而只是靜觀罷了。創世的行爲所根據的藉口似乎是，被創造的世界大體上就是邏輯上可能的最好世界；但它是永恆世界的一個摹本，並且作爲一個摹本它具有著一個摹本所可能的

---

⑧ 普羅提諾習慣上就像一個基督徒那樣地使用著「那裡」一詞——例如他用之於：

不知道有終結的生命，

沒有眼淚的生命就在「那裡」。

美。〈論諾斯替派〉那一篇中（第二卷，第九篇，第八章）有著最明確的敘述：

若問靈魂爲什麼創造了宇宙，那就是在問爲什麼要有靈魂，創造主爲什麼要創造？這個問題也就蘊含著永恆要有一個開端，而且把創世看成是一個變化多端的「生命」由此而轉化爲彼的一種行爲。

凡是作這種想法的人——如果他們願意得到改正的話——都必須使之領會那「在上者」的性質，並且使之放棄他們那種輕易得來的對於莊嚴的權力的誹謗，因爲對那兒一切人都應該懷著尊敬的遲疑。

甚至於在整個宇宙的運行裡，也找不出來進行這種攻擊的理由，因爲整個宇宙的運行已經給「理智的本性」的偉大性提供了最明顯的證據。

呈現爲生命的這一宇宙「全體」並不是一種形體無常的組織——像它裡面的那些不分晝夜地由它那繁富的生命力裡所生出來的種種較小的形式那樣——整個宇宙是一個有組織的、有作用的、複雜的、無所不包的、顯示著深沉莫測的智慧的生命。那麼，任何人又怎麼能否認，它就是有理智的神明之明晰清楚而又形象美麗的影像呢？毫無疑問，它只是一個摹本而不是原本；但這就是它的本性；它不可能同時既是象徵而又是眞實。但若說它是一幅不確切的摹本，那就錯了；凡是一幅以物理秩序爲限的美麗畫面所能包羅在內的東西，都已經是絲毫無遺了。

這樣的一種複製品是必然要有的——儘管不是出於有意的謀劃——因爲「理智」絕不能是最後的東西而必須具有雙重的行爲，一重行爲是在它自身之內的，一重行爲是向外的；因而就必須還有某種東西是在神明以後的；因爲唯有那種一切威力都隨之而告結束的東西，才能不再把它自身的東西傳遞下去。

這或許是普羅提諾的原則對於諾斯替派所可能做出的最好的答覆了。這個問題又以略爲不同的語言而被基督教的神學家們繼承了下來；他們也發現了既要說明創世，而又不容許有那種創造主在創世之前是有著某種缺欠的大不敬的結論，是很困難的事。事實上，他們的困難要比普羅提諾的困難更大；因爲普羅提諾可以說「心靈」的性質使得創世成爲不可避免的，而對於基督教徒來說，則世界卻是上帝的自由意志之無拘無束的作用的結果。

普羅提諾對於某種抽象的美，有著一種異常鮮明的感受。在描寫理智的地位居於太一與靈魂的中間時，他突然迸發出來一段雄辯無比的話：

至高無上者在其進程中是絕不能乘任何沒有靈魂的車而前進的，甚至於也絕不能直接乘靈魂；它是以某種不可名狀的美爲其先導的：在偉大的王的行程前面最先走出來的是較小的行列，隨後出來的就一行比一行偉大，一行比一行高貴，愈接近於王也就愈富於王者氣象；再後便是他自己的尊榮的近侍，最後在這一切榮耀之中便驀然出現了至高無上的君主本人，於是一切的人——除了那些只看到在他來臨以前的景象，便心滿意足地走開了的人們而外——便都匍匐下來向他歡呼。（同上書，第五卷，第五篇，第三章）

還有〈論理智美〉的那一篇，也表現了同樣的一種感情（第五卷，第八篇）：

一切神確乎是莊嚴美麗的，美麗得不是我們的言詞所能表達的。是什麼使得他們如此呢？是理智；尤其是在他們（神聖的太陽與星辰）內部運行著的而又可以看得見的理智。……

「安逸的生活」也就在「那裡」；眞實性對於這些神明們既是母親又是保姆，既是生存又是撫養；凡是不屬於過程而屬於確實存在的東西他們都看得見，他們本身就在一切之中；因爲一切都是透明的，沒有什麼是黑暗的，沒有什麼是能阻礙的；每一個生存對於任何另一個生存都是通明透亮的，無論是在廣度上還是在深度上；光明是通過光明而進行的。他們每一個的自身之中都包含著一切，並且同時又在另外的每一個之中都見到了一切，所以處處都有一切，一切是一切而每一個又是一切，這種光榮是無限的。他們每一個都是偉大的；微小的也是偉大的；太陽在「那裡」是一切的星而每一座星又都是一切的星與太陽。每一種裡面都以某種存在方式爲主導，然而每一種又都彼此反照著一切。

除了世界因爲是一個摹本所以就不可避免地具有缺欠而外，普羅提諾和基督徒一樣地都以爲還有更積極的惡是由罪所產生的。罪乃是自由意志的一種後果，普羅提諾是主張自由意志而反對決定論者的，尤其是反對占星學家。他並不想全然否認占星學的有效性，但是他企圖給占星學限定一個範圍，從而使其餘的一切都可以適應於自由意志。他對於巫術也採取了同樣的辦法；他說聖賢是不受巫師的權力支配的。蒲爾斐利提到過，有一個與他作對的哲學家曾試圖以邪惡的詛咒加之於普羅提諾，但是由於普羅提諾的聖潔與智慧，詛咒就返回到對方自己的身上去了。蒲爾斐利以及所有普羅提諾的門人，都比普羅提諾本人更迷信得多。普羅提諾身上的迷信，已經是那個時代所可能最微少的了。

現在就讓我們試圖總結普羅提諾所教導的——就有系統的並且合於理智的基督教神學而論，這大體上也就是爲基督教的神學所接受的——學說的優點和缺點。

首先而且最主要的，便是普羅提諾信爲是理想與希望的安全避難所的那種結構，而且其中還包含有道德的與理智的努力。在西元三世紀以及野蠻人入侵以後的若干世紀中，西方文明差不多已淪於全部毀滅了。幸運的是，雖然神學幾乎是當時所僅存的精神活動，但人們所接受的體系卻並不純粹是迷信的，而是保存下來了——儘管有時候是深深隱蔽著的——各種學說，那些學說裡面包含有大量的希臘的理智的作品以及大量的爲斯多噶派與新柏拉圖主義者所共有的那種道德的熱忱。這就使得經院哲學的興起，以及後來隨文藝復興開始而重新研究柏拉圖從而及於其他的古人著作時所得到的那種刺激，成爲可能。

另一方面，普羅提諾的哲學所具有的缺點則是只鼓勵人去觀看內心而不去觀看外界：當我們觀看內心時，我們看到的便是神明的nous；而當我們觀看外界時，我們看到的便是可感覺的世界的種種缺陷。這種主觀性傾向是一個逐漸成長的過程；我們在普羅泰戈拉、蘇格拉底和柏拉圖的學說中以及在斯多噶派和伊比鳩魯派的學說中，都可以發現它。可是起初，它僅只是學說而不是氣質；在很長的一個時期裡，它並未能扼殺科學的好奇心。我們看到波昔東尼約在西元前一〇〇年左右，爲了要研究潮汐，曾經怎樣地走遍了西班牙和非洲的大西洋沿岸。然而主觀主義卻逐漸地侵淩了人們的感情以及他們的學說。人們不再研究科學了，唯有德行才被認爲是重要的。柏拉圖所思索的德行，是包括了當時在精神成就方面所可能有的一切都在內的；但是在以後的若干世紀裡，人們卻日益把德行認爲僅僅是包括有德的意志，而不是一種想要理解物理世界或改進人類制度的世界的願望了。基督教在它的倫理學說方面也沒有能避免這種缺點；儘管實踐上對於傳播基督教信仰的重要性的信心，曾賦予了道德活動以一種實踐的對象，使道德活動已經不復限於是自我的完美化了。

普羅提諾既是一個終結又是一個開端——就希臘人而言是一個終結，就基督教世界而言則是一個開端。對於被幾百年的失望所困擾、被絕望所折磨的古代世界，普羅提諾的學說也許是可以接受的，然而卻不是令人鼓舞的。但對於粗鄙的、有著過剩的精力而需要加以約束和指導但不是加以刺激的野蠻人的世界來說，則凡是普羅提諾教導中能夠引人深入的東西都是有益的，因爲這時候應該加以制止的壞東西已經不是委靡而是粗暴了。把他的哲學中可以保存的東西流傳下來的這項工作，是由羅馬末期的基督教哲學家們來完成的。

卷二　天主教哲學

導言

天主教哲學，就我使用這一名詞時所含的意義而言，是指由奧古斯丁到文藝復興時期爲止支配著歐洲思想的哲學。在這十個世紀期間的前後，曾經有過屬於這同一總的學派的哲學家。在奧古斯丁以前，有過早期的教父，其中突出的是歐利根；文藝復興以後則有許多哲學家，包括現在墨守某種中世紀體系，特別是湯瑪斯・阿奎那體系的所有正統天主教的哲學教師。然而只有在奧古斯丁至文藝復興期間的最偉大的哲學家，才與建立並完成天主教思想的綜合體系有關。在奧古斯丁以前的基督教世紀裡，斯多噶學派和新柏拉圖主義者在哲學的才能方面使教父們相形見絀；文藝復興以後，甚至在正統天主教教徒當中，也沒有一個卓越的哲學家來繼承經院學派或奧古斯丁的傳統。

我們在本書中將要涉及的這一時期，不僅在哲學方面；即在其他方面也和其前後的各個時代有所不同。其中最顯著的一項，就是教會的權力。在中世紀期間，即大約自西元四〇〇年起到西元一四〇〇年爲止，教會使哲學信念與社會的、政治的事務較前後時期結成更爲密切的連繫。教會是一個建立在一種教義上的社會組織，這種教義一部分是哲學的，另一部分則與聖史①有關。教會藉著教義獲得了權力和財富。世俗的統治者雖然往往和教會發生衝突，但他們

① 原文為sacred history，指聖經中所記述的歷史。——譯者

卻失敗了，因爲大多數人，其中包括世俗統治者本身的絕大部分都深信天主教的眞理。當時教會必須和羅馬與日耳曼的傳統作鬥爭。羅馬的傳統在義大利是根深柢固的，特別在法律家當中；日耳曼的傳統則在蠻族入侵後興起的封建貴族中最爲得勢。然而經過了數世紀之久，這些傳統卻沒有一個顯示出足夠的力量來向教會進行一次成功的反抗；其主要原因在於這些傳統並沒有在任何適當的哲學中體現出來。

像我們當前所闡述的思想史，當論及中世紀的時候，是無法避免片面性的。除了極少數的例外，這一時期裡對當代精神生活有所貢獻的人都是些僧侶。中世紀的世俗中人建立一種強有力的政治經濟制度的過程相當緩慢，然而他們的活動在某種意義上卻是盲目的。在中世紀後期，產生了一種與教會文學迥乎不同的重要世俗文學；這種文學在一部通史中比在哲學思想史中需要加以更多的考察。在但丁以前，我們還未發現一個充分具有當代宗教哲學知識的世俗人從事寫作。一直到西元十四世紀爲止，教士們名副其實地壟斷了哲學，所以哲學是從教會的立場寫出來的。因此，我們若不先就教會制度的成長，尤其是教皇制的成長，作一比較廣泛的敘述，那麼我們就勢將無法理解中世紀思想。

中世世界與古代世界對比之下，是具有不同形式的二元對立的特徵的。有僧侶與世俗人的二元對立，拉丁與條頓的二元對立，天國與地上王國的二元對立，靈魂與肉體的二元對立等等。所有這一切都可以在教皇與皇帝的二元對立中表現出來。拉丁與條頓的二元對立是蠻族入侵的結果，其他的二元對立則有較爲悠久的來源。中世紀僧俗的關係可以以撒母耳與掃羅的關係爲範例；在阿利烏斯教派或半阿利烏斯教派帝王統治的時期裡產生了僧侶至上的要求。天國與地上王國之間的二元對立見於新約全書，但在聖奧古斯丁的著作《上帝之城》（*City of*

God）一書中系統化了。在柏拉圖的著作中可以找到靈魂與肉體的二元對立，這一理論曾被新柏拉圖主義者所強調；它不但在聖保羅的說教中占重要的地位，而且還支配了西元四世紀和五世紀的基督教禁慾主義。

天主教哲學被黑暗時代劃分爲兩個時期，在這個時代裡西歐的精神活動幾乎絕跡。自從君士坦丁改宗到鮑依修斯逝世爲止，無論作爲一個事實，或作爲不久以前的一項回憶，羅馬帝國依然支配著基督教哲學家的思想。蠻族在這一時期裡，僅僅被認爲是一種討厭的東西，而不被看作基督教世界中的一個獨立部分。這時仍然存在著一個文明社會，其中富有者人人都能讀書寫字，因此一個哲學家除了必須投合僧侶的心意，還必須投合俗人的心意。在這個時期與黑暗時代之間，即在西元六世紀末葉，出現了大格雷高里，他雖然把自己當作拜占庭皇帝的臣下，但在對待蠻族國王的態度上卻非常倨傲。在他以後，在整個西方基督教世界中，僧俗間的分離越發顯著了。世俗貴族創造了封建制度，這種制度稍微穩定了當代的荒亂局面；僧侶們宣揚基督教的謙卑，但只有下層階級的人將其付諸實踐；異教的驕傲體現在決鬥、透過戰鬥進行裁判、比武以及個人報仇等方面，所有這一切雖爲教會所憎惡，但卻無法防止。自西元十一世紀起，教會才千辛萬苦地從封建貴族制中獲得解放。而這一解放也正是歐洲擺脫黑暗時代的原因之一。

天主教哲學最初的偉大階段由聖奧古斯丁占統治地位，但在異教徒當中則由柏拉圖占統治地位。第二階段以聖湯瑪斯・阿奎那爲高峰，對他和他的繼承者來說亞里斯多德的重要性遠遠超過了柏拉圖。然而，《上帝之城》中的二元論卻完整地延續下來。羅馬教會代表天城，而哲學家們在政治上則是維護教會的利益的。哲學所關心的是保衛信仰，並藉助理性來和伊斯蘭教徒這樣一些不相信基督教啓示的確實性的人展開爭辯。哲學家們藉助理性去反擊批評，不僅是以神學家的身分，而且是以旨在吸引任何教義信奉者的思想體系的發明家的身分。歸根結底，訴諸理性也許是一種錯誤，然而在西元十三世紀時，這卻似乎是卓有成效的。

西元十三世紀這個似乎具有完備規模的綜合思想體系被許多不同的原因破壞了。其中最重要的一項恐怕是富商階級的成長，最初是在義大利，而後在其他地方。當時的封建貴族大多是無知的、愚蠢的和野蠻的；一般人民則傾向於羅馬教會，以爲教會在智慧上、道德上以及在與無政府狀態作鬥爭的能力上是超過了貴族的。然而新興的商人階級卻和僧侶們一樣聰慧，一樣通曉世俗事務，他們更能與貴族們分庭抗禮，作爲公民自由的鬥士更受到城市下層階級的歡迎。民主風氣躍居顯著的地位，在協助教皇擊敗了皇帝之後，便著手把經濟生活從教會的束縛下解脫出來。

中世紀時期結束的另一原因是法蘭西、英格蘭、西班牙等強大的民族君主國家的興起。當國王們平定了國內的無政府狀態，並聯合富商抗擊了貴族之後，他們自西元十五世紀中葉起，已經有了足夠的力量爲了民族的利益，與教皇相抗衡。

當時教皇已經失去了其一向享有的，並在西元十一世紀、十二世紀和十三世紀中大體上應得的道德威望。首先由於當教皇們住在亞維農的時候，他們屈從於法蘭西，其次由於大分裂，他們曾無意識地使西歐世界相信，一種不加限制的教皇專制不但不可能，而且也不值得嚮往。在西元十五世紀裡，教皇被捲入了義大利權力政治的混亂無恥的角逐場中，他們作爲基督教世界統治者教皇的地位實際上已經淪落爲義大利諸侯的地位了。

文藝復興和宗教改革瓦解了中世紀的綜合思想體系。在這以後，還沒有過這樣清晰、這樣顯然完整的東西。這種綜合思想體系的成長和衰落便是本書第二卷的主題。

整個中世紀，富有思想的人的心情對於有關現世的事物總是深感不幸的，其所以能夠忍受這些事，只是由於他們期待著一個較好的來世。這種不幸正是整個西歐所發生的事情的反映。西元三世紀是一個多難的時期，那時人民的生活水準大大地降低了。在西元四世紀暫時的平靜以後，西元五世紀帶來了西羅馬帝國的滅亡和在其原來畛域內的諸蠻族的興起。過去羅馬文化所仰賴的有文化的城市富人，大部分淪爲貧困的流亡者；其餘的人則開始依賴其農村的地產過活。新的打擊一直延續到大約西元一〇〇〇年時爲止。其間未曾有任何充分恢復生息的瞬間。拜占庭人和倫巴底人間多次的戰爭把義大利殘存文明的大部分毀滅了。阿拉伯人征服了東羅馬帝國大部分領土，他們定居於非洲和西班牙，威脅過法蘭西，甚至有一次竟劫掠了羅馬。丹麥人和諾曼人蹂躪了法蘭西、英格蘭、西西里和義大利南部。在這些世紀裡，生活是不安定的和充滿了苦難的。現實生活已經夠壞了，而陰鬱的迷信卻越發使它變本加厲。人們想：大多數人就連基督教徒也要墜入地獄。人們時時感到自己被惡魔所包圍，並且容易遭受魔法師和女巫的暗算。除了在處於幸運時刻的那些還保留著像兒童那樣無思無慮的人們以外，誰也感不到人生的樂趣。這種普遍的不幸增強了人們對宗教的感情。地上善人的一生只是奔向天國的旅程；除了最後引人進入永福（eternal bliss）的堅貞的德行以外，塵世間就不可能有什麼有價值的東西。希臘人，在他們的偉大的時代裡，曾經在日常生活上發現了喜樂與美。恩培多克勒歡呼他的同市市民說：「朋友們，你們居住在這俯瞰阿克拉加斯黃色岩石、高高地依傍城堡的大城裡，忙於美好的工作；你們的城市是異邦人的光榮的庇護所；你們不善於做卑鄙的事情，我向你們致敬！」以後一直到文藝復興爲止，人們在現世裡從未有過這樣單純的幸福，而是把希望寄託在看不見的來世上。對於阿克拉加斯的景慕被金城耶路撒冷代替了。當地上幸福終於再臨的時候，渴望來世的殷切才逐漸地減弱了。儘管人們還使用著同樣的語言但卻缺乏那種深切的感情了。

爲了明瞭天主教哲學的起源和意義，我以爲有必要用較敘述古代或近代哲學更多的篇幅來敘述一般歷史。天主教哲學本質上是一個社會組織的哲學，亦即天主教教會的哲學；近代哲學，儘管遠離了正統教義，但它很大一部分卻關係到由基督教道德律觀點和由天主教政教關係原理得來的一些問題，特別是在有關倫理學和政治理論方面。在希臘羅馬異教主義中，從來沒有像基督徒那樣，從一開始即須對上帝和凱撒，或用政治的名詞來說，對於國家和教會應盡的雙重忠誠。

這種雙重忠誠所引起的大部分問題，在哲學家們提出必要的學說之前早已在實踐中獲得了解決。在這一過程中有兩個很明顯的階段：一在西羅馬帝國滅亡以前，一在西羅馬帝國滅亡以後。以聖安布洛斯達於頂點的一系列主教們的實踐經驗，爲聖奧古斯丁的政治哲學提供了基礎。以後便開始了蠻族的入侵，隨之就是長期的混亂和日益增長的愚昧。在從鮑依修斯到聖安瑟勒姆這五個多世紀的期間裡，只有一位卓越的哲學家約翰・司各脫，由於他是一個愛爾蘭人，曾大致避過了那些塑造西歐其餘地區的種種過程。這時期雖然沒有哲學家，但卻不是一個沒有思想發展的時期。混沌引起了一些迫切的實際問題，這些問題是藉著在經院哲學裡占主要地位的一些制度和思想方式來處理的，這些制度和思想方式就在今天，在很大程度上，也還是很重要的。它們並非藉著理論家，而是藉著在緊迫鬥爭中的一些實踐家提出來的。在西元十一世紀裡，作爲經院哲學前奏的羅馬教會的道德革新是對於把教會逐漸併入封建制度裡去的一種反抗。爲了理解經院學派，我們必須先理解希勒得布蘭得，爲了理解希勒得布蘭得，我們必須理解他所抨擊的一些罪惡。同時我們不能漠視神聖羅馬帝國的創立以及它給予歐洲思想的影響。

由於這些原因，讀者在以下章節裡將要觸及較多的教會史和政治史，也許這些歷史與哲學思想發展的關係不是那麼直接明顯。由於我們所涉及的這一段時期是模糊的，對通曉古代和現代史的人們是陌生的，所以就更有必要敘述一番有關這一時期的歷史。很少專業哲學家能像聖安布洛斯、查理曼，希勒得布蘭得那樣，對哲學思想給予偌大的影響。因此在適當處理當前課題的同時，敘述一番有關這些人物以及其時代的重要事實乃是不可缺少的。

第一篇　教父

第一章 猶太人的宗教發展

後期羅馬帝國傳給蠻族的基督教包括三種要素：一，哲學的一些信念，主要是來自柏拉圖和新柏拉圖主義者，但在部分上也來自斯多噶學派；二，來自猶太人的道德和歷史的概念；三，某些學說，特別是關於救世的學說，它們在部分上雖然可以追溯到奧菲斯教（Orphism）和近東的一些類似的教派，但他們在基督教裡大致上卻是新東西。

我認爲在基督教裡最重要的猶太要素有以下幾點：

1. 一部聖史，從上帝創造萬物起一直敘述到未來的結局，並向人類顯明上帝的作爲都是公義的。

2. 有一部分爲上帝所特別寵愛的人。對猶太人來說，這部分人就是上帝的選民；對基督徒來說則是蒙揀選的人。

3. 關於「公義」的一種新的概念。例如：施捨的美德便是基督教從後期猶太教裡繼承過來的。對於洗禮所賦予的重要性可能來自奧菲斯教或東方異教的一些神祕的教派。但作爲基督教美德概念中的一個要素的實踐性的慈善則似乎起源於猶太人。

4. 律法。基督徒們保全了一部分希伯來的律法，例如：十誡，但除去了有關典禮與儀式的部分。然而在實踐中他們卻大致以猶太人給予律法那樣的感情來對待使徒信條。這就意味著正確的信仰至少和道德的行爲占同等重要的地位，這種學說本質上是出自希臘的。但是選民的排他性則起源於猶太民族。

5. 彌賽亞。猶太人相信彌賽亞會給他們帶來現世的繁榮和幫助他們戰勝地上的敵人；他們尤其相信他出現在未來。基督徒認爲彌賽亞是歷史上的耶穌，而耶穌又被認爲是希臘哲學中的道（Logos）①；然而彌賽亞使其信徒戰勝敵人的地方卻是在天國，而不是在地上。

6. 天國。來世在某種意義上，是猶太人、基督徒和後期柏拉圖主義者們所共有的概念。然而這個概念在猶太人和基督徒當中比在希臘哲學家那裡，採取了更爲具體的形式。在許多基督教哲學中，而不是在通俗的基督教中，所見到的希臘學說認爲——空間與時間中的感性世界是一個幻覺，一個人只有透過精神與道德的訓練，才能學著生活在唯一眞實的永恆世界裡。另一方面，猶太教和基督教的教義，則認爲來世不是形而上學地區別於現世，而是在未來有所區別，那時善人將要享受永恆的喜樂，而惡人將要遭受永劫的痛苦。這種信念具體表現了爲人人所能理解的復仇心理，然而希臘哲學家的學說卻不是這樣的。

爲了理解上述這些信念的起源，我們必須考慮到猶太歷史中的一些事實，現在我們就要著重敘述這方面的問題。

以色列民族先期的歷史是不能從舊約全書以外的任何來源得以證實的，同時我們也無從知道從何時起它才不再是純粹的傳說。我們不妨認爲大衛和所羅門是兩個確曾有過的國王。在我們所觸及的一些確屬歷史事實的最早記述中，已經有了以色列和猶大兩個王國。在舊約全書

① Logos或譯為邏各斯，基督教聖經中譯為「道」，詳見約翰福音第一章第一節。——譯者

裡所敘述的人物中最初有獨立記載的人是以色列的國王亞哈。在一篇西元前八五三年亞述人的信裡曾提及過他。亞述人終於在西元前七二二年征服了北部王國②，並擄去了大部分居民。此後猶大王國獨自保存了以色列的宗教和傳統。巴比倫人和米底人於西元前六〇六年攻陷了尼尼微，亞述國從此滅亡，但猶大王國於亞述滅亡後卻繼續維持了一個短時期。西元前五八六年尼布甲尼撒攻陷了耶路撒冷，毀壞了聖殿，將大部分百姓擄到巴比倫。巴比倫於西元前五三八年被米底人和波斯人的王居魯士③滅亡了。居魯士王於西元前五三七年發出一道命令准許猶太人返回巴勒斯坦。在尼希米和以斯拉的領導下許多人回到巴勒斯坦，他們重建了聖殿，於是猶太正教便開始定型化了。

在被擄的時期，以及在這一時期的前後，猶太教經歷了一番極其重要的發展。從宗教觀點上來看，以色列人和其周圍的部落之間，最初似乎沒有很大差別。亞威（Yahweh）④當初只是一個鍾愛以色列子孫的部落神，但是無可否認此外還有別的神，同時對這些神的崇拜也是習以爲常的。十誡第一條中說：「除我之外，你不可有別的神」說明這是被擄到巴比倫不久以前的一次革新。這一點已經被早期先知們的各種經文所證實。這個時代的先知們首先教訓人們說崇拜異教的神便是罪。他們宣稱爲了在當時不斷的戰爭中獲得勝利，亞威的恩惠是不可缺少

---

② 此處之北部王國，指以色列王國。——譯者

③ 聖經上譯為古列。——中譯本編者

④ 亞威按即《舊約》中之耶和華，近代語言學家認為將上帝稱為亞威時更近於希伯來語語音。——譯者

的；如果他們同時也敬拜別的神，亞威即將撤銷他的恩寵。尤其是耶利米和以西結，他們似曾發明了一種想法認爲除了唯一的宗教以外，其餘的一切宗教都是僞教，同時主（the Lord）⑤是要懲罰偶像崇拜的。

以下的引證可以說明他們的訓誡，以及爲他們所反對的盛行於當代的異教崇拜。「他們在猶大城邑中和耶路撒冷街上所行的，你沒有看見麼？孩子揀柴，父親燒火，婦女揉麵糰做餅獻給天后『伊絲塔（Ishtar）』，又向別神澆奠祭，惹我發怒。」⑥主爲此而發怒。「他們在欣嫩子谷建築陀斐特的丘壇，好在火中焚燒自己的兒女。這並不是我所吩咐的，也不是我心所起的意。」⑦

在《耶利米書》（*Jeremiah*）中有一段很有趣的記載，其中敘述：耶利米責難在埃及的猶太人敬拜偶像。他曾親自和他們在一起生活過一個時期。這位先知告訴流亡在埃及的猶太人說，亞威因爲他們的妻子向其他神祇焚香，要毀滅他們所有的人。但是他們都不聽從他，他們說：「我們定要成就我們口中所說出的一切話，向天后燒香，澆奠祭，按著我們與我們列祖、君王、首領、在猶大的城邑中和耶路撒冷街市上，素常所行的一樣。因爲那時我們吃飽飯，享

---

⑤ 主，原文大寫，指上帝。——譯者

⑥ 《耶利米書》（*Jeremiah*），第七章，第十七—十八節。

⑦ 同上書，第七章，第三十一節。

福樂，並不見災禍。」⑧但是耶利米卻向他們確言，亞威已經注意到這些偶像崇拜，並因此曾經降禍給他們。「耶和華說，我指著我的大名起誓，在埃及全地，我的名不再被猶太一個人的口稱呼……我向他們留意降禍不賜福，在埃及地的一切猶太人必因刀劍饑荒所滅，直到滅盡。」⑨

以西結同樣被猶太人的偶像崇拜所震駭。主在一個異象中把在聖殿北門處爲塔模斯（Tammuz，巴比倫的神）哭泣的婦女顯示給他；然後主又將那些更可憎惡的事顯示給他看。在聖殿門口的二十五個人正在敬拜太陽。主於是宣布：「因此，我也要以憤怒行事，我眼必不顧惜，也不可憐他們，他們雖向我耳中大聲呼求，我還是不聽。」⑩

認爲除了一種宗教以外一切宗教都是邪惡的，以及認爲主將懲罰偶像崇拜的這種想法，顯然是爲這些先知所創始。一般說來，先知都是極端民族主義的；他們期待著主澈底毀滅外邦人的那一日的到來。

以色列人的被擄曾被用來證實先知斥責的正確。假如亞威是全能的，而猶太人是他所揀選的人，那麼他們所受的苦，只能說是由於他們的邪惡。這是一種父親管教孩子的心理，也就是說，猶太人必須通過懲戒才能得到淨化。在這種想法的影響下，猶太人在流亡期間發展了一種

---

⑧ 同上書，第四十四章，第十七節。——譯者

⑨《耶利米書》，第四十四章，第十一節—末節。

⑩《以西結書》（*Ezekiel*），第八章，第十一節—末節。

比獨立時更爲嚴格、更爲排斥異民族的正統教義。那些留在後方未經遷移到巴比倫的猶太人並沒有經歷到同樣程度的發展。當以斯拉和尼希米在被擄以後重返耶路撒冷的時候，他們發現雜婚已經相當普遍，並爲此感到驚訝，於是他們便把這樣的婚姻都解除了。⑪

猶太人與其他古代民族突出不同之點是他們的頑強的民族自尊心。其他民族，在一旦遭受征服後，都曾表裡一致地屈服於戰勝者。只有猶太人保持了他們那種唯我獨尊的信仰，並確信他們的不幸是由於上帝的憤怒，因爲他們沒能保持住信仰與教義的純潔。舊約中有關歷史的各篇，大部分是在被擄後編輯的，它們容易給人一種錯誤的印象。因爲它們暗示爲先知所反對的偶像崇拜是背離了先前謹嚴的風尚。然而在實際上卻從來沒有過這樣謹嚴的風尚。先知在更大程度上是些革新家，這和我們以非歷史的眼光讀聖經時所了解的有所不同。

在被擄期間，發展了一些以後成爲猶太教特徵的事情。但其中有一部分卻來自先前已有的根源。由於舉行祭奠的唯一的聖殿被毀，猶太教的儀式乃被迫變得沒有祭品了。在這一時期裡創始了猶太人會堂，他們在這裡朗誦當時已有的部分聖經。從這時起強調了安息日的重要性，和開始重視作爲猶太人標誌的割禮。按我們所知與外邦人聯婚也是在流亡期間開始被禁止的。各式各樣的排他性有了增長。「我是耶和華你們的上帝，使你們與萬民有分別的。」⑫「你們要聖潔，因爲我耶和華你們的上帝是聖潔的。」⑬律法是這一時期的產物。它是維持民族統一

⑪《以斯拉記》（*Ezra*），第九章—第十章第五節。
⑫《利未記》（*Leviticus*），第二十章，第二十四節。
⑬ 同上書，第十九章，第二節。

的一種主要的力量。

我們稱爲《以賽亞書》（*Isaiah*）的是兩位不同先知的著作，一個在被擄之前，一個在被擄之後。二者之中的後者，也就是被聖經研究者稱爲第二以賽亞的，是先知中最卓越的一位。他最先報告給我們主曾經說過：「除我以外，再沒有眞神。」他相信肉身死後可以復活，這也許是由於受到波斯人影響的結果。他的關於彌賽亞的預言，在後世竟成爲用來證明先知們預見了基督降臨的主要舊約經文之一。

在基督徒對外邦人和猶太人的辯論中，第二以賽亞所寫的這些經文曾起過極其重要的作用；因此我要引用其中最重要的幾段於下。萬民終必皈依：「他們要將刀打成犁頭，把槍打成鐮刀；這國不舉刀攻擊那國，他們不再學習戰事。」（《以賽亞書》第二章第四節）「必要有童女懷孕生子，給他起名叫以馬內利。」[14]（就此處經文而論，猶太人與基督徒之間曾經有過爭論；猶太人說正確的譯文是「一個少婦將要懷孕」，但基督徒以爲猶太人是在說謊。）「在黑暗中行走的百姓看見了大光；住在死陰之地的人有光照耀他們……因有一嬰孩爲我們而生，有一子賜給我們，政權必擔在他的肩頭上，他名稱爲奇妙、策士、全能的神、永在的父、和平的君。」[15]最明顯地具有預言性的是第五十三章，其中含有我們所熟悉的經文：「他被藐視，被人厭棄，多受痛苦，常經憂患。……他誠然擔當我們的憂患，背負我們的痛苦……哪知他爲

---

⑭《以賽亞書》（*Isaiah*），第七章，第十四節。

⑮同上書，第九章，第二節，第六節。

我們的過犯受害，爲我們的罪孽壓傷：因他受的刑罰我們得平安；因他受鞭傷我們得醫治……他被欺壓，在受苦的時候卻不開口：他像羊羔被牽到宰殺之地，又像羊在剪毛的人手下無聲，他也是這樣不開口。」在最後的救贖中明確地包括了外邦人：「萬國要來就你的光，君王要來就你發現的光輝。」⑯

以斯拉和尼希米死後，猶太人暫時不見於史乘了。猶太人的國家作爲一個神權國家殘存著，然而它的畛域卻非常狹小——根據比萬⑰所述，只有耶路撒冷四周十至十五英里的地方。亞歷山大死後，這個區域變成托勒密王朝和塞琉西王朝間互相爭奪的地區。然而在實際的猶太人疆土上卻很少進行過戰爭，於是猶太人便得以長期自由地信守他們的宗教。

他們在這一時期裡的道德律都記述在《智慧書》⑱裡，該書可能寫成於西元前二〇〇年左右。一直到最近，這本書只有希臘文的版本爲世所知；這便是它被斥入《僞經》（*Apocrypha*）的緣故。但是最近卻發現了一部希伯來文的稿本，這部稿本在某些地方與英文譯的希臘文版本《僞經》有些不同。書中所講的道德是很世俗的。鄰舍間的聲譽受到非常的重視。誠實乃是最上的策略，因爲這樣做可以招來亞威的袒護，而這是大有益處的，書中也建議人要施捨。希臘影響唯一的標誌乃是對醫藥的讚美。

---

⑯《以賽亞書》，第六十章，第三節。

⑰《大祭司治下的耶路撒冷》（*Jerusalem under the High Priests*），第一二頁。

⑱原文為：Ecclesiasticus。——譯者

對待奴隸不可太仁慈。「草料、棍棒和重擔是爲了驢子；麵包、懲罰和工作是爲了僕役……給他適當的工作去做：要是他不順從，那麼就放上更重的枷鎖。」（第二十三章，第二十四、二十八節）同時，你要記得你曾爲他付過一筆代價，要是他逃走，你這筆錢就要丟掉了；這就爲有利的嚴酷立下一道界限（同上書，第三十、三十一節）。女兒是憂患的大根源；顯然在作者的時代裡，她們是熱衷於淫亂的（第四十二章，第九—十一節）。該書的作者是鄙視婦女的：「蠹蟲生自衣服，邪惡來自婦女。」（同上書，第十三節）對你的孩子們和顏悅色是一種錯誤，適當的辦法是：「叫他們從幼年起就低下頭來。」（第七章，第二十三、二十四節）

總而言之，這人像老伽圖一樣，代表一種看來極不光彩的善良商人的道德。

這種寧靜舒適而又自命正直的生活，終於被決心把其全部國土化爲希臘方式的塞琉西王朝，安提阿古四世粗暴地中斷了。西元前一七五年他在耶路撒冷建立了一座體育場，教育青年頭戴希臘式的帽子，練習各種運動。在這件事上他得到了一個他任命爲大祭司的希臘化猶太人，雅森的協助。僧侶貴族階級早已對教規鬆懈起來，並且感受了希臘文明的吸引力；但是他們卻遭到一個叫作「哈西第姆」（Hasidim，意味「神聖」）黨的強烈反對，這個黨在農民中占有很大勢力。⑲西元前一七〇年，當安提阿古被捲入對埃及的戰爭時，猶太人叛變了。於是

⑲ 愛西尼教派，可能是從他們中間發展出來的，這一教派似曾影響過原始基督教。參考，歐伊斯特雷（Oesterley）和羅賓遜（Robinson）合著的《以色列史》（*Oesterley and Robinson History of Israel*），第二卷，第三二三頁以下。法利賽人也是這些人的後裔。

安提阿古從聖殿中搬走了聖器並在其中安置了神像。他仿照其他各地已經試驗成功的辦法，宣布亞威和宙斯爲一體。⑳他決心根絕猶太教，廢除割禮和廢止有關食物的戒律。耶路撒冷的居民都屈從了，但是耶路撒冷城外的猶太人卻進行了極端頑強的抵抗。

這一時期的歷史見於《馬喀比一書》（*I Maccabees*）。該書第一章敘述安提阿古如何通令其國內所有居民應結爲一體，並廢止他們個別的法律。所有異教徒都遵從了這道命令。儘管國王命令廢止安息日，用豬肉獻祭，和禁止男孩受割禮，許多以色列人也都遵從了。凡不遵從命令的人都要被處以極刑。但仍有許多人違抗。「他們把一些讓自己男孩行割禮的婦女處以死刑。勒死了那些男孩，掠奪了他們的家產，並殺掉了給男孩們行割禮的人。即便這樣，許多以色列人仍然十分堅決地拒絕食用任何不潔之物。他們寧死也不願爲肉類所玷汙，不願褻瀆聖約；於是他們就這樣死去了。」㉑

就在這時，猶太人廣泛地信仰了靈魂不死的教義。人們認爲道德會在今世得到報應：但最有德行的人所遭遇的迫害，卻證明事實並不如此。因此爲了捍衛神的公義，有必要相信來世的賞罰。這種教義並未能爲猶太人普遍承認；基督在世的時候，撒都該人仍舊否認過這種教義。不過在那時他們只占少數，以後，所有的猶太人都相信了靈魂不死。

---

⑳ 有些亞歷山大里亞的猶太人並未反對這種說法。參看《亞里士提阿斯書簡》（*Letters of Aristeas*）十五，十六。

㉑ 《馬喀比一書》（*I Maccabees*），第一章，第六十—六十三節。

領導背叛安提阿古王的是一個幹練的軍事將領猶大・馬喀比。他首先收復了耶路撒冷（西元前一六四年），然後便開始進行攻擊。他時而屠殺敵方所有的男子，時而強制給他們施行割禮。他的兄弟約拿單被任命爲大祭司，帶著守備軍駐守耶路撒冷；他征服了撒馬利亞的一部分，並攻取了約帕和阿克拉。他同羅馬進行了談判，並順利地獲得了完全的自治權。到希律王時爲止，他的家族世襲大祭司的職位，被人稱爲哈斯模尼亞王朝。

這時期的猶太人在忍受和反抗迫害時表現了無限的英勇，雖然他們所維護的事並不使我們覺得特別重要，例如：行割禮和不吃豬肉等。

安提阿古四世的迫害期是猶太史中具有決定性意義的時期。這時流亡各處的猶太人日趨於希臘化；在猶太的猶太人爲數不多，並且在他們中間，一些有財有勢的猶太人也都趨向於默認希臘式的變革。倘若沒有哈西第姆黨人的英勇反抗，猶太教可能早已滅絕。如果這樣，無論基督教或伊斯蘭教都將無法以其所曾採取的形式而存在。湯森德在他的馬喀比第四書的譯序中說：

「人們說得好，假如猶太教作爲一個宗教，在安提阿古統治下爲人滅絕，那麼基督教所由滋生的種床就沒有了；所以拯救了猶太教的馬喀比家殉道者所流的血終於成了教會的種子。因爲基督教和伊斯蘭教的一神教教義都出自猶太教的源泉。所以我們可以說今天在世界上，不論東方或西方，一神教的存在實有賴於馬喀比一

家。」㉒

雖然如此，馬喀比家的人們並不爲以後的猶太人所崇敬，因爲他們那些當大祭司的族人，在有了成就以後，竟採取了一種世俗的妥協政策。只有那些殉道者才受到人們的敬仰。大約在基督時代寫於亞歷山大里亞的馬喀比第四書敘述了這事以及其他一些軼事。書的標題儘管用了馬喀比的字樣，但書中卻沒有一處提起馬喀比的家人；書中首先敘述了一個老人和七個青年兄弟驚人的剛毅，他們最初全都受到安提阿古的拷打，並終於被安提阿古處以死刑。當時他們的母親也在場，並曾勸勉他們要堅持到底。國王最初想藉婉言來軟化他們，告訴他們：只要他們肯同意吃豬肉，他即將寵愛他們，並爲他們謀得立身出世的機會。當他們拒絕了以後，安提阿古便將刑具指給他們看。然而他們仍不動搖，並告訴安提阿古說他將要在死後受到永劫的痛苦；而他們自己卻要享受永遠的幸福。他們一個接著一個地在自己兄弟的面前，在母親的面前，首先拒絕吃豬肉，隨即受到嚴刑拷打，並終於遭到殺害。最後，國王轉向他的士兵說，他希望他們能夠藉著這樣勇敢的榜樣獲得教益。以上的敘述當然曾爲傳說的成分所潤色，但迫害的殘酷與忍受的英勇在歷史上卻是眞實的；其主要的爭論點則圍繞在割禮與吃豬肉的問題上。

從另一方面來看，這本書也很有趣。雖然作者顯然是一個正統教派的猶太人，但他卻使用

㉒ 見R. H. 查理士（R. H. Charles）編：《英文舊約中之僞經與託名書》（*The Apocrypha and Pseudepigrapha of the Old Testament in English*），第二卷，第六五九頁。

了斯多噶派的哲學語言，企圖證明猶太人完全是依照斯多噶派的教訓生活的。這書開始的一段文章如下：

「我所提出討論的問題是具有高度哲學意義的，亦即受到神靈啓示的理性是否爲各種激情的最高統治者的問題；關於這個問題的哲學，我願鄭重地請求你們給予誠摯的注意。」

亞歷山大里亞的猶太人，在哲學方面，都情願向希臘人學習，但他們卻異常頑強地墨守其律法，尤其是行割禮、守安息日，以及不吃豬肉和其他不潔的肉類等。從尼希米到西元七〇年耶路撒冷陷落爲止，他們重視律法的程度是與日俱增的。他們不再容忍那些宣講某些新鮮事物的先知。其中一些迫切感到要用先知體從事寫作的人們，便僞託他們發現了一卷但以理，所羅門或其他古聖先賢所著的典籍。猶太教儀的獨特性，使他們團結爲一個民族，但律法的強調卻逐漸破壞了獨創性，並使得他們變得極端保守。這種頑固性曾使得聖保羅在反對律法統治的鬥爭中顯得十分出色。

對於基督降生不久以前的猶太文學毫無所知的人，最容易把新約全書看作一個嶄新的開端。但事實並不如此。先知的熱情，爲了贏得世人的聽聞雖然不得不設法僞託古人，但是這種熱情卻絕對沒有死滅。在這方面，最有趣的是以諾書㉓，這是一部不同作者的作品集。其中最

㉓ 關於本書原文的英譯本，參看查理士著該書，書中的序言也很有價值。

早的著作僅稍先於馬喀比的時代，而其最晚的大約在西元前六四年。書中大部分自稱是記述長老以諾蒙神啓示時所見的異象。這對於從猶太教轉向基督教的一派來說是很重要的。新約全書的作者們是熟悉這部書的。聖猶大認爲它確實是以諾的著作。早期基督教的教父，例如：亞歷山大里亞的克萊門特和特爾圖良，曾把它當作正規的經典；但是傑羅姆和奧古斯丁卻擯斥了它。結果，它首先爲人所遺忘，並終於失傳了。西元十九世紀初葉人們才在阿比西尼亞發現了三部用衣索比亞文寫的稿本。此後，又發現了希臘文和拉丁文譯的該書的部分稿本。原書好像是部分用希伯來文，部分用阿拉姆文寫成的。原書的作者是一些哈西第姆黨人，他們的繼承人便是那些法利賽人。這本書攻擊了國王們和親王們——指哈斯模尼亞王朝和撒都該人。它曾經影響過新約全書中的教義，尤其是關於彌賽亞、陰間和魔鬼學等方面。

本書主要是由「寓言」所構成；這些寓言比新約中的寓言含有更多的宇宙論。其中有天堂、地獄、最後的審判等景象。書中文筆較好的地方可以使人聯想到《失樂園》（*Paradise Lost*）的前兩卷；文筆較劣的地方使人想起布雷克的《先知書》（*Prophetic Books*）。

以諾書對於《創世記》（*Genesis*）第六章，第二節、第四節有一段奇妙的和普羅米修斯式的引申。天使把冶金術傳授給人們，因爲他們洩露了永遠的祕密而受到了懲罰。他們也是食人肉的。犯了罪的天使變成了異教的神，而他們的婦女則變爲人首鳥身的海妖；但最後，他們全都遭到了永劫痛苦的懲罰。

書中有一些具有相當文學價值的關於天堂和地獄的描寫。最後的審判是由「公義的人子」，坐在他榮耀的寶座上執行的。有些外邦人最後終將悔改，並被赦免；但是大部分外邦人和所有的希臘化猶太人，都要遭到永遠的詛咒，因爲義人將要祈求申冤，而他們的祈禱是將要得到應許的。

書中有一段論到天文學的地方，其中提到太陽和月亮，具有被風推動的戰車；一年有三百六十四天；人類的罪孽使得諸天體脫離其原有的軌道；只有善人才能通曉天文學。隕星是受到七位天使長處罰了的墮落的天使等。

以下論及聖史。其較早的部分大致依照聖經中的敘述一直講到馬喀比家的歷史為止；其較晚的部分則依照一般的歷史。然後作者又論及未來：如新耶路撒冷、剩餘外邦人的改宗、義人的復活和彌賽亞。

書中有很多處論到罪人的懲罰和義人的賞賜。義人對於罪人永不表示基督徒的寬恕。「你們這些罪人哪，在審判的那天，當你們聽到義人祈禱的聲音時，你們該怎麼辦呢？你們又將逃往哪裡去呢？」「罪惡並不是從天上降到地下來的，而是由人自身造成的。」罪惡都記錄在天上。「你們這些罪人將要受永遠的詛咒，並將永遠得不到平安。」罪人也許終身快樂，甚至在臨終的時候也還是快樂的，但是他們的靈魂都要下陰間，並在那裡忍受「黑暗、枷鎖和烈火」。但是對於義人，「我和我的兒子[24]卻要永遠和他們連結在一起」。

書中最後的一段話是：「上帝必以信實對待那些正義途上的忠信者。當義人發出燦爛的光輝的時候，忠信者要看到那些生於黑暗的人被帶進黑暗裡去。罪人必將呼喊並看到義人發出燦爛的光輝，他們一定要到事先為他們預定的地方去在那裡度他們的時日。」

㉔ 指上帝和聖子。——譯者

猶太人像基督徒一樣，關於罪惡想得很多，但只有少數人想到他們自己是罪人。想到自己是罪人，是基督徒的一項革新，這是藉著法利賽人和稅吏的比喻提出來的。基督責備文士和法利賽人時曾經把想到自己是罪人一事當作美德來宣講。基督徒竭力實踐基督教的謙卑，但一般猶太人卻不這樣做。

基督降世不久以前，正統猶太人中卻也有一些重要的例外。例如：《十二位先祖的遺書》㉕，該書在西元前一〇九－前一〇七年間寫成。作者是一個崇拜哈斯模亞王朝大祭司約翰・希爾卡努斯的法利賽人。這書就其現在的形式論，包括一些被基督徒篡改的地方，但這些地方都是涉及教條的。如把這些地方刪去，書中倫理的教訓仍然與福音書中所論述的非常相似。正如**R. H.** 查理士牧師兼博士所說：「登山寶訓在好幾處反映了這種精神，它甚至重複了該書中原有的文句：福音書中有很多片段也顯示出該書的痕跡，聖保羅似曾用該書作爲一種手冊（vade mecum）。」（引同上書第二九一－二九二頁）在這本書裡我們看到：

「你們要從心裡彼此相愛；假如有人得罪你，你要心平氣和地向他說話，你不可存詭詐的心。如果他懺悔和認錯，你就要寬恕他。但如果他不承認錯誤，你也不要和他動怒，以免他受到你的毒而開始咒罵。這樣就要犯雙重的罪……如果他竟恬不知恥，堅持作惡，你也要從內心來饒恕他，並要把申冤之事交給上帝。」

查理士博士認爲基督一定是熟悉這段文字的。我們還看到：

㉕ 原文為：The Testaments of the Twelve Patriarchs。——譯者

「你要愛主和愛你的鄰舍。」

「你要終生愛主並眞心彼此相愛。」

「我愛主；同樣我也全心全意地愛每一個人。」這些話應該與馬太福音第二十二章第三十七－三十九節作一對比。在《十二位先祖的遺書》裡有一段對所有仇恨的責備；例如：

「憤怒是盲目的，它並不容你見到任何人的眞面目。」

「所以，仇恨是邪惡的；因爲它經常伴隨著謊言。」這本書的作者，正如可能預料得到的，認爲不僅猶太人會得救，即便是外邦人也都要得救。

基督徒從福音書裡學會了憎惡法利賽人，然而這本書的作者卻是一個法利賽人，就像我們已經看到的那樣，他教導我們一向認爲是最足以顯示基督教特徵的一些倫理格言。解釋這件事是不難的。首先，即便在作者所處的時代裡他也必定是個特別的法利賽人；當時最普通的教義，毫無疑問，是以諾書裡所記述的。其次，我們知道一切運動都趨向於僵化，有誰能從D. A. R.（Daughters of the American Revolution）[26]這一團體中得出傑佛遜的原則來呢？其三，特別是關於法利賽人，我們知道，他們把律法看作最後的和絕對的眞理。他們對於律法的這種熱衷，不久便終止了所有新鮮活潑的思想與感情。就像查理士博士所說：

「法利賽派脫離了其宗派過去的理念，投身於政治利益和運動，與此同時他們越發全面地拘泥於律法字句的鑽研，這樣就立刻停止給〔先祖的〕遺書所闡明的這種崇高的倫理系統以發

---

[26] 這是一個保守的美國婦女團體，成立於西元一八九〇年。羅素某次遊美曾受這個團體的攻擊。——譯者

展的餘地。所以早期哈西弟姆黨人眞正的繼承者和信徒都脫離了猶太教，並在原始基督教的懷抱中找到了他們的自然歸宿。」

經過大祭司的一段統治期以後，馬可・安東尼任命他的朋友希律做了猶太人的王。希律是一個放蕩的冒險家，他經歷過好幾次破產的危機，習慣於羅馬的社交生活，距離猶太人的虔誠相差很遠。他的妻子出身於一個大祭司的家庭，然而他卻是一個伊都米亞人，僅就這一點也足以使他成爲猶太人懷疑的對象。他是一個巧妙的趨炎附勢者，當屋大維軍隊顯然要取得勝利的時候，他立刻背棄了安東尼。雖然如此，他曾竭盡心思使猶太人安於他的統治。他重建了聖殿，然而這聖殿卻裝配了許多哥林多式圓柱；並且是按照希臘的樣式建築的。他在正門的上方安裝了一隻巨大的金鷹，因此違反了第二條誡命。當人們傳說他將要死去的時候，法利賽人便把那隻鷹拆掉了。爲了報復，他處死了一些法利賽人。他死於西元前四年。他死後不久，羅馬人廢除了國王制，把猶太國置於一個總督的統治下。彼拉多在西元二六年被任命爲總督，但因他爲人缺乏才智，不久便被撤職了。

西元六六年，猶太人在狂熱黨人的領導下背叛了羅馬。他們失敗了，耶路撒冷於西元七〇年被攻陷，聖殿被搗毀，僅有少數猶太人留在猶太境內。

在這時期以前的數世紀中流亡在外的猶太人早已變得十分重要了。猶太人原來幾乎全體是農民；但在被擄期間他們從巴比倫人那裡學會了經商。在以斯拉和尼希米時代以後，仍有許多人留在巴比倫，其中有些人變得很富有。在亞歷山大里亞建成以後，大批猶太人定居在那裡，他們有一個指定的專區，但這和今天的猶太人區（Ghetto）有所不同，這種專區是爲了避免接觸外邦人受到沾汙而設置的。亞歷山大里亞猶太人希臘化的程度比猶太境內的猶太人爲甚，他們甚至忘卻了希伯來語言。因此他們只得把舊約全書譯成希臘文，其結果便是舊約聖經七十人譯本。《摩西五經》譯成於西元前三世紀中葉；其餘各篇譯成的時代較晚些。

關於舊約全書七十人譯本曾有過一些傳說，這個譯本之所以如此命名，因爲它是由七十位譯者所譯。據說這七十位譯者各自譯出了全書，而當人們對照這些譯本時，卻發現各個譯本連最細微的地方也都完全一致，因爲全體譯者都受到了神靈的啓示。然而以後的學者卻指出舊約全書七十人譯本是有嚴重缺點的。在基督教興起以後，猶太人幾乎不再使用它，他們重新閱讀希伯來文的舊約。與此相反，早期的基督徒很少人通曉希伯來文，他們都根據這個七十人譯本，或根據以它重譯的拉丁文譯本。西元三世紀時歐利根曾經不辭勞苦地譯出一個較好的譯本。在西元五世紀傑羅姆完成了拉丁語譯聖經（Vulgate）以前，那些只通曉拉丁文的讀者只好滿足於幾種有缺點的譯本。傑羅姆的這個譯本最初遭到很多批評，因爲他在翻譯這本書的時候曾得到一些猶太人的幫助。許多基督教徒認爲猶太人故意竄改了先知的話，意在不讓先知預告基督的誕生。然而聖傑羅姆的譯本終於受到了一般人的承認，直到今天這個譯本在天主教會中仍舊保持著它的威信。

和基督處於同時代的哲學家菲羅是猶太人在思想方面受到希臘影響的最好的說明。菲羅在宗教上是個正統教派，但他在哲學上卻首先是個柏拉圖主義者；此外他還受到斯多噶派和新畢達哥拉斯派的重要影響。耶路撒冷陷落後，他在猶太人中的影響消逝了，但基督教的教父們卻發現他曾指出一條使接受希臘哲學與承認希伯來經典相調和的道路。

古代每一個重要城市都逐步建立了相當數量的猶太僑居地，猶太人和東方其他宗教的代表者分別影響了那些不滿意懷疑主義或希臘羅馬官方宗教的人們。不僅在羅馬帝國，在俄羅斯南部也有許多人改信了猶太教。基督教可能先引起了猶太人或半猶太人集團的共鳴。正如以前耶路撒冷失陷於尼布甲尼撒時一樣，正統猶太教自從耶路撒冷陷落後變得越發正統化和越發狹隘了。西元一世紀以後，基督教也具體化了；基督教和猶太教處於一種澈底敵對和形式上的關係之中。有如下述，基督教有力地激起了反閃族主義。整個中世紀期間，猶太人在基督教國家的文化中並不占任何地位，他們受到了過分嚴酷的迫害，所以他們除了爲建築天主教堂提供資金以及做些類似的事情之外，他們已經沒有能力對文明有所貢獻了。這時猶太人只有在回教徒中間才能得到人道的待遇、鑽研哲學，並進行啓蒙性的思辨。

整個中世紀裡，回教徒是比基督教徒更爲文明和更爲人道的。基督徒一貫迫害猶太人，尤其在宗教的騷動期間爲最甚；幾次十字軍戰役是和許多次驚人的猶太人集體屠殺分不開的。在回教國家裡與此相反，猶太人卻沒有受到什麼虐待。特別在摩爾人統治下的西班牙，猶太人對於學問是有所貢獻的。邁蒙尼德斯（Maimonides，西元一一三五—一二〇四年），生於克爾多巴（Cordova）㉗，曾被一些人認爲是斯賓諾莎哲學的主要來源。當基督教徒重新征服西班牙時，把摩爾人學問傳給西班牙人者，大部分都是些猶太人。猶太學者通曉希伯來文、希臘文和阿拉伯文，他們也熟悉亞里斯多德哲學，並把他們的知識傳授給學問較淺的經院學者。但他們也曾傳授了一些不大值得嚮往的東西，例如：煉金術和占星術等。

中世紀以後猶太人仍然對文明有過很大貢獻，但這只是作爲個人，而不再是作爲一個種族來進行的了。

㉗ Cordova 有譯為哥爾多瓦者，今按西班牙語音譯為克爾多巴。——譯者

第二章　基督教最初的四個世紀

基督教最初是作為一種革新的猶太教由猶太人傳給猶太人的。聖雅各，其次還有聖彼得，都曾希望基督教不超出這個範圍。若沒有聖保羅，他們的主張或已盛行於世了。聖保羅毅然容許外邦人入教，不要求他們受割禮和遵守摩西的律法。使徒行傳曾以一種保羅式的觀點記載了兩派間的爭論。毫無疑問聖保羅在各處建立的基督徒社團，一部分是由猶太人的改宗者，一部分是由尋求一種新宗教的外邦人所構成。在各種宗教信仰的崩潰期，猶太教的確實性很吸引人，但割禮卻是人們改宗時的一大障礙。有關食物方面的清規戒律也是同樣不便的。即便沒有其他，僅這兩種障礙也足使希伯來宗教無法普及。由於聖保羅的影響，基督教保留了猶太教義中吸引人的成分，並除去了使外邦人最難接受的一些特徵。

把猶太人看成上帝的選民這種觀點，無論如何是為希臘人的自負心所憎惡。諾斯替教派澈底擯斥了這種觀點。他們，或至少他們中間一部分人，認為感性世界是索菲亞（Sophia，天之智慧）的叛逆兒子，一個名叫亞勒達包士的劣等神所創造。他們說他就是舊約全書中的亞威，而那蛇，不但絕不邪惡，反而警告過夏娃不要受他的欺騙。至高的神允許亞勒達包士長期自由活動；他終於差遣他的兒子暫住在耶穌這個人的肉身內，以便把世界從摩西荒謬的教訓中解放出來。凡持有這種見解的人，經常把這種見解與一種柏拉圖主義的哲學結合在一起；普羅提諾，有如我們所知，在駁斥這種見解的時候，就曾感到一些困難。諾斯替教為哲學的異教主義和基督教提供了一個折中方案，因爲它雖然尊崇基督，卻憎惡猶太人。後來的摩尼教也是這樣，聖奧古斯丁即是通過摩尼教轉入天主教的信仰。摩尼教結合了基督教和拜火教的要素，教導惡是一種肯定性原理，體現在物質之中，而善的原理則體現於精神之中。它譴責肉食及一切性慾，甚至婚姻生活。這種折中的教義對於說希臘語的文化人的逐漸改宗給予很大助力；然而新約全書卻警告那些忠實信徒起而反對他們：「提摩太啊，你要保守所託付你的，躲避世俗的虛談和那敵眞道、似是而非的學問（Gnosis）。已經有人自稱有這學問，就偏離了眞道。」①

在政府改信基督教以前，諾斯替教和摩尼教繼續盛行於世。在這時期以後，他們雖被迫隱蔽其信仰但卻仍然具有潛伏的勢力。穆罕默德曾經採用了諾斯替教派中某一宗派的教義。他們教導說耶穌是個普通人，在他受洗時神子降在他身上，而在他受難時就離棄了他。爲了固持這種見解他們引證以下的經文：「我的上帝，我的上帝，你爲什麼離棄我。」②——我們必須承認，基督徒經常感到這裡的經文難於理解。諾斯替教派認爲上帝的兒子是不該降世爲人，作爲一個嬰孩，尤其是被釘死在十字架上。他們說這些事發生在人性耶穌身上，但是與上帝的聖子無關。穆罕默德雖不把耶穌當作神，卻承認耶穌是先知。他具有一種強烈的階級感情，認爲先知是不應該有壞結局的。於是他採取了幻影教派（Docetics，屬於諾斯替教一支派）的觀點。

---

①《提摩太前書》（*I Timothy*），第六章，第二十、二十一節。

②《馬可福音》（*Mark*），第二十五章，第三十四節。譯者按：原注有誤，當係《馬可福音》，第十五章，第三十四節。

按照這種說法：釘在十字架上的只是一個幻影。猶太人和羅馬人枉費心機地在這幻影上發洩了無效的復仇。如此，諾斯替教中某些成分終於納入了伊斯蘭教的正統教義之中。

基督徒對同時代的猶太人早就抱著敵對態度。公認的見解是上帝曾和先祖、先知等聖者講過話，預告了基督的來臨；但基督降世後猶太人卻不承認他，因此須把他們視為惡者。此外基督廢棄了摩西的律法，代之以愛上帝和愛鄰舍兩條戒命；而猶太人又執拗地未予以承認。所以一旦基督教變為國教，反閃族主義；以其中世紀的形式，在名義上便成為基督徒熱誠的表現。在以後的時代裡，經濟的動機雖燃起反閃族主義的烈焰，但這種動機在基督教羅馬帝國究竟起過多大作用，則似乎無法確定。

基督教希臘化的程度愈深，它就愈發變得神學化了。猶太人的神學一向是單純的。亞威從一個部族神發展成為創造天地唯一全能的上帝；當人們發覺上帝的公義並不給善人帶來地上的繁榮時，人們便把上帝的公義推託於天國之中，於是便產生了靈魂不死的信仰。但猶太教義通過其進化過程實未包含任何複雜的形而上學成分；其中沒有神祕，且為每個猶太人所能理解。

這種猶太人的單純性，從整體來看，仍舊標誌著共觀福音書（馬太、馬可、路加三福音書）的特徵，但已不見於約翰福音。在這書中基督已經和柏拉圖、斯多噶等學派的邏各斯等同起來了。神學形相的基督較人性的耶穌更使第四福音書的作者感興趣。教父們尤其是這樣；在教父的著作中讀者將發現論及約翰福音的地方比論及其他三福音書的總和還要多。保羅書信特別在有關救贖的問題上包含許多神學；這些書信同時也說明作者是熟悉希臘文化的——其中有一段引自米楠德的話，還有一段經文是暗指那個指摘克里特人都是說謊者的、克里特人埃庇米尼底斯的等等③——雖然如此，聖保羅④說：「你們要謹慎，恐怕有人用他的理學和虛空的妄言……把你們擄去。」

希臘哲學和希伯來經典的綜合，在歐利根（**Origen**，西元一八五—二五四年）以前或多或少一直停留在偶然的和片斷的階段。歐利根有如菲羅，住在亞歷山大里亞。該城由於商業與大學，從興建到衰落一直是博學的混合主義的中心。歐利根和他同時代的人普羅提諾，一同受業於阿摩尼阿斯・薩卡斯。薩卡斯曾被許多人認爲是新柏拉圖主義的創始人。歐利根的學說有如其著作《原理論》（*De Principis*）中所述，不但和普羅提諾的學說極其類似，而且事實上也超出了正統教義所能容許的範圍。

歐利根說，除了上帝——聖父、聖子、聖靈以外，再沒有什麼完全不具形體的了。星辰是有生命、有理性之物，上帝曾賦予它們固有的靈魂。他認爲太陽也能犯罪。人的靈魂，如柏拉圖所說是從創世以來就有的，在人誕生時便從某處到來附諸其人之身。努斯（Nous）——和靈魂之區別大致有如普羅提諾哲學中所述，努斯墮落就變成靈魂；靈魂有德時復變爲努斯。最後所有靈魂都必完全歸順基督，並在那時不再具有形體。甚至連魔鬼在最後也要得救。

歐利根雖然爲人承認是教父之一，但卻受到後世的譴責。說他主張以下四點邪說：

(1) 靈魂的先在性，有如柏拉圖所教導；

---

③ 見《新約全書提多書》，第一章，第十二節。——譯者。

④ 或不如說，被認為保羅所寫的一篇書信的作者——《歌羅西書》（*Colossians*），第二章，第八節。

(2)不只基督的神性，就連他的人性，在道成肉身前就已存在。

(3)復活時，我們的身體將變爲絕對虛無縹緲的東西。

(4)所有人甚至魔鬼，最後都要得救。

聖傑羅姆對歐利根修訂舊約聖經表示過一些缺乏審慎的景仰，事後卻發覺最好用更多的時間和精力從事於駁斥歐利根神學上的錯誤。

歐利根不只在神學上越乎常軌；在年輕時曾犯過一項不可彌補的過失，因爲他曾過分拘泥以下經文的字面解釋：「並有爲天國的緣故自閹的。」⑤爲歐利根所輕率實行的這種逃避肉慾誘惑的方法受到了教會的譴責，此外這使他喪失了當選爲聖職者的資格，對此有些教士似曾有過一些不同的見解，並因此引起一些不足爲訓的爭論。

歐利根最大的著述是《反西爾撒斯論》（*Against Celsus*）。西爾撒斯著了一本反對基督教的書（現已佚失），而歐利根則針對其論點逐條予以駁斥。西爾撒斯首先反對基督徒，說他們屬於非法社團；歐利根並不否認這點，並斷言這正是一種道德，就像誅戮暴君一樣。於是他指出人們憎惡基督教無可置疑的眞實根源：西爾撒斯說，基督教出自猶太人，而猶太人是蠻族；只有希臘人才能從蠻族的教義中探索出意義來。歐利根回答說無論是誰，當他從希臘哲學轉向福音書時必將斷定福音書的眞實性，同時並提供希臘哲人以滿意的論證，「福音書有它本身的論證，它比一切希臘辯證法所證實的還要神聖。這種更爲神聖的方法曾被使徒稱爲『聖靈

⑤《馬太福音》，第十九章，第十二節。

和權能的顯示』；關於『聖靈』的顯示，因爲有預言，尤其是那些與基督有關的一切敘述，足使所有讀者產生信仰。關於『權能』的顯示，因爲有我們必須確信曾經行過的神跡與奇事；除了根據其他理由之外，還可根據下列一點，因爲按照福音書教訓生活的人們中間仍有行這些事的痕跡可尋」。⑥

這段文章是饒有興趣的，因爲它包含有關信仰的雙重論證，而這正是基督教哲學的特徵。一方面，純粹理性，通過正確地運用，足以樹立基督徒信仰的本質，特別是：上帝、靈魂不死和自由意志。另一方面，聖經不僅證明了這些本質，而是證明得更多；聖經中神的默示藉著先知預言彌賽亞的降世，藉著行奇事，和藉著忠實信徒由於信仰所得的恩賜而得到證實。這些論證在今日雖已顯得陳舊，但其中最末一項依然爲威廉・詹姆士所援用。但這些論證一直到文藝復興爲止，曾受到所有基督教哲學家的承認。

歐利根有些論證是奇特的。他說魔法師們往往祈求「亞伯拉罕的上帝」，卻不知上帝是誰；而這種祈求卻顯然更爲有效。名稱在魔法中是緊要的，用猶太語、埃及語、巴比倫語、希臘語或是婆羅門語呼喚上帝的名稱並不是沒有差別的。符咒一經翻譯就要失掉效力。這使人設想當時的魔法師曾使用過所有著名宗教的符咒，假若歐利根正確，那些淵源於希伯來的符咒才最爲有效。尤其他曾指出摩西禁止過行邪術，因而這種論證就顯得更爲怪誕了。⑦

⑥ 歐利根：《反西爾撒斯論》，第一卷，第二章。
⑦ 同上書，第一卷，第二十六章。

他又說，基督徒不該參與政治，但只可在「神國裡」亦即在教會裡擔任工作。⑧這種教義當然在君士坦丁以後稍有變更，但其中仍有一部分被保留下來。聖奧古斯丁的上帝之城中就暗含著這種教義。在西羅馬帝國滅亡期間，這種教義曾引導僧侶消極地對待俗界的災難，並把卓越的才能運用於教會的修行、神學的爭論和修道院制度的普及工作。這種教義的一些痕跡一直到今日還存在：很多人認爲政治是屬於「世俗的」，對於一個眞正的聖者是不相宜的。

教會統治在最初的三個世紀裡發展得比較緩慢，但在君士坦丁改宗以後就迅速地發展起來了。主教是由民眾選舉出來的；他們逐漸獲得了相當的權利用來領導主教管區內的基督徒，但君士坦丁以前在全教會之上卻幾乎沒有任何形式的中央集權行政機構。施捨增長了大城市裡主教的許可權，主教掌管著忠信教徒的捐獻，盡可對窮人有權發放或停止發放布施。這樣便出現了一夥按主教意願行事的貧民。當羅馬帝國採取基督教爲國教時主教們曾被授予司法權和行政權。至少在有關教義的問題上，成立了一個中央行政機構。君士坦丁曾因天主教徒與阿利烏斯教派的爭執感到煩惱；他既然決定和基督徒休戚與共，所以便期望他們結成一個聯合的宗派。爲了消弭紛爭，他召集了萬國基督教尼西亞會議，從而制定了尼西亞信條。⑨就阿利烏斯爭端而論，從此確定了正統教義永世的準繩。一直到東羅馬帝國與西羅馬帝國分立，東羅馬帝國不再承認教皇權威致使這種會議無法召開時爲止，其間所有教會爭論都是照樣通過萬國基督教會

⑧ 歐利根：《反西爾撒斯論》，第八卷，第七十五章。

⑨ 與現在的尼西亞信條有些出入，現在的信條是西元三二六年決定的。

議獲得解決。

教皇以其職位而論，雖是教會中的首要人物，但一直到多年以後爲止，並無統率全教會的大權。教皇權逐漸的增長是一個很有趣的課題，在以後的章節裡我還要論及這事。

君士坦丁以前的基督教的發展，正如他改宗的動機一樣，曾爲不同的作家給予不同的解釋。吉朋[10]列舉了以下五項原因：

「1. 基督徒那種不屈不撓，或者我們不妨說，那種絕不寬容的熱情，確實是出於猶太教。但是他們滌除了那種狹隘和閉塞的精神，這種精神不僅不歡迎外邦人，而且還阻撓他們遵奉摩西律法。

2. 關於來世的教義，由於賦予此項主要眞理重要性和有效性的每一新情況的發生而有所改進。

3. 據說是原始教會所有的行奇蹟的權能。

4. 基督徒純潔而又嚴肅的道德。

5. 基督教的團結和紀律，在羅馬帝國內部逐漸形成了一個獨立的、日益壯大的國度。」

---

⑩《羅馬帝國衰亡史》（*The Decline and Fall of the Roman Empire*），第十五章。

廣泛地說，這種分析是可以首肯的，但須附帶以下一些注釋。其第一理由——來自猶太教的不屈不撓和不寬容性還可予以全部承認。今天我們已看到宣傳工作中不寬容性的實惠，大多數基督徒相信只有基督徒死後才能進入天堂，而外邦人在來世將受到最可怕的懲罰。西元三世紀時與基督教競爭的其他宗教並沒有這種威脅性。例如：「偉大的母親」的敬拜者們有過一種類似洗禮、「獻牡牛」的儀式。但他們從來不教訓人說：誰要忽略了這個儀式就要下地獄。於此附帶提起一點，即舉行「獻牡牛」是一種昂貴的儀式：這須宰殺一頭牡牛，然後把牠的血涓涓地流在改教人的頭上。⑪這種儀式是相當貴族的，因而不能成爲一種宗教基礎，用來招致大多數群眾：財主與窮人，自由人與奴隸。在這方面，基督教比其所有競爭者占了一定的優勢。

關於來生的教義，在西方首先爲奧菲斯教徒所傳布；繼而爲希臘哲學家們所採用。有些希伯來先知雖曾傳布過肉身的復活，然而猶太人相信靈魂的復活卻好像學自希臘人。⑫在希臘，靈魂不死論有奧菲斯教的通俗形式，和柏拉圖主義中的學術形式。後者以難解的論證爲基礎，是不能廣泛流傳的；但奧菲斯形式在古代後期對於一般輿論卻好像有過很大影響。它不僅影響了外邦人，同時也影響了猶太人和基督徒。奧菲斯教和亞洲一些神祕宗教的因素，都曾大量地

---

⑪ 行此儀式時受洗禮者待在事先掘好的一條溝中，溝上敷設木板，與祭者在此板上宰殺祭牛，使牠的血液流到受洗者的頭上。——譯者

⑫ 參看歐伊斯特雷（Oesterley）和羅賓遜（Robinson）合著：《以色列史》（*Hebrew Religion*）。

滲入基督教神學之中；在所有這些因素裡，其中心神話乃是神的死而復活。[13]所以我想靈魂不死論對於基督教的傳布絕沒有像吉朋所想的那麼重大的關係。

在基督教的宣傳中奇蹟起過很大作用。但奇蹟在古代末期是很普遍的，它並不爲某種宗教所專有。基督教的奇蹟在競爭中爲什麼比其他宗教的奇蹟獲得更廣泛信仰是不很容易看出來的。我想吉朋遺漏了一項極其重要的事：基督徒有一本聖經。基督徒所仰賴的奇蹟在遠古時代在一個古代人覺得神祕的國家中早就開始了；他們有一部從開天闢地以來首尾一貫的歷史。按此：上帝首先向猶太人其次向基督徒經常行奇蹟。很明顯，一個近代歷史學者會認爲以色列人早期的歷史主要屬於傳說性質；但古代人卻不這樣想。他們相信荷馬敘述的特洛伊圍攻戰，羅繆魯斯和雷繆斯[14]等傳說，歐利根曾問道，你們既然承認這些傳說，爲何又否認猶太人的傳說呢？針對這種爭論並沒有合乎邏輯性的回答。因而承認舊約中的奇蹟乃是很自然的事。當人們一旦承認了舊約中的奇蹟，那麼爲期較晚的奇蹟（特別是由於基督徒對先知書所作的解釋），也就可以使人憑信了。

君士坦丁以前，毫無疑問，基督徒的道德是高於一般異教徒的。基督徒不時受到迫害，而且在與異教徒競爭時，經常處於不利的地位。他們堅信道德必將在天國中受賞賜，罪孽在地獄

⑬ 參看安哥斯（Angus）：《神祕宗教和基督教》（*The Mystry Religions and Christianity*）。

⑭ 按羅馬傳說，此二人係孿生兄弟，幼時因被遺棄，而受到一隻母狼的餵養，以後成為羅馬城的創建者。——譯者

裡受懲罰。他們嚴格的性道德在古代是罕有的。蒲林尼的公職本是迫害基督徒，但他也曾證明過他們崇高的道德品質。君士坦丁改宗以後，基督徒中間，自然也有過一些趨炎附勢的人；但傑出的僧侶，除了少數例外，仍是些堅守道德原理的人。我認爲吉朋把基督教得以廣傳的原因之一，歸諸這種高度的道德水準是正確的。

吉朋在最後指出，基督教的團結與紀律。我想，從政治觀點來看，這正是五項原因中最重要的一項。在近代社會中我們是習慣於政治組織的；每一個政治家必須考慮到天主教方面的選票，可是這些選票又受到其他組織集團的選票的制約。在美國一個天主教的總統候選人，必因新教徒的成見而處於不利的地位。但假若沒有所謂新教徒的成見，那麼天主教徒的總統候選人將比其他候選人更爲有望。君士坦丁所考慮的似乎正在這一方面。藉著袒護基督徒，他可以獲得一個爲基督徒所組成的單一組織集團的擁護。儘管有人憎惡基督徒但這些人沒有組織起來，因此在政治上也就沒有實力。羅斯多夫采夫的看法可能是正確的，他認爲大部分軍人是基督徒，而這正是影響君士坦丁的主要原因。不管這種看法怎樣，當基督徒依然占少數的時候，他們已有了一種組織。這在今日雖已司空見慣，但在那時卻是新穎的。組織賦予他們以一個壓力集團⑮所有的無與倫比的政治勢力。這便是他們實質上壟斷了他們繼承自猶太人傳統熱誠的自然結果。

---

⑮ 壓力集團：係資產階級社會學中之術語。這種集團為了透過立法來保障其本身的利益，往往向立法機關及執政黨施加政治壓力。——譯者

基督徒於獲得政治權利之後不幸立即熱衷於互相攻訐。君士坦丁以前，曾經有過不少異端，但正統教派卻無法懲辦他們。當基督教被奉爲國教以後權力與財富遂公然變爲僧侶的爭奪物。爲此曾有過選舉的紛爭，而神學的爭論也就成爲世俗權益的爭論。君士坦丁對神學家的爭論保持了一定程度的中立，但在他死後（西元三三七年），一直到西元三七九年狄奧多修斯繼位爲止，他的繼承者們——除叛教者朱利安以外——都或多或少傾向於阿利烏斯教派。

這時期中的重要人物是阿撒那修斯（Athanasius，大約西元二九七—三七三年），在他長壽的一生中，他一直是個維護尼西亞正統教義的剛毅戰士。

由於神學的政治重要性，從君士坦丁皇帝到卡勒西頓會議（西元四五一年）爲止是一段很特殊的時期。以下的兩個問題曾不斷地振盪了基督教世界：首先是三位一體的性質問題，隨後就是道成肉身的問題。在阿撒那修斯時代只有其中的第一個問題最惹人注意。一個有教養的亞歷山大里亞的祭司阿利烏斯，主張聖子和聖父並不相等，而聖子是爲聖父所創造的。這種見解在較前的時代裡或不會招致多大的反對。但在西元四世紀時，大多數神學家都擯斥了這種見解。最後普遍的見解則認爲聖父聖子是相等的，而且屬於同一實質；雖然如此，他們卻是截然不同的兩位。以撒伯留斯爲創始人的撒伯留斯異端則認爲聖父與聖子並非截然不同；他們只不過是一個存在的不同的方面而已。爲此，正統教義走上了一條隘路：那些過分強調聖父聖子有區別的人是有陷入阿利烏斯教派的危險；而那些過分強調聖父聖子是一體的，卻又有墜入撒伯留斯教派的危險。

阿利烏斯的教義，在尼西亞會議（西元三二五年）中受到絕大多數人的譴責。對此，不同的神學家提出了不同的修正意見，並且獲得不同皇帝的贊同。阿撒那修斯從西元三二八年起到死去時爲止，任亞歷山大里亞市的主教，爲了擁護尼西亞正統教義的熱情，曾多次流放在外。他在埃及享有極大聲譽，整個爭論期間，埃及人毫不動搖地追隨他。令人奇怪的是，在神學爭論過程中，竟復活了自從羅馬征服各國以來似已熄滅的民族的（或至少畛域性的）感情。君士坦丁堡和亞洲傾向於阿利烏斯教派；埃及狂信阿撒那修斯教派；西羅馬則堅持尼西亞會議的決議案。在阿利烏斯爭論止息以後，繼起了或多或少類似性的新爭論，在這些爭論裡埃及代表一個異端方向，而敘利亞則代表另一個異端方向。受到正統教派迫害的異端，損害了東羅馬帝國的統一，並便利了回教徒的征服。分裂運動本身，是不足爲奇的，奇怪的倒是他們竟會和一些極其精微奧妙的神學問題糾纏在一起。

西元三三五至三七八年間的皇帝們，都在其膽敢的範圍內支持阿利烏斯教派見解。但也有一個例外就是叛教者朱利安（Julian the Apostate，西元三六一—三六三年），他作爲一個異教徒，對於基督徒內部的爭端保持了中立的態度。西元三七九年皇帝狄奧多修斯終於全力支持了天主教徒，於是他們便在帝國中獲得了完全的勝利。在下章我們將要論及的聖安布洛斯、聖傑羅姆和聖奧古斯丁的大部分生涯都是在天主教勝利的這一期間中度過的。雖然如此，在西方接踵而來的卻是再一次的阿利烏斯教派的統治，其間哥德人和汪達爾人相繼征服了大部分西羅馬帝國。他們的勢力延續了一世紀左右，在該世紀末葉終爲查士丁尼、倫巴底人和法蘭克人所滅亡。其中查士丁尼、法蘭克人以及倫巴底人都是正統教派。如此，天主教的信仰終於獲得了確定性的勝利。

第三章　教會的三位博士

聖安布洛斯、聖傑羅姆、聖奧古斯丁和教皇大格雷高里等四人被稱爲西方教會的博士。其中前三人屬於同一時代；最後一人則屬於較後的時代。我在本章中先概述前三人的生涯和他們所處的時代；然後再在下一章中敘述聖奧古斯丁的學說，因爲對我們來講他是三個人中最重要的一位。

安布洛斯、傑羅姆和奧古斯丁等三人是當天主教會在羅馬帝國取得勝利和蠻族入侵一段短時期中非常活躍的人物。在叛教者朱利安統治時期，他們三人都還年輕；傑羅姆在羅馬被阿拉里克王率領下的哥德族劫掠後還活了十年；奧古斯丁活到汪達爾族入侵非洲，並在汪達爾族圍攻他的主教管區希坡時才去世。在他們所處時代之後不久，義大利、西班牙和非洲的統治者不僅都是蠻族；而且還都是阿利烏斯教派的異端者。文明連續衰退了數世紀之久，將近一千年以後，基督教世界才誕生了與他們三位在學術與文化方面相匹敵的人物。在黑暗時代和中世紀全期，他們的權威受到尊敬；他們塑造了使教會成形的楷模，這是爲其他人所不及的地方。廣泛地說，聖安布洛斯確立了教會與國家關係之間屬於教會方面的觀點；聖傑羅姆給西方教會提供了拉丁語譯本的聖經，和促進修道院制度實現的大部分動力。同時，聖奧古斯丁固定了一直到宗教改革爲止的教會神學，以及以後路德與喀爾文的大部分教義。在給予歷史過程的影響方面，幾乎沒有人能超過他們三位。教會應脫離世俗國家而獨立，聖安布洛斯這一貫徹成功的主張，是一種新的革命的教義，它一直流傳到宗教改革時期爲止。西元十七世紀時，霍布斯對這種教義進行了鬥爭，他所駁斥的主要對象即是聖安布洛斯。聖奧古斯丁在西元十六、十七世紀神學論爭中處於前列地位，新教徒和冉森派支持他；但正統天主教徒卻反對他。

西元四世紀末，西羅馬帝國首都米蘭的主教是安布洛斯。他的職務，使他經常與皇帝有接觸的機會。他與皇帝交談時習慣以平等者自居，或有時並以長上自居。他對宮廷的往來說明了當代特徵的一般對比：國家衰弱無能，爲一些毫無原則的利己者所統治，他們除了權宜之計以外，再沒有其他政策可言。然而教會則方興未艾，被一班爲教會利益，而準備犧牲一切個人利益的人們所領導。他們具有長遠的政策，因此爲後世帶來了一千年間的勝利。這些豐功偉績雖確爲狂熱和迷信有所抵消，但假如當時沒有這些事，任何革新運動都是難以成功的。

聖安布洛斯在爲國家服務方面有過各種成名的機會，他父親也叫安布洛斯，曾任政府高官——高盧人的總督。聖安布洛斯可能生在特里爾，一個國境邊防鎮。爲了防止日耳曼人入侵，這裡駐屯著羅馬軍隊。聖安布洛斯十三歲時被人帶到羅馬，並在那裡受到良好的教育——包括澈底打下了希臘語的基礎。及至成年以後他專攻法律，並在這方面獲得很大成就；三十歲時他被任命爲列古里亞和以米里亞兩個地方的總督。儘管如此，四年後他竟擺脫了世俗政治，戰勝了一個阿利烏斯派的候選人，在群眾的歡呼下就任了米蘭市的主教。他把自己所有的財產分給窮人。時而冒著人身攻擊的危險，把餘生全部精力獻給教會事業。這選擇確實不出於屬世的動機，然而即便如此，這選擇也還是明智的。即便他在國中當了皇帝，這也不可能像他作爲一個主教處理教務那樣，得以充分施展他的行政才能。

在聖安布洛斯任主教的最初九年間，西羅馬帝國的皇帝是格雷善，他是個善良粗心的天主教徒。因沉溺於畋獵而忽視政事，並於最後遭到暗害。他的繼承者是擁有西羅馬帝國大部分疆土的篡位者馬克沁斯，但繼承義大利王位的則是格雷善未成年的弟弟瓦林提尼安二世。最初由他的母后查士丁娜，也就是先皇帝瓦林提尼安一世的皇后攝政。但她是個阿利烏斯教派的信徒，因此她與聖安布洛斯之間的紛爭乃是不可避免的。

本章所敘述的三位聖徒都寫過無數的書信，其中有許多封被保存到今天。這樣一來我們對於他們比對中世紀任何異教哲學家，或中世紀所有僧侶——除去少數例外——了解得更爲詳盡。聖奧古斯丁寫給各方面人士的信主要是關於教義和教會的戒律問題；聖傑羅姆的書信多半寫給婦女們，信中勸告她們如何保持童貞；但聖安布洛斯最重要而最有趣的書信卻是寫給皇帝們的，這些信指出他們在哪些方面玩忽了爲君的義務；或有時並祝賀他們克盡了皇帝的職責。

聖安布洛斯所必須解決的最初的公共問題就是在羅馬的勝利女神祭壇與塑像的問題。首都的元老家族中比其他任何地方更長久地保存著異教信仰，官方的宗教被掌握在貴族的僧侶階級手中，並與世界征服者的帝國驕傲結合在一起。元老院內的勝利女神塑像被君士坦丁的兒子，君士坦底烏斯撤掉；但又爲叛教者朱利安恢復了。格雷善皇帝重新把它撤掉；於是以羅馬市市長西馬庫斯爲首的元老院代表們，重新提出了恢復的要求。

在奧古斯丁的生涯裡也曾扮演過一個角色的西馬庫斯是名門望族中的傑出人物。他是個富有的、貴族的和有文化的異教徒。西元三八二年曾爲反對拆除勝利女神塑像，而爲格雷善皇帝逐出羅馬，但爲時不久復於西元三八四年被任命爲羅馬市長。他是在狄奧都利克治下那個傑出官員同名者西馬庫斯的祖父。而這個同名的西馬庫斯又是鮑依修斯的岳父。

基督徒元老院議員們起而反對，他們的願望藉著聖安布洛斯和教皇達馬蘇斯的支持獲得了皇帝的批准。格雷善皇帝死後，西馬庫斯和異教徒的元老院議員們於西元三八四年又向新即位的皇帝瓦林提尼安二世提出了同樣要求。爲了阻止他們這一企圖，安布洛斯在給皇帝的上疏中指明，正如所有羅馬人對皇帝有服兵役的義務那樣，他（皇帝）對全能之神同樣有服役的責任。①他寫道：「別讓任何人利用陛下年幼；提出這樣要求的人如果是個異教徒，那麼他是想以自己的迷信來束縛陛下的精神，而這是極不正當的；但他應該用他的熱情啓發並激勵陛下如何熱心於眞正的信仰，因他竟用了全副眞理的激情爲虛妄的事而辯護。」他又說，強制基督徒向偶像的祭壇宣誓，是一種迫害。「如係民事案件，可以把答辯權留給反對派；然而這是個宗教案件，因此本主教要求……倘陛下當眞別有裁可，我等主教對此絕不能長期忍受，或置若罔聞；陛下固可走進教會中來，但那時陛下必將找不到一個祭司，縱或找到一個，也必定是個反對陛下的。」②

他於其次的一封書信中指出，教會的基金一向用於其他異教神廟從未支付的用場。「教會的財產是用於維持貧民生計的。讓他們計算一下，神廟贖過多少俘虜，他們對窮人供應過什麼食品，他們對哪些流亡者提供過生活費用。」這是個有說服力的論證，同時也是一個爲基督徒的實踐所充分證實了的論證。

聖安布洛斯的論點取得了勝利。但以後偏袒異教徒的篡位者，尤金尼烏斯卻又恢復了該祭

① 這個命題似為後世封建主義世界觀的先聲。
② 第十七號書信。

壇及其塑像。一直到西元三九四年狄奧多修斯戰勝尤金尼烏斯之後，這問題才按基督徒的意願獲得了最後解決。

安布洛斯主教最初與皇室很是友好。在人們唯恐馬克沁斯進犯義大利的時代，他曾做過被派往篡位者馬克沁斯外交使節團中的一員。但不久便發生了以下的一場嚴重的糾紛。阿利烏斯派的皇太后查士丁娜要求把米蘭的一個教會讓給阿利烏斯教派，而安布洛斯拒絕了這項要求。群眾支持安布洛斯，在巴錫里卡③裡擠滿了群眾。阿利烏斯教派的哥德人隊伍被派往該處強行占據，但他們卻與群眾親如手足。安布洛斯在給他姊妹的一封情緒激昂的信中④說：「伯爵們和護民官們來了，他們強迫我趕快移交巴錫里卡，並聲稱這是執行皇帝的職權，因為一切都在皇帝的許可權範圍之內。我回答說，如果皇帝所要的是屬於我的東西，例如我的地畝、金錢或諸如此類的私有物，雖然我所有的一切早已屬於窮人，但我絕不拒絕，然而凡是屬於上帝的卻不隸屬於皇權之下，『假如需要我的世襲財產，那麼就請沒收；如果要我的身體，我立刻就去。你們要把我投入縲絏呢，還是把我處死呢？我都將欣然承受。我既不想藉著群眾來保護自己，也不想抱住祭壇哀求性命；我寧願為祭壇喪掉生命。』當我聽說武裝部隊被派往巴錫里卡進行強占的時候，我當真極為震駭，深恐民眾在保衛巴錫里卡時會引起一場屠殺，那就會為全城帶來危害。我祈禱上帝別讓我活著見到這樣一座大城，或整個義大利，遭到毀滅。」

---

③ 巴錫里卡（basilica）是古羅馬斷案、集會的長方形會堂，以後仿此形式建築的教堂亦沿用此名。——譯者

④ 第二十號書信。

這種恐怖並非言過其實，因爲哥德人軍隊很有逞凶蠻幹起來的可能。正如二十年後他們在劫掠羅馬時所做的那樣。

安布洛斯的強硬有賴於群眾的支持。有人斥責他煽動群眾，但他回答說：「不去激動他們是我許可權以內之事，但使他們平靜下來卻在於上帝的掌握。」據安布洛斯說，因爲市民中間沒有一個阿利烏斯教派，所以阿利烏斯教派中誰也不敢挺身而出。當局正式命令他交出巴錫里卡，軍隊也接到命令在必要時使用武力。然而他們終於拒絕使用武力，於是皇帝只好被迫作出讓步。在爭取教會獨立的鬥爭中取得了一次偉大的勝利；安布洛斯證明國家在某些事務上必須服從教會，並藉此建立了一項直到今日仍具有重要性的新原則。

接著他又和狄奧多修斯皇帝發生了一樁衝突。有一所猶太人會堂被焚毀了，東羅馬的伯爵報告說這事出於當地主教的唆使。皇帝敕令懲罰現行縱火犯；同時責令該主教重建這所猶太人會堂。聖安布洛斯既未承認也未否認該主教的共謀；但對皇帝有左袒猶太人反對基督徒情事甚表憤慨。設若該主教違抗命令並堅持到底，那麼他將要變爲一個殉道者。假如他屈服，那麼他將要變爲一個叛教者。假如伯爵決定用基督徒的錢來重建猶太人會堂，在這種情況下，皇帝就要有一個叛教的伯爵，而基督徒的錢財就要被用來支持異端。「難道應該掠奪教會的財物用來爲猶太人的不信建立一所會堂嗎？難道應該把因著基督的恩賜，給基督徒帶來的教會基金移交給不信者的錢庫嗎？」他繼續說：「噢，皇帝陛下，大概這是爲了維持法紀而促使你這樣做吧。然而在顯示法紀，與宗教的大義名分之間究竟哪一項更爲重要呢？審判是需要服從宗教的。噢，皇帝陛下。您沒有聽說過嗎？當朱利安皇帝敕令重修耶路撒冷聖殿時，整理廢墟的人們曾爲烈火焚盡了嗎？」

很明顯，聖安布洛斯的見解認爲，猶太人會堂的焚毀是不該受到任何處分的。這就是教會在獲得了權力之後，立即開始煽動反閃族主義的一個範例。

皇帝和聖安布洛斯間，下一次的衝突給後者帶來了更大的威望。西元三九○年，當狄奧多修斯皇帝在米蘭的時候，帖撒羅尼迦地方的暴徒，殺害了當地駐軍的指揮官。狄奧多修斯得訊後氣憤得無以復加，下令進行了一次駭人聽聞的報復。當群眾被集聚在競賽場時，軍隊突然襲擊他們，毫無差別地屠殺了至少七千人。聖安布洛斯事先曾設法諫止皇帝這樣做，但卻毫無成效。於是他給皇帝寫了一封義正詞嚴的信。這是一封涉及純粹道德問題，絲毫未曾涉及神學或教會權力問題的信件：

「在帖撒羅尼迦人的城裡發生了一件由我事先未能阻止的史無前例的事，事前我曾屢次諫止，當時我已說過這事當眞是極其殘暴的。」

大衛曾屢次犯罪，而且屢次懺悔認罪。⑤狄奧多修斯是否也要這樣做呢？安布洛斯作了以下的決定：「假如陛下幸臨，我是不敢獻祭的。既然使一個無辜者流血之後都不能獻祭，難道而今在使眾人流血之後倒能獻祭嗎？我認爲這是斷然不可以的。」

皇帝懺悔了，在米蘭教堂裡脫下紫袍，當眾舉行了懺悔式。自從那時起一直到西元三九五年狄奧多修斯逝世爲止，他和安布洛斯間從未再發生過任何摩擦。

⑤ 引喻《撒母耳記》的這種提法成為通過整個中世紀抗擊國王時一系列聖經議論的先聲，這種提法甚而也體現於清教徒與司徒阿特王朝的鬥爭中。例如：它曾出現於米爾頓的作品之中。

安布洛斯雖是一個卓越的政治家，但在其他方面卻只不過是其所處的時代的典型人物而已。他像其他教會作家一樣，寫過讚揚童貞的論文；也寫過非難寡婦再嫁的論文。當他確定一所新建教堂地基的時候，可巧在那裡發現了兩具骸骨（據說曾在一次異象中顯過聖），人們發現這兩具骸骨能行奇事，於是安布洛斯宣稱，這是兩位殉道者的骸骨。在他的書信裡，他以當代特徵的輕信姿態敘述了其他奇蹟。作爲一個學者，他不如傑羅姆；作爲一個哲學家，他不如奧古斯丁；但作爲一個智勇兼備、鞏固教會權力的政治家，他卻的確是第一流的人物。

傑羅姆主要是一位著名的翻譯家，他翻譯了拉丁語譯本聖經，這書直到今日仍爲天主教會中公認的聖經。在他以前西方教會在有關舊約全書方面主要依靠從七十人譯本聖經裡譯出的材料。這在一些重要的地方是與希伯來原文不同的。有如我們所見，基督徒們動輒主張自基督教勃興以來，猶太人曾竄改了希伯來文原典中似曾預言彌賽亞的章句。這種觀點已爲有健全學術思想的人證明是站不住腳的；同時也是爲傑羅姆所堅決否認的。他接受了拉比們⑥在暗中給他的幫助，其所以不公開出名，是爲了恐懼其他猶太人。針對基督徒方面的批評，傑羅姆爲自己辯護說：「誰想挑剔這個譯本就讓他去問猶太人。」由於他承認了猶太人認爲正確的希伯來文原典，所以他的譯本在最初曾受到很多人的敵視。可是部分上由於聖奧古斯丁大體的支持，該譯本終爲世人所承認。這是一個偉大的成就，其中包含相當數量的原典批判。

傑羅姆比安布洛斯晚五年出生，西元三四五年誕生於離阿奎雷亞不遠的一個小城斯垂

⑥ 拉比是猶太人法學者的尊稱。——譯者

登，該城於西元三七七年為哥德人所毀。他的家庭雖不富有，但也還殷實。西元三六六年，他去到羅馬，在那裡學習修辭學，並在道德上犯了罪。在遊歷高盧地方之後，他定居於阿奎雷亞，並變為一個禁慾主義者。以後他又在敘利亞的荒野裡隱居了五年。「他住在沙漠裡的時候過著一種嚴格的懺悔生活；其間交織著眼淚、呻吟，與精神恍惚的狀態；同時並被羅馬時代生活的不時回憶所纏繞。他住在一間小屋或一個洞穴裡；賺得自己每天的食糧，並以粗麻布蔽體。」⑦在這時期以後，他旅行到君士坦丁堡，並在羅馬居住了三年。在羅馬他做了達馬蘇斯教皇的朋友兼顧問；在教皇的勸勉下，著手了聖經的翻譯。

聖傑羅姆是一個進行過多次爭論的人。關於聖保羅在加拉太書二章中論及的聖彼得某些有問題的作風，他曾和聖奧古斯丁有過爭論；關於歐利根他曾和他的朋友魯芬納斯決裂；又由於他激烈地反對裴拉鳩斯，從而導致他的修道院遭到了該派暴徒的襲擊。達馬蘇斯教皇逝世後，他好像和新任教皇也發生過爭執；當他住在羅馬時期他曾結識了一些篤信的命婦，他曾說服其中一些人進入了禁慾生活。新任教皇和其他許多羅馬人同樣討厭這件事。由於這事及其他，傑羅姆離開了羅馬遷往伯利恆城，從西元三八六年到西元四二〇年他死為止，一直居住在該地。

在他勸服的婦人當中，值得特別注意的有兩位：寶拉寡婦和她的女兒尤斯特修慕。這兩位婦人特意陪伴他遠途跋涉到伯利恆。她倆屬於最高的貴族階級，這聖人對她倆的態度不能不使人感到一抹勢利氣。當寶拉逝世在伯利恆安葬的時候，傑羅姆在她的墓前寫了一篇墓誌銘：

⑦《尼西亞會議以來諸教父選集》（*Select Library of Nicene and Post-Nicene Fathers*），第六卷，第一七頁。

在這墳墓裡長眠著塞庇歐的孩子，
她是顯赫的阿加曼農一族，
格拉古的後裔，
名門保羅家的女兒：
在這裡安息著爲雙親以及女兒
尤斯特修慕所熱愛的寶拉婦人；
在羅馬婦人中她是第一位不辭艱辛
爲了基督而選擇伯利恆城的人。⑧

傑羅姆寫給尤斯特修慕的一些信是很奇特的。他仔細而又坦率地忠告她保持童貞；他對舊約聖書中某些委婉詞句加以正確的解剖學的解釋；在讚揚修女院生活的樂趣時，他運用了一種性愛的神祕主義的表現方法。修女是基督的新婦；這種婚姻在所羅門的《雅歌》中曾受到讚美。當尤斯特修慕宣誓做修女時，傑羅姆在寫給她母親的一封長信中，寫著以下令人注目的詞句：「您是否因她選擇了做國王的（基督的）妻子的道路；沒有去做士兵的妻子而感到憤懣？她給您帶來了一項高貴的特權，您現在已做了神的岳母。」⑨

⑧《尼西亞會議以來諸教父選集》，第二一二頁。
⑨《尼西亞會議以來諸教父選集》，第三〇頁。

在同一封信（XXII）裡，他對尤斯特修慕本人說：

「希望閨房的祕密永遠守護著你；讓新郎永遠和你在內心中嬉戲；你祈禱嗎？那時你就在和新郎談話；你讀經嗎？那時他就和你交談。當你睡覺的時候，他將從後面來到並把手放入門孔，這時你的心將爲他感動；並會驚醒起來同時說出，『我害了相思病。』於是他會回答說：『我的妹妹，我的新婦，你是一座圈起來的花園，一泓閉鎖的泉水和一道密閉的噴泉。』」

在同一封信裡他又敘述，當他斷絕了親友，「更困難的是，斷絕了慣用的美味佳餚之後，」他仍舊戀戀不捨他的藏書，於是他把它們隨身帶到荒野裡去。「如此像我這樣一個可憐的人卻只爲了以後能讀到西塞羅的作品而寧願絕食。」經過幾晝夜的良心譴責，他重又墮落，並讀了普勞圖斯⑩的作品。在這種放縱之後，他感覺到先知們的文體頗粗劣而可厭。終於在一次熱病中，他夢見在最後審判的時候，基督問他是什麼人，他回答說他是一個基督徒。於是基督回答說：「你在撒謊，你是個西塞羅的信徒；而不是基督的信徒。」於是他被判以鞭笞的刑罰，最後傑羅姆乃在夢中喊道：「主！如果我再持有世俗的書籍，或如果我再閱讀這類東西，我便是自絕於我主了。」他並附帶說：「這絕不是夢囈或空虛的夢幻。」⑪

此後幾年中，在他的書簡裡幾乎沒有引用過什麼古典詞句。然而過了一個時期之後，他又

⑩ 羅馬的喜劇作家（西元前二五四？—前一八四年）。——譯者

⑪ 對於異教文學的這種憎惡，一直延續到西元十一世紀。愛爾蘭則是例外，在那裡人們從未敬拜過奧林帕斯的諸神，所以教會對它們也未感到恐懼。

在文章裡引用了維吉爾、霍拉斯，甚至歐維德的詩句；然而這些引用則似乎出於回憶，因爲其中某些詞句曾一再地重複出現。

據我所知傑羅姆的書信，比任何其他作品，更爲顯明地表達了由於羅馬帝國衰亡而產生的感情。西元三九六年時他寫道：⑫

「想起現代的各種災難，使我覺得不寒而慄。連續二十年以上，從君士坦丁堡到朱利安阿爾卑斯山區之間天天流著羅馬人的鮮血。塞西亞、色雷斯、馬其頓、達西亞、特薩里、亞該亞、愛卑路斯、達爾馬其亞以及潘納尼亞等地方，沒有一處不被哥德人、撒馬其亞人、庫阿第人、阿蘭人、匈奴人、汪達爾人，以及邊境人燒殺劫掠……羅馬世界在不斷衰落中：可是我們不但不低頭，反而昂起頭來。你想在野蠻人統治下的哥林多人、雅典人、拉西第蒙人、阿加底亞人以及其他希臘人，竟是具有何等勇氣。我只列舉了少數城市，但是這些城市都曾是一些並不平凡的國家的首都。」

他繼續敘述匈奴人在東羅馬帝國進行的破壞，並以這樣的感想結尾：

「即使修昔的底斯和撒魯斯特再生，他們也終將無法恰如其分地敘述這些史實。」

過了十七年以後，也就是羅馬被劫掠後第三年，他寫道：⑬

「世界瀕於滅亡：是的！然而多麼可恥，我們的罪卻繼續存在和不斷發展。這座名城，羅

---

⑫ 第六十號書信。
⑬ 第一百二十八號書信。

馬帝國的首都，被一次巨大的火災所吞噬；地面上沒有一處羅馬人不在奔走逃亡。被人一度認爲神聖的教會，今天只不過是一片瓦礫與灰燼。然而我們還讓我們的心去貪圖利欲。我們就像明天行將死亡似的生活著；可是我們又好像將要永遠活在世上似的從事著建設。我們的牆裝飾得金碧輝煌，天花板和柱頭也都閃爍著金光；但基督卻以窮人的姿態赤裸裸地餓死在我們的門前。」

以上這一段話偶然出現在他寫給一個決心讓女兒做修女的朋友的信裡。信中大部分是關於教育這樣一個女孩時應該遵守的各種戒律。奇怪的是：以傑羅姆對古代世界衰亡所持有的深厚感情，竟會認爲保持童貞比戰勝匈奴人、汪達爾人以及哥德人更爲重要。他的思想從來沒有轉向經國濟世的任何策略；他從未指責財政制度的腐敗和依賴由蠻族組成軍隊的弊害。安布洛斯和奧古斯丁的情形也是這樣；安布洛斯的確是一位政治家，但他卻是個專爲教會利益著想的政治家。當時最優秀最活躍分子的心志既然這樣極端遠離世俗事物，也就無怪乎羅馬帝國終至衰微沒落下去了。另一方面，如果衰亡無可避免，基督教世界觀倒非常適合給人以忍耐；同時當地上的希望似要落空的時候，它又能使人保持其宗教上的希望。聖奧古斯丁所著《上帝之城》一書，在表現這種觀點方面有著最高的功績。

在本章中我想先敘述一下聖奧古斯丁的爲人；關於他作爲一個神學家和哲學家的事蹟將留在下一章中加以論述。

奧古斯丁生於西元三五四年，比傑羅姆小九歲；比安布洛斯小十四歲。他是個非洲本地人，並在非洲度過了大部分生涯。他母親是個基督徒，但父親卻不是。他於一度信奉摩尼教之後改信了天主教，在米蘭接受了安布洛斯的洗禮。大約在西元三九六年做了離迦太基不遠的希波地方的主教，並在這裡一直居住到西元四三〇年逝世時爲止。

我們對於他的青少年時代比對其他大多數傳教者所了解得更爲詳盡，因爲他在他的《懺悔錄》（*Confessions*）中寫下了這一時期的紀錄。這書在後世儘管有過許多著名的效仿者，尤其是盧梭和托爾斯泰，但我想在奧古斯丁以前卻從未有過與此媲美的著作。聖奧古斯丁有許多地方是和托爾斯泰很相類似的，但是在智力方面則凌駕於托爾斯泰之上。他是一個富有熱情的人，在青年時代頗爲放蕩不羈，但一種內心衝動卻在促使他去尋求眞理與正義。有如托爾斯泰那樣，在他晚年的時候也頗爲罪惡的意識所纏繞，因而使得他的生活變得很嚴峻；使得他的哲學也變得不近人情。他和異端進行過熾烈的鬥爭，但當他的一些觀點，在西元十七世紀爲冉森尼烏斯重述時，卻被認爲異端。雖然如此，在新教徒採納了他的觀點以前，天主教會卻從未非難過這些觀點的正統性。

《懺悔錄》中記載的關於奧古斯丁生涯中的第一件事，是在他的少年時代發生的。通過這事說明他和其他少年並沒有什麼顯著的區別。有一次他和一夥年歲相仿的同伴偷摘了鄰居樹上的梨。這時他並不感到飢餓，而且在他家中還有更好的梨。他終身一直認爲這是一種幾乎令人難以置信的邪惡。假如因爲餓，或由於沒有其他辦法得到梨吃，那麼這種行爲還不至於那麼邪惡。但事情卻在於這種惡作劇純然出自對邪惡本身的愛好，而正是這一點才顯得這事邪惡得不可名狀。於是他請求上帝寬恕他：

「噢，上帝，請你鑑察我的心！請你鑑察我這顆落到地獄底層也爲你所憐憫的心吧！現在請你鑑察並讓我的心向你述說：它在那裡追求什麼？它希望我做個無端的惡者，在沒有邪惡引誘的時候，去追尋邪惡本身。它汙穢骯髒，但我卻愛它；我熱愛滅亡，我熱愛自己的過錯，我並不愛導致過錯的原因，而是愛我這過錯本身。從天界墜落。從你面前被逐的汙穢的靈魂啊；竟不是通過這恥辱來追求什麼，而是追求這恥辱本身！」⑭

他這樣繼續寫下了七章，而且全都是關於年幼淘氣時從一棵樹上偷摘了幾個梨的問題。在一個現代人看來，這似乎是一種病態；⑮但是在他所處的時代，這卻似乎是正確的，是神聖的一種標誌。當時猶太人中間非常強烈的罪惡意識，是作爲調和自尊心與外界失敗的一種方法。亞威是全能的神，而亞威又特別關切猶太人；可是他們卻爲何不能興盛呢？因爲他們是敗壞的：他們是偶像崇拜者，他們和外邦人雜婚，他們未能遵守律法。上帝的一切目的都集中在猶太人身上。然而，因爲公義是最高的善；同時又有待於通過苦難才能達成，所以他們必先遭受懲戒，和必須承認這種懲戒是上帝慈愛的一種表現。

基督教徒以教會代替了選民，除開其中一點以外，其於罪惡心理並沒帶來什麼不同之處。教會，有如猶太人一樣也遭受了苦難；教會曾受到異端的騷擾；個別基督徒因不堪迫害以致叛教。雖然如此，猶太人在很大的程度上，卻達成了一項重大的發展，那就是以個人的罪來代替了公共社會的罪。最初是猶太民族犯了罪，因而受到集體地懲罰；但後來罪卻更多地變爲個人問題，因而失去了它的政治性格。及至教會代替了猶太民族，這變化更具備了根本性的意義。因爲教會作爲一個精神實體，是不會犯罪的，而個別罪人猶可與教會斷絕關係。如上所

⑭《懺悔錄》，第二卷，第四章。

⑮ 我必須把聖雄甘地（Mahatma Gandi）除外，他的自傳中包括著與上述章節極其近似的一些段落。

述，罪惡是與自負心相關聯的。最初所謂自負心指猶太民族的自負心，而後便成爲個人的自負心——但與教會無關，因爲教會從來不犯罪。因而基督神學有了兩個組成部分：一部分關係到教會；另一部分則關係到個人的靈魂。及至後世，天主教徒特別強調前者；而新教徒卻強調後者。但在聖奧古斯丁二者卻是均等存在的，絲毫沒有不調和的感覺。得救者是上帝預先決定拯救的人；這是靈魂和神的一種直接關係。但一個人若不接受洗禮成爲教會的一員則絕對不能得救；這就使得教會成爲靈魂與上帝之間的媒介。

對這種直接關係來說，罪惡是個根本性的問題。因爲它說明仁慈的上帝如何能讓人受苦，同時，儘管如此，個人的靈魂卻又能在神造的世界中占最重要的地位。因此，無怪乎成爲宗教改革所倚重的神學卻要出於一個罪惡觀念反常的人物了。

關於梨的問題就敘述到這裡爲止。下面讓我們看一下《懺悔錄》對其他一些問題的提法。

奧古斯丁敘述：他如何倚著母親的雙膝輕鬆愉快地學會了拉丁語，但他卻討厭希臘語，因他在學校裡學希臘語的時候，「曾受到殘酷的威脅和懲罰」。以致到了晚年，他的希臘語知識還很有限。從這個問題的對比來看，人們可能認爲他會得出一條教訓用以支持溫和的教育方法；可是他所說的卻是：

「十分明顯，自由的好奇心比可怕的義務感更有力地促使我們學會這些事物。按照你的律法只有這種義務感才能限制那自由的動搖，噢，我的上帝！你的律法，從師父的棍棒以至於殉道者的試煉，因爲你的律法具有給我們混入某種有益的苦痛的效力，這種苦痛會召喚我們遠離那有害的歡樂——正是由於這歡樂我們才離開了你——重新回到你的面前。」

教師的鞭策雖然沒能讓他學會希臘語，但卻醫治了他那種有害的歡樂。根據這一理由，鞭策也成爲教育工作中值得嚮往的一部分。對於那些把罪惡認爲是人類所關心事務中最重要的人來說，這種看法是合乎邏輯的。他進一步指出，他不止在兒童時代犯了罪，例如：說謊和偷竊食物等，而是在更早的時期就已犯了罪；他當眞用了一整章的篇幅（第一卷第七章）證明甚至啜乳的嬰兒也充滿了罪惡，例如：貪食、嫉妒和其他一些可怕的邪惡。

當他進入青春期以後，他被情慾制服了。「當我的肉體到達十六歲的那年，當出於人間邪惡的情慾，肆其淫威支配了我——雖然這曾爲你的律法所禁止——而我則完全委身於其中的時候，我簡直無從得悉我的處境，以及我究竟距離你天庭的喜樂有多遠？」⑯

他父親沒有爲防止這種壞事而操心，他只是對奧古斯丁的學業給予幫助。他的母親聖蒙尼卡和他父親相反勸他要保持童貞，但卻毫無成效。然而即便是他母親在當時也沒建議他結婚，「唯恐家室之累會妨礙我的前途」。

十六歲時，他去到迦太基。「在我的周圍沸騰著無法無天的愛情。我現在還沒有戀愛，然而卻在熱愛著戀愛；同時出於一種根深蒂固的願望，對自己無所願望感到憎恨。我尋求我能戀愛的人，熱衷於戀愛，並憎恨安全……當時愛與被愛對我來說都是甜蜜的；尤其在我享受我的愛人時，那就更爲甜蜜。因此我竟以淫欲的汙物玷汙了友誼的清泉；以淫猥的地獄遮掩了它的

⑯《懺悔錄》，第二卷，第二章。

光輝。」[17]這些話敘述了他和一位多年衷心相愛的婦人的關係；[18]她爲他生了一個男孩，奧古斯丁也很愛這個孩子，在他改宗之後，曾特別關心這孩子的宗教教育。

他和他母親必須開始考慮他應該結婚的時候到了。他和他母親所讚許的一個少女訂了婚。於是他必須和他以前的情人斷絕關係。他說：「我的情人，作爲我結婚的障礙，被人從我身邊扯走了。我這顆依戀著她的心被人扯裂、受傷和流著鮮血。她把孩子留給我，自己回到非洲（當時奧古斯丁住在米蘭）；並向你[19]發誓絕不結交其他男人。」[20]但由於未婚妻年幼，兩年之內尚不能舉行婚禮，其間他又結識了一個情人，但這次卻不如以前那麼公開，並且很少爲人所知。他的良心使他越發不安了。於是他經常禱告說：「主啊，賜給我貞操和克制吧，只是不要在當前。」[21]在他婚期尚未到來以前，宗教終於獲得了全勝，此後他終生一直過著獨身生活。

現在讓我們回敘一下較早的時期：十九歲那年，當他精通了修辭學之後，西塞羅的作品重新把他引向了哲學。他試著閱讀聖經，但發現它缺乏西塞羅式的威嚴。就在這時期他信奉了摩尼教，這事曾使他母親大爲傷心。他當了修辭學的專業教師。但也熱衷於占星術，晚年時因占

---

⑰《懺悔錄》，第三卷，第一章。
⑱同上書，第四卷，第二章。
⑲指上帝。——譯者
⑳《懺悔錄》，第六卷，第十五章。
㉑同上書，第八卷，第七章。

星術教導：「你的罪之所以不可避免，其原因在於天上。」[22]而厭棄了它。他盡量閱讀拉丁文的哲學書籍；他特別提及，在沒有教師的幫助下，理解了亞里斯多德的十大範疇。「我這個邪情惡欲的萬惡奴才，自行閱讀了一切所謂『文藝』之書；懂得我所能讀到的一切，可是這究竟於我自己有了什麼益處？……因爲我背向光明，面對著被光照亮的東西；因而我的臉面……本身卻未得到光輝的照耀。」[23]這時他認爲神是一個巨大的光輝物體，而他本身則是那物體的一部分。我們本來期待他詳述一下摩尼教的教義，而不只是指出它們之爲荒謬。

使人感到興趣的是：聖奧古斯丁反對摩尼教最初的一些理由卻是有關科學的。當他回憶，從一些卓越的天文學家作品中所學到的一些知識時，他說：[24]「我把那些作品和摩尼基烏斯所說的對比了一下，他以狂人式的愚蠢大量寫下了內容豐富的關於冬至、夏至、春分、秋分、日月蝕以及其他被我從世俗哲學書籍中學到的有關問題的論證，沒有一樣能夠使我滿意，但是我卻被命令著相信這些，它們不但不符合我自己推算與觀察的結果而且還與它們互相悖謬。」他特別細心地指出，科學上的錯誤不能成爲信仰方面錯誤的標誌；只有以權威自居，說成是得自神的靈感時，那才成爲信仰方面錯誤的標誌。這令人設想，如果奧古斯丁生在伽利略所處的時代，那麼他又將作何感想。

㉒《懺悔錄》，第四卷，第三章。

㉓同上書，第四卷，第十六章。

㉔同上書，第五卷，第三章。

為了想解決他的疑問，摩尼教中一位以學問最為著稱的主教浮士德會見他並和他進行了辯難。「我首先感到他除了語法以外，對其他各門科學是極端無知的；而且即便是對於語法的知識也還是普通一般而已。但是他曾經讀過塔利的《講演集》，一小部分塞涅卡的著作，某些詩集，以及幾本帶有邏輯性的拉丁文摩尼教經卷。由於他素常習慣於講話，掌握了一定程度的雄辯術，而且受到良知的統轄，顯得如此溫文爾雅，因而使人感到他的雄辯十分愉快而動聽。」㉕

他發現浮士德完全不能解決他在天文學方面的疑難。他說：摩尼教著作中「充斥著一些冗長的關於天空、星宿、太陽和月亮的神話」這些和天文學家的發現是不一致的；當他問浮士德這些事情的時候，浮士德便坦率地承認了他的無知。「正是如此，我卻更喜歡他了。因為一個正直人的謙虛比我所要探求的知識是更有魅力的；而我發現他在一些更為困難更為微妙的問題上也還是如此。」㉖

這種見解當眞是驚人的豁達，是我們不會期待於那個時代的。而且，這和奧古斯丁晚年對待異端者所持的態度也還不十分協調。

這時，他決定到羅馬去。據他說，這倒不是因為在羅馬教師的收入比迦太基優厚；而是因為聽說那裡上課時的秩序較好。在迦太基，學生們鬧得幾乎無法授課；在羅馬，雖說課堂秩序

㉕《懺悔錄》，第五卷，第六章。

㉖同上書，第二卷，第七章。

較好，但學生們卻以欺騙的方式來拖欠束脩。

在羅馬時他仍然和摩尼教徒互相來往，但已不大相信他們的正確性了。他開始認爲，學院派的人們主張人應該懷疑一切的說法是正確的。[27]但他仍同意摩尼教徒的看法認爲：「並不是我們本身犯罪，而是其他某種天性（我不知道是什麼天性）在我們內部犯罪」，同時，他相信惡魔是一種具有實體的東西。這明顯地說明在他改宗前後，他曾爲罪惡的問題所纏繞。

在羅馬大約住了一年以後，西馬庫斯長官把他送到米蘭，因爲米蘭市曾要求派遣一位修辭學的教師。在米蘭他結識了安布洛斯，「全世界知名人士中最傑出的人物之一」。他逐漸愛上了安布洛斯的慈祥，並於天主教教義與摩尼教教義二者之間更多地愛上了前者。以前他從學院派學到的懷疑主義卻暫時使他躊躇不前。不過，「由於那些哲學家沒有基督救贖之名，所以我堅決拒絕把我這病弱的心交託給他們來看護」。[28]

在米蘭他和他母親生活在一起；母親對於促成他改宗的最後階段起了很大作用。她是個熱心的天主教徒。奧古斯丁總是以一種尊敬的筆調來敘述自己的母親。在這一期間，由於安布洛斯忙得沒有機會和他私下交談，這時母親便對他更爲重要了。

奧古斯丁於該書中將柏拉圖哲學與基督教教義進行比較的那一章是饒有興趣的。[29]他說主

㉗《懺悔錄》，第五卷，第十章。
㉘ 同上書，第五卷，第十四章。
㉙ 同上書，第七卷，第九章。

在這時賜給他「一些從希臘文譯成拉丁文的柏拉圖主義者的著作。雖然字句有些出入，但根據不同的理由，我於其中讀到以下的旨趣，『太初有道，道與上帝同在，道就是上帝：這道太初與上帝同在；萬物是藉著他造的，沒有他就沒有萬物：他所創造的是生命，這生命就是人的光，光照在黑暗裡，而黑暗卻不接受光。』雖然說人的靈魂『給光作見證』，但他本身『卻不是光』，只有上帝、上帝的道，『才是眞光，它照亮一切生在世上的人』，並且『他在世界之中，而這世界也是藉著他創造的，但世界卻不認識他』。但是我沒有從中讀到：『他到他自己的地方來，他自己的人倒不接待他。凡接待他的，就是信他名的人，他就賜他們權柄，做上帝的兒女。』」他沒有在其中讀到：「道成肉身，住在我們中間」；也沒有讀到：「他就自己卑微，存心順服，以致於死，且死在十字架上」；也沒有讀到：「因耶穌的名，無不屈膝」這些話。

泛言之，他從柏拉圖主義者那裡找到了道（logos）的形而上學教義；但是沒有找到道成肉身，以及人類救贖的教義。與這些教義相似的因素曾存在於奧菲斯教或其他神祕宗教；但奧古斯丁則似乎對此一無所知。總之，這些宗教並不像基督教那樣，與比較近期的歷史事件發生過連繫。

與二元論者的摩尼教徒相反，奧古斯丁開始相信：罪惡並不起源於某種實體，而是起源於意志中的邪惡。

他在聖保羅的著述中找到了特殊的安慰。㉚

㉚《懺悔錄》，第七卷，第二十一章。

經過深刻的內心的鬥爭之後，他終於改了宗教（西元三八六年）；他拋棄了教職、情人和未婚妻；在短期間的蟄居默想後，接受了安布洛斯的洗禮。他母親爲此感到高興，但不久她便死去了。西元三八八年他回到非洲，在那裡度過餘生；這時他完全忙於主教的公務，和進行寫作來駁斥杜納圖斯派、摩尼教以及裴拉鳩斯派等異端。

第四章　聖奧古斯丁的哲學與神學

聖奧古斯丁是一個著述極其豐富的作家，他的著作主要是關於神學問題。他的一些爭論性的文章屬於時事問題，於一旦成功之後隨即失去其所有的意義；但某些文章，特別是關係到裴拉鳩斯教派的文章，卻一直到現代仍然具有其現實的影響。我不想論及他所有的作品，我只是把我認爲具有內在性的，或歷史性的重要論著作一番考察：

第一：他的純粹哲學，特別是他的時間論；

第二：在《上帝之城》一書中所展示的歷史哲學；

第三：作爲反對裴拉鳩斯教派而提出的有關救贖的理論。

1　純粹哲學

一般來說，聖奧古斯丁並不專心致力於純粹哲學，但當他這樣做的時候，卻顯示出很卓越的才能。歷史上有許多人，他們純粹思辨的見解曾受到符合經文必要性的影響，奧古斯丁在這一長串人物中則占據首要位置。然而這種情況對早期基督教哲學家們，例如：對歐利根來說，便是不適合的。在歐利根的著述中基督教和柏拉圖主義同時並存，且不互相滲透。與此相反，在奧古斯丁的著述中純粹哲學的獨創思想卻受到柏拉圖主義在某些方面，與《創世記》不相協調這一事實的刺激。

在聖奧古斯丁的著作中，《懺悔錄》第十一卷是最好的純粹哲學作品。一些普通版本的《懺悔錄》只有十卷，因爲十卷以後的部分是枯燥乏味的；其所以枯燥乏味正是由於這一部分不是傳記，而是很好的哲學。第十一卷涉及的問題是：假如創世有如《創世記》第一章，有如奧古斯丁反駁摩尼教徒時所主張的那樣，那麼，創世一事是應該盡早發生的，於是他就這樣假想著一個反對者，從而展開了他的論證。

爲了理解他的解答，首先必須認清舊約全書中無中生有的創造，對於希臘哲學來說是一個完全陌生的概念。當柏拉圖論及創世時，他想到的是一種由上帝賦予形相的原始物質；而亞里斯多德也是如此看法。他們所說的上帝，與其說是造物者不如說是一個設計師或建築師。他們認爲物質實體是永遠的和不是被造的；只有形相才是出於上帝的意志。與此見解相反，聖奧古斯丁像所有正統基督教徒所必須主張的那樣，主張世界不是從任何物質中創造出來的，而是從無中創造出來的。上帝創造了物質實體，他不僅僅是進行了整頓和安排。

希臘人認爲不可能從無中創造的這一觀點，曾斷續地出現在基督教時代和導致了泛神論的產生。泛神論認爲上帝與世界是不能區分的；世上所有的東西都是上帝的一部分。這種見解在斯賓諾莎的著作中得以充分地發展，並使得幾乎所有神祕主義者受到了它的吸引。在基督教的所有世紀中，神祕主義者在奉守正統教義方面一直感到困難，因爲他們難於相信世界是存在於上帝之外的。但奧古斯丁在這一點上卻未感到困難；因爲《創世記》已講得很清楚，這對他來說是已經足夠的了。他對於這一問題的見解對他的時間論有著重要意義。

世界爲什麼沒有更早地被創造呢？因爲不存在所謂「更早」的問題。時間是與創世的同時被創造出來的。上帝，在超時間的意義上來說，是永恆的；在上帝裡面，沒有所謂以前和以後，只有永遠的現在。上帝的永恆性是脫離時間關係的；對上帝來說一切時間都是現在。他並不先於他自己所創造的時間，因爲這樣就意味著他存在於時間之中了。而實際上，上帝是永遠站在時間的洪流之外的。這就導致奧古斯丁寫出了令人十分欽佩的時間相對性理論。

「那麼什麼是時間呢？」他問道，「如果沒有人問我，我是明白的；如果我想給問我的人解釋，那麼我就不明白了。」種種困難使他感到困惑不解。他說，實際存在的，既非過去；又非未來；而只是現在。現在只是一瞬間，而時間只有當它正在經過時才能加以衡量。雖然如此，也確乎有過去和未來的時間，於此，我們似被帶入矛盾之中。爲了避免這些矛盾奧古斯丁找到的唯一方法就是說，過去和未來只能被想像爲現在：「過去」必須與回憶相等同；而「未來」則與期望相等同，回憶和期望兩者都是現存的事實。他說有三種時間：「過去事物的現在，現在事物的現在，以及未來事物的現在。」「過去事物的現在是回憶；現在事物的現在是視覺；未來事物的現在是期望。」①說有過去、現在和未來三種時間，只是一種粗率的說法。

他也了解用這種理論實際上並沒有解決所有的困難。他說：「我的心渴望知道這個最爲錯綜複雜的謎。」他祈禱上帝開導他，並向上帝保證，他對這個問題的關心不是出於無聊的好奇心。「主啊！我向你坦白，我對於時間之爲何物依然是盲無所知的。」但他所提出的解答要點是，時間是主觀的：時間存在於進行期望考察和回憶者的精神之中。②因此，如果沒有被創造

①《懺悔錄》，第二十章。
②《懺悔錄》，第二十八章。

之物，也就不可能有時間，[③]因而談論創造以前的時間是毫無意義的。

我自己不同意這種把時間說成某種精神產物的理論。然而很顯然這卻是很卓越的理論，值得人們認真地加以考慮。我可以更進一步說，比起希臘哲學中所見的任何有關理論，這個理論乃是一項巨大的進步。它比康德的主觀時間論——自從康德以來這種理論曾廣泛地爲哲學家們所承認——包含著更爲完善，更爲明確的論述。

說時間只是思維的一個方面的這種理論，是主觀主義的一種極端的形式。有如我們所見，這種主觀主義是在古代從普羅泰戈拉和蘇格拉底時代以來，逐漸成長壯大起來的。這種理論的感情方面是受到罪惡縈繞的一種觀念，但這個方面比其智力方面的發生爲期較晚。聖奧古斯丁提出了兩種主觀主義，主觀主義不僅使他成爲康德時間論的先驅；同時也成爲笛卡兒的「**我思想**」（cogito）[④]的先驅。奧古斯丁在《獨語錄》（*Solioquia*）中這樣說：「你這求知的人！你知道你存在嗎？我知道。你是從什麼地方來的呢？我不知道。你覺得你自己是單一的呢還是複合的呢？我不知道。你覺得你自己移動嗎？我不知道。你知道你自己在思維嗎？我知道。」這一段話不僅包括了笛卡兒的「我思想」；同時也包括了伽桑地的「**我行走所以我存在**」（ambulo ergo sum）的回答。因此，作爲一個哲學家，奧古斯丁理應占據較高的地位。

---

③ 同上書，第三十章。

④ 指笛卡兒所說的cogito ergo sum（我思故我在）而言。——譯者

2 上帝之城

西元四一〇年當羅馬被哥德族劫掠的時候，異教徒很自然地把這場災難歸咎於不再信仰古代諸神的結果。他們說，在信奉朱比特時，羅馬一直保持著強盛；但現在皇帝們都不再信奉他，所以他也不再保護羅馬人了。異教徒的這種議論需要給以答覆。從西元四一二年到四二七年間陸續寫成的《上帝之城》就是聖奧古斯丁的解答。然而這部作品隨著寫作的進展，概括面也變得越發廣泛起來，並終於發展成爲一部有關過去、現在和未來的全部基督教歷史綱要。在整個中世紀中，特別在教會對世俗諸侯的鬥爭中，這部書曾產生過巨大的影響。

這部作品和其他一些偉大作品一樣，再讀時較初讀時，會在讀者的記憶中留下某些更好的感受。書中包括爲現代任何人所難以接受的許多內容，而且該書的中心命題曾爲當代一些不重要的因素所掩蔽。但有關世俗之城與上帝之城對比的廣闊概念卻仍然給許多人以甚深的感召，以致在今日我們仍能以非神學的術語加以重述。

在介紹這部作品時，如省略其細節而集中於其中心思想，這就會流於過分的讚揚；相反，如集中介紹其細節，那麼就勢將忽略其中最精華及最重要的部分。因此我將試圖避免這兩方面的錯誤，首先敘述其中的某些細節，然後再按歷史的發展過程論及書中的一般理念。

該書起自羅馬遭劫而引起的一些考察，它試圖闡明在基督教以前的時代裡甚至發生過更壞的事情。這位聖徒說，異教徒經常把災難歸咎於基督教，可是他們當中許多人，在被劫掠期間就曾跑進教會中避難；因爲蠻族哥德人信奉基督教，他們是尊重教會的。與此相反，當特羅伊遭受劫掠時，朱諾神殿不僅未成爲人們的避難所，而且諸神也未守護該城免遭破壞。羅馬人從未寬恕過被征服諸城的神殿，但當羅馬被劫掠的時候，它卻受到較爲緩和的對待，而這種緩和正是由於有了基督教的緣故。

由於以下各種原因在這次劫掠中受害的基督徒是沒有權利訴苦的。一些邪惡的哥德人固可藉著犧牲基督徒的利益發財致富，但在來世他們是要受苦的；如果所有罪惡都在地上受到懲罰，那麼最後的審判就不必要了。如果基督徒是有德行的話，他們所忍受的必然予他們的德行有所增益。因爲對聖徒來說，丟掉了現世的東西，並不意味著丟掉任何有價值的東西。如果他們死後得不到埋葬，也是無關緊要的，因爲貪婪的野獸並不能阻撓肉體的復活。

接著便論到在劫掠期間一些信仰虔誠的處女遭受強姦的問題。顯然有些人認爲這些女性之失掉了處女性冠冕，並非由於她們自己的過失。但聖奧古斯丁卻非常明智地反對這種見解。「咄！別人的情慾是不會玷汙你的。」貞潔是內心的品德，它是不會因強姦而失去的；罪惡的意圖，即使尚未實踐，卻會使你失去它。他暗示，上帝所以允許強姦是因爲那些犧牲者對自己的節欲過分自負的緣故。爲了逃避強姦而自殺是邪惡的；由此引起他對魯克蕾莎⑤的長篇議論，他認爲魯克蕾莎不應該自殺，因爲自殺永遠是一種罪惡。⑥

---

⑤ 魯克蕾莎：是羅馬名將柯拉提努斯的妻子。因受到王子賽克斯圖斯．塔爾克紐斯強姦而自殺。從此，柯拉提努斯乃興兵，推翻王制，建立了共和制。據羅馬史家蒂圖斯．李維烏斯記載，此事發生於西元前五一〇年。——譯者

⑥ 美國版在此有「除非在像參孫所處的情況下」一句。——中譯本編者

在爲被強姦的一些有德的婦女的辯護中，有一個保留條件：她們不得樂於受姦，否則她們便爲有罪。

接著他就論到異教諸神的邪惡。他說：「你們的那些舞臺劇，那些不潔的展覽，那些淫蕩的異教神，並非由於人們的敗壞始而孕育於羅馬，它們之所以被育成正是由於受到了你們這些神的直接命令。」⑦崇拜一個像塞庇歐這樣的有德者，是比崇拜這些不道德的神祇更有教益的。基督教無需爲羅馬的遭劫而煩惱，因爲他們在「上帝的巡禮者之城」中自有其避難的處所。

在現世裡，這兩個城——地上之城和天上之城是混爲一體的；但在來世，被神所預先選定的得救者同被神厭棄者將被分別開來。在今世，即便在似乎是我們的敵人中間，誰將成爲選民一事，也是我們無從知道的。

他告訴我們，書中最難的部分是對哲學家的駁斥，因爲基督徒和一些卓越的哲學家在很大的程度上是一致的——例如：關於靈魂不死，以及上帝創世的理論。⑧

哲學家不放棄對異教諸神的信仰，但由於異教諸神是邪惡的，因而他們的道德教訓也就不足爲訓了。書中並未暗示異教諸神僅僅是些寓言；聖奧古斯丁認爲他們是存在的，但他們卻全都是些魔鬼。因爲他們想加害於人，所以他們願意傳布一些有關他們自身的猥褻故事。對大部

---

⑦《上帝之城》，第一卷，第三十一章。

⑧《上帝之城》，第一卷，第三十五章。

分異教徒來說，朱比特的各種行爲比柏拉圖的原理和伽圖的見解更有影響。「柏拉圖不讓詩人居住在一個治理完善的城邦裡，這顯得他本人比那些想用舞臺劇來讚揚的諸神更有價值。」⑨

他說自從羅馬人強姦了薩賓⑩婦女以來，羅馬一直變得甚爲邪惡。奧古斯丁用了好幾章篇幅敘述羅馬帝國主義深重的罪孽。他認爲羅馬在成爲基督教國家之前，從未受過苦難的說法是不眞實的，它從高盧人的入侵和內戰中所遭受的苦難，不但與哥德人帶來的苦難不相上下，並有過之而無不及。

占星術不僅是邪惡的，而且是虛僞的；這可以從具有同樣生辰時刻雙胎兒的不同命運得到證明。⑪斯多噶學派對於命運之神的看法（這與占星術有關）是錯誤的，因爲天使和人們都有自由意志。上帝誠然預知我們的罪，但是我們並不因爲上帝的預知而犯罪。另外，認爲道德，即或在今世，會給人帶來不幸的想法也是錯誤的：身爲基督徒的皇帝們，如果有德即或遭遇不幸也是快樂的，君士坦丁和狄奧多修斯二位皇帝就相當幸福。再者，當猶太人堅信宗教眞理的

⑨ 同上書，第二卷，第十四章。

⑩ 據說羅馬建國之初在羅繆魯斯當政期間，羅馬人因缺少年輕女子，乃陰謀舉行節慶，邀請了鄰族薩賓人參加。於是羅馬青年們遂乘機擄掠了薩賓人的女孩子們。吃驚與受辱的父母們逃回薩賓後，乃引兵前來奮戰。其間，這些女孩子們已結識了羅馬人，因而便奔向戰場兩軍中間，哭喊著迫使雙方停戰議和。此後羅馬與薩賓之間終於結成了一國家。——譯者

⑪ 這一論證並非奧古斯丁所獨創；它導源於雅典學院的懷疑派，卡爾內亞德。參看庫蒙（Cumont）著：《羅馬異教中之東方宗教》（*Oriental Religions in Roman Paganism*），第一六六頁。

期間，猶太人的王國一直得以延續。

書中有一段對柏拉圖極表同情的敘述，他把柏拉圖置於所有其他哲學家之上。他認為一切哲學家都該讓位於柏拉圖：「讓泰利斯和他的水一道去吧，讓阿那克西美尼和空氣一道去吧，斯多噶學派和火一道去吧，伊比鳩魯和他的原子一道去吧。」⑫所有這些人都是唯物主義者；柏拉圖卻不是。柏拉圖認為上帝不是什麼具有形體的事物；但所有事物都從上帝以及某種恆常不變者那裡獲得其存在。柏拉圖說知覺不是眞理的源泉這一點是正確的。柏拉圖主義者在邏輯學和倫理學方面最為卓越，同時也接近基督教。「據說普羅提諾，此人不久以前還活在世上，最為理解柏拉圖。」至於亞里斯多德，他雖比柏拉圖遜色，但卻遠遠超越其他哲學家之上。但他們兩人都說一切神祇都是善良的，和應該受人崇拜的。

聖奧古斯丁反對斯多噶學派譴責一切激情的做法。他認為基督徒的激情可能成為道德的起因；憤怒或憐憫本身不該受到譴責。我們必須探究它的起因。

柏拉圖主義者對上帝的看法是正確的，但對其他諸神的看法卻是錯誤的；他們不承認道成肉身也是錯誤的。

書中關於天使們和魔鬼們有一較長的議論，這種議論是和新柏拉圖主義者有著連繫的，天使們可能是善良的，或是邪惡的；但魔鬼們則總是邪惡的。對天使來說，世俗事物的知識（他們雖然具有這種知識）是卑鄙的。聖奧古斯丁和柏拉圖都認為感性的世界遜色於永恆的世界。

---

⑫《上帝之城》，第八卷，第五章。

書中的第十一卷開始敘述上帝之城的性質。上帝之城是選民的社會。有關上帝的知識，唯有通過基督才能獲得。有一些事物（如在一些哲學家那裡）是可以經由理性發現的；但對進一步有關宗教的一切知識，我們都必須依靠聖經。同時，我們絕不該去了解世界被創造以前的時間與空間：創世以前是沒有時間的，而且在沒有世界的地方也是沒有空間的。

被祝福的一切都是永恆的，但永恆的一切卻不一定都被祝福，例如：地獄和撒旦。上帝預知魔鬼們的罪惡，但也預知它們對改善作爲一個整體的宇宙的作用，這和修辭學中的對句是類似的。

歐利根認爲，身體是作爲一種懲罰給予靈魂的這一看法是錯誤的。假若這樣，邪惡的靈魂行將有邪惡的身體；但是魔鬼們，甚至最邪惡的魔鬼都有縹緲的身體，而這卻比我們的身體還要高級。

上帝在六天內創造了世界的理由是因爲六是一個完全數（即等於它的各個因數之和）。

天使有好的，也有壞的；即使壞天使也沒有一種與上帝相違背的本質。上帝的敵人並不是出於其本性，而是出於其意志。邪惡的意志沒有**動力因**，而只有**缺陷因**；它不是一個**結果**，而是一種**缺陷**。

創世以來還不到六千年。歷史並不像哲學家所設想的那樣是循環的：「基督爲了我們的罪惡只死一回。」⑬

---

⑬《新約・羅馬人書》（*Romans*），第六章。

如果我們最初的祖先未曾犯罪，他們將不至於死亡，但因爲他們犯了罪，所以他們的後代都須死亡。吃了蘋果，不僅帶來自然的死，而且也帶來了永遠的死，即永劫的懲罰。

蒲爾斐利認爲天上聖徒沒有身體的這一看法，是錯誤的。聖徒們要比墮落前的亞當具有更好的身體；他們的身體將是精神的，但不是精靈，並將沒有重量。男人將具男身，女人將具女身，夭折者將以成年人的身體復活。

亞當的罪幾乎給所有人類帶來永恆的死（即永劫的懲罰），但上帝的恩惠卻從中解救出許多人來。罪惡來自靈魂；而不來自肉體。柏拉圖主義者以及摩尼教徒把罪惡歸咎於肉體本性這一點都是錯誤的。當然柏拉圖主義者的錯誤還不如摩尼教徒之爲甚。由於亞當所犯的罪而對全體人類施加的懲罰是正當的；因爲，由於這次犯罪的結果，害得本可具有靈體的人落得了肉慾的心。⑭

這個問題導向有關性慾的一段冗長而又煩瑣的議論。按此，則我們之爲性慾所困正是由於對亞當所犯罪愆的一部分懲罰。這段議論從其顯示了禁慾主義的心理來說是很重要的，我們必須加以申述。儘管聖者奧古斯丁自認這個題目是荒唐的，但我們出於以上的理由，也還須加以申述。其學說如下：

如果爲了繁衍後裔，結婚生活中的性交必須被認爲無罪。然而即便在結婚生活中一個有德者也還是願能做到不以色情而爲之的地步。即使在婚姻生活中，從人們希冀隱避來看，人們是

⑭《上帝之城》，第十四卷，第十五章。

以性交為可恥的，因為：「這種來自天性的合法行為（從我們的始祖起）便伴隨著犯罪的羞恥感。」犬儒學派認為人不該有羞恥感，狄奧根尼希冀全面擺脫羞恥感，並希冀在各個方面像狗一樣行事。可是就連他在一次試行之後，也放棄了實踐上這種極端的無恥行為。色情之可恥在於它不受意志的約束。墮落以前的亞當和夏娃，或可能有過沒有色情的性交——儘管事實上並不如此。工匠從事工作，當他們揮動手臂的時候，並不感到色情；同樣只要亞當當日曾經遠離蘋果樹，他或許能夠不以現在必需的各種感情，來進行性活動。性器官有如身體其他部分一樣也許竟或服從了人們的意志。性交所以需要色情是對亞當所犯罪孽的一項懲罰。設非如此，性慾與快感或竟分道揚鑣。除去某些有關生理的細節，經此書英譯者妥善地保留了原拉丁文恰到好處的朦朧詞句之外，以上所述便是聖奧古斯丁關於性慾的理論。

由此可見禁慾主義者之所以嫌惡性慾顯然在於性慾之不受意志指揮。所謂道德，要求意志對身體的全面控制，然而這種控制卻不足以使性行為有所可能。因此，性行為似與完美的道德生活勢不兩立。

自從亞當犯罪之後，世界被劃為兩個城。一個城要永遠與上帝一同做王，另一個城則要與撒旦一同受永劫的折磨。該隱⑮屬於魔鬼之城，亞伯屬於上帝之城。亞伯，由於神的恩惠，並預定，是世上巡禮者和天國的居民。十二位先祖也屬於上帝之城。關於瑪土撒拉之死的議論，使奧古斯丁涉及了七十人譯本聖經與拉丁語譯本聖經之間意見紛紜的比較問題。根據七十人譯

⑮ 該隱與亞伯：詳見《創世記》，第四章。——譯者

本聖經的記載，應得出瑪土撒拉在洪水以後還活了十四年的結論，但這是不可能的，因爲他未曾搭進諾亞的方舟。拉丁語譯本聖經依據希伯來文原典記載瑪土撒拉死於洪水發生那年。在這一問題上，聖奧古斯丁認爲聖傑羅姆和希伯來原文必定是正確的。有人主張說猶太人出於對基督徒的敵意，故意竄改了希伯來文原文聖經；但這種假說受到了他的駁斥。另一方面，七十人譯本聖經也必曾受到了神的感召。因而，唯一的結論將是托勒密帝的抄寫人在抄寫七十人譯本聖經時出了筆誤。在論及舊約聖經的各種譯本時，奧古斯丁說：「教會一直接受七十人譯本聖經，好像除此以外再沒有其他種譯本，正如許多希臘基督徒只知用這個譯本，並不知另外有否其他譯本一樣。我們的拉丁文譯本也是依據七十人譯本聖經重譯的。然而一個博學的僧侶、偉大的語言學家傑羅姆卻把這本聖經從希伯來原文直接譯成了拉丁文。猶太人雖然證實他精湛的譯文全都正確；並斷言七十人譯本有不少錯誤，但基督的各教會則認爲任何一個人不會比那麼許多人更爲可取，尤其這些人是爲了從事這項工作由大祭司所選定的。」他承認七十人單獨進行翻譯最後取得奇蹟般一致的說法，並認爲這是七十人譯本聖經受到聖靈啓示的一個證明。但希伯來文聖經也同樣受了聖靈的感召。這個結論使得傑羅姆譯本的權威性成爲懸而未決的問題。如果這兩位聖徒未曾對聖彼得的兩面派傾向進行過爭論的話，奧古斯丁也許會更堅決地站在傑羅姆的一邊。⑯

奧古斯丁對聖史和世俗史進行了時代的對比。據此，以尼阿斯來到義大利的年代適值押

---

⑯《新約·加拉太書》（*Galatians*），第二章，第十一—十四節。

頓[17]在以色列做士師，再有，即最後的逼迫是在敵基督者的領導下進行的，但其時日則不得而知。

在寫了反對司法刑訊值得讚賞的一章之後，聖奧古斯丁進而駁斥了那些認爲一切事物都值得懷疑的新學院派。「基督的教會因爲對所理解的事物具有最確切的知識，所以把這些懷疑認爲瘋狂而加以厭棄。」我們應當相信聖經的眞理。他繼而說明離開眞正的宗教就沒有眞正的道德。異教的道德是「爲淫穢的惡魔勢力所玷汙了的」。對於一個基督徒來說是道德的東西，對於一個異教徒正成爲惡德。「有些東西，她（靈魂）似乎認爲是道德，並對此加以垂青，但如果這些東西不完全與上帝有關，那麼，這些與其稱之爲道德，當眞倒不如稱之爲惡德。」不屬於這個社會（教會）的一些人將遭受永遠的困苦。「在我們現世的鬥爭中，不是痛苦取得勝利，然後由死亡來驅盡它的感覺，就是天性取得勝利，並由它來驅盡痛苦。可是在那裡痛苦將永遠作難；而天性則將永遠受苦。二者都將忍受持續的懲罰。」（第二十八章）

復活有兩種，死後靈魂的復活，和最後審判時的肉體復活。在討論關於基督做王一千年的種種困難以及此後歌革和瑪各[18]的行爲之後，他又論及帖撒羅尼迦後書的一處經文（同書，第二章，第十一、第十二兩節）：「上帝就給他們一個生髮錯誤的心，叫他們信從虛謊，使一

---

⑰ 關於押頓，我們僅知他有四十個兒子，三十個孫子，他們這七十個人都騎著驢駒（《舊約・士師記》（*Judges*），第十二章，第十四節）。

⑱ 歌革和瑪各：參看《新約・啓示錄》，第二十章，第七節—九節，指地上受到撒旦欺騙的國民。——譯者

切不信眞理，倒喜愛不義的人，都被定罪。」有人也許認爲全能的上帝首先欺騙他們，然後再由於他們受騙而施以懲罰是不公正的；但聖奧古斯丁則認爲這是不足爲奇的。「由於他們被定了罪所以才受了迷惑；同時由於受了迷惑，所以才被定了罪。然而他們之受迷惑乃是由於上帝的祕密裁判，這種裁判，既祕密而公正，又公正而祕密；自從創世以來他就一直繼續著這種裁判。」聖奧古斯丁認爲上帝不是根據人類的功過，而是肆意把人們劃分爲被揀選的和被遺棄的。所有人都應該同樣承受永劫的懲罰，因此被遺棄的並沒有傾吐不滿的理由。從上述聖保羅的章句中來看，人們之所以邪惡似乎由於他們是被遺棄的，並非由於他們是邪惡的而成爲被遺棄者。

肉體復活後，被定罪者的肉體雖將受到永無止境的焚燒，但並不因此而消亡，這是不足爲奇的；因爲火蛇和埃特納火山就是這樣。魔鬼雖然不具形體，卻能被具有形體的火所焚燒。地獄裡的磨難並不爲人們滌罪，它也不能由於聖徒的求情而有所減輕。歐利根認爲地獄並非永恆的想法是錯誤的。異端信徒和罪惡深重的天主教徒行將受到永劫的懲罰。

這書以敘述聖奧古斯丁所見在天上帝的景象，以及上帝之城中的永遠幸福而結尾。

由以上的概述看來，這部作品的重要性可能還不夠明顯。書中有影響的一點在於教會與國家的分離，它具有這樣明確的含義：國家唯有在一切有關宗教事務方面服從教會才能成爲上帝之城的一部分。自此以後，這種說法一直成爲教會的原則。貫串整個中世紀，在教皇權的逐漸上升期中，在教皇與皇帝間的歷次衝突中，聖奧古斯丁爲西方教會政策提供了理論的根據。猶太人的國家，無論在士師記的傳說時期或在從巴比倫被擄歸來的歷史時期，皆爲神政國家；基督教國家在這一關係上應該仿效猶太人的國家。羅馬諸皇帝和中世紀大部分西歐君主的脆弱性，在很大的程度上，促使教會實現了上帝之城中的理想。但在東羅馬，由於皇帝的強大，卻從未有過這樣的發展，東方教會較諸西方教會遠爲臣服於國家政權。

使聖奧古斯丁的救世教義得以復活的宗教改革，摒棄了他的神政理論，而趨向於伊拉斯特派，⑲這主要是出於對天主教鬥爭時的實際需要。然而新教徒的伊拉斯特主義卻是缺乏熱誠的，新教徒中宗教心最強的一些人仍然受著聖奧古斯丁的影響。再浸禮派第五王國派和貴格派繼承了一部分奧古斯丁的教理，但卻不過分強調教會的作用。奧古斯丁固持預定說，一面又主張洗禮在得救上的必要性；這兩種原則並不十分協調，因而一些極端的新教徒便放棄了後一主張。然而他們的末世論卻依然保留了奧古斯丁的原則。

《上帝之城》一書中包含極少獨創的理論。它的末世論導源於猶太人；其所以導入基督教中來，主要是經由《啓示錄》一書。預定說和有關選民的理論是保羅的，但奧古斯丁卻作了比保羅書信中所作更充分、更邏輯的發展。聖史和俗史的區分，在舊約聖經中已有明確的敘述。奧古斯丁只不過把這些因素融會在一起，並結合其當時的歷史加以敘述，爲使基督徒在信仰方面不致受到過分嚴峻的考驗，而能適應西羅馬帝國的衰亡，以及此後的混亂時期。

猶太人對於過去和未來歷史的理解方式，在任何時期都會強烈地投合一般被壓迫者與不幸者。聖奧古斯丁把這種方式應用於基督教，馬克思則將其應用於社會主義。爲了從心理上來理解馬克思，我們應該運用下列的辭典：

---

⑲ 伊拉斯特主義主張教會必須服從國家的教義。

亞威＝辯證唯物主義
救世主＝馬克思
選民＝無產階級
教會＝共產黨
耶穌再臨＝革命
地獄＝對資本家的處罰
基督做王一千年＝共產主義聯邦

上面的詞彙意味著下面詞彙的感情內容。正是這種夙爲基督教或猶太教人士所熟悉的感情內容使得馬克思的末世論有了信仰的價值。我們對於納粹也可作一類似的辭典，但他們的概念比馬克思的概念較多地接近於純粹的舊約和較少地接近於基督教，他們的彌賽亞，與其說類似基督則不如說更多地類似馬喀比族。

3 裴拉鳩斯爭論

聖奧古斯丁神學最有影響的部分是與反擊裴拉鳩斯異端相關的。裴拉鳩斯是威爾斯人，原名莫爾根，意即「海上之人」，這和希臘語裡的「裴拉鳩斯」一詞的意義相同。他是一個溫文爾雅的僧侶，不像許多同時代人那樣狂信。他相信自由意志，懷疑原罪的教義，並認爲人類的道德行爲，是出於人們在道德方面努力的結果。如果人們規行矩步，並屬於正統教派，那麼，作爲道德的獎賞，人們均將升入天國。

這些觀點在今天看來雖然好像老生常談，但在當時卻引起了一場很大的騷動，並主要通過聖奧古斯丁的反對而被宣告為異端，但是這些觀點卻一度獲得相當大的成功。奧古斯丁不得不給耶路撒冷的教會長老寫信，要他警惕這個詭計多端，曾經勸誘許多東方神學者採納其見解的異端創始人。在奧古斯丁的譴責之後，被稱為半裴拉鳩斯派的一些人曾以一種比較緩和的形式鼓吹裴拉鳩斯教義。又過了許久聖奧古斯丁比較純粹的教義才獲得了全面的勝利，特別在法蘭西，半裴拉鳩斯派於西元五二九年奧蘭治宗教會議時才最後被判為異端。

聖奧古斯丁教導說，亞當在墮落以前曾有過自由意志，並可以避免犯罪。但由於他和夏娃吃了蘋果，於是道德的敗壞才侵入了他們體內，並以此遺傳給他們所有的後裔。因而其後裔皆不能以自力來避免罪惡。只有上帝的恩寵才能使人有德。因為我們都繼承了亞當的原罪，所以我們都理應承受永劫的懲罰。所有未受洗禮而死去的人，即便是嬰孩，也要下地獄和經受無窮的折磨。因為我們都是邪惡的，所以我們是無權對此傾吐不滿的（在《懺悔錄》一書中，聖者奧古斯丁列舉自己在襁褓期所犯的種種罪惡）。但是由於上帝白施的恩惠，在受洗的一些人中將有一部分人被納入天國；這些人就是選民。他們並非由於自己善良而進入天國；除了藉著上帝只施予選民的恩寵，使我們不致敗壞以外，我們大家都是敗壞的。沒有理由可以用來說明為何有些人得救，而其餘的人則將受到詛咒；這只是基於上帝毫無動機的抉擇。永劫的懲罰證明上帝的公義；拯救證明上帝的憐憫。二者同樣顯示出他的善良。

支持這種殘酷教義的各種議論見於聖保羅的著述，特別見於**羅馬人書**——這種教義曾為喀爾文所恢復，並從那時起為天主教教會所拋棄。奧古斯丁對待這些作品有如一個律師之對待法律：他的解釋是很有力的，他使原文表現了無以復加的含義。終於使人設想聖保羅的信仰雖不像奧古斯丁所推論的那樣，但如單獨就其中某些原文而論，則這些地方又確曾暗示奧古斯丁所說的那種含義。對未受洗嬰兒的永劫懲罰不但不認爲駭人聽聞，反而認爲是出於一個仁慈上帝的這種說法可能被人們認爲怪誕不經。然而，由於罪惡的信念深深地支配了奧古斯丁，所以他確實認爲新生嬰兒是撒旦的手足。中世紀教會中許多極其凶惡的事件，都可追溯到奧古斯丁這種陰暗的普遍罪惡感。

只有一個思想上的困難確實曾使聖奧古斯丁感到煩惱。這個困難並不是：因爲人類絕大部分註定要遭受永劫的折磨，從而感到創造人類乃是一件憾事。使他感到煩惱的是：倘若原罪，有如聖保羅所教導，是從亞當遺傳下來的，那麼靈魂與肉體同樣，也必然由父母所生，因爲罪惡是屬於靈魂而不是屬於肉體的。他對於這種教義感到了困難。但他卻說，因爲聖經從未涉及這個問題，所以在這事上得一正確的見解不可能是得救的必要條件，因而他就對之未作結論。

黑暗時期開始之前，最後幾個傑出的知識分子，不但不關心拯救文明，驅逐蠻族，以及改革政治弊端等等，反而大肆宣揚童貞的價值和未受洗禮的嬰孩所受的永劫懲罰，這當眞是十分離奇的。但當我們了解這些便是教會傳給蠻族改宗者的一些偏見時，那麼，我們對於下一時代在殘酷與迷信方面幾乎凌駕有史以來所有時期的原因，就不難理解了。

第五章　西元五世紀和六世紀

西元五世紀是蠻族入侵和西羅馬帝國的衰亡期。西元四三〇年奧古斯丁逝世以後，哲學已蕩然無存；這是一個破壞性行動的世紀，雖係如此，它卻大致決定了歐洲此後發展的方向。在本世紀中英吉利人入侵不列顛，使它變爲英格蘭；與此同時法蘭克人的入侵使高盧變爲法蘭西，汪達爾人入侵西班牙，把他們的名字加給安達盧西亞。聖派翠克於本世紀中葉勸化愛爾蘭人改信了基督教。在整個西歐世界中，粗野的日耳曼人諸王國繼承了羅馬帝國中央集權的官僚政治。帝國中的驛站交通停頓了，大路坍壞了，大型商業因戰爭而無法進行，生活，在政治方面和經濟方面，重新侷限於各個地區。中央集權性的威信僅存於教會之中，但其中卻有著很多困難。

西元五世紀入侵羅馬帝國的日耳曼部族中以哥德人爲最重要。匈奴從東方攻打他們，因此，他們遂被逐到西方。最初他們曾試著征服東羅馬帝國，但卻爲東羅馬戰敗；自此乃轉向於義大利。從戴克里先的時候起，他們便已成爲羅馬的雇傭兵；這使他們學會了一般蠻族無從知道的許多戰術。西元四一〇年哥德王阿拉里克劫掠了羅馬，但卻於同年死去。東哥德族國王奧都瓦克於西元四七六年滅了西羅馬帝國，並統治羅馬到西元四九三年，爲另一東哥德族人狄奧都利克所謀殺。狄奧都利克曾爲義大利王至西元五二六年，關於此人我隨即還要有更多地論及。他在歷史和傳奇故事中都很重要；在〈尼伯龍根之歌〉中他以伯恩人狄特利希的名義出現

（按「伯恩」即是維洛納）。

當時汪達爾人定居在非洲，西哥德人定居在法蘭西南部，而法蘭克人則定居於法蘭西北部。

在日耳曼族入侵中期又有阿替拉率領的匈奴人入侵。匈奴原係蒙古族，但他們卻經常與哥德人結盟。儘管如此，西元四五一年在他們入侵高盧的重大關頭，他們同哥德人發生了爭端；於是哥德人聯合羅馬人於同年擊敗匈奴於莎龍。阿替拉隨即轉攻義大利，並想向羅馬進軍，但教皇列奧卻藉著阿拉利克劫掠羅馬後而死去一事勸阻了他。不過他的克制於他並無補益，因他於翌年也死去了。他死後匈奴的勢力亦隨之衰頹下去。

在此紛紜擾攘的期間，教會頗苦於一場有關道成肉身的糾紛。爭辯中的主角是兩位主教，賽瑞利和奈斯脫流斯，事情或多或少出於偶然，二者中，前者被列聖徒，後者卻被判爲異端。聖賽瑞利大約自西元四一二年至四四四年死去時爲止，身爲亞歷山大里亞的大主教；奈斯脫流斯曾爲君士坦丁堡的大主教。爭論之點在於基督的神性和人性的關係問題上。基督有兩「位」①嗎——人，一神？這便是奈斯脫流斯所持的觀點。設非這樣，是否只有一個本性呢，抑或在一人之中兼有兩種本性，即一人性和一神性呢？這些問題在西元五世紀中曾經導致了令人難以置信的激情和狂熱。「在恐懼混合，和害怕分離基督的神性和人性的兩派之間，釀成了一種祕密的、無從調解的敵意。」

① 位，原書中作person。——譯者

聖賽瑞利，神人一體論擁護者，是一個狂熱分子。他曾利用身爲大主教的職位，幾次煽起對猶太人的集團屠殺，加害於居住在亞歷山大里亞城中大片猶太僑民區中的居民。他的名聲主要是藉著施加私刑於一位傑出的貴婦人希帕莎而獲得。在一個愚頑的時代裡，她熱心依附於新柏拉圖哲學並以她的才智從事於數學研究。她被人「從二輪馬車上拖將下來，剝光了衣服，拉進教堂，遭到讀經者彼得和一群野蠻、殘忍的狂信分子的無情殺害。他們用尖銳的蠔殼把她的肉一片片地從骨骼上剝掉，然後把她尚在顫動的四肢投進熊熊的烈火。公正的審訊和懲罰終因適時的贈賄而消弭於無形」。②從此以後，亞歷山大里亞便不再受到哲學家們的騷擾了。

聖賽瑞利聽到君士坦丁堡在大主教奈斯脫流斯的教導下步入歧途而感到痛心。奈斯脫流斯主張在基督裡面有兩位，一位是人，一位是神。據此，奈斯脫流斯反對把童貞女稱爲「神的母親」的這種新說法；他說童貞女，只不過是基督的人位的母親，而基督的神位，即上帝，是沒有母親的。在這個問題上教會分爲兩派：大體上講，蘇伊士以東的主教們贊同奈斯脫流斯，以西的主教們贊同賽瑞利。西元四三一年在以弗所召開了一次會議來解決這個問題。西方的主教們首先到會隨即緊閉大門，拒絕遲到者於門外，並於聖賽瑞利主持下火速通過擁護聖賽瑞利的決議。「這次主教騷動，在歷時達十三世紀之後，竟呈現了所謂第三次萬國基督教會議的可敬的面貌。」③

② 吉朋：《羅馬帝國衰亡史》，第四十七章。

③ 吉朋：《羅馬帝國衰亡史》，第四十七章。

作爲這次會議的結果，奈斯脫流斯被判爲異端。他不但沒有撤回他的主張，反而成爲奈斯脫流斯教派的創始人。該教派在敘利亞和整個東方有很多信徒。自此數世紀之後，奈斯脫流斯教派頗盛行於中國，並似曾有一機會變爲欽定宗教。西元十六世紀時西班牙和葡萄牙的傳教士們在印度發現了奈斯脫流斯教派。君士坦丁堡的天主教政府對奈斯脫流斯教派的迫害，引起了政治上的不滿，從而促進了回教徒對敘利亞的征服。

奈斯脫流斯能言善辯，誘惑了很多人，但據人們確言，他的辯舌終爲蟲豸所吞噬。

以弗所人雖已學會以童貞女馬利亞代替阿蒂蜜斯女神④，但他們對阿蒂蜜斯仍然持有和在聖保羅時代同樣強烈的感情。據說聖母曾埋葬於此地。西元四四九年聖賽瑞利死後，以弗所宗教會議試圖取得進一步的勝利，因而遂陷入與奈斯脫流斯方向相反的另一異端；亦即被人稱爲一性論異端。他們主張基督只有一個本性。假如聖賽瑞利當時在世，恐怕他也必定支持這種見解，而將變成異端。皇帝支持以弗所宗教會議，但教皇卻拒絕承認它。最後，教皇列奧——就是勸阻阿替拉不去攻打羅馬的那個教皇——於西元四五一年，亦即於莎龍戰爭的那一年，在迦克敦召開了萬國基督教會議。會議詛咒了基督的一性論者後，確定了基督道成肉身的正統教義。以弗所會議確定基督只有一位，但迦克敦會議（Coucil of Chalcedon）卻確定基督存在於雙重本性之中，一爲人性，一爲神性。在取得這項決議時，教皇的影響是首要的。

基督一性論者的信徒們，有如奈斯脫流斯教派一樣並不屈服。在埃及幾乎全體一致地採納

④ 阿蒂蜜斯女神：希臘神話中之獵神，相當於羅馬神話中之黛安娜。——譯者

了這一異端。該異端的傳布遍及尼羅河上游，和遠達於阿比西尼亞。阿比西尼亞的異端後來竟成爲墨索里尼用來征服阿比西尼亞的藉口之一。埃及的異端有如與其對立的敘利亞異端，實促進了阿拉伯人的征服。

西元六世紀期間的文化史中，有四位顯要人物：鮑依修斯、查士丁尼、邊奈狄克特和大格雷高里。在本章餘下的篇幅中，以及在下一章中我將要重點地論述他們。

哥德人對義大利的征服並不意味著羅馬文明的終止。在義大利人兼哥德人的王、狄奧都利克統治下，義大利的民政完全是羅馬樣式的；義大利享有和平、和宗教自由（直到該王臨終以前）；他是個英明強幹的君主。他任命執政官，保留了羅馬法和繼續推行元老院制度：當他去羅馬的時候，他首先訪問的地方便是元老院。

他雖是個阿利烏斯教派卻與教會保持友好直到晚年。西元五二三年皇帝查士丁公布查禁阿利烏斯教派，這事曾使狄奧都利克極爲煩惱。他的恐懼是不無理由的，因爲義大利是天主教國，由於神學上同情心的引導自然會傾向於皇帝的一方。他相信，不管正確與否，其間必有一項爲他自己政府人員所參與的陰謀。這促使他監禁並處決了他的大臣，元老院議員鮑依修斯。鮑依修斯的著作，《哲學的慰藉》（*Consolations of Philosophy*）即是他在獄中時寫成的。

鮑依修斯是個奇特的人物，在整個中世紀中受到了人們的傳誦和讚賞。他經常被人推崇爲虔誠的基督徒。人們敬待他，幾乎把他當作一位教父。然而他那本在西元五二四年候刑期間寫成的《哲學的慰藉》卻是一部純粹柏拉圖主義的書；這書雖不能證明他不是一位基督徒，但卻表明異教哲學比基督教神學更爲深遠地影響了他。他的一些神學著作，特別是那本歸於他名下，有關三位一體的書卻爲許多權威學者鑑定爲僞著；但是也可能正是由於這些著作，中世紀的人們才把他看作正統教派，並從他那裡吸取了大量柏拉圖主義。否則，人們是將以懷疑的眼光來看待柏拉圖主義的。

這本書是以詩和散文交替寫成：鮑依修斯自稱時用散文，而哲學則以詩句作答。書中很有些類似但丁的地方，但丁在其著作《新生》（*Vita Nuova*）中無可置疑曾受過他的影響。

這部被吉朋正確地稱爲「寶典」的書，一開始就聲稱蘇格拉底、柏拉圖和亞里斯多德是眞正的哲學家；而那些被俗眾錯認爲是哲學之友的斯多噶派、伊比鳩魯派和其他一些人則是些冒充者。鮑依修斯聲稱他遵從畢達哥拉斯的命令去「追隨上帝」（而非基督的命令）。幸福和蒙福一樣是善；而快樂則不是。友誼是一件極其「神聖的事情」。書中有很多倫理觀念與斯多噶派的學說相吻合，並在事實上大部分取材於塞涅卡。書中尚有一段用韻文寫的〈蒂邁歐篇〉篇首的概要，隨後便是大量純粹柏拉圖式的形而上學。他告訴我們說，不完善，是一種缺欠，它意味著一種完善的原形的存在。關於惡他採用了缺乏學說，他繼而轉入了一種泛神論，這本該使基督徒大爲驚駭，但事實上卻因某種原因並未導致這種情況的發生。他說蒙福和上帝二者都是首善，因而是同等的。「人因獲得神性而享幸福。」「凡獲得神性的人就變成神。因而每一個幸福的人都是一位神，然而上帝本來只有一位，但由於人們的參與卻可能有許多位。」「爲世人所營求之物的總和，根源與原因應該被正確地理解爲善。」「上帝的本質只在於善而不在於其他。」上帝能作惡嗎？不能！所以惡是不存在的，因爲上帝能做一切事。善人總是強盛的，而惡人總是軟弱的；因爲二者都嚮往著善，而只有善人才能得到善。惡人若逃避懲罰則比接受懲罰更爲不幸。⑤「智者的心中不存仇恨。」

以該書風格而論，其類似柏拉圖的地方多於其類似普羅提諾的地方。書中沒有絲毫當代那種迷信與病態的跡象，沒有罪孽的縈繞以及過分強求那不可及的事物的傾向。書中呈現一片純哲學的寧靜——它是如此寧靜，假如該書寫成於順境，或可被視爲孤芳自賞。但是該書卻是著者被判死刑後在獄中寫成的。這和柏拉圖筆下的蘇格拉底的最後時刻是同樣令人讚嘆不已的。

除非在牛頓以後，我們再也找不到一種與此類似的世界觀。現在我要把書中的一首詩全文引用於下，這首詩在哲學含義方面和波普的《人論》（*Essay on Man*）很相似。

你如果以最純潔的心
觀看上帝的律令，
你的兩眼必須注視著太空，
它那固定的行程維繫著眾星在和平中運行。
太陽的光焰
並不阻礙他姊妹一行，
連那北天的熊星也不想
叫大洋的浪花遮掩她的光明。

⑤ 美國版（紐約，一九四五）在此有：注意，地獄的懲罰就不能這麼說。——中譯本編者。

她雖然看到
眾星在那裡躺臥，
然而卻獨自轉個不停
遠遠地隔開海洋，高高地懸在太空。
黃昏時節的反照
以其既定的行程預示出
暗夜的來到，
但那曉星則先白晝而隱掉。
這相互的愛情
創造出永恆的途徑，
從眾星的穹蒼之上
除去一切傾軋的根源，除去一切戰爭的根源。
這甜蜜的和諧
用均等的紐帶束縛住
所有元素的本性
使那些潮溼的事物屈從於乾燥的事物。
刺骨的嚴寒
燃起了友誼的烈焰
那升騰的火直升到至高之處，

留下這大塊的土地沒入那深處的故淵。
萬紫千紅的物華
在陽春發出馥郁的香花，
在炎夏產出成熟的五穀
在涼秋帶來碩果纍纍的枝椏。
上天降下陣陣的暖雨
再爲嚴冬把溼度添加。
舉凡生活在地上的眾生
都受到這些規律的滋養和育化。
當他們一旦死去，
這些規律又把它們帶到各自的際涯。
彼時造物者高高坐在天上，
儼然把統馭著全球的韁繩在拿。
他作爲它們的王
以顯赫的權力君臨著萬物。
它們由他得生，繁衍，和躍動
他作爲它們的法律和法官對他們加以統轄。
凡以最快的速度
疾馳於其行程的

經常爲他的大能引向後部，
有時更突然迫使它們的進程就此停住。
若非他的大能
限制它們的暴躁，
把那狂奔不息者納入這圓形的軌道，
那至今裝飾一切的
凜然的律令
怕早已破滅毀銷，而
萬物也將遠離其太初以來的面貌。
這強有力的愛
普及於一切，
一切返本還原
尋求至善的眾生。
若非愛情將
世間的事物
帶回首先給予其本質的根源
世間將沒有什麼得以持續久遠。

鮑依修斯，始終是狄奧都利克的朋友。鮑依修斯的父親做過執政官，他自己做過執政官，他的兩個兒子也曾做過執政官，他的岳父西馬庫斯（可能是關於勝利女神塑像問題和聖安布洛斯發生過爭執的那個西馬庫斯的孫子）在哥德王的宮廷裡曾是一名顯要人物。狄奧都利克任用鮑依修斯改革幣制，並任命他用日晷滴漏等器具使那些略輸文采的蠻族諸王不勝驚訝。他之未陷於迷信，在羅馬貴族世家中也許不像在其他地方似的那樣獨特；但加之他那淵博的學識和對公益事業的熱忱卻使他成爲當代一個絕無僅有的人物。在鮑依修斯生前兩世紀，和死後十世紀之間我想不出有哪一個歐洲學者像他那樣不囿於迷信和狂熱。他的優點尚不僅在於消極方面；他高瞻遠矚，處世公正，和精神崇高，即使在任何時代，也得算爲一個不平凡的人物；因而就他所處的時代而論，更是令人十分驚異。

鮑依修斯中世紀的聲望，部分由來於他被人認爲是阿利烏斯教派迫害下的殉教者——這種看法始於他逝世後的兩三百年間，他在帕維亞雖曾被視爲聖徒但實際上並未受過教會的正式冊封。賽瑞利雖是聖徒，鮑依修斯卻不是。

鮑依修斯處決後的第二年，狄奧都利克也死去了，翌年查士丁尼登基。他統治到西元五六五年。在他漫長的統治期中他盡量做了許多壞事和一些好事。當然他主要是以他的法典著稱。但我並不想冒昧涉及這個題目，因爲這是一個屬於法律家的問題。他是一個極其虔誠的人。爲了顯示他的虔誠於即位後的第二年把當時仍在異教統治下的雅典的哲學學校都封閉了。被逐的哲學家們紛紛逃往波斯，並在那裡受到波斯王的禮遇。但波斯人多妻和亂倫的習俗——如吉朋所說，竟使他們受到超乎哲學家所應有的震駭。於是他們便重返家園，並從此銷聲匿跡以至於湮沒而無聞。在查士丁尼建立了這次豐功偉績之後的第三年（西元五三二年），他開始了另一件更值得稱讚的大事——聖索菲亞教堂的建築。我還未曾見過聖索菲亞教堂，但我卻見過拉溫那地方同世代的美麗的鑲嵌，其中包括查士丁尼和帝后狄奧都拉的肖像，他們二人事奉上帝時都很虔誠，不過皇后卻是皇帝由馬戲團中選來的一個水性楊花的女子。但更壞的卻在於她傾心於基督一性論。

醜事說到這裡已經夠多了。關於皇帝本人，我可以高興地指出，即使在「三禁令」問題上，也還是個無可非議的正統教派。這是一場令人厭煩的爭論。卡勒西頓會議曾宣布三個有奈斯脫流斯教派嫌疑的教父為正統教派；狄奧都拉和其他許多人接受了會議中其餘的一切決議後，唯獨不接受這一決議。由於西方教會毫無保留地擁護會議的一切決議。所以激起皇后對教皇施加迫害。查士丁尼異常寵愛她，她於西元五四八年逝世。此後，他就像維多利安女皇追念已故女王駙馬般地追念她。從此他終於陷入了基督身體不朽論的異端。和查士丁尼同時代的一位歷史家——埃瓦格流斯寫道：「他即於死後獲得了惡行的報應，於是便走到地獄審判官的面前去尋求他應得的公義。」

查士丁尼急於盡量收復西羅馬帝國的疆域。西元五三五年他侵入義大利，並於最初對哥德人取得了迅速的勝利。天主教居民歡迎他；而他也是代表羅馬來抗擊蠻族的。其間哥德人捲土重來，因而使戰爭持續了十八年之久。這時羅馬和義大利大部分地區遭劫的程度遠遠超過了蠻族入侵的時期。

羅馬淪陷過五次，三次淪陷於拜占庭，兩次淪陷於哥德人並淪落為一個小城鎮。一度為查士丁尼或多或少收復的非洲也有過同樣的遭遇。起初他的軍隊曾受到歡迎；以後人們便察覺到拜占庭行政的腐敗，和苛捐雜稅的危害。最後許多人竟寧願哥德人或汪達爾人捲土重來。然而羅馬教會卻因查士丁尼信奉正統教義，一直到他的晚年都在堅決地支持他。他未曾企圖再次征服高盧，一方面由於距離遙遠，一方面也由於法蘭克人屬於正統教派。

西元五六八年，查士丁尼死後三年，義大利遭到了一個凶悍的日耳曼新興部族倫巴底人的侵犯。他們與拜占庭間的戰爭時斷時續地進行了二百年之久，幾乎到了查理曼大帝時才終止。拜占庭一城一池地失去了義大利；在南部，他們必須抗拒撒拉森人。羅馬在名義上仍屬於拜占庭，而教皇們也以恭順的態度對待東羅馬帝國的諸帝。然而在倫巴底人入侵後，皇帝們在義大利大部分領土上便很少，或甚而根本沒有什麼權威了。義大利文明的毀滅適值這個時期，一些逃避倫巴底人的難民建立了威尼斯，這並不像傳說所認定的那樣：說該城是逃避阿替拉的難民所建。

第六章　聖邊奈狄克特與大格雷高里

西元六世紀及以後幾世紀連綿不斷的戰爭導致了文明的普遍衰退，在這期間中，古羅馬所殘餘的一些文化則主要藉教會得以保存。但教會對這項工作卻做得不夠完善，因爲那時甚至最偉大的一些教士也都趨向於宗教狂熱和迷信，而世俗的學問是被認爲邪惡的。儘管如此，教會的諸組織卻創始了一穩固的體制，後來，使學術和文藝能在其中得以復興。

在我們所論及的時代裡，基督教會有三種活動，値得特別注意：其一，修道運動；第二，教廷的影響，特別是在大格雷高里治下的影響；其三，通過布教的方式使信異教的蠻族改奉基督教。關於以上三項，我將依次稍加論述。

大約在西元四世紀初葉，修道運動同時肇始於埃及和敘利亞。修道運動有兩種形式：獨居的隱士和住修道院的僧侶。第一位虔修的隱士聖安東尼，約於西元二五〇年誕生於埃及，並於西元二七〇年左右開始隱居。他在離家不遠的一間茅舍裡獨居了十五年之後；又到遙遠的荒漠中住了二十年。然而他卻聲名遠揚，使得大批群眾渴望聽他講道。於是，他於西元三〇五年前後出世講道，並鼓勵人們過隱居生活。他實行極端刻苦的修行，把飲食、睡眠，減少到僅能維持生命的限度。魔鬼經常以色情的幻象向他進攻，但他卻毅然抗拒了撒旦惡毒的試探。在他晚年的時候，塞伯得①地方竟住滿了因他的榜樣和教誨所感悟的隱士。

數年後——大約在西元三一五年或三二〇年左右，另一埃及人，帕可米亞斯，創辦了第一所修道院。這裡的修道僧過著集體生活，沒有私有財產，吃公共伙食，守共同的宗教儀式。修道院制度並非以聖安東尼的方式，而是以這種方式贏得了基督教世界。在帕可米亞斯派的修道院中，修道僧從事許多工作，其中以農業勞動為主，以免把全部時間用於抵禦肉慾的種種誘惑之上。

大約與此同時，在敘利亞和美索不達米亞也出現了修道院制度。這裡，苦行實施得遠甚於埃及。杜上苦行者聖謝米安，和其他主要隱士都是敘利亞人。修道院制度是由東方傳到了操希臘語言的諸國家，這主要須歸功於聖巴歇爾（西元三六〇年左右）。他的修道院，苦行程度較差；並附設有孤兒院，和男童學校（並不專為準備當修道僧的男童所設）。

修道院制度最初是個完全獨立於教會組織之外的自發運動。使修道院制度和教士融合在一起的是聖阿撒那修斯。同時部分上也是由於他的影響，才確立了修道僧必須身兼祭司之職的常規。西元三三九年當他住在羅馬時，他又把這一運動傳於西歐。聖傑羅姆為促進這一運動做了很多工作，聖奧古斯丁又把這一運動傳布於非洲。圖爾的聖馬丁在高盧，聖派翠克在愛爾蘭也都創辦了修道院。埃奧那的修道院則係聖科倫巴於西元五六六年時所創辦。起初，當修道僧尚未納入教會組織之前，他們曾成為宗教糾紛的根源。首先，在僧侶中，無法區別，誰是眞誠

① 埃及塞伯斯附近的荒野。

的苦行者，誰是因迫於生活困窘，看到修道院生活較爲舒適，而做了修道者。還有另外一種困難：修道僧對他們所喜愛的主教往往給以狂烈的支持，致使地方宗教會議（並甚至幾使全基督教會議）陷入異端。確定一性論的以弗所地方宗教會議，（並非全基督教會議）就曾處於修道僧的恐怖統治之下。若非教皇的反對，一性論者也許獲得了永久的勝利。但在後世，卻未再發生過這類騷亂事件。

早在西元三世紀中葉，在沒有男修道僧以前，似乎已有了修女②。

清潔被視爲可憎之事，蝨子叫做「上帝的珍珠」，並成爲聖潔的標誌。男聖者與女聖者會以除非必須涉水過河之外腳上從未沾過水而自豪。在以後的世紀裡，修道僧卻做了許多有益的事：他們擅長農藝，有的還維持或復興了學術。但在早期，尤其是在遁世修行的階層之中，則全非如此。那時大部分僧侶不從事勞動，除了宗教指定的書籍之外，什麼書都不讀，並且以一種全然消極的態度來對待道德，視道德爲規避犯罪，尤其是規避犯肉慾之罪。聖傑羅姆確曾把自己的藏書攜往沙漠，但他後來卻認爲這是犯了一樁罪。

西方修道僧制度中，最重要的人物是聖邊奈狄克特，也就是邊奈狄克特教團的締造者。他於西元四八〇年左右誕生於斯波萊脫附近翁布瑞亞地方的一個貴族家庭中。二十歲時，他拋開了羅馬的奢靡和宴樂，跑到一個孤寂的洞穴中，在那裡住了三年。此後，他生活過得不再那樣孤獨了。並於西元五三〇年左右創立了著名的蒙特・卡西諾修道院，他爲該修道院起草了「邊

---

② 美國版在此有：「其中有些修女竟把自己關在墓穴之中」一句。——中譯本編者

奈狄克特教規」。這個教規適合於西歐的風土，對修道僧的苦行要求得不像一般流行在埃及和敘利亞地區的那樣嚴格。當時在過度苦行方面有過一種不足爲訓的競賽。誰愈是極端地實踐苦行，誰就愈被認爲神聖。邊奈狄克特終止了這種競賽，並宣布超過教規以外的苦行須經修道院長准許後方能實行。修道院長被授予大權；他的選舉屬於終身任職性質，（在教規和正統教義範圍內）他對他的修道僧幾乎是實行專制般的統治。修道僧不得再像以前那樣，可以任意由一處修道院轉入另一處修道院。邊奈狄克特派僧侶，在後世雖然以博學著稱，但在初期他們的閱讀卻只限於虔修用的書籍。

凡是組織都各有其自己的生命，並不以其締造者的意志爲轉移。於此，最顯著的例證就是天主教教會，天主教會是會使耶穌甚而保羅大吃一驚的。邊奈狄克特教團則是個較小的實例。修道僧必須宣誓保持清貧、順從和貞潔。關於這一點吉朋批評說：「我在某一地方曾聽到或看到一個邊奈狄克特派修道院長坦率的自白：『我那清貧的誓言每年給我帶來十萬克朗；我那服從的誓言把我提升到一個君主般的地位。』但我卻忘記他宣誓貞潔的結果了。」③雖然如此，該教團背離了創始人的意願也並非全爲憾事，尤其在學術方面更是如此。蒙特・卡西諾的圖書館是有名的，晚期邊奈狄克特教派修道僧對學術的嗜好，曾在許多方面予世界有過貢獻。

聖邊奈狄克特從蒙特・卡西諾修道院的建立時起，到西元五四三年死去時爲止一直住在該修道院。在屬於邊奈狄克特教團的大格雷高里尚未立爲教皇之前不久，蒙特・卡西諾修道院曾

---

③ 吉朋著：《羅馬帝國衰亡史》，第三十七章，注五七。

遭到倫巴底人的劫掠。修道僧逃往羅馬；但待倫巴底人的狂怒平息後，他們又紛紛回到蒙特·卡西諾。

從教皇大格雷高里在西元五九三年所寫的對話集中，我們得知很多有關邊奈狄克特的事蹟。「他在羅馬受過古典文學教育。但當他見到許多人由於研究這類學問而陷入放蕩、荒淫的生活之後，他便轉身撤回剛剛踏進塵世的雙腳，唯恐相習過深，同樣墜入無神的危險深淵：因此，他拋掉了書籍，捨棄父親的家財，帶著一顆專誠事奉上帝的決心，去尋找一個什麼地方，用以達成自己的神聖心願：於是，他就這樣飽學而無知和不學而智慧地離開了家門。」

他當即獲得了行奇蹟的本領，第一個奇蹟是用祈禱修好了一個破篩子。鎮上的市民把這篩子掛在教堂門口，「許多年後，甚至到了倫巴底人入侵的時代，還依舊掛在那裡」。他丟開了那篩子，走進了他的洞穴。這地方只有一個朋友知道，這個朋友祕密地用一條繩子把食物繫給他，繩上繫著一個響鈴，以便在送食物時通知這位聖徒。可是撒旦卻向繩子投了一塊石子，把繩子連鈴鐺都打壞了。雖然如此，這個人類的仇敵妄想斷絕聖徒食物供應的企圖卻終未得逞。

邊奈狄克特在洞穴中住滿了上帝旨意所要求的日數之後，我們的主便在復活節那天向某一位祭司顯現；把隱士的所在默示給他；並吩咐他和該聖徒共進復活節的筵席。大約與此同時，有些牧羊人也發現了他。「起初，當他們由灌木叢中偶然發現他時，他穿著由獸皮做成的衣服，他們當眞還以爲這是一隻什麼野獸之類的東西，但等他們結識了這位上帝的僕人之後，其中許多人便因他而把原來野獸般的生活一變而爲蒙恩、虔敬和獻身的生活了。」

邊奈狄克特，像其他隱士一樣，遭受過肉慾的誘惑。「惡魔使他憶起從前見過的一個女人，這個回憶在上帝僕人的靈魂中，喚起了強烈的淫念。它有增無已、幾致使他屈服於享樂，並興起了離開荒野的念頭。然而在上帝恩惠幫助下，他突然清醒過來了；當他看到附近長著許多茂密的荊棘和叢生的蕁麻時，他立即脫下衣服，投身在內翻滾了許久，以致當他爬起來之後，他已可憐地弄得全身皮開肉綻：他就這樣藉著肉體的創傷醫治了靈魂的創傷。」

在他名聲遠揚之後，某修道院僧眾，曾因他們的院長新近去世，而邀請他去主持該院。他接職後硬要他們遵守嚴格的戒律，致使眾修道僧在一次盛怒之下，決定用一杯鴆酒對他進行毒害。然而當他在杯口上畫了一個十字之後那杯便立即粉碎了。於是他又重返到荒野中去。

篩子的奇蹟並非聖邊奈狄克特所行唯一致用的奇蹟。一天，一個善良的哥德人用一把鉤鐮芟夷荊棘，鐮頭忽然從柄上脫落，掉進深水之中去了。邊奈狄克特得悉之後，將鐮柄放進水中，這時鐮頭便立即漂浮起來，自動地接到鐮柄上去。

一個鄰區祭司，因嫉妒這位聖徒的名聲而贈他一塊有毒的麵包。然而邊奈狄克特卻奇妙地得知這是一塊有毒之物。他習慣於餵養一隻烏鴉。當烏鴉在發生問題那天飛來時，這位聖徒便對牠說：「我奉我主耶穌基督的名吩咐你銜起這塊麵包來，把它丟在一個人跡不到的地方。」烏鴉照辦了，在牠飛回來的時候他照例餵給牠當天的食物。這惡毒的祭司，看到無法殺害邊奈狄克特的肉身，乃決定戕害他的靈魂，因而打發七個赤身裸體的少婦進了他的修道院。這位聖徒唯恐某些青年修道僧因受誘惑而去犯罪，故而自行離去，以便使那個惡毒的祭司不再發生行這種惡事的動機。以後這個惡毒的祭司終因住房的天花板坍塌下來而被壓身死。這時有一位修道僧追蹤到邊奈狄克特那裡告訴他這個消息，這修道僧一面表示愉快，一面請求他重返原來的修道院。邊奈狄克特對犯罪者的死亡表示了哀悼，並對那稱快的修道僧課以苦行。

格雷高里不僅談到聖邊奈狄克特所行的一些奇蹟，同時也不時樂於敘述聖邊奈狄克特生涯中的一些事蹟。在他創建了十二所修道院最後重返蒙特・卡西諾時，那裡有一所紀念阿波羅的禮拜堂，仍然被鄉民作為異教崇拜之用。「一直到那時，這些瘋狂的異教群眾仍然去獻那罪惡深重的祭品。」邊奈狄克特毀壞了他們的祭壇，代之以一所教堂，並且勸化附近的異教徒改信了基督教。這時撒旦感到了煩惱：

「這個人類的夙敵，不把這件事當作好事對待，現在他竟不在私下，或在夢中出現，而是公開呈現在那聖教父的眼前，並且大聲訴說他傷害了他。修道僧們雖聽到他的喧噪，卻看不到他的形體：但當尊敬的教父向他們述說時，撒旦卻以凶險殘暴的姿態出現在他面前，他張牙舞爪，嘴中噴著熱氣，眼中射出烈焰，活像要把他撕碎了似的：所有修道僧都聽見了魔鬼對他所說的話；他首先呼喚了這位聖徒的名字，但是我們這位上帝的僕人卻不屑於回答他，於是他便開始了一陣冷嘲熱罵：他首先喊『蒙福的邊奈特』，但卻發現他始終不回答他，於是他馬上改變了腔調並說道：『該詛咒的，而不是蒙福的邊奈特：你與我有什麼相干？你為什麼要這樣迫害我？』」故事到此為止；人們由此推想撒旦終於在絕望中放棄了掙扎。

我已從這些對話中作了較長的引證。它們的重要性有三個方面。第一，聖邊奈狄克特的教規，後來成為西歐所有修道院（除去愛爾蘭的修道院，或一些由愛爾蘭人建立的修道院之外）的典範。然而對於聖邊奈狄克特的生平來說，這些對話卻是我們的認識的主要來源。第二，它們這些對話描繪出西元六世紀末葉，最文明的民族精神領域的一幅最生動的圖畫。第三，這些對話為教皇大格雷高里所寫成，他是西歐教會中第四位和最末一位博士，並且在政治方面是個最傑出的教皇。以下我們就要對他加以重點敘述。

諾桑普頓副監督，④W. H.赫頓牧師斷言大格雷高里是西元六世紀最偉大的人物；他說只有查士丁尼皇帝和聖邊奈狄克特是他的匹敵。他們三人誠然對未來的時代起過深遠的影響：查士丁尼由於他的法典（並不是由於他的武功，因爲那些都是暫時的）；邊奈狄克特由於他的教規；而大格雷高里則由於他所帶來的教廷權的增長。在我所引用的那些對話中，他雖然顯得稚氣和輕信。但是作爲一個政治家，他卻非常機敏，專擅和十分清楚地體會到：面對著一個複雜，變化靡常的世界他能有些什麼成就。這一對照是頗爲令人驚奇的：在行動上最有力的人物往往在精神上卻屬於第二流。

大格雷高里，是以格雷高里爲名的初代教皇，約在西元五四〇年生於羅馬一個富有的貴族之家，他的祖父於鰥居後好像也曾做過教皇。他本人在青年時代時有過一所宮殿和巨大的財產。他受過當時人們認爲良好的教育，雖然這並不包括希臘語文知識，儘管他在君士坦丁堡住有六年之久，然而卻從未學會希臘語文。西元五七三年他做過羅馬市市長，但是因爲宗教需要他，所以他便辭去了市長的職務，爲建立修道院和周濟貧民，捐獻了所有的家財。他把自己的宮殿變做了僧舍，而自己則變成一個邊奈狄克特派教士。他專心致力於虔修和苦行，致使自己的健康受到長期的損害。教皇裴拉鳩斯二世看中了他的政治天才，派他住君士坦丁堡充當他的全權公使。因爲羅馬自從查士丁尼時期起就在名義上臣服於君士坦丁堡。格雷高里從西元五七九年至五八五年住在君士坦丁堡，在東羅馬皇帝的宮廷中一面代表羅馬教廷的利益，一面

---

④《劍橋中世紀史》（*Cambridge Medieval History*），第二卷，第八章。

代表教廷神學不斷與東羅馬帝國的僧眾進行商討，因爲他們比西羅馬帝國的僧侶較易傾向於異端。這時君士坦丁堡的大主教主張一種錯誤的見解，他認爲我們復活後的身體將是無法觸及的。大格雷高里終於拯救了皇帝，防止他遠離眞實的信仰。雖然如此，他卻未能說服皇帝出兵攻打倫巴底人，從而完成他出使的主要目的。

從西元五八五年至五九〇年的五年間格雷高里在他的修道院裡做院長。之後教皇逝世了，於是格雷高里便繼任爲新教皇。那是一個艱難的時代，但也正是由於時代的混亂，才給予一個能幹的政治家提供了極大的機會。倫巴底人正在劫掠義大利；西班牙和非洲由於拜占庭的衰微，西哥德人的委靡和摩爾人的掠奪，竟陷於一種無政府狀態。在法蘭西存在著南北之間的戰爭。不列顛在羅馬治下雖信奉基督教，但自從入侵以後又轉入了異教信仰。那裡還有阿利烏斯教派的殘餘者，「三禁令」的異端尚未消滅盡淨。這騷亂的時代甚至影響了一批主教，使他們中間許多人遠遠不再成爲人們的楷模。聖職買賣到處盛行，一直到西元十一世紀後半期時爲止仍是一件亟待矯正的弊端。

格雷高里以全副精力和智力向所有這些困難的根源搏鬥。在他繼任教皇之前，羅馬主教，雖被人們公認爲教階制中的最高人物，但在其主教管區以外並不認爲有任何管轄權。譬如，聖安布洛斯曾與當年時教皇相處得甚爲融洽，但顯然他卻絲毫未把自己看成是教皇權威的屬下。格雷高里，部分由他本人的道德品質，部分也由於當代流行的無政府狀態，居然能成功地主張他的權威，不但爲全體西方教士們所公認，而且在較小的程度上甚而獲得了東方教士們的承認。在全體羅馬世界中他主要藉著同主教們和俗界統治者們通信的方法，但有時也間用其他方法，來行使他的權威。他所著的《教牧法規》（*Book of Pastoral Rule*）含有對主教們的勸告，在整個中世紀初期裡產生了很大的影響。這本教規旨在作爲主教們的職務指南，而且也這樣爲他們所接受。這本書本來是爲拉溫那的主教寫的，但同時他也把它送交賽比耶的主教。在查理曼治下，主教們在授任聖職時才得被授予此書。阿爾弗萊德大帝把這本書譯成盎格魯・撒克遜語。在東羅馬則以希臘文刊行於世，它對主教們給以健全的、即或並不驚人的忠告，有如勸告他們不可怠忽職守等。同時書中也告訴他們不可批評那些統治者，如果他們不聽從教會的勸告，那麼卻須使他們經常受到地獄劫火的威脅。

大格雷高里的信箚是非常有趣的，它們不止顯示出他的性格，同時也描繪出他所處的時代。除了對皇帝和拜占庭宮廷的貴婦人以外，他的口吻竟然有如一個校長——有時稱讚，經常斥責，對自己發號施令的許可權從未有過絲毫的猶豫。

讓我們拿他在西元五九九年所寫的信做個實例。第一封是他寫給撒丁尼亞島上卡格利亞利主教的信。這人雖已老邁，但卻道德敗壞。信中的一部分這樣說：「有人告訴我，你在主日行莊嚴彌撒之前竟出外用犁去翻獻禮人的農作物……在莊嚴彌撒之後你又肆無忌憚地拔掉那塊土地的界標……如果你體察到我們原諒你頭髮斑白，那麼，老頭兒，今後你可要好好反省，在行爲上切忌輕舉妄動，在舉止上切忌蠻橫恣睢。」關於這個問題他同時還寫信給撒丁尼亞俗界的權威人士。這個主教又因收取主喪費用受到申斥；以後他又因允許一位改宗的猶太人在猶太會堂裡放置了一個十字架和一座聖母像而受到申斥。此外，格雷高里尙得悉該主教同另外一個撒丁尼亞的主教未經大主教許可竟然私自出外旅行；當然這也是必須禁止的。接著就是致達爾馬其亞總督的一封很嚴厲的信，信中說：「我們看不出你在哪一點上能使上帝或人滿意」；「鑑於你想討好於我們，所以你應該在這種事情上，用全副心意和眼淚來滿足你的救主。」至於這可憐的人到底做了些什麼事，我則一無所知。

以下的一封信是給義大利總督卡里尼克斯的。信中祝賀他戰勝了斯拉夫人，並且指示他怎樣處理伊斯特利亞地方違犯了三禁令的異端派問題。關於這個問題他也曾寫信給拉溫那主教。有一次我們竟破例見到格雷高里給敘拉古主教寫的一封為自己辯護，而不指責別人的信。這次所討論的問題是有重大意義的。問題在於當彌撒進行到某一點時應否呼哈雷路亞。格雷高里說，他的用法並不如敘拉古主教所指，是出於屈從拜占庭政府的結果，它是經由蒙福的傑羅姆而起源於聖雅各的。因此那些認定他過分屈從希臘用法的人們是錯誤的（與此類似的一個問題，曾造成俄羅斯舊教徒分裂的原因之一）。

有許多信是寫給蠻族男女統治者們的。法蘭克女皇布呂尼希勒德曾為自己請求一領賜給法蘭西某主教那樣的白羊毛袈裟。格雷高里雖願答應她的請求；但不幸她所派的使者卻屬於分裂派。他寫信給倫巴底王阿吉魯勒夫慶賀他與敵方媾和。他寫道：「因為，倘若未能達成和議，除了使可憐的農民——其勞動對雙方都有裨益——繼續流血；並給交戰兩方帶來罪孽與危機之外，還能得到些什麼結果呢？」他同時並寫信給阿吉魯勒夫的妻子，狄奧德琳達皇后，叫她勸導丈夫堅持為善。他再次寫信給布呂尼希勒德譴責在她國內發生的兩件事。一項是俗人未經普通祭司的試用期可以立即升任主教；另一項是准許猶太人擁有基督教徒做奴隸。他給狄奧都利克和狄奧代貝特，法蘭克王國的兩位國王寫的信中說，由於法蘭克人模範的虔誠，他本想只說些令人欣慰的事，然而他卻情不自禁，必須指出在他們王國裡盛行著聖職買賣罪。他也寫信給圖林地方的主教談到該主教所受的委屈。他給蠻族統治者寫過一封徹頭徹尾屬於恭維性質的信；這信是寫給西哥德王理查的，這人過去曾是個阿利烏斯教派，於西元五八七年改信了天主教。爲此，教皇獎給他一把小鑰匙，「這把小鑰匙含有當年拘鎖聖使徒彼得頸項時所用鎖鍊上的鐵，它可以從蒙神祝福聖使徒彼得最聖潔的身上帶來祝福，這條拘鎖過他頸項使他殉道的鎖鍊，可以解除你家人所犯的一切罪愆。」我希望這位國王陛下嘉納了這項禮品。

關於以弗所異端宗教會議，他對安提阿的主教有過以下指示，指示中說：「我們曾聽說，東方教會中，除非用金錢賄買，就沒有一個人能得到聖職。」——主教必須竭盡全能矯正這種事態。馬賽的主教因爲毀壞了某些被人尊崇的偶像而受到申斥：偶像崇拜誠然是錯誤的，然而，偶像畢竟是有用之物，因此，應該加以尊重。高盧的兩位主教受到了譴責，因爲有一個婦女先是當了修女以後又被迫結了婚。「果眞如此，……你們二人應當從事僱傭勞動，因爲你們不配作爲牧者。」

以上是他一年中發出信件的一小部分。有如他在本年度的一封信（CXXI）中所慨嘆，這也就無怪乎他找不出時間來從事宗教的默想了。

格雷高里並不欣賞世俗學問。在他寫給法蘭西偉恩的主教德西德流斯的信中說：「我們聽到一件提說起來都不免赧顏的消息。人們說你的『弟兄們』〔其實就是你〕習慣於對某些人講解語法。對此我們不但非常不滿，而且十分惱怒，以致我們把以前所說過的一切都化爲嘆息和悲傷，因爲讚美朱比特的話語斷然不能出於頌揚基督的口中……正是由於這種事在關係到祭司時極堪詛咒所以越發有必要通過眞憑實據，澈底查清這事的眞相。」

一直到蓋爾伯特，亦即賽爾維斯特二世時期爲止，教會內對異教學術的敵視延續了至少有四個世紀。從西元十一世紀以來，教會才對俗界學術抱有好感。

格雷高里對皇帝的態度比對蠻族諸王的態度要更爲崇敬。他在寫信給一位住在君士坦丁堡的通訊者時說：「凡爲最虔誠的皇帝所喜愛的，無論他怎樣吩咐，盡都在他的權能範圍之內。再他怎樣決定，就怎樣去辦。只要他不使我們牽連上撤職處分（關係到正統派主教的）就行。再有，倘若他的所作所爲合乎教規，我們就要追隨。倘若不合乎教規，我們就要忍受，但要以我們自身不致犯罪爲限。」摩立斯皇帝被一個無名的百夫長，弗卡斯所領導的叛亂廢黜了。於是這個暴發戶便獲得了帝位。他不但當著摩立斯殺害了他的五個皇子，而且隨後把這位老年的父親也一併殺掉。除了殉職以外，再無其他選擇的君士坦丁堡大主教當然只好爲弗卡斯加了冕。但令人更爲驚訝的則是格雷高里，他住在遠離羅馬生命比較安全的地方，竟然對篡位者和他的妻子，寫出令人作嘔的奉承。他在信中寫道：「諸國的國王們與共和國的皇帝之間，有以下不同之點，諸國的國王是奴隸的主人，而共和國的皇帝則是自由人的主人……願全能的上帝在每一思想上和行動上保守你虔敬的心（也就是你）常住於他的恩惠之中；願住在你心中的聖靈指引你去做一切應以正義和仁慈從事的事業。」在致弗卡斯的妻子麗恩莎皇后的信中說：「那長期加於我們頸項上的重負業經解除，代之以皇帝大權溫和的羈絆，爲了你的帝國的安寧，試問有什麼舌，有什麼心得以說盡想盡我們對上帝所虧負的感謝呢？」有人可能認爲摩立斯是個惡人；其實他卻是個很善良的老人。那些原諒格雷高里的辯護者們推諉，他不曾知道弗卡斯的暴行；但他是確曾知道拜占庭篡位者慣例的行爲的，而且他又不待查清弗卡斯究竟是不是一個例外。

異教徒改宗對教會影響的增長是很重要的。在西元四世紀末葉之前烏勒斐拉斯或烏勒斐拉已使哥德人改了宗——但不幸，他們改信了，爲汪達爾人所信仰的阿利烏斯教派。然而，在狄奧都利克死後，哥德人卻逐漸地改信了天主教：西哥德人的王，有如我們所見，在格雷高里期間採用了正統教派的信仰。法蘭克人從克洛維斯時代起就改信了天主教。愛爾蘭人在西羅馬帝國滅亡以前經聖派翠克勸化也改了教。派翠克是一個薩摩塞特郡的鄉紳，⑤他從西元四三二年起到四六一年死去時爲止一直住在他們中間。愛爾蘭人相繼在蘇格蘭和英格蘭北部做了很多布道工作。在這些工作中最偉大的傳教士是聖科倫巴；再有便是關於復活節的日期和其他重要問題曾給教皇格雷高里寫過長信的科倫班。除去諾桑布利亞以外，格雷高里特別注意到英格蘭的改宗。人人知道他在未當教皇之前，如何在羅馬奴隸市上見到兩個金髮藍眼的男孩。當有人告訴他這兩個男孩是盎格魯人時，他立即回答說，「不，是安琪兒。」在他就任教皇以後，他派聖奧古斯丁前往肯特勸化他們。關於這次布教他給奧古斯丁，給盎格魯王愛狄爾伯特和其他人士寫過許多信。他下令禁止毀壞英格蘭的異教廟宇，但卻指令毀去其中的偶像並把廟宇奉獻給上帝作爲教堂之用。聖奧古斯丁向教皇請示過一些問題，諸如堂表兄弟姊妹之間可否結婚，夜間行過房事的夫婦可否進入教堂（格雷高里說，可以，倘使他們已經洗淨）等等。這次布道據我們所知是成功的，而這也正成爲我們直至今日仍爲基督徒的原因。

我們目前所考察的這一段時期，具有以下的特徵：當代的偉人雖較其他時代中的偉人遜色，但他們對於未來的影響卻較爲深遠。羅馬法、修道院制度和教廷長久而深遠的影響主要應歸功於查士丁尼、邊奈狄克特和格雷高里三人。西元六世紀的人們雖不如他們的前人那樣文明，卻比以後四個世紀的人們文明遠甚，他們成功地創始了許多終於馴服了蠻族的制度。值得

⑤ 至少伯里在關於該聖徒的傳記裡，是這樣說的。譯者按：伯里（J. B. Bury）是愛爾蘭當代著名史學家。

我們注意的是：上述三人中，有兩人出身於羅馬的貴族，而第三人則爲羅馬皇帝。格雷高里在某種正確的意義上來說，是最後的一個羅馬人了。他那命令人的語氣雖爲其職務所使然，卻在羅馬貴族的自負中有其本能的根源。在他以後，羅馬城許多年代未曾產生過偉人。但就在羅馬城的衰落期，它卻成功地束縛了征服者的靈魂：他們對於彼得聖座⑥所感到的崇敬正是出於他們對凱撒寶座的畏懼。

在東方，歷史的進程是不同的。穆罕默德誕生的那年，適值格雷高里年近三十歲的時候。

⑥ 指羅馬教會而言。——譯者

第二篇　經院哲學家

第七章　黑暗時期中的羅馬教皇制

自從大格雷高里到賽爾維斯特二世的四百年間，教皇制經歷了許多次驚人的變遷。它曾不時隸屬於希臘的諸皇帝[①]；或有時隸屬於西方的諸皇帝；並在其他時期更隸屬於當地的羅馬貴族；雖然如此，西元八世紀和九世紀中，一些精明強幹的教皇卻乘機建立了教皇權力的傳統。從西元六〇〇年起到一〇〇〇年這一段時期，對於了解中世紀教會，以及它與國家的關係方面具有極其重要的意義。

教皇擺脫希臘皇帝獲得了獨立，這與其歸功於他們自己的努力，毋寧歸功於倫巴底人的武力——當然，教皇們對此是不存任何感謝之意的。希臘教會在很大程度上一直隸屬於皇帝，皇帝認爲既有資格決定信仰問題，又有任免主教以致大主教的許可權。修道僧也曾努力爭取擺脫皇帝而獨立，爲此他們曾不時地站在教皇的一方。君士坦丁堡的大主教們，雖然情願歸順於皇帝，但他們卻絕不承認自己在任何程度上隸屬於教皇的權力之下。皇帝爲了抵抗義大利境內的蠻族，不時需要教皇的援助，這時他對教皇的態度恆比君士坦丁堡大主教對教皇的態度還要友好。

拜占庭被倫巴底人戰敗以後，教皇們深恐自己亦將被這些強悍的蠻族所征服是不無理由

① 希臘的諸皇帝：指東羅馬帝國的諸皇帝，因東羅馬帝國的諸皇帝大多數是希臘人。——譯者

的。他們藉著與法蘭克人結盟而解除了這一畏懼。當時法蘭克人在查理曼領導下已征服了義大利和德意志。這一同盟產生了神聖羅馬帝國——該帝國曾有一個以教皇和皇帝之間的協調爲前提的憲章。加洛林王朝迅速地衰頹了。教皇首先從其衰頹中獲得了利益，西元九世紀末葉，尼古拉一世將教皇的權力提到前所未有的高度。當時國內普遍的無政府狀態導致了羅馬貴族的實際獨立，西元十世紀時，他們控制了羅馬教廷並帶來了極其不幸的結局。教廷及一般教會，如何通過一次偉大的改革運動，從而擺脫了對封建貴族的隸屬即將成爲後面一章中的主題。

西元七世紀時，羅馬仍處於諸皇帝的武力統治之下，那時的教皇們若不順從即須遭難。有些教皇，例如：霍諾留斯竟至順從了異端觀點；另外一些教皇，如：馬丁一世終因反抗而遭到皇帝的囚禁。西元六八五年到七五二年間的大多數教皇均係敘利亞人或希臘人。由於倫巴底人愈來愈多地兼併了義大利，拜占庭的勢力遂日趨於衰頹。皇帝伊掃利安人列奧，於西元七二六年頒布了聖像破除令，對此不僅整個西方，就連東方的大多數人士也都認爲是異端。教皇們強烈地和卓有成效地反對了這一禁令；西元七八七年在女皇伊琳（最初爲攝政者）治下，東羅馬帝國廢棄了聖像破除令異端。然而，與此同時西方發生的一些事件，卻永遠終止了拜占庭對羅馬教廷的控制。

大約在西元七五一年，倫巴底人攻陷了拜占庭義大利的首都拉溫那。這事雖使教皇遭到倫巴底人的極大威脅，但也使他們脫離了對希臘皇帝全面的隸屬關係。諸教皇由於一些原因更多地喜歡希臘人，而不喜歡倫巴底人。首先，諸皇帝的權力是合法的，而蠻族的國王若非爲皇帝所冊封，是被看做篡位者的；其次，希臘人是文明開化的；其三，倫巴底人是民族主義者，而教會則仍保持其羅馬的國際主義；其四，倫巴底人曾爲阿利烏斯教派，在他們改宗以後，他們仍舊帶著某些令人厭煩的氣味。

西元七三九年倫巴底人在國王留特普蘭領導下企圖征服羅馬，但遭到求援於法蘭克人的教皇格雷高里三世的強烈反抗。克洛維斯的後裔，墨洛溫王朝的國王們已經失去法蘭克王國中的一切實權；國家大權操於大宰相手中。當時的大宰相，查理・馬特爾是個非常精明強幹的人，他和英國國王征服者威廉一樣，也是個庶子。西元七三二年，他在圖爾的決定性戰役中打敗了摩爾人，為基督教世界拯救了法蘭西。羅馬教會為此本來應該感謝他，但他出於財政上的需要竟而攫取了教會的一些地產，因此降低了教會對他的功績的評價。但他和格雷高里三世於西元七四一年相繼逝世，而他的後繼者丕平，則使教會方面感到十分滿意。西元七五四年教皇司提反三世為了逃避倫巴底人曾越過阿爾卑斯山往訪丕平，並締結了一項證明對雙方皆極為有利的協定。教皇需要軍事保護，而丕平則需要只有教皇才能賜予之物：正式承認他代替墨洛溫王朝最後一個君主，取得國王的合法稱號。為了答謝，丕平把拉溫那和過去拜占庭總督在義大利的全部轄區贈給了教皇。由於這項饋贈無從期待君士坦丁堡當局的承認，所以這就意味著同東羅馬帝國在政治上的分離。

假如歷代教皇隸屬於希臘歷代的皇帝，天主教會的發展將要迴然有所不同。在東方教會中，君士坦丁堡的大主教從未獲得擺脫俗界當局的獨立，或有如教皇所獲得的那種高於其他教士們的優越性。起初所有主教均被視為平等，而東方在相當大的程度上一直固持著這種見解。尤其在亞歷山大里亞、安提阿和耶路撒冷諸城中尚有其他東方的大主教，但在西方教皇卻是唯一的大主教（然而自從回教徒入侵以後這一事實已經失去了它的意義）。在西方——東方並不如此——俗人自從數世紀以來就大部分是文盲，這就給予西方教會以東方所沒有的方便。羅馬的聲譽凌駕於東方任何城市之上，因爲羅馬兼有帝國的傳統，又有彼得、保羅殉道，以及彼得曾是第一任教皇等傳說。皇帝的威望或適足與教皇的威望相頡頏，但卻沒有一個西方的君主能夠這樣做。神聖羅馬帝國的皇帝們往往缺乏實權；此外皇帝的即位尚有待於教皇給予加冕。由於這些原因，教皇從拜占庭統治下獲得解放一事，對於教會之獨立於世俗王國，對於決定性地建立教皇政治用以管理西方教會乃是必不可缺的。

在這一時期裡有過一些極其重要的文件，例如：「君士坦丁的贈與」和僞教令集，我們無須涉及僞教令集，但必須敘述一些有關「君士坦丁的贈與」的事項。爲了給丕平的饋贈披上一個古老的合法外衣，教士們僞造了一個文件，把它說成是君士坦丁皇帝頒布的一項教令，大意說，當他創建新羅馬時，他曾將舊羅馬以及其所有的西方領土贈給了教皇。作爲教皇世俗權力基礎的這項饋贈竟被以後中世紀的人們信以爲眞。文藝復興時西元一四三九年它才爲羅倫佐・瓦拉（約西元一四〇六－一四五七年）斥爲贗品。他曾寫了一本「論拉丁語言優雅」的書，而這種優雅自然是西元八世紀作品所缺乏的。在他發表了這本駁斥「君士坦丁的贈與」的書和他的另一篇讚美伊比鳩魯的論文之後，奇怪的是，他竟被當代熱愛拉丁文風勝於教會的教皇尼古拉五世任命爲教廷祕書。雖說教皇對教會的領地的管轄權是以那項僞託的贈與爲依據，然而尼古拉五世卻並未提議放棄教會所轄的領地。

這個有名檔的內容曾爲C. 戴利勒・伯恩斯概述如下：②

② 我是在引用一本尚未出版的書，《第一歐洲》。

在概述了尼西亞信條，亞當的墮落和基督的誕生之後，君士坦丁說他患了麻瘋病，由於多方就醫無效因而前往求助於「朱比特神殿的祭司們」。他們建議他殺死一些嬰兒，並在嬰兒的血中沐浴，但由於嬰兒母親們的眼淚，他乃放還了她們。當夜，彼得和保羅向他顯現，對他說塞爾維斯特教皇正隱居於蘇拉克特的洞穴裡，他會治好他的。於是他便來到了蘇拉克特，這時「萬國教皇」告訴他彼得和保羅不是神，而是使徒；並拿出他們的畫像給他看，他認出這兩個人正是上次顯現時的人物，並在他所有的州長面前承認了這事。於是教皇塞爾維斯特指定他穿著馬毛衫進行一段時期的贖罪；然後給他施了洗禮。這時他看到有手從天上觸及他。於是他的麻瘋病被治好了，並自此放棄了偶像崇拜。以後，他和他所有的州長們、元老院貴族以及全體羅馬人民考慮最好將最高權力讓給羅馬的彼得教廷，並使其凌駕於安提阿、亞歷山大里亞、耶路撒冷以及君士坦丁堡之上。然後他在拉特蘭宮內建立了一所教堂。他把皇冠、三重冠和皇袍賜給了教皇。他把三重冠戴在教皇頭上，並替教皇牽著馬轡。他「把羅馬，以及西方所有的省、縣和義大利城市讓給賽爾維斯特和他的後繼者；永久作爲羅馬教會的管轄區」；然後，他遷到東方，「因爲在天上皇帝已經設置了主教權位和基督教首腦的地方，世俗的皇帝已不配再去掌權了」。

倫巴底人並不順從丕平和教皇，但他們卻在屢次戰爭中爲法蘭克人所戰敗。西元七七四年丕平的兒子查理曼終於進駐了義大利，澈底擊敗了倫巴底人，自認爲他們的國王，然後占領了羅馬，並在此確認了丕平的贈與。當時的教皇哈德理安和列奧三世發覺在各方面促進查理曼的計畫是對他們有利的。查理曼征服了德意志的大部地方，以強烈的迫害手段使撒克遜人改信了基督教並於最後獨自恢復了西方帝國，在西元八〇〇年的耶誕節由教皇加冕即皇帝位。

神聖羅馬帝國的建立，在中世紀理論方面劃了一個時代，但在中世紀實踐方面卻遠非如此。中世紀是一個特別熱衷於法權虛構的時代，當時的虛構主張前羅馬帝國的西部地區在法律上仍隸屬於君士坦丁堡的皇帝，而皇帝是被認為合法權威的唯一源泉。法權虛構的大師查理曼曾主張：帝國的皇位尚無人繼承，因為統治東方的伊琳（她自稱皇帝而不稱女皇）是個篡位者，因為女人是不能做皇帝的。查理[③]從教皇那裡為自己的主張找到了合法根據。因而教皇與皇帝從最初就有過一種奇妙的依存關係。無論是誰，若不經羅馬教皇加冕就不能做皇帝；另一方面，數世紀以來每一代強力的皇帝都主張有任免教皇的許可權。中世紀法權的理論有賴於皇帝與教皇雙方的決定；雙方雖都為這種依存關係而感到苦惱，但歷時數世紀之久一直無法避免。他們彼此之間經常發生摩擦，這種摩擦時而有利於一方，時而有利於另一方。西元十三世紀裡雙方的鬥爭終於達到無從和解的地步。教皇雖獲得了勝利，但不久以後卻失去了道德上的權威。教皇和神聖羅馬帝國皇帝二者並存了幾個世紀，教皇一直延續到現在；皇帝則延續到拿破崙時代為止。然而，所建立起來的關於雙方各自權力的精緻的中世紀理論，卻在西元十五世紀時即失去了效力。這理論所主張的基督教世界的統一，在世俗方面被法蘭西、西班牙以及英吉利等君主國的強權所摧毀；在宗教方面則為宗教改革所摧毀。

③ 查理：指查理曼。—譯者

關於查理大帝④和其隨從的性格，蓋哈特．澤里格博士曾概括敘述如下：⑤

> 在查理的宮廷裡展開了波瀾壯闊的生活。我們在那裡既能看到豪華與天才，也能看到不道德的行爲。查理一向不注意那些招致在他周圍的人們。他本人並非一個模範人物，因而對於自己所喜歡的人或認爲有用的人都能許以最大的自由。他雖被稱爲「神聖的皇帝」，但他的生活卻顯不出什麼神聖。阿魯昆就曾這樣稱呼查理，並讚揚皇帝美麗的女兒羅楚德是一位嫻淑的女性，儘管她和梅因的羅得利克伯爵暗度陳倉，生過一個男孩。查理離不開他的女兒們，他不允許她們結婚，因此，不能不使他得到這樣的後果。另外一個女兒蓓爾塔和聖里其耶修道院虔誠的院長安吉伯特之間生過了兩個男孩。事實上查理的宮廷是個恣情縱欲的生活中心。

查理曼是個精力充沛的蠻人，在政治方面與教會結成同盟，但他卻不關心個人的虔誠。他既不會讀又不能寫，但他卻掀起了一次文藝復興。他在生活上是放蕩不羈的，同時又過分溺愛自己的女兒。但他卻不遺餘力地勖勉臣民過聖潔的生活。他和他的父親丕平一樣曾巧使傳教士的熱誠爲自己在德意志擴張勢力，並設法使教皇服從他的命令。教皇們都心滿意足地聽從他的命令，因爲當時的羅馬已成爲一個蠻族的都市，如果沒有外界的保護，教皇自身的安全是毫無保障的，而且歷次教皇的選舉也早已變成了混亂的派系鬥爭。西元七七九年，地方的敵對者逮捕了教皇，把他投入監獄，並威脅要刺瞎他的眼睛。查理在世時似將開始一個新秩序，但他死

---

④ 查理大帝：亦指查理曼。——譯者

⑤ 《劍橋中世紀史》，第二卷，第六六三頁。

後卻除去一套理論以外什麼也沒有遺留下來。

教會所得的利益，特別是教廷所獲得的利益，比西羅馬帝國所得的利益更爲穩固。在教皇大格雷高里三令五申下的一個修道僧團體勸化英格蘭改信了基督教，因此英格蘭比那些有主教但習慣於地方自治的國家，對羅馬更爲恭順。德意志的改宗主要是英格蘭傳教士聖鮑尼法斯（西元六八〇－七五四年）的功績。他是個英格蘭人，曾是查理・馬特爾和丕平的朋友，並且全面效忠於教皇。鮑尼法斯在德意志建立了許多修道院。他的朋友聖戈勒在瑞士建立了一所名爲聖戈勒的修道院。根據某些權威者所述，鮑尼法斯曾按《列王紀上卷》中的儀式爲國王丕平舉行過塗油式。

聖鮑尼法斯的原籍是德汶郡，受教育於愛克塞特和溫徹斯特。他於西元七一六年去弗利西亞，但不久即返回。西元七一七年他去到羅馬。並於西元七一九年被教皇格雷高里二世派往德意志去勸化德意志人改教，以及對愛爾蘭傳教士的影響進行鬥爭（可以追憶的是：愛爾蘭傳教士曾對復活節的日期和削髮的形式犯了錯誤）。他在取得相當成就之後，於西元七二二年回到羅馬，在羅馬被格雷高里二世任命爲主教，並宣誓服從教皇。教皇給了他一封致查理・馬特爾的信，並任命他在勸化異教徒改教的使命之外，去鎮壓異教徒。西元七三二年他被提升爲大主教；西元七三八年他到羅馬作了第三次訪問。西元七四一年教皇札卡理阿斯任命他爲教皇使節並命令他去改革法蘭克的教會。他建立了弗勒達修道院，並爲這修道院制訂了一套比邊奈狄克特教團還要嚴格的規章。然後他和薩爾斯堡的一名愛爾蘭籍主教，維吉爾發生了一場爭論。維吉爾雖曾主張在我們的世界以外尚有其他世界，但也是一位被正式列入聖籍的人物。西元七五四年鮑尼法斯和他一同回到弗利吉亞後遭到異教徒的屠殺。德意志基督教之所以成爲教皇派，而不成爲愛爾蘭派，主要是由於他的功績。

英格蘭的一些修道院，特別是在約克郡的那些修道院，在當代是具有重大意義的。羅馬統治期間的不列顛文明早已蕩然無存，由基督教傳教士所導入的新文明幾乎全部集中於全面直接仰賴羅馬的邊奈狄克特派修道院。可敬的畢德是賈羅地方的一個修道僧。他的學生埃克伯特，約克的首任大主教，建立了一所教育過阿魯昆的教會附屬學校。

阿魯昆在當代的文化中是一重要人物。西元七八〇年他於前往羅馬途中，在帕爾瑪謁見了查理曼。皇帝僱他教法蘭克人拉丁語，和教育皇帝的家屬。他在查理曼的宮廷裡度過了大部分生涯，從事教育與建立學校。晚年他當了圖爾的聖馬丁修道院院長。他著了一些書，包括一本用韻文寫的約克教會史。皇帝雖然沒受過教育，卻深信教化之功，他暫時緩和了黑暗時代中的黑暗。但他在這方面的工作卻爲時很短。約克郡的文化逐漸爲丹麥人所毀滅，法蘭西的文化也遭到諾曼人的破壞。撒拉森人襲擊了義大利南部，攻克了西西里，並甚而於西元八四六年襲擊了羅馬。總而言之，在西方基督教世界裡西元十世紀堪稱一最黑暗的時代；因爲西元九世紀曾受到英格蘭一些僧侶，以及約翰·司各脫這一傑出人物的拯救。關於後者，我即將作一較詳細的介紹。

查理曼死後加洛林王朝的衰頽以及查理曼帝國的分裂，首先爲教廷帶來了利益。教皇尼古拉一世（西元八五八－八六七年）曾把教皇的權力提到前所未有的高度。他和東西兩羅馬帝國的皇帝們；和法蘭西禿頭王查理；和洛林王羅塔二世；以及幾乎全體基督教國家的主教們發生過爭執；然而在幾乎所有的爭執中他都取得了勝利。許多地區的僧侶早已依附於地方諸侯，於是他便著手扭轉這種局面。他的兩大爭端是關於羅塔二世的離婚事件，和關於君士坦丁堡大主教伊格納修斯的非法罷免事件。貫穿整個中世紀時期教會的勢力，經常干預皇室的離婚問題。國王都是些剛愎自用的人，他們認爲婚姻的不可解除是一項只限於臣民的教規。然而只有教會能締結神聖的婚姻，假如教會公布某項婚姻無效，那麼就很可能引起王位繼承紛爭或王朝戰爭。因此教會在反對皇家離婚事件和非法婚姻事件中占有極其有利的地位。在英格蘭，教會在亨利八世治下喪失了這種地位，但在愛德華八世治下又恢復了這種地位。

當羅塔二世申請離婚時，他獲得了本國僧侶的同意。但教皇尼古拉卻撤掉了默認這事的主教們，並全面拒絕承認該王的離婚申請。羅塔的兄弟皇帝路易二世爲此曾進軍羅馬試圖恫嚇教皇；但終因迷信性恐懼的增長而撤退。於是教皇的意志終於獲得了勝利。

伊格納修斯大主教的事件是饒有興趣的，這事說明教皇在東方依然可以主張自己的權力。伊格納修斯因交惡於攝政王巴爾達斯而被免去大主教的職位；弗修斯迄今本爲一俗界人士，卻被提升爲大主教，拜占庭政府請求教皇批准這件事。教皇派遣了兩位使節前往調查；他們到達君士坦丁堡之後，因受到恫嚇，竟而同意了既成事實。這件事曾在教皇前隱瞞了一段時期，但當教皇得悉這件事後，他便採取了斷然的措施。並在羅馬召集了一次宗教會議來討論這個問題；他免去了一名使節的主教職務，同時又罷免了授予弗修斯聖職的敘拉古的大主教；他咒逐弗修斯；斥革所有經弗修斯授予聖職的人，同時並恢復了因反對弗修斯而被革職的人的職位。皇帝米凱爾三世爲此十分惱怒，他給教皇寫了一封憤懣的信，但教皇卻回答說：「國王兼任祭司，皇帝兼任教皇的日子已成過去，基督教已把這兩重職務分開了，基督徒皇帝關於永生問題需要教皇，但教皇除去在有關屬世的事務方面是不需要皇帝的。」弗修斯和皇帝爲了報復也召集了一個宗教會議，會上將教皇破門並宣布羅馬教會爲異端。過了不久，皇帝米凱爾三世遭到暗殺，他的繼承者巴歇爾恢復了伊格納修斯的職位，並在這件事上公開地承認了教皇的許可權。這一勝利發生於尼古拉死後不久，而又幾乎完全歸功於宮廷革命的爆發。伊格納修斯死後，弗修斯重新當了大主教，從而擴大了東方教會和西方教會間的裂痕。因此，假如從長遠著想，尼古拉在這件事上的政策不能說是勝利的。

尼古拉把自己的意志強加於主教們比強加於國王們更為困難。大主教們認為自己是非常偉大的人物，他們是不肯馴服於一個教會的君主的。然而尼古拉卻主張主教的存在主要歸功於教皇，當他在世時，他總算大致上成功地普及了這種見解。在這些世紀裡，有過主教應該如何任命的重大疑問，主教們原先是由忠實的信徒從主教區城市中用口頭選舉出來的；其次也經常為附近教區主教們的宗教會議所選出；但也有時為國王或教皇所選任。主教們可因重大理由得以撤換，但他們究竟應該受到教皇，還是地方性宗教會議的裁判則是不明確的。所有這些不明確之點恆使得這樣一種職位的權能有賴於各該職位負責人的毅力和機敏。尼古拉把教皇的權力擴張到當時可及的最大限度；但在他後繼者的統治下，這種權力重新陷入了一個低潮。

西元十世紀時教廷完全被置於地方性羅馬貴族的統治下。這時關於教皇的選舉問題還沒有既定的制度；教皇的選任有時仰賴群眾的擁戴；有時仰賴皇帝們或國王們，有時就像在西元十世紀中一樣仰賴羅馬市的地方掌權者。這時，羅馬和教皇大格雷高里在世時有所不同，羅馬已不是一個文明的城市了。這裡不時發生派系戰爭；一些豪門望族又不時通過暴力和貪汙的聯合手段攫取統治權。西歐的紊亂和衰頹在此時已達到使全體基督教國家幾乎瀕於毀滅的程度。皇帝和法蘭西國王已無法制止在其境內名義上仍為其諸侯的一些封建主所製造的無政府狀態。匈牙利人襲擊了義大利北部，諾曼第人入侵法蘭西海岸，直到西元九一一年將諾曼第地方劃歸他們，他們才以此作爲交換條件皈依了基督教。然而義大利和法蘭西南部最大的危險卻來自撒拉森人，他們既不接受基督教，也不尊重教會。大約在西元九世紀末葉，他們征服了全部西西里；並定居於那不勒斯附近的嘎里戈里阿諾河畔；他們破壞了蒙特·卡西諾及其他大型修道院；他們在普羅旺斯海岸有一塊殖民地，並從那裡劫掠了義大利和阿爾卑斯山谷地帶，遮斷了羅馬與北方的交通。

撒拉森人對義大利的征服爲東羅馬帝國所阻止，東羅馬帝國於西元九一五年戰敗了嘎里戈里阿諾的撒拉森人。但其國勢卻不能像查士丁尼征服羅馬時那樣，足以統治羅馬。教皇的職位在將近一百年的歲月中竟變作了羅馬貴族階級或塔斯苛拉姆諸侯的賞賜物，西元十世紀初最有權力的羅馬人是「元老院議員」狄奧斐拉克特和他的女兒瑪柔霞，教皇的職位，幾乎爲該家所世襲。瑪柔霞不但相繼有好幾個丈夫，而且還有無數的情夫。她將其中的一個情夫提升爲教皇號稱塞爾玖斯二世（西元九〇四－九一一年）。他倆的兒子是教皇約翰十一世（西元九三一－九三六年）；她的孫子是約翰十二世（西元九五五－九六四年），他在十六歲時便當了教皇，「他使得教皇的墜落達於底極，由於其荒淫的生活和奢靡的酒宴，不久便使拉特蘭宮成爲世人注目之地了。」瑪柔霞可能成爲女教皇朱安（Pope Joan）傳說的根源。

這一時期的教皇們當然喪失了以前諸教皇在東方所具有的一切勢力。他們失去了教皇尼古拉一世對阿爾卑斯山以北主教們行之有效的統治權。各地的宗教會議對教皇聲明了全面獨立，但它們對專制君主和封建領主們卻保持不了獨立。主教們日益爲世俗封建領主所同化。「因而，教會本身也像世俗社會那樣，成爲同一無政府狀態的犧牲；各式各樣的邪惡毫無止境地蔓延著；一些稍事關心宗教及關心拯救信徒靈魂的僧侶無不爲當前普遍的頹廢而悲嘆，於是他們便引導著忠實信徒去注視那世界末日的景象和最後的審判。」⑥

過去有人曾認爲當時流行著一種恐怖，就是說，當時的人害怕西元一千年將成爲世界末日的年分。然而，這種想法卻是錯誤的。因爲自從聖保羅以來，基督徒就一直相信世界末日的臨近，而他們卻依然如故地進行其日常的工作。

爲了方便起見，西元一千年不妨被認爲是西歐文明衰退達於極點的年分。從這以後開始了一直延續到西元一九一四年的文化上升運動。開始時，這進步主要須歸功於修道僧的改革。在修道僧教團以外的大部分僧侶早已變得暴戾、敗壞和世俗化了；由於虔誠信徒布施而來的財富與權勢腐化了這些僧侶，這種事情甚至在修道僧教團中也屢見不鮮，但每當道德力有所衰頽的時候，一些改革家必以新的熱忱，使其重新振奮起來。

西元一千年之所以成爲一個歷史轉捩點還有另外一項原因。大約在此時期，回教徒和北方的蠻族至少停止了對西歐的征戰。哥德人、倫巴底人、匈牙利人和諾曼人相繼入侵；各部族相繼改信了基督教，但每一部族都削弱了文明的傳統。西方帝國分裂爲許多蠻族王國；諸國王對他們的臣屬喪失了統治權；從而呈現了一種具有經常大小不同規模戰事的普遍無政府狀態。最後所有強悍的北方征服者部族都改信了基督教，並定居於各地。諾曼人是最後期的侵入者，他們特別顯示了文明的才智，他們從撒拉森人那裡奪回了西西里，從而保衛義大利不受回教徒的威脅。他們把丹麥人從羅馬帝國中分裂出去的大塊英格蘭領土重新納入羅馬的版圖。當他們一

⑥《劍橋中世紀史》，第三卷，第四五五頁。

旦定居於諾曼第之後，立即允許了法蘭西的復興，並對它給予了實質的幫助。

我們用「黑暗時期」這一詞彙來概括西元六○○年到西元一○○○年這一段時期意味著我們過分著重了西歐。這一時期，適值中國的唐朝，也就是中國詩的鼎盛時期，同時在其他許多方面也是一個最爲出色的時期。從印度到西班牙，盛行著伊斯蘭教光輝的文明。這時舉凡基督教世界的損失不但不意味著世界文明的損失，而且正好是恰恰相反。當時沒有人能想像西歐在武力與文化方面會在以後躍居於支配地位。對於我們來說好像只有西歐文明才是文明，但這卻是一種狹隘的見解。我們西歐文明中大部分文化內容是來自地中海東岸，來自希臘人和猶太人的。論及武力：西歐占優勢的時期起自布匿戰爭⑦到羅馬的衰亡——約爲西元前二○○年到西元四○○年間的六個世紀。此後在武功方面便再沒有任何一個西歐國家能與中國、日本或回教國家相提並論了。

自從文藝復興以來，我們的優越性一部分須歸功於科學和科學技術，一部分須歸功於在中世紀裡慢慢建立起來的政治制度。從事物的性質方面來看，這種優越性，是沒有理由持續下去的。俄國、中國和日本，在當前的大戰中顯示了很大軍事力量。所有這些國家都把西方國家的技術和東方的意識形態——拜占庭、儒教或神道⑧的意識形態結合在一起。印度如果獲得解放，也將貢獻出另一東方的因素。假如文明繼續下去，在未來的幾個世紀裡，文明必將呈現文

⑦ 布匿戰爭：指羅馬與迦太基在西元前二六四年—前一四六年間所進行的三次戰爭。——譯者

⑧ 神道：指日本之神道。——譯者

藝復興以來從來未有的多樣性。有一種比政治的帝國主義還要難於克服的文化帝國主義。西羅馬帝國滅亡許久以後——甚至到宗教改革爲止——所有歐洲文化都還保留著一抹羅馬帝國主義色彩。現在的文化，對我們來說，是具有一種西歐帝國主義氣味的。在當前的大戰之後，假如我們打算在世界上生活得更舒適，那麼我們就必須在思想中不僅承認亞洲在政治方面的平等，也要承認亞洲在文化方面的平等。我不知道，這種事將要引起什麼變化，但是我確信，這些變化將具有極其深刻和極其重要的意義。

第八章　約翰・司各脫

約翰・司各脫（John the Scot），或約翰奈斯・司各脫斯（Johannes Scotus），有時更附以厄里烏根納或厄里根納①字樣，是西元九世紀最令人驚異的人物。假如他生在西元五世紀或十五世紀，他也許不致使人這樣驚訝。他是一個愛爾蘭人，一個新柏拉圖主義者，一個傑出的希臘學學者，一個斐拉鳩斯教派，和一個泛神論者。他的大部分生涯是在法蘭西國王，禿頭王查理的庇護下度過的。他雖誠然距離正統教義遠甚，但就我們所知卻避過了迫害。他把理性置於信仰之上，並絲毫不介意教士們的權威；而他們爲了解決自己的爭論，反而要求過他的仲裁。

爲了理解這樣一個人物的出現，我們必須首先注意聖派翠克以後數百年內的愛爾蘭文化。姑且不論聖派翠克是英格蘭人這一令人不快意的事實，尚有兩項其他幾乎同樣令人不快意的事情：首先，在聖派翠克到達愛爾蘭之前，那裡已經有了基督徒；其次，不管他爲愛爾蘭基督教作出了多大貢獻，愛爾蘭文化並不起因於他（據某高盧人作家說）。當阿替拉以及哥德人、汪達爾人和阿拉里克相繼入侵高盧地方時：「大海這邊所有碩學之士都逃往海外各地，特

① 這種附加是多餘的；因為這樣就使他的名字成為「愛爾蘭的愛爾蘭人約翰」。西元九世紀時，「司各脫斯」意味著「愛爾蘭人」。

別是愛爾蘭，不管他們逃往哪裡，他們便給那裡的居民帶來巨大的學術進步。」②假如這些人中有誰前往英格蘭避難，盎格魯人、撒克遜人和朱特人必將把他們消滅盡淨；然而那些去到愛爾蘭的人卻與傳教士結合在一起，成功地傳播了在歐洲大陸逐漸消亡的大量知識與文明。我們有充分理由相信，西元六世紀、七世紀和八世紀間，愛爾蘭人當中尚殘存著希臘語文知識，以及對拉丁古典著作的相當學識。③英格蘭自從坎特伯里大主教狄奧多時代起就通曉了希臘語文。狄奧多本人是個希臘人，曾受教於雅典；在英格蘭北方則可能是由於愛爾蘭籍傳教士的教導而通曉了希臘語文。蒙塔格・詹姆士說：「西元七世紀下半期，渴望知識最殷切、教學工作開展得最活躍的地方是愛爾蘭。在愛爾蘭，拉丁語文（希臘語文稍差）的研究是以學者觀點進行的……他們首先為傳教的熱誠所驅使，繼而又迫於愛爾蘭家鄉的困難情況，乃大舉遷徙到歐洲大陸，從而為挽救他們早已尊崇的殘缺的文獻作出了貢獻。」④奧克撒爾的海爾利克在西元八七六年敘述愛爾蘭學者們的遷徙時說：「愛爾蘭連同其哲學家們不顧海上的危險，幾乎是集體遷移到我國的海岸。所有最博學的人都註定要應賢王所羅門——意指，禿頭王查理——的延攬，自願地走上了流亡之路。⑤」

② 《劍橋中世紀史》，第三卷，第五〇一頁。

③ 這個問題在《劍橋中世紀史》中，議論得頗為審慎，見第三卷，第十九章，其結論則肯定愛爾蘭人的希臘語文知識。

④ 《劍橋中世紀史》，第三卷，第五〇七—五〇八頁。

⑤ 同上書，第三卷，第五二四頁。

學者們每每被迫去過漂泊不定的生活。在希臘哲學的開始期，許多哲學家都是從波斯人那裡來的避難者；在哲學的末期，查士丁尼治下時，他們又變爲逃往波斯人那裡去的避難者。西元五世紀時，有如我們所見，一些有學問的人爲了逃避日耳曼人，從高盧逃到西歐諸島；在西元九世紀時，他們爲了逃避斯堪地那維亞人又從英格蘭與愛爾蘭逃回高盧。在現代，德國哲學家爲了逃避他們的同胞甚至必須逃往更遠的西方。我眞不曉得他們是否竟需要同樣長的時間才能重返家園。

我們對於當時爲了歐洲保存古典文化傳統的愛爾蘭人知道得太少了。有如他們的悔罪規則書所示，他們的學問是與修道院攸關的，充滿了宗教的虔誠；但他們的學問卻好像與神學的微妙問題沒有多大關聯。由於這種學問與其說是主教的毋寧說是修道僧的，所以它沒有那種始自大格雷高里以來賦予歐洲大陸僧侶特徵的行政觀點。又由於它主要與羅馬割斷了有效連繫，所以它在考慮教皇時，仍抱著聖安布洛斯時代對教皇的看法，因而和後世對於教皇的看法有所不同。斐拉鳩斯，雖很可能是個不列顛人，卻被某些人認爲是愛爾蘭人。他的異端很可能殘存於愛爾蘭，這裡的當權者未能像在高盧那樣千辛萬苦地將它撲滅。這些情況足以說明約翰·司各脫思想之所以異常自由與新鮮的原因。

約翰·司各脫生涯的初期和後期都是無從查考的；我們只知道他受到法蘭西國王僱傭時的一段中間期。他大約生於西元八〇〇年，死於西元八七七年左右，但這兩個年代都出於推測。教皇尼古拉一世時他在法蘭西。我們在他的生涯中，又遇到一些與這位教皇有關的人物，例如：禿頭王查理、米凱爾皇帝以及教皇尼古拉本人。

大約在西元八四三年，約翰應禿頭王查理的邀請前往法蘭西，並被該王任命爲宮廷學校的校長。關於預定說和自由意志，修道僧高特沙勒克和萊姆斯大主教，一位顯要的僧侶興克瑪爾之間發生了一場爭論。修道僧高特沙勒克是預定說派，而大主教是自由意志派。約翰在〈論神的預定說〉（*On Divine Predestination*）一篇論文中支持了大主教，但他的支持卻太不審慎。這個問題是非常棘手的；奧古斯丁在駁斥斐拉鳩斯的文章中曾不得不涉及這個問題，贊同奧古斯丁固屬危險，但若公然反對奧古斯丁卻有更大的危險。約翰支持了自由意志，這或不致引起什麼責難而獲得諒解；但在他的議論中的那種純哲學的性格卻招來了人家對他的憤懣。這並不由於他公然違抗神學中公認的任何事物，而是由於他主張：獨立於啓示之外的哲學具有同等的權威，或甚至具有更高的權威。他爭辯說理性和啓示二者都是眞理的來源，因此是不能互相矛盾的；但假如二者之間萬一出現了類似矛盾的時候，那麼我們就應當採取理性。眞正的宗教，他說，即是眞正的哲學；相反，眞正的哲學也就是眞正的宗教。他的著作曾受到西元八五五年和西元八五九年兩次宗教會議的譴責；第一次宗教會議曾把他的著作斥爲「司各脫雜粥」。

由於國王的支持，他終能逃避了懲罰。他和國王似乎一直很友好。如果瑪姆茲伯利的維廉的記載可以相信，當約翰與國王共進午餐的時候國王曾問約翰：「什麼東西使一個愛爾蘭人（Scot）和一個酒徒（Sot）⑥有所區別？」司各脫回答說：「只有食前方丈。」國王於西元八七七年逝去，此後人們再也沒有聽到約翰的下落。有人相信他也在同年死去。但也有人傳說他被阿爾弗萊德大帝聘往英格蘭，並做了瑪姆茲伯利修道院，或阿塞勒尼修道院的院長，最後

⑥ 愛爾蘭人與酒徒，原文中有協韻關係是國王所說的一句詼諧語。——譯者

遭到修道僧的暗殺。然而，遭這不幸的人卻似乎是另一位同名的約翰。

約翰的另一部書是希臘原文僞狄奧尼修斯文集的翻譯。這是一部在中世紀前期享有盛譽的書。當聖保羅在雅典傳道的時候，「有幾人貼近他，信了主，其中有亞略巴古的官丟尼斯」⑦（《使徒行傳》第十七章，第三十四節）。除了以上記載之外關於這個人在現下我們已無從稽考，但在中世紀時人們還另外知道關於他的許多事。他曾旅行到法蘭西，並在那裡建立了聖鄧尼修道院；至少在約翰到達法蘭西不久之前該修道院院長希勒杜茵曾有過這樣說法。除此以外狄奧尼修斯是一本調和新柏拉圖主義與基督教重要著作的有名作者。這本書的著作年代是不詳的；但它的確成書於西元五〇〇年以前和普羅提諾所處的時代以後。這本書在東方流傳甚廣，並且受到世人讚賞；但在西方一直到西元八二七年，希臘皇帝米凱爾送給虔誠王路易（Louis the Pious）一本抄本，路易王又將該書贈給上述的希勒杜茵修道院院長時爲止，這本書尚未被一般人士所知曉。希勒杜茵認爲該書出自聖保羅的門徒，也就是出自希勒杜茵所居修道院的創建者的手筆。他很想知道該書的內容；但一直到約翰到來卻沒有人能勝任希臘文的翻譯。約翰完成了這項翻譯，他在從事這項工作時必定感到十分愉快，因爲他的觀點和僞狄奧尼修斯文集是十分接近的。僞狄奧尼修斯從那時以來曾給予西方天主教哲學以巨大的影響。

西元八六〇年人們將約翰的翻譯送呈教皇尼古拉。教皇因該書在發行以前，未徵求他核准而感到惱怒，並命令查理王將約翰送至羅馬——然而這項命令卻被置若罔聞了。關於本書的實

⑦ 丟尼斯：係中文聖經中的譯名。即本書中的狄奧尼修斯。——譯者

質，特別是關於譯文中所表現出來的精湛的學識，教皇是無法吹求的。教皇曾徵詢他的圖書館長卓越的希臘學學者，阿奈斯它修斯對於該書的意見。阿奈斯它修斯爲一個遠居化外的人竟能具備如此淵博的希臘文知識而感到十分驚訝。

約翰最大的著作（用希臘文寫成的）是《自然區分論》（*On the Division of Nature*）。這是一部在經院哲學時代可能被稱爲「實在論的」著作；這就是說，它像柏拉圖的著作一樣，主張諸共相是在諸殊相以先。他在「自然」中不僅包括有；而且包括**非**有。自然的整體被劃分爲四類：(1) 創造者而非被創造者；(2) 創造者同時又是被創造者；(3) 被創造者但非創造者；(4) 既爲非創造者又爲非被創造者。第一類顯然是上帝；第二類是存在於上帝之中的（柏拉圖主義的）諸理念；第三類是時間與空間中的事物；第四類令人驚訝，仍是上帝，並非作爲創世主，而是作爲一切事物的終極和目的。從上帝流溢出來的一切事物都努力爭取復歸於上帝；因此所有這些事物的終極和他們的開始是同一的。一和多之間的橋梁是邏各斯。

他把不同的諸事物，例如：那些不屬於睿智世界的有形體的事物，和罪——因爲罪意味著神性典型的喪失——都包括在非有的領域之中。唯有創造者而非被創造者具有本質的存在；它是一切事物的本質。上帝是事物的開始、中繼和終極。上帝的本質是人類，以致天使所無從知道的。在某種意味上，他甚至連他自己也無從知道：「上帝自身也不知道他是什麼，因爲他不是一個**什麼**；在某種意義上來講他對於他自己和對於每一個智者都是不可理解的。」⑧在諸事

---

⑧ 參照布萊得雷所論一切認識的不充分性。他主張沒有全真的真理，而所可能得到的最好的真理在知性上都是不能改正的。

物的存在中可以看到上帝的存在；在諸事物的秩序中看到他的智慧；在諸事物的運動中看到他的生命。他的存在是聖父，他的智慧是聖子，他的生命是聖靈。然而狄奧尼修斯所說沒有一種名稱可以用來確言上帝的說法卻是正確的。有一種所謂肯定的神學，在這種種神學中人們把上帝說成是眞理、善、本質等等，但這些肯定只不過是象徵性的眞實而已，因爲所有這些述語都有一個對立語，而上帝是沒有對立語的。

創造者同時又是被創造者這一級事物包括諸第一原因，或諸原型，或柏拉圖主義的諸理念。這些第一原因的總合便是邏各斯。諸理念的世界是永恆的，和被創造的。在聖靈的影響下，這些第一原因產生了個別事物的世界，但其物質性卻是虛幻的。當提及上帝從「無」中創造萬物時，在上帝超越所有知識的意味上，這個「無」應該被理解爲上帝本身。

創世是一個永遠的過程：一切有限事物的實體都是上帝。被造物並不是一個與上帝有區別的存在。被造物存在於上帝之中，而上帝以一種不可言喻的方式在被造物中顯示他自己。「聖三位一體熱愛在我們心裡的以及在它本身中的它自己⑨；它看它自己並推動它自己。」

罪的根源在於自由：罪的發生是因爲人們轉向自己而不趨向上帝。惡的根源並不在上帝之中，因爲在上帝裡面沒有惡的概念。惡是非有而且它沒有根源，因爲假如它有根源，它將變爲必然的了。惡是善的缺乏。

邏各斯乃是將多帶回一將人帶回上帝的原理；因此它是世界的救主。通過與上帝的結合人

⑨ 參照斯賓諾莎。

身中導致這一結合的部分亦將變為神聖。

在否認個別事物具有實體性這一點上，約翰與亞里斯多德派的意見是不一致的。他稱柏拉圖為哲學界的泰斗。然而他關於存在的分類中的前三類都是間接起源於亞里斯多德的創動而非被動者，創動及被動者，被動而非創動者。在約翰體系中其第四類，既為非創造者又為非被創造者，則來自狄奧尼修斯，一切事物復歸於上帝的說法。

從以上的概述中來看，約翰．司各脫的非正統教義性是顯而易見的。否認被創造物具有實體性的他的泛神論，是與基督教義相違背的。他對於從「無」中創造萬物的解釋也不是任何一個審慎的神學家所能接受的。他的三位一體說和普羅提諾的說法極其類似，他在這一點上雖試圖維護自己，但他的說法卻未能保持三位的同等性。這些異端顯示了約翰的精神獨立性，這在西元九世紀裡是令人驚異的。他的新柏拉圖主義的見解有如在西元四、五世紀希臘諸教父中間一樣，在當時的愛爾蘭可能是很普遍的。假如我們對於西元五世紀至九世紀期間的愛爾蘭基督教知道得更多一些，也許我們發現約翰並不那麼令人驚異。另一方面也許他所持異端的大部分是出於偽狄奧尼修斯的影響。狄奧尼修斯曾被認為與聖保羅有過連繫，而被人誤認為正統教派。

他認為創世沒有時間的這種見解，當然也屬於異端，這就迫使他說《創世記》中的記載屬於寓言的性質。天國和亞當的墮落是不該按字面解釋的。有如所有泛神論者，他在罪惡的解釋方面感到困難。他認為人類最初是沒有罪的，當人沒有罪的時候，他沒有性的區別。這種說法當然與聖經中所說：「上帝造男造女」的說法有所牴觸，按照約翰的說法人類之被分為男性和女性只是由於罪的結果。女性體現著男性感官的並墮落的本性。在最後，性的區別將重複歸於消失，那時我們便會有純粹靈性的軀體。⑩罪存在於被誤導的意志，在於假定本來並非善的事物爲善。罪的懲罰是當然的；它在於發現罪惡欲望的虛妄性。然而懲罰卻不是永遠的。有如歐利根，約翰認爲甚至魔鬼最後也將得救，然而他們得救的時日卻比其他人較晚。

約翰翻譯的僞狄奧尼修斯對中世紀思想發生過巨大的影響。然而他的巨著自然區分論卻影響不大。這本書屢次被斥爲異端，西元一二二五年教皇霍諾留斯終於下令焚毀該書的所有抄本。不過所幸這個命令並未得到有效的執行。

⑩ 參照聖奧古斯丁。

第九章　西元十一世紀的教會改革

自從西羅馬帝國滅亡以來，歐洲在西元十一世紀中首次出現了迅速而持久的進步。在加洛林王朝文藝復興時，歐洲曾有過某種進步，但事實證明這種進步卻不是鞏固的。西元十一世紀時的進步是持久的和多方面的。這種進步始自修道院的改革；繼而擴展到教廷和教會機構；並於本世紀末期產生了首批經院哲學家。撒拉森人被諾曼人逐出了西西里；匈牙利人變爲基督徒，並終止了劫掠生涯；諾曼人對法蘭西和英格蘭的征服使這些地區免受斯堪地那維亞人的進一步侵襲。除去拜占庭影響所及的地區以外，過去一向簡陋的建築，驟然具備了宏偉的規模。僧侶以及俗界貴族的教育水準也都有了顯著的提高。

在改革運動者的心目中，這次運動的最初階段，純然出於道德的動機。正規的僧侶以及世間一般的僧侶早已腐化墮落，於是一般熱誠的人士便開始督促他們更多地按照他們的清規戒律生活。然而在這個純粹道德的動機之後卻有另外一個動機，這動機在最初也許是無意識的，但它卻逐漸變得越發明顯起來。這個動機便是澈底分開僧侶與群眾，並藉此以增進僧侶的勢力。因而，教會改革的勝利自然會直接導致教皇與皇帝間的劇烈衝突。

祭司在埃及、巴比倫和波斯早已形成一個獨立而強大的社會階層，但在希臘和羅馬卻不如此。在原始基督教中，僧侶和俗眾的區別是逐漸發生的；當我們在新約中讀到主教一詞時，這一詞彙還沒有它現在的寓意。僧俗分離有兩個方面，一是教義方面的，一是政治方面的；政治的一面又倚靠其教義的一面。僧侶具備某些行奇蹟的能力，特別在有關聖禮方面——洗禮則除外，俗人也能施洗禮。但沒有僧侶的幫助卻無法舉行婚禮，赦罪禮和臨終時的塗油。在中世紀中尤其重要的是化體①：只有祭司才能行彌撒的奇蹟。化體說雖久已爲一般人所信仰，但直到西元十一世紀，西元一〇七九年時才變爲信條之一。

由於祭司們有行奇蹟的權能，他們能夠決定一個人是否在天國中享永生或打入地獄。當一個人在受破門處分中不幸死亡，那麼他將要下地獄；假如他經過祭司奉行的一切正當儀式，而自己又適當地認了罪並悔改，那麼他最後還將進入天國。然而進入天國之前，他可能還要在煉獄中經受一段時期——也許是一段很長時期的煎熬。祭司們可以通過爲某人的靈魂做彌撒而縮短這人在煉獄中的期限。他們爲了適當的金錢酬謝是樂於做這種事的。

我們須知所有這一切，不只是公開宣布的信條，而是爲僧俗兩界所共同堅信不疑的。僧侶們行奇蹟的權能使他們屢次戰勝那些擁有軍隊的強大君主。然而這種權能卻受到以下兩種限制：一即俗界怒不可遏的激情爆發，一即僧侶之間的分裂。直到教皇格雷高里七世時爲止，羅馬居民對於教皇本人並不怎樣尊敬。每逢騷亂的黨派鬥爭誘使他們對教皇進行綁架、拘禁、毒殺或攻擊的時候，他們是毫不猶豫的。但這怎能和他們的信仰相容呢？這解答，毫無疑問，一部分出於他們毫無克己的能力；此外一部分卻出於人在臨終前還可以悔改的想法。另外還有一種理由，不過這種理由在羅馬所起的作用較差於其他地區，這就是說，國王在其國內可以使主

① 化體：指行聖餐時麵包和葡萄酒變為基督的肉和血這一天主教的信條。——譯者

教們屈從他的意志，這樣國王便可取得足夠的僧侶魔法，從而拯救自己脫離永劫的懲罰。因此教會紀律，與一個統一的教會管理機構便成爲僧權必不可缺之物。作爲僧侶道德革新重要組成部分的這些目標，終於在西元十一世紀中達到了。

僧侶們的職權，總的說來，只有透過個體僧侶的重大犧牲才能獲得。爲僧侶改革家所一致抨擊的兩大弊端即聖職買賣與蓄妾。關於以上二者我們必須分別加以敘述。

由於虔誠信徒的捐獻，教會早已變得很富有。許多主教擁有巨大的財產，就連教區的祭司們也都照例過著當代的舒適生活。主教的任命權通常實際上是操於國王之手，但也有時操於一些地位較低的封建貴族。國王出售主教職位之事是習以爲常的；事實上這筆款項占其收入的重要部分。主教從而再去轉售在其許可權以內的高級聖職。在這種事上是並沒有任何祕密的。蓋爾伯特（按即塞爾維斯特二世）仿效主教的口吻說：「我付出黃金，而當了主教；只要我按照自己分內的許可權行事，我也不怕撈不回這筆款項。我任命一個祭司，於是我收到黃金；我安插一個執事，於是我收到一堆白銀，看吧，我付出去的黃金，現在又重新返回了我的錢囊。」②米蘭的彼得．達米安於西元一○五九年發現自大主教以下該城中的每一僧侶都犯有買賣聖職的罪，而這種情形在當時卻非絕無僅有。

買賣聖職當然是一種罪，但這還不是反對它的唯一理由。它使得教會的人事升遷不憑功績而憑財富，它確認了任命主教事宜中的俗界權威，以及主教對世俗統治者的隸屬關係；同時它

②《劍橋中世紀史》，第五卷，第十章。

導致主教職位淪爲封建體系的一部分。尤其，當一個人買到了高級聖職以後，他自然要急於收回爲此而付出的代價，於是這人屬世事物的關心勢將超過他對於精神事務方面的關心。由於這些原因，反對買賣聖職運動終於成爲教會爭取權力鬥爭中的一個必要環節。

與此極其類似的看法也適用於僧侶的獨身主義。西元十一世紀的革新家經常把我們較爲正確地應說爲「結婚」這一詞彙說成「蓄妾」。修道僧由於其貞潔的誓言，當然不得結婚，然而對於那些世俗僧侶卻從未有過明確的結婚禁令。東方的教會一直到今天，教區祭司還被允許結婚。西方在西元十一世紀中大部分教區祭司都是結婚的。主教，就他們自身來說，經常訴諸聖保羅以下的話：「做主教的必須無可指責，只做一個婦人的丈夫。」③於此並沒有買賣聖職事件中那樣明顯的道德問題，但在僧侶獨身問題上卻有著與反對買賣聖職運動中極其類似的政治動機。④

僧侶們一旦結婚之後，他們自然企圖將教會的財產傳給他們的子嗣。假如他們的子嗣當了僧侶，那麼他們更可以進行合法地授予；因此當革新派獲得勢力之後，他們所採取的最初措施之一便是禁止把僧職授予僧侶的子嗣。⑤然而在當時的混亂狀態下卻仍然存在著一種危險，因爲設若僧侶已經有了子嗣，他們總不難找到一些非法侵占部分教會田產的方法。在這種經濟

---

③《提摩太前書》，第三章，第二節。

④參看亨利．C．李（Henry C. Lea）著：《僧侶獨身史》（*The History of Sacerdotal Celibacy*）。

⑤西元一〇四六年曾明令不許僧侶的兒子做主教。以後又明令禁止僧侶的兒子就任聖職。

的考慮之外，還有一項事實，假如一個僧侶同他的鄰舍一樣，也是一個有家室的人，那麼他對於他們來說，則似乎並不相差多遠。至少自從西元五世紀起就有一種對於獨身生活的熱烈的讚揚，假如僧侶試圖博得其權勢所依賴的崇敬，那麼他們藉著禁絕婚娶顯然與一般有所區別乃是極其有利的。不容置疑，革新家們雖然篤信結婚的身分事實上並非有罪，但卻低於獨身的身分，同時也只意味著對肉慾的讓步，聖保羅說：「倘若自己禁止不住，就可以嫁娶。」⑥但一個聖潔的人卻必須能夠「禁止」。所以僧侶的獨身對於教會的道德權威來說是必不可少的。

在以上這些一般性的引言之後，讓我們來談一下西元十一世紀教會中革新運動的實際歷史。

運動的開始，追溯到西元九一〇年阿奎泰公爵，虔誠者維廉之創建克律尼修道院，這所修道院自從建成以來一直獨立於一切外界權威——但教皇的權威除外；而且其院長又被授權管轄那些由它分建的若干修道院。這時，大部分修道院都很富有與放縱；克律尼雖避免極端的禁慾主義，卻還注意保持尊嚴與禮法。該院第二任院長奧都到義大利後曾受命管理好幾處羅馬的修道院。但他並不是經常成功的：「法爾發修道院——該院由於暗殺了前任者的兩個敵對院長的紛爭而陷於分裂——抵制了奧都介紹前來的克律尼派修道僧，並用毒藥殺害了阿勒伯利克借武力任命的修道院長。」⑦（阿勒伯利克是邀請奧都的羅馬統治者。）西元十二世紀時克律尼的

⑥《哥林多前書》，第七章，第九頁。

⑦《劍橋中世紀史》，第五卷，第六六二頁。

革新熱情逐漸冷卻了。聖伯納德曾反對過該修道院華麗的建築；有如他所處時代一切極其虔誠的人，他也認爲壯麗的宗教院宇是罪孽深重的驕傲的象徵。

西元十一世紀時，革新家創立了不少教團。一個苦行的隱士，羅穆阿勒德於西元一〇一二年創立了卡瑪勒多力茲教團；下文中即將敘述的彼得・達米安曾是該教團的信徒之一。西元一〇八四年科倫的布魯諾創立了一向以謹嚴著稱的卡爾圖斯教團，西元一〇九八年創立了西多教團；西元一一一三年時聖伯納德加入了這個教團。這個教團嚴守邊奈狄克特的教規。它禁止使用彩色玻璃窗。它僱傭了一批俗家弟兄，從事勞動。這些人雖也宣誓，但卻不許學習讀和寫；他們主要是從事農業，及其他工作，有如建築。約克州芳騰修道院屬於西多教團——對於把一切美都看成屬於魔鬼的人們來說，這所修道院確是一個值得注目的建築物。

從法爾發事件中——這在當時並非絕無僅有的——我們可以看出，修道院革新家需要巨大的勇氣和魄力。在他們成功的地方，都有過俗界當權者的支持。最初促使教廷，其次促使整個教會革新得以實現的正是這些革新家以及他們的信徒。

然而教皇制的革新在最初，卻主要是皇帝的事業。最後一位世襲的教皇是西元一〇三二年選出的邊奈狄克特九世，據說那時他只有十二歲。他是塔斯苛拉姆人阿勒伯利克的兒子；我們在敘述奧都修道院長時已經提到阿勒伯利克。當邊奈狄克特年齡稍長時，他變得越發荒淫無度起來，甚而震駭了當代的羅馬人。最後他的邪惡達到這樣高度，竟然爲了結婚而決心辭去教皇的職位。他把這職位賣給他的教父格雷高里六世。這人雖用金錢賄買了教皇職位，卻是一位革新家；同時也是希爾得布蘭得（格雷高里七世）的朋友。然而他取得教皇職位的手段卻醜惡得無法見容於世。年輕皇帝亨利三世是一個虔誠的革新家，他一面保留任命主教的許可權，一面不惜犧牲一大宗收入用來杜絕聖職買賣。西元一〇四六年他來到義大利，那時他只有二十二歲，並以聖職買賣的罪名廢黜了格雷高里六世。

亨利三世在位期間始終保持了任免教皇的許可權，並且適宜地運用這個許可權使之有利於革新。廢黜格雷高里六世之後，他任命了一個日耳曼籍主教，班伯格的蘇得格爾；羅馬人放棄了他們一向要求但卻幾乎從來也不善於行使的選舉權。新教皇於翌年逝世。皇帝指名推薦的另一名，據說由於毒害也旋即死去。於是亨利三世選立了他的一名親戚，土魯人布魯諾，號稱列奧九世（西元一〇四九—一〇五四年）。列奧是個熱誠的革新家，他經常到處旅行並主持了許多次宗教會議；他企圖擊退盤踞在義大利南部的諾曼人，但結果並未成功。希爾得布蘭得是他的朋友，並幾乎也可以稱爲是他的學生。他死後皇帝於西元一〇五五年委派了另一位教皇，愛赫史塔人革布哈爾德，號稱維克多二世。然而皇帝於翌年死去，又過了一年這位教皇也死去了。從這時起皇帝和教皇關係已變得不似以前那樣和睦了。通過亨利三世的支援教皇於獲得了道德威信之後，首先要求獨立於皇帝，繼而便要求優越於皇帝。於是開始了歷時達二百餘年，最後以皇帝的敗北爲結局的大紛爭。所以從長遠的見地來看，亨利三世革新教皇制的政策可能還是缺乏了預見性。

下一代皇帝亨利四世統治了五十年（西元一〇五六—一一〇六年）。起初他還未成年，由母后阿格尼斯攝政。司提反九世做了一年教皇，他死後紅衣主教們選出了一位教皇；當時羅馬人重申他們早已放棄的選舉權，選出了另一位教皇。太后支援了紅衣主教們，他們選立了一位教皇號稱尼古拉二世。雖然他的統治只有三年，但這一時期卻極其重要。他和諾曼人媾和，從而減輕了教廷對皇帝的依賴，在他掌教期間，教皇的選出是由一項教令來決定的，按照這項教令選舉首先由羅馬市郊六個紅衣主教管區的紅衣主教們進行，然後再經由其他主教，並最後通過羅馬城中的僧侶及市民。據人推測，僧侶及市民的參與，只是形式而已。實際上教皇的選舉者只是羅馬市郊的六個紅衣主教。如果可能，選舉必須在羅馬舉行；但如遇有困難或不適宜在羅馬舉行的情況時，也可以在其他地方舉行。在整個選舉過程中皇帝是沒有分的。這項教令經歷了一場鬥爭之後才獲得人們的承認，它是使教皇制脫離俗界控制的一個必要的步驟。

尼古拉二世嚴格執行了一項教令，確定今後凡經由聖職買賣而獲得的聖職一概無效。但該項教令並不追及既往，因爲這樣做就勢必牽扯到大多數在職祭司的任職問題。

尼古拉二世任期內，米蘭開始了一場有趣的鬥爭。該地的大主教追隨安布洛斯的傳統對教皇要求了一定程度的獨立自主。他和他的僧侶聯合了貴族階級，堅決反對革新。商人和下層社會，與此相反，希冀著僧侶的虔誠；這時發生了支持僧侶獨身運動的一些暴動和一次名叫帕塔林，反對大主教及其支持者的強大革新運動。爲了支援革新，教皇於西元一〇五九年把赫赫有名的聖彼得．達米安作爲自己的代表派往米蘭。達米安是《論神的全能》（*On Divine Omnipotence*）一書的作者，該書主張說上帝能做出與矛盾律相反的事物，並能撤銷過去（這種見解曾受到聖湯瑪斯駁斥，並自此不再屬於正統教義）。他反對辯證法，並把哲學說成神學的侍婢。有如我們所知，他是羅穆阿勒德隱士的信徒，素來厭煩處理事務性的工作，然而他的聖潔，卻是教廷可貴的財寶，致使教廷不遺餘力地爭取他協助革新運動，而他也終於聽從了教皇的勸說。西元一〇五九年他在米蘭的僧侶集會上作了一次反對聖職買賣的演講。起初聽眾們激怒得幾將危害他的生命，但他的雄辯終於感動了他們，使他們一個個慟哭流涕地認了罪。而且還約定自此效忠於羅馬。在下一位教皇的任期內，皇帝與教皇關於米蘭教座發生了一次爭端，在這次爭端中，教皇由於獲得了帕塔林派的支援，取得了最後的勝利。

西元一〇六一年尼古拉二世死去時，亨利已經成年了。他和紅衣主教間發生了一場有關教皇繼承問題的爭執。皇帝從未承認有關教皇選舉的教令，同時也不準備放棄他在選舉教皇事宜中的權利。這場爭執持續了三年之久，但最後還是以紅衣主教們的選擇成爲定局。皇帝與教廷之間並未進行決定性的實力較量。形勢之所以一變，主要是由於紅衣主教們選出的這位教皇的卓越的品德。他是一位既有德行又有經驗的人，除此之外還曾受業於朗弗蘭（亦即以後的坎特伯里的大主教）。西元一〇七三年這位教皇，亞歷山大二世死去了，繼他選出的是希爾得布蘭得（格雷高里七世）。

格雷高里七世（西元一〇七三—一〇八五年）是歷代教皇中最傑出的人物之一。他早已顯露頭角，並對教廷政策給予很大影響，正是由於他，教皇亞歷山大二世才爲征服者威廉征服英格蘭的企圖祝了福。他還偏袒過在義大利和在北方的諾曼人。他曾是爲了制止買賣聖職首先買到教皇職位的教皇，格雷高里六世門下的被保護者；教皇格雷高里六世被廢後，希爾得布蘭得過了兩年流亡生活。他餘生的大部分時間住在羅馬。他不是一個有學問的人，他卻從他素所崇拜的英雄，大格雷高里間接學到了聖奧古斯丁的教義，並爲此受到極大鼓舞。當他做了教皇以後他相信自己是聖彼得的代言人。這曾給予他某種程度上的自信，但這種自信若以世俗尺度去衡量則是無從首肯的。他認爲皇帝的權威也是出於神授：起初，他把皇帝和教皇比作兩隻眼睛；當他和皇帝發生了爭執以後，他便把二者比作太陽和月亮——教皇當然是太陽。教皇在道德方面必須是至上的，因此，假若皇帝無道，教皇就有權廢除皇帝。世上沒有什麼比反抗教皇再不道德的了。所有這些他都深信不疑。

爲了強制僧侶獨身，格雷高里七世比以前任何教皇盡力都多。在德意志教士們起而反抗，由於這一原因以及其他，他們傾倒於皇帝的一方。然而，俗眾卻到處渴望他們的祭司過獨身生活。格雷高里煽起俗眾暴亂用以抵制結婚的祭司和他們的妻子，這時僧侶夫妻經常遭到令人髮指的虐待。他號召俗眾不去參加那些拒不聽命的祭司爲人舉行的彌撒。他申令既婚僧侶舉行的聖禮概爲無效，並且禁止這樣的僧侶進入教會。所有這些都曾激起僧侶們的反抗和俗眾的擁護；即便在教皇們過去經常遭遇生命危險的羅馬，他卻受到群眾的歡迎。

在格雷高里任期中開始了有關「授職禮」的大紛爭。當一個主教被授予聖職的時候，即被授予一個指環和一支手杖作爲其職權的標誌。這些東西向來是由皇帝或國王（按其地區而定），以該主教的封建統治者的身分，而授予主教的。格雷高里堅持這些東西應由教皇授予。這場爭執是使教階制度脫離封建體系的工作之一。這場爭執持續了很久，但最後卻由教廷獲得了全面的勝利。

導致卡諾薩事件的紛爭起因於米蘭的大主教教區問題，西元一○七五年皇帝因有副主教們的協助任命了一個大主教；教皇認爲這是侵犯他的特權，遂以破門和廢黜來威脅皇帝。皇帝在沃爾姆斯召集了一個主教們的宗教會議來進行報復，會上主教們聲明不再效忠於教皇。他們寫信控訴他犯有姦淫罪、僞證罪，和（比這些更嚴重的）虐待主教罪。皇帝也寫給他一封信主張皇帝應超越一切地上的裁判。皇帝和他的主教們宣布格雷高里已被廢黜；格雷高里則給予皇帝和主教們破門處分，並宣布他們已被廢黜。於是一場鬧劇便這樣開始了。

在第一幕裡，勝利歸屬於教皇。撒克遜人以前曾背叛過亨利四世，隨後又和他言歸於好，但以後又叛變了；德意志的主教們也同格雷高里講了和。皇帝對待教皇的態度使得舉世爲之震駭。因此，翌年（西元一〇七七年）亨利乃決心去尋求教皇的寬恕。在嚴冬季節他帶著妻子幼兒和少數扈從越過塞尼山口，來到教皇居住的卡諾薩城堡前苦苦哀求。教皇讓他穿著悔罪服，赤著腳在堡外等候了三天。他終於被引見了。在他表示過懺悔並宣誓將來一定按照教皇指示對待教皇在德意志的敵對者之後，才承蒙赦罪並恢復了教籍。

然而教皇的勝利卻落了空。他受到了自己神學戒律的束縛，在這些戒律中有一條要求對悔罪者給以赦罪。說也奇怪，他竟然受到亨利的欺騙，誤認亨利的懺悔出於眞誠。不久他便察覺了自己的錯誤。他已不能再去支援亨利的德意志敵對者，因爲他們覺得教皇已經出賣了他們。從這時起事情開始轉變得對他不利起來。

亨利的德意志敵對者爲了對抗，選出了另外一位皇帝，名叫盧多勒夫。開始時，教皇一面主張帝位歸屬問題應由他來決定，但一面卻又拒絕作出任何決定。西元一〇八〇年當他體會到亨利的悔過並無誠意，才終於宣布盧多勒夫爲皇帝。然而約在這時，亨利在德意志已制伏了他的大部分敵對者。同時並借重他的僧侶擁護者選出一位敵對教皇。他帶著這位敵對教皇於西元一〇八四年進入羅馬。他這位敵對教皇正式給他行了加冕禮，但他們二人卻不得不在營救格雷高里的諾曼人陣前潰退，諾曼人大肆劫掠了羅馬，並挾持格雷高里而去。直到他於翌年死去爲止，實際上做了他們的俘虜。

這樣看來，他的一切策略就像落了個不幸的結局。但事實上這些策略卻依然爲他的繼承者以更緩和的方式所沿用。當時雖然達成了一項有利於教廷的協議，但這種衝突本質上卻是無法協調的。關於該衝突以後的發展我們將在以下章節中有所論及。

現在我們有待敘述一下西元十一世紀的理智復興。除去蓋爾伯特（教皇賽爾維斯特二世，西元九九九—一〇〇三年）以外（甚至他也還更多地是個數學家而不是哲學家），西元十世紀中根本沒有什麼哲學家。但隨著西元十一世紀的進展便開始出現了眞正的哲學的傑出人物。這些人中最重要的有安瑟勒姆、羅塞林和其他一些值得敘述的人物。所有這些人都是與革新運動有關的修道僧。

他們中間的最年長者，彼得・達米安，已見前述。圖爾人貝隆嘎（死於西元一〇八八年）作爲某種程度上的唯理主義者是饒有興趣的。他主張理性高於權威，爲了支持這種觀點，他引用了約翰・司各脫的理論，並使得約翰爲此而遭到了死後的譴責。貝隆嘎否定化體說，並爲此兩次被迫撤銷己說。朗弗蘭在他的著作《論基督的血與肉》（*De corpore et sanguine Domini*）一書中曾駁斥了他的異端。朗弗蘭生於帕維亞，曾習法律於勃羅納，並在後來成爲第一流的辯證學者。但他竟爲神學而放棄了辯證法，從而進了諾曼第的貝克修道院，並在這裡主持一所學校。征服者威廉於西元一〇七〇年任命他爲坎特伯里大主教。

聖安瑟勒姆有如朗弗蘭，不僅是義大利人，當過貝克修道院的僧侶，而且也做過坎特伯里的大主教（西元一〇九三—一一〇九年），作爲大主教，他追隨格雷高里七世的原則和國王發生了爭執。他成名的主要原因，在於他發明了有關上帝存在的「本體論論證」（ontological argument）。他的持論有如下述：我們把「上帝」定義爲最大可能的思維對象。假如一個思維對象不存在，那麼另外一個，和它恰恰相似，而確實存在的對象，是比它更加偉大的。因此，一切思維對象的最偉大者必須存在，因爲不然，就有可能還有一個更偉大的對象。因此，上帝是存在的。

這個論證從來未被神學家所公認。它首先受到當代的駁斥；以後便一直被人遺忘到西元十三世紀的下半葉。湯瑪斯．阿奎那駁斥了它，從此阿奎那的論點便一直盛行於神學家當中。但它的哲學家當中卻有著較好的運氣。笛卡兒以稍加修改的形式復興了它；萊布尼茲認爲透過一個補充證明上帝是**可能的**便可以使它變爲有效。康德認爲他已把它一勞永逸地摧毀了。然而在某種意義上，它卻構成黑格爾及其學派哲學體系的基礎，並重新出現在布萊得雷所說：「凡可能存在與必須存在的，就存在」這一原則之中。

顯而易見，具有這樣一段出色歷史的論證，無論其自身妥當與否，是應該予以重視的。眞正的問題在於：有沒有一件爲我們想到的任何東西，僅憑我們能夠想到它這一事實即證明其存在於我們的思維之外，每個哲學家都會**願意**說：是，因爲一個哲學家的工作與其說是憑藉觀察毋寧說是憑藉思維去發現有關世界的事物。假如「是」是正確的回答，從純粹的思維到事物就有一道橋梁；假如不然，那麼二者中間就沒有什麼橋梁可言。柏拉圖即以這個概括的形式應用一種本體論的論證來證明理念的客觀實在性。但在安瑟勒姆以前卻從來無人以該論證赤裸裸的邏輯純潔性來闡述這個論證。在獲得純潔性的同時它失掉了似眞性⑧；然而這也還是安瑟勒姆的功績。

此外，安瑟勒姆的哲學主要導源於聖奧古斯丁，它從奧古斯丁那裡獲得了許多柏拉圖的因素。他相信柏拉圖的理念，從這裡他推出有關上帝存在的另一證明。透過新柏拉圖主義的論證，他聲稱不僅證明了上帝，而且還證明了三位一體（我們還記得普羅提諾哲學中有一個無法爲基督徒認爲正統教義的三位一體）。安瑟勒姆認爲理性從屬於信仰。繼奧古斯丁之後他說

⑧ 似真性之原文為plausibility。——譯者

「爲了理解我相信」；他認爲人無信仰就不能理解。他說「上帝不是公義的而是公義」。我們曾記得約翰·司各脫說過類似的話。其共同的來源則出於柏拉圖。

聖安瑟勒姆有如以前的基督教哲學家們。與其說屬於亞里斯多德的傳統，毋寧說屬於柏拉圖的傳統。因此，他沒有在湯瑪斯·阿奎那體系中登峰造極的那種所謂「經院哲學的」明顯特徵。這種哲學不妨被認爲是起始於羅塞林，這人和安瑟勒姆同時，但比安瑟勒姆年幼十七歲。羅塞林標誌著一個新的開端，我在下章裡就要論及他。

當我們說，直到西元十三世紀爲止的中世紀哲學主要屬於柏拉圖派的時候，我們應該記住，除了〈蒂邁歐〉篇的哲學片斷以外，人們只是間接地，或再度間接地知道柏拉圖而已。設若沒有柏拉圖，約翰·司各脫就不可能持有他所持有的見解，但他的大部分柏拉圖式的觀點卻來自僞狄奧尼修斯。這個作者的年代已不可考，但他卻很可能是新柏拉圖主義者普洛克魯斯的弟子。約翰·司各脫也還有可能從未聽說過普洛克魯斯或讀過一行普羅提諾。除了僞狄奧尼修斯以外，中世紀中，柏拉圖主義的另一來源便是鮑依修斯。這種柏拉圖主義在許多方面同一個近代學者直接從柏拉圖著作裡得來的有所不同。它幾乎把與宗教無顯著關係的一切東西都刪去了，並且在宗教哲學裡它更擴大並強調了某些方面而犧牲了其他方面。普羅提諾早已對柏拉圖的觀點進行了這種篡改。人們對於亞里斯多德的認識也是片斷的，然而其方向卻相反：直到西元十二世紀，爲人們所知的全部亞里斯多德只有鮑依修斯翻譯的《範疇論》（*Categories*）和《正謬論》（*De Emendatione*），因而亞里斯多德僅被認爲是一個辯證家，而柏拉圖則僅被當作一個宗教哲學家兼理念學說的宣導者。在中世紀末葉以上兩種偏見，尤其是關於亞里斯多德的觀點，逐漸得到了修正。但有關柏拉圖的這一過程，卻要到文藝復興時才得以完成。

第十章　回教文化及其哲學

東羅馬帝國，非洲和西班牙所遭受的入侵與北方蠻族對西歐的入侵在以下兩個方面有所不同：一、東羅馬帝國延續到西元一四五三年，久於西羅馬帝國將近一千年；二、東羅馬帝國的主要入侵者是回教徒，他們在征服東羅馬之後並未改信基督教，而是發展了他們獨自的一種重要文明。

回教紀元所由開始的海紀拉（Hegira）[①]起於西元六二二年；十年後穆罕默德逝世。他死去後不久，阿拉伯人立即開始征戰，他們進展得異常迅速。在東方，敘利亞於西元六三四年遭受入侵，並於兩年內全面屈服。西元六三七年波斯遭受入侵於西元六五〇年全面被征服。西元六六四年印度遭受入侵；西元六六九年君士坦丁堡被圍（西元七一六—七一七年重新被圍）。指向西方的進軍並不這樣突然。埃及被攻陷於西元六四二年，迦太基則一直到西元六九七年才被攻陷。西班牙除了西北部一個小角落之外，於西元七一一—七一二年間也被攻略。指向西方的擴張（除西西里和南部義大利之外）因回教徒於西元七三二年圖爾一役之敗北而陷於停頓，這時正值先知穆罕默德死後一百年整（最後攻陷君士坦丁堡的奧圖曼土耳其人屬於較後的時

① 海紀拉指穆罕默德由麥加（Mecca）之逃往麥迪那（Medina）。

期，與我們現在所涉及的時代無關）。

當時有許多情況促使了這次擴張。波斯和東羅馬帝國皆因其長期的戰爭而陷於疲弊。敘利亞人，係奈斯脫流斯教派，久已苦於天主教的迫害，但回教徒卻容忍一切納貢輸捐的各派基督徒。同樣，在埃及人口中占大多數的一性論者，也都歡迎了入侵者。在非洲，阿拉伯人與一向未被羅馬完全制伏的貝貝爾人締結了聯盟。阿拉伯人同貝貝爾人聯合起來進犯西班牙，他們在那裡獲得了久為西哥德人所迫害的猶太人的援助。

先知穆罕默德的宗教是一個單純的一神教，沒有夾雜上三位一體和基督化身等精微的神學。不但先知穆罕默德沒有自命為神的要求，就連他的追隨者們也沒有替他作過這樣要求。他恢復了猶太人禁止供奉雕刻偶像的戒命，並禁止飲酒。忠誠信徒的義務在於為伊斯蘭教盡多地征服世界，但卻不許對基督徒、猶太人或拜火教徒加以迫害——可蘭經中稱他們為「聖經之民」，也就是說，他們是遵奉一經教導之人。

阿拉伯的大部分是沙漠，其生產愈來愈不足以供應其人口的需要。阿拉伯人最初的一些征戰只是為了劫掠，只有當他們體驗到敵人的軟弱無能以後才轉為長期的占領。突然間，大約有二十年光景，在沙漠邊緣上慣於艱苦生活的這些人，竟然發現他們自己變做了世界上某些最富饒地區的主人，他們不但得以享受各種奢華，並且獲得了古代文明所有精緻的遺產，但他們卻比大多數北方蠻族更好地抗拒了這種變革的誘惑。由於他們在得國時未經多大殘酷的戰爭，因而很少破壞，在民政上也幾乎是原封未動。波斯與拜占庭帝國在民政方面原來已有高度的組織。阿拉伯部族最初對於民政的複雜性一概無所理解，於是他們不得不讓那些在原機構負責的老手繼續服務。他們當中的大部分人並未表現他們不屑於為他們的新主人服務。這次變動當眞使得他們的工作更加容易了，因爲課稅有了很大減輕。一般民眾，爲了逃避貢賦遂大批地拋棄基督教而改信伊斯蘭教。

阿拉伯帝國是哈里發統治下的一個絕對君主制國家。哈里發不但是先知穆罕默德的繼承者，同時也繼承了他的許多聖潔。哈里發的職位名義上是由選舉決定的，然而不久就變成了世襲。延續至西元七五〇年爲止的第一個王朝，烏瑪亞德王朝，是由一批純粹出於政治理由承認穆罕默德教義的人們所創立，他們一直反對那些忠實信徒中較爲狂熱的分子。阿拉伯人，雖然以一新興宗教的名義征服了世界上大部分土地，卻不是一個很虔誠的民族；他們征戰的動機與其說出於宗教，不如說出於劫掠和財富。正是因爲他們缺乏狂熱精神，所以一小撮戰士竟能比較順利地統治了文明水準較高的、信奉不同宗教的廣大人民。

波斯人與此相反，從最早的年代起，便有著極其深厚的宗教心和高度的思辨性格。他們在改信回教以後，便從伊斯蘭教中創出許多爲先知穆罕默德及其親屬所意想不到的、更加有趣的、更加宗教的和更加哲學的因素。自從穆罕默德的女婿阿里於西元六六一年逝世之後，回教徒分成遜尼（Sunni）和什葉（Shia）兩派。前者是較大的一派；而後者則追隨阿里，並認爲烏瑪亞德王朝是篡位者。波斯人一直屬於什葉派。大半出於波斯人的影響，烏瑪亞德王朝終於被推翻，並爲代表波斯利益的阿拔西王朝所接替。這次政變以首都之由大馬士革遷往巴格達爲標誌。

在政治方面，阿拔西王朝比以前的烏瑪亞德王朝更多地偏向於狂熱派。雖係如此，他們並未統一整個帝國。烏瑪亞德皇室中的一支避開了大屠殺而奔往西班牙，並在那裡當了合法的統治者。於是，西班牙便從那時起獨立於其餘回教世界之外。

阿拔西王朝初期，哈里發的地位臻於極盛。他們中間最著名的一個哈里發是哈倫・阿爾・拉細德（死於西元八〇九年）。他與查理曼大帝和女皇伊琳同時，透過《天方夜譚》（*Arabian Nights*），他成了人所共知的傳奇人物。他的宮廷是一個奢華、詩文，和學術的燦爛中心；他的收入龐大無匹；他的帝國西起直布羅陀海峽東達印度河。他的意志是絕對的；他身邊經常伴隨著劊子手，只要他一頷首，劊子手便立即執行其職務。然而，這種盛況卻未持續多久。他的繼承者在以土耳其人構成其軍隊主力一事上犯了錯誤，土耳其人是不馴服的，不久他們便使哈里發變爲一個無足輕重的傀儡；當軍隊對他感到厭煩，他便隨時有被刺瞎眼睛，或遭到殺害的危險。儘管如此，哈里發統治卻延續下來；西元一二五六年阿拔西王朝末一代的哈里發同八十萬巴格達市民一起遭到了蒙古人的屠殺。

阿拉伯人在政治社會制度方面，以及其他一些方面的缺點是和羅馬帝國的缺點類似的。由於君主專制政體與一夫多妻制的結合，每當一個統治者死去，便經常導致一場王朝戰爭，最後並以這個統治者的一個王子的勝利和其他王子的悉遭刑戮爲終局。主要由於戰勝的結果，而產生了無數奴隸；因而不時發生危險的奴隸叛亂。尤其因爲哈里發王國位於東方和西方的中間地帶，所以它的商業獲得了極大的發展。「不僅掌握到巨大的財富，產生一種對奢侈品有如中國絲綢，和北歐皮毛的要求，而且貿易，也由於特殊情況有所促進：例如：回教帝國畛域的遼闊，阿拉伯語言作爲世界語的普及，在回教倫理體系中給予商人的崇高地位等；我們記得先知穆罕默德本人曾做過商人，他去麥加朝聖的途中也曾稱讚過經商」，②這種商業有如軍隊的統

② 《劍橋中世紀史》，第四章，第二八六頁。

轄，有賴於阿拉伯人承繼於羅馬和波斯的大規模公路。他們不像北方的征服者那樣竟然聽憑這些公路崩壞失修。雖然如此，帝國還是逐漸分崩離析了——西班牙、波斯、北非和埃及相繼分裂出去從而獲得完全或近於完全的獨立。

阿拉伯經濟最出色的一面是農業，由於他們居住在缺水的地方，因此，特別擅長於灌溉。直至今日西班牙農業還受到阿拉伯人水利工程的實惠。

回教世界獨特的文化，雖起源於敘利亞，卻隨即盛行於東西兩端：波斯與西班牙。敘利亞人，在征服期間是亞里斯多德的讚美者，奈斯脫流斯教派重視亞里斯多德過於柏拉圖，柏拉圖是為天主教徒所喜愛的哲學家。阿拉伯人最初從敘利亞人獲得希臘哲學的知識，因而，從一開始，他們便認為亞里斯多德比柏拉圖更為重要。雖係如此，他們所理解的亞里斯多德，卻披上了新柏拉圖主義的外衣。金第（約死於西元八七三年），這個首次用阿拉伯文寫哲學的人，同時也是阿拉伯人出身的唯一著名哲學家，翻譯了普羅提諾所著《九章集》的一部分，並以《亞里斯多德神學》（*The Theology of Aristotle*）的名義刊行了他的翻譯，這給阿拉伯人關於亞里斯多德的觀念帶來了很大混亂。阿拉伯哲學界自此歷時達數世紀之久才得以克服這種混亂。

當時在波斯，回教徒與印度有了接觸。在西元八世紀時他們從梵文書籍中獲得了天文學的初步知識。大約在西元八三〇年，穆罕默德．義本．莫撒．阿勒花拉茲米，一個梵文數學天文學書籍的翻譯家，刊行了一本以後在西元十二世紀譯成拉丁文，名叫《印度記數法》（*Algoritmi de numero Indorum*）的書。西方正是從這本書中最初學得我們稱為「阿拉伯」數字的東西，其實這是應該叫作「印度」數字的。這人又寫了一本關於代數學的書，到西元十六世紀為止，這本書曾被西方用為教科書。

波斯文明在智力和藝術方面一直是令人讚羨的。但自從西元十三世紀遭受蒙古入侵後便一蹶不振了。奧馬・卡雅姆是我所知的唯一詩人兼數學家，於西元一〇七九年改訂過曆法。奇怪的是，他最要好的朋友竟是暗殺黨的創始人，享有傳奇式令名的「山嶽老人」。波斯人是偉大的詩人：菲爾杜錫（約生於西元九四一年），是《莎那瑪》（*Shahnama*）的作者，凡讀過他的作品的人，都說他與荷馬相匹敵。作爲神祕主義者，波斯人也很出色，但其他回族卻不是這樣。現尚存在的蘇菲派可以有很大自由來神祕地和寓意地解釋正統教義；該派或多或少帶些新柏拉圖主義的意味。

希臘影響最初傳到回教世界，是經由奈斯脫流斯教派，但他們的世界觀卻絕對不是純粹希臘式的。西元四八一年他們在埃德撒的學校爲東羅馬皇帝芝諾所封閉；以後其學者遂遷往波斯，並在那裡繼續他們的工作，但也不無受到波斯影響。奈斯脫流斯教派重視亞里斯多德只是爲了他的邏輯，起初阿拉伯哲學家，認爲最重要的也就是他的邏輯。嗣後，他們也學習了他的著作《形而上學》和《靈魂論》（*De A ma*）。阿拉伯哲學家一般說來是百科全書式的：他們對於煉金術、占星術、天文學、動物學，以及對於舉凡我們可以稱爲哲學的知識都感興趣。他們被狂熱與頑迷的群眾以懷疑的眼光注視著；他們的安全（當他們安全的時候）多虧那些比較開明的王子的保護。

值得我們特別注意的，有兩位回教哲學家：一是波斯人阿維森納，一是西班牙人阿威羅伊。前者聞名於回教徒，後者則聞名於基督教徒中間。

阿維森納（Aricenna；伊本・西納，Ibn Sina，西元九八〇—一〇三七年）的一生是在人們通常認爲只能在詩裡才有的那類地方中度過的。他生於波卡拉，二十四歲時去到基瓦，「荒漠中寂寞的基瓦」——以後去到克拉桑——「寂寞的克拉斯姆海岸」。他在伊斯巴汗教了一個時期的醫學和哲學，以後便定居在德黑蘭。他在醫學方面甚至比在哲學方面更為知名，為過他對蓋蘭醫學並沒有什麼增益。從西元十二世紀到西元十七世紀，他一直被歐洲人視為醫學的導師。他並不是一個聖潔的人物，事實上，他非常嗜酒與好色。他受到正統教派的猜忌，但由於他的醫術關係卻結交了一些君王。他曾因土耳其雇傭兵的敵意，不時遇到麻煩；有時他躲避起來，但有時又被投在監獄裡。他著了一部百科全書，由於神學家們的敵意在東方幾乎被湮沒，但在西方，由於這本書的拉丁文譯本卻頗具影響。他的心理學具有一種經驗主義的傾向。

他的哲學比他的回教哲學家前輩更多接近於亞里斯多德和更少接近於新柏拉圖主義。他像後期的基督教經院哲學家那樣，曾專心於共相的問題。柏拉圖說諸共相先於萬物而存在。亞里斯多德有兩種見解，當他自己思想時他有一種見解，反駁柏拉圖時又有一種見解。這就使得亞里斯多德在注釋家前成了一個理想的對象。

阿維森納發明了一個公式，這個公式此後曾為阿威羅伊和阿勒貝爾圖斯．馬革努斯所重述：「思維導致形式的一般性。」從這個公式上來看，人們可以設想他不相信，離開思維的共相。然而這種看法也還失之於單純。類概念——亦即共相——據他說，同時在萬物之前，在萬物之中和在萬物之後。他對此做了以下的解釋。在上帝的理解中，類概念存在於萬物之前（譬如上帝決定創造貓，這就需要上帝應有「貓」的觀念，因而在這方面來說，這觀念是先於個別的貓的）。類概念存在於萬物之中，存在於自然的事物之中（當貓已被創造，貓性便存於每隻貓之中）。類概念存在於萬物之後，存在於我們的思維之中（當我看到許多貓，我們注意到它們彼此之間的類似性，並得到了「貓」這一普遍概念）。這種見解顯然是有意調解各種不同的理論。

阿威羅伊（Averros；伊本・拉釋德，Ibn Rushd，西元一一二六—一一九八年）與阿維森納不同，生活在回教世界的另一端。他誕生在克爾多巴，他父親與祖父都在那裡做過審判官；而他自己也做過審判官，最初在塞比耶，以後在克爾多巴。起初他研究神學和法律學，後來又研究醫學、數學和哲學。有人認爲他能分析亞里斯多德的著作，而推薦他到「哈里發」，阿部・雅庫布・優蘇夫那裡供職（然而他卻似乎不懂希臘文）。這位統治者很寵信他；西元一一八四年任命他做他的御醫，不幸這位患者卻於兩年後去世了。他的繼承人雅庫布・阿勒曼緒，繼續父親眷顧阿威羅伊有十一年之久；其後由於正統教派之反對這位哲學家而大吃一驚。他革掉了他的職位。起初把他放逐到克爾多巴附近的一個小地方，繼又把他放逐到摩洛哥。時人控告他不惜犧牲眞正的信仰以從事古代哲學的發展。阿勒曼緒對此發出了一道布告曉諭說：上帝已命令爲那些妄想單憑理性就能導致眞理的人備好地獄的烈火。於是把所有涉及邏輯和形而上學的書盡都付諸一炬。③

不久以後，西班牙境內摩爾人的領域由於基督徒的攻略大爲縮減。西班牙境內的回教哲學與阿威羅伊同時告終；回教世界中其他地區的嚴格的正統教義扼殺了哲學的思辨。

針對控告阿威羅伊違背正統教義一事，宇伯威克④曾卓有風趣地替他進行過辯解——也許

---

③ 據說阿威羅伊在死前不久再度獲得寵信。

④ 德國哲學史家（西元一八二六—一八七一年）。——譯者

有人會說，這樣的事應該留給回教徒去作決定。宇伯威克指出，按照神祕主義者的說法，可蘭經中的每一章節都有七重、七十重或七百重解釋，字面上的意義只是爲了愚昧的俗人。按此，一個哲學家之教訓似無法與可蘭經有所衝突；因爲在七百重不同解釋之中至少必有一重解釋理應適合這一哲學家的主張。然而在回教世界中，那些愚昧的人則似乎總是反對超出可蘭經知識範圍以外的一切學問；即便沒有什麼異端可供指責，情況也還是危險的。神祕主義者的觀點，即人民群眾應按可蘭經字面解釋行事，而聰明人則無需如此，是很難贏得廣大群眾承認的。

阿威羅伊曾致力於改進阿拉伯人對亞里斯多德的解釋。這種解釋在過去曾過分地受到新柏拉圖主義的影響。他給亞里斯多德以一種對待一個宗教創始者般的崇敬——甚而遠遠超過阿維森納給予亞里斯多德的崇敬。他認爲上帝的存在可以藉著獨立於啓示的理性加以證明，這種見解也曾爲湯瑪斯·阿奎那所主張。論及靈魂不死時，他似曾緊緊地依附於亞里斯多德，主張靈魂不是不死的，而智性（**努斯**）是不死的。然而這並不足保證**個人的**靈魂不死，因爲知性雖表現於不同的個人之中，但它卻是同一的。這種觀點自然受到了基督教哲學家的駁斥。

阿威羅伊，雖是一個回教徒，卻像後期大多數回教哲學家一樣，並不是嚴格的正統教派。當時有一個純屬正統教派的神學家團體，他們反對一切哲學，並認爲哲學有害於信仰。這個團體中有一個名叫阿勒嘎則勒的哲學家他寫過一本叫作《哲學家的毀滅》（*Destruction of the Philosophersl*）的書，書中指出，既然所有必要的眞理都載於可蘭經內，因而便再也無需獨立於啓示之外的哲學思辨。阿威羅伊寫了一本答覆他的書名叫《毀滅論的毀滅》（*Destruction of the Destruction*）。阿勒嘎則勒所特別擁護並用來反對哲學家的教條是：時間中的世界創自虛無；神的諸屬性的實在性；以及肉體的復活。阿威羅伊認爲宗教在比喻的形式中包含著哲學的眞理。這種說法特別適用於創世，他從他的哲學的立場給創世以一種亞里斯多德式的解釋。

阿威羅伊在基督教哲學中比在回教哲學中更爲重要。在回教哲學裡他是個終結；但在基督教哲學裡他卻是個開端。西元十三世紀他的著作已被米凱爾·司各脫譯成拉丁文，由於他的作品屬於西元十二世紀後半期，這是令人驚奇的。在歐洲他的影響是很大的，這影響不僅體現於經院哲學家當中，同時也體現於許多否認靈魂不死被稱爲阿威羅伊主義者的非專業性自由思想家當中。在職業哲學家當中，特別仰慕他的人起初多爲法蘭西斯教團僧侶和巴黎大學中的一些人。但這個專題卻要待在以後的章節裡加以敘述。

阿拉伯哲學作爲獨創性思想是不重要的。像阿維森納和阿威羅伊等人主要都是注釋家。總的說來，比較有體系的阿拉伯哲學家們的見解在邏輯和形而上學方面大部分來自亞里斯多德和新柏拉圖主義者，在醫學方面來自蓋倫，在數學和天文學方面來自希臘和印度，而在一些神祕主義者當中，其宗教哲學裡還夾雜著一些古代波斯的信仰。阿拉伯作家僅在數學和化學方面表現某些獨創性——在後者也還是研究煉金術時偶然遇到的結果。鼎盛時期的回教文明在美術和許多技術方面是值得稱讚的，但在理論問題上沒有顯示出獨立思辨的才能。作爲一個傳導者，它的重要性是不容給予過低評價的。古代和近代歐洲文化中間穿插了一段黑暗時期。回教徒和拜占庭人雖缺乏用以革新的智力卻維護了文明的工具——教育、書籍和治學的閒暇。當西歐擺脫野蠻狀態的時候回教徒與拜占庭人都曾給西歐以刺激——回教人主要於西元十三世紀，拜占庭人主要於西元十五世紀。在兩種情況下，這刺激都產生了勝過傳導者自身所創造的新思想——一是經院哲學，一是文藝復興（當然文藝復興還有其他原因）。

在西班牙的摩爾人與基督徒之間，猶太人形成了有用的一環，在西班牙有許多猶太人，當西班牙重新被基督徒征服時，他們繼續留住下來。因爲他們既通曉阿拉伯文，又被迫學會了基督徒所使用的語言，因而他們便能勝任種種翻譯工作。在西元十三世紀中，另一種滲透方式是由於回教徒對亞里斯多德主義者的迫害而產生的，這種迫害使得摩爾的哲學家們向猶太人那裡避難，尤其是避難於普羅旺斯地方。

西班牙的猶太人中出現了一位重要的哲學家，邁蒙尼德斯。他在西元一一三五年生於克爾多巴，三十歲時去到開羅，並在那裡度過了餘生。他用阿拉伯文寫作，但不久即被譯成希伯來文。可能是由於皇帝弗里德里希二世的要求，他的著作於他死後的幾十年內又被譯成拉丁文。他給失掉信仰的哲學家們寫了一本名叫《迷路者指南》（*Guid to Wanders*）的書。其目的在於調和亞里斯多德哲學和猶太神學。亞里斯多德是塵世的權威，啓示則是天上的權威。但哲學和啓示在有關上帝的認識中是殊途同歸的。眞理的追求是一項宗教的義務。占星術遭到了擯斥。摩西五經不該總以字面上的意義來解釋；當字面意義與理性相牴觸時，我們應該尋求一種寓言性的解釋。他反對亞里斯多德，主張上帝不僅創造了形式，而且也從無中創造了內容。他寫了一篇概述〈蒂邁歐〉篇的文章（他只讀了該書的阿拉伯文譯本）。在某些點上他喜歡這本書比喜歡亞里斯多德更多。上帝的本質是不可知的，因爲上帝超越了一切言語所能表達的完善。猶太人認爲他是異端，甚而唆使基督教教會的權威者來攻擊他。有人認爲他影響了斯賓諾莎，但這是十分可疑的。

第十一章　西元十二世紀

西元十二世紀裡使我們特別感興趣的事有以下四個方面：

(1)帝國與教廷間的不斷衝突；

(2)倫巴底諸城的興起；

(3)十字軍；以及

(4)經院哲學的成長。

以上四項全都延續到下一世紀。十字軍逐漸走向可恥的結局；然而，關於其他三項運動，西元十三世紀卻標誌著那些在西元十二世紀時尚處於過渡階段事物的最高發展。西元十三世紀裡，教皇對皇帝取得了決定性的勝利，倫巴底諸城獲得了穩定的獨立，而經院哲學也達到了它的頂點。所有這一切全是由於在西元十二世紀中預先作好了準備的結果。

這四項運動中不僅第一項，就是其餘三項，也都和教皇以及教會權力的增長有著緊密的連繫。教皇同倫巴底諸城聯盟反抗皇帝；教皇烏爾班二世發動了第一次十字軍，相繼的教皇們是後幾次十字軍的主要策劃者；經院哲學家全是些僧侶，歷次宗教會議則注意使他們謹守正統教義，或當他們誤入歧途時給他們以懲戒。他們感到教會在政治上的勝利，並且以這勝利者的一員自居。這種勝利感無可置疑地激發了他們的思想主動性。

中世紀的怪事之一就是：人們雖有獨創性而不自知。所有黨派都假借好古的或擬古的議論來證明其策略的正確性。皇帝在德意志則引據查理曼時代的封建原則；在義大利則引據羅馬法和古代皇帝們的權柄。倫巴底諸城更遠溯到共和時代的羅馬制度。教皇派則部分以僞造的君士坦丁的贈與，部分以舊約聖經中所記載的掃羅與撒母耳的關係，作爲其權力的根據。經院哲學家不是引據聖經就是先引據柏拉圖然後再引據亞里斯多德；當他們有所創造時，也試圖把眞相隱蔽起來。十字軍則是這樣一種企圖，它打算恢復伊斯蘭教興起以前的局面。

我們不應被這種字面上的擬古主義蒙蔽住。只有皇帝方面的擬古主義才與事實相符合。封建制度日趨於衰落，尤其是在義大利；羅馬帝國只存在於人們的記憶之中。因此皇帝被挫敗了。義大利北部的一些城市，在其後期發展中，曾呈現了許多與古希臘城邦極其類似的性質，它們重現了古代的形式，但卻不是出於模擬，而是出於環境的類似：一些小而富饒，具有高度文化的共和政體的商業社會受到四周文化水準較低的君主國家的包圍。至於經院哲學家，不論他們怎樣尊崇亞里斯多德，他們在獨創性方面卻超過了任何阿拉伯人——甚而事實上也超過普羅提諾以後，或至少奧古斯丁以後的任何人。當時在政治上，一如在思想領域中，也具有同樣顯著的獨創性。

帝國與教廷間的衝突

從教皇格雷高里西元七世起到西元十三世紀中葉爲止，歐洲歷史集中於教會與世俗國王間的——主要是和皇帝間的但也有時是和法蘭西王或英格蘭王間的——權力鬥爭。格雷高里的教皇任期顯然在不幸中結束了。但他的政策，卻由烏爾班二世（西元一〇八八—一〇九九年）以一種更加緩和的方式繼承下來。他重申反對僧職由俗界敘任的教令。並要求主教的選任經由僧侶和群眾的自由選舉（無可置疑，群眾的參與純粹是形式的）。但在實踐上，要是俗界選任的人善良，那麼他也並不去爭執。

最初烏爾班只有在諾曼境內才能獲得安全。但是，西元一〇九三年亨利四世的兒子康拉德叛變了自己的父親，並與教皇結成聯盟，征服了義大利北部，那裡的倫巴底聯盟——以米蘭爲首的諸城市的聯盟——擁戴了教皇。西元一〇九四年烏爾班舉行了一次橫貫義大利北部以及法蘭西的勝利遊行。他也戰勝了法蘭西王腓力浦。腓力浦曾因要求離婚，而遭到教皇的破門處分，並終於屈服於教皇。西元一〇九五年，烏爾班在克雷爾蒙宗教會議上宣布發動第一次十字軍，這事曾激起一陣宗教熱潮並導致了教皇權柄的增長——和一場凶慘的猶太人大屠殺。烏爾班的晚年是在羅馬安然度過的。這對過去的教皇來說是很少有的。

下一任教皇，帕司查勒二世和烏爾班一樣，都出身於克律尼修道院。他繼續爲僧職敘任權而鬥爭，並在法蘭西、英格蘭取得了勝利。西元一一〇六年皇帝亨利四世死後，亨利五世繼位。教皇帕司查勒是個超凡的人，他因容許他的聖潔超過他的政治感覺而吃了亨利五世的虧。教皇建議皇帝放棄僧職敘任權，並以主教和修道院院長放棄世俗財產作爲交換條件。皇帝表示贊同；但待這項協定公開後教皇即遭到了教士們的猛烈反抗。當時皇帝正在羅馬，他乘機逮捕了教皇。教皇迫於威脅不但在敘任權上作了讓步而且還爲亨利五世加了冕。自此十一年以後，西元一一二二年，教皇喀列克斯圖斯才藉沃爾姆斯協定使亨利五世放棄了敘任權，以及交出在勃艮地和義大利境內選舉主教事務中的管轄權。

鬥爭的最後結果，亨利三世時處於從屬地位的教皇，自此竟變得和皇帝居於平等的地位。與此同時，教皇在教會中成爲一個更爲全面的統治者，通過派遣的教皇使節管理著教會。教皇權力的增強降低了主教們相對的重要性。教皇的選舉現在已擺脫了俗界的控制，而僧侶們也一般比改革運動前變得更有品德了。

倫巴底諸城的興起

下一階段關係到皇帝弗里德里希・巴巴羅撒（西元一一五二—一一九〇年）。他是一個富有才幹，精力充沛，凡有成功可能的事業，就會做得成功的人。他受過相當教育，雖然說拉丁語時感到困難，但卻能以閱讀拉丁文爲樂事。他的古典知識是相當淵博的，並且很崇拜羅馬法。他自認是羅馬皇帝的繼承者，並希冀得到他們所享有的權力。但他作爲一個德意志人在義大利是不孚眾望的。倫巴底諸城——除去那些懼怕米蘭而乞求他保護的城市以外——雖願意承認他爲正式的君主，卻反對他來干涉他們的內政。米蘭的帕塔林運動繼續開展，並或多或少帶有一種民主傾向；北義大利大多數城市，同情米蘭，並團結一致反對皇帝。

哈德理安四世是個精力旺盛的英格蘭人，曾在挪威當過傳教士，於皇帝巴巴羅撒即位後兩年，做了教皇，並在最初與巴巴羅撒很要好。他們之所以和解是因爲有了同仇敵愾的對象。羅馬市對教皇與皇帝雙方提出了獨立自主的要求，並邀請了一位聖者般的異端者布累斯齊亞人阿諾德①前來支援鬥爭。他的異端說是很嚴重的：他斷言有財產的僧侶，有領地的主教，擁有

---

① 據說他是阿貝拉德的學生，然而這卻是值得懷疑的。

財產的修道僧都不能得救。他抱著這種看法是因爲他認爲僧侶們應該專誠地獻身於屬靈的事業上。他雖因異端被人認爲邪惡，但卻從來沒有人懷疑過他那誠心的苦行。曾經猛烈反對他的聖伯納德說：「他既不吃又不喝，但卻像魔鬼一樣只渴求著靈魂的血液。」哈德里安的前任教皇曾寫信給巴巴羅撒指控阿諾德支援羅馬民眾派，這些人要求選出元老院議員一百人、執政官二人，並自行擁戴一個皇帝。當時弗里德里希正向義大利進發，聞聽之下，自然大爲憤慨。羅馬要求地方自治，在阿諾德鼓動下掀起了一場暴動，暴動中殺死了一名紅衣主教。於是當選不久的教皇哈德理安立即下令停止羅馬地區教會舉行一切宗教活動。這時適逢基督復活節的前一周，迷信戰勝了羅馬市民；他們屈服了，並答應放逐阿諾德。阿諾德躲藏起來，但終於被皇帝的軍隊拿獲了。他們把他燒死，把他的骨灰丟在提伯爾河裡，唯恐人們把他的骨灰當作聖物加以保存。由於皇帝弗里德里希不願在教皇下馬時爲教皇帶轡扶鐙，因而使加冕禮拖延了一段時期。西元一一五五年教皇在群眾的反抗中爲皇帝舉行了加冕禮；這次反抗遭到了一場屠殺的鎮壓。

這個誠實人既被收拾了，注重實利的政客們就又可以任意恢復他們之間的爭吵了。教皇同諾曼人講和後，遂膽敢和皇帝於西元一一五七年決裂。自此之後，以皇帝爲一方，以教皇同倫巴底諸城爲另一方的戰爭持續了幾達二十年之久。諾曼人大體上是支持教皇的。反對皇帝的大部分戰役是由倫巴底聯盟進行的。他們高唱「自由」，並受到一種濃厚的群眾感情的鼓舞。皇帝圍攻了許多城市，甚而在西元一一六二年攻陷了米蘭。他澈底破壞了米蘭，同時更迫使其居民遷往別處。但五年後倫巴底聯盟卻重建了該城，而以前的居民也陸續重新返回。就在同一年中，皇帝帶著一個事前準備好的敵對教皇②，大舉進軍羅馬。教皇逃跑了，他的情況看來似已絕望；詎料當時時疫流行，毀滅了弗里德里希的大軍，使他單身只影地逃回德意志。儘管在西西里之外還有希臘皇帝也來支持倫巴底聯盟，巴巴羅撒還是進行了再次的進軍，結果於西元一一七六年以雷格納諾戰役的敗北而告終。這次戰役之後，他被迫媾和，並給這些城市以自由的一切實質。然而這次和約的條款卻未給鬥爭中的任何一方——皇帝和教皇——帶來全面的勝利。

巴巴羅撒的結局還不錯。西元一一八九年他參加了第三次十字軍，而於翌年去世。

在這長時期的鬥爭中，諸自由城市之興起終於證明是最爲重要的。皇帝的權力和日趨於沒落的封建制度連結在一起；教皇的權力雖仍在增長，但這主要有賴於世人需要他去當皇帝的敵手；因此當帝國一旦不復成爲威脅的時候教皇的權勢也就隨之衰落下去了；但是諸城市的勢力卻是新興的，這是經濟發展的結果，也是新的政治形態的一個源泉。這事在西元十二世紀時雖還沒有出現，然而不久在義大利城市裡，便發展出一種非僧侶的文化，並在文學、藝術和科學上達到了極其高度的水準。這些成就之所以取得是由於反抗巴巴羅撒獲得成功的結果。

所有義大利北部的大城市都以營商爲生，西元十二世紀較爲安定的社會環境使商界較前

② 貫穿這一時代的大部分時期中都有敵對教皇。哈德理安四世死去時亞歷山大三世和維克多四世這兩位要求當教皇者之間曾經展開了一場爭奪教皇法衣的搏鬥。維克多四世（即敵對教皇）未能攫取到這件法衣，而從他的黨羽那裡接過一件事前置備的法衣，但在匆忙中竟把它穿反了。

更加繁榮。威尼斯、熱內亞和比薩等海港城市從來不需要爲自由而戰鬥，所以他們也不像阿爾卑斯山下一些城市那樣仇視皇帝。阿爾卑斯山下的城市是通往義大利的門戶，所以對皇帝來說是很重要的。正是由於這種原因米蘭在當時，成了義大利各城市中最重要和最使人感興趣的城市。

一直到亨利三世以前，米蘭人一向心滿意足地追隨著他們的大主教。但有如前章所述，帕塔林運動卻改變了這種情況：大主教同貴族結成一夥，而另一方面則有一個強而有力的群眾運動在反對大主教和這些貴族。由此產生了某些民主政治的開端，同時並制定了一項憲法，規定城市的諸長官需通過市民的選舉。北部各城市，特別是波隆那，曾出現過一批精通羅馬法的博學的俗界律師；不僅如此，從西元十二世紀起，富有平民所受的教育，比阿爾卑斯山以北封建貴族所受的教育還要好得多。這批富有的商業城市雖然站在教皇一邊來反對皇帝，但它們的世界觀卻不是教會性質的。西元十二、十三世紀裡，他們當中許多人持有一種類似清教徒的異端觀點，就像宗教改革後英格蘭和荷蘭商人那樣。以後他們傾向於當自由的思想家，在口頭上擁護教會，但在心中絲毫不具眞正的虔誠，但丁是舊派人物中最後的一個，而薄伽丘卻是新派中第一人。

十字軍

十字軍作爲戰爭是不一定對我們有關係，但它們對於文化卻具有一定的重要性。教皇帶頭發動十字軍是一件很自然的事，因爲十字軍的目的（至少在表面上）是宗教性的；由於戰爭宣傳和爲其所激起的宗教熱情，結果也使得教皇的權力有所增長。另一重要影響便是大量猶太人的慘遭集體屠殺；未遭殺戮的猶太人，也每每被奪去財產，並被強制受洗。第一次十字軍期間，在德意志有很多猶太人遭到了殺害，在第三次十字軍期間同樣的事發生在獅心王理查即位時的英格蘭。第一位基督徒皇帝的發祥地約克恰好成爲駭人聽聞的反猶暴行的所在。十字軍之前猶太人幾乎壟斷了全歐的東方物產貿易；十字軍之後，由於猶太人遭受迫害的結果，這種貿易大部分都落入基督徒的手中。

十字軍的另一不同影響在於促進了和君士坦丁堡的學術交流。由於這種交流的結果，在西元十二世紀和十三世紀初葉有許多希臘文文獻被譯成了拉丁文。人們和君士坦丁堡之間，特別是經由威尼斯人，一直進行著相當數量的貿易；然而義大利商人之從來不肯爲希臘古典勞神，正像上海英美籍商人不肯爲中國古典費心一樣（歐洲人對於中國古典的知識主要來自傳教士）。

經院哲學的成長

經院哲學，就其狹義來說，早在西元十二世紀初葉便已開始了。作爲哲學上的一個學派，經院哲學具有某些鮮明的特徵。第一，它被各該作者侷限於自己視爲正統教義的範圍之內；如果他的意見受到宗教會議的譴責，他常常自願撤銷其意見。這完全不能歸咎於個人的怯懦；倒是類似一個法官之服從上級法院的判決。第二，西元十二、十三世紀裡，人們對於亞里斯多德逐漸有了比較全面的認識，在正統教義的範圍內亞里斯多德愈來愈多地被公認爲最高權威；柏拉圖再也保持不住首要的地位了。第三，經院哲學家都非常相信「辯證法」

（dialectic）③和三段論法的推理；經院哲學家的一般氣質，與其說是神祕的莫如說是煩瑣的與好辯的。第四，由於人們發現亞里斯多德和柏拉圖在諸共相問題上意見有所不同而把這一問題突出地提了出來；然而，假如認爲當時哲學家們主要關心的是共相問題，卻可能是錯誤的。

西元十二世紀，在這一問題和在其他問題上同樣，給產生了許多偉大人物的西元十三世紀開闢了道路。然而早期的經院哲學家是懷抱著先驅者的興趣的。在教條尚未使得思辨過於危險的場合下，儘管人們崇敬亞里斯多德，他們也還是有一種精神上的自信，和一種自由活潑的理性運用。經院主義方法的缺點是過分強調「辯證法」時必然產生的結果。這些缺點是：漠視事實與科學，在僅憑觀察才能決定的事物上偏信推理，以及過分強調語言上的區別和其精微意義。在論柏拉圖時我們曾經述及這方面的缺點，但在經院哲學家中，這些缺點卻具有一種更爲極端的形式。

第一位可視爲道地的經院哲學家的是羅塞林（Roscelin）。關於他，人們知道得不很多。他大約在西元一〇五〇年生於貢庇涅，在布列塔尼的羅什講過學，阿貝拉德即在此地受業於他。西元一〇九二年在萊姆斯宗教會議上他被指控爲異端，因怕那些好動私刑的教士用石頭將他打死而撤銷了己說。他逃到英格蘭，但在那裡卻竟至魯莽得抨擊了聖安瑟勒姆。這次他逃往羅馬，並在此同羅馬教會達成和解，西元一一二〇年前後他的名字就不再見於史乘了；他的死

③ 這個詞在中世紀的意義和現代的形式邏輯非常近似，主要是指不靠啓示單憑理性的追求真理的方法而言。——中譯本編者

期純然出於人們的臆測。

除了一封寫給阿貝拉德論三位一體的信以外，羅塞林的著作已全部佚失。在這封信裡他輕視阿貝拉德，並奚落阿貝拉德之受人閹割。這使得宇伯威克，這個很少動感情的人，也批評說他不可能是個很好的人。除了這封信之外，羅塞林的觀點主要是藉助於安瑟勒姆和阿貝拉德的論戰性的文章而被人知曉的。據安瑟勒姆所述，羅塞林曾說：諸共相只是 flatus vocis，亦即「聲息」。若按字面解釋，意思就是說，一個共相是一個物理的事件，也就是說，它發生於我們讀出一個詞的時候。然而，我們卻很難設想，羅塞林曾作過任何這樣愚蠢的主張。安瑟勒姆說，根據羅塞林，人不是一個個體，而只是一個共名，安瑟勒姆，正像一個忠實的柏拉圖主義者一樣，把這種見解歸因於羅塞林只承認可感知的事物之具有實在性。一般說來，羅塞林似乎在主張一個具有部分的整體沒有其自身的實在性，而只是一個詞；眞實性存在於部分之中。這種見解理應把他導向，也許已經把他導向一種極端的原子論。不管怎樣，這見解曾使他在關於三位一體的問題上遇到了困難。他認爲三位元是顯然不同的三個實體，而只是由於語言習慣我們才沒有把它說成三位上帝。按他看來，另外一種他所沒有承認的見解據他說便是說不止聖子，就連聖父與聖靈也都化爲肉身。所有這些思辨，只要其爲異端，都經他在西元一〇九二年的萊母斯宗教會議上撤銷了。我們無法清楚地知道他究竟對諸共相問題作何想法。但無論如何，他顯然是某種唯名主義者。

他的學生阿貝拉德，或阿拜拉德比他更有才幹，也比他更爲著名。阿貝拉德於西元一〇七九年生於南特附近，在巴黎受業於唯實主義者，尙波人維廉，以後在巴黎一所天主教會學校內擔任教員，在這裡他駁斥了維廉的觀點，並迫使維廉作了修正。他從拉昂人安瑟勒姆（並非那個做大主教安瑟勒姆）專攻了一個時期的神學之後，於西元一一一三年重返巴黎。並在巴黎博得了作爲一個教員的極大聲譽。就在這時，他成了教會參事，富勒伯特的姪女厄羅伊斯的情人。富勒伯特把他閹割了。他和厄羅伊斯只好隱居避世了。他進了聖鄧尼修道院，她進了一所在阿爾章特伊的女修道院。關於他們二人間著名的往來書信，據一位名叫施邁德勒的德國學者的考證，完全是由阿貝拉德當作一部文學作品所創作的。關於這種說法的正確性，我是沒有能力來判定的。按照阿貝拉德的性格來說，這也不是不可能的。他一向自負、好辯，和瞧不起人；在他遭到不幸之後，他總是感到屈辱和憤憤不平。厄羅伊斯的信件比較他的信件寫得更爲專誠。可以想像他之所以撰出這些信件正是當作他那受了重創的自尊心的解痛劑。

甚至在他的退休期間他作爲一個教師還曾有過很大聲譽；青年人喜歡他的智慧、辯證的技巧和他對其他老年教師的那種高傲。一些年長者則相應地不喜歡他，西元一一二一年他因論及三位一體的一本著作背離正統教義而在斯瓦桑受到譴責。經過了適當的屈服之後，他又當了布列塔尼地方聖吉爾塔修道院院長。他發現這裡的修道僧都是些野蠻的鄉下人。他在這裡過了四年淒慘的放逐生活之後，才回到比較文明的地方。關於以後的事情，除了撒利斯伯理人約翰的證言中說他繼續教書並獲得很大成功之外，便一無所知了。西元一一四一年由於聖貝納德的提議他在桑斯重新受到了譴責。於是他退居克律尼修道院，並於翌年死去。

阿貝拉德最有名的著作，是寫於西元一一二一—一一二二年的《是與非》（*Yes and No*）。在這本書裡他以辯證的議論來維護和反駁了許多論點，而經常是不想得出任何結論的；顯然，他就是喜好辯論，並認爲辯論有磨練機智的功用。這本書在把人們從教條的沉睡中喚醒過來這一方面曾經起過相當的作用。阿貝拉德認爲除聖經之外辯證法是通向眞理的唯一道路。雖然沒有一個經驗主義者能接受這種觀點，但它在當時作爲各種偏見的一種溶解劑，卻是很有價值的，同時它也鼓舞了理智的大膽運用。他說，除了聖經之外，什麼都不能是沒有錯誤的，就連使徒和教父也都有可能犯錯誤。

他對邏輯的評價，從近代的觀點來看，是太極端了。他認爲邏輯主要是基督教科學，並且玩弄了邏輯這個詞的詞源「邏各斯」。約翰福音說「太初有道」④他以爲這就足以證明邏輯的神聖性了。

阿貝拉德的重要性主要在於邏輯與認識論方面。他的哲學是一套批判的分析，多半偏重於語言的批判分析。論及共相，也就是說，能夠用來表述許多不同事物的東西，他認爲我們並非在表述一個物，乃是在表述一個**詞**。從這種意義上來講他是一個唯名主義者。但爲了反對羅塞林，他指出「**聲息**」（flatus vocis）是一物；而我們所表述的並不是作爲一個物理事象的詞，而是作爲**意義**的詞。這裡他證諸亞里斯多德的學說。他說諸物互相類似，而這些類似便生出諸共相來，但兩個相似物之間的類似本身並不是一個物；而唯實論的錯誤就在於此。他還說了一些更爲敵視唯實主義的話，譬如他說，普遍概念不是基於物的本性，而是許多物的混雜的影像。不過他並未完全拒絕給柏拉圖的理念以一個位置：理念作爲造物諸楷模，存於神的頭腦之中；事實上，它們是上帝的概念。

所有這一切，不論其是否正確或錯誤，肯定是有說服力的。關於共相問題一些最近代的議

④「太初有道」句中的道在希臘語原文聖經中作邏各斯。——譯者

論也還未能比他有更多的進展。

聖伯納德的聖潔，並未能使他有足夠的智慧，⑤因此，他不僅未能理解阿貝拉德，而且還對阿貝拉德提出了不公正的控訴。他斷言阿貝拉德講三位一體時有如一個阿利烏斯教派，講神恩時有如一個斐拉鳩斯教派，講基督的位時有如一個奈斯脫流斯教派；又說阿貝拉德汗流浹背地證明柏拉圖是個基督徒適足以證明他自己是個異教徒；此外，阿貝拉德還破壞了基督教信仰的優越性，因他主張人們憑藉理性就能完全認識上帝。其實，阿貝拉德從來就沒有主張過最後的一項。他雖像聖安瑟勒姆一樣認爲三位一體是可以不必藉助啓示而用理性證明出來的，但卻總是給信仰留有寬闊的餘地。的確，有一次，他把聖靈同柏拉圖的世界靈魂等同起來，但當這種看法的異端性被人指出以後，他立即把它放棄了。他之所以被人控爲異端，與其說是由於他的學說不如更多地歸咎於他的戰鬥性，他那愛好批評知名學者的習氣，使他在所有有力人物中間都極其不受歡迎。

當時大多數學者都不像阿貝拉德那樣熱衷於辯證法。那時，特別在沙爾特學派中間有一種仰慕古代、追從柏拉圖和鮑依修斯的人文主義運動。人們對於數學重新感興趣：巴斯人阿戴拉德在西元十二世紀初到了西班牙，並翻譯了歐幾里得的著作。

針對這種枯燥無味的經院主義的方法，當時曾有以聖伯納德爲領袖的一次強大的神祕主義。聖伯納德的父親當過騎士，死於第一次十字軍。他本人曾當過西多教團的修道僧，並於西

---

⑤「聖伯納德的偉大並不在於他的才智，而在他的品德。」——《大英百科全書》

元一一一五年時任新建的克雷爾伍歐修道院院長。他對以下幾項教會政治很有影響——扭轉局面使之於敵對教皇不利，打擊義大利北部和法蘭西南部的異端，將正統教義的壓力強加於大膽的哲學家之上；和鼓動第二次十字軍。在攻擊哲學家時，他一向是成功的；但自從第二次十字軍瓦解後，他便失去了吉勒伯特·得·拉·波瑞的信任。吉勒伯特·得·拉·波瑞過分贊同鮑依修斯致使我們這位聖者風度的異端攻訐者頗感不平。聖伯納德雖是個政客和頑固派，但卻是一個具有純正的宗教氣質的人。他寫的拉丁文讚美詩極其優美。⑥在受到他影響的人們中間，神祕主義逐漸取得了統治地位，並終於變爲有些像弗羅拉人約阿希姆（死於西元一二〇二年）的異端學說。然而約阿希姆的影響卻屬於以後的時代。聖伯納德和他的追隨者並不在推理中，而是在主觀經驗和沉思默想中尋求宗教的眞理。阿貝拉德與伯納德二人可能是各有所偏了。

伯納德，作爲一個宗教神祕主義者，對教廷醉心於俗世事務感到非常痛心，但同時對俗界的權力也頗爲厭惡。他雖鼓動過十字軍，但卻似乎不了解戰爭需要組織，不能單憑宗教熱誠來指揮。他經常抱怨著說：人們醉心於「查士丁尼法典，而不是上帝的律法」。他曾爲教皇使用武力保護自己的領地，而感到驚愕。他認爲教皇的作用在於靈性方面，因而他不應該試圖進行實際的統治。不過這種觀點是結合著對教皇的無限崇敬的。他稱教皇爲「主教之王，使徒的繼承者，具有亞伯的首位權，諾亞的統治權，亞伯拉罕的族長權，麥基洗德的等級，亞倫的尊

---

⑥ 中世紀的拉丁文讚美歌是有韻律的，它們時而以其崇高的情調，時而以其柔和與悲傷的情調表達當代宗教感情中最善良的一面。

嚴，摩西的權威，在士師上是撒母耳，在權柄上是彼得，在塗油上是基督」。聖伯納德種種活動的總的結果，當然是大大地提高了教皇在俗界事務中的權力。

撒利斯伯利人約翰，雖不是一個重要的思想家，但卻寫了一本漫筆錄，這對我們認識他所處的時代是很有價值的。他曾三任坎特伯里大主教的祕書，其中一度曾做過貝克特的祕書；他是哈德里安的朋友；晚年做過沙爾特的主教，並於西元一一八〇年死於該地。對於宗教信仰以外的事，他是一個具有懷疑氣質的人。他自稱是一個學院派（就像奧古斯丁用這個詞的意義一樣），他對於國王們的尊敬是有限度的，他說「一個目不識丁的國王不過是一匹頭戴王冠的驢子」。他很敬視聖伯納德，但卻深知伯納德調和柏拉圖與亞里斯多德的企圖終必失敗。他仰慕阿貝拉德，但卻譏笑他的共相論，同時他對羅塞林的共相論，也持有同樣的態度。他認爲邏輯是學問的良好階梯，但其本身卻是無生氣的和無所孕育的。他說亞里斯多德，即便在邏輯方面，也還有改進的餘地；對古代作家的尊敬不應當妨害理性的批判運用。對他來說柏拉圖仍是「哲學家中的王」。他結識了大部分和他同時代的博學之士。並時常友誼地參加一些經院哲學的辯論。有一次他到一所三十年前到過的哲學學院去參觀，發現他們仍在討論著同樣的問題，他不禁爲之哂笑一番。他經常出入的社會在氣氛方面很像三十年前牛津大學的膳後休息室。在他行將終老的年代裡，那些寺院附屬學校都讓位給大學了，從那時起，大學——至少在英格蘭是這樣的——一直延續到今日。

西元十二世紀中，翻譯家爲西歐學生譯出的希臘書籍逐漸增多，這種譯本有三大主要來源：君士坦丁堡、帕勒爾摩和托雷多。其中以托雷多最爲重要，但出自這裡的譯本往往不是直接由希臘原文翻譯的，而是由阿拉伯文轉譯的。西元十二世紀上半期的後半，托雷多大主教雷蒙德創辦了一所翻譯者學院，收到很大效果。西元一一二八年威尼斯人雅各譯出了亞里斯多德的〈分析篇〉（*Analytics*）、〈正位篇〉（*Topics*）、〈詭辯駁斥篇〉（*Sophistici Elenchi*）；只是西方哲學家都感到〈分析論後篇〉（*Posterior Analytics*）不易了解。卡它尼亞人亨利．阿利斯提帕斯（死於西元一一六二年）翻譯了柏拉圖的〈斐多〉篇和〈美諾〉篇，但是他的譯文卻沒有立即產生影響。西元十二世紀人們雖對希臘哲學知道得不全面，但一些博學之士已認識到其中還有許多東西有待於西方去發掘。那時曾有過一種獲取古代全面知識的渴望。正統教義的桎梏並不像有時想像得那樣嚴重；人們還可以著書立說，而於必要時經過充分的公開討論，撤銷其中的異端部分。當時，大多數哲學家都是法蘭西人，法蘭西作爲反對皇帝時舉足輕重的力量，對羅馬教廷來說是很重要的。不管碩學的教士中間出現過什麼神學的異端他們卻幾乎全體都是政治上的正統派。只有布累斯齊亞人阿諾德是一個例外，這就更顯得他殊深惡劣。從政治上來講，我們可以把整個初期經院哲學，看作整個教會爭奪政權中的一個衍生物。

第十二章 西元十三世紀

中世紀於西元十三世紀裡達到了極點。自從羅馬帝國滅亡後，逐漸建立起來的綜合體系業已完備得無以復加。西元十四世紀帶來了各種制度和各派哲學的瓦解；而西元十五世紀則帶來了我們在今日仍舊認爲是近代事物的開端。西元十三世紀的偉人都是十分卓越的：尹諾森三世、聖法蘭西斯、弗里德里希二世和湯瑪斯．阿奎那等，他們以不同的方式，各自成爲其類型的傑出代表。此外，還有一些巨大的成就，但這些卻與偉大人物沒有什麼確切的關係，例如：法蘭西哥德式大教堂，有關查理曼，亞瑟王和尼伯龍根的浪漫主義，大憲章和眾議院中的立憲政治的創始等。然而，和我們直接最有關係的卻是經院哲學特別是由阿奎那所闡述的經院哲學；但我要把它留在下一章去講。我想先大致講一講對於形成這一時代精神面貌最有影響的一些事件。

本世紀初葉的中心人物是教皇尹諾森三世（西元一一九八－一二一六年），他是一位機敏的政治家，具有無窮的精力，並堅信教皇具有無上的權力，但在稟賦中卻缺少基督的謙遜。在接任聖職時他擇了一段經文說教道：「看，我今日立你於各民各國之上，去拔掉和打碎，去毀壞和推翻，並去建設和樹立。」他自稱爲「萬王之王，萬主之主，是一個遵照麥基洗德的等次的永世大祭司」。他在厲行這一觀點時，利用了一切有利的情況。西西里早先被羅馬皇帝亨利六世（死於西元一一九七年）所征服，亨利和諾曼族諸國王的女繼承人康斯坦斯結了婚。當尹諾森接任教皇時，新王弗里德里希才三歲。這時西西里國內多亂，康斯坦斯需要教皇的幫助。她請教皇做了幼王的監護人，藉著承認教廷的優越權，取得了教皇承認幼王在西西里的統治權。葡萄牙和阿拉貢對教廷的優越權也有過類似的承認。在英格蘭，國王約翰經過了頑抗之後，終於被迫把他的王國獻給尹諾森，然後，把它當作教皇的采邑重新領回。

在某種程度上，威尼斯人在第四次十字軍中曾占過教皇的上風。十字軍士兵本擬在威尼斯乘船出發，但卻得不到足夠的船隻。當時除了威尼斯人之外再沒有這麼多船隻，但他們卻主張（純粹是為了商業的理由）與其攻打耶路撒冷不如攻打君士坦丁堡——無論如何君士坦丁堡是塊有用的踏腳石，而且東羅馬帝國對十字軍戰士又從來不很友好——結果大家認為有必要向威尼斯作出讓步；君士坦丁堡被攻陷，並且選立了一個拉丁系的皇帝。最初尹諾森曾感到煩惱；但是他又想到現在或有可能把東西兩方的教會重新聯合起來。（這個希望以後終成泡影）除了在這件事上，我尚不知道有什麼人在什麼程度上占過尹諾森三世的上風。他派遣了大批十字軍去討伐阿勒比占西斯派，這次十字軍把法蘭西南部的異端教派、幸福、繁榮和文化一起都給根絕了。他因圖路斯伯爵，雷蒙德對這次十字軍抱著不冷不熱的態度而把他廢黜，同時並把大部分阿勒比占西斯派的土地賞給這次十字軍的統帥西蒙・德・蒙特富爾（議會之父的父親）。他和德意志皇帝奧托發生了爭執，因而號召日耳曼人廢黜奧托。他們執行了他的指示，並且又按著他的提議選立了剛成年的弗里德里希二世。然而為了支援弗里德里希，他卻勒索弗里德里希答應付出一筆驚人的代價——然而，弗里德里希已決心盡快地背棄這項諾言。

尹諾森三世是第一個沒有神聖素質的大教皇。教會的改革使教階制對它的道德威信感到安全，因而也就使它確信無需再為聖潔問題有所掛慮了。從那時起，權力的動機，日益專擅地支配了教廷，因而甚至在他還在世的時候就引起了一些虔誠教徒的反對。爲了增加教廷的權力他將教規編爲法典；瓦勒特・梵・德・符格勒外德①稱這本法典爲「地獄給予人類的一本最黑暗的書」。教廷雖然仍能取得一些顯赫的勝利，但其日後衰落的景象卻已可預見於此了。

曾爲教皇尹諾森三世所監護的弗里德里希二世於西元一二一二年去到德意志在教皇的支援下當選爲皇帝來接替奧托。尹諾森沒有活著見到他培養了一個多麼可怕的攻擊教廷的敵人。

弗里德里希——歷史上最出色的統治者之一——在艱難困苦中度過了童年和少年時代。他父親亨利六世（巴巴羅撒之子）征服了西西里的諾曼人，娶了該王朝的繼承人康斯坦斯。亨利六世建立了一支爲西西里人所痛恨的日耳曼人駐防部隊；他死於西元一一九七年，此時弗里德里希才三歲。康斯坦斯於是開始反對日耳曼人並試圖拋開他們而藉助於教皇的支持進行統治。日耳曼人大爲憤慨，於是奧托乃試圖征服西西里；這正是他與教皇發生爭端的原因。弗里德里希長大的地方，帕勒爾摩曾經歷一些其他的動亂。那裡的回教徒不時暴動；爲了攻占西西里島，比薩人同熱內亞人並同其他任何人等進行著戰爭。西西里的顯要人物經常視戰爭中的一方肯否爲叛變行爲付出更大的代價而歸順於一方或另一方。可是在文化方面，西西里卻得到極大益處。穆斯林、拜占庭、義大利和日耳曼文化的交融爲其他任何地方所不及。希臘語和阿拉伯語那時還通行於西西里。弗里德里希能流暢地操六種語言，而且在各種語言的使用上都能做到出言機智的地步。他精通阿拉伯哲學，並和回教徒有著友好的關係。這使虔誠的基督徒頗爲憤

---

① 德國中世紀的吟遊詩人（西元一一六五—一二三〇年）。——譯者

概。他是一個霍恩施陶芬皇族，在日耳曼可以被算是個日耳曼人。但在文化和情感上卻是一個義大利人，帶有阿拉伯和拜占庭的色彩。與他同時代的人以驚異的目光注視著他，但這種驚異卻逐漸變爲恐怖；他們稱他爲「世界的奇蹟和奇異的改革家」。當他還在世時就已成了許多傳奇故事裡的主角。他被人認爲是《三大騙子論》（*De Tribus Impostoribus*）一書的作者——三大騙子指摩西、基督、穆罕默德——本來世上從來沒有這樣一部著作，但很多教會的敵人卻先後被說成是該書的著者。其中最後的一個便是斯賓諾莎。

規勒夫（教皇黨員——譯者）和基伯林（皇帝黨員——譯者）兩詞的使用開始於弗里德里希和皇帝奧托互爭雄長的時代。規勒夫和基伯林是兩個對手的姓「魏勒夫」和「外布林根」的轉訛（奧托的姪子是英國皇室的祖先）。

尹諾森三世死於西元一二一六年；而敗於弗里德里希的奧托死於西元一二一八年。新任教皇霍諾留斯三世和皇帝弗里德里希兩人之間，起初還友好，但爲時不久就發生了糾葛。首先弗里德里希拒絕參加十字軍；繼之，他又和倫巴底諸城發生了紛爭，倫巴底諸城之間於西元一二二六年，訂立了爲期二十五年的攻守同盟。他們仇恨日耳曼人；他們中間的一個詩人曾寫下了攻擊日耳曼人的如此激昂的詩句：「你們不要愛日耳曼人，讓這些瘋狗，遠遠地離開你們。」這似乎表達了倫巴底人的普遍的感情。弗里德里希本想要留在義大利來對付這些城市，但霍諾留斯於西元一二二七年時死去，教皇位由格雷高里九世繼任，這是個熱烈的禁慾主義者，他熱愛聖法蘭西斯，並爲聖法蘭西斯所熱愛（法蘭西斯死後兩年格雷高里封他爲聖徒）。格雷高里認爲什麼事情也不像十字軍這般重要。弗里德里希因不參與十字軍而被他給予破門處分。弗里德里希娶了耶路撒冷王的公主兼王位繼承者，如有可能是十分願意前往的；同時他已自稱爲耶路撒冷王。西元一二二八年還在破門期間，他竟參軍前往；這次他比前次不去時更使格雷高里惱怒，試想十字軍隊伍怎能由一個被教皇開除了教籍的人來領導呢？弗里德里希到了巴勒斯坦之後，和回教徒進行了和解，並向他們解釋：雖則耶路撒冷很少戰略價值，但基督徒卻很重視它。他終於成功地勸使他們把該城和平地返還給他。這事使得教皇更加惱怒了——基督徒應該和異教徒作戰，而不應該同異教徒進行和談。但，不管怎樣，弗里德里希卻在耶路撒冷被正式地加了冕，並且誰也不能否認他是成功的。西元一二三〇年教皇與皇帝重歸於好。

在此後短暫的幾年和平期間裡，皇帝專心致力於西西里王國的政務，在彼得・德拉・維格納首相的協助下頒布了一部新法典。新法典導源於羅馬法並顯示出其南部國土的高度文明；爲了便利希臘居民這部法典立即譯成了希臘文。他在那不勒斯創辦了一所重要的大學。又鑄造了一種金幣，名叫「奧格斯塔勒斯」，這是許多世紀以來西方的第一批金幣。他制定了比較自由的貿易制度，並全面廢除了內地關稅。他甚至召集各城選出的代表參加他的參議會，不過，這種會議卻只有諮議權。

這一段和平時期由於弗里德里希和倫巴底聯盟於西元一二三七年重開戰端而告終，教皇和聯盟諸城命運與共，再次將皇帝開除教籍。從這時起一直到西元一二五〇年弗里德里希死去時爲止，戰爭不但從未間斷，而且對於雙方變得越發劇烈、殘酷和詭譎多端。其間雙方互有得失，直到皇帝死時爲止，勝敗猶未可預卜。但那些試圖繼承弗里德里希事業的皇帝們卻沒有他那份魄力，他們逐次敗北，留下了義大利四分五裂，和教皇獲得勝利的局面。

教皇相繼死去，但對當前鬥爭的形勢卻沒什麼影響；每一個新接任的教皇實際上原封不動地奉行了其前任者的政策。格雷高里九世死於西元一二四一年；西元一二四三年弗里德里希的死敵，尹諾森四世當選爲教皇。路易九世儘管是一個十足的正統教派，卻試圖調解格雷高里、尹諾森四世間的嫌隙，但亦終歸於無效。特別是，尹諾森拒絕接受來自皇帝的任何建議，並使盡一切權謀術數來反對他。尹諾森宣告罷黜他爲皇帝，組織十字軍討伐他，並把所有支持他的人給以破門處分。托鉢僧到處宣講他的壞話，回教徒起而叛變，並且就在名義上支持他的一些顯要人物中也有一些陰謀活動。這些事使得弗里德里希日益殘酷起來；密謀者遭到了酷刑，囚犯往往被挖掉右眼和斬掉右手。

在這巨大的鬥爭中弗里德里希曾一度想創立一個新宗教。在這種宗教裡他充當彌賽亞，彼得·德拉·維格納首相充當聖使徒彼得②的角色。他沒有把這項計畫考慮成熟從而把它宣布出去，而只是在信中寫給德拉·維格納。可是，突然間他確信彼得正在密謀反對他，這也許正確，也可能不正確；他刺瞎了他的眼睛，並把他放在囚籠裡示眾，然而彼得卻以自殺擺脫了更多的苦楚。

儘管弗里德里希有他的才能，卻終於不能成功，因爲當時反抗教皇的力量是虔誠的和民主的，而他的目的卻有些類似要恢復一個異教的羅馬帝國。在文化上他是開明的，但在政治上他卻是反動的。他的宮廷是東方式的；他設有一個附有太監的後宮。可是義大利的詩歌，就是在這個宮廷裡興起的；而且作爲詩人，他也有過幾分才情。在同教廷的衝突中他曾幾次發表有關教會專政危害性的反對論，這在西元十六世紀或許會博得讚賞，但在他所處的時代卻沒有產生

② 參看黑爾曼·康托洛維茲（Hermann Kantorouwicz）著《弗里德里希二世傳》（*The Life of Frederick II*）。

任何效果。異端者本該成爲他的同盟力量，但他卻認爲他們只是些叛徒，而且爲了討好教皇他甚而迫害過他們。那些自由城市，若非爲了皇帝的緣故，倒很可能去反對教皇的；只因弗里德里希要求他們投降，他們才歡迎教皇來當他們的同盟者。這樣，他雖然擺脫了當代的迷信，並且在文化上遠遠超過當代的其他統治者，但皇帝的地位迫使他去反對一切政治上抱自由主義見解的人們。他無可避免地失敗了，然而在歷史上所有的失敗之中，他的失敗卻是最有興趣的一個。

爲尹諾森三世的十字軍所討伐以及爲所有統治者（包括弗里德里希在內）所迫害的諸異端，無論就其本身抑或就其反映當代大眾感情來說，都是值得研究的。因爲關於大眾感情方面若非通過諸派異端的研究，我們在當時的著作中是找不到任何暗示的。

異端中，使人最感興趣的，而且是最龐大的一派，便是喀薩利派，他們在法蘭西南部以阿勒比占西斯派著稱。他們的教義是經由巴爾幹諸民族由亞洲方面傳來的；在義大利北部流布得很廣，在法蘭西南部受到絕大多數人的信仰，其中包括樂於尋求藉口用以沒收教會地產的貴族。異端所以傳布得如此廣闊，部分是由於十字軍戰敗所產生的沮喪情緒，但主要卻是起因於對僧侶階級的富有和惡行的道德上的憎惡。當時流行著一種類似後世清教主義般的崇尚個人聖潔的心理；這種心理是與崇拜清貧連在一起的。教會是富有的和十分世俗的；大多數祭司都是極端不道德的。托缽僧控訴一些舊有的教團和教區祭司，斷言他們利用懺悔室來誘惑婦女；托缽僧的對手則以同樣的指控反責。無可置疑，這樣的指控多半是公正的。教會愈以宗教的理由要求教權高於一切，民眾愈爲教會的言行不符而震駭。最終導致宗教改革的同一動機，在西元十三世紀中已在起著作用。其間主要的區別則在於這時的俗界統治者還不敢把自己的命運和各派異端結合在一起；而這大半由於這時還沒有一種現存的哲學能把異端教義與國王們對統治權的要求調和起來。

我們已無法確知喀薩利派的異端教義，因爲我們所依據的只有來自其敵方的證言。此外由於教士們，通曉各派異端的歷史，慣於根據一些不太貼切的類似點，把現存的異端教派貼上某種熟知的標籤，並將以前各種異端教派的教義附會於某種現存的異端教派的名下。儘管這樣，其中也還有許多事是令人無法置疑的。喀薩利異端似乎是二元論者，有如諾斯替教派一樣，他們認爲舊約中的耶和華是一個邪惡的造物主，眞正的上帝只啓示於新約全書之中。他們認爲物質在本質上是邪惡的。並且相信善人死後並無肉體的復活。然而惡人，卻要遭受輪迴之苦，投生爲動物。由於這種理由，他們都是素食主義者，就連雞蛋、乳酪、牛奶都不食用。但他們卻吃魚，因爲他們以爲魚類是無性生殖而繁殖的。他們憎惡一切性行爲；有人說，結婚甚至比姦淫還要壞。因爲結婚是持續的和自我滿足的。另一方面，他們對於自殺卻無異議。他們比正統教派還要拘泥於新約全書的字面解釋；他們戒絕發誓，當有人打他們左臉時他們當眞把右臉也給人去打。據其迫害者的記載，有一次一個被指控的異端信徒的人，曾爲自己辯護說，他吃過肉，撒過謊，發過誓，並且是個上好的天主教徒。

該派嚴格的教規只讓那些特別聖潔、被稱爲「完人」的人來遵守；其餘的人是可以吃肉或甚至結婚的。

追查這些教義的來歷是饒有興趣的。它們是從保加利亞的一個叫波哥米勒斯教派，經由十字軍軍人，傳至義大利和法蘭西的：西元一一六七年喀薩利異端在圖路斯附近召開會議時保加利亞代表也出席了會議。而波哥米勒斯教派則是摩尼教派和保羅教派二者混合的產物。保羅教派是阿爾美尼亞的一派，他們反對嬰兒受洗、煉獄、禱念聖者，和三位一體；他們逐漸傳入色雷斯，以後才傳入了保加利亞。保羅教派信徒是瑪律西翁（大約西元一五〇年）的追隨者。瑪律西翁認爲自己在排斥基督教中的猶太成分方面是追隨聖保羅的。他雖沒成爲一個諾斯替教派的信徒，但卻和他們有著幾分機緣。

此外我要提到的，另一個流行頗廣的異端便是瓦勒都教派，他們是彼得・瓦勒都的信徒。瓦勒都是一個狂信者，他在西元一一七〇年，發動了一次遵守基督律令的十字軍。他把所有財產都周濟了窮人，並且創立了一個社團名爲「里昂窮人」，厲行安貧樂道的生活。最初他們還得到了教皇的嘉許，但由於他們對僧侶的不道德斥責的有些過分，終於在西元一一八四年遭到維洛納宗教會議的譴責。此後他們決定凡是善良的人都有資格傳道講經；他們自行指派傳教士並廢除了天主教祭司所行的禮拜儀式。他們傳布到倫巴底後，又擴展到波希米亞，並在這裡給赫斯教派鋪平了道路。阿勒比占西斯派遭受迫害時他們也受到了影響，他們中間很多人逃往丕德蒙特。彌爾頓時代中他們在丕德蒙特遭受迫害時，曾激起詩人寫出「噢，上帝，爲遭受屠戮的眾聖徒復仇吧」這首十四行詩。至今在偏僻的阿爾卑斯山谷和美國還有該派的信徒。

所有這些異端都曾引起了教會的驚恐，於是教會採用了強力的手段來進行鎮壓。尹諾森三世認爲異端教徒合該處以極刑，因爲他們犯了背叛基督的罪。西元一二〇九年他號召法蘭西王發起一次十字軍以討伐阿勒比占西斯教派。作戰之殘暴令人難以置信；特別是在攻克卡爾卡松之後，曾進行過一次駭人聽聞的大屠殺。搜索異端原是主教們的工作，但這對另有其他職責的人來說是過於繁重的，於是格雷高里九世在西元一二三三年設立了宗教裁判所，來接辦主教的這項工作。西元一二五四年以後，凡由宗教裁判所起訴的人都不准有辯護人。並且一經定罪，財產即被沒收——在法蘭西則歸於國王。當查明被告確屬有罪時，便把他交給俗界當局同時並附以祈禱說願他的生命獲得赦免；但如俗界當權者未將犯人燒死，那麼，他們自己也可能遭到宗教裁判所的傳詢。宗教裁判所不但處理一般的異端案件，而且審問妖術和魔法。在西班牙，宗教裁判所的主要活動是針對著祕密的猶太教徒。這項工作大半是由多明尼克教團和法蘭西斯教團的僧侶來擔任。這種裁判制度從未滲入斯堪的納維亞和英格蘭。然而英格蘭人卻毫不猶豫地利用它以懲戒聖女貞德。總之宗教裁判所是很成功的；一開頭，它就把阿勒比占西斯派澈底肅清了。

天主教會，在西元十三世紀初葉，曾一度處於叛亂的危境之中，按其可怕的程度，並不比西元十六世紀時的叛亂稍有遜色。叛亂之得以避過，大半應歸功於托鉢僧團之興起；聖法蘭西斯和聖多明尼克，為維護正統教義所做出的貢獻甚至比最有力的教皇還要多些。

阿西西人聖法蘭西斯（西元一一八一或西元一一八二—一二二六年）是歷史上最可愛的人物之一。他生於一個小康之家，少年時代並未曾厭棄通常的宴樂。有一天當他騎馬路過一個痲瘋患者的時候，他忽然為了一陣憐憫心感動得跳下馬來，和那患者親吻起來。嗣後不久，他決意放棄所有屬世的財物，並獻身於傳道和慈善事業。他父親，是一個相當有地位的商人，聞聽之下，大發雷霆，但終亦不能制止他。不久他集聚了一夥追隨者，人人立誓過清貧的生活。起初，教會以懷疑的眼光注視這一運動；因為這運動過分像「里昂的窮人」。聖法蘭西斯遣往遠方去的第一批傳教士，竟被當作異端，因為他們的確力行清貧，不（像修道僧那樣）僅在口頭宣誓，從不認真對待。但尹諾森三世卻足夠精明地看出如把這個運動保留在正統教義範圍以內，它將是很有價值的。因此，在西元一二〇九年或一二一〇年他便承認了這個新教團。教皇格雷高里九世是聖法蘭西斯的私人朋友，他始終不渝地贊助他，但同時也強加給他一些戒律，而這些戒律和這位聖者狂熱無政府主義的內心衝動是有所牴觸的。聖法蘭西斯希望以可能的最嚴格的方式來解釋清貧誓約；他反對他的信徒占用房產或教會。他們須以行乞爲生，除碰到受人款待之外不許有住所。西元一二一九年，聖法蘭西斯到東方去遊歷並在蘇丹王前講道，王待之以禮，但未改變自己的回教信仰。他回來時發現法蘭西斯教團僧侶爲他們自己修了一所房屋；他爲此深感痛苦，但教皇卻勸導他或迫使他作出讓步。他死後，教皇追謚他爲聖者，但卻放寬了清貧戒律的尺度。

論聖潔也有和法蘭西斯不相上下的人，然而他那樂天的態度、博愛的精神和詩人的才華卻使他超然立於其他聖者之上。他的善良，就像是渾然天成的一般，從來沒有什麼斧鑿的痕跡。他愛眾生，這不僅表現在他作爲一個基督徒，和一個慈善家，而且在作爲一個詩人上面。在他臨死之前寫的《太陽頌》幾乎像是出自伊克納頓——太陽的膜拜者的手筆，但也不盡然如此——儘管不甚明顯，賦予這首頌詩性格的還是基督教。他自覺對痲瘋患者負有責任，這全是爲了他們，而不是爲了他自己；他不像大多數基督教聖徒，他關心別人的幸福多於他自身的得救。他從未表示過任何優越感，即使是對那些最卑賤的和最奸惡的人也不例外。齊拉諾人湯瑪斯說，他在眾聖徒中是一個超聖徒；在眾罪人中他是他們中的一個。

假如眞有撒旦的話，爲聖法蘭西斯所創立的教團的來日必將使撒旦感到心滿意足。作爲教團首腦的聖徒的直接繼承人以利亞兄弟是個窮奢極欲的人，他已全面容許放棄清貧的生活。在他們的創始人剛去世的幾年裡法蘭西斯教團的主要工作便是在規勸夫派與基伯林派殘酷而血腥的戰爭中充當募兵官的角色。法蘭西斯死後七年成立了宗教裁判所，在某幾個國家中這主要是由法蘭西斯派來領導。其間有少數稱爲屬靈派的信徒依舊忠實於他的遺訓；但其中有好些人卻因異端罪名被宗教裁判所燒死。這些人認爲基督和使徒們毫無財產，甚至連他們身上穿的衣服都不屬於自己；這種見解在西元一三二三年爲約翰二十二世判爲異端。總之聖法蘭西斯一生努力的結果，只不過在於又開創了一個更爲富有更爲腐化的教團，用以加強教階制度，並助長對所有道德忠信和思想自由的優秀人物的迫害。從他自己的宗旨和品德來看，我們當眞無法想像世界上還有什麼結局比這個更爲令人苦笑的了。

聖多明尼克（西元一一七〇—一二二一年）的事蹟還不如聖法蘭西斯的有趣。他是一個卡司提亞人，他和羅耀拉一樣對正統教義有著狂熱的信仰。他的主要宗旨是攻擊異端，並以貧窮作爲達到這個目的的手段。自始至終他參加了討伐阿勒比占西斯異端的戰爭，雖然有人說他對這次戰爭中一些殘虐行爲也曾有過傷心落淚的事。多明尼克教團在西元一二一五年爲教皇尹諾森三世所建立，並迅速獲得了成功。我所知道的聖多明尼克所有的一點人情味就是他對撒克森尼人約但的自白：在青年婦女和老年婦女間，他更多地喜歡同青年婦女談話。西元一二四二年教團發出一項莊嚴的教令指出這段記載，必須從約但著的《多明尼克傳》中刪掉。

多明尼克教團僧侶在教會裁判所的工作中比法蘭西斯教團僧侶更爲積極。可是由於他們致力學術，他們曾給人類做出了一些有價值的貢獻。然而這卻不是聖多明尼克的本意；他曾命令他門下的托缽僧們「除經特別許可外不得學習俗界科學和文藝」。這條禁令在西元一二五九年撤銷了。此後又採取了一切措施，以保證多明尼克教團僧侶的學術生活過得安適。在他們，體力勞動不是必盡的義務，虔修功課也縮短了，以便給他們更多的時間從事研究。他們致力於調和亞里斯多德和基督；阿勒貝爾圖斯・馬革努斯和湯瑪斯・阿奎那兩人都屬於多明尼克教團，在完成這項工作上，他們做到了一切能夠做到的事。湯瑪斯・阿奎那的權威更是凌駕一切，以致後世的多明尼克教團僧侶在哲學上竟沒有獲得更大的成就。雖然法蘭西斯教團僧侶比多明尼克教團僧侶更厭惡學問，但在緊接的下一個時期中，哲學界的偉大人物卻都是法蘭西斯教團僧侶：如羅傑・培根、鄧斯・司各脫和奧卡姆人維廉，都是法蘭西斯僧侶。托缽僧們在哲學上的成就，將作爲以下幾章中的主題。

第十三章　聖湯瑪斯・阿奎那

聖湯瑪斯・阿奎那（Thomas Aquinas，生於西元一二二五年或一二二六年，死於西元一二七四年）被認爲是最偉大的經院哲學家。在所有教授哲學的天主教文教機關中他的體系是必須作爲唯一正確的體系來講授的；這一點自從列奧十三世於西元一八七九年敕令明申以來，便成了慣例。因此，聖湯瑪斯不僅有歷史上的重要性，而且還具有當前的影響，正像柏拉圖、亞里斯多德、康德、黑格爾一樣，事實上，還超過後兩人。他在大多數場合是如此緊密地追隨著亞里斯多德，以致使這位斯塔基拉人①，在天主教信徒心目中幾乎具有教父般的權威；就是在純哲學問題上批評亞里斯多德，也會被人認爲是不虔誠的。②但過去卻不總是如此。在阿奎那時代，推崇亞里斯多德，和反對柏拉圖的鬥爭還有待進行。阿奎那的勢力，後來取得了勝利，並一直保持到文藝復興爲止；以後，柏拉圖，重新在大多數哲學家的見解中獲得了至高的地位，這時人們對柏拉圖的理解已比中世紀時有所進步。西元十七世紀時，一個人既可是個正教徒，也可是個笛卡兒主義者；馬勒伯朗士，雖是個祭司，卻從未遭到非難；但這樣的自由在

---

①指亞里斯多德。——譯者

②我曾在無線電廣播中作過一次這樣的批評，因而招致了天主教人士的許多抗議。

今日來說已成爲過去；天主教僧侶，如想涉及哲學，就必須承認聖湯瑪斯。

聖湯瑪斯，是阿奎那伯爵的兒子。伯爵在那不勒斯王國境內的城堡，靠近蒙特·卡西諾，而這位「天使博士」③的教育便在這裡開始了。他在弗里德里希二世所創辦的那不勒斯大學讀了六年書；於是當了多明尼克教團僧侶，並去到科隆，受業於當時哲學界亞里斯多德的領袖人物，阿勒貝爾圖斯·馬革努斯。湯瑪斯在科隆和巴黎住了一個時期之後，於西元一二五九年重返義大利，並在此度過了餘生——西元一二六九—一二七二年再度僑居巴黎三年。那時巴黎的多明尼克教團僧侶由於他們的亞里斯多德主義曾與巴黎大學當局發生了糾紛，人們懷疑他們同情阿威羅伊派異端，當時阿威羅伊派在大學中形成了一個強有力的派系。阿威羅伊派，根據他們對亞里斯多德的解釋，主張人的靈魂，只要具有個性，就不是不死的；不死性只屬於理智，而理智是非個體的，它在不同的理智存在中都是同一的，當他們被迫認識到這種學說與天主教信仰互相違背時，他們又逃進「雙重眞理」的遁詞中，所謂雙重眞理指：一是基於理性的哲學眞理，一是基於啓示的神學眞理。所有這一切都使得亞里斯多德的名聲敗壞，聖湯瑪斯在巴黎時便致力於消除這種由於過分拘泥阿拉伯學說所帶來的危害。在這項工作上他獲得了非凡的成功。

阿奎那，不同於他的前輩，他對於亞里斯多德哲學確有充分的知識。他的朋友，莫爾貝克人維廉供給他一些希臘文原著的翻譯，而他自己則從事寫一些注釋。在阿奎那以前，人們對於

---

③ 指阿奎那。——譯者

亞里斯多德的觀念一直被新柏拉圖主義的附加物所蒙蔽而他卻祖述眞正的亞里斯多德，並厭惡柏拉圖主義，即便是出現在聖奧古斯丁言論中的也不例外。他終於說服教會，使之相信，作爲基督教哲學基礎，亞里斯多德的體系比柏拉圖體系更爲可取，而回教徒，和基督教的阿威羅伊主義者都曾曲解了亞里斯多德。依我看來，由亞里斯多德《靈魂論》（*De Anima*）導致阿威羅伊的觀點比導致阿奎那的觀點要自然得多；可是教會自從聖湯瑪斯之後卻有不同的看法。我可以更進一步說，在許多邏輯和哲學問題上的亞里斯多德的觀點，並非定論，而且還已經證明大部分是錯誤的；關於這一點天主教哲學家，和哲學教師們是不許公然宣講的。

聖湯瑪斯最重要的著作是《異教徒駁議輯要》（*Summa contra Gentiles*），寫於西元一二五九－一二六四年。這書通過和一個尚未皈依基督的假想讀者的辯論來確立其基督教的眞理；有人推測這位假想的讀者，是通常被認作精通阿拉伯哲學的那種人。他還寫過一部名叫《神學大全》（*Summa Theologiae*）的書，這書的重要性幾乎與前書相等，但它卻不太叫我們感興趣，因爲它的議論不以基督眞理爲前提者較少。

以下是《異教徒駁議輯要》的一個摘要。

> 首先讓我們考察一下「智慧」的意義。一個人在某項特定的工作上，例如：修建房屋，可能是聰明的；這意味著他通曉達成某種特定目的的方法。但一切特定目的都從屬於宇宙的目的，因而智慧**本身**是與宇宙的目的相關的。宇宙的目的是知性的善，亦即眞理。在這種意義下尋求智慧便是最完善、最崇高、最有益處和最爲愉快的事業。所有這些都靠引據「大哲學家」，即亞里斯多德的權威得以證實。

阿奎那說，我的目的是要闡明天主教信仰所宣揚的眞理。但在此，我必須依據自然的理性，因異教徒從不接受經義的權威。可是自然的理性在上帝的事務中卻是缺乏的；它雖能證實信仰中的某些部分，卻不能證實其餘的部分。它能證明上帝的存在和靈魂不死，但不能證明三位一體，道成肉身，和最後的審判。舉凡能論證的，其結果都與基督教信仰一致，而且沒有任何啓示中的事務是和理性相悖謬的。但是把那些能由理性證實的部分信仰和不能證實的部分信仰區別開來卻是重要的。因此這部《輯要》分爲四卷，其中的前三卷，除非爲了證明啓示與理性求得的結論互相一致時援引啓示以外，一概未對啓示加以援引；只有在第四卷中才論及那些離開啓示就不得而知的事物。

第一步是證明上帝的存在，有些人認爲這並不是必要的，因爲（他們說）上帝的存在，是自明的。設若我們知道上帝的本質，這個論斷就會是眞實的，因爲（有如以後所證明）在上帝裡面本質與存在是同一的。但是我們除了極不完備的一點知識外，並不知道上帝的本質。對上帝的本質聰明人比愚昧人知道得多些；而天使卻比二者知道得更多；但是卻沒有一種被造物具有足夠的知識從而能由上帝的本質推論出上帝的存在。由於這種原因本體論的論證遭到了擯斥。

我們必須牢記：能夠證實的宗教眞理，同樣可由信仰得知。這些證明是很繁難的，只有那些博學之士才能了解；但信仰對於無知者、青年，以及對於從事實際工作無暇學習哲學的人來說也還是必要的。爲了這些人，啓示是夠用的了。

有人說人們**只能**由信仰得知上帝。他們主張，假如論證的諸原理，有如（分析後篇〉所述，是由感覺所產生的經驗而爲我們所知，那麼，凡是超越感覺的事物便不能證明了。然而這種持論卻是錯誤的；即使不錯，上帝也還可由他的種種可以感知的作用爲人們所認識。

上帝的存在有如在亞里斯多德的著作中那樣，是由，非受動的始動者④這一論證證明的。世間有些事物只是受動，另外有些事物既能受動又能始動。凡是被推動了的某物都是被某物所推動的，並且，因爲不可能漫無止境地往上追溯，所以我們終必會在某一點上逢到一個始動而非受動的某物。這個非受動的始動者就是上帝。也許會有人反對這種論證，因它涉及夙爲天主教徒所擯斥的運動永恆性。但這種反對卻是一個錯誤：這種論證建立於運動永恆性的假設上是妥當的，但它卻只是被那對立的假設，即涉及一個起始，也就是一個**第一原因**的假設所增強。

在《神學大全》中，提出五種有關上帝存在的論證。第一，是不受動的始動者的論證正如上述。第二是第一原因的論證，同樣基於無限追溯的不可能性。第三，一切必然性必有其最初根源；這和第二個論證大同小異。第四，世界上存在著種種完美的事物，而這些必定淵源於某些至善至美的事物。第五，我們甚至發現很多無生事物都在完成一個目的：這個目的必定存在於這些無生事物的外部，因爲只有有生事物能有一內在的目的。

④ 但在亞里斯多德的著作中這個論證卻引出四十七個或五十五個上帝。

讓我們再回到《異教徒駁議輯要》一書。在證明了上帝的存在之後，我們現在可以提到許多關於上帝的事實，但這些事，在某種意義上都是否定的：我們只能通過上帝不是什麼而認識上帝的本性。上帝是永恆的，因祂是不受動的；上帝是不變的，因祂不包含被動的潛在性。迪南人大衛（西元十三世紀初葉的唯物主義泛神論者）「曾狂喊」上帝與原始物質是一體；這是悖理的，因爲原始物質是純粹的被動性，而上帝卻是純粹的主動性。在上帝中，沒有組成部分，因此，他不是一個軀體，因爲軀體總有若干部分。

上帝是祂自己的本質，否則，祂就不是單一的，而要爲本質與存在所合成了。（這點很重要）在上帝中本質和存在是同一的。上帝中沒有偶然性，不能按任何實體上的區別加以詳細說明；祂不屬於任何類；祂不能被給以定義。然而任何類的優越性祂都不缺。萬物在某些方面類似上帝，在某些方面卻又不像。我們說萬物像上帝比說上帝像萬物更爲適當。

上帝是善，並是祂自身的善；祂是萬善之善，祂是智慧的，而祂的智慧的行動是祂的本質。祂以自己的本質進行理解，並且全面地理解祂自己（我們記得約翰・司各脫，曾有不同的見解）。

雖然在神性理智裡沒有什麼組成部分；但上帝卻理解很多事物。這似乎是個難題，但上帝所理解的諸事物在上帝裡面並沒有實體的存在。同時它們也不像柏拉圖想的那樣，自身存在，因爲自然事物脫開物質不會存在也不能爲人所理解。但是，上帝在造物之先必須理解諸形相。這一困難的解決有如以下：「神性理智的概念——這概念是他的話語——正如上帝理解祂自己那樣，不僅是已知上帝本身的肖像，而且還是一切類似神性本質事物的肖像。因而許多事物，通過可知的形相，也就是神性本質，和透過一個已知的意願，也就是神的話語——可以被上帝所理解。」⑤每一個形相，只要它是個積極的某物，便是個完成。上帝的理智藉著理解每一事物什麼地方像他，什麼地方不像他，而把每一事物所固有的性質包含在他的本質之中；例如：植物的本質是生命，而不是知識，動物的本質卻是知識，而不是理智。這樣植物在它是有生命的這一點上是像上帝的，但在它沒有知識這一點上是不像上帝的；動物在它有知識這一點上是像上帝的，但在它沒有理智這一點上卻又不像上帝。被造物和上帝的區別總要通過一種否定。

上帝在同一瞬間理解所有事物。他的知識不是一種占有；同時也不是推理的或邏輯的。上帝是眞理（這須按字面去理解）。

現在我們面臨一個問題，它曾使亞里斯多德和柏拉圖都感到困惑。上帝能知道個別事物呢，還是只知道諸共相一般的諸眞理呢？基督徒由於相信天命，所以必然認爲，上帝了解各個事物；雖然如此，也還有一些有力的議論反對這種看法。聖湯瑪斯列舉了七種這樣的議論，並隨即予以逐條的駁斥。七條議論有如下述：

1. 個體性既然是顯體（signate matter）⑥，那麼非物質的任何東西都不能認識它。
2. 四百七十九個體不是永恆存在的，當它們不存在的時候也就無從認識，因而它們不能被一永恆不變的存在所認識。
3. 個體是偶然的，而不是必然的；因而除非當它們存在的時候，對它們不可能有確切的認識。

---

⑤《異教徒駁議輯要》第一卷，第五十三章。

⑥係一經院哲學術語，指在個體上有所區別，但在認識上卻屬於同一性質或性格的物質。——譯者

4. 有些個體由來於意志，而這只能被有此意志的人所認識。
5. 個體的數量是無限的，而這種無限則是無從認識的。
6. 個體過於渺小不値上帝給予注意。
7. 某些個體中存在著罪惡，但上帝卻不能認識罪惡。

阿奎那回答說，上帝認識個體，因爲祂是它們的根源；上帝預知尙未存在的事物，就像一個工匠在製造一件物品時一樣；上帝知道未來的偶然事件，因爲上帝看時間中的每個事物就像在眼前的一樣，而上帝本身卻不在時間之內；上帝知道我們的心意和我們的祕密意志，上帝知道無窮無盡的事物，然而我們卻不能。上帝知道渺小的事物，因爲沒有什麼事物是全然渺小的，並且凡事都有幾分高貴；否則上帝就要只認識他自己了。此外宇宙的秩序是極其高貴的，但假如對其渺小部分沒有認識，則對其高貴的秩序也不會有所了解。最後，上帝知道惡事。因爲認識任何善事包括著認識其反面的惡。

上帝有意志；祂的意志就是祂的本質，而其主要對象就是神性本質。上帝在願望祂自己時，祂也願望其他萬物，因爲上帝是萬物的終極。祂甚而願望還沒出現的事物。祂願望祂本身的存在和善良，祂雖願望有其他的事物，但卻不是必須作這種願望。上帝有自由意志；我們對於祂的意志雖然可以賦予一種理由，但卻不能賦予一種原因。上帝不能願望本身不可能的事；譬如，祂不能使一個矛盾變爲眞實。聖湯瑪斯的對於超越神力的事物的舉例卻不十分適宜；他說上帝不能使一個人成爲一頭驢。⑦

⑦ 驢子：在英文中是個雙關語，指蠢人。——譯者

上帝中有喜樂和愛；上帝什麼也不恨，並具有沉思和積極的美德。祂是幸福的，而且就是祂本身的幸福。

現在我們來看（該書第二卷中）對被造物的看法。這對駁斥關於上帝的一些謬論是有用的。上帝從無中創造了世界，這和古代人的看法相反。上帝所不能做的一些事項被重新提了出來。祂不能是一個物體，或改變祂自己；祂不會失敗；祂不會疲倦，或遺忘，或懊悔，或發怒，和悲傷；祂不能使一個人不具靈魂，或使三角形三內角之和不等於兩個直角。祂不能撤銷過去、犯罪，另外創造一位上帝，或使祂自己不存在。

該書第二卷主要涉及人的靈魂問題。所有精神實質都是非物質的和不朽的；天使沒有肉體，而在人中則靈魂與肉體相結合。靈魂，有如亞里斯多德著作中所說，是肉體的形式，人只有一個靈魂，並不是有三個。整個靈魂充斥於身體的每一部分。動物的靈魂不是不死的，這和人的靈魂總有所不同。智性是每個人的靈魂的一部分；並不像阿威羅伊所主張的那樣，認爲只有一個爲眾人所參與的智性。靈魂不是由精液所遺傳，而是隨著每個人重新創造的。的確，有這樣一個難點：私生子的產生，似乎使上帝成爲通姦的同謀者。但這種詰難只是表面上中聽罷了（有一個重大的詰難，曾使聖奧古斯丁感到困惑，就是有關原罪的遺傳問題。犯罪的是靈魂，但如果靈魂不遺傳而是重新再造，那麼它怎能遺傳亞當的罪呢？湯瑪斯沒有議論這事）。

共相問題的議論是和智性連繫在一起的。聖湯瑪斯的立場和亞里斯多德的立場一樣。諸共相不存在於靈魂之外，但智性在了解諸共相的同時，卻了解到一些靈魂以外的事物。

該書第三卷主要涉及倫理問題。惡不是故意的，它不是一種本質，而且它具有偶然性的善因。萬物都傾向於類似上帝，而上帝是萬物的終極。人類的幸福不在於肉慾、名譽、榮華、富貴、世俗權柄，以及肉體的享用物，它也不在於感官。一個人的眞正幸福不在於道德的行爲，而在於對上帝的沉思默想，因爲道德行爲不過是手段。但是爲大多數人所具有的關於上帝的知識是不夠的；由論證得來的，甚而由信仰得來的關於他的知識也還是不夠的。在今生，我們不能看到本質的上帝，也不能享到至上的幸福；但在死後我們便要和上帝面對面相見（他提醒我們，並非按字面解釋。因上帝並無面孔）。這事的發生並不是由於我們的自然力而是由於神的光；而且就在那時候，我們也見不到他的全體。由於這種目睹，我們就成了永恆生命的，也就是，時間外生命的參與者。

神意並不排除罪惡、偶然性、自由意志、機會和幸運。惡出於第二原因，這和一個卓越藝術家使用壞工具的情況相類似。

天使也不盡都相同，他們中間也有級別。每個天使都是他那種天使的唯一標本。因爲天使既沒有軀體，他們只能憑種差，而不能憑空間的地位來區分。

占星術，根據普通的理由，應給以擯斥。阿奎那在回答「有沒有命運」這一問題時說，我們或可以把上帝所定的秩序叫作「命運」，但是不這樣叫是更明智的。因爲「命運」是個異教的詞彙。由此，又引出了上帝雖不可變更，但祈禱依然有用的議論（我未能追隨這種議論）。上帝有時行奇蹟，此外誰也行不出。可是在魔鬼幫助下魔術倒是可能的；這與眞正的奇蹟無關，並且不是由於星宿的幫助。

神的律法引導我們要愛上帝，其次要愛鄰舍。它禁止犯姦淫，因爲做父母的應當在子女養育期間住在一起。它禁止節育，因爲節育違背自然；雖然如此，它卻不禁止終生獨身主義。婚姻應當是不能拆散的，因爲在教育子女時需要父親；一方面父親比母親更爲理智，另一方面當有必要懲戒子女時，父親的體力也比較強。並非所有的性交都是有罪的，因為這是自然的；但如相信結婚的身分與禁慾一樣善良那就要墜入約維年異端。必須嚴格一夫一妻制；一夫多妻制對婦女是不公平的，而一妻多夫又使父子關係無法確定。血親相姦因混亂家庭生活而必須禁止。書中有一段反對兄弟姊妹相姦的怪論：如果兄弟姊妹間結成夫妻間的愛情，由於相互間的引力過於強烈這就會導致過多的房事。

值得我們注意的是：所有這些有關性道德的論點，都是根據純粹理性的考慮，而不是出於神的戒命。在這裡，阿奎那像在前三卷中一樣，在一番推理之後喜歡引證些經文，證明理性引導他得到了與經文互相一致的結論，而在得到結論之前他並不訴諸權威。

關於自甘貧困的討論是極其生動而有趣的。最後得到的結論，如所預料是和托缽僧教團的原則相一致的。但也引述了俗界僧侶的反對意見，並且寫得極為有力和真實，彷彿他親自聽到的一般。

然後，講到有關罪惡、預定和神的詔選，大體來說，他的觀點是屬於奧古斯丁的。一個人由於犯了死罪⑧而喪失他最終對於一切永生的權利。從而理應得到永劫的懲罰。若非神恩誰也不能從罪中獲釋，如若一個罪人不知悔改，那麼他是合該受到譴責的，一個人需要神恩來堅持為善，但卻沒有誰配受神的助力。上帝不是犯罪的原因，但他卻把一些人留在罪裡，而把另外一些人從罪裡拯救出來。關於預定，聖湯瑪斯，似乎與聖奧古斯丁的主張相同，他認為沒有理

⑧ 會招來精神死亡的一種道德上的犯罪。——譯者

由可以用以說明，爲什麼有人蒙詔升入天堂，有人則爲神所厭棄而下地獄。他也認爲不受洗禮的人是不能升天堂的。這不是一項單憑理性就可以證明的眞理；這在《約翰福音》三章五節中有所啓示。⑨

原書第四卷論及三位一體，道成肉身，教皇的至上權，聖禮和肉身的復活。這些主要是向神學家，而不是向哲學家講的，因此，我只將其簡單地敘述於下：

認識上帝的途徑有三：通過理性、啓示，和通過一些事前只由啓示才能認識的事物的直覺。關於第三種途徑，他幾乎沒有說什麼。一個傾向於神祕主義的作家在這方面定會比前兩項論述得更多，但阿奎那的氣質卻更多地是推理的，而不是神祕的。

希臘教會因否認聖靈的雙重發源⑩和教皇的至上權而受到他的譴責。他還提醒我們，基督雖然由聖靈受胎，但我們卻不當設想按肉體論基督是聖靈的兒子。

即便是邪惡的祭司所行的聖禮也還是有效的。這一點在教義上很重要，有很多祭司過著罪深惡極的生活，虔誠的人擔心這樣的祭司不能主持聖禮。這種情況十分尷尬，因爲誰也無從確知他所舉行的婚禮是否成立或確知他的贖罪是否得到有效的寬恕。這種情況導致了異端和分裂，因爲一些具有清教徒式思想的人們尋求一個在道德上更加無可指責的獨自的祭司體系。於是，教會乃不得不極力斷言祭司身內的罪並不能使他失去行祭禮的權能。

---

⑨ 耶穌說，我實實在在告訴你，人若不是從水和聖靈生的，就不能進上帝的國。

⑩ 聖靈的雙重發源，指聖靈發源於聖父與聖子的一種教義。——譯者

最後討論的一個問題是肉體的復活。阿奎那在這裡有如在其他地方一樣，公正地引述了反對正統教義的論點。其中之一乍看起來是很難解決的：聖阿奎那問道：假如有一個人一生只吃人肉，不吃別的東西，而他的父母也和他一樣，那麼將來會出現什麼情況呢？由於他貪吃的結果致使那些犧牲者在末日失去了身體，這似乎是不公平的；然而，什麼會被留下來去構成他的身體呢？這個困難乍看起來好像是不可克服的，但我卻高興指出這個困難已被他勝利地解決了。聖湯瑪斯指出：肉體的同一性不在於原有物質微粒子的保持；人在生前由於吃與消化的過程，構成肉體的物質是經過不斷地變化的。因此，這個吃人的人在復活時縱然得不到和他死時同樣物質構成的身體，但他還是得到原先一樣的身體。關於《異教徒駁議輯要》一書的簡介讓我們就講到這個令人快慰的想法爲止罷。

阿奎那的哲學大體與亞里斯多德的哲學是一致的，凡接受或拒絕這個斯塔基拉人的哲學的讀者也會以同樣程度接受或拒絕阿奎那的哲學。阿奎那的獨創性表現於對亞里斯多德哲學稍加篡改用來適應基督教教義一事上。在他所處的時代裡，他被人認爲是一個大膽的革新者；甚至在他死後他的許多學說也還受到巴黎大學和牛津大學的譴責。他在體系化方面比在獨創性方面更爲出色。即使他的每一個學說都是錯誤的，《輯要》這書仍將不失爲知識上的一座宏偉的大廈。當他要駁斥某一學說時，他常常是盡力地並總是力求公正地把他首先敘述出來。在區別淵源於理性和淵源於啓示的兩類論證時，他的文筆的明確和清晰實在令人讚嘆。他熟知亞里斯多德並對他有深刻的理解。就這一點來說，在他以前的所有天主教哲學家們都還談不到。

可是，上述的這些優點似乎還遠不足以證明他所享有的盛名。關於訴諸理性的說法在某種的意義上來講，卻不是誠實的，因爲要達到的結論，在事前早已經被確定了。以婚姻的不可解除爲例，提倡婚姻不可解除的理據是父親對子女教育的有用。(a)父親比母親理智，(b)父親體力強，適合給子女以體罰。一個現代教育家會反駁說：(a)沒有理由認爲男人一般地比女人理智，(b)需要大體力進行的那種處罰在教育上是不值得嚮往的。而且這個教育家還可進一步指出，父親，在現代的教育中幾乎沒有分兒。但沒有一個聖湯瑪斯的追隨者會因此就不相信終身一夫一妻制，因爲眞正的信仰的基礎並不在於所說的那些理由。

再拿那些聲言證明上帝存在的論證來看，除掉其中來自無生物的目的論這一論證以外，全部論證都依據沒有首項的級數是不可能的這樣一個假設。每一個數學家都知道這種不可能性是不存在的；以負一爲末項的負整數級數便是個最好的例證。但是在這裡一個天主教徒即便承認聖湯瑪斯論證不妥善，也不會竟因此而放棄對上帝的信仰；他會想出些別的論證來，或託庇於啓示。

關於上帝的本質和存在的同一性，上帝**就**是其自身的善良，上帝就是自己的權能等論爭，暗示著一種，在諸殊相存在樣式與諸共相存在樣式之間的混淆，而這種混淆曾見於柏拉圖哲學之中，並認爲被亞里斯多德所避過。人們必須假定上帝的本質屬於諸共相的性質，而上帝的存在卻不是這樣。這個困難是不易圓滿陳述的，因爲它出現在一種不能再爲人們所承認的邏輯之中。然而它卻清楚地顯示出某種句法上的混淆，如果沒有這種混淆，關於上帝的種種議論即將失去其似眞性。

阿奎那沒有什麼眞正的哲學精神。他不像柏拉圖筆下的蘇格拉底那樣，始終不懈地追逐著議論。他並不是在探究那些事先不能預知結論的問題。他在還沒有開始哲學思索以前，早已知道了這個眞理；這也就是在天主教信仰中所公布的眞理。若是他能爲這一信仰的某些部分找到些明顯的合理的論證，那就更好，設若找不到，他只有求助於啓示。給預先下的結論去找論據，不是哲學，而是一種詭辯。因此，我覺得他是不配和古代或近代的第一流哲學家相提並論的。

第十四章　法蘭西斯教團的經院哲學家

總的來說，法蘭西斯教團並不如多明尼克教團那樣嚴守正統教義。兩個教團之間有過尖銳的競爭，而法蘭西斯教團是不肯承認聖湯瑪斯的權威的。法蘭西斯教團中最重要的三個哲學家是羅傑・培根，鄧斯・司各脫，和奧卡姆的威廉。此外聖博納梵圖拉和阿誇斯巴塔人馬太也值得予以注意。

羅傑・培根（Roger Bacon，西元一二一四年前後—西元一二九四年前後）生前並沒受到多大讚揚，但在近代所受到的讚揚卻遠遠超過了他的功績。與其說他是個狹義的哲學家，不如說他更多地是個酷愛數學和科學的大博學家。科學，在他所處的時代裡，與煉金術混爲一談，並且，被人認爲是夾雜著妖術或魔法；培根經常因異端和魔法的嫌疑而遭到禍害。西元一二五七年法蘭西斯教團的總管，聖博納梵圖拉在巴黎把他置於監視之下，並禁止他刊行著作。儘管這樣，在該項禁令仍然生效的期間教皇駐英國的使節居・德・福勒克已命令他，違背禁令，爲教皇的利益，寫出他自己的哲學。因此，他在短期間內寫了三卷書，《大著作》（*Opus Majus*）、《小著作》（*Opus Minus*），和《第三著作》（*Opus Tertium*）。這些書產生了良好效果，西元一二六八年他竟獲釋回到牛津，事先他即是從牛津被解往巴黎過著一種囚禁生涯的。雖然這樣，卻從來沒有什麼事情能教他小心謹慎。他慣於對那些與他同時的知名學者施以輕蔑的批評；他尤其喜歡著重指出那些希臘文或阿拉伯文翻譯家的拙劣無能。西元一二七一年他寫了一部名叫《哲學研究綱要》（*Compeadium Studii Philosophiae*）的書，在這本書中他抨擊了僧侶的愚昧無知。這事並未絲毫增加他在同行間的名氣。西元一二七八年他的著作遭到法蘭西斯教團總管的譴責，而且他本人也被投入監獄歷時達十四年之久。西元一二九二年他獲得了釋放，但出獄後不久便死去了。

他的學識是百科全書式的，但卻缺乏體系性。他和當代許多哲學家不同，對試驗給以很高的估價。他曾用虹的理論來證實試驗的重要性。他寫過一些精闢的有關地理學的文章；哥倫布讀過他這方面的著作，並曾受到他的影響。他是個優秀的數學家；經常引證歐幾里得《幾何學》的第六卷和第九卷。他又根據阿拉伯文資料論述透視畫法。他認爲邏輯是一種無用的學問；但另一方面，卻給煉金術以足夠的估價，並從事這方面的著述。

爲了交代一下他的學識和方法，我將把《大著作》中的某些部分概述於下。

他說，愚昧有四種原因：一、脆弱而不適當的權威所樹立的範例（因爲這本書是爲教皇寫的，所以他審慎地言明這並不包括教會在內）。二、習慣的影響。三、無識群眾的見解（這個令人猜想包括除他以外的與他同時代的所有人）。四、於炫耀外表的智慧之中掩飾自己的愚昧。以上這四種災害產生了人間所有的罪惡，其中的第四項尤其是最爲惡劣的。

支持某種見解時，從祖先的智慧，習慣或共同信仰進行議論是錯誤的。他爲維護自己的觀點，曾引證了塞涅卡、西塞羅、阿維森納、阿威羅伊、巴斯人阿戴拉德、聖傑羅姆和聖克里索斯托姆，他似乎認爲有關這些權威的例證已足夠證明一個人不當尊重權威。

他很尊重亞里斯多德，但也不是毫無限制。他說：「只有亞里斯多德和他的信徒在所有智者的判斷中才被稱爲哲學家。」當他談到亞里斯多德的時候，他使用「大哲學家」這一稱呼，他告訴我們，就連這位斯塔基拉人也未達到人類智慧的極限。亞里斯多德之後，阿維森納是「哲學的君王與領袖」，儘管如此，阿維森納還沒有充分明白虹霓現象，因爲他未曾認識到虹霓的根本成因，這成因，按《創世記》記載則是水蒸氣的散逸（儘管如此，當培根討論虹霓問題時，還是十分敬佩地引證阿維森納的）。他不時地說些帶有正統教義氣味的話，有如：唯一完全的智慧有如教規與哲學所示，存在於聖經之中。但他說，從異教徒那裡獲得知識也無不可時的口氣卻聽來更爲懇切。在引證阿維森納和阿威羅伊之外，他時常引證阿勒法拉比①，和不時引證阿勒布瑪查②及其他人士。他引證阿勒布瑪查用以證明數學在洪水滅世之前爲世人諾亞，和他的子嗣所知曉；我想這種說法，便是我們能從異教徒所獲得的知識的一個範例。培根讚揚數學，他把它當作確實性的唯一（未經啓示的）源泉，和把它當作天文學和占星術所必需的科學。

培根追隨阿威羅伊認爲能動的智力在本質上是與靈魂分別開來的一個實體。他引證了許多有名的神學家，其中也有林肯的主教格羅賽特斯特來支持這個與聖湯瑪斯相反的見解。他說與亞里斯多德書中顯然自相矛盾之處，是出於翻譯上的錯誤。他引證柏拉圖時未曾用過第一手文獻，而是用透過西塞羅的第二手文獻，或用經由阿拉伯人翻譯的蒲爾斐利的第三手文獻。他並不很重視蒲爾斐利，他把他的共相學說說成是「幼稚的」。

---

① 金弟（Kindi）的追隨者，死於西元九五〇年。

② 天文學家，西元八〇五—八八五年。

作爲知識的一個來源，培根重視實驗過於論證，因而受到了近代的賞識。誠然，他的興趣和處理問題的方法是和典型的經院哲學家們十分不同的。他那百科全書式的傾向很像阿拉伯的著作家。這些人對他的影響顯然要比對其他許多基督教哲學家的影響更爲深遠。阿拉伯哲學家們像他一樣對科學感興趣，並相信魔法和占星術，然而基督徒們卻認爲魔法是邪惡的，同時占星術是一種欺騙。他是令人驚訝的，因爲他與中世紀基督徒哲學家們是大不相同的，但是，他對當代卻幾乎沒有什麼影響，而且依我看來，他也不如一般人有時設想的那樣科學。英國作家們慣於說他發明了火藥，然而這種說法卻是不正確的。

禁止培根出書的，法蘭西斯教團總管，聖博納梵圖拉（西元一二二一—一二七四年）是個完全不同類型的人。他屬於聖安瑟勒姆的傳統，並擁護這人的本體論論證。他見到新亞里斯多德主義與基督教有一種根本對立。他相信柏拉圖的諸理念，但認爲這只有上帝才能全面認識。我們在他的著作中經常看到淵源於奧古斯丁的引用文，但卻找不出阿拉伯人著作的引用文，同時也絕少看到古代異教徒作品的引用文。

阿誇斯巴達人馬太（約西元一二三五—一三〇二年）是博納梵圖拉的追隨者，但卻多少接觸到一些新興哲學。他是個法蘭西斯教團的僧侶，做過紅衣主教；曾以奧古斯丁主義的觀點反對聖湯瑪斯。但對他來說，亞里斯多德，已經成了「大哲學家」；他不斷地引證他。除此以外也常提到阿維森納；和十分敬佩地引證聖安瑟勒姆與僞狄奧尼修斯；然而，他的主要的權威者乃是聖奧古斯丁。他說，我們必須在亞里斯多德和柏拉圖之間找一條中間道路。柏拉圖的諸理念是「極端錯誤的」；它們建立智慧，但卻不建立知識。另一方面，亞里斯多德同樣是錯誤的；他建立知識，但卻不建立智慧。我們的知識——他這樣下結論說——是藉著低級的和高級的兩種事物，藉著外在的物體和觀念的理性所導致而來的。

鄧斯．司各脫（Duns Scotus，約西元一二七〇—一三〇八年）繼續開展了法蘭西斯教團對阿奎那的爭論。他生於蘇格蘭或烏勒斯特，在牛津大學參加法蘭西斯教團。晚年在巴黎度過。他反對聖湯瑪斯，擁護純潔受胎說③，於此他博得了巴黎大學並終至全天主教教會的贊同。他是個奧古斯丁主義者，但卻比博納梵圖拉，或甚而比阿誇斯巴達人馬太那種極端的形式略爲緩和；他和聖湯瑪斯的不同就像博納梵圖拉、馬太兩人和湯瑪斯的情形一樣，起因於他的哲學中摻雜了較多的（經由奧古斯丁而來的）柏拉圖主義。

例如：他討論這樣一個問題，「是否有任何確實而純粹的眞理，不被非經創造的光的特殊照耀而能自然地爲一個過路者的理智所知曉？」他論證說這是不可能的。在他開頭的議論中，他單純地引證聖奧古斯丁來維護這個觀點；他所遇到的唯一困難是《羅馬人書》第一章二十節：「自從造天地以來，上帝的一些不可見之事情，藉著所造之物就可明明得知。」④

鄧斯．司各脫是個穩健的實在論者。他相信自由意志，並趨向於裴拉鳩斯主義。他認爲存在與本質沒有區別。他主要對顯證感興趣，所謂顯證，就是不待證驗而得知的事物，顯證共有三種：(1)自明的諸原理，(2)由經驗而得知的事物，(3)我們自己的行動。但若沒有神的照耀則我們便什麼也無從知道。

③ 指處女馬利亞由聖靈受胎的教義。——譯者

④ 參看《新約．羅馬人書》第一章，第二十節。——譯者

大多數法蘭西斯教團僧侶都追隨鄧斯・司各脫而不追隨阿奎那。

鄧斯・司各脫認爲既然存在與本質間沒有區別，「個別化原理」——也就是促使一物不同於另一物的原理——必定是形式，而不是質料。「個別化原理」是經院中的一項重要問題。在不同的形式上一直到今天它還繼續成爲一個問題。在不涉及某一特殊的作者範圍內，我們或可陳述該項問題如下。

個別物的諸性質中有的是本質的，另一些則是偶然的；某物的偶然性質，是那些可能失掉，而不致喪失其同一性的性質——有如一個人和他所戴的帽子的關係。於是生出這樣的問題：設有屬於一個種的兩個個別物，那麼他們在本質上總是有所不同呢，抑或二者在本質上完全相同呢？聖湯瑪斯關於物質的實體主張後一種見解，但關於非物質的實體則主張前一種見解。鄧斯・司各脫則認爲兩個個別物之間在本質上永遠有區別。聖湯瑪斯的觀點依據以下的理論，這種理論認爲由未經區分的部分組成的純物質只是藉著空間位置之相異而有所區別。因此，一個由身與心組成的人，在體質上只能藉著其身體的空間位置與另一個人有所區別（理論上，這種情況也可能發生在同卵孿生兒身上）。鄧斯・司各脫，在另一方面則認爲設若物體有所區別，它們必定是由於質的差異而有所不同。很顯然，這種觀點是比聖湯瑪斯的觀點更加接近於柏拉圖主義的。

在我們以現代術語述說這個難題以前，我們還必須經過種種不同的階段。由萊布尼茲所採取的第一步是消除本質的與偶然的諸性質之間的區別，這種區別有如經院哲學家們從亞里斯多德那裡繼承的許多理論一樣，每當我們企圖細心闡述時，它便立即變得不現實起來。這樣我們得到的，不是「本質」，而是「對有關事物眞實的一切命題」（儘管如此，一般說來，空間與時間的位置仍將除外），萊布尼茲爭辯說在這種意義上二物完全一樣是不可能的；這便是他那「無法識別的事物的同一性」原理。這個原理曾受到物理學家的批評，他們主張物質的兩個質點僅由於空間和時間的位置而可能完全有所不同——相對性使這個觀點更加困難化了，因爲相對性把時間與空間還原爲諸關係。

使上項問題近代化時需要更進一步地取消「實體」這一概念。這樣做了以後，一個「物」只能成爲一束性質，因爲任何純粹的「物性」核心都不能存在了。設若拋棄了「實體」，那麼我們似乎必須採用與其說近於阿奎那，毋寧說更多地近於司各脫的觀點。然而這事在有關空間和時間方面，卻會帶來更多的困難。對於這一問題，我曾在《意義和眞理的探究》（*Inquiry into Meaning and Truth*）中的「專用名稱」章下就個人所見加以論述。

奧卡姆的威廉（William of Occam）是聖湯瑪斯以後的一個最重要的經院哲學家。關於他的生平我們知道得極不全面。他可能生於西元一二九〇至一三〇〇年間；死於四月十日，不是西元一三四九年就是一三五〇年，其年份是不確實的（西元一三四九年黑死病大爲流行，因而他很有可能是死於這個年份）。許多人說他生於蘇黎的奧坎姆，但戴利勒・伯恩斯卻說他生於約克郡的奧坎姆。他先在牛津，然後去到巴黎，他在那裡先是當了鄧斯・司各脫的學生，然後更變成他的競爭者。在安貧的問題上，他被捲入法蘭西斯教團與教皇約翰二十二世之間的爭論。教皇得到該教團總管西塞納人米凱爾的支援；對屬靈派進行迫害。過去有過這樣一種協定，按此凡是捐輸給托缽僧的財產均須由托缽僧轉獻於教皇，教皇准許托缽僧享有財產的實利，而不犯有產罪。這種協定爲教皇約翰二十二世所廢止，他主張他們應該承認公開的所有權爲合法。該教團中的大多數人在西塞納人米凱爾領導下起來反抗。奧卡姆原先被教皇召往亞維農去答辯有關化體問題所遭到的異端嫌疑，這時他和另外一名重要人士巴都阿人馬西哥利歐附和了西塞納人米凱爾。他們三人一併於西元一三二八年受到破門處分，並逃出亞維農，託庇於皇帝路易的權威下。路易是兩個帝位爭奪者中的一個；他得到德意志的支持，另一個則得到教皇的支持。教皇把路易開除教籍，於是路易向全教會議控訴了教皇。教皇本人被指控爲異端。

據說奧卡姆謁見皇帝時曾這樣說「請你用刀劍保護我，而我將要用筆保護你」。不管怎樣，他與巴都阿人馬西哥利歐在皇帝保護下定居於慕尼黑，並在那裡寫了一些相當重要的政治論文。皇帝於西元一三三八年死去，奧卡姆的事蹟便不詳了。有人說他與教會妥協了，但這種說法似無根據。

神聖羅馬帝國也不再像霍恩施陶芬朝代時的景況了；教廷的外貌雖似繼續向大處發展，卻受不到以前享有的那種尊敬。克萊門特五世在西元十四世紀初葉把教廷遷往亞維農，教皇從此在政治上變爲法蘭西國王的臣屬。神聖羅馬帝國沒落得尤其顯著；由於英格蘭和法蘭西的強盛，它甚至無法主張先前那種空有其名的普遍統治權；另一方面，由於教皇對法蘭西王的屈從，也削弱了教皇對俗世事務的普遍要求。所以教皇與皇帝間的衝突實質上就是法蘭西與德意志間的衝突。愛德華三世統治下的英格蘭正與法蘭西交戰，因而同德意志締結了盟約；這也就使英格蘭變爲一個敵視教皇的國家。教皇的敵人們要求召集一次全教會議——這是被認爲高於教皇的唯一教會權威。

這時教皇反對派的性質也有了變更。他們不再只是擁護皇帝了，他們特別在有關教會管理問題上帶出了一副民主主義的腔調。這曾給予他們一種終於導向宗教改革的新力量。

但丁（Dante，西元一二六五—一三二一年），作爲一位詩人雖是一個偉大的革新家，但作爲一個思想家，卻有些落後於時代。他的著作《君主制論》（*De Monarchia*）在觀點方面是屬於基伯林派的，假若出現於一個世紀以前倒可能更合時宜些。他認爲皇帝和教皇都是獨立的，並且二者都是因神授命的。在《神曲》（*Divine Comedy*）裡，他的撒且有三張嘴，它們長期咀嚼著，加略人猶大、布魯圖斯和喀修斯，他們三個都是叛徒，第一個背叛了基督，其餘兩人背叛了凱撒。但丁的思想不僅就其思想本身來論，即使就其爲一個俗人的思想而論也是有趣的；然而他的思想卻不僅沒有影響，而且還陳腐得不堪救藥。

巴都阿人馬西哥利歐（西元一二七〇—一三四二年）與此相反，創造了一種反對教皇的新形式，皇帝在其中扮演了一個主要具有修飾性權威者的角色。他不僅是奧卡姆的威廉的密友，而且還影響過這人的政治思想。在政治方面，他比奧卡姆更爲重要。他認爲人民的大多數才是立法者，而這大多數人是有權懲罰君王的。他又將群眾主權的理論應用於教會，並且在群眾中包括了俗眾。各地應該成立包括俗眾的地方宗教會議，並由他們來選舉代表參加全教會議。只有全教會議才有權施行破門處分，並對聖經作出權威的解釋。這樣，所有信徒在決定教義時便都有一份發言權。教會不該有屬世的許可權；未經市民同意不得施行破門處分；而教皇也不能享有特權。

奧卡姆沒有達到馬西哥利歐那樣高的水準，然而他也創出一套選舉全教會議的澈底民主的方案。

西元十五世紀初葉在有必要平復大分裂的當時，宗教會議運動已臻於發展的頂峰。但當它完成這一任務後，便又陷入了低潮。宗教會議運動的立場，有如在馬西哥利歐處所見，是與以後新教徒在理論上所採取的立場，有所不同的。新教徒要求個人判斷的許可權；並不情願屈從於任何一個全教會議。他們認爲宗教信仰，不應由任何管轄機構加以裁決。與此相反，馬西哥利歐則仍以保存天主教信仰的統一爲目的，但卻希望用民主方式，不用教皇專制來付諸實現。在實踐上，大多數新教徒於取得政權後，只是以國王代替了教皇，因而是既沒有保障個人判斷的自由，又沒有保障決定教義問題的民主方式。但在他們反對教皇時，卻在宗教會議運動的原則中找到了支援。在所有經院哲學家當中只有奧卡姆受到路德的器重。應當指出，即便在新教國家中，新教徒中很大一部分人仍舊固持著個人判斷的教義。這正是英國內戰期間，獨立會與長老會之間的主要差別。

奧卡姆的政論性著作[5]是用哲學論辯體裁寫的，對於不同命題作了正面和反面的論證，也有時竟不下任何結論。我們在現時習慣於更加直截了當的政治宣傳，但在他所處的時代，他所選擇的方式卻可能更爲有效。

以下列舉的幾個例證即將說明他的方法和觀點。

他寫過一長篇論文，題名爲「關於教皇權力的八項問題」。其中第一個問題是：一個人能否在教會與國家二者中成爲合法的至尊。第二個問題：俗界權威是否直接起源於上帝？第三個問題是：教皇有無權柄把俗界統治權賜給皇帝或君主？第四個問題是：諸選帝侯所進行的選舉是否給德意志王以充分的權力？第五和第六兩個問題是：通過主教爲國王行塗油禮的權柄教會

---

⑤ 參看《奧卡姆的威廉政治論文集》（*Guilleimi de Ockham Opera Politica*），曼徹斯特大學出版社，一九四〇年版。

獲得哪些權力？第七個問題是：爲一個不合法的大主教所主持的加冕禮是否有效？第八個問題是：選帝侯的選舉是否給德意志王以皇帝的稱號？以上所有這些，在當時，都是實際政治中的迫切問題。

他的另一篇論文論及一個君主未經教皇許可能否獲取教會財產的問題。這篇文章旨在說明愛德華三世爲籌措對法戰費從而向僧侶徵稅一事是正當的。我們還記得愛德華是皇帝的同盟者之一。

他在「一個婚姻事件的商榷」中，論及皇帝同其堂姊妹的婚姻是否正當的問題。我們可以看到奧卡姆爲了獲得皇帝的刀劍保護，已盡到了他的最大的努力。

現在讓我們講一講奧卡姆的純哲學學說。關於這個題目我們有一本很好的書，厄內斯特・伊・穆迪（Ernest E. Mody）著，《奧卡姆的威廉的邏輯》（*The Logic of William of Occam*）。我以下所要講的，大部分內容都根據他寫的這本書。這書採用了一種不太尋常的觀點，但是，我想他的觀點倒是正確的。哲學史家往往有一種以後人的眼光去解釋前人的傾向。然而一般說來這卻是個錯誤。奧卡姆曾被人認爲是導致經院哲學崩潰的人，是笛卡兒、康德或其他任何一個爲個別評論家所寵愛的近代哲學家的先驅。按照穆迪說法——我是同意他的——所有這些都是錯誤的。他認爲奧卡姆最關心的事在於恢復純粹的亞里斯多德，使之脫卻奧古斯丁和阿拉伯人的影響。這在很大程度上，也還是聖湯瑪斯的目標；但如我們所見，法蘭西斯教團僧侶卻比奧卡姆還要緊密地一直追隨著聖奧古斯丁。按照穆迪的見解來說，近代史學家爲了試圖找出一個從經院哲學通向近代哲學的逐漸的過渡，而使得他們對奧卡姆作了不恰當的解釋；這便使得人們把近代的諸學說附會於他，而其實他只是在闡釋著亞里斯多德。

奧卡姆曾爲不見於他本人著作中的一句格言而享有盛名，但這句格言卻獲得了「奧卡姆的剃刀」這一稱號。這句格言說：「如無必要，勿增實體。」他雖然沒有說過這句話，但他卻說了一句大致產生同樣效果的話，他說：「能以較少者完成的事物若以較多者去做即是徒勞。」這也就是說，在某一門科學裡，如能不以這種或那種假設的實體來解釋某一事物，那麼我們就沒有理由去假設它。我自己覺得這在邏輯分析中是一項最有成效的原則。

奧卡姆在邏輯上——雖顯然不在形而上學上——是個唯名主義者；西元十五世紀的唯名主義者⑥曾尊他爲他們的創始人。他認爲，亞里斯多德曾爲司各脫主義者所誤解，而這種誤解一部分出於奧古斯丁的影響，一部分出於阿維森納的影響，但還有一部分則出於一項更早的原因，也就是出於蒲爾菲利所著論亞里斯多德〈範疇論〉這篇論文。蒲爾菲利在這篇論文中提起了三個問題：(1)類（genera）和種（species）是否爲實體？(2)它們是有形體的，還是無形體的？(3)如爲後者，它們是在感性事物之中，還是同感性事物互相分離？他這些問題，是作爲與亞里斯多德的範疇相關的問題而提出來的，這樣便導致中世紀對亞里斯多德的〈工具篇〉（*Organon*）作出過分形而上學的解釋。阿奎那曾試圖消除這種錯誤，但其後這錯誤又重新被鄧斯．司各脫所引入。其結果便使得邏輯，和認識論依附於形而上學和神學。奧卡姆著手將它們再度分開。

奧卡姆認爲邏輯是可以獨立於形而上學的自然哲學的一種工具。邏輯是推理科學的分

⑥ 例如：斯萬斯赫德、海特斯伯力、蓋森、代禮等人。

析；科學是和事物有關的，但邏輯卻不然。事物是個別的，但在詞之中卻有共相，而科學卻只管使用它們並不加以討論。邏輯關心的是詞或概念，不是作爲心理狀態的詞或概念，而是作爲含有意義的詞或概念。「人是一個種」不是一個邏輯命題，因爲它需要關於人的一項知識。邏輯所論及的是頭腦在其自身內部所構成的事物，這些事物若非通過理性的存在是不會存在的。一個概念是一個自然的符號，一個詞是一個約定的符號。我們必須把當作爲一個事物而說的詞，和作爲具有含義而使用的詞，劃分開來。不然我們勢將陷入謬誤，例如：

「人是一個種，蘇格拉底是一個人，因而蘇格拉底是一個種。」

指物的詞叫作第一意向詞（terms of first intention），指詞的詞叫作第二意向詞（terms of second intention），科學中的詞屬於第一意向；邏輯中的詞則屬於第二意向。形而上學的詞是比較特殊的，它們兼指第一意向詞所指的事物和第二意向詞所指的事物。我們只有六個形而上學的詞：存在、物、某物、一、眞實和善。⑦這些詞都有一種特性，它們彼此都能互相表述。但是邏輯的探求也可以不必假借這些來進行。

所理解的是事物，不是由精神所產生的形式；形式不是被理解者而是藉以理解事物者。在邏輯中，共相，只是些可以表述許多其他詞與概念的詞與概念。共相、類、種，都是第二意向詞，因而，不能意味著物。然而，因爲一和存在是可以互換的，若是一個共相存在，它應該是一，並且是一個個別物。一個共相只是許多事物的一個符號。關於這一點，奧卡姆贊同阿奎

⑦ 我不擬在此批評奧卡姆對於這些詞的用法。

那，但反對阿威羅伊、阿維森納，和奧古斯丁派。他們二人認為只有個別的物，個別的精神，和理性的行為。阿奎那和奧卡姆二人固然承認先天共相（universale ante rem），但他們只用它來解釋創世；在上帝創世之前上帝的頭腦中必須先有共相。然而這卻屬於神學，不屬於人類知識的解釋，後者只與後天共相（universale post rem）有關。在解釋人類知識的時候奧卡姆從來不認為共相是物。他說，蘇格拉底類似柏拉圖，但絕不是由於一個叫作類似性的第三物所使然。類似性是個第二意向詞，它存在於頭腦之中（所有這一切都很好）。

按奧卡姆所述，有關未來的偶然性事物的命題，還談不上是真的或是偽的。他想把這種觀點同神的全知調和在一起。他在這裡，有如在別處一樣，使邏輯自由獨立於形而上學和神學之外。

奧卡姆議論中的某些例證可能有些用處。

他問：「按發生次序而言，最先為悟性所知者是否為個體。」

反面答案：悟性首次的和適當的對象是共相。

正面答案：感官的對象和悟性的對象是相同的，然而個體卻是感官的第一對象。

因此，必須對這問題的意義加以陳述（大概是因為這兩種議論都很有力）。

他繼續寫道：「靈魂以外非為符號之物，首先被這種知識（也就是，被個體的知識）所理解，因為靈魂以外的一切都是個體，所以個體首先被認識。」

他繼續說抽象的知識總是以「直觀的」（即屬於知覺的）知識為前提，而這種知識是由個體所引起的。

然後他列舉了可能發生的四種疑問，並進行了解答。

他用一個肯定性回答爲他原來的問題作出結論，但卻附加說：「共相是按相應次第的⑧第一對象，而不是按發生次第的第一對象。」

這裡牽涉到知覺是否爲知識的來源，如果是，又到什麼程度的問題。我們可以想起柏拉圖在他的〈泰阿泰德〉（*Theaetetus*）篇中曾反對把知覺作爲知識的這種定義。奧卡姆肯定是不知道〈泰阿泰德〉篇的，但若他知道的話，他就不會同意這本書。

對於「感性靈魂與智性靈魂在某一人中是否截然不同」的問題，他回答說他們不同，不過這是很難證明的。他的論證之一便是：我們的食慾可能希求一些爲我們的悟性所拒絕的東西；因此食慾同悟性屬於不同的事物。另外一項論證是感覺主觀地存在於感性靈魂之中，但並不主觀地存在於智性靈魂之中。再有：感性靈魂是擴展的和物質的，而智性靈魂卻兩種性質都不是。於此他提出了四種神學的反對論，⑨但他作了解答。奧卡姆對這個問題所持的見解，也許與人們所期待於他的有所不同。無論如何，他在把每個人的智力認爲是屬於各該人的，而不把它認爲是非個人之物這一點上，是同意聖湯瑪斯而反對阿威羅伊的。

由於主張邏輯和人類知識的鑽研無需牽涉形而上學和神學，奧卡姆的著作鼓舞了科學研究。他說奧古斯丁主義者錯在首先假定萬物不可理解，人類沒有智力，然後再加上從無限來的

⑧「相應」原文為adequation，意指，事物與思維的完全相應。——譯者

⑨例如：在基督受難日與復活節之間，基督的靈魂降入地獄，而他的身體卻仍在亞利馬太人約瑟的墳墓中。感性靈魂如與智性靈魂不同，基督的感性靈魂其間是在地獄中度過的呢，還是在墳墓中度過的呢？

一道光，藉此使知識變爲可能。在這點上，他是同意阿奎那的，但也各有強調，因爲阿奎那主要是一個神學家，而奧卡姆在有關邏輯方面，卻主要是一個俗世的哲學家。

他的治學態度給研究特殊問題的學者以自信，例如：歐利斯姆人尼古拉（死於西元一三八二年），他的直接追隨者，曾鑽研過行星理論。這人在某種程度上，是哥白尼的先驅者；他提出了地球中心論和太陽中心論，並且說這兩種理論都能解釋在他所處時代裡的所有事實，因而人們是無法在二者之間作出抉擇的。

在奧卡姆的威廉以後再也沒有大經院哲學家了。下一個大哲學家的時代始於文藝復興的後期。

第十五章　教皇制的衰落

西元十三世紀完成了一個哲學的、神學的、政治的、社會的偉大綜合。這一綜合是由於許多因素的結合徐緩地建立起來的。最初的因素是純粹希臘哲學，特別是畢達哥拉斯、巴門尼德、柏拉圖和亞里斯多德等人的哲學。然後，由於亞歷山大征服戰爭的結果，大量地流入了東方的各種信仰。①這些因素利用了奧菲斯教神祕信仰，改變了希臘語世界以及最後拉丁語世界的世界觀。死而復活的神，意味著吃神肉的聖餐儀式，通過類似洗禮的某種儀式而進入一種新生命的重生等，逐漸變爲異教羅馬世界大部地區中神學的一部分。在這些因素之上更結合了一種解脫肉體束縛的倫理，而這至少在理論上來講是禁慾主義的。從敘利亞、埃及、巴比倫和波斯傳來了與俗眾分開的祭司制度，他們或多或少具有一些魔法，並能在政治上帶來相應的影響。主要與信仰來世攸關的一些令人難忘的宗教儀式，也來自同一源泉。從波斯，特別傳來了一種二元論，這種二元論，把世界看成兩大陣營的一座修羅場，一個陣營是爲阿呼拉·瑪滋達所統率的善，另一個陣營是爲阿利曼所統率的惡。妖術的行使即是得助於阿利曼及其靈界的徒眾。撒旦是阿利曼的一種發展。

① 參看庫蒙（Cumont）：《羅馬異教主義中的東方宗教》（*Oriental Religions in Roman Paganism*）。

蠻族的觀念與實踐的流入和新柏拉圖派哲學中的某些希臘因素綜合在一起了。在奧菲斯教、畢達哥拉斯主義，和柏拉圖的某些部分著作中，希臘人發展了一些容易與東方觀點相結合的觀點。也許，這些觀點正是在很久以前假借於東方的。異教哲學的發展到普羅提諾和蒲爾斐利時就終止了。

這些人的思想雖有濃厚的宗教色彩，但若不大加改造，卻不足以興起一種盛行於世的大眾宗教。他們的哲學很難，無法爲一般人所了解；他們的救世法對於一般大眾也是過於偏重理智的。他們的保守思想促使他們維護希臘的傳統宗教，但爲了減輕其中的不道德因素，並與他們的哲學一神主義相調和，他們只好作出寓意的解釋。希臘宗教終因無法和東方的諸教儀和諸神學相抗衡，而日趨於衰亡。預言家變得默然無聲了，而祭司們又從未形成過一個強而有力的特殊階層。因而復興希臘宗教的企圖帶上了一種擬古主義的性格，而這種性格更賦予該企圖以一定程度的懦怯性與炫學性，這在皇帝朱利安身上表現得特別顯著。早在西元三世紀，人們已能預見某種亞洲宗教會要征服羅馬世界，不過在那時還並存著一些競爭的宗教，看來它們也都好像有獲勝的機會。

基督教集結了各個方面的有力因素。它從猶太人那裡接受了一本《聖經》，和一種認爲其他所有宗教都是虛妄而邪惡的教義；但它卻拋棄了猶太人的種族排他性和摩西律法中的種種不便。以後的猶太教已學著相信了死後的世界，但基督徒卻給天堂、地獄，以及進入天堂和逃避地獄的方法，賦予一種新的確實性。復活節結合了猶太人的逾越節和異教徒對於復活之神的祭典。波斯人的二元論也被吸取了，但基督徒對其善原則的最終全能卻給以更加堅定的確信，同時並附加了異教徒是撒旦的門徒這樣一項確信。起初基督徒在哲學上和在儀式上並非其對手的匹敵。但這些缺陷卻逐步獲得了改善。最初，哲學在半基督教的奈斯脫流斯教派中比在正統教派中更爲進步；但自從歐利根以來，基督徒卻藉著修改新柏拉圖主義發展了一種適用的哲學。初期基督徒間的儀式還是個不很明確的東西，但不管怎樣，到了聖安布洛斯時代時它已經給人以很深刻的印象了。祭司的權能和其特殊地位本取法於東方，但藉著統治方法而逐漸有所加強，在教會內部，這是多虧羅馬帝國的實踐的。舊約全書、神祕的諸宗教、希臘哲學，和羅馬行政方法都混合於天主教教會之內，它們結合在一起從而賦予教會一種以前任何社會組織所無法比擬的巨大力量。

西方教會，像古羅馬一樣，發展雖然比較緩慢，卻由一種共和制變成一種君主制。我們已看到教皇權柄成長的各個階段，從大格雷高里，歷經尼古拉一世、格雷高里七世，和尹諾森三世，直到霍恩施陶芬皇朝在規勒夫派和基伯林派戰爭中的最後敗績。與此同時，一向是奧古斯丁主義的，因而主要是柏拉圖主義的，基督教哲學也由於同君士坦丁堡和回教徒的接觸增加了新的因素。亞里斯多德，在西元十三世紀時幾乎已全部被西方所知曉，而且由於阿勒貝爾圖斯·馬革努斯和湯瑪斯·阿奎那的影響，亞里斯多德在學者的腦海裡成了僅次於聖經和教會的最高權威。直到今日，在天主教哲學家中，他仍然保持著這個地位。從基督教觀點來看，我不能不認爲：以亞里斯多德來代替柏拉圖和聖奧古斯丁是一項錯誤。從氣質方面來講柏拉圖比亞里斯多德更富於宗教性。而基督教神學從開始以來就適應於柏拉圖主義。柏拉圖教導說：知識不是知覺，而是一種回憶的幻覺；亞里斯多德更多的是個經驗主義者，聖湯瑪斯，儘管不出於他的本意，卻鋪平了從柏拉圖主義的迷夢轉入科學觀察的道路。

對於始自西元十四世紀中的天主教綜合體系的崩潰來說，一些外界的事件比哲學起著遠爲重大的作用。西元一二〇四年拜占庭帝國爲拉丁人所征服，並從此一直到西元一二六一年受到他們的統治；在此期間其政府的宗教是天主教，而不是希臘正教。西元一二六一年之後教皇失掉了君士坦丁堡，儘管西元一四三八年在費拉拉有過一度名義上的合併，但教皇卻從來沒有收復該城。由於法蘭西、英格蘭等民族的君主政體的興起，西方帝國（指神聖羅馬帝國——譯者）在與教皇的衝突中雖被挫敗，但結果並未給教會帶來任何益處；教皇於西元十四世紀的大部分時期中在政治方面只是法蘭西王掌握下的一個工具。比這些原因更爲重要的一項即是，富商階級的興起和俗眾知識的增進。這種情況都起始於義大利，直至西元十六世紀中葉爲止，其發展經常是遙遙領先於西方其他地區的。西元十四世紀時，義大利北部諸城市比北方諸城市更爲富庶；有學問的俗眾，特別在法學和醫學方面爲數日益增多。這些城市具有一種獨立自主的精神，由於皇帝在現時已不足爲患，於是它們便易於起而反抗教皇了。儘管程度上較差，但這同一運動也還存在於其他地方。法蘭德斯繁榮起來了：漢撒諸城市也不居後。在英格蘭，羊毛貿易成爲它的一項財源。在這期間裡，堪稱廣義的民主傾向是十分強大的，但民族主義傾向卻較此更爲強大。教廷已然變得很世俗化，大體上表現爲一個稅收機構，徵收大部分國家願意保留於其國內的巨額稅收。教皇已不再享有或不配享有那種給予他們權柄的道德威望。以前聖法蘭西斯曾經能夠和尹諾森三世以及格雷高里九世和平共事，但西元十四世紀中一些至爲熱誠的人們卻被迫與教廷進行了鬥爭。

然而，在本世紀初葉，這些使教廷衰落的原因還不很明顯。鮑尼法斯八世在**兀納姆．傘克塔姆**教令（Bull Unam Sanctam）中提出了以前任何教皇從未提過的極端要求。他於西元一三〇〇年，創立了大赦年制度，凡到羅馬來遊歷，並在此舉行某種儀式的天主教徒都可獲得大赦。這事給教廷的金庫以及羅馬市民的衣袋帶來了巨額的錢財。原先規定每百年舉行一次大赦年祭典，其後終因利潤巨大而縮短爲每五十年舉行一次，以後又縮短至二十五年，並從此一直傳到現代。西元一三〇〇年的即第一次大赦年祭典，可視爲教皇成功的極點，同時，爲了方便起見也可以把這個日期當作教廷開始衰落的日期。

鮑尼法斯八世是個義大利人，生於阿納格尼，當他在英格蘭時，他曾替教皇援助英王亨利三世征討叛亂諸侯而被幽囚於倫敦塔中。西元一二六七年他受到亨利之子即以後的愛德華一世的解救。在他所處的時期裡教會內部已然出現了一個強力的法蘭西派，而他的被選就曾遭到法蘭西籍紅衣主教們的反對。關於國王是否有權對法蘭西籍僧侶徵稅的問題，他與法蘭西王腓力四世之間有過激烈的衝突。鮑尼法斯經常援用親屬同時又貪得無厭；因此，他願意盡多地掌握一些經濟來源。他被人指控爲異端一事可能是公道的；他似乎是個阿弗羅埃斯主義者而且不相信靈魂不死。他和法蘭西王構怨很深。因而導致後者企圖通過全教會議把他廢黜，而去派兵捉拿他。他在阿納格尼被人捕獲了，但事後卻逃往羅馬，並歿於該地。此後許久再也沒有一個教皇膽敢冒險敵對法蘭西王了。

在一段短暫的過渡統治之後，紅衣主教們於西元一三〇五年選立了波爾多的大主教爲教皇，號稱克萊門特五世。他是一個戛斯坎尼人，並在教會內一貫代表著法蘭西派，在他做教皇的任期中他從來沒有去過義大利。他在里昂接受加冕禮，並在西元一三〇九年定居於亞維農，此後教皇們繼續留住在這裡約達七十年之久。教皇克萊門特五世曾藉反對聖殿騎士團時和法蘭西王所採取的共同行動，而大肆宣揚他和法蘭西王的結盟。雙方都需要錢財，教皇方面是爲了慣於寵幸私人和私黨，腓力浦方面則是爲了同英格蘭作戰，鎮壓法蘭德斯人的叛亂，和維持日益增強的政府。在他掠奪了倫巴底人銀行主之後，又「在商業所能容許的範圍內」迫害了猶太人。他發現聖殿騎士團不僅是些銀行家，而且在法蘭西境內擁有巨大的地產，同時這些地產若藉教皇的支援，是可由他攫取的。於是國王與教皇商定首先由教會揭發聖殿騎士團業經陷入了異端；然後再由國王和教皇合夥瓜分這些贓物。在西元一三〇七年某一既定的日期，法蘭西境內所有首要聖殿騎士團分子都遭到了逮捕；他們全都必須回答一連串事前擬好了的誘導訊問，在嚴刑拷打下，他們招認他們禮拜過撒旦和犯有其他種種醜行；西元一三一三年，教皇終於下令鎮壓了該騎士團，並沒收了其所有的財產。關於這個案件亨利．C．李在他的《異端裁判史》（*History of the Inquisition*）中敘述得最好。經過綿密的調查之後，他在書中作出了以下的結論：指控聖殿騎士團的罪名是全然沒有根據的。

在整個聖殿騎士團事件中，教皇與國王在經濟利益上是一致的。然而，在基督教世界的大部分地區中，在大多數情況下，兩者之間的利益卻是衝突的。鮑尼法斯八世期間，腓力四世爲徵稅與教皇發生爭執時曾得到各階層人民甚至僧侶階級的支持。當教皇在政治上屈從法蘭西時，一些仇視法蘭西國王的君主們也必然要仇視教皇。這曾導致了皇帝對奧卡姆的威廉以及巴都阿人馬西哥利歐的庇護；並在稍後的時代中，引起剛特人約翰來保護威克利夫。

總的來說，主教們在這時已完全服從了教皇；而實際爲他所任命的主教，在比例數上也日益增多了。修道院性質的諸教團與多明尼克教團也同樣恭順，只有法蘭西斯教團仍舊保有某種程度上的獨立精神。這曾導致他們與教皇約翰二十二世之間發生了一場衝突，關於這次事件我們在論及奧卡姆的威廉時已經講過了。在衝突期間，馬西哥利歐勸皇帝進攻羅馬。羅馬群眾爲皇帝加了皇冠，同時在群眾宣布廢黜約翰二十二世之後還選出了一個法蘭西斯教團派的敵對教皇。所有這些事除去普遍地削弱了人們對教廷的尊敬之外，實未產生其他任何影響。

反對教廷統治的叛亂，隨著不同的地區採取了不同的形式。有時它同君主專治的國家主義相結合，有時它同清教徒對教廷因腐敗和世俗而產生的嫌惡相結合。在羅馬本城，這種叛亂與擬古主義的民主主義結合在一起。克萊門特六世（西元一三四二—一三五二年）時，羅馬在一個傑出的人物，克拉·底·李恩濟領導下，曾一度尋求脫離這個長期遠住別地的教皇統治。羅馬不僅苦於教皇統治，同時也苦於西元十世紀中那些繼續進行騷亂，降低了教廷威信的地方貴族們。誠然，教皇之所以逃往亞維農，一部分原因也還是為了逃避這些目無法紀的羅馬貴族。李恩濟是個酒館老闆的兒子，最初他只反抗貴族，並為此得到了教皇的支持。他曾鼓起群眾巨大的熱情，以致嚇得貴族們紛紛逃跑（西元一三四七年）。詩人佩脫拉克很欽佩他並為他寫了一首頌歌，鼓舞他來繼續他那偉大崇高的事業。他取得了護民官的稱號，並宣布了羅馬人對神聖羅馬帝國的主權。他似曾以民主主義的方式來理解這種主權，因為他曾從義大利各城中召集代表組成了一種議會。然而勝利卻給了他一種妄自尊大的幻想。這次有如在其他許多次時一樣，出現了兩個帝國皇位的競爭者。李恩濟召集他們二人和諸選帝侯前來在他面前解決這個問題。這自然促使兩個帝位候選人，連同教皇起而反對他，因為教皇認為這類事情是應該由他宣布判決的。李恩濟被教皇逮捕了（西元一三五二年），入獄兩年，直到克萊門特六世死去時才獲得釋放。然後他又返回羅馬，並在那裡重新當了幾個月的權。然而，這次他的聲望卻很短暫，最後，他遭到了暴徒的殺害。拜倫像佩脫拉克一樣，也曾寫過頌揚他的詩篇。

很明顯，假如教廷想有效地保持天主教會的首要地位，那麼它必須重返羅馬，脫開法蘭西的羈絆。此外英法戰爭——法蘭西在戰爭中數遭慘敗——已使得法蘭西沒有安全可言。所以烏爾班五世於西元一三六七年遷回羅馬；但義大利政治對他來說是過於複雜了，於是他在臨死不久之前，再度返回亞維農。繼任的教皇格雷高里十一世爲人較爲果斷。對於法蘭西教廷的懷恨迫使許多義大利城市，特別是佛羅倫斯極端敵視教皇，於是格雷高里乃藉著重返羅馬，並反對法蘭西籍紅衣主教等手段不遺餘力地挽救這種局面。雖係如此，在他臨死的時候大主教團內的法蘭西派與羅馬派也還是不能協調。依照羅馬派的意願，義大利人，巴爾特洛苗・頗利格納諾當選爲教皇號稱烏爾班六世。但有些紅衣主教卻宣布頗利格納諾的選出違背教規，並選出法蘭西派日內瓦人羅伯特號稱克萊門特七世住在亞維農。

這樣便開始了歷時達四十年之久的大分裂。法蘭西當然承認了亞維農的教皇，而法蘭西的敵對國家則承認羅馬的教皇。蘇格蘭是英格蘭的敵國，而英格蘭又是法蘭西的敵國；因此，蘇格蘭承認了亞維農的教皇。每個教皇都從他自己的黨派裡遴選紅衣主教們，每當一個派別的教皇死去，他的紅衣主教們便迅速地選立另一個教皇來繼任。因而，除非行使一種駕乎雙方教皇之上的權力實無從根治這種分裂。二者之中的一個顯然必須是合法的，因此，我們必須找出一個駕乎合法教皇之上的權力。唯一的解決辦法就在於召開一個全教會議，在蓋森領導下的巴黎大學發展了一種授予全教會議動議權的新理論。俗界統治者們支持這種理論，因爲教會分裂對他們是不便的。西元一四〇九年，終於在比薩召集了一次會議。然而這次會議卻失敗得令人好笑。它以異端和分裂罪名宣布兩位教皇同時廢黜，並另外選出一個第三者，這個教皇隨即死去；但他的紅衣主教們卻又選立了一個前海盜，巴勒達撒瑞・寇撒作爲他的繼承人，號稱約翰二十三世。這樣一來，結果便出現了三個教皇而不僅是有兩個了，全教會議選出的教皇是個臭名遠揚的惡漢。於是這時的情況竟顯得比以前任何時代更加沒有希望了。

然而會議運動的支持者並未甘休。西元一四一四年在康斯坦斯召集了一次新會議，採取了積極行動。它首先宣布教皇無權解散會議，在某些方面還必須服從這種會議。會議更決定未來的教皇必須每七年召集一次全教會議。會議廢黜了教皇約翰二十三世，並勸使當時的羅馬教皇辭職。亞維農的教皇拒絕辭職，他死後在阿拉貢王主使下又選出了一位繼任者。但這時正處於英格蘭擺布之下的法蘭西卻拒絕承認他。此後他的黨徒日漸衰微下去，終於不復存在了。這樣，由全教會議所選任的教皇終於沒遭到任何反對，該教皇是在西元一四一七年選出的，號稱馬丁五世。

這些措施是令人讚許的，但在對待威克利夫的波希米亞門徒、赫斯時卻不如此。赫斯被帶到康斯坦斯之前曾得到人身安全的諾言，但在到達該地之後，卻被定了罪和受到火刑。威克利夫原係善終，但會議卻下令掘出他的骸骨加以焚毀。會議運動的支持者們是急於擺脫違背正統教義的任何嫌疑的。

康斯坦斯全教會議挽救了分裂，但它卻想做更多的事，並以一個君主立憲體制來代替教皇專政。馬丁五世在當選之先許下很多諾言；有些他遵守了，有些他破壞了。他同意每七年召集一次全教會議的教令，並一貫嚴格地遵守著它。康斯坦斯宗教會議於西元一四一七年解散，一個新會議——事後證明並不重要——召開於西元一四二四年；以後，即西元一四三一年，在巴塞爾召開了另一次會議。馬丁五世適在這時死去，他的繼承人尤金尼烏斯四世於整個任期中一直和那些掌握會議的革新家進行著激烈的鬥爭。他解散了會議，但會議卻拒不承認這種解散；西元一四三三年他曾讓步過一段時期。但在西元一四三七年又重新下令解散它。雖然如此，會議卻一直進行到西元一四四八年，這時教皇獲致全勝一事已眾所周知了。西元一四三九年會議因宣布廢黜馬丁五世另外選立一位敵對教皇（歷史上最後的一個）而失去了輿論的同情。但這人卻幾乎隨即辭職。同年尤金尼烏斯四世在費拉拉另自召開了一個會議，並藉此抬高了他的威信。那裡的希臘教會因過分恐懼土耳其人，而向羅馬作出名義上的歸順。這樣一來教廷在政治上聲勢大振，但同時它的道德威望卻大大地削弱了。

威克利夫（大約西元一三二〇—一三八四年）以其生平和學說，說明了西元十四世紀教廷權威的衰落。他和以前的經院學者不同，既非修道僧，又非托缽僧，而是一個俗世的祭司。他在牛津享有盛名，並於西元一三七二年獲得了牛津神學博士學位。他在巴里歐學院當過短期的院長。他是最後一位重要的牛津經院學者。作爲一個哲學家，他不是進步的；他是個實在論者，與其說是個亞里斯多德主義者毋寧說是個柏拉圖主義者。他不同意某些人的主張，而認爲上帝的命令不是恣意的；現實世界並非諸可能世界中的一個，而是一個唯一可能的世界，因爲上帝是有選擇最善的義務的。使他成爲一個有趣人物的並不在於這些事，同時他對這些事也似乎不大感興趣。因爲他竟從牛津大學引退爲一個鄉間教士。在他生涯最後的十年中，他當了敕命路特渥爾茲教區的祭司，然而他卻繼續在牛津大學講學。

威克利夫的思想發展得異常緩慢，這是令人注意的。西元一三七二年，在他五十歲或五十多歲的那年還信奉著正統教義；但在這個年代以後，很明顯，他卻變成了一個異端。他所以信奉異端則似乎完全出於道義感的迫使——他對窮人的同情，和他對富有世俗僧侶的嫌惡。起初，他對教廷的攻擊只限於政治和道德方面而不涉及教義方面；只是由於被迫，他才逐漸地走上了更加廣泛的反抗道路。

威克利夫之脫離正統教義，始於西元一三七六年在牛津所作的一系列講義「論公民統治權」。他提出只有正義才配享有統治權與財產權；不義的僧侶是沒有這些權益的；至於一個教士應否保留其財產則必須由俗界政權來決定。他更進一步地教導說財產是罪的結果，基督和信徒們沒有財產，因此，僧侶也應該無產。這些教義觸犯了托缽僧以外的所有教士。英格蘭政府卻歡迎這些教義，因爲教皇經常從英格蘭調走巨額的貢賦，而這種不贊成從英格蘭送金錢給教皇的教義是對政府有利的。這種情況特別在教皇屈從法蘭西，而英格蘭又同法蘭西交戰時顯得更爲突出。理查二世（Richard II）幼年時代的當權者，剛特人約翰盡久地照拂了威克利夫。與此相反，格雷高里九世卻譴責了威克利夫講學論著中存在的十八種論點，指控這些論點導源於巴都阿人馬西哥利歐。威克利夫被召往一個由主教們組成的法庭上受審，然而女皇和暴民卻保護了他，同時牛津大學也拒不承認教皇對該大學教師有司法權（英格蘭各大學甚至在那些年代中，就相信應有學術的自由）。

西元一三七八—一三七九年間，威克利夫繼續寫作了一些學術性的論著，他主張國王是上帝的代理者，而主教是應該服從國王的。及至大分裂到來以後，他更變本加厲地爲教皇打上敵基督者的烙印，又說承認君士坦丁的賜予一事使得以後的歷代教皇都成爲叛教者。他把拉丁文聖經譯成英文；並以俗界僧眾建立了「貧苦祭司」僧團（他因這項措施終於得罪了托缽僧）。他派遣「貧苦祭司」做巡迴傳道士，著重在貧民中進行傳道工作。最後，當他攻擊祭司權時，他進而否認了化體說，把化體說稱作一樁欺騙和瀆神的蠢事。在這一點上剛特人約翰曾下令命他緘口。

西元一三八一年瓦特·泰勒所領導的農民起義，使威克利夫陷入更加困難的處境。我們雖然沒有證據說明他積極地鼓動過這次起義，但他卻和在類似事件中的路德有所不同，他曾避免譴責起義。起義軍中的一個領袖，約翰・鮑勒，這個社會主義的，被人剝奪了僧職的祭司曾讚揚過威克利夫，這事曾使得威克利夫十分困窘。約翰・鮑勒早在西元一三六六年遭到了破門處分，但這時威克利夫仍在信奉正統教義。因此我們可以設想約翰・鮑勒必定是獨自形成了自己的見解的。威克利夫的共產主義的見解，雖然無可置疑地受到了「貧苦祭司」的傳播，但他這些見解都是用拉丁文寫的，所以一般農民是無法直接讀懂的。

令人驚訝的是威克利夫並沒有因爲他的見解和民主活動而遭到更多的災難。牛津大學盡量地保衛他抗擊那些主教們。當英國貴族院譴責他的巡迴傳教士的時候，眾議院則拒不同意。無可置疑，假使他活得再長些，糾紛是會要積累起來的，但截至他在西元一三八四年死去時爲止他總算還沒有被正式判罪。他死在路特渥爾茲並埋葬在那裡。直到康斯坦斯全教會議下令掘出他的骸骨並加以焚毀時爲止，他的遺體一向在這裡安眠。

他的英格蘭追隨者們羅拉德派，遭到了殘酷的迫害並在實際上已經完全覆滅。但由於理查二世的皇后是波希米亞人的關係，他的學說得以在波希米亞流傳。赫斯便是他此地的門徒；儘管在波希米亞也有迫害，他們卻一直延續到宗教改革時期爲止。在英格蘭這些人雖被迫轉入地下但反對教廷的思想卻依然深入人心，因此，爲新教的成長準備了滋生的土壤。

西元十五世紀中，除了教廷的衰落以外還有其他種種原因引起了政治文化的迅速變化。火藥消滅了封建貴族而鞏固了中央集權政治。在法蘭西和英格蘭，路易十一世和愛德華四世各自團結了國內富裕中產階級，這些人幫助他們平定了貴族政治的無政府狀態。義大利在西元十五世紀末葉以前幾乎一直未曾受到北方軍隊的騷擾，在經濟和文化方面取得了迅速的發展。新文化在本質上是異教性質的，它仰慕希臘、羅馬，和蔑視中世紀。建築和文學風格效仿著古代的典型。當君士坦丁堡，這個古代最後的殘餘，被土耳其人攻陷後，逃往義大利的希臘難民曾受到人文學者的歡迎。瓦斯寇・達・伽馬和哥倫布擴大了世界，而哥白尼擴大了天界。君士坦丁的賜予被斥爲無稽之談，受盡了學者們的嘲笑。由於拜占庭人的協助人們逐漸直接地通曉了柏拉圖，不再僅憑新柏拉圖主義者及奧古斯丁的第二手資料了。人間寰宇不再是一個淚之谷，一個在朝聖途中走向彼岸世界的處所，而是一個提供異教快樂、名譽、美麗和冒險機會的地方了。歷經數世紀之久的禁慾主義被人遺忘於藝術、詩歌和快樂的喧囂中。當眞，就在義大利，中世紀也還是經歷了一場鬥爭才死去的；薩萬納羅拉和李奧納多都兩人是於同年出生的。但在大體上來說，舊的恐怖，已嚇不得人了，精神的新的自由已顯得如醉如狂。這種陶醉未能持久，但在當前它卻消除了恐懼。就在這快樂的解放時刻中，誕生了近代的世界。

＊本書卷一，古代哲學部分是何兆武譯；卷二，天主教哲學部分是李約瑟譯。翻譯過程中參考了劉悉規先生的譯稿，謹此誌謝。

名詞索引

一畫

一元論 monism　91, 101, 105, 164
一夫多妻 polygamy　559, 606
一神教 monotheism　424, 557

二畫

二元論／二元對立／兩面性 dualism　189, 300, 315, 407, 468, 590, 627, 628
人口 population　24, 27, 31, 46, 53, 93, 94, 114, 141, 161, 166, 248, 302, 306, 358, 369, 372, 384, 557
人文主義 humanism　579
人類的一致同意 consensus gentium　352
人類學 anthropology　27, 44, 56
十誡 Decalogue　414, 416

三畫

三十僭主 Thirty Tyrants　121, 125, 131, 153
三位一體 Trinity　389, 393, 445, 493, 539, 540, 554, 557, 576, 577, 579, 591, 599, 607
三角形 triangles　60, 177, 206, 208, 287, 604
三段論法／三段論式 syllogism(s)　575
上帝的選民 Chosen People　414, 434
于伯威格，弗里德里希 Ueberweg, Friedrich　344
兀納姆·傘克塔姆 Unam Sanctum　630
土耳其人 Turks　373, 556, 559, 636, 639
大分裂 Great Schism　8, 408, 619, 634, 637
大希臘 Magna Graecia　78, 92
大夏 Bactria　300, 304
大馬士革 Damascus　558
大屠殺 pogroms　558, 569, 591
大祭司 High Priests　379, 421, 422, 424, 425, 429, 431, 482, 583
大赦年祭典 Jubilee　631
大衛 David　415, 453, 601
大憲章 Magna Carta　583

女教皇朱安 Pope Joan 529
女權主義 feminism 32, 39
小狄奧尼修斯（敘拉古僭主） Dionysius the Younger, tyrant of Syracuse 155, 175
小亞細亞 Asia Minor 20, 22, 24, 29, 30, 46, 92, 93, 146, 148, 300, 306, 310, 329
山嶽老人 Old Man of the Mountain 561
工具主義 instrumentalism 59
工業主義／工業文明 industrialism 303

四畫

不可公約數 incommensurables 60, 61
不平等 inequality 146, 165, 242, 249, 252, 263
不正義 injustice 49, 131, 132, 164, 165, 173, 245, 253, 323, 345, 348
不存在 not being 73, 79, 105, 106, 108, 116, 118, 160, 169, 172, 173, 199, 214, 216, 255, 271, 283, 390, 396, 471, 494, 553, 602, 604, 609
不朽／不死／永生 immortality 56, 63, 74, 89, 133, 153, 154, 187, 198, 203, 204, 207, 208, 235, 236, 237, 238, 322, 336, 341, 345, 351, 361, 395, 396, 500, 604
不虔誠 impiety 57, 89, 596
不動的推動者 unmoved mover 233, 234, 283
不寬容 intolerance 441, 442
中世紀 Middle Ages 8, 27, 63, 110, 147, 148, 201, 208, 225, 255, 258, 268, 274, 285, 315, 321, 338, 367, 382, 385, 405, 406, 408, 409, 433, 436, 447, 449, 453, 474, 484, 488, 493, 499, 509, 511, 518, 521, 523, 524, 527, 530, 531, 534, 537, 541, 543, 544, 546, 555, 559, 567, 575, 580, 583, 585, 596, 614, 622, 638, 639
中庸之道 golden mean, moderation 78, 223, 240, 252, 261
中產階級 middle class 638

什葉派 Shiah 558
仁愛 benevolence 152, 253, 260, 363, 365
元老院（羅馬）Senate (Rome) 305, 324, 325, 369, 370, 371, 379, 449, 450, 493, 522, 529, 571
內心／心／感情／情 heart 10, 136, 334, 341, 401, 429, 457, 460, 469, 475, 593
內戰 civil war(s) 304, 310, 369, 370, 371, 477, 620
公益 public good 499
公理 axioms 62, 65, 288
分析 analysis 8, 44, 63, 137, 183, 185, 218, 228, 274, 275, 288, 289, 333, 442, 563, 578, 582, 599, 622
分配 distribution 140, 146, 149, 161, 253, 307, 309, 362
化體 transubstantiation 543, 553, 618, 637
厄雷根納，約翰內斯．司各脫 Erigena, Johannes Scotus 5
厄羅伊斯 Héloïse 577
反猶太主義 anti-Semitism 258
反對 opposites 12, 13, 32, 54, 65, 67, 74, 97, 98, 106, 107, 108, 112, 113, 117, 132, 137, 159, 162, 168, 172, 181, 211, 212, 213, 214, 225, 230, 253, 258, 259, 260, 263, 267, 268, 278, 283, 291, 293, 294, 295, 312, 326, 329, 341, 343, 345, 348, 387, 389, 396, 400, 417, 419, 422, 423, 426, 435, 438, 445, 448, 449, 450, 452, 455, 465, 470, 471, 475, 478, 483, 487, 491, 504, 519, 527, 536, 544, 545, 547, 549, 558, 563, 564, 566, 569, 570, 571, 573, 578, 582, 585, 588, 589, 591, 593, 596, 600, 602, 606, 608, 614, 615, 618, 619, 620, 624, 625, 631, 633, 634, 635, 638
反駁 refutations 64, 73, 74, 78, 83, 106, 110, 127, 167, 168, 169, 182, 216, 220,

231, 247, 249, 252, 279, 291, 322, 323, 394, 471, 562, 577, 609
天人感通 ecstasy　42, 44, 62, 393
天文學 astronomy　2, 8, 18, 47, 59, 77, 87, 185, 186, 202, 207, 219, 233, 251, 268, 286, 290, 291, 293, 294, 295, 296, 305, 353, 361, 383, 428, 465, 466, 560, 561, 565, 613
天主教 Catholicism　3, 5, 10, 12, 111, 113, 172, 259, 268, 385, 403, 405, 406, 407, 410, 432, 433, 435, 440, 444, 446, 447, 448, 454, 459, 460, 462, 467, 484, 485, 487, 492, 493, 500, 505, 512, 514, 515, 520, 537, 543, 557, 560, 576, 590, 591, 592, 596, 597, 598, 599, 600, 608, 609, 615, 620, 629, 630, 633, 639
天主教哲學 Catholic philosophy　268, 403, 405, 407, 410, 537, 598, 608, 629, 639
天主教會 Catholic Church　3, 172, 259, 432, 447, 454, 460, 505, 520, 576, 592, 633
天使 angels　240, 362, 427, 428, 477, 478, 479, 538, 597, 599, 604, 605
天堂 heaven　7, 43, 246, 284, 308, 371, 386, 389, 427, 442, 607, 628
天國 Kingdom of Heaven　384, 406, 409, 415, 436, 438, 443, 481, 486, 487, 540, 543
太陽中心說 heliocentric theory　294
孔多塞 Condorcet　357
尤金尼烏斯（羅馬帝國篡位皇帝） Eugenius, usurper in Roman Empire　450, 451, 635, 636
尤金尼烏斯四世教皇 Eugenius IV, Pope　635, 636
尤斯特修慕 Eustochium　455, 456, 457
尹諾森三世教皇 Innocent III, Pope　583, 584, 585, 586, 589, 591, 592, 594, 629, 630
尹諾森四世教皇 Innocent IV, Pope　588

巴比倫 Babylon 18, 19, 20, 21, 25, 26, 47, 51, 255, 286, 290, 291, 300, 301, 305, 311, 378, 416, 418, 419, 431, 439, 484, 542, 627

巴克斯 Bacchus 32, 33, 34, 35, 36, 37, 39, 40, 41, 42, 51, 69, 70, 224

巴甫拉格尼亞人亞歷山大 Alexander the Paphlagonian 378, 379

巴里歐學院 Balliol College 636

巴門尼德 Parmenides 56, 76, 77, 78, 79, 80, 81, 82, 83, 84, 85, 86, 88, 91, 96, 98, 99, 101, 104, 105, 106, 107, 109, 136, 154, 164, 171, 172, 173, 181, 182, 183, 184, 209, 213, 225, 320, 322, 389, 390, 627

巴特勒，薩姆爾 Butler, Samuel 386

巴都阿人馬西哥利歐 Marsiglio of Padua 618, 619, 632, 637

巴斯人阿戴拉德 Adelhard of Bath 579, 612

巴歇爾 Basil, St. 503, 528

巴爾特 Barth 352, 634

巴爾達斯 Bardas 527

幻象 idols 502

幻影教派 Docetics 435

引力 gravitation 284, 296, 329, 356, 395, 422, 606

心／理性／智性／努斯 nous 356, 388, 429, 437, 475, 562, 564, 594, 597, 629

心理學 psychology 54, 84, 301, 562

手段 means 110, 240, 247, 252, 264, 322, 347, 348, 523, 528, 547, 591, 594, 605, 634

文字 script 19, 20, 22, 25, 26, 58, 221, 312, 390, 392, 429

文明 civilization 5, 6, 8, 9, 13, 18, 19, 21, 22, 23, 24, 25, 26, 30, 31, 32, 33, 34, 41, 44, 59, 136, 144, 223, 224, 267, 302, 318, 340, 344, 353, 358, 368, 369, 373,

374, 378, 381, 382, 401, 407, 409, 422, 433, 447, 488, 493, 501, 502, 508, 515, 519, 526, 528, 530, 531, 534, 556, 557, 558, 561, 565, 577, 587

文盲 illiteracy 520

文藝復興 Renaissance 8, 9, 64, 103, 111, 148, 267, 268, 290, 327, 338, 341, 358, 383, 401, 405, 408, 409, 439, 521, 524, 531, 542, 555, 565, 596, 626

日耳曼人入侵 German invasions 448

日耳曼人諸王國 Germanic kingdoms 489

日蝕／月蝕 eclipses 18, 21, 47, 87, 291

比西斯垂塔斯 Peisistratus 26, 95

比率 proportion 289

比萬，愛德文 Bevan, Edwyn 67, 305, 310, 321, 326, 349, 353, 354, 421

氏族 race 38

父權 patria potestas 377

牛頓，伊薩克爵士 Newton, Sir Isaac 62, 106, 107, 108, 186, 284, 296, 350, 495

犬儒主義 Cynicism 119, 319, 344

犬儒派 Cynics 316, 319, 375

五畫

丕平 Pepin 520, 521, 522, 524, 525

世俗人／俗人 laity 406

世界一家的觀點 cosmopolitan point of view 302

世界大火 world conflagration 353

世界動物 world animal 208

主教 bishops 3, 5, 6, 10, 12, 111, 113, 172, 245, 259, 268, 385, 403, 405, 406, 407, 410, 432, 433, 435, 440, 444, 446, 447, 448, 449, 450, 451, 452, 454, 459, 460, 462, 466, 467, 469, 484, 485, 487, 490, 491, 492, 493, 500, 504, 505, 510, 511, 512, 513, 514, 515, 518, 520, 522, 525, 526, 527, 528, 529, 534, 535, 536, 537,

542, 543, 544, 545, 547, 548, 549, 550, 551, 553, 557, 560, 569, 570, 571, 573, 576, 577, 580, 581, 582, 590, 591, 592, 596, 597, 598, 599, 600, 608, 609, 613, 614, 615, 620, 621, 629, 630, 631, 632, 633, 634, 637, 638, 639
主權 sovereignty 30, 156, 370, 619, 633
主體 subject 215, 226, 227, 236, 276
主觀主義 subjectivism 10, 11, 12, 320, 402, 473
主觀性 subjectivity 401
代數學 algebra 289, 383, 560
代禮 d'Ailly 622
代禮，皮埃爾 Ailly, Pierre d' 622
以尼阿斯 Aeneas 482
以弗所 Ephesus 20, 67, 68, 212, 491, 492, 504, 513
以弗所人 Ephesians 20, 492
以弗所人的黛安娜 Diana of the Ephesians 20
以西結 Ezekiel 417, 418
以利亞兄弟 Elias, Brother 593
以斯拉 Ezra 416, 419, 421, 431
以賽亞 Isaiah 420, 421
冉森尼烏斯，柯尼勒斯 Jansenius, Cornelius 460
冉森派 Jansenists 448
出世 other world 43, 56, 154, 172, 202, 278, 304, 315, 357, 384, 425, 502
出世精神 other worldliness 315
功利主義，功利主義者 utilitarianism, utilitarians 185, 253
加里努斯 Gallienus 388
加拉太人 Galatians 308, 310
加洛林王朝 Carolingians 519, 526, 542
卡里尼克斯，義大利總督 Callinicus, exarch of Italy 512
卡格利亞利 Cagliari 511

卡勒西頓會議 Chalcedon, Council of 445, 500
卡萊爾，湯瑪斯 Carlyle, Thomas 12, 389
卡爾內亞德 Carneades 323, 325, 326, 327, 374, 477
卡爾圖斯教團 Carthusians 547
卡瑪勒多力茲教團 Camaldolese Order 547
卡諾薩 Canossa 551, 552
句法 syntax 609
可蘭經 Koran 557, 564
史密斯，雪梨 Smith, Sydney 260, 274, 276, 277
史達林 Stalin 5
司各脫 Scott, Michael 5, 410, 526, 533, 535, 536, 540, 553, 555, 565, 595, 601, 611, 615, 616, 617, 622
司徒阿特 Stuarts 453
外布林根 Waiblingen 586
奴隸制度／奴役 slavery 112, 252
奴隸道德 slave morality 242
尼古拉一世（聖）教皇 Nicholas I (Saint), Pope 519, 526, 529, 535, 629
尼古拉二世教皇 Nicholas II, Pope 548, 549, 550
尼古拉五世教皇 Nicholas V, Pope 521
尼尼微 Nineveh 47, 416
尼布甲尼撒 Nebuchadrezzar 47, 416, 433
尼西亞信條 Nicene Creed 440, 522
尼伯龍根 Niebelungen 489, 583
尼希米 Nehemiah 416, 419, 421, 426, 431
尼采 Nietzsche, Friedrich Wilhelm 12, 69, 139, 167, 242, 245
尼柯波里 Nicopolis 356
尼祿 Nero 354, 355, 362
尼爾遜，馬丁・P. Nilsson, Martin P. 23
布呂尼希勒德 Brunichild 512
布匿戰爭 Punic Wars 340, 368, 374, 376, 377, 531

布理當的驢 Buridan's ass 291
布累斯齊亞人阿諾德 Arnold of Brescia 570, 582
布雷克，威廉 Blake, William 427
布羅米歐 Bromios 41
平等 equality 39, 59, 146, 161, 164, 165, 241, 242, 249, 252, 253, 260, 262, 263, 302, 361, 367, 389, 448, 520, 532, 569
弗卡斯皇帝 Phocas, Emperor 514
弗利吉亞 Frisia 525
弗里德里希二世皇帝 Frederick II, Emperor 566, 583, 584, 585, 588, 597
弗修斯（君士坦丁堡大主教） Photius, Patriarch of Constantinople 527, 528
弗勒達 Fulda 525
弗羅拉人約阿希姆 Joachim of Flora 580
必然／必然性／必要 necessity 49, 204, 336, 600
末世論 eschatology 485, 486
本能 instinct 33, 74, 343, 387, 516
本質 essences 11, 13, 63, 80, 107, 108, 116, 136, 155, 180, 185, 192, 195, 197, 202, 203, 204, 205, 214, 228, 230, 231, 234, 235, 236, 250, 252, 275, 276, 279, 282, 289, 302, 314, 381, 396, 397, 410, 414, 439, 479, 494, 498, 538, 539, 552, 566, 590, 599, 601, 602, 603, 604, 605, 609, 613, 615, 616, 638
本體 noumena 216, 397, 553, 554, 599, 614
本體論論證 ontological argument 553, 614
正多面體 regular solids 206, 208, 289
正統教義 orthodoxy 35, 111, 119, 410, 419, 436, 437, 440, 445, 446, 471, 492, 500, 505, 533, 540, 549, 554, 561, 563, 567, 574, 577, 580, 582, 592, 594, 608, 611, 613, 635, 636, 638
正義 justice 49, 50, 68, 72, 73, 119, 131, 132, 137, 152, 157, 163, 164, 165, 166,

168, 173, 181, 182, 188, 192, 195, 241, 245, 248, 253, 257, 262, 263, 323, 333, 345, 346, 348, 349, 395, 428, 460, 514, 637

民主／民主政治／民主制：民主國家 democracy 94, 95, 113, 121, 573

民族主義／國家主義 nationalism 10, 314, 418, 519, 630

民族君主國家 national monarchies 408

民族法 jus gentium 367

永恆 eternity 2, 7, 35, 43, 49, 50, 62, 63, 71, 74, 75, 76, 77, 82, 84, 87, 88, 89, 90, 133, 154, 155, 164, 173, 174, 185, 197, 198, 200, 202, 203, 204, 205, 208, 219, 230, 232, 233, 234, 236, 281, 283, 284, 285, 292, 342, 384, 386, 396, 397, 398, 415, 471, 472, 478, 479, 480, 484, 496, 539, 600, 601, 602, 605

瓦拉，羅倫佐 Valla, Lorenzo 521

瓦林提尼安一世皇帝 Valentinian I, Emperor 449

瓦林提尼安二世皇帝 Valentinian II, Emperor 449, 450

瓦勒特．梵．德．符格勒外德 Walther von der Vogelweide 585

瓦勒都，彼得 Waldo, Peter 591

瓦勒都教派 Waldenses 591

甘地 Gandhi 461

生成／變／變易 becoming 70, 101, 104, 105, 201

生物學 biology 234, 282

生理學 physiology 207

生殖性能崇拜 fertility cults 20

白里克里斯 Pericles 92, 93, 94, 95, 96, 97, 113, 114, 120, 194, 266, 267, 361, 382

皮浪 Pyrrho 319, 320, 321, 322

目的 purpose 1, 7, 18, 32, 34, 35, 60, 61, 83, 87, 91, 102, 103, 110, 111, 114, 117,

125, 138, 141, 149, 154, 157, 160, 192, 203, 207, 208, 217, 218, 230, 232, 234, 235, 236, 245, 247, 252, 253, 256, 260, 264, 266, 277, 281, 282, 288, 313, 322, 332, 333, 347, 348, 356, 360, 365, 366, 373, 388, 392, 406, 430, 456, 461, 510, 538, 547, 566, 573, 588, 594, 598, 599, 600, 609, 620
目的論 teleology 103, 154, 230, 232, 281, 609
矛盾律 law of contradiction 549
立憲政治 constitutional government 583

六畫

伊絲塔 Ishtar 20, 417
伊比鳩魯 Epicurus 99, 101, 235, 300, 316, 328, 329, 330, 331, 332, 333, 334, 335, 336, 337, 338, 340, 341, 343, 344, 349, 374, 376, 389, 401, 478, 494, 521
伊比鳩魯主義 Epicureanism 343, 344
伊本・西納 Ibn Sina 561
伊本・拉釋德 Ibn Rushd 563
伊克納頓（阿門霍捷普四世）Ikhnaton (Amenhotep IV) 593
伊拉托斯蒂尼 Eratosthenes 295
伊洛思 Eros 39
伊格斯波達米 Aegospotami 121
（伊掃利安人）列奧三世皇帝 Leo III (the Isaurian), Emperor 522
伊莉莎白女王 Elizabeth, Queen 159, 314
伊莉莎白公主 Elizabeth, Princess 159, 314
伊斯巴汗 Ispahan 562
伊斯奇魯斯 Aeschylus 92, 120, 286, 381
伊斯特利亞 Istria 512
伊斯蘭教 Islam 407, 424, 436, 531, 557, 558, 568
伊琳女皇 Irene, Empress 519, 523, 559
伊萬斯，亞瑟爵士 Evans, Sir Arthur 21, 22

伊頓 Eton 304
伏漢，亨利 Vaughan, Henry 75, 203
伏爾泰 Voltaire 28
休姆 Hume, David 320, 322
先知 Prophet 59, 91, 139, 224, 263, 378, 382, 416, 417, 418, 419, 420, 426, 427, 432, 435, 436, 439, 442, 443, 457, 556, 557, 558, 559
先知們 prophets 416, 420, 457
光波 light waves 107
全體／整體 whole(s) 25, 43, 79, 103, 104, 142, 143, 149, 156, 160, 165, 202, 245, 248, 256, 259, 398, 431, 432, 480, 492, 510, 522, 526, 528, 582, 605
共相 universals 153, 180, 181, 217, 225, 226, 227, 228, 229, 230, 273, 538, 562, 575, 576, 578, 581, 602, 604, 609, 613, 623, 624, 625
共產主義 communism 11, 12, 160, 161, 259, 260, 486, 638
共產黨 Communist Party 158, 486
共觀福音書 Synoptic Gospels 436
再洗禮派 Anabaptists 11, 12
列奧十三世教皇 Leo XIII, Pope 596
印象 impression(s) 21, 23, 93, 214, 311, 341, 358, 387, 390, 419, 629
印澤 Inge, W.R. 75, 159, 385, 386, 390, 391
合題／綜合思想體系／綜合體系 synthesis 408, 409
吉朋，愛德華 Gibbon, Edward 357, 379, 388, 441, 443, 444, 491, 494, 499, 505
同一／同一性 identity 192, 276, 602, 608, 609, 616, 617
同性愛 homosexual love 150
同情心 sympathy 349, 381, 493
回教徒／伊斯蘭教徒 Mohammedan(s) 368, 381, 382, 383, 433, 446, 492, 520, 530, 556, 557, 558, 560, 561, 564, 565, 566,

585, 587, 588, 598, 629

回憶 reminiscence 125, 137, 148, 153, 195, 196, 197, 199, 394, 407, 455, 458, 465, 472, 506, 629

地中海區域 Mediterranean 292

地球／土 earth 8, 107, 186, 219, 284, 292, 293, 294, 295, 626

地理學 geography 612

地獄 Hades, hell 7, 43, 45, 70, 199, 235, 308, 341, 353, 409, 427, 442, 443, 460, 463, 479, 484, 486, 487, 495, 500, 511, 543, 563, 585, 607, 625, 628

多元論 pluralism 101

多米提安皇帝 Domitian, Emperor 356, 357

多明尼克教團 Dominican Order 592, 594, 595, 597, 611, 632

多神教 polytheism 19, 311

多數／多數人／多數派／過半數人 majority 117, 126, 156, 170, 227, 245, 252, 272, 312, 322, 331, 406, 409, 445, 519, 589, 605, 617, 619

字母 alphabet 26, 204

存在／有 existence ,being 1, 8, 9, 11, 13, 18, 21, 25, 28, 45, 50, 56, 59, 61, 63, 64, 65, 69, 71, 73, 74, 75, 76, 77, 78, 79, 80, 81, 83, 87, 88, 93, 95, 99, 101, 102, 105, 106, 107, 108, 112, 116, 117, 118, 128, 136, 156, 157, 160, 168, 169, 172, 173, 174, 177, 178, 182, 184, 192, 195, 196, 197, 198, 199, 202, 203, 205, 214, 216, 217, 219, 227, 230, 231, 233, 234, 236, 237, 238, 248, 250, 255, 256, 257, 261, 266, 271, 272, 275, 276, 281, 282, 283, 309, 327, 333, 336, 337, 343, 346, 347, 351, 358, 361, 362, 364, 367, 368, 370, 373, 376, 387, 390, 396, 400, 407, 424, 438, 440, 445, 458, 462, 468, 471, 472, 473, 476, 478, 492, 494, 510,

528, 538, 539, 540, 541, 545, 553, 554, 561, 562, 564, 568, 576, 597, 599, 600, 601, 602, 603, 604, 609, 613, 615, 616, 617, 623, 624, 625, 630, 635, 637

宇宙 universe　1, 2, 3, 8, 49, 50, 64, 68, 72, 73, 76, 87, 88, 98, 104, 109, 110, 111, 153, 164, 176, 195, 200, 201, 203, 206, 207, 208, 213, 232, 234, 248, 252, 264, 283, 284, 292, 293, 294, 315, 346, 347, 350, 351, 358, 361, 362, 363, 386, 394, 398, 427, 479, 598, 603

宇宙正義 cosmic justice　72, 73, 195

宇宙生成論／宇宙演化論 cosmogony　201

宇宙鬥爭 cosmic strife　50

宇宙論 cosmology　87, 98, 104, 109, 164, 201, 427

安全 security　29, 146, 308, 358, 359, 369, 371, 401, 463, 514, 524, 561, 569, 584, 633, 635

安那克里昂 Anacreon　53

安東尼努斯・皮烏斯 Antoninus Pius　356

安息人 Parthians　304, 305

安息日 Sabbath　170, 419, 423, 426

安提阿 Antioch　304, 305, 310, 311, 326, 422, 423, 424, 425, 513, 520, 522

安提阿古 Antiochus of Ascalon　305, 310, 311, 326, 422, 423, 424, 425

安提阿古一世 Antiochus I　311

安提阿古三世 Antiochus III　310

安提阿古四世 Antiochus IV Epiphanes　422, 424

安提斯泰尼 Antisthenes　316, 317

安提豐 Antiphon　181, 289

安達希達斯和約 Antalcidas, Peace of　30

成吉思汗 Jenghiz Khan　381

托勒密 Ptolemies　8, 268, 295, 296, 304, 305, 306, 366, 421, 482

托雷多 Toledo　581

托爾斯泰 Tolstoy 316, 318, 460
朱比特 Jupiter 474, 477, 513, 522
朱利安（叛教者） Julian, the Apostate 395, 445, 446, 447, 449, 452, 458, 628
朱諾 Juno 474
死刑 death penalty 119, 121, 124, 125, 127, 136, 153, 189, 263, 347, 355, 423, 425, 495
死後的生命 after life 22, 74
米利都 Meletus 46, 47, 48, 49, 50, 51, 52, 53, 67, 96, 99, 144, 302
米利都學派 Milesian school 46, 48, 50, 51, 67, 302
米底亞人 Medes 303, 379
米南德 Menander 305, 312, 313
米特林 Mitylene 330
米凱爾三世 Michael III 527
米爾特勒斯 Myrtilos 29
米樓德，加斯東 Milhaud, Gaston 104
老卡圖 Cato the Elder 323, 324, 377
自由 freedom/liberty 2, 3, 4, 12, 13, 18, 25, 30, 37, 41, 46, 47, 58, 66, 68, 74, 92, 110, 112, 120, 139, 140, 141, 148, 151, 162, 187, 188, 189, 194, 218, 262, 265, 266, 291, 297, 300, 308, 309, 310, 318, 336, 337, 338, 346, 347, 348, 358, 360, 362, 363, 364, 367, 371, 372, 377, 381, 399, 400, 408, 421, 434, 439, 442, 462, 477, 486, 487, 493, 514, 524, 535, 536, 539, 561, 565, 569, 571, 572, 573, 575, 587, 589, 594, 596, 603, 605, 615, 620, 624, 637, 639
自由主義 liberalism 12, 13, 148, 265, 589
自由意志 free volitions, free will 291, 336, 337, 363, 364, 399, 400, 439, 477, 486, 487, 536, 603, 605, 615
自我 self, ego 11, 33, 43, 45, 111, 166, 181, 233, 234, 235, 236, 391, 393, 402, 590

自殺 suicide 57, 189, 338, 475, 588, 590
自尊心／自豪／驕傲／傲慢 pride 419, 461, 577
自然 nature 1, 24, 28, 32, 39, 49, 58, 60, 61, 62, 74, 79, 91, 102, 103, 113, 114, 117, 118, 119, 126, 133, 156, 163, 164, 170, 177, 189, 215, 229, 233, 235, 238, 256, 257, 258, 259, 280, 281, 282, 284, 292, 310, 311, 315, 316, 320, 322, 330, 334, 336, 337, 339, 346, 347, 348, 350, 362, 365, 366, 367, 373, 374, 375, 388, 393, 395, 396, 431, 443, 444, 474, 480, 493, 521, 538, 541, 542, 545, 562, 564, 571, 573, 598, 599, 601, 605, 606, 615, 622, 623, 633
自然法 jus naturale 367
自然律／自然法以下 natural law(s) 1, 28, 49, 102, 336, 346, 347, 348, 366
至高無上者 Supreme, the 391, 392, 393, 399
色諾芬 Xenophon 30, 66, 67, 68, 124, 125, 126, 134, 307
色諾芬尼 Xenophanes 30, 66, 67, 68
艾丁頓，爵士亞瑟 Eddington, Sir Arthur 336
艾地夫人 Eddy, Mrs. 54
艾奈西狄姆 Aenesidemus 326
艾修斯 Aetius 294
艾盧西斯 Eleusis 28, 40, 43
艾盧西斯神祕儀式 Eleusinian mysteries 28, 43
艾羅加巴魯 Elagabalus 379
行政 executive 4, 113, 143, 261, 262, 307, 370, 372, 373, 440, 448, 500, 535, 629
西巴瑞斯 Sybaris 53
西方教會 Western Church 447, 454, 484, 485, 500, 520, 521, 528, 629
西比斯 Cebes 195, 197
西多教團 Cistercian Order 547, 579

西拉姆（推羅王） Hiram, King of Tyre　26
西馬庫斯（政治家） Symmachus, statesman　119, 167, 168, 169, 449, 450, 467, 499
西提姆 Citium　345
西塞納人米凱爾 Michael of Cesena　617, 618
西塞羅 Cicero　201, 267, 290, 296, 350, 352, 369, 457, 464, 612, 613
西頓 Sidon　167, 302, 445, 500
西爾撒斯 Celsus　438, 439, 440
西蒙・德・蒙特富爾 Simon de Montfort　584
西諾普 Sinope　317
西彌麗 Semele　35, 36
西羅馬帝國 Western Empire　373, 377, 382, 409, 410, 440, 446, 448, 449, 485, 489, 500, 510, 515, 525, 532, 542, 556

七畫

亨利三世皇帝 Henry III, Emperor　547, 548, 569, 573, 631
亨利五世皇帝 Henry V, Emperor　569
亨利六世皇帝 Henry VI, Emperor　583, 585
亨利四世皇帝 Henry IV, Emperor　548, 551, 569
亨利・阿利斯提帕斯 Henry Aristippus　582
伯利恆 Bethlehem　455, 456
伯里 Bury, J.B.　515
伯奈特，約翰 Burnet, John　44, 45, 48, 56, 57, 58, 79, 87, 100, 102, 106, 124, 125, 127
伯恩人狄特利希（狄奧都利克） Dietrich von Bern (Theodoric)　489
伯恩斯，德利爾 Burns, C.Delisle　521, 617
伯羅奔尼蘇 Peloponnesus　92, 95, 98, 114, 120, 125, 139, 146, 153
伯羅奔尼蘇戰爭 Peloponnesian War　92, 95, 114, 120, 125, 153
伽利略 Galileo　137, 169, 279, 284, 290, 294, 465

伽桑地，皮埃爾 Gassendi, Pierre 473
伽馬，瓦斯寇・達 Gama, Vasco da 639
但丁 Dante 7, 235, 284, 386, 406, 494, 573, 618, 619
但以理 Daniel 426
佛 Buddha 30, 62, 300, 305, 311, 381, 430, 634
佛教 Buddhism 300, 305, 311, 381
克卜勒 Kepler, Johannes 186, 284, 290
克利索斯 Croesus 47
克呂西普 Chrysippus 350, 351, 352
克里西普斯 Clesippus 114, 115
克里特島 Crete 21, 23
克來多馬柯（或哈斯德魯巴）Clitomachus (or Hasdrubal) 326
克拉佐美尼 Clazomenao 96
克拉克，寒繆爾 Clarke, Samuel 107
克拉桑 Khorassan 562
克律尼 Cluny 546, 569, 577
克洛維 Clovis 515, 520
克倫威爾，奧利弗 Cromwell, Oliver 12
克勞地烏斯 Claudius 354
克萊門特七世（偽羅馬教皇）Clement VII, Antipope 634
克萊門特七世教皇 Clement VII, Pope 634
克萊門特五世教皇 Clement V, Pope 618, 631
克萊門特六世教皇 Clement VI, Pope 633
克雷安德 Cleanthes 294, 347, 350, 351, 354
克雷爾伍歐 Clairvaux 580
克雷爾蒙（宗教會議）Clermont, Council of 569
克爾多巴 Cordova 433, 563, 566
克羅頓 Croton 53, 54
免罪 indulgences 246, 487
冶金術 metallurgy 427
利息 interest 258, 259, 309
君士坦丁大帝 Constantine the Great 380
君士坦丁堡 Constantinople 5, 372, 373,

446, 455, 458, 490, 491, 492, 509, 510, 513, 514, 518, 520, 522, 523, 526, 527, 556, 574, 581, 584, 629, 630, 639

君士坦丁堡大主教伊格納修斯 Ignatius, Patriarch of Constantinople 526

君子 gentleman 59, 151, 266, 267

呂底亞 Lydia 25, 46, 47, 160

（坎特伯里的）聖奧古斯丁 Augustine (of Canterbury), St. 63, 362, 369, 385, 405, 406, 407, 410, 427, 435, 440, 446, 447, 448, 449, 454, 455, 459, 460, 462, 463, 464, 465, 466, 467, 468, 470, 471, 472, 473, 474, 475, 476, 477, 478, 480, 481, 482, 483, 484, 485, 486, 487, 488, 489, 503, 515, 536, 541, 550, 554, 568, 581, 598, 604, 606, 614, 615, 621, 622, 624, 625, 629, 639

妥協 compromise 4, 12, 70, 95, 156, 369, 425, 618

巫術 witchcraft 21, 207, 311, 326, 337, 400

希巴古 Hipparchus 294, 295, 296

希伯來字母 Hebrew alphabet 26

希伯來語 Hebrew language 416, 432

希坡 Hippo 447

希帕莎 Hypatia 491

希特勒，阿道夫 Hitler, Adolf 191

希勒杜茵 Hilduin 537

希勒得布蘭 Hildebrand 411

希斯，湯瑪斯爵士 Heath, Sir Thomas 61, 100, 206, 287, 293, 294

希爾卡努斯，約翰 Hyrcanus, John 429

希羅多德 Herodotus 43, 93, 145

希臘世界 Hellenic world 30, 31, 43, 51, 93, 119, 146, 300, 371, 378

希臘哲學 Greek philosophy 34, 39, 44, 48, 51, 56, 58, 98, 107, 155, 223, 251, 258, 280, 286, 300, 318, 319, 379, 383, 415, 432, 437, 438, 442, 471, 473, 535, 560,

582, 627, 629
希臘教會 Greek Church 518, 607, 636
庇勒普斯之家 Pelops, House of 29
形式 form(s) 5, 6, 11, 12, 13, 26, 29, 30, 35, 36, 52, 54, 59, 60, 62, 74, 78, 83, 87, 89, 95, 144, 156, 173, 174, 180, 184, 191, 192, 206, 209, 215, 218, 219, 221, 226, 229, 230, 231, 232, 234, 235, 236, 237, 241, 245, 252, 260, 261, 265, 266, 269, 270, 271, 272, 273, 277, 282, 284, 291, 301, 305, 318, 319, 321, 326, 334, 340, 343, 363, 371, 375, 377, 380, 385, 394, 396, 398, 406, 415, 424, 429, 433, 436, 440, 442, 451, 473, 487, 502, 525, 549, 554, 562, 564, 566, 568, 569, 575, 604, 615, 616, 619, 623, 633
形而上學 metaphysics 60, 64, 67, 71, 72, 78, 79, 83, 104, 173, 174, 184, 222, 225, 228, 229, 230, 231, 232, 248, 252, 268, 272, 273, 275, 276, 277, 283, 313, 335, 345, 346, 385, 386, 387, 389, 415, 436, 468, 494, 561, 563, 565, 622, 623, 624, 625
忍受 endurance 3, 33, 39, 147, 150, 323, 331, 335, 348, 357, 358, 363, 409, 424, 425, 428, 450, 475, 483, 514
我思 cogito 473
技術 technique 25, 94, 113, 114, 117, 125, 145, 161, 165, 166, 196, 265, 266, 267, 307, 318, 376, 531, 565
折磨 torture 331, 364, 402, 481, 487, 488
攸多克索 Eudoxus 288, 289
改革／改良／革新 reform 3, 8, 9, 10, 35, 39, 69, 149, 259, 314, 335, 357, 373, 408, 447, 448, 462, 485, 488, 499, 519, 523, 525, 530, 532, 542, 544, 570, 573, 584, 586, 589, 618, 638
李，亨利．C.（Lea, Henry C. 162

李恩濟／黎恩濟，克拉・底 Rienzi, Cola di 633
決定論 determinism 102, 336, 346, 348, 351, 364, 400
沉思／冥想 contemplation 57, 58, 59, 237, 356, 361, 367, 580, 604, 605
沙拉米 Salamis 30, 120
狂熱黨人 Zealots 431
狂歡 orgy 45, 58
狄凱阿克斯 Dikaiarchos 56
狄奧代貝特（法蘭克王） Theodebert, King of the Franks 512
狄奧尼索朵拉斯 Dionysodorus 114
狄奧多（坎特伯里大主教） Theodore, archbishop of Canterbury 534
狄奧多修斯一世 Theodosius I 445, 446, 451, 452, 453, 477
狄奧多羅斯 Theodorus 53, 287, 288, 311
狄奧根尼 Diogenes 316, 317, 318, 481
狄奧格尼圖 Diognetus 361
狄奧都利克（東哥特族國王） Theodoric, King of the Ostrogoths 449, 489, 493, 498, 499, 512, 514
狄奧都利克（法蘭克王） Theodoric, King of the Franks 449, 489, 493, 498, 499, 512, 514
狄奧都拉 Theodora 500
狄奧斐拉克特 Theophylact 529
狄奧德琳達 Theodelinda 512
私利 private interests 372
良知／良心 conscience 466
角鬥士 gladiators 357
貝克特，湯瑪斯，聖 Becket, Thomas, St. 581
貝貝爾人 Berbers 557
貝洛赫，卡爾尤里烏斯 Beloch, Karl Julius 26, 43
貝恩 Benn, A.W.A.W. 223, 316, 379

貝萊，西瑞爾 Bailey, Cyril 99, 102, 106, 109, 329, 333, 335
「貝爾之眼」"Eye of Bel" 312
貝爾神 Bel 301, 311 311
里昂 Lyons 53, 591, 592, 631
里昂窮人 Poor Men of Lyons 591

八畫

事件 events 30, 83, 93, 103, 107, 108, 215, 276, 277, 357, 468, 488, 504, 519, 526, 527, 545, 547, 551, 576, 583, 603, 621, 629, 632, 637
事實 fact(s) 3, 8, 18, 24, 27, 43, 47, 48, 52, 64, 65, 66, 78, 81, 82, 84, 87, 98, 102, 104, 105, 106, 109, 118, 126, 138, 143, 145, 154, 156, 161, 167, 168, 169, 170, 174, 183, 193, 195, 196, 207, 216, 218, 220, 223, 224, 227, 230, 231, 235, 262, 266, 268, 272, 273, 276, 277, 279, 280, 293, 296, 303, 304, 315, 323, 328, 329, 334, 344, 350, 351, 352, 364, 369, 381, 382, 399, 407, 411, 415, 423, 426, 437, 470, 472, 481, 494, 520, 524, 527, 533, 542, 544, 546, 552, 554, 562, 568, 575, 578, 596, 599, 601, 626
亞伯 Abel 380, 439, 481, 580
亞伯拉罕 Abraham 380, 439, 580
亞利馬太人約瑟 Joseph of Arimathea 625
亞里士陶德姆 Aristodemus 134, 145
亞里斯多德 Aristotle 4, 40, 43, 48, 50, 54, 73, 74, 87, 91, 95, 98, 99, 100, 101, 102, 104, 106, 111, 123, 142, 143, 146, 147, 148, 153, 182, 186, 222, 223, 224, 225, 226, 227, 228, 229, 230, 231, 232, 233, 234, 235, 236, 237, 238, 239, 240, 241, 242, 244, 245, 246, 247, 248, 249, 251, 252, 253, 254, 255, 256, 257, 258, 259, 260, 261, 262, 263, 264, 265, 266, 268,

269, 270, 271, 272, 273, 274, 275, 277, 278, 279, 280, 281, 282, 283, 284, 285, 289, 291, 293, 299, 300, 302, 315, 318, 321, 323, 354, 361, 374, 382, 383, 385, 387, 389, 390, 396, 407, 433, 465, 471, 478, 494, 540, 555, 560, 561, 562, 563, 564, 565, 566, 568, 574, 575, 578, 581, 582, 594, 596, 597, 598, 600, 602, 604, 608, 609, 612, 613, 614, 616, 621, 622, 627, 629, 636

亞哈 Ahab　416

亞威 Yahweh　416, 417, 418, 421, 423, 434, 436, 461, 486

亞述人 Assyrians　416

亞述奔尼拔 Assur-bani-pal　311

亞特蘭提斯 Atlantis　201

亞略巴古的官丟尼斯（狄奧尼修斯）Dionysius the Areopagite　537

亞當 Adam　480, 481, 487, 488, 522, 540, 604

亞該亞人 Achaeans　23, 24

亞歷山大大帝 Alexander the Great　2

亞歷山大里亞的聖賽瑞利 Cyril of Alexandria, St.

佩脫拉克 Petrarch　633

來世 future life　21, 43, 199, 314, 380, 409, 410, 415, 423, 441, 442, 475, 476, 586, 627

周維德 Jowett, Benjamin　187

周轉圓 epicycles　295

命運之神 daimon　133, 477

和約 Peace　30, 341, 572

坦達魯斯 Tantalos　29

奈斯脫流斯 Nestorius　490, 491, 492, 500, 557, 560, 561, 579, 629

奈斯脫流斯教派 Nestorianism　492, 500, 557, 560, 561, 579, 629

姆奈薩爾克 Mnesarchos　52

孤獨 solitude 41, 504
（宗教）會議運動 conciliar movement 619, 620
宗教改革 Reformation 3, 8, 9, 10, 69, 259, 335, 408, 447, 448, 462, 485, 523, 532, 573, 589, 618, 638
宗教會議 councils of the Church 487, 492, 504, 513, 527, 528, 529, 536, 548, 551, 567, 569, 574, 575, 576, 591, 619, 620, 635
宙斯 Zeus 20, 28, 31, 35, 36, 43, 93, 128, 164, 292, 301, 340, 347, 350, 351, 358, 359, 360, 362, 423
宙斯・里凱歐斯 Zens Lykaios 31
尚波人維廉 William of Champeaux 576
居魯士 Cyrus 30, 47, 416
屈味連 Trevelyan, R.C. 338, 342
帕德嫩 Parthenon 93
帕司查勒二世教皇 Paschal II, Pope 569
帕勒爾摩 Palermo 581, 585
帕森斯，羅伯特 Parsons, Robert 634
帕塔林運動 Patarine movement 570, 573
帕爾瑪 Parma 526
帕維亞 Pavia 499, 553
帖撒羅尼迦 Thessalonica 453, 483
幸運 fortune 18, 29, 104, 186, 249, 291, 308, 312, 314, 318, 334, 381, 401, 409, 605
幸福 happiness 12, 21, 29, 89, 90, 92, 94, 107, 133, 151, 159, 160, 167, 188, 204, 234, 237, 239, 247, 249, 250, 251, 253, 257, 261, 264, 315, 317, 318, 331, 334, 335, 337, 347, 351, 353, 357, 358, 360, 365, 366, 369, 370, 371, 380, 387, 409, 410, 425, 477, 484, 494, 584, 593, 604, 605
底比斯 Thebes 145, 147, 292
底格里斯河 Tigris 19, 305

彼拉多・本丟 Pilate, Pontius 431
彼得・德拉・維格納 Pietro della Vigna 587, 588
性質／質 quality 8, 18, 19, 45, 56, 64, 96, 101, 106, 110, 117, 169, 173, 174, 176, 192, 203, 205, 207, 208, 212, 219, 226, 227, 248, 250, 256, 273, 275, 276, 277, 281, 282, 327, 372, 398, 399, 443, 445, 479, 505, 512, 531, 540, 568, 573, 602, 609, 616, 617, 618, 625, 632, 638
或然性 probability 274, 326
所有權 landholding 617
所羅門 Solomon 415, 426, 456, 534
押頓 Abdon 482, 483
拉丁文聖經 Vulgate 637
拉丁語 Latin language 372, 432, 447, 454, 462, 481, 482, 521, 526, 534, 570, 627
拉西第蒙 Lacedaemon 139, 145, 146, 152, 458
拉昂人安瑟勒姆 Anselm of Laon 576
拉哥尼亞 Laconia 139, 140
拉特蘭宮 Lateran 522, 529
拉溫那 Ravenna 500, 511, 512, 519, 520
拋物線 parabola, projectiles 284, 289, 290
放射現象 radio-activity 76
東方式的宗教 Oriental religions 45
東方教會 Eastern Church 485, 513, 520, 528
東羅馬帝國 Eastern Empire 5, 373, 374, 382, 383, 409, 440, 446, 458, 489, 501, 510, 518, 519, 520, 529, 556, 557, 584
林肯 Lincoln, Abraham 613
法老 Pharaohs 301
法利賽人 Pharisees 422, 427, 429, 430, 431
法國大革命 French Revolution 267
法蘭西斯教團 Franciscan Order 565, 592, 593, 594, 595, 611, 612, 614, 615, 616, 617, 621, 632
法蘭西斯教團的經院哲學家 Franciscan

schoolmen 611
法蘭克人 Franks 446, 489, 490, 501, 512, 515, 519, 520, 522, 526
法權 legal rights 440, 523, 637
法權虛構／法律擬制 legal fictions 523
泛神論 pantheism 471, 494, 533, 540, 601
波卡拉 Bokhara 561
波伽茲科易 Boghaz Keui 23
波呂克拉底 Polycrates 52, 53, 54
波里比烏斯 Polybius 353
波昔東尼 Posidonius 352, 353, 354, 375, 401
波哥米勒斯教派 Bogomiles 590
波普，亞歷山大 Pope, Alexander 350, 495
波瑞，吉勒伯特・得・拉 Porrée, Gilbert de la 580
波瑟芬 Persephone 36
波羅，馬可 Polo, Marco 52, 309, 380, 508
牧師／僧侶 clergy 187, 429, 509
物體／身體／肉體 body 60, 106, 108, 109, 178, 213, 235, 275, 281, 284, 292, 396, 465, 604, 615, 616
直觀 Anschauung 196, 624
直覺 intuition 60, 231, 607
知覺 perception 62, 82, 105, 109, 110, 153, 177, 178, 180, 187, 189, 197, 198, 205, 209, 210, 211, 212, 213, 214, 215, 216, 217, 218, 219, 220, 231, 236, 320, 352, 366, 367, 394, 395, 478, 624, 625, 629
社會 community society 3, 4, 9, 10, 12, 13, 21, 24, 33, 34, 59, 81, 114, 118, 139, 153, 158, 165, 175, 198, 244, 245, 247, 248, 256, 257, 259, 263, 308, 309, 314, 325, 333, 334, 356, 358, 376, 385, 405, 407, 410, 444, 461, 479, 483, 485, 529, 542, 549, 559, 568, 572, 581, 627, 629, 638
社會主義 socialism 139, 485, 638

社會制度 social system(s)　24, 59, 259, 559
社會的鞏固 social cohesion　308
社會情況 social circumstances　358
社會組織 social organization(s)　405, 410, 629
社會環境 social environment　356, 572
肯特 Kent　515
芝諾皇帝 Zeno, Emperor　99, 136, 181, 328, 344, 345, 346, 349, 350, 352, 366, 561
花拉茲米，阿勒 Khwarazmi, al　560
芳騰修道院 Fountains Abbey　547
表象／觀念 idea(s): association of　231
金字塔 pyramids　19, 48, 60, 196, 263, 286
金第，阿爾 Kindi, al　560
金屬 metals　21, 71, 383
長生藥 elixir of life　71
阿比西尼亞 Abyssinia　427, 493
阿加底亞 Arcadia　31, 143, 458
阿加塔庫斯 Agatharcus　286
阿布德拉 Abdera　99, 100, 116
阿吉魯勒夫 Agilulph　512
阿克拉加斯 Acragas　85, 89, 409, 410
阿利（穆罕默德的女婿） Ali, son in law of Mohammed　558
阿利烏斯 Arius　5, 406, 440, 445, 446, 447, 448, 449, 451, 452, 493, 499, 510, 512, 514, 519, 579
阿利烏斯教派 Arianism　5, 406, 440, 445, 446, 447, 449, 451, 452, 493, 499, 510, 512, 514, 519, 579
阿利曼 Ahriman　627
阿育王 Asoka　305
阿貝拉德，皮埃爾 Abélard, Pierre　570, 575, 576, 577, 578, 579, 580, 581
阿那克西美尼 Anaximenes　50, 51, 70, 98, 478
阿那克西曼德 Anaximander　49, 50, 51, 72, 164, 195, 291

阿那克薩哥拉 Anaxagoras 87, 94, 96, 97, 98, 99, 102, 104, 110, 113, 114, 129, 280, 291, 293
阿里安 Arrian 361
阿呼拉・瑪滋達 Ahura Mazda 627
阿拉伯人的征服 Arab conquests 493
阿拉伯帝國 Arab Empire 558
阿拉伯哲學 Arab philosophy 560, 561, 565, 585, 598, 614
阿拉伯語 Arabic language 559, 585
阿拉利克／阿拉里克 Alaric 490
阿拉貢 Aragon 584, 635
阿拔西王朝 Abbasid dynasty 558, 559
阿波羅 Apollo 52, 309, 508
阿奎那，聖湯瑪斯 Aquinas, St. Thomas 7, 63, 385, 405, 407, 554, 555, 564, 583, 594, 595, 596, 597, 598, 599, 603, 605, 606, 607, 608, 609, 615, 616, 617, 622, 623, 624, 626, 629
阿威羅伊 Averroes 235, 561, 562, 563, 564, 565, 597, 598, 604, 612, 613, 624, 625
阿迦敦 Agathon 134
阿格麗皮娜 Agrippina 354
阿特 ate 29, 453
阿納格尼 Anagni 631
阿勒比占西斯派 Albigenses 584, 589, 591, 592
阿勒布瑪查 Albumázar 613
阿勒法拉比 Alfarabi 613
阿勒嘎則勒 Algazel 564
阿基米德 Archimedes 280, 288, 289, 293, 294, 297, 306, 307
阿部・雅庫布・優蘇夫 Abu Yaqub Yusuf 563
阿提卡 Attica 45, 93, 94, 95, 120, 329
阿斯巴西亞 Aspasia 96, 114
阿斯克里皮烏斯 Asclepius 199
阿替拉 Attila 490, 492, 501, 533

阿塞西勞斯 Arcesilaus 322, 323
阿蒂蜜斯 Artemis 20, 22, 29, 492
阿誇斯巴塔人馬太 Matthew of Aquasparta 611
阿爾弗萊德大帝 Alfred the Great 511, 536
阿爾西拜阿底斯 Alcibiades 135
阿爾章特伊 Argenteuil 577
阿維森納（或伊本・西納）Avicenna (or Ibn Sina) 561, 562, 563, 564, 565, 612, 613, 614, 622, 624
阿蒙神／亞蒙神 Ammon 301
阿魯昆 Alcuin 524, 526
阿諾德，馬修 Arnold, Matthew 86, 139, 570, 571, 582
阿戴芒士斯 Adeimantus 168, 175
雨果 Hugo, Victor 548, 572
青銅 bronze 21, 24
非歐幾何 Non-Euclidean geometry 290

九畫

保守主義 conservatism 19, 112
保狄西亞 Boadicea 355
保羅教派信徒 Paulicians 591
信仰／信念 belief(s) 1, 3, 22, 28, 43, 45, 50, 56, 59, 62, 64, 68, 71, 73, 74, 95, 111, 112, 120, 133, 154, 155, 163, 164, 166, 186, 187, 199, 208, 252, 260, 264, 276, 279, 285, 304, 312, 315, 316, 320, 322, 326, 327, 336, 337, 340, 341, 347, 354, 362, 367, 372, 378, 380, 381, 385, 387, 402, 407, 414, 419, 423, 434, 435, 436, 439, 443, 446, 449, 450, 465, 474, 475, 476, 485, 486, 487, 510, 514, 515, 518, 533, 543, 554, 555, 563, 564, 565, 566, 579, 581, 589, 593, 594, 597, 599, 605, 609, 612, 620, 627
信徒 Apostles 4, 11, 42, 45, 167, 220, 320, 380, 382, 415, 431, 435, 439, 449, 457,

484, 492, 528, 529, 530, 544, 547, 549, 557, 558, 590, 591, 593, 594, 596, 612, 619, 637
前提 premises 11, 18, 268, 269, 270, 271, 274, 275, 367, 519, 598, 624
叛亂 revolt 50, 514, 559, 592, 631, 633
哈里卡那蘇斯人 Halicarnassus 93
哈里遜 Harrison, Jane E. 31, 44, 340
哈姆，史特芬 Hamm, Stephen 2, 80, 81, 240
哈倫・阿爾・拉細德 Harun al Rashid 559
哈雷，艾德蒙德 Halley, Edmund 512
哈德里安皇帝 Hadrian, Emperor 375, 571, 581
哈德理安四世教皇 Hadrian IV, Pope 570, 572
城邦 City State(s) 4, 20, 24, 68, 92, 93, 117, 119, 131, 143, 144, 148, 151, 159, 160, 161, 163, 170, 171, 175, 224, 255, 262, 264, 265, 266, 300, 302, 307, 308, 309, 315, 316, 361, 362, 368, 370, 375, 381, 477, 568
威克利夫，約翰 Wycliffe, John 632, 635, 636, 637, 638
客觀性 objectivity 169
宣傳 propaganda 69, 118, 127, 154, 167, 169, 262, 267, 442, 443, 573, 620
封建制度／封建主義 feudalism 407, 410, 568, 572
封建貴族 feudal aristocracy 6, 406, 407, 408, 519, 544, 573, 638
帝國主義 imperialism 95, 120, 194, 264, 325, 369, 371, 477, 532
建築 Architecture 19, 20, 53, 93, 256, 259, 358, 376, 417, 431, 433, 451, 471, 499, 542, 547, 638
後果 consequences 118, 169, 211, 212, 246, 247, 273, 288, 400, 524
思索 reflection 144, 193, 198, 205, 214,

386, 387, 402, 609
拜占庭帝國 Byzantine Empire 5, 557, 630
拜倫 Byron, George Gordon, Lord 12, 633
拯救／救世／得救 salvation 9, 323, 424, 462, 487, 488, 510, 520, 526, 529, 544, 606
政府／國家 government 4, 6, 7, 8, 9, 10, 11, 12, 13, 20, 25, 53, 95, 119, 121, 125, 143, 155, 156, 162, 163, 165, 166, 220, 245, 246, 255, 260, 261, 262, 266, 301, 307, 310, 311, 316, 337, 350, 352, 367, 368, 371, 372, 373, 377, 380, 381, 408, 435, 448, 492, 493, 510, 512, 519, 527, 528, 529, 530, 593, 630, 632, 637, 638
政治組織 constitution(s) 444
施捨 almsgiving 319, 414, 421, 440
施雷格爾，弗里德里希 Schlegel, Friedrich 566, 570, 571, 572, 583, 584, 585, 586, 587, 588, 589, 597
施邁德勒 Schmeidler 577
星雲 nebula 77, 285
柏克，艾德蒙德 Burke, Edmund 11
柏拉圖 Plato 35, 39, 56, 61, 62, 63, 73, 74, 78, 87, 88, 90, 91, 93, 94, 95, 96, 98, 100, 102, 111, 114, 116, 117, 118, 119, 120, 123, 124, 125, 126, 127, 128, 132, 133, 135, 136, 137, 138, 139, 144, 147, 148, 149, 152, 153, 154, 155, 156, 157, 158, 159, 160, 161, 162, 163, 164, 165, 166, 167, 168, 169, 170, 171, 172, 173, 174, 175, 176, 177, 178, 180, 181, 182, 183, 184, 185, 186, 187, 189, 190, 191, 192, 193, 194, 195, 196, 197, 199, 201, 202, 204, 206, 207, 208, 209, 210, 212, 213, 214, 215, 216, 217, 219, 220, 221, 222, 224, 225, 226, 229, 230, 231, 234, 238, 239, 245, 249, 252, 253, 259, 260, 268, 274, 283, 286, 287, 288, 289, 290,

293, 300, 302, 307, 315, 316, 320, 322, 323, 334, 341, 343, 344, 345, 351, 352, 353, 361, 366, 375, 376, 381, 382, 383, 384, 385, 386, 387, 388, 389, 390, 391, 394, 396, 397, 401, 402, 405, 407, 414, 415, 432, 434, 436, 437, 442, 467, 468, 470, 471, 477, 478, 480, 491, 493, 494, 495, 533, 537, 538, 539, 540, 554, 555, 560, 561, 562, 564, 565, 568, 574, 575, 576, 578, 579, 581, 582, 596, 598, 601, 602, 609, 613, 614, 615, 616, 624, 625, 627, 628, 629, 636, 639

柏拉圖的理想國 Platonopolis 388

柏拉圖派的亞歷山大 Alexander the Platonist 361

柏特 Burtt, E.A. 317, 345

查士丁尼 Justinian 5, 95, 373, 376, 446, 493, 499, 500, 501, 509, 515, 529, 535, 580

查士丁娜 Justina 449, 451

查格魯斯 Zagreus 37

查理士 Charles, R.H.R.H. 425, 426, 429, 430

查理・馬特爾 Charles Martel 520, 525

查理曼 Charlemagne 382, 411, 501, 511, 519, 522, 523, 524, 526, 559, 568, 583

柱上苦行者聖謝米安 Simeon Stylites, St. 503

洗禮 baptism 11, 12, 414, 442, 459, 462, 469, 485, 487, 488, 522, 543, 607, 627

洛克・約翰 Locke, John 12, 110, 287, 357, 555

洞穴 cave 90, 154, 176, 178, 179, 184, 185, 455, 504, 506, 522

洞見 insight 172, 175, 176, 178, 185, 193

流變／流轉 flux 67, 71, 73, 76, 77, 197, 205, 212, 213, 214, 221

相對性 relativity 183, 282, 296, 472, 617

相對論 theory of relativity 296
科斯 Cos 311
約帕 Joppa 424
約拿單大祭司 Jonathan, high priest 424
約書亞 Joshua 341
約維年 Jovinian 606
約翰・司各脫（約翰內斯・司各脫・厄雷根納）John the Scot (Johannes Scotus Erigena) 410, 526, 533, 535, 540, 553, 555, 601
美特羅多羅 Metrodorus 331
美索不達米亞 Mesopotamia 18, 19, 21, 306, 388, 503
美學 aesthetics 60
美德／德行／德 virtue 414, 429, 604
耶利米 Jeremiah 47, 417, 418
耶和華 Jehovah 416, 418, 419, 590
耶路撒冷 Jerusalem 410, 416, 417, 419, 421, 422, 423, 424, 426, 428, 431, 432, 433, 452, 487, 520, 522, 584, 586, 587
耶路撒冷聖殿 Temple of Jerusalem 452
耶穌 Jesus 158, 170, 415, 434, 435, 436, 468, 486, 505, 507, 607
耶穌再臨 Second Coming 486
苦難／苦痛 suffering 39, 43, 58, 253, 319, 335, 357, 365, 409, 461, 477
英王亨利八世 Henry VIII of England 527
英王亨利三世 Henry III of England 631
英雄 Hero 12, 13, 29, 35, 38, 70, 167, 304, 364, 550
英雄主義 heroism 13
迦太基 Carthage 53, 85, 170, 255, 302, 324, 326, 368, 370, 381, 459, 463, 466, 531, 556
迦勒底人 Chaldeans 311
迪卡尼庫斯 Decamnichus 255
迪南人大衛 David of Dinant 601

十畫

修女 nuns 456, 459, 504, 513
修道院制度 monasticism 440, 447, 503, 515
個人 individual(s) 2, 3, 4, 5, 9, 10, 11, 12, 13, 22, 27, 33, 34, 35, 48, 54, 62, 65, 66, 68, 69, 70, 81, 82, 88, 90, 99, 100, 102, 103, 106, 113, 114, 116, 117, 118, 126, 128, 130, 131, 132, 133, 135, 136, 138, 141, 145, 150, 151, 153, 155, 157, 161, 162, 164, 165, 166, 167, 168, 172, 174, 175, 176, 178, 181, 182, 186, 189, 190, 191, 192, 194, 199, 200, 204, 211, 220, 221, 223, 225, 227, 229, 230, 231, 237, 238, 241, 242, 243, 245, 246, 248, 249, 250, 252, 253, 256, 259, 260, 262, 271, 272, 276, 283, 286, 289, 290, 291, 297, 307, 309, 312, 313, 315, 316, 320, 323, 324, 327, 330, 331, 332, 334, 337, 338, 342, 347, 356, 357, 360, 361, 362, 363, 364, 365, 369, 370, 371, 372, 373, 374, 378, 382, 384, 386, 387, 389, 392, 393, 394, 396, 407, 415, 418, 430, 433, 434, 447, 448, 461, 462, 482, 483, 506, 507, 508, 513, 522, 524, 533, 537, 543, 545, 564, 574, 589, 596, 598, 603, 604, 605, 606, 608, 612, 616, 617, 619, 620, 623, 625
個人主義 individualism 11, 12, 13, 315
個人判斷 private judgment 619, 620
個體 particulars 8, 61, 81, 107, 108, 173, 174, 181, 182, 225, 226, 228, 231, 259, 273, 275, 347, 544, 576, 597, 602, 603, 624
倫巴底 Lombardy 409, 446, 501, 506, 510, 512, 518, 519, 520, 522, 530, 567, 568, 569, 570, 571, 572, 586, 587, 591, 632
倫巴底人 Lombards 409, 446, 501, 506, 510, 518, 519, 520, 522, 530, 586, 632

倫巴底諸城 Lombard cities 567, 568, 570, 571, 586

倫巴底聯盟 Lombard League 569, 571, 572, 587

倫理／倫理學／倫理觀 ethic(s) 1, 4, 11, 58, 59, 69, 98, 110, 111, 113, 118, 136, 138, 154, 164, 165, 167, 168, 169, 170, 181, 186, 187, 199, 200, 223, 237, 239, 241, 242, 245, 246, 247, 248, 251, 252, 253, 254, 261, 266, 282, 313, 335, 344, 351, 352, 357, 363, 365, 366, 377, 381, 402, 410, 429, 430, 478, 494, 559, 604, 627

剛特人約翰 John of Gaunt 632, 637

原子 atom(s) 51, 60, 76, 99, 101, 102, 103, 104, 106, 107, 108, 109, 110, 206, 229, 322, 329, 336, 389, 478, 576

原子理論 atomic theory 104

原子論 atomism 51, 99, 101, 102, 103, 104, 106, 108, 329, 389, 576

原因 cause(s) 7, 9, 68, 88, 96, 102, 103, 104, 135, 144, 150, 153, 158, 165, 178, 220, 233, 234, 237, 254, 262, 267, 281, 282, 284, 292, 308, 309, 311, 316, 320, 342, 353, 355, 363, 364, 365, 370, 377, 381, 406, 407, 408, 411, 441, 444, 461, 465, 475, 488, 494, 512, 515, 519, 521, 530, 535, 539, 545, 551, 553, 565, 573, 585, 599, 600, 603, 605, 606, 612, 622, 630, 633, 638

原罪 original sin 486, 487, 488, 604

哥白尼 Copernicus, Nikolaus 8, 107, 186, 284, 292, 293, 294, 295, 296, 297, 305, 354, 626, 639

哥白尼假說 Copernican hypothesis 292, 296

哥林多 Corinth 31, 309, 431, 458, 546

哥倫布 Columbus, Christopher 147, 353, 612, 639

哲學 philosophy 1, 2, 3, 4, 7, 10, 11, 12, 13,

15, 17, 18, 30, 32, 34, 35, 39, 43, 44, 45, 46, 48, 49, 51, 52, 56, 57, 58, 59, 60, 62, 63, 64, 65, 66, 67, 72, 73, 74, 75, 76, 77, 78, 80, 83, 84, 85, 86, 87, 91, 93, 94, 95, 96, 98, 99, 100, 103, 104, 107, 108, 110, 111, 114, 117, 118, 120, 124, 125, 126, 130, 137, 138, 139, 144, 147, 153, 154, 155, 157, 161, 163, 164, 166, 168, 169, 170, 171, 172, 174, 175, 176, 177, 178, 180, 181, 183, 184, 186, 187, 189, 190, 191, 192, 193, 194, 197, 198, 199, 200, 201, 203, 206, 207, 208, 209, 210, 216, 221, 222, 223, 224, 225, 228, 231, 232, 235, 236, 247, 248, 250, 251, 252, 253, 254, 256, 258, 259, 268, 273, 274, 275, 278, 279, 280, 281, 286, 288, 291, 297, 299, 300, 302, 307, 311, 312, 313, 315, 316, 318, 319, 320, 321, 322, 323, 325, 326, 329, 330, 331, 332, 334, 335, 338, 341, 343, 344, 345, 346, 352, 353, 354, 355, 356, 357, 359, 361, 363, 364, 365, 366, 371, 374, 375, 376, 377, 379, 381, 383, 384, 385, 386, 387, 388, 389, 390, 401, 402, 403, 405, 406, 407, 408, 410, 411, 414, 415, 426, 432, 433, 434, 437, 438, 439, 442, 449, 454, 459, 460, 464, 465, 467, 470, 471, 473, 476, 478, 479, 489, 491, 493, 494, 495, 499, 517, 534, 535, 536, 537, 538, 540, 542, 549, 553, 554, 555, 556, 558, 560, 561, 562, 563, 564, 565, 566, 567, 568, 574, 575, 578, 580, 581, 582, 583, 585, 590, 595, 596, 597, 598, 599, 602, 607, 608, 609, 610, 611, 612, 613, 614, 615, 616, 617, 620, 621, 622, 626, 627, 628, 629, 636, 639

哲學家 philosopher(s) 1, 2, 3, 10, 12, 17, 30, 32, 34, 35, 43, 44, 46, 49, 57, 58,

62, 65, 66, 67, 73, 77, 78, 85, 96, 100, 104, 107, 108, 110, 117, 118, 120, 125, 126, 130, 137, 138, 139, 144, 147, 153, 155, 157, 166, 170, 171, 172, 174, 175, 177, 178, 181, 184, 187, 190, 191, 192, 194, 198, 199, 200, 206, 209, 210, 216, 221, 222, 223, 224, 247, 248, 250, 251, 252, 253, 254, 256, 258, 259, 268, 273, 274, 279, 280, 281, 307, 311, 312, 315, 316, 318, 320, 323, 326, 329, 330, 331, 332, 334, 341, 343, 353, 355, 356, 357, 361, 365, 366, 371, 374, 376, 379, 384, 386, 387, 388, 401, 402, 405, 407, 408, 410, 411, 415, 432, 439, 442, 449, 454, 459, 467, 470, 473, 476, 478, 479, 491, 494, 499, 517, 534, 535, 542, 553, 554, 555, 560, 561, 562, 563, 564, 565, 566, 567, 568, 574, 575, 580, 581, 582, 596, 598, 607, 608, 610, 611, 612, 614, 616, 617, 620, 621, 626, 629, 636

埃瓦格流斯 Evagrius 500

埃克伯特，弗里德里希/亞伯特，弗里德里希 Ebert, Friedrich 526

埃克伯特（約克的大主教） Ecgbert, archbishop of York 526

埃庇米尼底斯 Epimenides 436

埃奧那 Iona 503

埃德撒 Edessa 561

夏娃 Eve 434, 481, 487

席勒 Schiller, F.C. 116, 211

座標幾何學 co-ordinate geometry 61

庫蒙 Cumont 378, 477, 627

徒利城 Thurii 116

恐懼 fear 3, 42, 47, 204, 207, 313, 318, 335, 336, 341, 374, 454, 457, 490, 493, 527, 636, 639

恩培多克勒 Empedocles 70, 85, 86, 87, 88, 90, 91, 97, 98, 101, 104, 164, 282, 409

旁遮普 Punjab 300, 305
時空／空時 space time 218
朗弗蘭 Lanfranc 550, 553
格拉古兄弟 Gracchi, the 369
格雷善 Gratian 448, 449, 450
格羅賽特斯特，羅伯特 Grosseteste, Robert 613
桑斯 Sens 577
桑塔雅那，喬治 Santayana, George 279
氣體分子的運動理論 kinetic theory of gases 101
泰坦（巨人族） Titans 36
泰阿泰德 Theaetetus 73, 116, 206, 209, 210, 288, 289, 625
泰勒，瓦特 Tyler, Wat 637
泰利斯 Thales 18, 21, 46, 47, 48, 49, 51, 70, 100, 125, 127, 256, 286, 291, 478
浪漫主義運動，浪漫主義 romantic movement, romanticism 12, 148
浮士德 Faustus 466
海紀拉 Hegira 556
海特斯伯力 Heytesbury 622
海頓海姆 Heddernheim 380
烏托邦 Utopia(s) 152, 153, 157, 158, 166, 170, 259
烏勒斐拉斯（烏爾菲拉）Ulphilas (Ulfila) 514
烏雷 Ure, P.N. 25
烏爾班二世教皇 Urban II, Pope 567, 568
烏爾班五世教皇 Urban V, Pope 633
烏爾班六世教皇 Urban VI, Pope 634
烏瑪亞德王朝 Umayyad dynasty 558
特里爾 Trèves 448
特拉西馬庫斯 Thrasymachus 119, 167, 168, 169
特爾圖良 Tertullian 350, 427
特薩里 Thessaly 188, 458
狼人族 were wolves 31

班伯格的蘇得格爾 Suidger of Bamberg 548
留特普蘭 Liutprand 520
留基波 Leucippus 99, 100, 101, 102, 104, 105, 106, 108, 283, 332
真理 truth 10, 54, 59, 62, 65, 66, 74, 79, 80, 116, 117, 118, 127, 138, 168, 172, 175, 176, 177, 178, 179, 180, 184, 192, 193, 194, 199, 200, 209, 214, 216, 217, 219, 227, 241, 244, 312, 313, 323, 354, 390, 394, 397, 406, 430, 441, 450, 460, 477, 478, 483, 484, 536, 538, 539, 563, 564, 565, 566, 575, 577, 580, 597, 598, 599, 602, 607, 609, 615, 617
神／上帝 God 4, 5, 6, 8, 10, 12, 56, 57, 58, 63, 73, 74, 79, 103, 168, 175, 202, 216, 347, 348, 362, 399, 406, 407, 410, 414, 416, 417, 419, 428, 429, 434, 435, 436, 437, 439, 440, 443, 451, 452, 459, 460, 461, 462, 464, 468, 470, 471, 472, 474, 475, 476, 477, 478, 479, 480, 481, 483, 484, 485, 487, 488, 491, 494, 495, 500, 504, 506, 507, 508, 511, 514, 515, 538, 539, 540, 549, 553, 554, 555, 562, 563, 564, 566, 576, 578, 579, 580, 590, 591, 599, 600, 601, 602, 603, 604, 605, 606, 607, 609, 614, 615, 620, 624, 636, 637
神祕主義 mysticism 10, 32, 52, 56, 62, 63, 67, 75, 78, 154, 155, 180, 193, 194, 195, 292, 315, 395, 456, 471, 561, 564, 565, 579, 580, 607
神祕主義者 mystic(s) 67, 75, 155, 194, 471, 561, 564, 565, 580
神祕教 mysteries 43, 63, 69, 70, 93, 194
神殿 temples 20, 21, 93, 120, 144, 256, 286, 474, 475, 522
神學 theology 1, 2, 3, 9, 10, 19, 20, 32, 35, 43, 45, 50, 59, 62, 63, 66, 69, 74, 75, 84, 113, 153, 156, 162, 168, 184, 187,

208, 232, 274, 327, 344, 346, 363, 384, 385, 396, 399, 401, 408, 436, 438, 440, 443, 445, 446, 447, 448, 453, 459, 462, 470, 474, 486, 487, 493, 510, 535, 536, 539, 540, 549, 552, 553, 554, 557, 560, 562, 563, 564, 566, 577, 582, 597, 598, 600, 607, 613, 622, 624, 625, 626, 627, 628, 629, 636
神諭 oracle(s) 69, 89, 129, 131, 132, 133, 286, 379
神權國家／神政國家 theocracy 421
納粹 Nazis 144, 265, 486
純潔受胎說 Immaculate Conception 615
素食主義 vegetarianism 590
索菲亞 Sophia 434, 499
索福克里斯 Sophocles 40, 92, 120
虔誠者維廉 William the Pious 546
記憶 memory 38, 39, 82, 83, 126, 137, 148, 174, 185, 212, 215, 260, 394, 396, 474, 568
迷信 superstition(s) 9, 13, 22, 27, 31, 51, 64, 65, 91, 111, 135, 223, 300, 302, 311, 327, 329, 337, 340, 343, 376, 378, 401, 409, 448, 450, 488, 495, 499, 502, 527, 571, 589
酒神侍女 Maenads 35, 40, 41
閃族人 Semites 19, 387
馬可・奧理略 Marcus Aurelius 6, 267, 328, 344, 345, 354, 356, 357, 358, 361, 362, 364, 365, 367, 372, 375, 376, 378
馬丁五世教皇 Martin V, Pope 635, 636
馬可・安東尼 Mark Antony 431
馬尼里烏斯 Manilius 324
馬克沁斯皇帝 Maximus, Emperor 449, 451
馬克思 Marx, Karl 194, 485, 486
馬拉松 Marathon 92, 119, 120
馬格馬尼人 Marcomanni 378
馬特爾・查理 Martel, Charles 520, 525

馬基維利 Machiavelli, Niccolò　8, 263
馬喀比 Maccabees　303, 306, 423, 424, 425, 427, 428, 486
馬喀比・約翰・希爾卡努斯 Maccabus, John Hyrcanus　429
馬喀比・猶大 Maccabus, Judas　424
高特沙勒克 Gottschalk　536
高爾吉亞 Gorgias　118, 119, 320
高爾狄安三世 Gordian III　388
高盧 Gaul　5, 53, 170, 310, 382, 448, 455, 477, 489, 490, 501, 503, 513, 533, 535

十一畫

假說 hypotheses　48, 51, 64, 104, 185, 186, 192, 229, 291, 292, 293, 294, 295, 296, 482
偉人 great man　515, 516, 583
偶然 chance　66, 91, 98, 105, 184, 204, 295, 308, 346, 357, 437, 459, 490, 506, 565, 601, 602, 603, 604, 605, 616, 624
偶像崇拜 idolatry　417, 418, 419, 461, 513, 522
偽狄奧尼修 pseudo-Dionysius　537, 540, 541, 555, 614
偽教令集 False Decretals　521
動力學 dynamics　296
動物的女主人 Mistress of Animals　22
動物的男主人 Master of Animals　22
動物的信仰 animal faith　279
動物學 zoology　561
動態的快樂 dynamic pleasures　333
唯心主義 idealism　177
唯名論 nominalism　225
唯物主義／唯物論 materialism　5, 106, 110, 341, 344, 345, 346, 352, 387, 389, 478, 486, 601
啓示 revelation　1, 10, 45, 58, 60, 63, 408, 426, 427, 432, 482, 483, 485, 536, 564,

566, 575, 579, 590, 597, 599, 607, 608, 609, 610, 613
國家社會主義 National Socialism 139
國際主義 internationalism 519
培根，羅傑 Bacon, Roger 595, 611, 613, 614
基瓦 Khiva 561, 562
基伯林 Ghibellines 586, 593, 619, 629
基督 Christ 3, 4, 5, 6, 8, 20, 32, 35, 39, 50, 63, 95, 119, 133, 136, 148, 153, 167, 170, 184, 185, 187, 188, 189, 190, 202, 208, 222, 233, 235, 238, 242, 245, 246, 247, 253, 268, 283, 285, 300, 306, 315, 327, 341, 343, 346, 350, 354, 355, 356, 360, 361, 362, 365, 367, 368, 369, 373, 376, 378, 380, 381, 382, 383, 384, 385, 389, 391, 395, 397, 399, 400, 401, 402, 405, 407, 408, 409, 410, 414, 415, 420, 422, 423, 424, 425, 426, 427, 428, 429, 430, 431, 432, 433, 434, 435, 436, 437, 438, 439, 440, 441, 442, 443, 444, 445, 446, 447, 449, 450, 451, 452, 454, 456, 457, 459, 461, 462, 467, 468, 470, 471, 474, 475, 476, 477, 478, 479, 482, 483, 484, 485, 486, 489, 490, 491, 492, 493, 494, 500, 502, 503, 504, 507, 508, 510, 512, 513, 515, 520, 522, 523, 525, 526, 527, 528, 529, 530, 531, 533, 537, 540, 542, 543, 553, 554, 555, 556, 557, 558, 561, 562, 563, 564, 565, 566, 571, 574, 578, 579, 581, 583, 585, 586, 587, 591, 593, 594, 598, 599, 602, 607, 608, 614, 619, 625, 628, 629, 632, 637
基督做王一千年 millennium 483, 486
基督教 Christianity 3, 4, 5, 6, 8, 20, 32, 35, 39, 50, 95, 119, 133, 136, 148, 153, 167, 170, 184, 185, 187, 189, 190, 202, 208, 222, 233, 235, 238, 242, 245, 246, 247,

253, 268, 283, 300, 306, 315, 327, 341, 343, 346, 350, 354, 355, 356, 362, 365, 367, 368, 369, 373, 376, 380, 381, 382, 384, 385, 389, 391, 395, 399, 401, 402, 405, 407, 408, 409, 410, 414, 415, 422, 424, 427, 429, 430, 431, 432, 433, 434, 435, 436, 438, 439, 440, 441, 442, 443, 444, 445, 447, 454, 459, 461, 467, 468, 470, 471, 474, 475, 476, 477, 478, 484, 485, 486, 489, 491, 492, 493, 502, 503, 504, 508, 510, 512, 520, 522, 523, 525, 526, 527, 528, 529, 530, 531, 533, 537, 540, 542, 555, 556, 558, 561, 562, 564, 565, 566, 578, 579, 591, 593, 598, 599, 608, 614, 628, 629, 632

基督教的神明 Christian Providence 233

基督教倫理 Christian ethics 136, 242, 245

基督教哲學 Christian philosophy 268, 402, 407, 415, 439, 470, 555, 564, 565, 598, 614, 629

基督教神學 Christian theology 32, 35, 208, 385, 401, 443, 493, 629

基督登山訓衆 Sermon on the Mount 188

康巴尼亞 Campania 388

康托洛維茲，黑爾曼 Kantorowicz, Hermann 588

康拉德（亨利四世皇帝之子） Conrad, son of Emperor Henry IV 569

康馬根 Commagene 311

康莫多斯 Commodus 356, 357

康斯坦斯會議 Constance, Council of 583, 584, 585, 635, 638

康福德 Cornford, F.M. 44, 56, 57, 58, 67, 69, 201

康德 Kant, Immanuel 11, 62, 63, 206, 252, 253, 273, 274, 349, 365, 473, 554, 596, 621

彗星 comets 284

掃羅 Saul　406, 568
授職禮 investiture　551
排他性 exclusiveness　415, 419, 628
探究 inquiry　128, 478, 609, 617
推論 inferences　52, 80, 83, 175, 192, 220, 233, 270, 273, 274, 362, 391, 392, 488, 599
推羅 Tyre　26, 302
教士／牧師 priesthood　6, 7, 158, 162, 191, 200, 258, 259, 267, 315, 406, 438, 492, 502, 503, 509, 510, 515, 520, 521, 524, 525, 526, 533, 534, 551, 569, 570, 574, 575, 582, 590, 591, 592, 636, 637, 638
教皇（聖）格雷高里七世 Gregory VII (St.), Pope　6, 543, 547, 550, 551, 553, 629
教皇（聖）格雷高里二世 Gregory II (St.), Pope　525
教皇（聖）格雷高里三世 Gregory III (St.), Pope　520
教皇約翰二十二世 John XXII, Pope　617, 632
教皇約翰二十三世 John XXIII, Pope　635
教皇約翰十一世 John XI, Pope　529
教皇格雷高里九世 Gregory IX, Pope　592
教皇格雷高里十一世 Gregory XI, Pope　634
教皇格雷高里六世 Gregory VI, Pope　550
教條／教義 dogma(s)　1, 11, 12, 13, 45, 64, 113, 163, 246, 320, 321, 327, 332, 337, 375, 429, 564, 575, 577
教條主義／獨斷精神 dogma(s) tism　64, 320, 321, 332, 337, 375
教規 canon law　422, 505, 508, 509, 511, 514, 527, 547, 585, 590, 613, 634
教會；國家教會；新教教會 churches　3, 6, 7, 9, 10, 12, 45, 148, 172, 222, 258, 259, 314, 315, 373, 381, 382, 405, 406, 407, 408, 410, 411, 424, 432, 438, 440, 441, 447, 448, 449, 450, 451, 452, 453, 454,

457, 459, 460, 461, 462, 474, 482, 483, 484, 485, 486, 487, 488, 489, 490, 491, 492, 493, 499, 500, 502, 503, 504, 505, 508, 511, 513, 514, 516, 518, 519, 520, 521, 522, 524, 525, 526, 527, 528, 529, 536, 542, 544, 545, 546, 547, 548, 551, 566, 567, 568, 569, 570, 571, 573, 574, 575, 576, 577, 580, 582, 584, 586, 588, 589, 591, 592, 593, 594, 598, 607, 612, 615, 618, 619, 620, 621, 628, 629, 630, 631, 632, 633, 634, 635, 636, 638

教會的博士 Doctors of the Church 447

望遠鏡 telescope 194

梅因的羅得利克伯爵 Roderic, Count of Maine 24

梅洛斯島 Melos 121

梅迪奇家族 Medici family 9, 25

梅新尼亞 Messenia 140

梅達彭提翁 Metapontion 54, 57

梅達彭提翁的希巴索斯 Hippasos of Metapontion 57

梅薩山林娜 Messalina 354

條達穆斯 Teutamus 68

梭倫 Solon 93, 95, 170

欲望 desire 159, 232, 307, 318, 347, 356, 391, 541

殺人 murder 6, 132, 140

氫 hydrogen 48, 168

淨化 purification 35, 42, 45, 57, 135, 418

混合主義 syncretism 437

清教徒 Puritans 119, 133, 172, 325, 453, 573, 607, 633

現象 phenomenon 44, 76, 171, 174, 178, 180, 183, 184, 189, 192, 280, 292, 294, 296, 315, 321, 322, 337, 377, 384, 613

理念論 theory of ideas 153, 171, 172, 182, 199, 228, 389

理性/理由 reason 1, 4, 13, 33, 43, 44, 50,

56, 63, 67, 69, 76, 96, 98, 99, 169, 177, 178, 202, 204, 205, 207, 232, 237, 238, 239, 240, 241, 250, 269, 270, 350, 363, 371, 391, 395, 407, 408, 426, 437, 439, 479, 533, 536, 553, 554, 563, 564, 566, 575, 579, 581, 597, 599, 606, 607, 608, 615, 623, 624

理性／道／邏各斯 Logos 415, 436, 538, 539, 578

理性主義 rationalism 4, 44, 50, 63, 67, 69, 96, 98, 99

理智／知 intellect, head 7, 43, 56, 58, 63, 110, 154, 163, 172, 175, 177, 178, 180, 185, 189, 192, 199, 202, 204, 205, 208, 231, 240, 245, 247, 250, 251, 252, 253, 289, 308, 321, 322, 323, 357, 387, 390, 391, 392, 393, 394, 396, 397, 398, 399, 400, 401, 552, 578, 597, 601, 602, 605, 609, 615, 628

理論 theory 2, 8, 10, 12, 51, 58, 59, 61, 64, 65, 71, 78, 83, 87, 94, 96, 97, 98, 99, 100, 101, 102, 104, 105, 106, 107, 108, 117, 118, 137, 141, 145, 164, 166, 168, 173, 178, 180, 181, 183, 190, 195, 205, 206, 213, 226, 227, 229, 239, 241, 247, 251, 252, 255, 259, 273, 275, 277, 279, 280, 283, 284, 288, 289, 290, 291, 292, 293, 295, 296, 314, 329, 332, 334, 335, 352, 354, 365, 376, 386, 387, 407, 410, 437, 470, 472, 473, 476, 481, 484, 485, 523, 525, 553, 563, 565, 612, 616, 619, 626, 627, 634

理論哲學 theoretical philosophies 335, 387

畢托克里斯 Pythocles 334

畢達哥拉斯 Pythagoras 39, 51, 52, 53, 54, 55, 56, 57, 58, 59, 60, 62, 63, 66, 67, 68, 78, 85, 88, 91, 96, 98, 154, 155, 170, 172, 180, 185, 186, 193, 199, 201, 203,

207, 221, 235, 276, 287, 288, 291, 292, 293, 307, 315, 354, 388, 390, 432, 494, 627, 628
異端 heresy, heresies 10, 26, 389, 445, 446, 447, 452, 460, 461, 466, 469, 484, 486, 487, 490, 492, 493, 500, 504, 510, 512, 513, 519, 527, 535, 540, 541, 553, 564, 566, 570, 571, 573, 575, 576, 579, 580, 582, 584, 589, 590, 591, 592, 594, 597, 606, 607, 611, 618, 631, 632, 634, 636
眾議院 Commons, House of 583, 638
祭司／教士／神父 priest(s) 19, 20, 35, 36, 37, 45, 70, 286, 320, 328, 379, 421, 422, 424, 425, 429, 431, 445, 450, 482, 503, 506, 507, 512, 513, 522, 527, 542, 543, 544, 545, 549, 551, 583, 589, 591, 596, 607, 627, 628, 629, 636, 637, 638
祭奠 sacrifice 419
笛卡兒 Descartes, René 11, 61, 63, 107, 108, 367, 473, 554, 596, 621
笛卡兒主義／笛卡兒哲學 Cartesianism 596
符號 symbols 26, 207, 217, 218, 219, 311, 623, 624
第一原因／最初原因／初因 First Cause 539, 600
第二以賽亞 Deutero Isaiah 420
第三個人 third man 182, 225
統一性／單一性 unity 1, 8, 56, 230, 236, 259, 396
習俗 convention 25, 27, 225, 305, 317, 499, 594
荷馬 Homer 23, 26, 27, 28, 29, 30, 40, 44, 66, 68, 92, 94, 95, 132, 158, 159, 369, 376, 443, 561
莎士比亞 Shakespeare 54, 80, 240
莎龍 Chalons 490, 492
莫爾 Moore, G.E. 486, 597
莫爾，湯瑪斯爵士 More, Sir Thomas 486,

597
莫爾貝克人維廉 William of Moerbeke 597
蛇 serpent 434, 484
設定 hypotenuse 141, 149, 258, 317
貨幣 capital 141, 149, 258, 317
逍遙學派 Peripatetics 376
野蠻人 savage(s) 5, 25, 32, 33, 162, 224, 264, 265, 267, 301, 302, 304, 340, 372, 373, 378, 382, 401, 402, 458
陰間 Sheol 19, 337, 427, 428
陶奈 Tawney, R.H. 258
陶斯 Taos 329
陶醉 intoxication 639
麥肯那，斯蒂芬 McKenna, Stephen 390, 392
麥迪那 Medina 556

十二畫

凱撒，尤里烏斯 Caesar, Julius 338
割禮 circumcision 419, 423, 424, 425, 426, 434
創世 creation 102, 103, 104, 397, 398, 399, 427, 437, 470, 471, 476, 479, 481, 484, 538, 539, 540, 565, 613, 624
創世主 Creator 102, 103, 104, 538
勝利女神 Victory 449, 499
勞克瑞 Locri 53
喀里克里斯 Callicles 119
喀修斯 Cassius 619
喀爾文 Calvin, John 259, 447, 487
喀薩利派 Cathari 589, 590
喻那人 Yonas 305
報復 retaliation 121, 223, 431, 453, 527, 551
富勒伯特 Fulbert 577
富蘭克林，班傑明 Franklin, Benjamin 62, 338
幾何／幾何學 geometry 18, 47, 61, 62, 63, 65, 137, 149, 155, 177, 178, 185, 186,

196, 205, 286, 287, 289, 290, 296, 394, 612
復仇 revenge 415, 436, 591
復活 resurrection 29, 58, 77, 83, 85, 104, 186, 290, 343, 354, 367, 420, 428, 438, 442, 443, 446, 475, 480, 483, 484, 485, 506, 510, 515, 525, 564, 571, 590, 607, 608, 625, 627, 628
復活節 Easter 506, 515, 525, 571, 625, 628
悲劇 tragedy 39, 92, 127, 172, 187
悲觀主義／悲觀論 pessimism 314, 386
揀選 elect 414, 418, 484
提阿那的亞波羅 Apollonius of Tyana 380
斐狄阿斯 Pheidias 93, 97, 114, 120, 360
斯巴達 Sparta 4, 24, 25, 27, 30, 31, 92, 94, 95, 119, 120, 121, 125, 139, 140, 141, 142, 143, 144, 145, 146, 147, 148, 149, 150, 151, 152, 153, 154, 166, 170, 369, 614, 615
斯瓦桑 Soissons 577
斯多噶派 Stoics 4, 5, 67, 135, 245, 302, 315, 316, 318, 321, 326, 328, 329, 331, 344, 345, 346, 348, 349, 350, 351, 352, 353, 354, 356, 357, 360, 362, 363, 364, 365, 366, 367, 369, 374, 375, 376, 381, 382, 389, 393, 396, 401, 426, 432, 494
斯多噶哲學／斯多噶主義 Stoicism 4, 315, 319, 328, 343, 344, 346, 348, 349, 352, 353, 362, 366, 375
斯波萊脫 Spoleto 504
斯非魯斯 Sphaerus 366
斯垂登 Stridon 454
斯塔吉拉 Stagyra 222
斯萬斯赫德 Swineshead 622
斯賓諾莎 Spinoza 63, 175, 233, 387, 433, 471, 539, 566, 586
普拉提亞 Plataea 30, 145, 146
普洛克魯斯 Proclus 287, 555

普勞圖斯 Plautus 457
普遍 universality 20, 27, 43, 64, 65, 73, 156, 174, 186, 221, 272, 284, 288, 293, 294, 296, 302, 312, 321, 338, 341, 350, 363, 367, 371, 382, 409, 419, 423, 443, 445, 488, 502, 519, 529, 530, 540, 562, 578, 586, 618, 633
普魯塔克 Plutarch 139, 141, 147, 148, 149, 150, 151, 152, 294, 324, 325, 375
普羅米修斯 Prometheus 43, 318, 427
普羅泰戈拉 Protagoras 94, 100, 112, 116, 117, 120, 210, 211, 220, 307, 320, 401, 473
普羅提諾 Plotinus 384, 385, 386, 387, 388, 389, 390, 391, 393, 395, 396, 397, 399, 400, 401, 402, 434, 437, 478, 495, 537, 540, 554, 555, 560, 568, 628
智力／才智 intelligence 98, 118, 460, 473, 510, 561, 565, 613, 625
智者 Sophists 88, 94, 100, 104, 111, 112, 113, 114, 115, 116, 117, 118, 119, 120, 124, 128, 167, 320, 495, 538, 612
最後的審判 Last Judgment 427, 475, 530, 599
最終因 final cause 102, 103
殖民地 colonies 24, 47, 78, 170, 309, 310, 529
殘忍 cruelty 491
測不定原理 indeterminacy 336
湯瑪斯・阿諾德 Arnold, Thomas 86, 139, 570, 571, 582
無政府主義 anarchism 10, 11, 13, 593
無政府狀態 anarchy 7, 9, 220, 408, 510, 519, 528, 529, 530, 638
無神論 atheism 98, 129, 130
無理數 irrationals 287, 288, 289
無產階級 proletariat 486
猶大 Judah 415, 416, 417, 424, 427, 619

猶太 Judea 10, 47, 50, 202, 258, 306, 311, 378, 380, 382, 414, 415, 416, 417, 418, 419, 420, 421, 422, 423, 424, 425, 426, 427, 429, 430, 431, 432, 433, 434, 435, 436, 438, 439, 441, 442, 443, 444, 452, 453, 454, 461, 462, 477, 478, 482, 484, 485, 486, 491, 511, 512, 531, 557, 566, 569, 573, 574, 591, 592, 628, 632
猶太人 Jews 47, 258, 306, 311, 378, 382, 414, 415, 416, 417, 418, 419, 420, 421, 422, 423, 424, 425, 426, 427, 429, 430, 431, 432, 433, 434, 435, 436, 438, 442, 443, 444, 452, 453, 454, 461, 477, 478, 482, 484, 485, 491, 511, 512, 531, 557, 566, 569, 573, 574, 628, 632
〔猶太人的〕流亡 Dispersion 30, 85, 409, 417, 418, 419, 424, 431, 450, 534, 550
猶太人會堂 synagogues 419, 452, 453
猶太教 Judaism 50, 202, 380, 414, 415, 416, 419, 423, 424, 426, 427, 431, 433, 434, 436, 441, 442, 486, 592, 628
琴斯／靳斯，J.H.爵士 Jeans, Sir J.H. 63
童貞 virginity 449, 454, 456, 459, 463, 488, 491, 492
策勒爾，愛德華 Zeller, Eduard 100, 101, 117, 230
絕對 Absolute 6, 12, 25, 54, 56, 105, 106, 107, 108, 133, 159, 160, 162, 172, 173, 177, 180, 182, 192, 195, 196, 197, 221, 263, 284, 321, 336, 370, 426, 430, 438, 462, 558, 559, 561
絕對君主制國家／君主專制 absolute monarchy 558
絕對空間 absolute space 106, 108
絕對相等 absolute equality 195, 196, 197
腓尼基人 Phoenicians 24, 25, 26, 302, 345, 379
華盛頓 Washington, George 73, 80, 81, 82,

83, 218
菲爾杜錫 Firdousi 561
菲羅・猶達歐斯 Philo judaeus 432, 437
萊布尼茲 Leibniz 107, 108, 554, 616, 617
萊姆斯 Rheims 536, 575
萊庫格斯 Lycurgus 139, 141, 143, 144, 146, 147, 148, 149, 150, 151, 152
虛空 void 97, 101, 105, 106, 107, 108, 336, 437
貴族的 oligarchy 95, 155, 158, 262, 341, 369, 408, 442, 449, 516, 519, 528, 542
貴族政權 plutocracy, plutocrat 59
費希特 Fichte, Johann Gottlieb 11
貿易 commerce, trade 21, 24, 47, 120, 149, 257, 258, 264, 369, 559, 574, 587, 630
超人 superman 28, 64
距離 distance 12, 48, 98, 108, 147, 284, 286, 291, 292, 293, 295, 310, 353, 431, 463, 501, 533
進步 progress 19, 50, 64, 65, 74, 102, 180, 222, 228, 234, 251, 268, 282, 290, 348, 385, 473, 530, 534, 542, 596, 629, 636
階級 classes 7, 20, 24, 27, 28, 34, 45, 46, 94, 112, 113, 114, 129, 143, 156, 157, 158, 160, 163, 165, 244, 253, 258, 262, 315, 358, 369, 371, 377, 407, 408, 422, 435, 444, 449, 455, 486, 529, 549, 589, 630, 632, 638
階級鬥爭 class struggle, class war 46
雅典學院／學園 Academy of Athens 477
雅庫布・優蘇夫，阿部 Yaqub Yusuf, Abu 563
雅森（猶太教大祭司） Jason, Jewish high priest 422
順從 obedience 320, 422, 505, 519, 522
黑死病 Black Death 617
黑格爾 Hegel, Georg Wilhelm Friedrich 12, 72, 78, 172, 183, 210, 223, 248, 274,

554, 596
黑暗時代 dark ages　5, 95, 407, 447, 526

十三畫

亂倫 incest　499
圓錐曲線 conic sections　290, 297
塔因 Tarn, W.W.　305, 309, 344, 353
塔西陀 Tacitus　305, 355
塔利 Tully　466
塔拉斯 Taras　170
塔曼尼派 Tammany　113
塔斯苛拉姆人 Tusculum　547
塔斯苛拉姆人阿勒伯利克 Alberic of Tusculum　547
塔爾特蘇斯 Tartessus　52
塔模斯 Tammuz　418
塔蘭多 Taranto　170
塞伯得 Thebaid　503
塞克斯托・恩皮里庫斯 Sextus Empiricus　294, 326, 361
塞涅卡 Lucius Annaeus (Seneca)　311, 344, 347, 349, 354, 355, 466, 494, 612
塞琉古（希臘天文學家） Seleucus, Greek astronomer　294, 304, 305, 310
塞琉西王朝 Seleucids　304, 310, 352, 421, 422
塞琉西亞 Seleucia　305
塞爾維斯特二世（蓋爾伯特）教皇 Sylvester II (Gerbert), Pope　544
奧卡姆 Ockham　595, 611, 617, 618, 619, 620, 621, 622, 623, 624, 625, 626, 632
奧卡姆的威廉 William of Occam　611, 617, 619, 620, 621, 626, 632
奧古斯都 Augustus　338, 343, 369, 370, 371, 372
奧尼爾，歐根 O'Neill, Eugene　42
奧西里斯 Osiris　19
奧克撒爾的海爾利克 Heiric of Auxerre　534

奧林帕斯的神 Olympias　28, 39, 56, 327, 340
奧林帕斯的神祇 Olympian gods　28
奧林匹克運動會 Olympic Games　266
奧菲斯 Orpheus　35, 36, 38, 39, 40, 42, 43, 44, 45, 51, 56, 58, 63, 85, 90, 91, 117, 132, 135, 154, 172, 189, 190, 194, 224, 340, 354, 380, 414, 442, 468, 627, 628
奧菲斯教（義）Orphism　35, 43, 51, 63, 91
奧瑞斯提斯 Orestes　29
奧德斯 Oates, W.J.W.J.　331, 332, 359
奧德賽 Odyssey　26
奧諾謨斯 Oinomaos　29
奧蘭治宗教會議 Orange, Council of　487
嫉妒 envy　112, 149, 150, 191, 202, 334, 360, 463, 507
微分方程式 differential equations　108
想像 imagination　12, 23, 31, 32, 34, 35, 43, 59, 60, 63, 64, 66, 79, 80, 81, 101, 106, 109, 110, 118, 125, 126, 131, 138, 147, 152, 157, 168, 204, 206, 215, 221, 223, 229, 231, 276, 277, 279, 280, 281, 290, 292, 302, 303, 304, 311, 319, 332, 357, 358, 365, 387, 390, 391, 395, 397, 472, 531, 577, 582, 594
意志 will　160, 168, 175, 246, 247, 281, 291, 336, 337, 339, 347, 359, 362, 363, 364, 365, 366, 399, 400, 402, 439, 468, 471, 477, 479, 481, 486, 487, 505, 519, 523, 524, 525, 527, 528, 536, 541, 544, 551, 552, 559, 568, 570, 572, 574, 584, 585, 603, 605, 615, 618, 620, 621
意見 opinion　9, 10, 26, 54, 65, 79, 86, 101, 109, 110, 116, 117, 126, 138, 167, 168, 169, 170, 172, 173, 174, 178, 183, 184, 194, 201, 202, 205, 211, 212, 220, 223, 241, 258, 259, 275, 283, 293, 294, 327, 351, 445, 481, 538, 540, 574, 575, 606
意義 meaning　1, 7, 30, 31, 36, 45, 46, 49,

52, 57, 58, 59, 60, 80, 81, 82, 83, 103, 105, 107, 117, 136, 141, 155, 158, 160, 164, 165, 168, 172, 173, 174, 180, 181, 192, 194, 195, 196, 198, 207, 211, 213, 215, 216, 217, 218, 219, 220, 221, 225, 226, 227, 228, 229, 230, 231, 232, 235, 237, 238, 240, 242, 244, 246, 247, 251, 253, 259, 265, 271, 272, 275, 281, 282, 283, 284, 296, 307, 313, 319, 336, 344, 347, 349, 355, 366, 382, 387, 405, 406, 410, 415, 424, 426, 438, 461, 470, 471, 473, 486, 512, 516, 518, 520, 526, 532, 538, 554, 564, 566, 575, 578, 581, 598, 601, 608, 617, 623, 624

意識 consciousness 110, 121, 166, 198, 279, 280, 384, 408, 460, 461, 531, 542

愛比克泰德 Epictetus 344, 345, 354, 355, 356, 357, 358, 360, 361, 364, 375

愛因斯坦 Einstein, Albert 54, 107, 108, 296

愛西尼教派 Essenes 422

愛狄爾伯特 Edilbert 515

愛里斯 Elis 319

愛林尼 Erinyes 72

愛神（阿佛洛狄忒） Aphrodite 87, 88

愛梅薩山 Emesa 379

愛奧尼亞（人）Ionia, Ionians 23, 24, 25, 29, 30, 43, 44, 46, 47, 50, 51, 53, 66, 67, 78, 88, 92, 96, 97, 98, 100, 119, 120, 134, 149, 160

愛德華一世 Edward I 631

愛德華八世 Edward VIII 527

愛德華三世 Edward III 618, 621

愛德華四世 Edward IV 638

愛默生 Emerson, Ralph Waldo

感官 sense(s) 60, 62, 63, 79, 82, 105, 110, 154, 173, 177, 178, 189, 190, 191, 192, 197, 198, 205, 209, 210, 214, 316, 319, 320, 345, 366, 387, 394, 540, 605, 624

感情 feeling 8, 28, 33, 34, 39, 44, 82, 142, 162, 164, 167, 175, 224, 239, 244, 248, 253, 254, 259, 262, 263, 277, 309, 318, 329, 330, 335, 344, 348, 349, 385, 392, 395, 400, 402, 409, 410, 414, 430, 435, 446, 458, 459, 473, 481, 486, 492, 571, 576, 580, 586, 589
感覺 sensation 32, 62, 79, 89, 98, 110, 116, 144, 154, 173, 174, 177, 179, 182, 185, 189, 191, 195, 196, 197, 204, 206, 207, 208, 210, 213, 214, 215, 232, 233, 234, 236, 314, 336, 349, 360, 380, 383, 389, 390, 391, 393, 394, 401, 457, 462, 483, 569, 600, 625
感覺世界 sensible world 154, 174, 177, 185, 206, 234, 393, 394
新教 protestantism 10, 11, 259, 444, 448, 460, 462, 485, 510, 548, 592, 619, 620, 638
新教徒 protestants 10, 11, 259, 444, 448, 460, 462, 485, 619, 620
暗殺黨 Assassins 561
會意文字 ideograms 19
極權主義 totalitarianism 154
概念 conception 4, 84, 103, 108, 196, 203, 209, 217, 218, 219, 228, 232, 233, 248, 256, 261, 275, 276, 282, 296, 381, 382, 387, 391, 414, 415, 471, 474, 486, 539, 562, 578, 601, 617, 623
溫泉峽 Thermopylae 145
滂士斯的赫拉克利德 Heraclides of Pontus 293
滑稽戲 Satyric drama 134
煉丹術／煉丹／煉金術 alchemy 59, 70, 383
煉金術／煉丹術／化學 chemistry 383, 433, 561, 565, 611, 612
煉獄 purgatory 9, 199, 200, 543, 591
節育 birth control 605

節制 temperance 110, 136, 159, 160, 190, 198, 264
經院哲學／經院主義 scholasticism 291, 383, 401, 410, 517, 538, 542, 555, 562, 565, 567, 568, 574, 575, 581, 582, 583, 596, 602, 611, 614, 616, 617, 620, 621, 626
經驗 experience 12, 18, 43, 47, 48, 58, 59, 62, 82, 103, 104, 106, 108, 137, 147, 175, 176, 192, 193, 195, 196, 197, 209, 217, 220, 231, 254, 255, 262, 286, 327, 352, 364, 380, 393, 394, 410, 550, 562, 578, 580, 600, 615, 629
經驗主義 empiricism 193, 220, 352, 562, 578, 629
義務 duty 92, 162, 319, 449, 450, 462, 557, 566, 594, 636
聖女貞德 Joan of Arc, St. 133, 592
聖戈勒 Gall, St. 525
聖父 Father, God the 437, 445, 539, 576, 607
聖吉爾塔修道院 St. Gildas 577
聖多明尼克 Dominic, St. 592, 594
聖安布洛斯 Ambrose, St. 410, 411, 446, 447, 448, 449, 450, 452, 453, 499, 510, 535, 629
聖安東尼 Anthony, St. 502, 503
聖安瑟勒姆 Anselm, St. 410, 553, 555, 575, 579, 614
聖湯瑪斯 Thomas, St. 385, 407, 549, 596, 597, 598, 602, 603, 604, 606, 608, 609, 611, 613, 614, 615, 616, 617, 621, 625, 629
聖伯納德 Bernard, St. 547, 571, 579, 580, 581
聖彼得 Peter, St. 434, 455, 482, 549, 550
聖阿撒那修斯 Athanasius, St. 503
聖保羅 Paul, St. 187, 195, 355, 407, 426, 429, 434, 437, 455, 468, 484, 487, 488,

492, 530, 537, 540, 545, 546, 591
聖科倫巴 Columba, St. 503, 515
聖傑羅姆 Jerome, St. 432, 438, 446, 447, 449, 455, 482, 503, 504, 612
聖博納梵圖拉 Bonaventura, St. 611, 614
聖雅各 James, St. 434, 512
聖殿騎士團 Templars 631, 632
聖經 Sacred Book 10, 20, 283, 284, 405, 415, 416, 419, 420, 428, 432, 438, 439, 443, 447, 453, 454, 455, 464, 479, 481, 482, 483, 485, 488, 537, 540, 557, 568, 577, 578, 613, 619, 628, 629, 637
聖像破除令異端 iconoclast heresy 519
聖蒙尼卡 Monica, St. 463
聖鄧尼修道院 St. Denis 537, 577
聖餐 Sacrament(s) 35, 39, 543, 627
聖職買賣 simony 510, 512, 544, 548, 549
聖邊奈狄克特 Benedict, St. 502, 504, 505, 507, 508, 509
腦昔芬尼 Nausiphanes 329, 330, 331
蒂孟 Timon 321, 322
該隱 Cain 481
詹姆士．威廉 James, William 176, 439
資本主義 capitalism 258, 355
賈羅 Jarrow 526
路易二世皇帝 Louis II, Emperor 527
路特渥爾茲 Lutterworth 636, 638
農民 peasants 25, 31, 95, 422, 431, 512, 637, 638
農民起義 Peasants' Revolt 637
逾越節 Passover 628
運命／命運 Destiny 28, 164
運命／命運之神 fate 133, 477
過程 process 4, 11, 19, 34, 44, 50, 65, 75, 76, 77, 82, 91, 94, 95, 102, 103, 109, 110, 129, 182, 196, 210, 211, 221, 228, 231, 234, 237, 252, 267, 336, 346, 348, 372, 400, 401, 406, 410, 436, 446, 447,

474, 539, 549, 555, 608, 639
道／話語 Word 70, 513, 601
道家 Taoists 318
道德 moral(s), morality 9, 11, 20, 21, 28, 33, 51, 52, 57, 63, 100, 111, 112, 117, 118, 119, 120, 155, 159, 185, 189, 190, 191, 240, 241, 242, 245, 246, 247, 254, 261, 266, 312, 313, 318, 320, 324, 325, 328, 335, 348, 349, 356, 361, 364, 365, 366, 375, 377, 387, 401, 402, 408, 410, 414, 415, 421, 422, 423, 438, 441, 443, 444, 453, 455, 476, 477, 478, 481, 483, 486, 487, 504, 510, 511, 523, 524, 530, 542, 544, 545, 546, 548, 550, 584, 589, 591, 594, 605, 606, 607, 628, 630, 636
達弗尼 Daphnae 47
達米安，聖彼得 Damian, St.Peter 544, 547, 549, 553
雷格納諾 Legnano 572
雷蒙德六世，路斯伯爵 Raymond VI, Count of Toulouse 584
雷諾茲，約書亞爵士 Reynolds, Sir Joshua 341
雷繆斯 Remus 443
預定說 predestination 485, 536

十四畫

僧侶 monasteries 154, 162, 258, 311, 406, 407, 408, 422, 440, 444, 445, 449, 482, 486, 502, 503, 504, 505, 510, 526, 527, 529, 530, 535, 536, 542, 543, 544, 545, 546, 549, 551, 552, 553, 565, 567, 569, 570, 571, 572, 589, 591, 592, 593, 594, 595, 597, 606, 612, 614, 616, 621, 631, 632, 636, 637
僭主制 tyranny 25, 260, 261, 263, 369
嘎里戈里阿諾 Garigliano 529
圖拉真 Trajan 372, 375

圖林 Turin 512
圖路斯 Toulouse 584, 590
圖爾人貝隆嘎 Berengar of Tours 553
圖爾的聖馬丁 Martin of Tours, St. 506, 526
實用主義 pragmatism 59, 116, 117, 211, 290
實在／實在性 reality 68, 103, 106, 108, 118, 154, 171, 174, 178, 180, 182, 183, 184, 189, 192, 193, 205, 230, 276, 291, 387, 395, 538, 554, 564, 576, 607, 608, 615, 636
實在論 realism 538, 615, 636
實踐哲學 practical philosophies 130
實驗 experiment 2, 185, 192, 194, 255, 614
實體 substance 76, 84, 86, 88, 107, 108, 226, 231, 275, 276, 277, 362, 461, 467, 468, 471, 539, 540, 576, 601, 613, 616, 617, 622
對數 logarithms 154, 287, 389
歌革和瑪各 Gog and Magog 483
歌德 Goethe 314
演化／演進／進化 evolution 50, 74, 87, 232, 234
演繹 deduction 18, 47, 52, 62, 65, 94, 270, 271, 273, 274, 275, 289, 321, 367
漢尼拔 Hannibal 368
漢撒諸城市 Hanse towns 630
瑣羅亞斯德 Zoroaster or Zarathustra, Zoroastrians 30, 380
瑪姆茲伯利的維廉 William of Malmesbury 536
瑪律西翁 Marcion 591
瑪律庫斯 Malchus 324, 325, 387
瑪柔霞 Marozia 529
磁石 Magnet 48
福士丁納 Faustina 356
福西亞 Phocaea 310
福音書 Gospels 187, 385, 429, 430, 436, 438, 439

福勒克 Foulques, Guy de 611
算數 arithmetic 288
精神／心／靈魂 mind, spirit 4, 5, 6, 7, 10, 11, 34, 35, 51, 65, 117, 120, 133, 147, 154, 162, 171, 185, 189, 192, 194, 202, 235, 236, 257, 266, 268, 309, 315, 343, 349, 364, 376, 389, 390, 391, 401, 402, 406, 407, 415, 429, 435, 441, 450, 455, 461, 472, 473, 480, 499, 508, 509, 540, 545, 558, 575, 583, 593, 604, 606, 609, 623, 624, 630, 632, 639
維吉爾 Virgil 458, 525
維克多二世教皇 Victor II, Pope 548
維克多四世（偽羅馬教皇） Victor IV, Antipope 572
維格納．彼得．德拉 Vigna, Pietro della 587, 588
蒙特．卡西諾 Monte Cassino 504, 505, 506, 508, 529, 597
蒙揀選的人／被揀選的人／選民 election 414
蒲爾斐利 Porphyry 273, 274, 387, 388, 401, 480, 613, 628
蓄妾 concubinage 544, 545
蓋森．讓．德 Gerson, Jean de 622, 634
蓋爾伯特 Gerbert 513, 544, 552
蓋蘭 Galen 562
裴里歐齊 perioeci 140, 143
裴拉鳩斯 Pelagius 455, 469, 470, 486, 487, 509, 615
裴拉鳩斯二世教皇 Pelagius II, Pope 509
裴拉鳩斯教義／裴拉鳩斯教派 Pelagianism 487
裴特利亞書版 Petelia tablet 38
認識 cognition 44, 66, 68, 107, 159, 163, 172, 178, 180, 181, 182, 214, 264, 272, 274, 279, 286, 320, 338, 342, 372, 374, 381, 385, 391, 394, 468, 508, 538, 555, 566, 574, 578, 579, 581, 582, 597, 600,

601, 602, 603, 607, 613, 614, 622, 624
認識論 theory of knowledge, epistemology 272, 274, 578, 622
赫卡泰 Hecataeus 68
赫米阿斯 Hermias 222, 223
赫西阿德 Hesiod 66, 68, 132, 158
赫里奧加巴魯／艾羅加巴魯 Heliogabalus 379
赫拉克利特 Heraclitus 64, 66, 67, 68, 69, 70, 71, 72, 73, 74, 76, 77, 78, 79, 85, 88, 96, 107, 154, 164, 173, 210, 212, 213, 344, 345, 351
赫斯教派 Hussites 591
赫頓 Hutton, Ven.W.H. 509
遣使 missionaries 305
齊拉諾人湯瑪斯 Thomas of Celano 593

十五畫

儀器 instruments 195, 295
墨洛溫王朝 Merovingians 520
墨索里尼・貝尼托 Mussolini, Benito 493
德西德流斯（偉恩的主教） Desiderius, bishop of Vienne 513
德洛斯 Delos 309
德勒斯 Teles 319
德國哲學 German philosophy 535, 563
德爾菲 Delphi 69
德謨克里特 Democritus 99, 100, 101, 102, 108, 110, 111, 116, 222, 280, 283, 288, 329, 332, 336, 346
摩尼基烏斯 Manichus 465
摩尼教 Manichism 190, 435, 459, 464, 465, 466, 467, 468, 469, 471, 480, 590
摩立斯皇帝 Maurice, Emperor 514
摩西 Moses 432, 434, 436, 439, 441, 566, 581, 586, 628
摩西的律法 Mosaic Law 434, 436

摩爾人 Moors 374, 433, 510, 520, 563, 566
撒旦 Satan 191, 308, 479, 481, 483, 488, 502, 506, 508, 593, 619, 627, 628, 632
撒母耳 Samuel 406, 453, 568, 581
撒伯留斯 Sabellius 445
撒伯留斯異端 Sabellian heresy 445
撒克森尼人約但 Jordan of Saxony 594
撒克遜人 Saxons 260, 523, 534, 551
撒拉森人 Saracens 501, 526, 529, 530, 542
撒馬利亞 Samaria 424
撒馬其亞人 Sarmatians 458
撒都該人 Sadducees 423, 427
撒魯斯特 Sallust 458
暴力／力 force 144, 169, 528
樂觀主義／樂觀論／樂觀精神 optimism 64, 110, 232, 252, 386, 387
樣式 modality 360, 431, 493, 609
歐文 Owen, Robert 5, 530, 531
歐利根 Origen 389, 395, 405, 432, 437, 438, 439, 440, 443, 455, 470, 479, 484, 541, 629
歐利斯姆人尼古拉 Nicholas of Oresme 626
歐里庇得斯 Euripides 32, 36, 39, 40, 92, 120, 121, 130, 255
歐幾里得 Euclid 61, 62, 206, 288, 289, 290, 307, 321, 367, 579, 612
歐維德 Ovid 458
歐濟曼底亞斯 Ozymandias 311
潘恩 Pan 31, 40
熱忱／激情狀態／激情主義 enthusiasm 318, 401, 499, 530
瘟疫 Plague 114, 120
窮盡 exhaustion 288, 289
範疇 category 217, 274, 275, 465, 555, 622
蔑視／鄙視／鄙薄 contempt 65, 181, 243, 387, 638
衛理教派／美以美會／衛理公會 Methodism 44, 341

衝動 impulse 29, 33, 223, 391, 460, 593
課稅 taxation 558
論斷 consequent 60, 192, 213, 219, 220, 360, 599
質子 protons 76
適者生存 fittest, survival of the 87, 282
適應 adaptation 4, 10, 158, 335, 400, 485, 608, 629
鄧斯・司各脫，約翰 Duns Scotus, John 595, 611, 615, 616, 617, 622
魯西安 Lucian 326, 378
魯芬納斯 Rufinus, Tyrannius 455
魯康 Lucan 355
魯提利安努 Rutilianus 378, 379
魯斯提庫，克溫圖斯・尤尼烏斯 Rusticus, Quintus Junius 361

十六畫

學院派 Academicians 467, 483, 581
曆法 calendar 561
機械的解釋 mechanical explanations 98, 102
機械論／力學 mechanics 103, 154
澤里格博士 Seeliger, Dr. Gerhard 524
獨占 monopoly 7
獨立性／獨立／自由狀態 independence 7, 13, 111, 540
獨立宣言 Declaration of Independence 62
獨裁 dictatorships 59, 267
獨裁者 dictator 59
盧多勒夫（士瓦本公爵） Rudolf, Duke of Swabia 552
盧克萊修 Lucretius 86, 332, 334, 338, 340, 341, 343
盧梭 Rousseau, Jean Jacques 12, 139, 311, 318, 460
穆罕默德 Mohammed 382, 435, 516, 556, 557, 558, 559, 560, 586

穆迪，厄內斯特 Moody, Ernest E.　621
穆萊，吉伯特 Murray, Gilbert　28, 311, 329, 346, 524
興克瑪爾 Hincmar　536
諾亞 Noah　184, 482, 580, 613
諾桑布利亞 Northumbria　515
諾索斯 Knossos　22, 326
諾斯替派 Gnosticism　184, 393, 394, 395, 398, 399
謂語 predicates　84, 219, 225, 248, 273, 277
選言 disjunction　351
霍布斯 Hobbes, Thomas　12, 448
霍恩施陶芬皇族 Hohenstaufen family　586
霍諾留斯三世教皇 Honorius III, Pope　586
鮑尼法斯八世教皇 Boniface VIII Pope　630, 631, 632
鮑依修斯 Boethius　290, 407, 410, 449, 493, 494, 498, 499, 555, 579, 580
鮑勒，約翰 Ball, John　638
鮑斯威爾，詹姆士 Boswell, James　341
鮑薩尼亞斯 Pausanias　146

十七畫

壓力集團 pressure groups　444
彌賽亞／救世主 Messiah　415, 420, 427, 428, 439, 454, 486, 588
戴奧尼索斯 Dionysus　32, 35, 36, 39, 44, 45, 56
濟慈 Keats, John　340
繆索斯 Musaeus　132
薄伽丘 Boccaccio, Giovanni　573
謙卑 humility　245, 407, 429
賽比耶 Seville　511
賽克洛普 Cecrops　362
邁蒙尼德斯 Maimonides　433, 566
邁錫尼文明 Mycenaean civilization　23, 24
醜漢（西勒努斯）Silenus　134
隱士 Hermits　502, 503, 506, 547, 549

十八畫

歸納 induction 65, 138, 272, 274

舊教徒 Old Believers 512

薩萬納羅拉 Savonarola, Girolamo 639

薩爾底斯 Sardes 53

薩爾恭一世 Sargon I 311

薩摩 Samos 52, 53, 186, 293, 305, 329, 350, 354, 515

薩摩的亞里士達克 Aristarchus of Samos 293, 305, 350, 354

謹慎／遠慮／審慎 prudence 62, 161, 272, 437, 611

醫學 medicine 54, 87, 562, 563, 565, 630

雙重真理／二重真理 double truth 597

魏勒夫 Welf 586

十九畫

懷疑 doubt 67, 78, 93, 96, 104, 111, 112, 116, 117, 118, 120, 121, 126, 133, 163, 176, 195, 235, 300, 307, 314, 316, 319, 320, 321, 322, 323, 326, 327, 332, 345, 346, 349, 353, 354, 356, 361, 374, 375, 378, 431, 432, 467, 477, 483, 486, 494, 561, 570, 571, 581, 592, 597

懷疑論／懷疑主義／懷疑精神 scepticism 67

羅什 Loches 575

羅拉德派 Lollards 638

羅倫佐，偉業公 Lorenzo the Magnificent 521

羅素 Russell, Bertrand 430

羅馬人，羅馬人書 Romans, Epistle to the 23, 290, 297, 304, 308, 310, 324, 325, 343, 344, 352, 358, 371, 374, 375, 376, 377, 378, 381, 431, 436, 450, 455, 458, 459, 474, 477, 479, 487, 490, 516, 522, 529, 547, 548, 615, 633

羅馬共和國 Roman republic 338

羅馬法 Roman law 493, 515, 568, 570, 573,

587
羅馬的征服 Roman conquests　378
羅得斯島人潘尼提烏 Panaetius of Rhodes
羅斯 Rose, H.J.　26, 31, 46, 53, 287, 288, 311, 358, 370, 373, 380, 432, 444, 512
羅塔二世（洛林王） Lothar II, King of Lorraine　526, 527
羅塞林 Roscelin　553, 555, 575, 576, 578, 581
羅楚德（查理曼的女兒）Rotrud, daughter of Charlemagne　524
羅繆魯斯 Romulus　443, 477
羅躍拉，聖伊格那丟 Loyola, St. Ignatius　594
證據 evidence　22, 25, 47, 81, 104, 177, 195, 196, 220, 236, 253, 257, 272, 294, 301, 392, 398, 637
邊沁 Bentham, Jeremy　110, 253, 314, 334, 343
邊奈狄克特教規 Benedictine rule　504
邊奈狄克特教團 Benedictine Order　504, 505, 525
關係字 Relation-words　180, 227, 228
關係性命題 relational propositions　210
難民 refugees　501, 639

二十畫

獻牲牛 Taurobolium　442
競爭 competition　52, 58, 307, 309, 370, 372, 380, 442, 443, 611, 617, 628, 633
競賽 tournaments　57, 453, 505
蘇拉克特 Soracte　522
蘇格拉底 Socrates　17, 73, 78, 93, 94, 97, 98, 100, 102, 111, 112, 119, 120, 121, 123, 124, 125, 126, 127, 128, 129, 130, 132, 133, 134, 135, 136, 137, 153, 154, 156, 161, 168, 175, 180, 181, 182, 187, 188, 189, 190, 191, 192, 195, 196, 197,

199, 200, 201, 202, 210, 211, 217, 224, 225, 266, 269, 271, 272, 273, 276, 287, 289, 307, 316, 322, 323, 341, 345, 347, 363, 371, 401, 473, 494, 495, 609, 623, 624

蘇菲派 Sufi sect 561

觸覺 touch 214, 215

議會 Cortes, Parliament 584, 587, 633

蘭普薩古 Lampsacus 310, 330

二十一畫

辯證法 dialectic method 136, 137, 180, 322, 438, 549, 553, 574, 575, 577, 579

辯證唯物主義 dialectical materialism 486

魔法／巫術／魔力：妖術 magic 409, 439, 544, 592, 611, 614, 627

魔鬼 demon(s) 89, 240, 254, 395, 427, 437, 438, 476, 478, 479, 481, 484, 502, 508, 541, 547, 571, 605

魔鬼學 demonology 427

二十二畫

權力／權／權能／權柄：力量／能力／實力 power 19, 25, 46, 57, 69, 95, 119, 140, 142, 143, 144, 155, 157, 158, 165, 191, 204, 245, 261, 263, 266, 267, 307, 343, 359, 370, 398, 401, 405, 408, 445, 453, 454, 497, 518, 519, 521, 522, 523, 526, 527, 528, 529, 545, 567, 568, 570, 572, 573, 580, 581, 583, 584, 585, 620, 621, 634

權利 rights 30, 131, 189, 213, 241, 251, 302, 310, 367, 440, 445, 475, 550, 606

歡樂 cheerfulness 39, 40, 42, 74, 110, 159, 316, 318, 333, 386, 462, 463

二十三畫

變化 change(s) 58, 59, 71, 73, 74, 75, 76,

78, 80, 82, 83, 84, 87, 88, 91, 96, 104, 119, 154, 197, 198, 205, 210, 211, 212, 213, 221, 229, 232, 233, 234, 252, 259, 275, 276, 281, 284, 285, 307, 315, 344, 351, 375, 377, 385, 398, 461, 509, 532, 608, 638

邏輯 logic 56, 60, 61, 63, 75, 79, 83, 100, 104, 105, 106, 108, 115, 117, 118, 137, 138, 154, 172, 173, 174, 182, 192, 195, 196, 215, 219, 221, 222, 228, 231, 245, 248, 253, 268, 270, 271, 272, 273, 274, 277, 278, 288, 289, 320, 321, 334, 348, 349, 351, 352, 365, 366, 367, 396, 397, 443, 463, 466, 478, 485, 554, 561, 563, 565, 575, 578, 581, 598, 602, 609, 612, 621, 622, 623, 624, 625, 626

邏輯分析 logical analysis 622

二十四畫

靈魂 soul 4, 9, 10, 19, 35, 38, 39, 45, 48, 51, 54, 56, 57, 63, 66, 69, 70, 86, 101, 109, 110, 132, 133, 135, 153, 154, 178, 187, 189, 190, 191, 192, 193, 194, 195, 196, 197, 198, 199, 202, 204, 207, 230, 232, 235, 236, 237, 238, 239, 240, 242, 247, 276, 283, 322, 335, 336, 341, 345, 346, 347, 351, 353, 354, 358, 360, 361, 362, 363, 387, 389, 390, 391, 392, 393, 394, 395, 396, 397, 398, 399, 406, 407, 423, 428, 436, 437, 439, 442, 443, 461, 462, 468, 476, 479, 480, 483, 488, 506, 507, 516, 529, 543, 561, 564, 565, 571, 579, 597, 598, 599, 604, 613, 624, 625, 631

靈魂輪迴 transmigration of souls 207, 276

二十五畫

蠻族 barbarians 302, 406, 407, 409, 410,

414, 438, 447, 459, 474, 488, 489, 499, 500, 502, 512, 513, 515, 518, 519, 524, 530, 556, 557, 628

觀察 observation 33, 39, 44, 48, 58, 59, 60, 64, 65, 86, 104, 106, 174, 192, 207, 252, 286, 290, 292, 293, 322, 394, 465, 554, 575, 629

二十六畫

讚美詩 hymns 580

經典名著文庫 133

西方哲學史　上卷

A History of Western Philosophy

作　　者 — 英・伯特蘭・羅素 Bertrand Russell
譯　　者 — 何兆武 李約瑟
發 行 人 — 楊榮川
總 經 理 — 楊士清
總 編 輯 — 楊秀麗
文庫策劃 — 楊榮川
副總編輯 — 蘇美嬌
封面設計 — 姚孝慈
著者繪像 — 莊河源
出 版 者 — **五南圖書出版股份有限公司**
地　　址 — 臺北市大安區 106 和平東路二段 339 號 4 樓
電　　話 — 02-27055066（代表號）
傳　　眞 — 02-27066100
劃撥帳號 — 01068953
戶　　名 — 五南圖書出版股份有限公司
網　　址 — https://www.wunan.com.tw
電子郵件 — wunan@wunan.com.tw
法律顧問 — 林勝安律師事務所　林勝安律師
出版日期 — 2021 年 4 月初版一刷
2022 年 8 月初版二刷
定　　價 — 680 元

國家圖書館出版品預行編目資料

西方哲學史 / 伯特蘭・羅素 (Bertrand Russell) 著；何兆武，李約瑟，馬元德譯. -- 初版. -- 臺北市：五南圖書出版股份有限公司，2021.04
冊；公分. -- (經典名著文庫)
譯自：A history of western philosophy.
ISBN 978-986-522-260-4(上卷：平裝). --
ISBN 978-986-522-261-1(下卷：平裝)

1. 西洋哲學史

140.9　　109013461